中國國家圖書館編

國家圖書館藏敦煌遺書

第一百三十六册　北敦一四九四八號——北敦一五〇〇〇號

北京圖書館出版社

圖書在版編目(CIP)數據

國家圖書館藏敦煌遺書·第一百三十六册/中國國家圖書館編;任繼愈主編.—北京:北京圖書館出版社,2010.10

ISBN 978-7-5013-3698-2

Ⅰ.國…　Ⅱ.①中…②任…　Ⅲ.敦煌學-文獻　Ⅳ.K870.6

中國版本圖書館 CIP 數據核字(2010)第 122753 號

書　　名　國家圖書館藏敦煌遺書·第一百三十六册
著　　者　中國國家圖書館編　任繼愈主編
責任編輯　徐　蜀　孫　彦
封面設計　李　璀

出　　版　北京圖書館出版社　(100034　北京西城區文津街 7 號)
發　　行　010-66139745　66151313　66175620　66126153
　　　　　66174391(傳真)　66126156(門市部)
E-mail　btsfxb@ nlc. gov. cn(郵購)
Website　www. nlcpress. com → 投稿中心
經　　銷　新華書店
印　　刷　北京文津閣印務有限責任公司

開　　本　八開
印　　張　56
版　　次　2010 年 10 月第 1 版第 1 次印刷
印　　數　1-250 册(套)

書　　號　ISBN 978-7-5013-3698-2/K·1661
定　　價　990.00 圓

目錄

BD14948 號背　現代護首　（1–1）

妙法蓮華經妙莊嚴王本事品第二十七
尒時佛告諸大衆乃往古世過无量无邊不
可思議阿僧祇劫有佛名雲雷音宿王華智
多陁阿伽度阿羅呵三藐三佛陁國名光明
莊嚴劫名憙見彼佛法中有王名妙莊嚴其
王夫人名曰淨德有二子一名淨藏二名淨
眼是二子有大神力福德智慧久脩菩薩所
行之道所謂檀波羅蜜尸羅波羅蜜羼提波
羅蜜毗梨耶波羅蜜禪波羅蜜般若波羅蜜
方便波羅蜜慈悲喜捨乃至三十七助道法
皆悉明了通達又得菩薩淨三昧日星宿三

BD14948 號　妙法蓮華經卷七　（10–1）

行之道所謂檀波羅蜜尸羅波羅蜜羼提波
羅蜜毗梨耶波羅蜜禪波羅蜜般若波羅蜜
方便波羅蜜慈悲喜捨乃至三十七助道法
皆悉明了通達又得菩薩淨三昧日星宿三
昧淨光三昧淨色三昧淨照明三昧長莊嚴
三昧大威德藏三昧於此三昧亦悉通達尒
時彼佛欲引導妙莊嚴王及愍念眾生故說
是法華經時淨藏淨眼二子到其母所合十
指爪掌白言願母往詣雲雷音宿王華智佛
所我等亦當侍從親近供養禮拜所以者何
此佛於一切天人眾中說法華經宜應聽受
母告子言汝父信受外道深著婆羅門法汝
等應往白父與共俱去淨藏淨眼合十爪指
掌白母我等是法王子而生此邪見家母告
子言汝等當憂念汝父為現神變若得見者
心必清淨或聽我等往至佛所於是二子念
其父故踊在虛空高七多羅樹現種種神變
於虛空中行住坐臥身上出水身下出火身
下出水身上出火或現大身滿虛空中而復
現小小復現大於空中滅忽然在地入地如
水履水如地現如是等種種神變令其父王
心淨信解時父見子神力如是心大歡喜得
未曾有合掌向子言汝等師為是誰誰之弟
子二子白言大王彼雲雷音宿王華智佛今
在七寶菩提樹下法座上坐於一切世間天
人眾中廣說法華經是我等師我是弟子父
語子言我今亦欲見汝等師可共俱往於是
二子從空中下到其母所合掌白母父王今

BD14948號　妙法蓮華經卷七　（10–2）

子二子白言大王彼雲雷音宿王華智佛今
在七寶菩提樹下法座上坐於一切世間天
人眾中廣說法華經是我等師我是弟子父
語子言我今亦欲見汝等師可共俱往於是
二子從空中下到其母所合掌白母父王今
已信解堪任發阿耨多羅三藐三菩提心我
等為父已作佛事願母見聽於彼佛所出家
修道尒時二子欲重宣其意以偈白母

願母放我等　出家作沙門　諸佛甚難值　我等隨佛學
如優曇波羅　值佛復難是　說諸難亦難　願聽我出家

母即告言聽汝出家所以者何佛難值故於
是二子白父母言善哉父母願時往詣雲雷
音宿王華智佛所親近供養所以者何佛難
得值如優曇波羅華又如一眼之龜值浮木
孔而我等宿福深厚生值佛法是故父母當
聽我等令得出家所以者何諸佛難值時亦
難遇彼時妙莊嚴王後宮八万四千人皆悉
堪任受持是法華經淨眼菩薩於法華三昧
久已通達淨藏菩薩已於无量百千万億劫
通達離諸惡趣三昧欲令一切眾生離諸惡
趣故其王夫人得諸佛習三昧能知諸佛祕
密之藏二子如是以方便力善化其父令心
信解好樂佛法於是妙莊嚴王與羣臣眷屬
俱淨德夫人與後宮采女眷屬俱其王二子
與四万二千人俱一時共詣佛所到已頭面
礼足繞佛三帀却住一面尒時彼佛為王說
法示教利喜王大歡恱尒時妙莊嚴王及其
夫人解頸真珠瓔珞價直百千以散佛上於

BD14948號　妙法蓮華經卷七　（10–3）

俱淨德夫人與後宮采女眷屬俱其王二子
與四万二千人俱一時共詣佛所到已頭面
礼足繞佛三帀却住一面尒時彼佛為王說
法示教利喜王大歡悅尒時妙莊嚴王及其
夫人解頸真珠瓔珞價直百千以散佛上於
虛空中化成四柱寶臺臺中有大寶床敷百
千万天衣其上有佛結加趺坐放大光明尒
時妙莊嚴王作是念佛身希有端嚴殊特成
就第一微妙之色時雲雷音宿王華智佛告
四衆言汝等見是妙莊嚴王於我前合掌立
不此王於我法中作比丘精勤修習助佛道
法當得作佛号娑羅樹王國名大光劫名大
高王其娑羅樹王佛有无量菩薩衆及无量
聲聞其國平正功德如是其王即時以國付
弟與夫人二子并諸眷屬於佛法中出家修
道王出家已於八万四千歲常勤精進修行
妙法華經過是已後得一切淨功德莊嚴三
昧即昇虛空高七多羅樹而白佛言世尊此
我二子已作佛事以神通變化轉我邪心令
得安住於佛法中得見世尊此二子者是我
善知識為欲發起宿世善根饒益我故來生
我家尒時雲雷音宿王華智佛告妙莊嚴王
言如是如是如汝所言若善男子善女人種
善根故世世得善知識其善知識能作佛事
示教利喜令入阿耨多羅三藐三菩提大王
當知善知識者是大因緣所謂化導令得見
佛發阿耨多羅三藐三菩提心大王汝見此
二子不此二子已曾供養六十五百千万億

示教利喜令入阿耨多羅三藐三菩提大王
當知善知識者是大因緣所謂化導令得見
佛發阿耨多羅三藐三菩提心大王汝見此
二子不此二子已曾供養六十五百千万億
那由他恒河沙諸佛親近恭敬於諸佛所受
持法華經慈念邪見衆生令住正見妙莊嚴
王即從虛空中下而白佛言世尊如來甚希
有以功德智慧故頂上肉髻光明顯照其眼
長廣而紺青色眉間毫相白如珂月齒白齊
密常有光明脣色赤好如頻婆菓尒時妙莊
嚴王讚歎佛如是等无量百千万億功德已
於如來前一心合掌復白佛言世尊未曾有
也如來之法具足成就不可思議微妙功德
教戒所行安隱快善我從今日不復自隨心
行不生邪見憍慢瞋恚諸惡之心說是語已
礼佛而出佛告大衆於意云何妙莊嚴王豈
異人乎今華德菩薩是其淨德夫人今佛前
光照莊嚴相菩薩是哀愍妙莊嚴王及諸眷
屬故於彼中生其二子者今藥王菩薩藥上
菩薩是是藥王藥上菩薩成就如此諸大功
德已於无量百千万億諸佛所殖衆德本成
就不可思議諸善功德若有人識是二菩薩
名字者一切世間諸天人民亦應礼拜佛說
是妙莊嚴王本事品時八万四千人遠塵離
垢於諸法中得法眼淨
妙法蓮華經普賢菩薩勸發品第二十八
尒時普賢菩薩以自在神通威德名聞與大
菩薩无量无邊不可稱數從東方來所經諸

是妙莊嚴王本事品時八万四千人遠塵離
垢於諸法中得法眼淨
妙法蓮華經普賢菩薩勸發品第二十八
尒時普賢菩薩以自在神通威德名聞與大
菩薩无量无邊不可稱數從東方來所經諸
國普皆震動雨寶蓮華作无量百千万億種
種伎樂又與无數諸天龍夜叉乾闥婆阿脩
羅迦樓羅緊那羅摩睺羅伽人非人等大衆
圍繞各現威德神通之力到娑婆世界耆闍
崛山中頭面礼釋迦牟尼佛右繞七帀白佛
言世尊我於寶威德上王佛國遥聞此娑婆
世界說法華經與无量无邊百千万億諸菩
薩衆共來聽受唯願世尊當為說之若善男
子善女人於如來滅後云何能得是法華經
佛告普賢菩薩若善男子善女人成就四法
於如來滅後當得是法華經一者為諸佛護
念二者殖衆德本三者入正定聚四者發救
一切衆生之心善男子善女人如是成就四
法於如來滅後必得是經尒時普賢菩薩白
佛言世尊於後五百歲濁惡世中其有受持
是經典者我當守護除其衰患令得安隱使
无伺求得其便者若魔若魔子若魔女若魔
民若為魔所著者若夜叉若羅刹若鳩槃荼
若毗舍闍若吉蔗若富單那若韋陁羅等諸
惱人者皆不得便是人若行若立讀誦此經
我尒時乘六牙白象王與大菩薩衆俱詣其
所而自現身供養守護安慰其心亦為供養
法華經故是人若坐思惟此經尒時我復乘

BD14948號　妙法蓮華經卷七　（10–6）

民若為魔所著者若夜叉若羅刹若鳩槃荼
若毗舍闍若吉蔗若富單那若韋陁羅等諸
惱人者皆不得便是人若行若立讀誦此經
我尒時乘六牙白象王與大菩薩衆俱詣其
所而自現身供養守護安慰其心亦為供養
法華經故是人若坐思惟此經尒時我復乘
白象王現其人前其人若於法華經有所忘
失一句一偈我當教之與共讀誦還令通利
尒時受持讀誦法華經者得見我身甚大歡
喜轉復精進以見我故即得三昧及陁羅尼
名為旋陁羅尼百千万億旋陁羅尼法音方
便陁羅尼得如是等陁羅尼世尊若後世後
五百歲濁惡世中比丘比丘尼優婆塞優婆
夷求索者受持者讀誦者書寫者欲脩習是
法華經於三七日中應一心精進滿三七日
已我當乘六牙白象與无量菩薩而自圍繞
以一切衆生所憙見身現其人前而為說法
示教利喜亦復與其陁羅尼呪得是陁羅尼
故无有非人能破壞者亦不為女人之所惑
亂我身亦自常護是人唯願世尊聽我說此
陁羅尼即於佛前而說呪曰
阿檀地途賣反一檀陁婆地二檀陁婆帝三檀陁
鳩舍隸四檀陁脩陁隸五脩陁隸六脩陁羅
婆底七佛馱波羶祢八薩婆陁羅尼阿婆多
尼九薩婆婆沙阿婆多尼十脩阿婆多尼十一僧
伽婆履叉尼十二僧伽涅伽陁尼十三阿僧祇十四
僧伽波伽地十五帝隸阿惰僧伽兜略盧遮反波
羅帝十六薩婆僧伽三摩地伽蘭地十七薩婆達
磨脩波利刹帝十八薩婆薩埵樓馱憍舍略阿

BD14948號　妙法蓮華經卷七　（10–7）

尼薩婆沙阿婆多尼修阿婆多尼一僧
伽婆履叉尼十二僧伽涅伽陀尼十三阿僧祇十四
僧伽波伽地十五帝隸阿惰僧伽兜略盧遮反波
羅帝十六薩婆僧伽三摩地伽蘭地十七薩婆達
磨脩波利剎帝十八薩婆薩埵樓馱憍舍略阿
㝹伽地十九辛阿毗吉利地帝二十
世尊若有菩薩得聞是陁羅尼者當知普賢
神通之力若法華經行閻浮提有受持者應
作此念皆是普賢威神之力若有受持讀誦
正憶念解其義趣如說脩行當知是人行普
賢行於无量无邊諸佛所深種善根為諸如
來手摩其頭若但書寫是人命終當生忉利
天上是時八万四千天女作眾伎樂而來迎
之其人即著七寶冠於婇女中娛樂快樂何
況受持讀誦正憶念解其義趣如說脩行若
有人受持讀誦解其義趣是人命終為千佛
授手令不恐怖不墮惡趣即往兜率天上彌
勒菩薩所彌勒菩薩有三十二相大菩薩眾
所共圍繞有百千万億天女眷屬而於中生
有如是等功德利益是故智者應當一心自
書若使人書受持讀誦正憶念如說脩行世
尊我今以神通力守護是經於如來滅後閻
浮提內廣令流布使不斷絕
尒時釋迦牟尼佛讚言善哉善哉普賢汝能
護助是經令多所眾生安樂利益汝已成就
不可思議功德深大慈悲從久遠來發阿耨
多羅三藐三菩提意而能作是神通之願守
護是經我當以神通力守護能受持普賢菩
薩名者普賢若有受持讀誦正憶念脩習書

護助是經令多所眾生安樂利益汝已成就
不可思議功德深大慈悲從久遠來發阿耨
多羅三藐三菩提意而能作是神通之願守
護是經我當以神通力守護能受持普賢菩
薩名者普賢若有受持讀誦正憶念脩習書
寫是法華經者當知是人則見釋迦牟尼佛
如從佛口聞此經典當知是人供養釋迦牟
尼佛當知是人佛讚善哉當知是人為釋迦
牟尼佛手摩其頭當知是人為釋迦牟尼佛
衣之所覆如是之人不復貪著世樂不好外
道經書手筆亦復不喜親近其人及諸惡者
若屠兒若畜猪羊雞狗若獵師若衒賣女色
是人心意質直有正憶念有福德力是人不
為三毒所惱亦不為嫉妬我慢邪慢增上慢
所惱是人少欲知足能脩普賢之行普賢若
如來滅後後五百歲若有人見受持讀誦法
華經者應作是念此人不久當詣道場破諸
魔眾得阿耨多羅三藐三菩提轉法輪擊法
鼓吹法螺雨法雨當坐天人大眾中師子法
座上普賢若於後世受持讀誦是經典者是
人不復貪著衣服卧具飲食資生之物所願
不虛亦於現世得其福報若有人輕毀之言
汝狂人耳空作是行終无所獲如是罪報當
世世无眼若有供養讚歎之者當於今世得
現果報若復見受持是經典者出其過惡若
實若不實此人現世得白癩病若有輕笑之
者當世世牙齒踈缺醜脣平鼻手脚繚戾眼
目角睞身體臭穢惡瘡膿血水腹短氣諸惡

世世无眼若有供養讚歎之者當於今世得
現果報若復見受持是經典者出其過惡若
實若不實此人現世得白癩病若有輕笑之
者當世世牙齒踈缺醜脣平鼻手脚繚戾眼
目角睞身體臭穢惡瘡膿血水腹短氣諸惡
重病是故普賢若見受持是經典者當起遠
迎當如敬佛說是普賢勸發品時恒河沙等
无量无邊菩薩得百千万億旋陁羅尼三千
大千世界微塵等諸菩薩具普賢道佛說是
經時普賢等諸菩薩舍利弗等諸聲聞及諸
天龍人非人等一切大會皆大歡喜受持佛
語作礼而去

妙法蓮華經卷第七

藏如来不尒永斷此根以無根故無所覆藏
善男子如婆羅門所有語論終不欲令刹利
毗舍首陁等聞何以故以此論中有過惡故
如来正法則不如是初中後善是故不得名
之秘藏善男子辟如長者唯有一子心常憶
念憐愛無已將詣師所欲令受學懼不速成
尋便將還以愛念故晝夜慇懃教其半字而
不教誨毗伽羅那論何以故以其幼稚力未
堪故善男子假使長者教半字已是兒即時
能得了知毗伽羅論不不也世尊如是長者
於是子所有秘藏不不也世尊何以故以子
年幼故不為說不以秘故悋而不說所以者
何若有嫉妬秘悋之心乃名為藏如来不尒
云何當言如来秘藏佛言善哉善哉善男子
如汝所言若有瞋心嫉妬慳悋乃名為藏如
来無有瞋心嫉妬云何名藏善男子長者謂
如来也所言一子者謂一切衆生如来視於
一切衆生猶如一子教一子者謂聲聞弟

云何當言如來秘藏佛言善哉善哉善男子
如汝所言若有瞋心嫉妬慳恡乃名為藏如
來無有瞋心嫉妬云何名藏善男子長者謂
如來也所言一子者謂一切衆生如來視於
一切衆生猶如一子教一子者謂聲聞弟
子半字者謂九部經毗伽羅論者所謂方
等大乘經典以諸聲聞無有慧力是故如
來為說半字九部經典而不為說毗伽羅
論方等大乘善男子如彼長者子既長大
堪任讀學若不為說毗伽羅論可名為藏
若諸聲聞有堪任力能受大乘毗伽羅論如
來秘惜不為說者可言如來有秘密藏如來
不尒是故如來無有秘藏如彼長者教半字
已次為演說毗伽羅論我今亦尒為諸弟子
說於半字九部經已次為演說毗伽羅論所
謂如來常存不變復次善男子譬如夏月興
大雲雷降注大雨令諸農夫下種之者多獲
菓實不下種者無所剋獲無所獲者非龍王
咎而此龍王亦無所藏我今如來亦復如是
降大法雨大涅槃經若諸衆生種善子者得
慧牙菓無善子者則無所獲無所獲者非如
來咎然佛如來實無所藏迦葉復言我今定
知如來世尊無所秘藏如佛所說毗伽羅論
謂佛如來常存不變是義不然何以故佛昔
說偈

諸佛與緣覺　及以弟子衆　猶捨無常身　何況諸凡夫

BD14949號　大般涅槃經（北本）卷五　（27–2）

來名然佛如來實無所藏迦葉復言我今定
知如來世尊無所秘藏如佛所說毗伽羅論
謂佛如來常存不變是義不然何以故佛昔
說偈

諸佛與緣覺　及以弟子衆　猶捨無常身　何况諸凡夫

今者乃說常存無變是義云何佛言善男子
我為一切聲聞弟子教半字故而說是偈善
男子波斯匿王其母命終悲號戀慕不能自
勝來至我所我即問言大王何以悲苦懊惱
乃至於此王言世尊國大夫人是日命終假
使有能令我母命還如今者我當捨國象馬
七珍及以身命悉以賞之我復語言大王且
莫愁惱憂悲啼哭一切衆生壽命盡者名之
為死諸佛緣覺聲聞弟子尚捨此身況復凡
夫善男子我為波斯匿王教半字故而說是
偈我今為諸聲聞弟子說毗伽羅論謂如來
常存無有變易若有人言如來無常云何是
人舌不墮落
迦葉復言如佛所說

無所積聚　於食知足　如鳥飛空　跡不可尋

是義云何世尊於此衆中誰得名為無所積
聚誰復得名於食知足誰行於空跡不可尋
而此去者為至何方佛言迦葉夫積聚者名
曰財寶善男子積聚有二種一者有為二者
無為有為積聚者即聲聞行無為積聚者即
如來行善男子僧亦有二種有為無為有為

而此去者為至何方佛言迦葉夫積聚者名
曰財寶善男子積聚有二種一者有為二者
無為有為積聚者即聲聞行無為積聚者即
如來行善男子僧亦有二種有為無為有為
僧者名曰聲聞聲聞僧者無有積聚所謂奴
婢非法之物庫藏穀米塩豉胡麻大小諸豆
若有說言如來聽畜奴婢僕使如是之物舌
則卷縮我諸所有聲聞弟子名無積聚亦得
名為於食知足若有貪食名不知足不貪食
者是名知足跡難尋者則近無上菩提之道
我說是人雖去無至迦葉復言若有為僧尚
無積聚況無為僧無為僧者即是如來如來
云何當有積聚夫積聚者名為藏匿是故如
來凡有所說無所悋惜云何名藏跡不可尋
者所謂涅槃涅槃之中無有日月星辰諸宿
寒熱風雨生老病死二十五有離諸憂苦及
諸煩惱如是涅槃如來住處常不變易以是
因緣如來至是娑羅樹間於大涅槃而般涅
槃佛告迦葉所言大者其性廣博猶如有人
壽命無量名大丈夫是人若能安住正法名
人中勝如我所說八大人覺為一人有為多
人有若一人具八則為最勝所言涅槃者無
諸瘡疣善男子譬如有人為毒箭所射多受苦
痛值遇良醫為拔毒箭傅以妙藥令其離苦
得受安樂是醫即便遊於城邑及諸聚落隨

人中所如我所說八大人覺為一人有為多
人有若一人具八則為最勝所言涅槃者無
諸瘡疣善男子譬如有人為毒箭所射多受苦
痛值遇良醫為拔毒箭傅以妙藥令其離苦
得受安樂是醫即便遊於城邑及諸聚落隨
有患苦瘡疣之處即往其所為療眾苦善男
子如來亦尒成等正覺為大醫王見閻浮提
苦惱眾生無量劫中被婬怒癡煩惱毒箭受
大苦切為如是等說大乘經甘露法藥療治
此已復至他方有諸煩惱毒箭之處示現作
佛為其療治是故名曰大般涅槃大般涅槃
者名解脫處隨有調伏眾生之處如來於中
而作示現以是真實甚深義故名大涅槃迦
葉菩薩復白佛言世尊世間醫師悉能療治
一切眾生瘡疣病不善男子世間瘡疣凡有
二種一者可治二不可治凡可治者醫則能
治不可治者則不能治迦葉復言如佛言者
如來則為於閻浮提治眾生已若言治已是
諸眾生其中云何復有未能得涅槃者若未
悉得云何如來說言治竟欲至他方善男子
閻浮提內眾生有二一者有信二者無信有信
之人則名可治何以故定得涅槃無瘡疣
故是故我說治閻浮提諸眾生已無信之人
名一闡提一闡提者名不可治除一闡提餘
悉治已是故涅槃名無瘡疣
世尊何等名涅槃善男子夫涅槃者名為解

BD14949號　大般涅槃經（北本）卷五

（27–5）

闡[illegible]有二一者有信二者無信有信
之人則名可治何以故必得涅槃無瘡疣
故是故我說治閻浮提諸衆生已無信之人
名一闡提一闡提者名不可治除一闡提餘
悉治已是故涅槃名無瘡疣
世尊何等名涅槃善男子夫涅槃者名為解
脫迦葉復言所言解脫為是色耶為非色乎
佛言善男子或有是色或非是色言非色者
即是聲聞緣覺解脫言是色者即是諸佛如
來解脫善男子是故解脫亦色非色如來為
諸聲聞弟子說為非色世尊聲聞緣覺若非
色者云何得住善男子如非想非非想天亦
色非色我亦說為非色若人難言非想非非
想天若非色者云何得住去來進止如是之
義諸佛境界非諸聲聞緣覺所知解脫亦尒
亦色非色說為非色亦想非想說為非想如
是之義諸佛境界非諸聲聞緣覺所知
尒時迦葉菩薩復白佛言世尊唯願哀愍重
垂廣說大涅槃行解脫之義佛讚迦葉善哉
善哉善男子真解脫者名曰遠離一切繫縛
若真解脫離諸繫縛則無有生亦無和合譬
如父母和合生子真解脫者則不如是是故
解脫名曰不生迦葉譬如醍醐其性清淨如
來亦尒非因父母和合而生其性清淨所以
示現有父母者為欲化度諸衆生故真解脫
者即是如來如來解脫無二無別譬如春秋

BD14949號　大般涅槃經（北本）卷五　（27–6）

如父母和合生子真解脫者則不如是故
解脫名曰不生迦葉譬如醍醐其性清淨如
來亦尒非因父母和合而生其性清淨所以
示現有父母者為欲化度諸衆生故真解脫
者即是如來如來解脫無二無別譬如春秋
下諸豆子得暖氣已尋便出生真解脫者則
不如是又解脫者名曰虛無虛無即是解脫
解脫即是如來如來即是虛無非作所作凡
是作者猶如城郭樓觀却敵真解脫者則不
如是是故解脫即是如來又解脫者即無為
法譬如陶師作已還破解脫不尒真解脫者
不生不滅是故解脫即是如來如來亦尒不
生不滅不老不死不破不壞非有為法以是
義故名曰如來入大涅槃不老不死有何等
義老者名為遷變髮白面皺死者身壞命終
如是等法解脫中無以無是事故名解脫如
來亦無髮白面皺有為之法是故如來無有
老也無有老故則無有死又解脫者名曰無
病所謂病者四百四病及餘外來侵損身者
是處無故故名解脫無疾病者即真解脫真
解脫者即是如來如來無病是故法身亦無
有病如是無病即是如來死者名曰身壞命
終是處無死即是甘露是甘露者即真解脫
真解脫者即是如來如來成就如是功德云
何當言如來無常若言無常無有是處是金

BD14949號　大般涅槃經（北本）卷五　（27–7）

有病如是無病即是如來死者名曰身壞命
終是處無死即是甘露是甘露者即真解脫
真解脫者即是如來如來成就如是功德云
何當言如來無常若言無常無有是處是金
剛身云何無常是故如來不名命終如來清
淨無有垢穢如來之身非胎所汙如分陁利
本性清淨如來解脫亦復如是如是解脫即
是如來是故如來清淨無垢又解脫者諸漏
瘡疣永無遺餘如來亦尒無有一切諸漏瘡
疣又解脫者無有鬪諍譬如飢人見他飲食
生貪奪想解脫不尒又解脫者名曰安靜凡
夫人言夫安靜者謂摩醯首羅如是之言即
是虛妄真安靜者畢竟解脫畢竟解脫即是
如來又解脫者名曰安隱如多賊處不名安
隱清夷之處乃名安隱是解脫中無有怖畏
故名安隱是故安隱即真解脫真解脫者即
是如來如來者即是法也又解脫者無有等
侶有等侶者如有國王有隣國等夫解脫者
則無如是無等侶者謂轉輪聖王無有能與
作齊等者解脫亦尒無有等侶無等侶者即
真解脫真解脫者即是如來轉法輪王是故
如來無有等侶有等侶者無有是處又解脫
者名無憂愁有憂愁者譬如國王畏難強隣
而生憂愁夫解脫者則無是事譬如壞怨則
無憂慮解脫亦尒是無憂畏無憂畏者

者名無憂愁有憂愁者譬如國王畏難強隣
而生憂愁大解脫者則無是事譬如壞怨則
無憂慮解脫亦介是無憂畏無憂畏者
即是如來又解脫者名無憂喜譬如女人
唯有一子從役遠行卒得凶問聞之愁苦後
須聞活使生歡喜大解脫中無如是事無憂
喜者即真解脫真解脫者即是如來又解脫
者無有塵垢譬如春月日沒之後風起塵霧
大解脫中無如是事無塵霧者喻真解脫真
解脫者即是如來譬如聖王髻中明珠無有
垢穢大解脫性亦復如是無有垢穢無垢穢
者喻真解脫真解脫者即是如來如真金性
不雜沙石乃名真實有人得之生於財想大
解脫性亦復如是如彼真實彼真實者喻真
解脫真解脫者即是如來譬如凡瓶破而聲
嘶金剛寶瓶則不如是大解脫者亦無嘶破
金剛寶瓶喻真解脫真解脫者即是如來是
故如來身不可壞其聲嘶者如蜱麻子盛熱
之時置之日曝出聲爆爆大解脫者無如是
事如彼金剛真實之瓶無嘶破聲假使無量
百千之人悉共射之無能壞者無嘶破聲喻
真解脫真解脫者即是如來如貧窮人負他
物故為他所繫枷鎖禁罰受諸苦毒大解脫
中無如是事無有負債猶如長者多有財寶
無量億數勢力自在不負他物大解脫者亦

BD14949號　大般涅槃經（北本）卷五　　（27–9）

真解脫真解脫者即是如來如貧窮人負他
物故為他所繫枷鎖策罰受諸苦毒夫解脫
中無如是事無有負責猶如長者多有財寶
無量億數勢力自在不負他物夫解脫者亦
復如是多有無量法財珍寶勢力自在無所
負也無所負者喻真解脫真解脫者即是如
來又解脫者名無逼切如春涉熱夏日食甜
冬日冷單真解脫中無有如是不適意事無
逼切者喻真解脫真解脫者即是如來又無
逼切者譬如有人飽食魚肉而復飲乳是人
則為近死不久真解脫中無如是事是人若
得甘露良藥所患得除真解脫者亦復如是
甘露良藥喻真解脫真解脫者即是如來又
何逼切不逼切也譬如凡夫我慢自高而作
是念一切眾中誰能害我即便捉持虵虎毒
虫當知是人不盡壽命則為横死真解脫中
無如是事不逼切者如轉輪王所有神珠能
伏蜣蜋九十六種諸毒虫等若有聞是神珠
香者諸毒消滅真解脫者亦復如是皆悉遠
離二十五有毒消滅者喻真解脫真解脫者
即是如來又不逼切者譬如虛空解脫亦尒
彼虛空者喻真解脫真解脫者即是如來又
逼切者如近乾草燃諸燈火近則熾燃真解
脫中無如是事又不逼切者譬如日月不逼
眾生解脫亦尒於諸眾生無有逼切無有逼

彼虛空者喻真解脫真解脫者即是如來又
遍切者如近乾草燃諸燈火近則熾燃真解
脫中無如是事又不遍切者譬如日月不遍
衆生解脫亦尒於諸衆生無有遍切無有遍
切喻真解脫真解脫者即是如來又解脫者
名無動法猶如怨親真解脫中無如是事又
不動者如轉輪王更無聖王以為親友若更
有親則無是處解脫亦尒更無有親若有親
者亦無是處彼王無親喻真解脫真解脫者
即是如來如來者即是法也又無動者譬如
素衣易受染色解脫不尒又無動者如婆師
華欲令有臭及青色者無有是處解脫亦尒
欲令有臭及諸色者亦無是處是故解脫即
是如來又解脫者名為希有譬如水中生於
蓮華非為希有火中生者是乃希有有人見
之便生歡喜真解脫者亦復如是其有見者
心生歡喜彼希有者喻真解脫真解脫者即
是如來其如來者即是法身又希有者譬如嬰
兒其齒未生漸漸長大然後乃生解脫不尒無
有生與不生又解脫者名曰虛寂無有不定
不定者如一闡提究竟不移犯重禁者不成
佛道無有是處何以故是人若於佛正法中心
得淨信尒時即便滅一闡提若復得作優婆
塞者亦得斷滅於一闡提犯重禁者滅此罪
已則得成佛是故若言畢定不移不成佛道

佛道無有是處何以故是人若於佛正法中心
得淨信尒時即使滅一闡提若復得作優婆
塞者亦得斷滅於一闡提犯重禁者滅此罪
已則得成佛是故若言畢定不移不成佛道
無有是處真解脫中都無如是滅盡之事又
虛寂者墮於法界如法界性即真解脫真解
脫者即是如來又一闡提若盡滅者則不得
稱一闡提也何等名為一闡提耶一闡提者
斷滅一切諸善根本心不攀緣一切善法乃
至不生一念之善真解脫中都無是事無是
事故即真解脫真解脫者即是如來又解脫
者名不可量譬如穀聚其量可知真解脫者
則不如是譬如大海不可度量解脫亦尒不
可度量不可量者即真解脫真解脫者即是
如來又解脫者名無量法如一衆生多有業
報解脫亦尒有無量報無量報者即真解脫
真解脫者即是如來又解脫者名為廣大譬
如大海無與等者解脫亦尒無能與等無與
等者即真解脫真解脫者即是如來又解脫
者名曰最上譬如虛空最高無比解脫亦尒
最高無比高無比者即真解脫真解脫者即
是如來又解脫者名無能過譬如師子所住
之處一切百獸無能過者解脫亦尒無有能
過無能過者即真解脫真解脫者即是如來
又解脫者名為無上譬如北方諸方中上解
脫亦尒為無有上無有上者即真解脫真解

是如来又解脫者名無能過譬如師子所住
之處一切百獸無能過者解脫亦尒無有能
過無能過者即真解脫真解脫者即是如来
又解脫者名為無上譬如北方諸方中上解
脫亦尒為無有上無有上者即真解脫真解
脫者即是如来又解脫者名無上上譬如北
方之於東方為無上上解脫亦尒無有上上
無上上者即真解脫真解脫者即是如来又
解脫者名曰恒法譬如人天身壞命終是名
曰恒非不恒也解脫亦尒非是不恒非不恒
者即真解脫真解脫者即是如来又解脫者
名曰堅住如法陁羅栴檀沉水其性堅實解
脫亦尒其性堅實性堅實者即真解脫真解
脫者即是如来又解脫者名曰不虛譬如竹
箒其體空疎解脫不尒當知解脫即是如来
又解脫者名不可汙譬如牆壁未被塗治蚊
蝱在上止住遊戲若已塗治采畫雕飾蝱聞
采香即便不住如是不住譬真解脫真解脫
者即是如来又解脫者名曰無邊譬如聚落
皆有邊際解脫不尒譬如虛空無有邊際解
脫亦尒無有邊際如是解脫即是如来又解
脫者名不可見譬如空中鳥跡難見如是難
見譬真解脫真解脫者即是如来又解脫者
名曰甚深何以故聲聞緣覺所不能入不能
入者即真解脫真解脫者即是如来又甚深

脫者名不可見譬如空中鳥跡難見如是難
見譬真解脫真解脫者即是如來又解脫者
名曰甚深何以故聲聞緣覺所不能入不能
入者即真解脫真解脫者即是如來又甚深
者諸佛菩薩之所恭敬譬如孝子供養父母
功德甚深功德甚深喻真解脫真解脫者即
是如來又解脫者名不可見譬如有人不見
自項解脫亦尒聲聞緣覺所不能見不能見
者即真解脫真解脫者即是如來又解脫者
名無屋宅譬如虛空無有屋宅解脫亦尒言
屋宅者喻廿五有無有屋宅喻真解脫真解
脫者即是如來又解脫者名不可取如阿摩
勒菓人可取持解脫不尒不可取持不可取
持即真解脫真解脫者即是如來又解脫者
名不可執譬如幻物不可執持解脫亦尒不
可執持不可執持即真解脫真解脫者即是
如來又解脫者無有身體譬如有人體生瘡
癩及諸癰疽顛狂乾枯真解脫中無如是病
無如是病喻真解脫真解脫者即是如來又
解脫者名為一味如乳一味解脫亦尒唯有
一味如是一味即真解脫真解脫者即是如
來又解脫者名曰清淨如水無泥澄靜清淨
解脫亦尒澄靜清淨澄靜清淨即真解脫真
解脫者即是如來又解脫者名曰一味如空
中雨一味清淨一味清淨喻真解脫真解脫
者即是如來又解脫者名曰除却譬如滿月無

喻脫亦介湛清淨湛清淨即真解脫真
解脫者即是如来又解脫者名曰一味如空
中雨一味清淨一味清淨喻真解脫真解脫
者即是如来又解脫者名曰除却譬如滿月無
諸雲翳解脫亦介無諸雲翳無諸雲翳即真
解脫真解脫者即是如来又解脫者名曰寂
靜譬如有人熱病除愈身得寂靜解脫亦介
身得寂靜身得寂靜即真解脫真解脫者即
是如来又解脫者即是平等譬如野田毒虵
鼠狼俱有殺心解脫不介無有殺心無殺心
者即真解脫真解脫者即是如来又平等者
譬如父母等心於子解脫亦介其心平等心
平等者即真解脫真解脫者即是如来又解
脫者名無異處譬如有人唯居上妙清淨屋
宅更無異處解脫亦介無有異處無異處者
即真解脫真解脫者即是如来又解脫者名
曰知足譬如飢人值遇甘饌食之無厭解脫
不介如食乳糜更無所須更無所須喻真解
脫真解脫者即是如来又解脫者名曰斷絕
如人被縛斷縛得脫解脫亦介斷絕一切疑
心結縛如是斷疑即真解脫真解脫者即是
如来又解脫者名到彼岸譬如大河有此彼
岸解脫不介雖無此岸而有彼岸有彼岸者
即真解脫真解脫者即是如来又解脫者名
曰嘿然譬如大海其水汎長多諸音聲解脫
不介如是解脫即是如来又解脫者名曰美

如身又解脫者名至彼岸譬如大河有此彼
岸解脫不尒雖無此岸而有彼岸有彼岸者
即真解脫真解脫者即是如來又解脫者名
日嘿然譬如大海具水泛長多諸音聲解脫
不尒如是解脫即是如來又解脫者名曰美
妙譬如衆藥雜呵梨勒其味則苦解脫不尒
味如甘露味如甘露喻真解脫真解脫者即
是如來又解脫者除諸煩惱譬如良醫和合
諸藥善療衆病解脫亦尒能除煩惱除煩惱
者即真解脫真解脫者即是如來又解脫者
名曰無迮譬如小舍不容多人解脫不尒多
所容受多所容受即真解脫真解脫者即是
如來又解脫者名滅諸愛不雜婬欲譬如女
人多諸愛欲解脫不尒如是解脫即是如來
如來如是無有貪欲瞋恚愚癡憍慢等結又
解脫者名曰無愛愛有二種一者餓鬼愛二
者法愛真解脫者離餓鬼愛憐愍衆生故有
法愛如是法愛即真解脫真解脫者即是如
來又解脫者離我我所如是解脫即是如來
如來者即是法也又解脫者即是滅盡離諸
有貪如是解脫即是如來如來者即是法也
又解脫者即是救護能救一切諸怖畏者如
是解脫即是如來如來者即是法也又解脫
者即是歸處若有歸依如是解脫不求餘依
譬如有人依恃於王不求餘依雖復依王則
有動轉依解脫者無有動轉無動轉者即真

是解脫即是如來如來者即是法也又解脫
者即是歸處若有歸依如是解脫不求餘依
譬如有人依恃於王不求餘依雖復依王則
有動轉依解脫者無有動轉無動轉者即真
解脫真解脫者即是如來如來者即是法也
又解脫者名為屋宅譬如有人行於曠野則
有崄難解脫不尒無有崄難無崄難者即真
解脫真解脫者即是如來又解脫者是無所
畏如師子王於諸百獸不生怖畏解脫亦尒
於諸魔衆不生怖畏無怖畏者即真解脫真
解脫者即是如來又解脫者無有迮狹譬如
隘路乃至不受二人並行解脫不尒如是解
脫即是如來又有不迮譬如有人畏虎墮井
解脫不尒如是解脫即是如來又有不迮如
大海中捨壞小舡得堅牢舡乘之度海到安
隱處心得快樂解脫亦尒心得快樂得快樂
者即真解脫真解脫者即是如來又解脫者
拔諸因緣譬如因乳得酪因酪得蘇因蘇得
醍醐真解脫中都無是因無是因者即真解
脫真解脫者即是如來又解脫者能伏憍慢
譬如大王慢於小王解脫不尒如是解脫即
是如來如來者即是法也又解脫者伏諸放
逸謂放逸者多有貪欲真解脫中無有是名
無是名者即真解脫真解脫者即是如來又
解脫者能除無明如上妙蘇除諸滓穢乃名

辟如大王慢於小王解脫不尒如是解脫即
是如來如來者即是法也又解脫者伏諸放
逸謂放逸者多有貪欲真解脫中無有是名
無是名者即真解脫真解脫者即是如來又
解脫者能除無明如上妙藥除諸滓穢乃名
醍醐解脫亦尒除無明滓生於真明如是真
明即真解脫真解脫者即是如來又解脫者
名為寂靜純一無二如空野象獨一無侶解
脫亦尒獨一無二獨一無二即真解脫真解
脫者即是如來又解脫者名為堅實如竹葦
蜱麻莖幹虛空而子堅實除佛如來其餘人
天皆不堅實真解脫者遠離一切諸有流等
如是解脫即是如來又解脫者名能覺了增
益於我真解脫者亦復如是如是解脫即是
如來又解脫者名捨諸有辟如有人食已而
吐解脫亦尒捨於諸有捨諸有者即真解脫
真解脫者即是如來又解脫者名曰決定如
婆師華香七葉中無解脫亦尒如是解脫即
是如來又解脫者名曰水大辟如水大於諸
大勝能潤一切草木穀子解脫亦尒能潤一
切有生之類如是解脫即是如來又解脫者
名曰為入如有門戶則通入路金性之處金
則可得解脫亦尒如彼門戶脩無我者則得
入中如是解脫即是如來又解脫者名曰為
善辟如弟子隨逐於師善奉教勅得名為善
解脫亦尒如是解脫即是如來又解脫者名

名曰為入如有門戶則通入路金性之處金
則可得解脫亦尒如彼門戶脩無我者則得
入中如是解脫即是如來又解脫者名曰為
善譬如弟子隨逐於師善奉教勑得名為善
解脫亦尒如是解脫即是如來又解脫者名
出世法於一切法最為出過如衆味中蘇乳
最勝解脫亦尒如是解脫即是如來又解脫
者名曰不動譬如門閫風不能動真解脫者
亦復如是如是解脫即是如來又解脫者名
無濤波如彼大海其水濤波解脫不尒如是
解脫即是如來又解脫者譬如宮殿解脫
亦尒當知解脫即是如來又解脫者名曰
所用如閻浮檀金多有所任無有能說是
金過惡解脫亦尒無有過惡無有過惡即真
解脫真解脫者即是如來又解脫者捨嬰兒
行譬如大人捨小兒行解脫亦尒除捨五陰
除捨五陰即真解脫真解脫者即是如來又
解脫者名曰究竟如被繫者從繫得脫洗浴
清淨然後還家解脫亦尒畢竟清淨畢竟清
淨即真解脫真解脫者即是如來又解脫者
名無作樂無作樂者貪欲瞋恚愚癡吐故喻
如有人誤飲蛇毒為除毒故即服吐藥既得
吐已毒即除愈身得安樂解脫亦尒吐於煩
惱諸結縛毒身得安樂名無作樂無作樂者
即真解脫真解脫者即是如來又解脫者名
斷四種毒蛇煩惱斷煩惱者即真解脫真解

如有人誤飲蛇毒為除毒故即服吐藥所得
吐已毒即除愈身得安樂解脫亦尒吐於煩
惱諸結縛毒身得安樂名無住樂無住樂者
即真解脫真解脫者即是如來又解脫者名
斷四種毒蛇煩惱斷煩惱者即真解脫真解
脫者即是如來又解脫者名離諸有滅一切
苦得一切樂永斷貪欲瞋恚愚癡拔斷一切
煩惱根本拔根本者即真解脫真解脫者即
是如來又解脫者名斷一切有為之法出生
一切無漏善法斷塞諸道所謂若我無我非
我非無我唯斷取著不斷我見我見者名為
佛性佛性者即真解脫真解脫者即是如來
又解脫者名不空空空空者名無所有無所
有者即是外道尼揵子等所計解脫而是尼
揵實無解脫故名空空真解脫者則不如是
故不空空不空空者即真解脫真解脫者即
是如來又解脫者名曰不空如水酒蘇酪蜜
等瓶雖無水酒酪蘇蜜時猶故得名為水等
瓶而是瓶等不可說空及以不空若言空者
則不得有色香味觸若言不空而復無有水
酒等實解脫亦尒不可說色及以非色不可
說空及以不空若言空者則不得有常樂我
淨若言不空誰受是常樂我淨者以是義故
不可說空及以不空空者謂無廿五有及諸
煩惱一切苦一切相一切有為行如瓶無酪
則名為空不空者謂真實善色常樂我淨不

BD14949號　大般涅槃經（北本）卷五　（27–20）

說空及以不空若言空者則不得有常樂我
淨若言不空誰受是常樂我淨者以是義故
不可說空及以不空空者謂無廿五有及諸
煩惱一切苦一切相一切有為行如瓶無酪
則名為空不空者謂真實善色常樂我淨不
動不變猶如彼瓶色香味觸故名不空是故
解脫喻如彼瓶彼瓶遇緣則有破壞解脫不
尒不可破壞不可破壞即真解脫真解脫者
即是如來又解脫者名曰離愛譬如有人愛
心怖望釋提桓因大梵天王自在天王解脫
不尒若得成於阿耨多羅三藐三菩提已無
愛無疑無愛無疑即真解脫真解脫者即是
如來若言解脫有愛疑者無有是處又解脫
者斷諸有貪斷一切相一切繫縛一切煩惱
一切生死一切因緣一切果報如是解脫即
是如來如來即是涅槃一切眾生怖畏生死
諸煩惱故故受三歸譬如群鹿怖畏獵師既
得免離若得一跳則喻一歸如是三跳則喻
三歸以三跳故得受安樂眾生亦尒怖畏四
魔惡獵師故受三歸依三歸依故則得安樂
受安樂者即真解脫真解脫者即是如來如
來者即是涅槃涅槃者即是無盡無盡者即
是佛性佛性者即是決定決定者即是阿耨
多羅三藐三菩提迦葉菩薩白佛言世尊若
涅槃佛性決定如來是一義者云何說言有

來者即是涅槃涅槃者即是無盡無盡者即是佛性佛性者即是決定決定者即是阿耨多羅三藐三菩提迦葉菩薩白佛言世尊若涅槃佛性決定如來是一義者云何說言有三歸依佛告迦葉善男子一切衆生怖畏生死故求三歸以三歸故則知佛性決定涅槃善男子有法名一義異有法名義俱異名一義異者佛常法常比丘僧常涅槃虛空皆亦是常是名名一義異名義俱異者佛名為覺法名不覺僧名和合涅槃名解脫虛空名非善亦名無㝵是為名義俱異善男子三歸依者亦復如是名義俱異云何為一是故我告摩訶波闍波提憍曇彌莫供養我當供養僧若供養僧則得具足供養三歸摩訶波闍波提即荅我言衆僧之中無佛無法云何說言供養衆僧則得具足供養三歸我復告言汝隨我語則供養佛為解脫故即供養法衆僧受者則供養僧善男子是故三歸不得為一善男子如來或時說一為三說三為一如是之義諸佛境界非是聲聞緣覺所知迦葉復言如佛所說畢竟安樂名涅槃者是義云何夫涅槃者捨身捨智若捨身智誰當受樂佛言善男子譬如有人食已心悶出外欲吐既得吐已而復迴還同伴問之汝今所患竟為差不而復來還荅言已差身得安隱如來亦尒畢竟遠離廿五有永得涅槃安樂之處不可動轉無有盡滅斷一切受

智若捨身智誰當受樂佛言善男子譬如有人
食已心悶出外欲吐既得吐已而復迴還同伴
問之汝今所患竟為差不而復來還答言已差
身得安隱如來亦尒畢竟遠離廿五有永得涅
槃安樂之處不可動轉無有盡滅斷一切受
名無受樂如是無受名為常樂若言如來有
受樂者無有是處是故畢竟樂者即是涅槃
涅槃者即真解脫真解脫者即是如來
迦葉復言不生不滅是解脫耶如是如是善
男子不生不滅即是解脫如是解脫即是如
來迦葉復言若不生不滅是解脫者虛空之
性亦無生滅應是如來如如來性即是解脫
佛告迦葉善男子是事不然世尊何故不然
善男子如迦蘭伽鳥及命命鳥其聲清妙寧
可同於烏鵲音不不也世尊烏鵲之聲比命
命等百千万倍不可為比迦葉復言迦蘭伽
等其聲微妙身亦不同如來云何比之烏鵲無
異亭歷比須弥山佛與虛空亦復如是迦
蘭伽聲可喻佛聲不可以喻烏鵲之音尒時
佛讚迦葉菩薩言善哉善哉汝今善解甚深
難解如來有時以因緣故引彼虛空以喻解
脫如是解脫即是如來真解脫者一切人
天無能為匹而此虛空實非其喻為化衆生
故以虛空非喻為喻當知解脫即是如來
如來之性即是解脫解脫如來無二無別善
男子非喻者如無比之物不可引喻有因緣

BD14949號　大般涅槃經（北本）卷五　　（27–23）

脫如是解脫即是如來真解脫者一切人
天無能為匹而此虛空實非其喻為化衆生
故以虛空非喻為喻當知解脫即是如來
如來之性即是解脫解脫如來無二無別善
男子非喻者如無比之物不可引喻有因緣
故可得引喻如經中說面貌端政猶月盛滿
白象鮮潔猶如雪山滿月不得即同於面雪
山不得即是白象善男子不可以喻喻真解
脫為化衆生故作喻耳以諸譬喻知諸法性
皆亦如是
迦葉復言云何如來作二種說佛言善男子
譬如有人執持刀劍以瞋恚心欲害如來如
來和悅無恚恨色是人當得壞如來身成逆
罪不不也世尊何以故如來身界不可壞故
所以者何以無身聚唯有法性法性之性理
不可壞是人云何能壞佛身直以惡心故成
無間以是因緣引諸譬喻得知實法尒時佛
讚迦葉菩薩善哉善哉善男子我所欲說汝
今已說又善男子譬如惡人欲害其母住於
野田在穀積下母為送食其人見已尋生
害心便前摩刀母時知已逃入積中其人
持刀繞積遍斫斫已歡喜生已煞想其母
尋後從穀積出還至家中於意云何是人成
就無間罪不不也世尊不可定說何以故若
說有罪母身應壞身若不壞云何言有若說
無罪生已煞想心懷歡喜云何言無是人雖

[illegible]

尋後從殺積出還至家中於意云何是人成
就無間罪不不也世尊不可定說何以故若
說有罪母身應壞身若不壞云何言有若說
無罪生已惣想心懷歡喜云何言無是人雖
不具足逆罪而亦是逆以是因緣引諸譬喻
得知實法佛讚迦葉善哉善哉善男子以是
因緣我說種種方便譬喻以喻解脫雖以無
量阿僧祇喻而實不可以喻為比或有因緣
亦可喻說或有因緣不可喻說是故解脫成
就如是無量功德趣涅槃者涅槃如來亦有
如是無量功德以如是等無量功德成就滿
故名大涅槃迦葉菩薩白佛言世尊我今始
知如來至處為無有盡處若無盡當知壽命
亦應無盡佛言善哉善哉善男子汝今善能
護持正法若有善男子善女人欲斷煩惱諸
結縛者當作如是護持正法

大般涅槃經卷第五

夫以顧復難追昊天罔極馳景遠感痛結終
身故知不藉福基無酬　恩造崇徽崇
睞等不幸薄福早喪　尊親泣泉壤以
增悲仰穹昊而何及況復永
恩勝下早榮花萼之歡念愛掌中預雷珠
玉之美追思鞠育至動之　澤實深敬

身故知不藉福基無酬　恩造崇徽崇
昧等不幸薄福早亶　尊親泣泉壤以
增悲仰穹昊而何及況復承
恩膝下早蔡花萼之歡念愛掌中預需珠
玉之美追思鞠育至動之　澤寶深敬
荷劬勞返哺之誠無逮崇徽崇昧奉為七
考妣敬寫涅槃經一部塋此微誠莊嚴供
養冀使速津靈識業藉福崇通濟幽明
障銷德滿

維大唐景龍二年歲次戊申五月壬辰朔廿六日丁巳弟子朝議郎成州同谷縣令上柱國薛崇徽敬寫

夫人陰氏盧舍那供養
弟雍州永樂府左果毅上柱國崇昧供養
弟妻令狐氏大法供養
孫男上柱國英彥供養
英彥妻令狐氏成實相供養
孫女明正信供養
孫男英諒供養
孫男為政供養
孫女小王供養
孫女毋娘供養
孫女明尚智供養
孫男鴻鶴供養

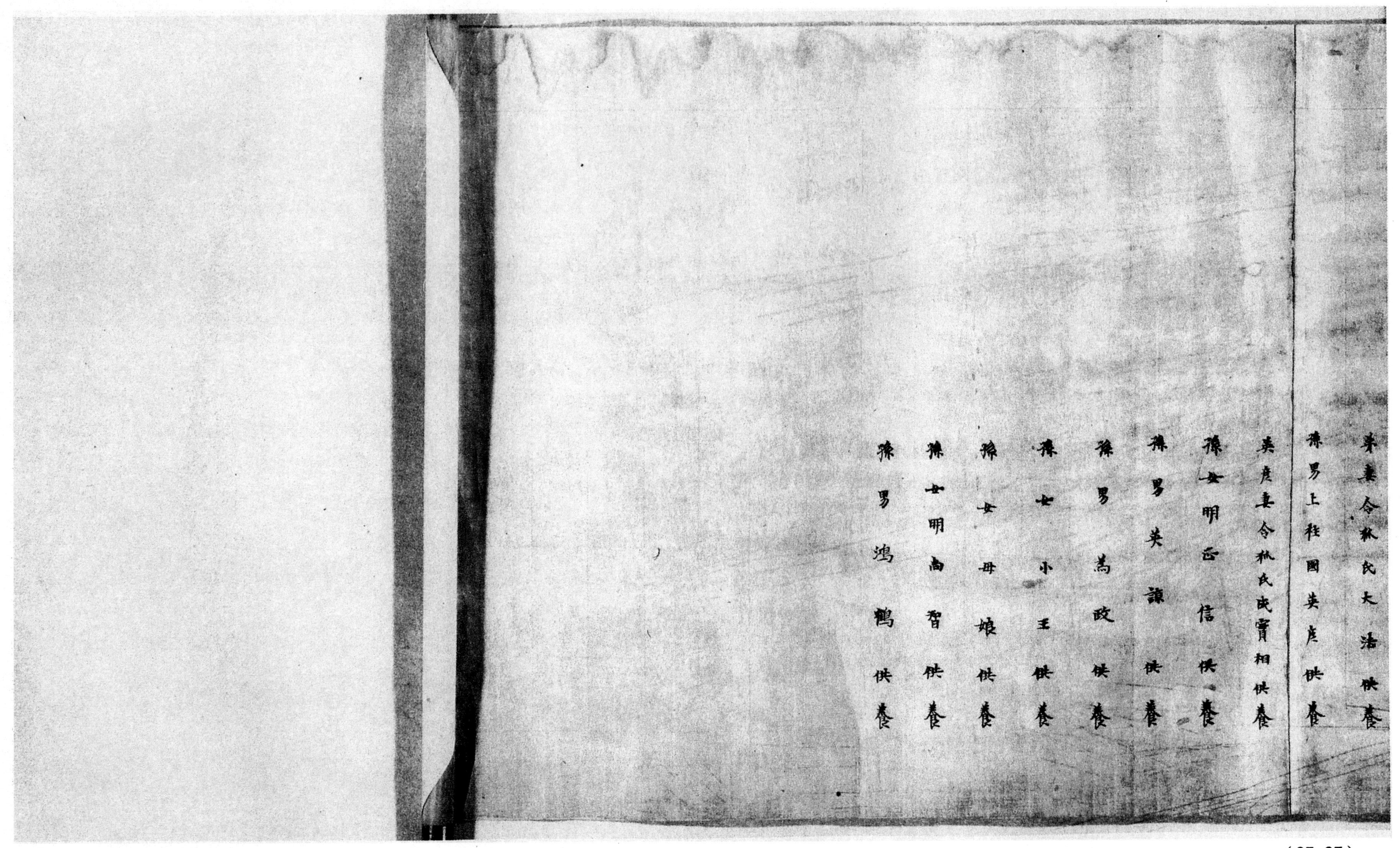
弟妻令狐氏大法供養
孫男上柱國英彦供養
英彦妻令狐氏成實相供養
孫女明正信供養
孫男英謙供養
孫男為政供養
孫女小王供養
孫女毋娘供養
孫女明尚智供養
孫男鴻鶴供養

BD14949號　大般涅槃經（北本）卷五

（27–27）

如來

之法而

善男子群

畏責主隱不欲現故名為藏

一切衆生世法雖負衆

言如來秘藏

BD14949號背　大般涅槃經（北本）卷五

（1–1）

BD14950 號背　現代護首　（1–1）

摩訶般若波羅蜜經次第行品第七十四　卅三
尒時須菩提白佛言世尊若有法相者尚不
得順忍何况得道世尊若无法相者當得順
忍不若乾慧地若性地若八人地若見地若
薄地若離欲地若已辦地若辟支佛地若菩
薩地若佛地若脩道因是脩道當斷煩惱不
以是煩惱故不得過聲聞辟支佛地入菩薩
位若不入菩薩位則不得一切種智不得一
切種智則不能得斷一切煩惱習世尊若无
有法是諸法則不生若不生是諸法則不能
得一切種智佛告須菩提如是如是若无有
法者則有順忍乃至斷一切煩惱習須菩提
白佛言世尊菩薩摩訶薩行般若波羅蜜時
有法相不所謂色相乃至識相眼相乃至意
相色相乃至法相眼界相乃至意識界相四
念處相乃至一切種智相皆是相皆是所相

BD14950 號　摩訶般若波羅蜜經（四十卷本異本）卷三三　（18–1）

得一切種智佛告須菩提如是如是若无有
法者則有順忍乃至斷一切煩惱習須菩提
白佛言世尊菩薩摩訶薩行般若波羅蜜時
有法相不所謂色相乃至識相眼相乃至意
相色相乃至法相眼界相乃至意識界相四
念處相乃至一切種智相若色相若色斷相
乃至識相識斷相十二入十八界亦如是若
无明相若无明斷相乃至憂悲愁惱相憂悲
愁惱斷相若欲相若欲斷相若瞋相若瞋斷
相若癡相若癡斷相若苦相若苦斷相若集
相若集斷相若盡相若盡斷相若道相若道
斷相乃至一切種智相斷一切煩惱習相佛
言不也須菩提菩薩摩訶薩行般若波羅蜜
時无有法相非法相即是菩薩順忍若无有
法相无有非法相即是脩道亦是道果須菩
提菩薩摩訶薩有法是菩薩道无法是菩薩
果以是因緣故當知一切法无所有性須菩
提白佛言世尊若一切法无所有性佛云何
知一切法无所有性故得成佛於一切法得
自在力佛告須菩提如是如是一切法无所
有性我本行菩薩道脩六波羅蜜離諸欲離
惡不善法有覺有觀離生喜樂入初禪乃至
入第四禪於是諸禪及枝不取相不念有是
禪不受禪味不得是禪无染清淨行四禪我
於是諸禪不受果報依四禪住起五神通身
通天耳知他人心宿命通天眼證於諸神通

入第四禪於是諸禪及枝不取相不念有是
禪不受禪味不得是禪无染清淨行四禪我
於是諸禪不受果報依四禪住起五神通身
通天耳知他人心宿命通天眼證於諸神通
不取相不念有是神通不受神通味不得是
神通我於是五神通不分別行須菩提我尒
時用一念相應慧得阿耨多羅三藐三菩提
所謂是苦聖諦是集是盡是道聖諦成就十
力四无所畏四无导智十八不共法大慈大
悲得作佛分別三聚衆生正定耶定不定須
菩提白佛言云何世尊於諸法无所有性中
起四禪六神通亦无衆生而分別作三聚佛
告須菩提若諸欲惡不善法若當有性若自
性若他性我本為菩薩行時不能觀諸欲惡
不善法无所有性入初禪以諸欲惡不善法
无有性若自性若他性皆是无所有性故我
本行菩薩道時離諸欲惡不善法入初禪乃
至入第四禪須菩提若諸神通有性若自性若
他性我不能知是神通无所有性得阿耨多
羅三藐三菩提須菩提以神通无有性若自
性若他性但无所有性以是故諸佛於神通
知无所有性得阿耨多羅三藐三菩提須菩
提言世尊若菩薩摩訶薩知諸法无所有性
因四禪五神通得阿耨多羅三藐三菩提世
尊新學菩薩摩訶薩云何於諸法无所有性
中次第行次第學次第道以是次第行次第

提言世尊若菩薩摩訶薩知諸法无所有性
因四禪五神通得阿耨多羅三藐三菩提世
尊新學菩薩摩訶薩云何於諸法无所有性
中次第行次第學次第道以是次第行次第
學次第道得阿耨多羅三藐三菩提佛告須
菩提菩薩摩訶薩若初從諸佛聞若從多供
養諸佛菩薩聞若諸阿羅漢若諸阿那含若
諸斯陁含若諸須陁洹所聞得无所有故是
佛得无所有故是阿羅漢阿那含斯陁含須
陁洹一切賢聖皆以得无所有故有名一切
有為作法无所有性乃至无有如毫末許所
有是菩薩摩訶薩聞是已作是念若一切法
无有性得无所有故是佛乃至得无所有故
是須陁洹我若當得阿耨多羅三藐三菩提
若不得一切法常无有性我何以不發心得
阿耨多羅三藐三菩提得阿耨多羅三藐三
菩提已一切衆生行於有想當令住无所有
中須菩提菩薩摩訶薩如是思惟已發阿耨
多羅三藐三菩提心為度一切衆生故菩薩
摩訶薩所行次第行次第學次第道者如過
去諸菩薩摩訶薩所行道得阿耨多羅三藐
三菩提是新發意菩薩應學六波羅蜜所謂
檀波羅蜜尸羅波羅蜜羼提波羅蜜毗梨耶
波羅蜜禪波羅蜜般若波羅蜜是菩薩摩訶
薩若行檀波羅蜜時自行布施亦教人布施
讚嘆布施功德歡喜讚嘆行布施者以是布
施因緣故得大財富是菩薩遠離慳心布施

BD14950號　摩訶般若波羅蜜經（四十卷本異本）卷三三　（18–4）

波羅蜜禪波羅蜜般若波羅蜜是菩薩摩訶
薩若行檀波羅蜜時自行布施亦教人布施
讚嘆布施功德歡喜讚嘆行布施者以是布
施因緣故得大財富是菩薩遠離慳心布施
衆生飲食衣服香華瓔珞房舍卧具燈燭種
種資生所須盡給與之菩薩摩訶薩行是布
施及持戒生天人中得大尊貴以是持戒布
施故得禪定衆以是布施持戒禪定故得智
慧衆解脫衆解脫知見衆是菩薩因是布施
持戒禪定衆智慧衆解脫衆解脫知見衆故
過聲聞辟支佛地入菩薩位入菩薩位已得
淨佛國土成就衆生得一切種智得一切種
智已轉法輪轉法輪已以三乘法度脫衆生
生死如是須菩提菩薩摩訶薩以是布施次
第行次第學次第道是事皆不可得何以故
自性无所有故復次須菩提菩薩摩訶薩從
初發意自行持戒教人持戒讚嘆持戒功
德歡喜讚嘆行持戒者持戒因緣故生天
人中得大尊貴見貧窮者施以財物不持
戒者教令持戒亂意者教令禪定愚癡者教
令智慧无解脫者教令解脫无解脫知見者
教令解脫知見以是持戒禪定智慧解脫
解脫知見故過阿羅漢辟支佛地入菩薩位
入菩薩位已得淨佛國土淨佛國土已成就
衆生成就衆生已得一切種智得一切種智
已轉法輪轉法輪已以三乘法度脫衆生如

BD14950號　摩訶般若波羅蜜經（四十卷本異本）卷三三　（18–5）

解脫知見故過阿羅漢辟支佛地入菩薩位
入菩薩位已得淨佛國土淨佛國土已成就
衆生成就衆生已得一切種智得一切種智
已轉法輪轉法輪已以三乘法度脫衆生如
是須菩提菩薩以是持戒次第行次第學次
第道是事皆不可得何以故一切法自性无
所有故復次須菩提菩薩摩訶薩從初已来
自行羼提波羅蜜教人行羼提讚歎羼提
功德歡喜讚歎行羼提者行羼提波羅蜜時
布施衆生各令滿足教令持戒教令禪定乃
至解脫知見以是布施持戒禪定智慧因緣
故過阿羅漢辟支佛地入菩薩位中入菩薩
位中已得淨佛國土淨佛國土已成就衆生
成就衆生已得一切種智得一切種智已轉
法輪轉法輪已以三乘法度脫衆生如是須
菩提菩薩以羼提波羅蜜次第行次第學次
第道是事皆不可得何以故一切法自性无
所有故復次須菩提菩薩摩訶薩從初以来
自行毗梨耶波羅蜜教人行毗梨耶讚歎行
毗梨耶功德歡喜讚歎行毗梨耶者乃至是
事不可得自性无所有故復次須菩提菩薩摩
訶薩從初已来自入禪入无量心入无色定
亦教人入禪入无量心入无色定讚歎入禪
入无量心入无色定功德歡喜讚歎行禪无
量心无色定者是菩薩住諸禪定无量心布
施衆生各令滿足教令持戒教令禪定智慧
以是布施禪定智慧解脫解脫知見因緣故

BD14950號　摩訶般若波羅蜜經（四十卷本異本）卷三三　（18–6）

亦教人入禪入无量心入无色定讚歎入禪
入无量心入无色定功德歡喜讚歎行禪无
量心无色定者是菩薩住諸禪定无量心布
施衆生各令滿足教令持戒教令禪定智慧
以是布施禪定智慧解脫解脫知見因緣故
過阿羅漢辟支佛地入菩薩位入菩薩位已
淨佛國土淨佛國土已成就衆生成就衆生
已得一切種智得一切種智已轉法輪轉法
輪已以三乘法度脫一切衆生乃至是事不
可得自性无所有故復次須菩提菩薩摩訶
薩從初已来行般若波羅蜜布施衆生各令
滿足教令持戒禪定智慧解脫解脫知見是
菩薩行般若波羅蜜時自行六波羅蜜亦教
他人令行六波羅蜜讚歎六波羅蜜功德歡
喜讚歎行六波羅蜜者是菩薩以是檀波羅
蜜尸羅波羅蜜羼提波羅蜜毗梨耶波羅蜜
禪波羅蜜般若波羅蜜因緣及方便力過聲聞
辟支佛地入菩薩位乃至是事不可得自性
无所有故須菩提是名初發意菩薩摩訶薩
次第行次第學次第道復次須菩提菩薩摩
訶薩次第行次第學次第道菩薩摩訶薩從
初已来以一切種智相應心信解諸法无所
有性脩六念所謂念佛念法念僧念戒念捨
念天須菩提云何菩薩摩訶薩脩念佛菩薩
摩訶薩念佛不以色念不以受想行識念何
以故是色自性无受想行識自性无若法自
性无是為无所有何以故无憶故是為念佛

BD14950號　摩訶般若波羅蜜經（四十卷本異本）卷三三　（18–7）

有性脩六念所謂念佛念法念僧念戒念捨
念天須菩提云何菩薩摩訶薩脩念佛菩薩
摩訶薩念佛不以色念不以受想行識念何
以故是色自性无受想行識自性无若法自
性无是為无所有何以故无憶故是為念佛
復次須菩提菩薩摩訶薩念佛不以卅二相
念亦不念金色身不念丈光不念八十隨形
好何以故是佛身自性无故若法无性是為
无所有何以故无憶故是為念佛復次須菩
提不應以戒眾念佛不應以定眾智慧眾解
脫眾解脫知見眾念佛何以故是眾无有自
性若法无自性是為非法无所念是為念佛
復次須菩提不應以十力念佛不應以四无
所畏四无㝵智十八不共法念佛不應以大
慈大悲念佛何以故是諸法自性无若法自
性无是為非法无所念是為念佛復次須菩
提不應以十二因緣法念佛何以故是因緣
法自性无若法自性无是為非法无所念是
為念佛如是須菩提菩薩摩訶薩行般若波
羅蜜時應念佛是為菩薩初發意次第行次
第學次第道是菩薩摩訶薩次第行次第學
次第道中住能具足四念處四正懃四如意
足五根五力七覺分八聖道分脩行空三昧
无相无作无願三昧乃至一切種智諸法性
无所有故是菩薩知諸法性无所有是中无
有性无无性須菩提云何菩薩摩訶薩應脩

BD14950號　摩訶般若波羅蜜經（四十卷本異本）卷三三　（18–8）

无相无作无願三昧乃至一切種智諸法性
无所有故是菩薩知諸法性无所有是中无
有性无无性須菩提云何菩薩摩訶薩應脩
念法須菩提菩薩摩訶薩行般若波羅蜜
時不念善法不念不善法不念无記法不念
世間法不念出世間法不念淨法不念不淨
法不念聖法不念凡夫法不念有漏法不
念无漏法不念欲界繫法色界繫法无色界
繫法不念有為法无為法何以故是諸法自
性无若法自性无是為非法无所念是為念
法念法中學无所有性故乃至當得一切種
智是菩薩得阿耨多羅三藐三菩提時得諸
法无所有性是无所有性中非有相非无相
如是須菩提菩薩摩訶薩應脩念法於是法
中乃至无少許念何況念法須菩提菩薩摩
訶薩云何應脩念僧須菩提菩薩摩訶薩念
僧无為法故分別有佛弟子眾是中乃至无
少許念何況念僧如是菩薩摩訶薩應念僧
須菩提菩薩摩訶薩云何應脩念戒須菩提
菩薩摩訶薩從初發意已來應念聖戒无缺
戒无隙戒无瑕戒无濁戒无著戒自在戒智
者所讚戒具足戒隨定戒應念是戒无所有
性乃至无少許念何況念戒須菩提菩薩摩
訶薩從初發意已來應念捨若自念捨若念
他捨若捨財若捨法若捨煩惱觀是捨不可
得故乃至无少許念何況念捨如是須菩提

BD14950號　摩訶般若波羅蜜經（四十卷本異本）卷三三　（18–9）

性乃至无少許念何況念戒須菩提菩薩摩
訶薩從初發意已來應念捨若自念捨若念
他捨若捨財若捨法若捨煩惱是捨不可
得故乃至无少許念何況念捨如是須菩提
菩薩摩訶薩應念捨須菩提云何菩薩摩訶
薩應念天須菩提菩薩作是念四天王諸天
所有信戒施聞慧此間命終生彼天處我亦
有是信戒施聞慧乃至他化自在天所有信
戒施聞慧此間命終生彼天處我亦有是信
戒施聞慧如是須菩提菩薩摩訶薩應念是
天无所有性中尚无少許念何況多須菩提
菩薩摩訶薩行是六念是名次第行次第學
次第道尒時須菩提白佛言世尊若一切法
无所有性所謂念色乃至識眼乃至意色乃
至法是无所有性眼界乃至意識界是无所
有性檀波羅蜜乃至般若波羅蜜內空乃至
无法有法空四念處乃至八聖道分佛十力
乃至一切種智是无所有性世尊若一切法
无所有性者是則无道无智无果佛告須菩
提汝見是色性實有不乃至一切種智實
有不須菩提言不見也世尊佛告須菩提汝
若不見諸法實有云何作是問須菩提言世
尊我於是法不敢有疑但為當來世諸比丘
求聲聞辟支佛道菩薩道者是人當如是言
若一切法无所有性誰垢誰淨誰縛誰解是
不知不解故而破於戒破正見破威儀破淨
命是人破此事故當墮三惡道世尊我畏當

BD14950號　摩訶般若波羅蜜經（四十卷本異本）卷三三　（18–10）

求聲聞辟支佛道菩薩道者是人當如是言
若一切法无所有性誰垢誰淨誰縛誰解是
不知不解故而破於戒破正見破威儀破淨
命是人破此事故當墮三惡道世尊我畏當
來世有如是事以是故問佛世尊我於是
法中信不疑不悔

摩訶般若波羅蜜經无漏行六度品第七十五

須菩提白佛言世尊若一切法性无所有菩
薩見何等利益故為衆生發阿耨多羅三藐
三菩提佛告須菩提以一切法性无所有故
菩薩為衆生求阿耨多羅三藐三菩提何以
故須菩提諸有得有著者難可解脫須菩提
諸得相者无有道无有果无阿耨多羅三藐
三菩提須菩提白佛言世尊无得相者有道
有果有阿耨多羅三藐三菩提不須菩提无
所得即是道即是果即是阿耨多羅三藐三
菩提法性不壞故若无所得法欲得道欲得
果欲得阿耨多羅三藐三菩提為欲壞法性
須菩提白佛言世尊若无所得法即是道即
是果即是阿耨多羅三藐三菩提云何有菩
薩初地乃至十地云何有无生法忍云何有
報得神通云何有報得布施持戒忍辱精進
禪定智慧住是果報法中能成就衆生能淨
佛國土及供養諸佛衣服飲食香華瓔珞房
舍卧具燈燭種種資生所須之具乃至得阿
耨多羅三藐三菩提不斷是福德乃至般涅
槃後舍利及弟子得供養尒乃滅盡佛告須

BD14950號　摩訶般若波羅蜜經（四十卷本異本）卷三三　（18–11）

佛國土及供養諸佛衣服飲食香華瓔珞房
舍卧具燈燭種種資生所須之具乃至得阿
耨多羅三藐三菩提不斷是福德乃至般涅
槃後舍利及弟子得供養尒乃滅盡佛告須
菩提以諸法无所得相故得菩薩初地乃至
十地有報得五神通布施持戒忍辱精進禪
定智慧成就衆生淨佛國土亦以善根因緣
故能利益衆生乃至般涅槃後舍利及弟子
得供養須菩提白佛言世尊若諸法无所得
相布施持戒忍辱精進禪定智慧諸神通有
何差別佛告須菩提无所得法布施持戒忍
辱精進禪定智慧神通无有差別以衆生著
布施乃至神通故分別說世尊云何无所得
法布施乃至神通无差別須菩提菩薩摩訶
薩行般若波羅蜜時不得布施施者受者皆
不可得而行布施不得戒而持戒不得忍而
行忍不得精進而行精進不得禪定而行禪定
不得智慧而行智慧不得神通而行神通不
得四念處而行四念處乃至不得八聖道分
而行八聖道分不得空三昧无相无作三昧
而行空无相无作三昧不得衆生而成就衆
生不得佛國土而淨佛國土不得諸佛法而得
阿耨多羅三藐三菩提須菩提菩薩摩訶
薩應如是行无所得般若波羅蜜菩薩摩訶
薩行是无所得般若波羅蜜時魔若魔天不
能破壞須菩提白佛言世尊云何菩薩摩訶

BD14950號　摩訶般若波羅蜜經（四十卷本異本）卷三三　（18–12）

阿耨多羅三藐三菩提須菩提菩薩摩訶
薩應如是行无所得般若波羅蜜菩薩摩訶
薩行是无所得般若波羅蜜時魔若魔天不
能破壞須菩提白佛言世尊云何菩薩摩訶
薩行般若波羅蜜時一念中具足行六波羅
蜜四禪四无量心四无色定四念處四正勤
四如意足五根五力七覺分八聖道分三解
脫門佛十力四无所畏四无㝵智十八不共
法大慈大悲卅二相八十隨形好佛告須菩
提菩薩摩訶薩所有布施不遠離般若波羅
蜜所脩持戒忍辱精進禪定不遠離般若波
羅蜜四禪四无量心四无色定脩四念處乃
至八十隨形好不遠離般若波羅蜜須菩
提白佛言世尊云何菩薩摩訶薩不遠離般
若波羅蜜故一念中具足行六波羅蜜乃至
八十隨形好佛言菩薩行般若波羅蜜時所
有布施不遠離般若波羅蜜不二相持戒時
亦不二相脩忍辱懃精進入禪定亦不二相
乃至八十隨形好亦不二相須菩提白佛言
世尊云何菩薩摩訶薩布施時不二相乃至
脩八十隨形好不二相須菩提菩薩摩訶薩
行般若波羅蜜時欲具足檀波羅蜜檀波羅
蜜中攝諸波羅蜜及四念處乃至八十隨形
好世尊云何菩薩布施時攝諸无漏法佛告
須菩提若菩薩摩訶薩行般若波羅蜜住无
漏心布施於无漏心中不見相所謂誰施誰

BD14950號　摩訶般若波羅蜜經（四十卷本異本）卷三三　（18–13）

蜜中攝諸波羅蜜及四念處乃至八十隨形
好世尊云何菩薩布施時攝諸无漏法佛告
須菩提若菩薩摩訶薩行般若波羅蜜住无
漏心布施於无漏心中不見相所謂誰施誰
受所施何物以是无相心无漏心斷愛斷慳
貪心而行布施是時不見布施乃至不見阿
耨多羅三藐三菩提法是菩薩无相心无漏
心持戒不見是戒乃至不見一切佛法无相
心无漏心忍辱不見是忍乃至不見一切佛
法无相心无漏心精進不見是精進乃至不
見一切佛法以无相心无漏心入禪定不見
是禪定乃至不見一切佛法以无相心无漏
心脩智慧不見是智慧乃至不見一切佛法
以无相心无漏心脩四念處不見是四念處
乃至八十隨形好世尊若諸法无相无作云
何具足檀波羅蜜尸羅波羅蜜羼提波羅
蜜毗梨耶波羅蜜禪波羅蜜般若波羅蜜云
何具足四念處四正懃四如意足五根五力七
覺分八聖道分云何具足空三昧无相无作
三昧佛十力四无所畏四无导智十八不共
法大慈大悲云何具足卅二相八十隨形好
佛告須菩提菩薩摩訶薩行般若波羅蜜以
无相心无漏心布施須食與食乃至種種所
須盡給與之若内若外若支觧其身若國城
妻子布施衆生若有人来語菩薩言何用是
布施為是无所益行般若波羅蜜菩薩作是

BD14950號　摩訶般若波羅蜜經（四十卷本異本）卷三三　（18–14）

佛告須菩提菩薩摩訶薩行般若波羅蜜以
无相心无漏心布施須食與食乃至種種所
須盡給與之若内若外若支觧其身若國城
妻子布施衆生若有人来語菩薩言何用是
布施為是无所益行般若波羅蜜菩薩作是
念是人雖来訶我布施我終不悔我當懃行
布施不應不與施已與一切衆生共之迴向
阿耨多羅三藐三菩提亦不見是相誰施誰
受所施何物迴向者誰何等是迴向法何等
是迴向處所謂阿耨多羅三藐三菩提是相
皆不可見何以故一切法以内空故空外空
故空内外空故空空空有為空无為空畢竟
空无始空散空性空一切法空自相空故空
如是觀作是念迴向者誰迴向何處用何法
迴向是名正迴向尒時菩薩能成就衆生淨佛國
土能具足檀波羅蜜尸波羅蜜羼提波羅蜜
毗梨耶波羅蜜禪波羅蜜般若波羅蜜乃至
卅七助道法空无相无作三昧乃至十八不共
法是菩薩如是具足檀波羅蜜而不受世間
果報譬如他化自在諸天隨意所須即皆得
之菩薩亦如是心生所願隨意即得是菩薩
摩訶薩以是布施果報故能供養諸佛亦能
滿足一切衆生天及人阿脩羅是菩薩以檀波
羅蜜攝取衆生用方便力以三乘法度脫衆生
如是須菩提菩薩摩訶薩於无相无得无作
諸法中具足檀波羅蜜須菩提菩薩摩訶薩
云何於无相无得无作法中具足尸羅波羅

BD14950號　摩訶般若波羅蜜經（四十卷本異本）卷三三　（18–15）

羅蜜攝取衆生用方便力以三乘法度脫衆生
如是須菩提菩薩摩訶薩於无相无得无作
諸法中具足檀波羅蜜須菩提菩薩摩訶薩
云何於无相无得无作法中具足尸羅波羅
蜜須菩提是菩薩摩訶薩行尸羅波羅蜜時
持種種戒所謂八聖道戒自然戒報得戒受
得戒心生戒如是等不缺不破不雜不濁不
着自在戒智所讚戒用是戒无所取若色若
受想行識若卅二相八十隨形好若刹利大
姓若婆羅門大姓居士大家若四天王天卅
三天夜摩天兜率陁天化樂天他化自在天
梵衆天光音天遍淨天廣果天无想天无廣
天无熱天妙見天憙見天阿迦尼吒天空處天
識處天无所有處天非有想非无想處天若
須陁洹果若斯陁含果若阿那含果若阿羅
漢果若辟支佛道若轉輪聖王若天王但為一
切衆生共之迴向阿耨多羅三藐三菩提以
无相无得无二迴向故為世俗法故非第一
實義是菩薩具足尸羅波羅蜜以方便力
起四禪不味着故得五神通因四禪得天眼
菩薩住二種天眼脩得報得得天眼已見東
方現在諸佛乃至得阿耨多羅三藐三菩提
如所見事不失南西北方四維上下現在諸
佛乃至得阿耨多羅三藐三菩提如所見不
失是菩薩用天耳淨過於人耳聞十方諸佛
說法如所聞不失能自饒益亦益他人是菩

BD14950號　摩訶般若波羅蜜經（四十卷本異本）卷三三　（18–16）

方現在諸佛乃至得阿耨多羅三藐三菩提
如所見事不失南西北方四維上下現在諸
佛乃至得阿耨多羅三藐三菩提如所見不
失是菩薩用天耳淨過於人耳聞十方諸佛
說法如所聞不失能自饒益亦益他人是菩
薩以知他心智知十方諸佛心及知一切衆
生心亦能饒益一切衆生是菩薩用宿命智
知過去諸業緣是業因緣不失故是衆生在
在處處所生悉知是菩薩用是漏盡智令衆生
得須陁洹果乃至阿羅漢辟支佛道在在處
處能令衆生入善法中如是須菩提菩薩摩
訶薩於諸法无相无得无作具足尸羅波
羅蜜世尊云何諸法无相无作无得菩薩摩
訶薩能具足羼提波羅蜜須菩提菩薩摩訶
薩從初發意已来乃至坐道場於其中間若
一切衆生来以凡石刀杖加是菩薩菩薩是時
不起瞋心乃至不生一念尒時菩薩應脩二
種忍一者一切衆生惡口罵詈若加刀杖凡
石瞋心不起二者一切法无生无生法忍菩薩
若人来惡口罵詈或以凡石刀杖加之尒時菩
薩應如是思惟罵我者誰識訶者誰打擲
者誰有受者即時菩薩應思惟諸法實性所
謂畢竟空无法无衆生諸法尚不可得何況
有衆生如是觀諸法相時不見罵者不見割
截者是菩薩如是觀諸法相時即得无生法
忍云何名无生法忍知諸法相常不生諸煩
惱從本已来亦常不生是菩薩摩訶薩住是

BD14950號　摩訶般若波羅蜜經（四十卷本異本）卷三三　（18–17）

有衆生如是觀諸法相時不見罵者不見割
截者是菩薩如是觀諸法相時即得无生法
忍云何名无生法忍知諸法相常不生諸煩
惱從本已来亦常不生是菩薩摩訶薩住是
二忍能具足四禪四无量心四无色定四念
處乃至八聖道分三解脫門佛十力四无所
畏四无㝵智十八不共法大慈大悲是菩薩
住是聖无漏出世間法不共一切聲聞辟支
佛具足聖神通住聖神通已以天眼見東方
諸佛是人得念佛三昧乃至阿耨多羅三藐
三菩提終不斷絶南西北方四維上下亦如
是是菩薩用天耳聞十方諸佛所說法如所
聞為衆生說是菩薩亦知十方諸佛心及知
一切衆生念知已隨其心而說法是菩薩以
宿命智知一切衆生宿世善根為衆生說法
令其歡喜是菩薩以漏盡神通教化衆生令
得三乘是菩薩摩訶薩行般若波羅蜜以方
便力成就衆生具足一切種智得阿耨多羅
三藐三菩提轉法輪如是須菩提菩薩摩訶
薩无相无得无作法中具足羼提波羅蜜

摩訶般若波羅蜜經卷第卅三

BD14950 號　摩訶般若波羅蜜經（四十卷本異本）卷三三　　（18–18）

佛常樂見之是人所在方面諸佛皆向其處
說法悉能受持一切佛法又能出於深妙法
音尒時世尊欲重宣此義而說偈言
是人舌根淨　終不受惡味　其有所食噉　悉皆成甘露
以深淨妙音　於大衆說法　以諸因緣喻　引導衆生心
聞者皆歡喜　設諸上供養　諸天龍夜叉　及阿脩羅等
皆以恭敬心　而共來聽法　是說法之人　若欲以妙音
遍滿三千界　隨意即能至　大小轉輪王　及千子眷屬
合掌恭敬心　常來聽受法　諸天龍夜叉　羅剎毗舍闍
亦以歡喜心　常樂來供養　梵天王魔王　自在大自在
如是諸天衆　常來至其所　諸佛及弟子　聞其說法音
常念而守護　或時為現身
復次常精進若善男子善女人受持是經若
讀若誦若解說若書寫得八百身功德得清
淨身如淨琉璃衆生憙見其身淨故三千大
千世界衆生生時死時上下好醜生善處惡
處悉於中現及鐵圍山大鐵圍山弥樓山摩

BD14951 號　妙法蓮華經卷六　　（3–1）

復次常精進若善男子善女人受持是經若
讀若誦若解說若書寫得八百身功德得清
淨身如淨琉璃衆生憙見其身淨故三千大
千世界衆生生時死時上下好醜生善處惡
處悉於中現及鐵圍山大鐵圍山彌樓山摩
訶彌樓山等諸山及其中衆生悉於中現下
至阿鼻地獄上至有頂所有及衆生悉於中
現若聲聞辟支佛菩薩諸佛說法皆於身中
現其色像尒時世尊欲重宣此義而說偈言
若持法華者　其身甚清淨　如彼淨琉璃　衆生皆憙見
又如淨明鏡　悉見諸色像　菩薩於淨身　皆見世所有
唯獨自明了　餘人所不見　三千世界中　一切諸羣萌
天人阿脩羅　地獄鬼畜生　如是諸色像　皆於身中現
諸天等宮殿　乃至於有頂　鐵圍及彌樓　摩訶彌樓山
諸大海水等　皆於身中現　諸佛及聲聞　佛子菩薩等
若獨若在衆　說法悉皆現　雖未得无漏　法性之妙身
以清淨常體　一切於中現
復次常精進若善男子善女人如來滅後受
持是經若讀若誦若解說若書寫得千二百
意功德以是清淨意根乃至聞一偈一句通
達无量无邊之義解是義已能演說一句一
偈至於一月四月乃至一歲諸所說法隨其
義趣皆與實相不相違背若說俗間經書治
世語言資生業等皆順正法三千大千世界
六趣衆生心之所行心所動作心所戲論皆
悉知之雖未得无漏智慧而其意根清淨如
此是人有所思惟籌量言說皆是佛法无不
真實亦是先佛經中所說尒時世尊欲重宣

BD14951號　妙法蓮華經卷六　（3–2）

達无量无邊之義解是義已能演說一句一
偈至於一月四月乃至一歲諸所說法隨其
義趣皆與實相不相違背若說俗間經書治
世語言資生業等皆順正法三千大千世界
六趣衆生心之所行心所動作心所戲論皆
悉知之雖未得无漏智慧而其意根清淨如
此是人有所思惟籌量言說皆是佛法无不
真實亦是先佛經中所說尒時世尊欲重宣
此義而說偈言
是人意清淨　明利无穢濁　以此妙意根　知上中下法
乃至聞一偈　通達无量義　次第如法說　月四月至歲
是世界內外　一切諸衆生　若天龍及人　夜叉鬼神等
其在六趣中　所念若干種　持法華之報　一時皆悉知
十方无數佛　百福莊嚴相　為衆生說法　悉聞能受持
思惟无量義　說法亦无量　終始不忘錯　以持法華故
悉知諸法相　隨義識次第　達名字語言　如所知演說
此人有所說　皆是先佛法　以演此法故　於衆无所畏
持法華經者　意根淨若斯　雖未得无漏　先有如是相
是人持此經　安住希有地　為一切衆生　歡喜而愛敬
能以千万種　善巧之語言　分別而說法　持法華經故

BD14951號　妙法蓮華經卷六　（3–3）

BD14952 號背　現代護首　　（1–1）

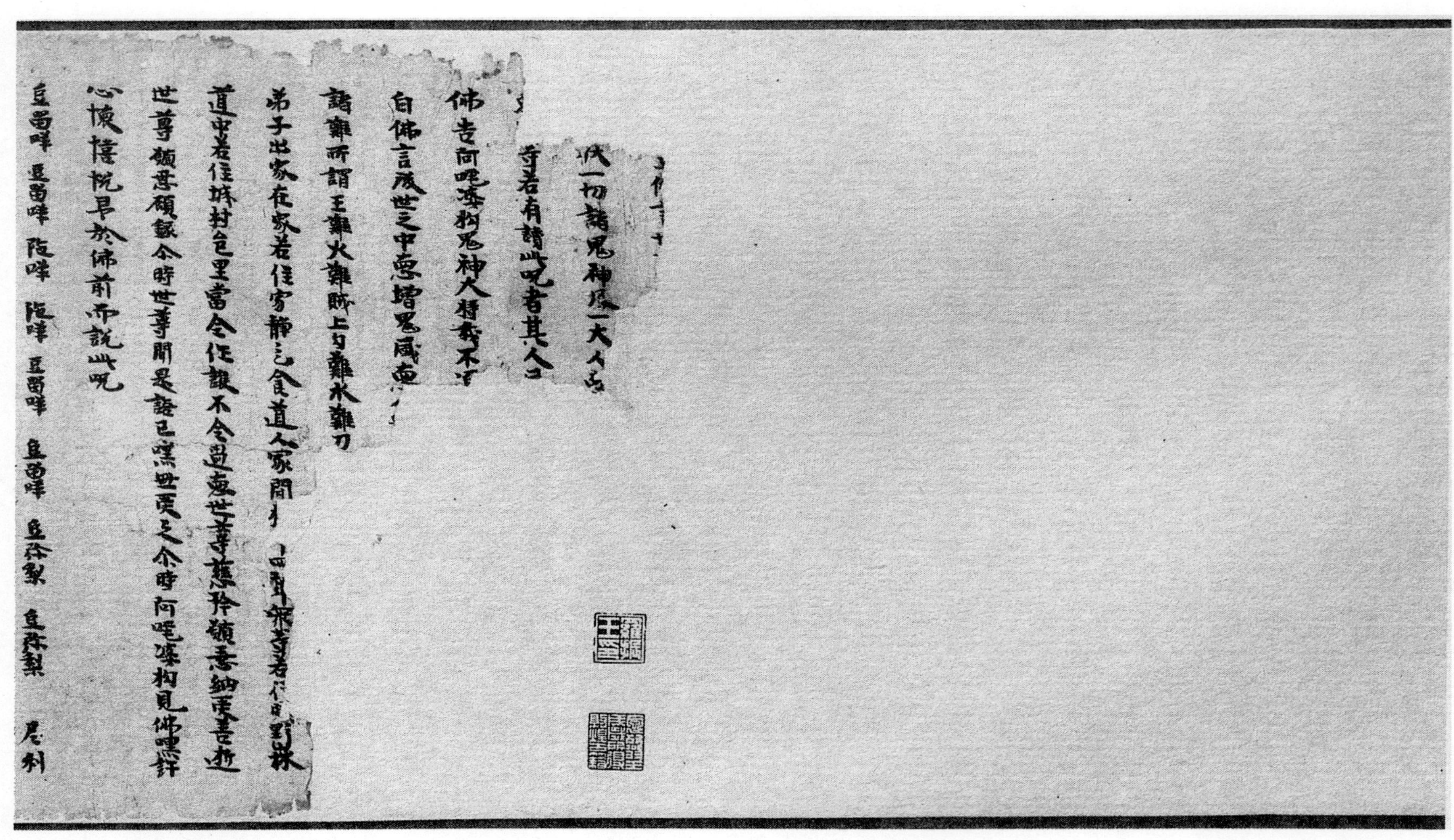

BD14952 號 1　陀羅尼雜咒集（擬）　　（9–1）

道中若住城封邑里當令作護不令惡鬼世尊慈矜願垂納受善逝
世尊願垂顧錄爾時世尊聞是語已嘿然受之爾時阿吒婆拘見佛嘿許
心懷悵悅即於佛前而說此呪
豆留咩 豆留咩 陀咩 陀咩 豆留咩 豆留咩 豆蘇梨 豆蘇梨 尼利
尼利 那邏 那邏 尼利 尼利 那邏 那邏 摩留尼利 豆留荼濘
豆留荼濘 摩訶豆留荼濘 豆留荼濘 究吒濘〻 摩訶究吒濘 究吒濘
叉吒濘 叉吒濘 摩訶叉吒濘 叉吒濘 吒吒吒吒吒吒 摩訶叉濘
阿毗阿毗 摩訶阿毗阿毗 阿毗利 阿毗利 摩訶阿毗利 阿毗利
阿明阿毗 阿明阿毗 阿明阿毗 阿明阿毗 利歸 律歸 摩訶律歸 利歸
律濘 利濘 摩訶利濘利濘 首婁 摩訶首婁 首婁 佤婁佤
婁 摩訶佤婁 佤婁 笛佤年 笛佤年 佤年 佤婁 佤年 三年利
希利 希利 希利 伊持 伊持 伊持 伊持 比持 比持 比持
呵羅 呵羅 呵羅 呵羅 希尼 希尼 希尼 希尼 休尼 休尼休尼
醯尼 呵耶 呵耶 呵耶 呵耶 牟尼 牟尼 牟尼 牟尼 摩訶牟尼
遮羅 遮羅 尼利 既知 路伽遮利旦 時耶時耶時耶 沙婆 時耶 時耶
闍瑪提叉致 舍耆陀牟 舍耆陀牟 舍牟 陀牟 舍牟陀牟 舍牟
陀牟 目叉抹提 那遮遮耶咩 留留沙叉 摩牟尼 耶毗闍耶咩 浦伽 都叉牟
牟尼耶毗闍耶咩 莎呵 世尊此陀尼狗為作救護持讀誦者令得安隱家
節令離衰惱滅諸惡毒離諸怖離王難賊難恐增之難若天若龍
鬼神羅刹 究槃荼浸名濕摩叉 阿婆沫羅 咕屋池 如羞之等
所僱惱者所侵損者悉得除滅又復世間一切諸毒若草若木根莖葉菓
衣裳食飲世間之物及虫鳥禽獸諸能為毒惡傷害人者悉令消懷不令
能為[illegible]

鬼神羅刹 究槃荼浸名濕摩叉 阿婆沫羅 咕屋池 如羞之等
所僱惱者所侵損者悉得除滅又復世間一切諸毒若草若木根莖葉菓
衣裳食飲世間之物及虫鳥禽獸諸能為毒惡傷害人者悉令消懷不令
能為虫又復虛空日月星辰起風〻輪鬼神起風欲來害人或復人語
鬼神等欲來求食吸人精氣食人血肉者令人寒病熱病者若一日二日
三日四日乃至七日或令冷病濕病寒冷等病若身內身外一切衆病若七日
若十六日悉令消滅不能為害是等諸鬼若以手若以口若以舌若以心惱人
者及於惡人欲為人惱害者先當讀此呪力能禁持令彼惡鬼惡人噤悖失音
不為惡世尊我今重當更說神呪以雜護之
吱咽叱 阿婆致 遮嚧嚧嚧咖 遮鹽彼刹 輸極尼 阿婆契嚏咖 尼樓彼捨
攢囊 阿耶究睥 阿寞羅毗輸極尼 阿毗迦羅嗟 阿毗浮提 阿勾𢍁
阿呪咖 手婆咖鉢 密閣跌咖 摩訶咖鉢 憂波舍寞 咪嚏跌知 畲沙鋅
耆蒲尼 薩遮陀刹鈿 阿毗留提 薩嗟叉律咖 頞擾僧嘻 阿蜜叉
波羅脾 婆羅跌咖 甚喉 姊脾 甚婆婆咖 三摩叱羅輸只 三摩貰知
阿兔咀囉 佛阿喉致咖 尸羅毗手喉 阿脾喉 跋閣羅薩喉 阿鞞沙秋
阿闍喉波羅毗 闍喉毗手陀救 阿耶啼迦羅 摩尼救 阿僧伽刹救嗜單
薩婆摩羅跌擾 波羅殖單 薩波啼律咃 波羅闍波刹單 嗟摩鞞樓迦
僧斯羅嗜單 嗟摩嵩男 莎呵
佛告阿難如當受持讀誦直利為他解說書寫供養如說循
行是何羅尼所以者何此呪三世諸佛所說普除一切惡鄣魔

僧祈羅唏嘽　嗟奢耆男　莎呵
佛告阿難如當受持讀誦通利為他解說書寫供養如說脩
行是陀羅尼所以者何此呪三世諸佛所說普除一切患難鬼
事繫縛誹謗某甲令得安隱若有毒病若風冷病若陰結
若心腹胃痛若耳邊痛及與頭若熱病或一發乃至四日及
雜風冷患皆愈然於三寶威神德力令人安隱并護世四
王大臣官屬威神護身令其安隱日夜無患阿難過去佛
憐愍群生結此神呪除諸苦厄四天王等於佛前立願流
通此典救護眾生我今亦為護眾生故說陀羅尼四天王
等然當護持以佛力故令不中夭
蜜燕五羊耶彥摩荼波時囉波尼救　摩訶夜叉斯耶婆呵救
吸擲伽　毫婆蚰唏耶恩嚧提婆蘇　婆時囉婆尼羅濆　座唎及擲伽
一日々嚧々休々笛薩毗恩嚧利　佉韃祁尼莎呵　勤々叉々阿彌達　甲　某
薩婆々救呼蚰　莎呵
燒香直誦千遍若七遍一遍一結三七廿一結千基燒恒著隨身若繫
聞伽攢自世散惡人魏謗縣官口舌至心誦呪千遍解脫憂苦恐
誹謗善縣官口舌相救伽攢自世散解國王慈心憐愍如千眾罪得免差

BD14952 號 1　陀羅尼雜咒集（擬）　（9–4）

薩婆々救呼蚰　莎呵
燒香直誦千遍若七遍一遍一結三七廿一結千基燒恒著隨身若繫
聞伽攢自世散惡人魏謗縣官口舌至心誦呪千遍解脫憂苦恐
誹謗善縣官口舌相救伽攢自世散解國王慈心憐愍如千眾罪得免差
伽偷人誦呪千遍燒香求願必見偷者誦其姓名神來語人示其形像
若求見仙人玉女一心誦呪千遍必見无疑若不來之時更誦千遍如辰
夢見白黑形像演說因緣如願必來神力无量就之非者莫傳
婆折羅婆尼能令一切鬼神王所求如意陀羅尼神呪
南无勒耶吸囉蚰々　南无様荼波折囉婆尼蚰　摩訶夜叉斯耶扶嚧救
摩婆蚰唏耶恩嚧　呬婆槃婆折囉婆尼　摩訶夜叉　阿囉波涛勒座
叉擲伽　顛祢毗唏尼　覓唏尼　波羅摩唎　阿知摩知尼　旦々流々
晝々知々　莎呵
此婆折羅神呪極散惡呪能那一切惡鬼病能破一切魔七惡業
能斷一切方道貓鬼夜叉羅刹罽鞞耶吉遮鳩槃荼能去一切
厭蠱鬼鬼能除一切病痛悉皆除愈能滅一切侵人讒言口舌刀杖
之難能去大千世界惡賊怨敵千軍万馬刀兵之中不能傷人能
名四天王廿八部鬼神王將々諸部眾來集呪所一心誦呪朝一千
八遍四[illegible]

BD14952 號 1　陀羅尼雜咒集（擬）　（9–5）

厭故鬼魅能除一切病痛悉皆除愈能滅一切惡人讒言口舌刀杖
之難能去大千世界惡賊怨敵千軍万馬刀兵之中不能傷人能
令四天王廿八部鬼神王持々諸部衆來集呪所正心誦呪朝一千
八遍如意早得所願從心
護人身呪 南无謁使耶 揭波羅 吱擿伽 牽々牽剌毆尼 莎呵
南无阿剎虵 婆略謎 提舍婆羅 菩提薩嚧斯 叉擿伽 立々剎々 提嚧曳嚧
婆皇恩 牽彌波囉 阿囉吱 莎呵
此阿羅尼神呪晨朝三遍誦之一切吉祥護人躰
又護己身呪 須舍羅 那沚虵 色叉比虵 波囉々波羅々 天闍波々莎呵
護己身万惡不近一切吉祥 說此呪主善遠惡 叉擿伽 呵々呵吒呵々呵々
晨朝誦此三頭呪者得來難可思甚
陁羅弥尼 陁囉耆 陁波叉 陁婆勒叉敉 陁囉目叉敉 莎呵
大雲經呪請雨
●韜帝 波剎韜帝 僧韜帝 波羅僧韜帝
波羅卑羅述坻 三波羅卑羅述坻 波羅波羅
波婆羅 波婆羅 摩文闍 摩文闍 遮羅坻
遮羅坻 波遮羅坻 波遮羅坻三波羅遮羅坻比提

BD14952 號 1 陀羅尼雜咒集（擬） （9–6）

波羅卑羅述坻 三波羅卑羅述坻 波羅波羅
波婆羅 波婆羅 摩文闍 摩文闍 遮羅坻
遮羅坻 波遮羅坻 波遮羅坻三波羅遮羅坻比提
嘻梨嘻利 薩緣醯 薩緣醯 冨嚧 冨嚧 莎呵
●郁究緣 牟究緣 頭緣 比頭緣 陁尼韜緣
陁那賴緣 陁那僧嗒兮 祈雨足斷雨呪
佛說安宅神呪經

佛說安宅神呪經
尒時佛告一切大衆世人愚惑信佛者少信耶者多耶者
師欺誑致使世人无所歸趣淺識愚迷如牛隨主致不吉
利諸不諧偶請師安宅無生禱祀此皆誑惑凡人獲罪不少
吾今慈心略敎安宅之法施設高座香鐙幡蓋燒衆名香任
力所堪設齋作會露出庭中在星月下合家大小敬礼十方
諸佛長跽叉手敬白十方諸佛今為某甲安宅燃燈燒香
供養請福求願福祐諸神安隱大聖並安一心歸命懺悔十
方諸佛稱南无佛南无法南无比丘僧諸天龍神廿八部一切善
神今日皆受弟子某甲請願神力祐身弟子使宅神安

BD14952 號 1 陀羅尼雜咒集（擬） （9–7）
BD14952 號 2 安宅神咒經

供養諸福來願福祐諸神安隱大聖並安一心歸命懺悔十
方諸佛稱南无佛南无法南无比丘僧諸天龍神卅八部一切善
神今日皆來弟子某甲請願神力祐身弟子使宅神安
隱所向諧偶復礼十方諸佛懺悔先罪願求福祐我今持尊
經般若波羅蜜神力盡刑專不復請令邪神一切諸神證明
弟子請高明沙門一人在高坐上安隱而坐轉讀此經七遍大地
十方歲月劫煞四時五行六甲禁忌十二時神青龍白虎朱雀玄
武土府將軍伏龍騰蛇宅中守神夫戶伯井竈精靈堂上戶
中溷邊之神庭中力士家王父母宅前宅後宅左宅右舍宅
八神神子神女因託形聲猗名附著各自休心不得妄
稱其中興功立宅安居井竈天道蕩蕩周遊廣遠洋
洋无際无所罣㝵某甲自今已後動土造舍碓磑井竈六
畜欄楯壘土牆壁治門破戶從意所為一切任意魍魎鬾魍
魅不得妄來假近佛說經已一切大衆心意開解得未曾有
佛言若我弟子有聞此經能專心精進求願請佛及衆
僧賢聖請求安宅心不散亂安宅之後一心歸依三寶
更無想餘轉經行道心如常佛慈慈都去无有凶患禍害
消滅災怪不生諸天覆護地清內外无不吉祥四方翼
翼諸天都見宗族敬祐人天愛敬无所忌諱不相嬈惱
日月星宿諸天神王皆共稱善陰陽五行天下鬼神各各

BD14952 號 2　安宅神咒經　（9–8）

更無想餘轉經行道心如常佛慈慈都去无有凶患禍害
消滅災怪不生諸天覆護地清內外无不吉祥四方翼
翼諸天都見宗族敬祐人天愛敬无所忌諱不相嬈惱
日月星宿諸天神王皆共稱善陰陽五行天下鬼神各各
自安无不善利天負地方虚空无限等同實際性相一味有
情之類雖有六道異名終其所趣寂漠无為心淨會理一切衆
耶无有能對慎護惡友親近智者從是貽願漸漸入道普度
群生廣度一切時諸在會一切大衆聞經歡喜行礼而去
佛說安宅呪經願為宣流令五濁世加請三七遍令一切宅舍安隱
佛說安宅呪經

BD14952 號 2　安宅神咒經　（9–9）

BD14953 號背　現代護首　　　　（1–1）

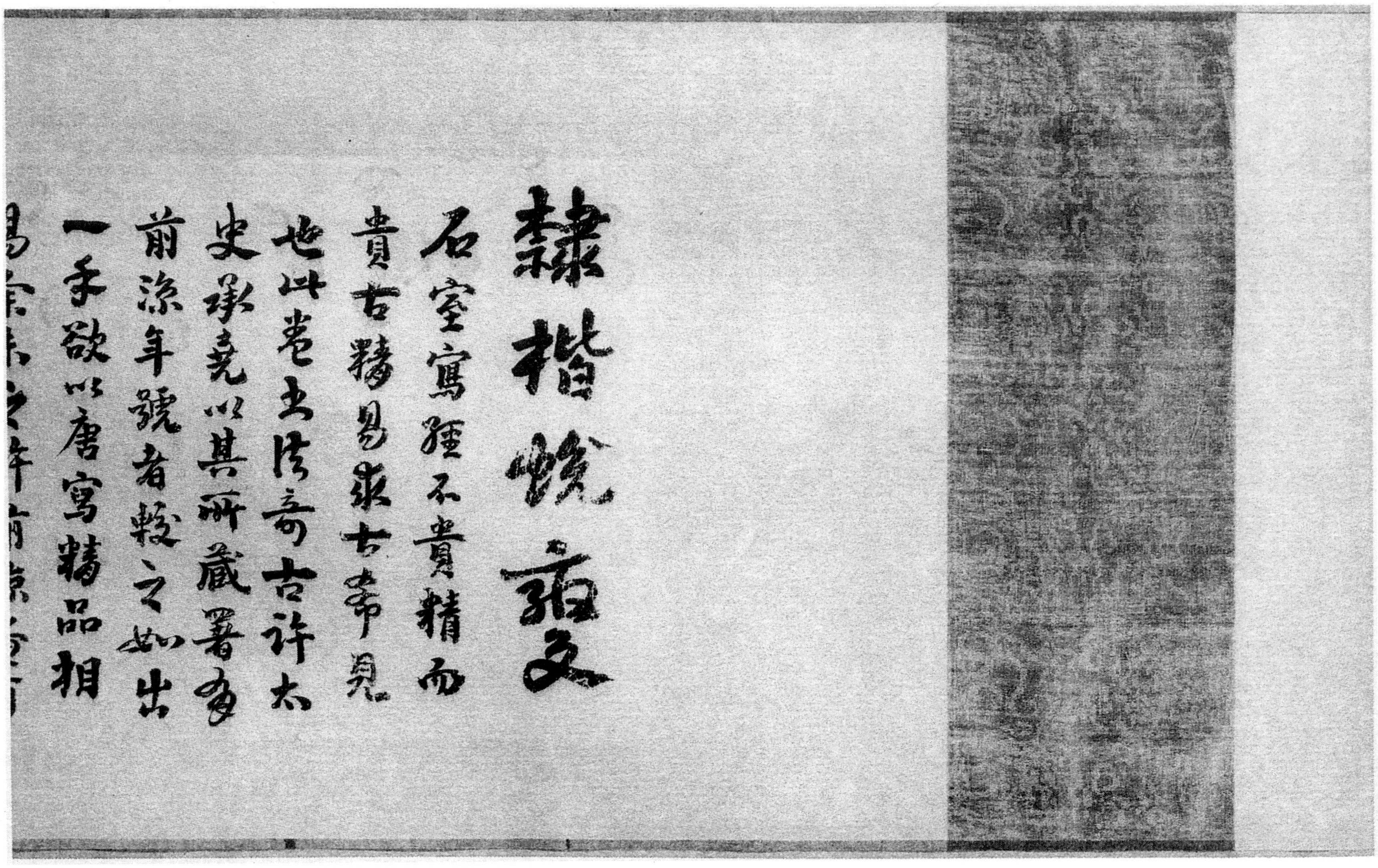

BD14953 號　大方廣佛華嚴經（晉譯六十卷本）卷五八　　　　（15–1）

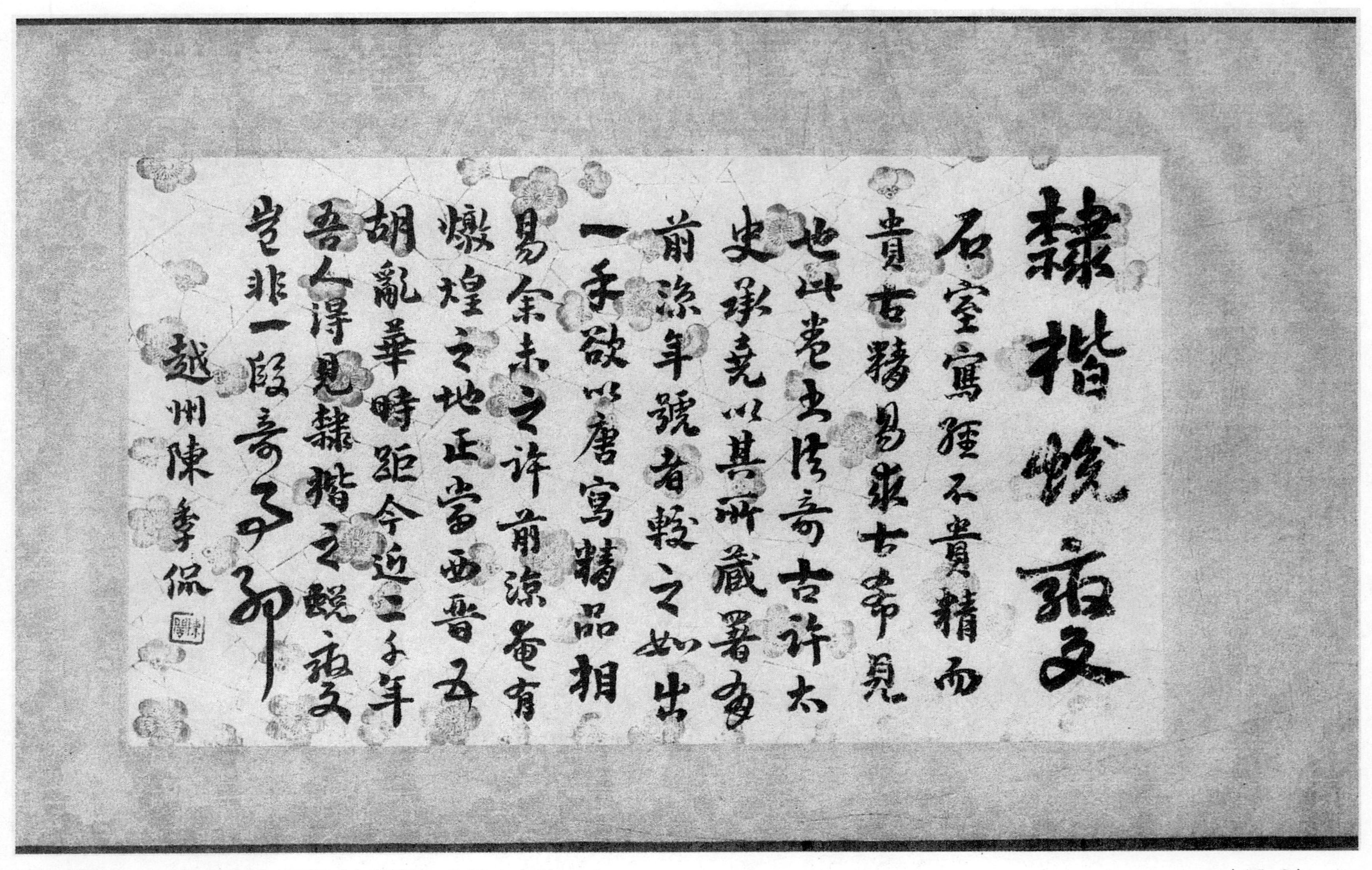
隸楷蛻變
石室寫經不貴精而貴古，精易求，古希見也。此卷書法奇古，許太史承堯以其所藏署有前涼年號者較之，如出一手，欲以唐寫精品相易，余未之許。前涼奄有燉煌之地，正當西晉五胡亂華時，距今近二千年，吾人得見隸楷之蛻變，豈非一段奇緣耶。
越州陳季侃

BD14953號　大方廣佛華嚴經（晉譯六十卷本）卷五八　（15–2）

煩惱增益一切智柱一切佛法漸次善男
子善知識者則為慈母生佛家故善知識
者則為慈父以无量事益衆生故善知識
者則為養育守護不為一切惡故善知識
者則為大師教化令學菩薩戒故善知
識者則為導師教化令至彼岸道故善知
識者則為良醫療治一切煩惱患故善知
識者則為雪山長養明淨智慧藥故善知

BD14953號　大方廣佛華嚴經（晉譯六十卷本）卷五八　（15–3）

者則為養育守護不為一切惡故善知識
者則為大師教化令學菩薩戒故善知
識者則為藥師教化令至彼岸道故善知
識者則為良醫療治一切煩惱患故善知
識者則為雪山長養明淨智慧藥故善知
識者則為勇將防護一切諸恐怖故善知
識者則為牢船悉令越愛生死海故善知
識者則為船師令至一切智法寶洲故善
是故善男子應當如是正念思惟諸善知
識又善男子善諸知識於大地心持一切
事无疲惓故於金剛心堅固正直不可壞
故於金剛山心一切苦患不能壞故於无
自心隨從意故於弟子心不違一切教故
於僮僕心一切苦役不疲厭故於養育心
不疲煩惱所污染故於傭作心隨所受教
不違逆故於卑下心遠離自大踏上慢故
於成熟心善知時非時故於寶馬心離儱
戾不調故於乘心載一切故於大象心伏
諸根故於大山心一切惡風不能動故於
小兒心離嗔恚故於蒲池羅心離憍慢故
於折角心離國努故於大風心无所著故
於大船心於彼岸往返不疲故於橋梁
心度善知識教故於孝子心見善知識无
厭足故於王子心順君教故又善男子應
於自身生病苦想於善知識生醫王想於所
說教生良藥想又於自身生遠行想於善
知識生藥師想於所說教生已路想又於

BD14953號　大方廣佛華嚴經（晉譯六十卷本）卷五八　（15–4）

厭足故於王子心順君教故又善男子應
於自身生病苦想於善知識生醫王想於所
說教生良藥想又於自身生遠行想於善
知識生藥師想於所說教生已路想又於
自身生趣彼岸想於善知識生知濟想於
所說法生涼池想又於自身生羸夫想於
善知識生龍王想於所所說法生時澤想
於隨說行生成熟想又於自身生貧窮想
於善知識生毗沙門寶天王想於所說教
生珍寶想又於自身生弟子想於善知識
生大師想於所說法生癡覺想又於自身
生怯劣想想於善知識生勇健想於所說法
生器杖想又於自身生商人想於善知識
生導師想於所說法生珍寶想隨聞說行
生勝寶想又於自身生子息想於善知識
生慈父想於所說法生立家想又於自身
生王子想於善知識生大臣想於所說法
學王教想善男子論善知識應正思念於
如是想何以故因淨直心見善知識隨順
其教增長善根如依雪山出衆藥草為佛
法器如海吞流生諸勝德如海出寶淨菩
提心如鍊真金超出世間如海須彌不染
世間如水蓮花不染諸惡如海死屍長白
淨法如月盛滿普照法界如日迴曜長菩
薩身如母養子善男子略說菩薩摩訶薩
善能隨順善知識教得十不可說百千億
由此諸功德明十不可說百千億那由

BD14953號　大方廣佛華嚴經（晉譯六十卷本）卷五八　（15–5）

淨法如月咸滿普照法界如日迴曜長菩
薩身如母養子善男子略說菩薩摩訶薩
善能隨順善知識教得十不可說百千億
那由他諸功德明十不可說百千億那由
他淨直深心增長十不可說百千億那由
他菩薩諸根淨十不可說百千億那由他
菩薩諸持減十不可說百千億那由他諸
鄣身法起十不可說百千億那由他諸惑
處業八十不可說百千億那由他菩薩法
門滿十不可說百千億那由他諸妙功德
備十不可說百千億那由他菩薩所行具
十不可說百千億那由他菩薩大願善男
子略說菩薩因善知識究竟一切菩薩行
一切菩薩波羅蜜一切菩薩地一切菩薩
忍一切菩薩陀羅尼一切菩薩三昧門一
切菩薩通明智自在一切菩薩迴向一切
菩薩大願善男子如是等一切法善知識
為本依善知識起依善知識生依善知識
所依善知識發依善知識長依善知識住
依善知識得爾時善財聞如是等讚善知
識諸菩薩行如來正法心大歡喜踊躍无
量正念思惟菩薩所行漸漸遊行向海潮
國於過去際脩身業力及清淨心遠離惑
行起出世間虛妄惑倒求佛法寶善長養
諸根滿足大願具精進力不惜身命饒益
衆生脩菩薩行積集佛法見諸如來淨一

國於過去際脩身業力及清淨心遠離惑
行起出世間虛妄惑倒求佛法寶善長養
諸根滿足大願具精進力不惜身命饒益
衆生脩菩薩行積集佛法見諸如來淨一
切剎供養法師護持正法成就菩薩諸淨
願身善知識起脩習不可思議善根住是
念已淨心信敬一切菩薩如世尊想滿習
諸根心不顛倒正念恭敬離世間想滿足
諸願出生无量菩薩化身讚嘆三世一切
諸佛菩薩法門智慧覺悟如來菩薩一切
至處自在神力乃至一毛孔中佛菩薩身
皆悉充滿无量智眼觀十方法界及盡空
界三世諸法尒時善財如是恭敬供養具諸續
忍以无量智觀境界地尒時善財五體敬礼
彼嚴淨藏高大樓觀作如是念此是諸佛
菩薩諸善知識是諸佛塔是如來像諸佛
菩薩法寶住處是處聞緣覺亦是其塔此
是衆聖亦是父母亦是福田此是一切法
界境界作是念已又復善觀稱如虛空等
觀如法界无有鄣㝵善觀如實際至一切
處等觀如如來際諸空妄无所染著等觀
如影如夢如電如響悉從緣起非有非无
染心信解隨諸業因而受果報知從信心
成等正覺因解佛功德供養諸佛因恭敬
心出佛化衆因脩善根起諸善根因般若
波羅蜜起一切波羅蜜因堅固願起諸佛
法因諸迴向起一切菩薩行一切智境界法
界解了圓向非常非斷非生非藏非无因作

成善正覺因解佛功德供養諸佛因恭敬
心出佛化衆因脩善根起諸善根因般若
波羅蜜起一切波羅蜜因堅固願起諸佛
法因諸回向起一切菩薩行一切智境界法
界解了圓向非常非斷非生非藏非无因作
捨離有見諸顛倒或謂從自在而生諸法
本有實性次第而出離我々所深達緣
起入諸法界見有為法猶如鏡像雖有
无見不生不滅々恥癡或了諸法空悉
无自在起出諸相入无相際而亦不壞種生而
法悉知一切從因緣生如因所故而生所像如
鏡中像如電如夢如響如幻若隨因有一
切諸法亦復如是隨業受報以善方便聞
滿諸法尒時善財禮已起問知法如是得不
思議善根柔濡衆心稽首禮畢敬尭十
匝合掌諦觀復作是念此是解空无相
願者之所住處離愛妄者之所住處住
法界者了知衆生非實有者知不生者
知一切世間无所分別一切衆
生者一切无所依者離一切相者知一切法
无自性者不虛妄取一切業者了知一切
心意識相者知一切道非出非不出者住一切
甚深六智度者方便充滿普門法界者
衆滅一切衆煩惱者智慧粗除見愛憍者
一切禪定解脫三昧神通戲莚者脩一切善
薩三昧境界者安住一切如來所住者以
一劫為一切劫以一切劫為一劫者以一切剎為
一剎以一剎為一切剎而亦不壞諸剎相者

BD14953號　大方廣佛華嚴經（晉譯六十卷本）卷五八　（15–8）

衆滅一切衆煩惱者智慧粗除見愛憍者
一切禪定解脫三昧神通戲莚者脩一切善
薩三昧境界者安住一切如來所住者以
一劫為一切劫以一切劫為一劫者以一切剎為
一剎以一剎為一切剎而亦不壞諸剎相者
以一法為一切法以一切法為一法而亦不壞諸法
相者以一切衆生為一切衆生以一切衆生為一衆
生而解衆生无差別者以一佛為一切佛以
一切佛為一佛而解諸佛无有二者以三世為一念
以一念為三世者於一念中諸一切剎者悉
照饒益一切衆生者得一切入者出過
衆生為教化故而不捨離者不依一切剎
而遊行示現一切世界供養佛者諸一切諸
无染著依善知識不味法者住一切[illegible]
宮不樂涅槃者入一切相而不捨離一切智者
了一切衆生身无我无衆生无二觀者自身
容受一切世界而不壞法性者盡未來劫脩諸
諸願行而不取劫長短相者不離一毛端現一
切世界普為衆生說正法者可尊重者[illegible]
深者達无二者了无諍者善對者離法[illegible]
住慈悲者遠離一切戲聞緣覺地者超出一
切魔境界者不染一切境界者究竟一切菩
薩法門者隨順一切佛法門者離一切生死
不諂曲離心聞生法者知一切法无生而亦
不起不生見者觀不淨法不誑離欲法不
染愛者脩習大悲不為所成瞋恚者觀於
緣起一切法中无過處者住於四攝不隨

BD14953號　大方廣佛華嚴經（晉譯六十卷本）卷五八　（15–9）

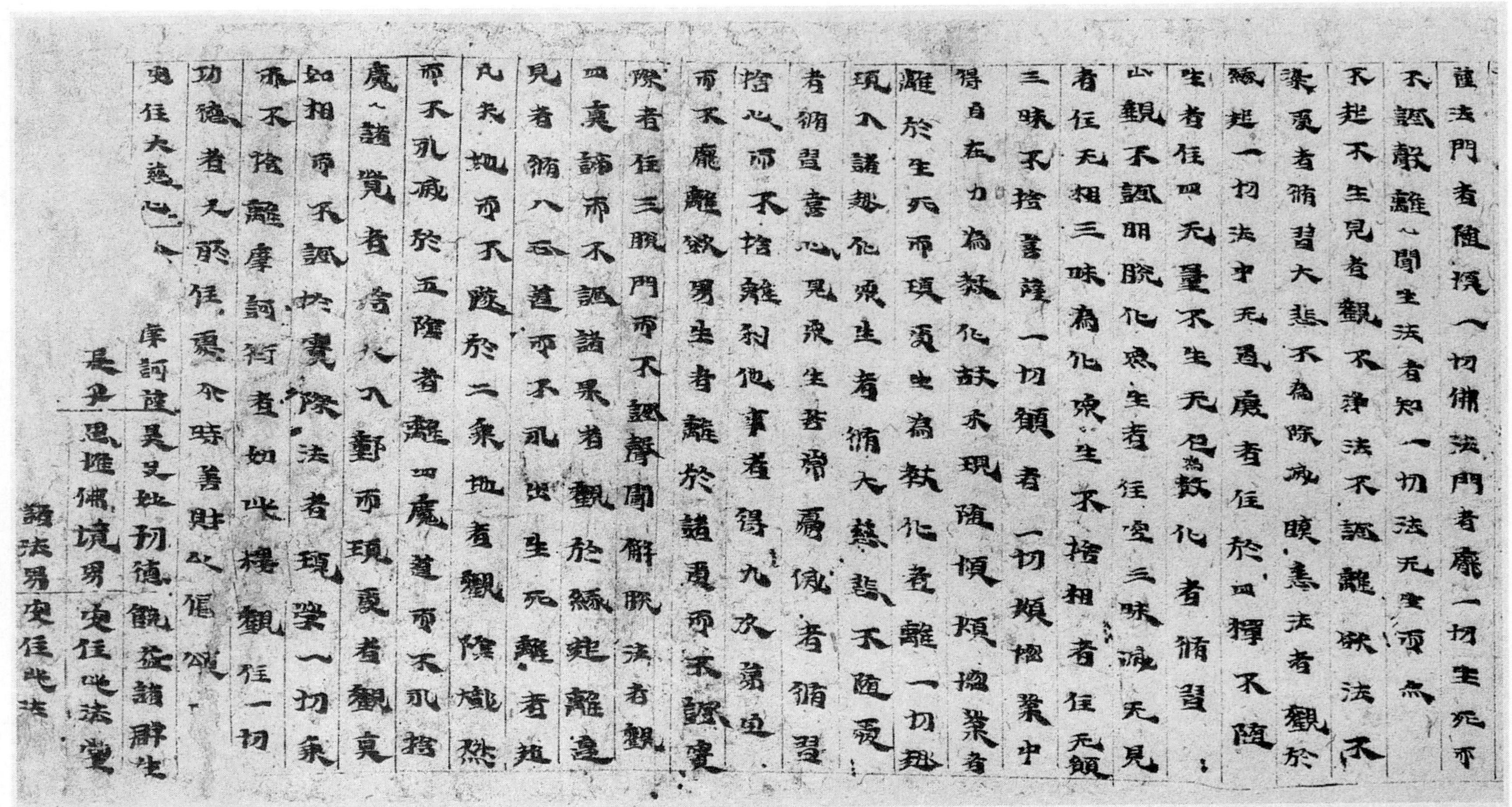

BD14953號　大方廣佛華嚴經（晉譯六十卷本）卷五八　（15–10）

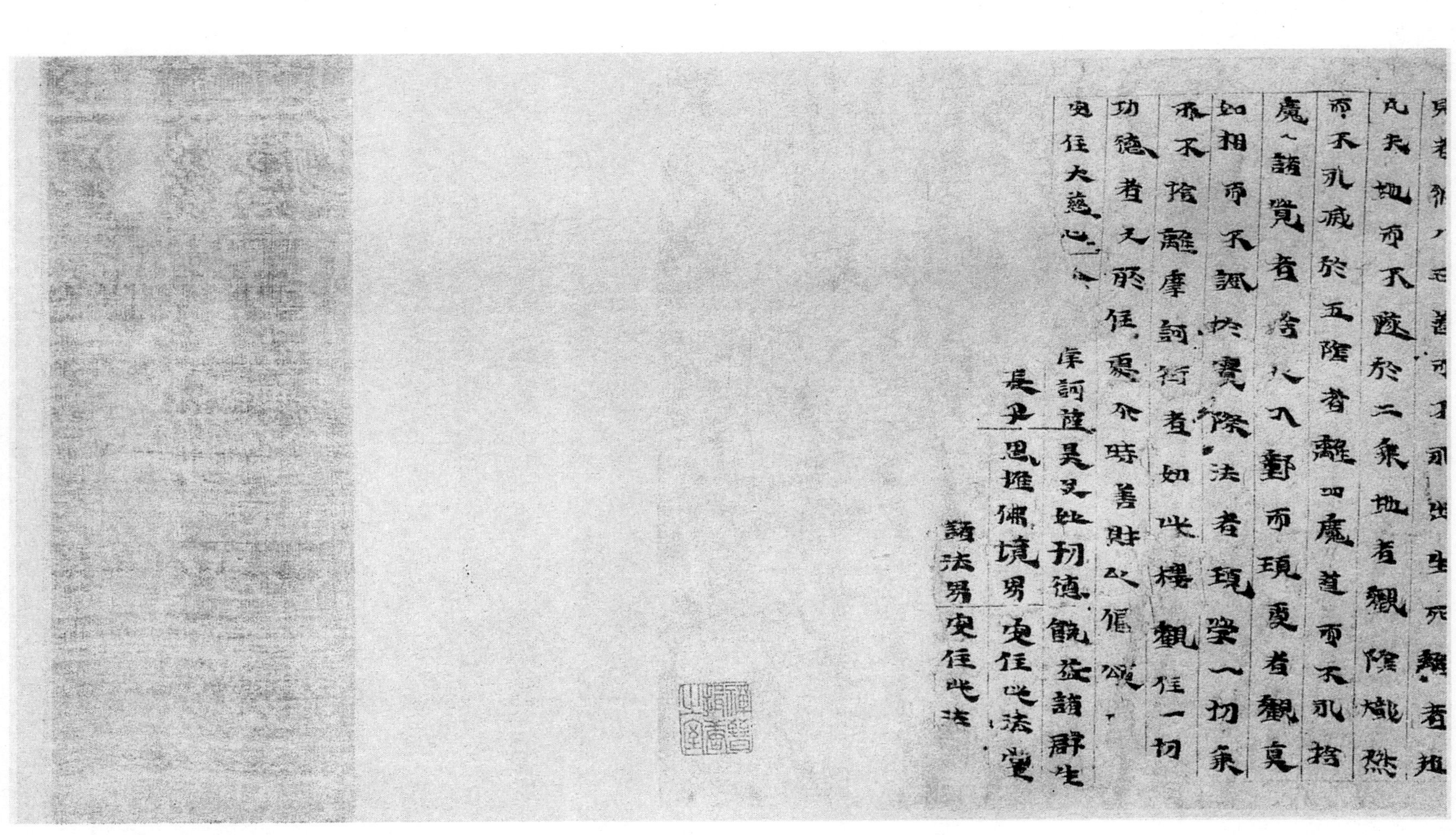

BD14953號　大方廣佛華嚴經（晉譯六十卷本）卷五八　（15–11）

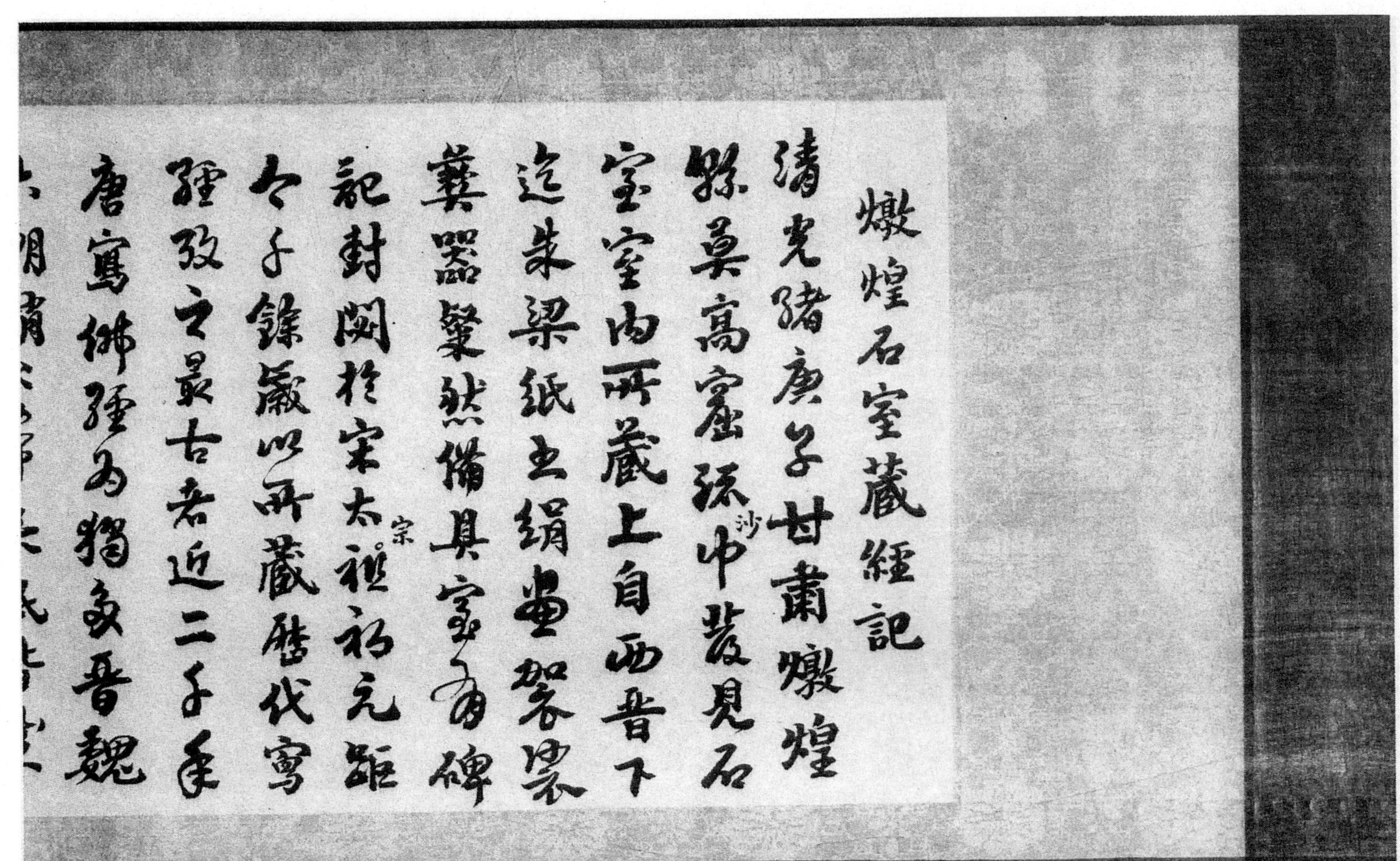

燉煌石室藏經記

清光緒庚子甘肅燉煌縣莫高窟環（沙）中發見石室室內所藏上自西晉下迄朱梁紙並絹繪畫經卷彝器繁然備具實有碑記封閉於宋太祖（宗）初元距今千餘歲以所藏歷代寫經致之最古者近二千年唐寫佛經尤爲獨多晉魏

BD14953號　大方廣佛華嚴經（晉譯六十卷本）卷五八　　（15–12）

經致之最古者近二千年唐寫佛經尤爲獨多晉魏六朝精之本矣紙皆黃老來以獨第完好如新誠天壤間瓌寶世爲國官民不知愛惜丁未歲法國文學博士伯希和自新疆詣諸石室賄守藏道士捡去精品數巨篋異人日人繼之咸大獲而歸近端陶齋赴歐考察憲政見於倫敦博物院歸而訪求石室已空僅於委士家搜得佛經三千卷藏度非平圖書館今不知尚存否余度隴之歲賄求唐人精寫者已不易得

BD14953號　大方廣佛華嚴經（晉譯六十卷本）卷五八　　（15–13）

[illegible]
經三千餘卷度北平圖書館
今不知尚存否余度隴之歲
購求唐人精寫者已不易得
而著有年代及六朝人書則
非以巨價求之巨室不可得
也蘇子瞻云紙壽一千年
今石室所藏實破先例蓋
燉煌砂磧堆積如阜高燥
逾恒而石室永閉即再經
千年猶當完好一入人手即
百十年間可論矣以盡證
之今日藏經已希如星鳳其
後可知猶憶在隴時朋輩
与余競購者所藏皆已散
亡余亦何能永保但求受
護有人千百年珍墨不至
毀損於吾人之手吾願畢

BD14953號　大方廣佛華嚴經（晉譯六十卷本）卷五八　　（15–14）

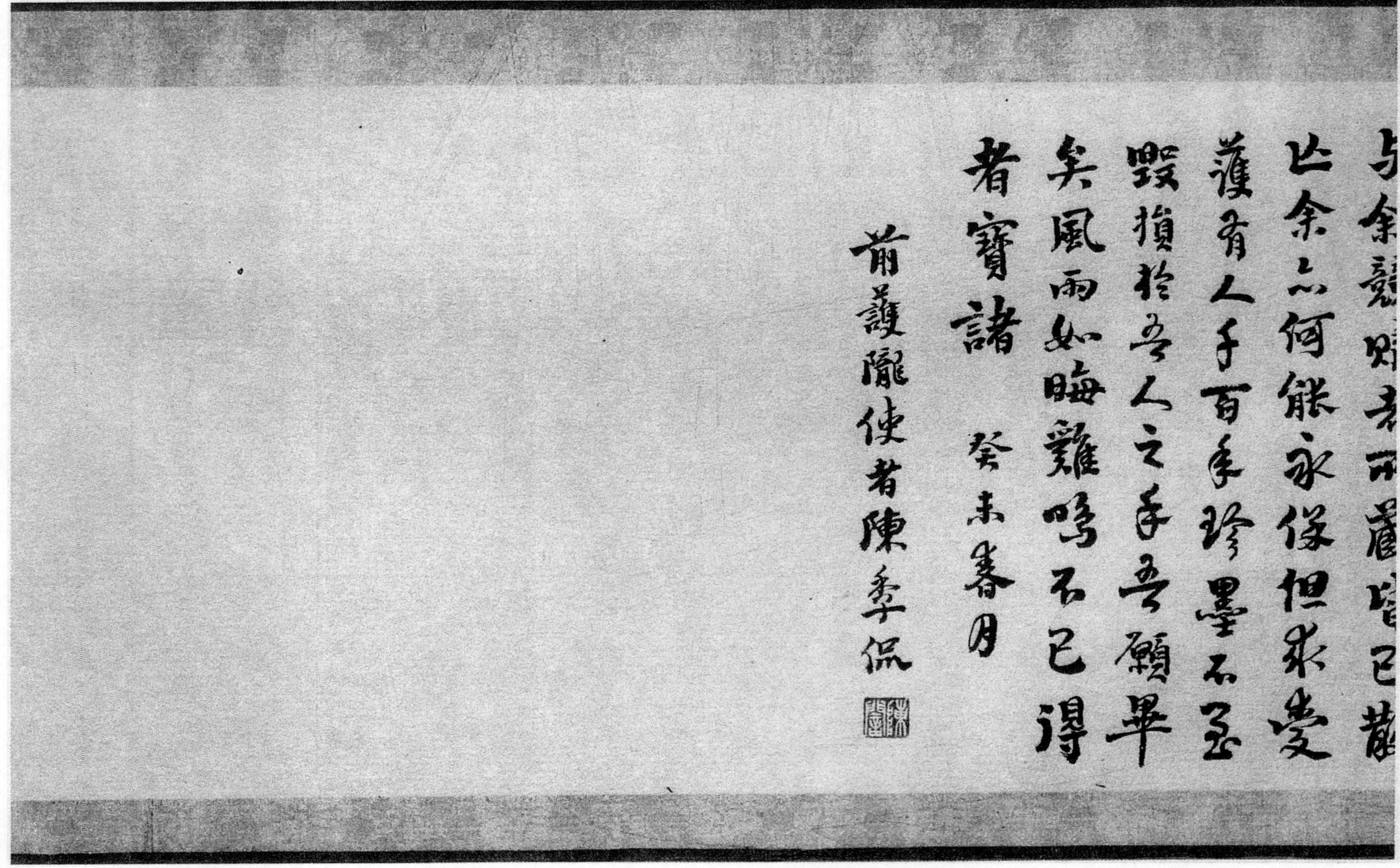
与余競購者所藏皆已散
亡余亦何能永保但求受
護有人千百年珍墨不至
毀損於吾人之手吾願畢
矣風雨如晦雞鳴不已得
者寶諸　癸未春月
前護隴使者陳季侃

BD14953號　大方廣佛華嚴經（晉譯六十卷本）卷五八　　（15–15）

大般涅槃經卷第二
優婆塞是拘尸那工巧之子名曰
類十五人俱為令世間得善果
威儀從坐而起偏袒右肩右膝著地
掌向佛悲涕墮淚頂礼佛足而白佛言唯
願世尊及比丘僧哀受我等最後供養為度
无量諸衆生故世尊我等從今无主无親无
救无護无歸无趣貧窮飢困欲從如来求將
来食唯願哀愍受我微供然後乃入於般涅
世尊譬如剎利若婆羅門毗舍首陁以貧
國役力農作得好調牛良田平
皆沙鹵惡草株杌唯希天雨言調牛

BD14954號　大般涅槃經（北本）卷二　（14–1）

无量諸衆生故世尊我等從今无主无親无
救无護无歸无趣貧窮飢困欲從如来求將
来食唯願哀愍受我微供然後乃入於般涅
世尊譬如剎利若婆羅門毗舍首陁以貧
國役力農作得好調牛良田平
諸沙鹵惡草株杌唯悕天雨言調牛
者喻身口七良田平正喻於智慧除去沙鹵
惡草株杌喻諸煩惱世尊我今身有調牛良
田除去株杌唯希如来甘露法雨貧四姓者
即我身是貧於无上法之財寶唯願哀愍除
斷我等貧窮困苦拯及无量苦惱衆生我今
少冀得充足如来大衆我今无
親无歸願垂矜愍如羅睺羅尒時世尊
一切種智无上調御告純陁曰善哉善哉我
今為汝除斷貧窮无上法雨雨汝身田令生法
牙汝今於我欲求壽命色力安樂无㝵辯才
我當施汝常命色力安无㝵辯何以故純陁
施食有二種果報无差何等為二一者受已
三藐三菩提二者受已入於涅
受汝最後供養令汝具足檀波羅蜜
時純陁即白佛言如佛所説二施果報无
差別者是義不然何以故先受施者煩惱未
盡未得成就一切種智亦未能令衆生具足
檀波羅蜜後受施者煩惱已盡已得成就一
切種智能令衆生普得具足檀波羅蜜先受
施者直是衆生後受施者是天中天先受施

BD14954號　大般涅槃經（北本）卷二　（14–2）

差別者是義不然何以故先受施者煩惱未
盡未得成就一切種智亦未能令衆生具足
檀波羅蜜後受施者煩惱已盡已得成就一
切種智能令衆生普得具足檀波羅蜜先受
施者直是衆生後受施者是天中天先受施
者煩惱之身是後邊身是无常身後
施者无煩惱身金剛之身法身常身无邊
之身云何而言二施果報等无差別先受施
者未能具足檀波羅蜜乃至般若波羅蜜
唯得肉眼未得佛眼乃至慧眼後受施者已
得具足檀波羅蜜乃至般若波羅蜜具足佛眼
乃至慧眼云何而言二施果報等无差別世尊先
已食噉入腹消化得命得色得力得
得无尋辯後受施者不食不消无五事果
云何而言二施果報等无差別佛言善男子
如來已於无量无邊阿僧祇劫无有食身煩
惱之身无後邊身常身法身金剛之身善男
子未見佛性者名煩惱身雜食之身是後邊
身菩薩尒時受飲食已入金剛三昧此食消
已佛性得阿耨多羅三藐三菩提是故
我言二施果報等无差別菩薩尒時破壞四魔
今入涅槃亦破四魔是故我言二施果報等
无差別菩薩尒時雖不廣說十二部經先已
通達今入涅槃廣為衆生分別演說是故我
言二施果報等无差別善男子如來之身已

BD14954號　大般涅槃經（北本）卷二　（14-3）

我言二施果報等无差別菩薩尒時破壞四魔
今入涅槃亦破四魔是故我言二施果報等
无差別菩薩尒時雖不廣說十二部經先已
通達今入涅槃廣為衆生分別演說是故我
言二施果報等无差別善男子如來之身已
於无量阿僧祇劫不受飲食為諸聲聞說言
[illegible]陀難陀波羅二牧牛女所奉乳糜然
後乃得阿耨多羅三藐三菩提我實不食我
今為於此會大衆是故受汝最後所奉亦
不食尒時大衆聞佛世尊普為大會受於純
陀最後供養歡喜踊躍同聲讚言善哉善哉
希有純陀汝今立字名不虛稱言純陀者名
解妙義汝今建立如是大義是故依實從義
故名純陀汝今現世得大名利德願滿
足甚奇純陀生在人中復得難得无上之利善
哉純陀如優曇華世間希有佛出於世亦復甚
難值佛生信聞法復難佛臨涅槃最後供養
能辦是事復難於是南无純陀南无純陀汝
今已具檀波羅蜜猶如秋月十五日夜清淨
圓滿無翳一切衆生无不瞻仰汝亦如
是為我等之所瞻仰佛已受汝最後供養
令汝具足檀波羅蜜南无純陀是故說汝如
月盛滿一切衆生无不瞻仰南无純陀雖受
人身心如佛心汝今純陀真是佛子如羅睺
羅等无有異尒時大衆即說偈言
汝雖生人道　已超第六天　我及一切衆　今故稽首請

BD14954號　大般涅槃經（北本）卷二　（14-4）

月盛滿一切衆生无不瞻仰南无純陁雖受
人身心如佛心汝今純陁真是佛子如羅睺
羅等无有異尒時大衆即說偈言
汝雖生人道　已超第六天　我及一切衆　今故稽首請
今當入涅槃　汝應愍我等　唯願速請佛
於世間　利益无量衆　演說智所讚　无上甘露法
汝若不請佛　我命將不全　是故應見為　稽首調御師
尒時純陁歡喜踊躍譬如有人父母卒喪忽
然還活純陁歡喜亦復如是復起礼佛而說
偈言
快哉獲己利　善得於人身　蠲除貪恚等　永離三惡道
遇得金寶聚　值遇調御師　不懼墮畜生
優曇華　值遇生信難　遇已種善根　永滅餓鬼苦
亦復能損減　阿脩羅種類　芥子投針鋒　佛出難於是
我已具足檀　度人天生死　佛不染世法　如蓮華處水
善斷有頂種　永度生死流　生世為人難　值佛世亦難
猶如大海中　盲龜值浮孔　我今所奉食　願得无上報
一切煩惱結　惟破不堅牢　我今於此處　不求人天身
心亦不甘樂　如來受我供　歡喜无有量
如伊蘭華　出於栴檀香　我身如伊蘭　如來受我供
如出栴檀香　是故我歡喜　我今得現報　最勝上妙處
釋梵諸天等　悉來供養我　一切諸世間　悉生諸苦惱
以知佛世尊　欲入於涅槃
高聲唱是言　世間无調御　不應捨衆生　應視如一子
演說无上法　如須弥寶山　安處於大海

釋梵諸天等　悉來供養我　一切諸世間　悉生諸苦惱
以知佛世尊　欲入於涅槃
高聲唱是言　世間无調御　不應捨衆生　應視如一子
演說无上法　如須弥寶山　安處於大海
能善斷　我等无明闇　猶如虛空中　起雲得清涼
如來能善除　一切諸煩惱　猶如日出時　除雲光普照
是諸衆生等　啼泣面目腫　皆悉為生死　苦水之所漂
以是故世尊　應長衆生信　為斷生死苦　久住於世間
佛告純陁如是如是如汝所說佛出世難如優
曇華值佛生信亦復甚難佛臨涅槃最後施食
復倍甚難汝今純陁莫大愁苦應
踊躍喜自慶幸得值最後供養如來成
就具足檀波羅蜜不應請佛久住於世汝今
當觀諸佛境界悉皆无常諸行性相亦復如
是即為純陁而說偈言
一切諸世間　生者皆歸死　壽命雖无量　要必當有盡
夫盛必有衰　合會必有離　長年不久停　盛色病所侵
所吞　无有法常者　諸王得自在　勢力无等雙
一切皆遷動　壽命亦如是　衆苦輪无際　流轉无休息
三界皆无常　諸有无有樂　有道本性相　一切皆空无
可壞法流動　常有憂患等　恐怖諸過惡　老病死衰惱
是諸有无邊　易壞怨所侵　煩惱所纏裹　猶如蠶處繭
何有智慧者　而當樂是處　此身苦所集　一切皆不淨
根本无義利　上至諸天身　皆亦復如是
欲皆无常　故我不貪著　離欲善思惟　而證於真實

是諸有无邊　易懷恋所假　煩惱所纏裹　猶如蠶處繭
何有智慧者　而當樂是處　此身苦所集　一切皆不淨
[illegible]　根本无義利　上至諸天身　皆亦復如是
諸欲皆无常　故我不貪著　離欲善思惟　而證於真實
究竟斷有者　今日當涅槃
我度有彼岸　已得過諸苦　是故於今者　純受上妙樂
以是因緣故　證无戲論邊　永斷諸纏縛　今日入涅槃
我无老病死　壽命不可盡　我今入涅槃　猶如大火滅
純陁汝不應　思量如來義　當觀如來住　猶如須彌山
[illegible]涅槃　受於第一樂　諸佛法如是　不應復啼哭
爾時純陁白佛言世尊如是如是誠如聖教
我今所有智慧微淺猶如蚊蝱何能思議如
來涅槃深奧之義世尊我今已與諸大龍象
菩薩摩訶薩斷諸結漏文殊師利法王子等
世尊譬如幼年初得出家雖未受具即墮僧
[illegible]是以佛菩薩神通力故德在如是
[illegible]菩薩數是故我今欲令如來久住於世不
入涅槃譬如飢人終无變吐願使世尊亦復
如是常住於世不入涅槃尒時文殊師利法
王子告純陁言純陁汝今不應發如是言欲
使如來常住於世不般涅槃如彼飢人无所
變吐汝今當觀諸行性相如是觀行具空三昧
[illegible]正法應如是學純陁問言文殊師利夫
如來者天上人中最尊最勝如是如來豈是
行耶若是行者為生滅法譬如水泡速起速

變吐汝今當觀諸行性相如是觀行具空三昧
[illegible]正法應如是學純陁問言文殊師利夫
如來者天上人中最尊最勝如是如來豈是
行耶若是行者為生滅法譬如水泡速起速
滅往來流轉猶如車輪一切諸行亦復如是我
聞諸天壽命極長云何世尊是天中天壽命
更促不滿百年如聚落主勢得自在以自在
[illegible]他人是人福盡其後貧賤人所輕蔑
為他策使所以者何失勢力故世尊亦尒同於
諸行同諸行者則不得稱為天中天何以故
諸行即是生死法故是故文殊勿觀如來同
於諸行復次文殊為知而說不知而說而言
如來同於諸行設使如來同諸行者則不得
言[illegible]界中為天中天自在法王譬如人王
[illegible]大力士其力當千更无有能降伏之者故
稱此人一人當千如是力士王所愛念偏賜
爵祿封賞自然所以得稱當千人者是人未
必力敵於千但以種種伎藝所能能勝千故
故稱當千如來亦尒降煩惱魔陰魔天魔死
魔是故如來名三界尊如彼力士一人當千
[illegible]因緣成就具足種種无量真實功德故
稱如來應正遍知文殊師利汝今不應憶想
分別以如來法同於諸行譬如巨富長者生
子相師占之有短壽相父母聞已知其不任
紹繼家嗣不復愛重視如草芥夫短壽者

稱如來應正遍知文殊師利汝今不應憶想
分別以如來法同於諸行譬如巨富長者生
子相師占之有短壽相父母聞已知其不任
紹繼家嗣不復愛重視如草芥夫短壽者
不為沙門婆羅門等男女大小之所敬念
[illegible]來同諸行者亦復不為一切世間人天
衆生之所奉敬如來所說不變不異真實之
法亦無受者是故文殊不應說言如來同於
一切諸行復次文殊譬如貧女無有居家救
護之者加復病苦飢渴所逼遊行乞匄止他客
舍寄生一子是客舍主驅逐令去其產未久
[illegible]兒欲至他國於其中路遇惡風雨寒
苦並至多為蚊虻蜂螫毒虫之所唼食經由恒
河抱兒而度其水瀾疾而不放捨於是母子
遂共俱沒如是女人慈念功德命終之後生於
梵天文殊師利若有善男子欲護正法勿說
如來同於諸行不同諸行唯當自責我今愚
[illegible]慧眼如來正法不可思議是故不應
宣說如來定是有為定是無為若正見者應
說如來定是無為何以故能為衆生生善法
故生憐愍故如彼貧女在於恒河為愛念子
而捨身命善男子護法菩薩亦應如是寧捨
身命不說如來同於有為當言如來同於無
為[illegible]如來同無為故得阿耨多羅三藐三
菩提如彼女人得生梵天何以故以護法故

BD14954 號　大般涅槃經（北本）卷二　（14–9）

而捨身命善男子護法菩薩亦應如是寧捨
身命不說如來同於有為當言如來同於無
為[illegible]如來同無為故得阿耨多羅三藐三
菩提如彼女人得生梵天何以故以護法故
云何護法所謂說言如來同於無為善男子
如是之人雖不求解脫解脫自至如彼貧女
不求梵天梵天自至文殊師利如人遠行中
路疲極寄止他舍臥寐之中其室忽然大火
卒[illegible]時驚寤尋自思惟我於今者定死不
疑具慚愧故以衣纏身即便命終生忉利天
從是已後滿八十反作大梵王滿百千世
生於人中為轉輪王是人不復生三惡趣展
轉常生安樂之處以是緣故文殊師利若善
男子有慚愧者不應觀佛同於諸行文殊師
利[illegible]邪見可說如來同於有為持戒比丘
不應如是於如來所生有為想若言如來是
有為者即是妄語當知是人死入地獄如人
自處於己舍宅文殊師利如來真實是無為
法不應復言是有為也汝從今日於生死中應
捨無智求於正智當知如來即是無為若能
如[illegible]觀如來者具足當得三十二相速疾成就
阿耨多羅三藐三菩提
爾時文殊師利法王子讚純陀言善哉善哉
善男子汝今已作長壽因緣能知如來是常
住法不變異法無為之法汝今如是善覆如
來有為之相如彼火人為慚愧故以衣覆身

BD14954 號　大般涅槃經（北本）卷二　（14–10）

阿耨多羅三藐三菩提
尒時文殊師利法王子讚純陁言善哉善哉
善男子汝今已作長壽因緣能知如来是常
住法不變異法无為之法汝今如是善覆如
来有為之相如彼大人為慚愧故以衣覆身
以是善心生忉利天復為梵王轉輪聖王不
至惡趣常受安樂汝亦如是善覆如来有為相
故於未来世必定當得三十二相八十種好
十八不共法无量壽命不在生死常受安樂
不久得成應正遍知純陁如来次後自當廣
說我之與汝俱亦當覆如来有為有為无為
且宜之汝可隨時速施飯食如是施者諸施
中最若比丘比丘尼優婆塞優婆夷遠行疲極
所須之物應當清淨隨時給與如是速施即是
具足檀波羅蜜根本種子純陁若為且共置
之汝可隨時速施飯食如是施者諸施中最
若比丘比丘尼優婆塞優婆夷遠行疲極所
之物應當清淨隨時給與如是速施即是
具足檀波羅蜜根本種子純陁若有最後施
佛及僧若多若少若足不足宜速及時如
来正尒當般涅槃純陁言文殊師利汝今
何故貪為此食而言多少足與不足令我時
施文殊師利如来昔日苦行六年尚自支持
況於今日須臾間耶文殊師利汝今實謂如
来正覺受斯食耶然我定知如来身者即是
法身非為食身

BD14954號　大般涅槃經（北本）卷二　　（14–11）

何故貪為此食而言多少足與不足令我時
施文殊師利如来昔日苦行六年尚自支持
況於今日須臾間耶文殊師利汝今實謂如
来正覺受斯食耶然我定知如来身者即是
法身非為食身
尒時佛告文殊師利如是如是如純陁言善哉
純陁汝已成就微妙大智善入甚深大乘經
典文殊師利語純陁言汝謂如来是无為者
如来之身即是長壽若作是知佛所悅可純
陁荅言如来非獨悅可於我亦復悅可一切
衆生文殊師利言如来於汝及以於我一切衆
生皆悉悅可純陁荅言汝不應言如来悅可
夫悅可者則是倒想若有倒想則是生死有
生死者即有為法是故文殊勿謂如来是有
為也若言如来是有為者我與仁者俱行顛
倒文殊師利如来无有愛念之想夫愛念者
如彼母牛愛念其子雖復飢渴行求水草若
是不足忽然還歸諸佛世尊无有是念等視
一切如羅睺羅如是念者即是諸佛智慧境
界文殊師利譬如國王調御駕駟欲令驢車而
及之者无有是處我與仁者亦復如是欲盡
如来微密深奧亦无是處文殊師利如金翅
鳥上昇虛空无量由旬下觀大海悉見水性
魚鼈黿鼉龜龍之屬及見己影如於明鏡
見諸色像凡夫少智不能籌量如是所見我
與仁者亦復如是不能籌量如来智慧文殊

BD14954號　大般涅槃經（北本）卷二　　（14–12）

鳥上昇虛空无量由旬下觀大海悉見水性
魚鼈黿鼉龜龍之屬及見已影如於明鏡
見諸色像凡夫少智不能籌量如是所見我
與仁者亦復如是不能籌量如來智慧文殊
師利語純陀言如是如是如汝所說我於非
事為不達直欲試汝諸菩薩事
尒時世尊從其面門出種種光其光明曜照
文殊身文殊師利遇斯光已即知是事尋告
純陀如來今者現是瑞相不久必當入於涅
槃汝先所設最後供養宜時奉獻佛及大衆
純陀當知如來放是種種光明非无因緣純
陀聞已情塞嘿然佛告純陀汝所奉施佛及
大衆今正是時如來正尒當般涅槃第二第
三亦復如是尒時純陀聞佛語已舉聲啼哭
悲咽而言苦哉苦哉世間空虛復白大衆我
等今者一切當共五體投地同聲勸佛莫般
涅槃尒時世尊復告純陀莫大啼哭令心憔
悴當觀是身猶如芭蕉熱時之炎水沫幻化
乾闥婆城坏器電光亦如畫水臨死之囚熟
菓段肉如織經盡如碓上下當觀諸行猶如
毒食有為之法多諸過患於是純陀復白佛
言如來不欲久住於世我當云何而不啼泣
苦哉苦哉世間空虛唯願世尊憐愍我等及
諸衆生久住於世勿般涅槃佛告純陀汝今
不應發如是言憐愍我故久住於世我以憐

BD14954號　大般涅槃經（北本）卷二　（14–13）

槃汝先所設最後供養宜時奉獻佛及大衆
純陀當知如來放是種種光明非无因緣純
陀聞已情塞嘿然佛告純陀汝所奉施佛及
大衆今正是時如來正尒當般涅槃第二第
三亦復如是尒時純陀聞佛語已舉聲啼哭
悲咽而言苦哉苦哉世間空虛復白大衆我
等今者一切當共五體投地同聲勸佛莫般
涅槃尒時世尊復告純陀莫大啼哭令心憔
悴當觀是身猶如芭蕉熱時之炎水沫幻化
乾闥婆城坏器電光亦如畫水臨死之囚熟
菓段肉如織經盡如碓上下當觀諸行猶如
毒食有為之法多諸過患於是純陀復白佛
言如來不欲久住於世我當云何而不啼泣
苦哉苦哉世間空虛唯願世尊憐愍我等及
諸衆生久住於世勿般涅槃佛告純陀汝今
不應發如是言憐愍我故久住於世我以憐
愍汝及一切是故今欲入於涅槃何以故諸
佛法尒有為亦然是故諸佛而說是偈
有為之法　其性无常　生已不住　寂滅為樂

BD14954號　大般涅槃經（北本）卷二　（14–14）

妙法蓮華經勸持品第十三
尒時藥王菩薩摩訶薩及大樂說菩薩摩訶
薩與二万菩薩眷屬俱皆於佛前作是誓
唯願世尊不以為慮我等於佛滅後當奉
持讀誦說此經典後惡世衆生善根轉少多
增上慢貪供養增不善根遠離解脫雖難
可教化我等當起大忍力讀誦此經持說
書冩種種供養不惜身命尒時衆中五百阿
羅漢得授記者白佛言世尊我等亦自誓願
於異國土廣說此經復有學无學八千人
得授記者從座而起合掌向佛作是誓言
世尊我等亦當於他國土廣說此經所以者
何是娑婆國中人多弊惡懷增上慢功德淺
薄瞋濁諂曲心不實故尒時佛姨母摩訶波
闍波提比丘尼與學无學比丘尼六千人俱從
座而起一心合掌瞻仰尊顏目不暫捨於時世尊
告憍曇弥何故憂色而視如來汝心將无
謂我不說汝名授阿耨多羅三藐三菩提記耶

BD14955號　妙法蓮華經（八卷本）卷五　（20–1）

何是娑婆國中人多弊惡懷增上慢功德淺
薄瞋濁諂曲心不實故尒時佛姨母摩訶波
闍波提比丘尼與學无學比丘尼六千人俱從
座而起一心合掌瞻仰尊顏目不暫捨於時世尊
告憍曇弥何故憂色而視如來汝心將无
謂我不說汝名授阿耨多羅三藐三菩提記耶
憍曇弥我先摠說一切聲聞皆已授記今汝
欲知記者將來之世當於六万八千億諸佛法
中為大法師及六千學无學比丘尼俱為法
師汝如是漸漸具菩薩道當得作佛号
一切衆生喜見如來應供正遍知明行足善
逝世間解无上士調御丈夫天人師佛世尊
憍曇弥是一切衆生喜見佛及六千菩薩轉
次授記得阿耨多羅三藐三菩提尒時羅睺
羅母耶輸陁羅比丘尼作是念世尊於授記
中獨不說我名佛告耶輸陁羅汝於來世百
千万億諸佛法中修菩薩行為大法師漸具
佛道於善國中當得作佛号具足千万光相
如來應供正遍知明行足善逝世間解无上士
調御丈夫天人師佛世尊佛壽无量阿僧祇
劫尒時摩訶波闍波提比丘尼及耶輸陁羅
比丘尼并其眷屬皆大歡喜得未曾有即於
佛前而說偈言
世尊導師　安隱天人　我等聞記　心安具足
諸比丘尼說是偈已白佛言世尊我等亦能
於他方國土廣宣此經尒時世尊視八十万
億那由他諸菩薩摩訶薩是諸菩薩皆是

BD14955號　妙法蓮華經（八卷本）卷五　（20–2）

佛前而說偈言
世尊導師　安隱天人　我等聞記　心安具足
諸比丘尼說是偈已白佛言世尊我等亦能
於他方國土廣宣此經尒時世尊視八十万
億那由他諸菩薩摩訶薩是諸菩薩皆是
阿惟越致轉不退法輪得諸陁羅尼即從
座起到於佛前一心合掌而作是念若世尊
告勑我等持說此經者當如佛教廣宣斯法
復作是念佛今黙然不見告勑我當云何時
諸菩薩敬順佛意并欲自滿本願便於佛
前作師子吼而發誓言世尊我等於如來
滅後周旋往返十方世界能令衆生書寫此
經受持讀誦解說其義如法修行正憶念
皆是佛之威力唯願世尊在於他方遥見守
護即時諸菩薩俱同發聲而說偈言
唯願不為慮　於佛滅度後　恐怖惡世中　我等當廣說
有諸无智人　惡口罵詈等　及加刀杖者　我等皆當忍
惡世中比丘　邪智心諂曲　未得謂為得　我慢心充滿
或有阿練若　納衣在空閑　自謂行真道　輕賤人間者
貪着利養故　與白衣說法　為世所恭敬　如六通羅漢
是人懷惡心　常念世俗事　假名阿練若　好出我等過
而作如是言　此諸比丘等　為貪利養故　說外道論議
自作此經典　誑惑世間人　為求名聞故　分別於是經
常在大衆中　欲毀我等故　向國王大臣　婆羅門居士
及餘比丘衆　誹謗說我惡　謂是邪見人　說外道論議
我等敬佛故　悉忍是諸惡　為斯所輕言　汝等皆是佛
如此輕慢言　皆當忍受之　濁劫惡世中　多有諸恐怖

自作此經典　誑惑世間人　為求名聞故　分別於是經
常在大衆中　欲毀我等故　向國王大臣　婆羅門居士
及餘比丘衆　誹謗說我惡　謂是邪見人　說外道論議
我等敬佛故　悉忍是諸惡　為斯所輕言　汝等皆是佛
如此輕慢言　皆當忍受之　濁劫惡世中　多有諸恐怖
惡鬼入其身　罵詈毀辱我　我等敬信佛　當著忍辱鎧
為說是經故　忍此諸難事　我不愛身命　但惜无上道
我等於來世　護持佛所囑　世尊自當知　濁世惡比丘
不知佛方便　隨宜所說法　惡口而顰蹙　數數見擯出
遠離於塔寺　如是等衆惡　念佛告勑故　皆當忍是事
諸聚落城邑　其有求法者　我皆到其所　說佛所囑法
我是世尊使　處衆无所畏　我當善說法　願佛安隱住
我於世尊前　諸來十方佛　發如是誓言　佛自知我心

妙法蓮華經安樂行品第十四

尒時文殊師利法王子菩薩摩訶薩白佛言
世尊是諸菩薩甚為難有敬順佛故發大誓
願於後惡世護持讀誦說是法華經世尊菩
薩摩訶薩於後惡世云何能說是經佛告文
殊師利若菩薩摩訶薩於後惡世欲說是經
當安住四法一者安住菩薩行處親近處能
為衆生演說是經文殊師利云何名菩薩摩
訶薩行處若菩薩摩訶薩住忍辱地柔和
善順而不卒暴心亦不驚又復於法无所行而
觀諸法如實相亦不行不分別是名菩薩摩
訶薩行處云何名菩薩摩訶薩親近處菩薩
摩訶薩不親近國王王子大臣官長不親近
諸外道梵志尼揵子等及造世俗文筆讚

訶薩行處若菩薩摩訶薩住忍辱地柔和
善順而不卒暴心亦不驚又復於法无所行而
觀諸法如實相亦不行不分別是名菩薩摩
訶薩行處云何名菩薩摩訶薩親近處菩薩
摩訶薩不親近國王王子大臣官長不親近
諸外道梵志尼揵子等及造世俗文筆讚
詠外書及路伽耶陀逆路伽耶陀者亦不親
近諸有凶戲相扠相撲及那羅等種種變
現之戲又不親近旃陀羅及畜猪羊雞狗畋
獵魚捕諸惡律儀如是人等或時來者
則為說法无所悕望又不親近求聲聞比丘
比丘尼優婆塞優婆夷亦不問訊若於房中
若經行處若在講堂中不共住止或時來者
隨宜說法无所悕求文殊師利又菩薩摩訶
薩不應於女人身取能生欲想相而為說法亦
不樂見若入他家不與小女處女寡女等共
語亦復不近五種不男之人以為親厚不獨入
他家若有因緣須獨入時但一心念佛若為女
人說法不露齒咲不現胷臆乃至為法猶不
親厚況復餘事不樂畜年少弟子沙弥小
兒亦不樂與同師常好坐禪在於閑處脩
攝其心文殊師利是名初親近處復次菩薩
摩訶薩觀一切法空如實相不顛倒不動
不退不轉如虛空无所有性一切語言道
斷不生不出不起无名无相實无有无量
无邊无导无鄣但以因緣有從顛倒生

摩訶薩觀一切法空如實相不顛倒不動
不退不轉如虛空无所有性一切語言道
斷不生不出不起无名无相實无有无量
无邊无导无鄣但以因緣有從顛倒生
故說常樂觀如是法相是名菩薩摩訶薩
苐二親近處尒時世尊欲重宣此義而說偈言
若有菩薩　於後惡世　无怖畏心　欲說是經
應入行處　及親近處　常離國王　及國王子
大臣官長　凶險戲者　及旃陀羅　外道梵志
亦不親近　增上慢人　貪著小乘　三藏學者
破戒比丘　名字羅漢　及比丘尼　好戲咲者
深著五欲　求現滅度　諸優婆夷　皆勿親近
若是人等　以好心來　到菩薩所　為聞佛道
菩薩則以　无所畏心　不懷悕望　而為說法
寡女處女　及諸不男　皆勿親近　以為親厚
亦莫親近　屠兒魁膾　畋獵漁捕　為利殺害
販肉自活　衒賣女色　如是之人　皆勿親近
凶險相撲　種種嬉戲　諸婬女等　盡勿親近
莫獨屏處　為女說法　若說法時　无得戲咲
入里乞食　將一比丘　若无比丘　一心念佛
是則名為　行處近處　以此二處　能安樂說
又復不行　上中下法　有為无為　實不實法
亦不分別　是男是女　不得諸法　不知不見
是則名為　菩薩行處　一切諸法　空无所有
无有常住　亦无起滅　是名智者　所親近處
顛倒分別　諸法有无　是實非實　是生非生

亦不分別 是男是女 不得諸法 不知不見
是則名為 菩薩行處 一切諸法 空无所有
无有常住 亦无起滅 是名智者 所親近處
顛倒分別 諸法有无 是實非實 是生非生
在於閑處 修攝其心 安住不動 如須弥山
觀一切法 皆无所有 猶如虛空 无有堅固
不生不出 不動不退 常住一相 是名近處
若有比丘 於我滅後 入是行處 及親近處
說斯經時 无有怯弱 菩薩有時 入於靜室
以正憶念 隨義觀法 從禪定起 為諸國王
王子臣民 婆羅門等 開化演暢 說斯經典
其心安隱 无有怯弱 文殊師利 是名菩薩
安住初法 能於後世 說法華經
又文殊師利如來滅後於末法中欲說是經
應住安樂行若口宣說若讀經時不樂說人
及經典過亦不輕慢諸餘法師不說他人好
惡長短於聲聞人亦不稱名說其過惡亦不
稱名讚歎其美又亦不生怨嫌之心善修如
是安樂心故諸有聽者不逆其意有所難
問不以小乘法荅但以大乘而為解說令得一
切種智尒時世尊欲重宣此義而說偈言
菩薩常樂 安隱說法 於清淨地 而施床座
以油塗身 澡浴塵穢 著新淨衣 內外俱淨
安處法座 隨問為說 若有比丘 及比丘尼
諸優婆塞 及優婆夷 國王王子 群臣士民
以微妙義 和顏為說 若有難問 隨義而荅
因緣譬喻 敷演分別 以是方便 皆使發心

BD14955號　妙法蓮華經（八卷本）卷五　（20–7）

諸優婆塞 及優婆夷 國王王子 群臣士民
以微妙義 和顏為說 若有難問 隨義而荅
因緣譬喻 敷演分別 以是方便 皆使發心
漸漸增益 入於佛道 除嬾墮意 及懈怠想
離諸憂惱 慈心說法 晝夜常說 无上道教
以諸因緣 无量譬喻 開示眾生 咸令歡喜
衣服臥具 飲食湯藥 而於其中 无所悕望
但一心念 說法因緣 願成佛道 令眾亦尒
是則大利 安樂供養 我滅度後 若有比丘
能演說斯 妙法華經 心无嫉恚 諸惱鄣导
亦无憂愁 及罵詈者 又无怖畏 加刀杖等
亦无擯出 安住忍故 智者如是 善修其心
能住安樂 如我上說 其人功德 千万億劫
筭數譬喻 說不能盡
又文殊師利菩薩摩訶薩於後末世法欲滅
時受持讀誦斯經典者无懷嫉妬諂誑之心
亦勿輕罵學佛道者求其長短若比丘比丘
尼優婆塞優婆夷求聲聞者求辟支佛者
求菩薩道者无得惱之令其疑悔語其人言
汝等去道甚遠終不能得一切種智所以者
何汝是放逸之人於道懈怠故又亦不應戲
論諸法有所諍競當於一切眾生起大悲想於諸
如來起慈父想於諸菩薩起大師想於十方諸
大菩薩常應深心恭敬禮拜於一切眾生
平等說法以順法故不多不少乃至深愛
法者亦不為多說文殊師利是菩薩摩訶薩
於後末世法欲滅時有成就是第三安樂行

BD14955號　妙法蓮華經（八卷本）卷五　（20–8）

如來起慈父想於諸菩薩起大師想於十方諸
大菩薩常應深心恭敬礼拜於一切衆生
平等說法以順法故不多不少乃至深愛
法者亦不為多說文殊師利是菩薩摩訶薩
於後末世法欲滅時有成就是第三安樂行
者說是法時无能惱乱得好同學共讀誦是
經亦得大衆而來聽受聽已能持持已能誦
誦已能說說已能書若使人書供養經卷恭
敬尊重讚歎尒時世尊欲重宣此義而說
偈言
若欲說是經　當捨嫉恚慢　諂誑邪偽心　常脩質直行
不輕蔑於人　亦不戲論法　不令他疑悔　云汝不得佛
是佛子說法　常柔和能忍　慈悲於一切　不生懈怠心
十方大菩薩　愍衆故行道　應生恭敬心　是則我大師
於諸佛世尊　生无上父想　破於憍慢心　說法无障礙
第三法如是　智者應守護　一心安樂行　无量衆所敬
又文殊師利菩薩摩訶薩於後末世法欲滅
時有持是法華經者於在家出家人中生大
慈心於非菩薩人中生大悲應作是念如
是之人則為大失如來方便隨宜說法不聞
不知不覺不問不信不解其人雖不問不信
不解是經我得阿耨多羅三藐三菩提時隨在
何地以神通力智慧力引之令得住是法
中文殊師利是菩薩摩訶薩於如來滅後有
成就此第四法者說是法時无有過失常為
比丘比丘尼優婆塞優婆夷國王王子大臣
人民婆羅門居士等供養恭敬尊重讚

BD14955號　妙法蓮華經（八卷本）卷五　（20-9）

何地以神通力智慧力引之令得住是法
中文殊師利是菩薩摩訶薩於如來滅後有
成就此第四法者說是法時无有過失常為
比丘比丘尼優婆塞優婆夷國王王子大臣
人民婆羅門居士等供養恭敬尊重讚
歎虛空諸天為聽法故亦常隨侍若在聚落
城邑空閑林中有人來欲難問者諸天晝夜
常為法故而衛護之能令聽者皆得歡喜所
以者何此經是一切過去未來現在諸佛神力
所護故文殊師利是法華經於无量國中乃
至名字不可得聞何況得見受持讀誦文殊
師利辟如強力轉輪聖王欲以威勢降伏諸
國而諸小王不順其命時轉輪王起種種
兵而往討伐王見兵衆戰有功者即大歡喜
隨功賞賜或與田宅聚落城邑或與衣服嚴身
之具或種種珎寶金銀琉璃車𤦲馬瑙珊瑚琥珀
象馬車乘奴婢人民唯髻中明珠不以
與之所以者何獨王頂上有此一珠若以與
之王諸眷屬必大驚恠文殊師利如來亦復
如是以禪定智慧力得法國土王於三界而
諸魔王不肯順伏如來賢聖諸將與之
共戰其有功者心亦歡喜於四衆中為說諸
經令其心悅賜以禪定解脫无漏根力諸法之
財又復賜與涅槃之城言得滅度引導其心
令皆歡喜而不為說是法華經文殊師利如
轉輪王見諸兵衆有大功者心甚歡喜以此
難信之珠久在髻中不妄與人而今與之如來
亦復如是於三界中為大法王以法教化一切

BD14955號　妙法蓮華經（八卷本）卷五　（20-10）

經令其心悅賜以禪定解脫無漏根力諸法之
財又復賜與涅槃之城言得滅度引導其心
令皆歡喜而不為說是法華經文殊師利如
轉輪王見諸兵眾有大功者心甚歡喜以此
難信之珠久在髻中不妄與人而今與之如來
亦復如是於三界中為大法王以法教化一切
眾生見賢聖軍與五陰魔煩惱魔死魔共
戰有大功勳滅三毒出三界破魔網爾時如
來亦大歡喜此法華經能令眾生至一切智
一切世間多怨難信先所未說而今說之文
殊師利此法華經是諸如來第一之說於諸
說中最為甚深末後賜與如彼強力之王久
護明珠今乃與之文殊師利此法華經諸佛
如來秘密之藏於諸經中最在其上長夜守
護不妄宣說始於今日乃與汝等而敷演之
爾時世尊欲重宣此義而說偈言
常行忍辱　哀愍一切　乃能演說　佛所讚經
後末世時　持此經者　於家出家　及非菩薩
應生慈悲　斯等不聞　不信是經　則為大失
我得佛道　以是方便　為說此法　令住其中
譬如強力　轉輪聖王　兵戰有功　賞賜諸物
象馬車乘　嚴身之具　及諸田宅　聚落城邑
或與衣服　種種珍寶　奴婢財物　歡喜賜與
如有勇健　能為難事　王解髻中　明珠賜與
如來亦爾　為諸法主　忍辱大力　智慧寶藏
以大慈悲　如法化世　見一切人　受諸苦惱
欲求解脫　與諸魔戰　為是眾生　說種種法
以大方便　說此諸經　既知眾生　得其力已

BD14955號　妙法蓮華經（八卷本）卷五　（20–11）

如有勇健　能為難事　王解髻中　明珠賜與
如來亦爾　為諸法主　忍辱大力　智慧寶藏
以大慈悲　如法化世　見一切人　受諸苦惱
欲求解脫　與諸魔戰　為是眾生　說種種法
以大方便　說此諸經　既知眾生　得其力已
末後乃為　說是法華　如王解髻　明珠與之
此經為尊　眾經中上　我常守護　不妄開示
今正是時　為汝等說　我滅度後　求佛道者
欲得安隱　演說斯經　應當親近　如是四法
讀是經者　常無憂惱　又無病痛　顏色鮮白
不生貧窮　卑賤醜陋　眾生樂見　如慕賢聖
天諸童子　以為給使　刀杖不加　毒不能害
若人惡罵　口則閉塞　遊行無畏　如師子王
智慧光明　如日之照　若於夢中　但見妙事
見諸如來　坐師子座　諸比丘眾　圍遶說法
又見龍神　阿修羅等　數如恒沙　恭敬合掌
自見其身　而為說法　又見諸佛　身相金色
放無量光　照於一切　以梵音聲　演說諸法
佛為四眾　說無上法　見身處中　合掌讚佛
聞法歡喜　而為供養　得陀羅尼　證不退智
佛知其心　深入佛道　即為授記　成最正覺
汝善男子　當於來世　得無量智　佛之大道
國土嚴淨　廣大無比　亦有四眾　合掌聽法
又見自身　在山林中　修習善法　證諸實相
深入禪定　見十方佛
諸佛身金色　百福相莊嚴　聞法為人說　常有是好夢
又夢作國王　捨宮殿眷屬　及上妙五欲　行詣於道場
在菩提樹下　而處師子座　求道過七日　得諸佛之智

BD14955號　妙法蓮華經（八卷本）卷五　（20–12）

深入禪定　見十方佛
諸佛身金色　百福相莊嚴　聞法為人說　常有是好夢
又夢作國王　捨宮殿眷屬　及上妙五欲　行詣於道場
在菩提樹下　而處師子座　求道過七日　得諸佛之智
成无上道已　起而轉法輪　為四眾說法　經千万億劫
說无漏妙法　度无量眾生　後當入涅槃　如煙盡燈滅
若後惡世中　說是第一法　是人得大利　如上諸功德

妙法蓮華經從地踊出品第十五

尒時他方國土諸來菩薩摩訶薩過八恒河
沙數於大眾中起立合掌作礼而白佛言世
尊若聽我等於佛滅後在此娑婆世界勤
加精進護持讀誦書寫供養是經典者當於
此而廣說之尒時佛告諸菩薩摩訶薩眾止
善男子不須汝等護持此經所以者何我娑
婆世界自有六万恒河沙等菩薩摩訶薩一
一菩薩各有六万恒河沙眷屬是諸人等能
於我滅後護持讀誦廣說此經佛說是時娑
婆世界三千大千國土地皆震裂而於其中
有无量千万億菩薩摩訶薩同時踊出是諸
菩薩身皆金色三十二相无量光明先盡在
此娑婆世界之下此界虛空中住是諸菩薩
聞釋迦牟尼佛所說音聲從下發來一一菩
薩皆是大眾唱導之首各將六万恒河沙
眷屬況將五万四万三万二万一万恒河沙等
眷屬者況復乃至一恒河沙半恒河沙四分
之一乃至千万億那由他分之一況復千万
億那由他眷屬況復億万眷屬況復千万百
万乃至一万況復一千一百乃至一十況復將

眷屬況將五万四万三万二万一万恒河沙等
眷屬者況復乃至一恒河沙半恒河沙四分
之一乃至千万億那由他分之一況復千万
億那由他眷屬況復億万眷屬況復千万百
万乃至一万況復一千一百乃至一十況復將
五四三二一弟子者況復單己樂遠離行
如是等比无量无邊筭數譬喻所不能知
是諸菩薩從地踊出已各詣虛空七寶妙塔
多寶如來釋迦牟尼佛所到已向二世尊頭面礼
足及至諸寶樹下師子座上佛所亦皆作礼
右繞三帀合掌恭敬以諸菩薩種種讚法而
以讚歎住在一面欣樂瞻仰於二世尊是諸
菩薩摩訶薩從初踊出以諸菩薩種種讚
法而讚於佛如是時間經五十小劫是時釋迦
牟尼佛嘿然而坐及諸四眾亦皆嘿然五十
小劫佛神力故令諸大眾謂半日尒時四
眾亦以佛神力故見諸菩薩遍滿无量百
千万億國土虛空是菩薩眾中有四導師
一名上行二名无邊行三名淨行四名安立行是
四菩薩於其眾中最為上首唱導之師在大
眾前各共合掌觀釋迦牟尼佛而問訊言世
尊少病少惱安樂行不所應度者受教易不
不令世尊生疲勞耶尒時四大菩薩而說偈言
世尊安樂　少病少惱　教化眾生　得无疲惓
又諸眾生　受化易不　不令世尊　生疲勞耶
尒時世尊於菩薩大眾中而作是言如是如是
是諸善男子如來安樂少病少惱諸眾生
等易可化度无有疲勞所以者何是諸眾

世尊安樂　少病少惱　教化衆生　得无疲惓
又諸衆生　受化易不　不令世尊　生疲勞耶
尒時世尊於菩薩大衆中而作是言如是如
是諸善男子如來安樂少病少惱諸衆生
等易可化度无有疲勞所以者何是諸衆
生世世已來常受我化亦於過去諸佛供養
尊重種諸善根此諸衆生始見我身聞我所
說即皆信受入如來慧除先修習學小乘
者如是之人我今亦令得聞是經入於佛慧
尒時諸大菩薩而說偈言
善哉善哉　大雄世尊　諸衆生等　易可化度
能問諸佛　甚深智慧　聞已信行　我等隨喜
於時世尊讚歎上首諸大菩薩善哉善
哉善男子汝等能於如來發隨喜心尒時
弥勒菩薩及八千恒河沙諸菩薩衆皆作
是念我等從昔已來不見不聞如是大菩薩摩
訶薩衆從地踊出住世尊前合掌供養問訊
如來時弥勒菩薩摩訶薩知八千恒河沙諸菩
薩等心之所念并欲自決所疑合掌向佛以偈問曰
无量千万億　大衆諸菩薩　昔所未曾有　願兩足尊說
是從何所來　以何因緣集　巨身大神通　智慧叵思議
其志念堅固　有大忍辱力　衆生所樂見　為從何所來
一一諸菩薩　所將諸眷屬　其數无有量　如恒河沙等
或有大菩薩　將六万恒沙　如是諸大衆　一心求佛道
是諸大師等　六万恒河沙　俱來供養佛　及護持是經
將五万恒沙　其數過於是　四万及三万　二万至一万
一千一百等　乃至一恒沙　半及三四分　億万分之一

BD14955號　妙法蓮華經（八卷本）卷五

（20–15）

一一諸菩薩　所將諸眷屬　其數无有量　如恒河沙等
或有大菩薩　將六万恒沙　如是諸大衆　一心求佛道
是諸大師等　六万恒河沙　俱來供養佛　及護持是經
將五万恒沙　其數過於是　四万及三万　二万至一万
一千一百等　乃至一恒沙　半及三四分　億万分之一
千万那由他　万億諸弟子　乃至於半億　其數復過上
百万至一万　一千及一百　五十與一十　乃至三二一
單己无眷屬　樂於獨處者　俱來至佛所　其數轉過上
如是諸大衆　若人行籌數　過於恒沙劫　猶不能盡知
是諸大威德　精進菩薩衆　誰為其說法　教化而成就
從誰初發心　稱揚何佛法　受持行誰經　修習何佛道
如是諸菩薩　神通大智力　四方地震裂　皆從中踊出
世尊我昔來　未曾見是事　願說其所從　國土之名号
我常遊諸國　未曾見是衆　我於此衆中　乃不識一人
忽然從地出　願說其因緣　今此之大會　无量百千億
是諸菩薩等　皆欲知此事　是諸菩薩衆　本末之因緣
无量德世尊　唯願決衆疑
尒時釋迦牟尼分身諸佛從无量千万億他
方國土來者在於八方諸寶樹下師子座
上結加趺坐其佛侍者各各見是菩薩大衆
於三千大千世界四方從地踊出住於虛空
各白其佛言世尊此諸无量无邊阿僧祇菩
薩大衆從何所來尒時諸佛各告侍者諸善
男子且待須臾有菩薩摩訶薩名曰弥勒
釋迦牟尼佛之所授記次後作佛已問斯事
佛今答之汝等自當因是得聞尒時釋迦牟
尼佛告弥勒菩薩善哉善哉阿逸多乃能
問佛如是大事汝等當共一心被精進鎧發堅

BD14955號　妙法蓮華經（八卷本）卷五

（20–16）

且待須臾有菩薩摩訶薩名曰弥勒
釋迦牟尼佛之所授記次後作佛已問斯事
佛今答之汝等自當因是得聞尒時釋迦牟
尼佛告弥勒菩薩善哉善哉阿逸多乃能
問佛如是大事汝等當共一心被精進鎧發堅
固意如來今欲顯發宣示諸佛智慧諸佛自
在神通之力諸佛師子奮迅之力諸佛威猛
大勢之力尒時世尊欲重宣此義而說偈言
當精進一心　我欲說此事　勿得有疑悔　佛智叵思議
汝今出信力　住於忍善中　昔所未聞法　今皆當得聞
我今安慰汝　勿得懷疑懼　佛无不實語　智慧不可量
所得第一法　甚深叵分別　如是今當說　汝等一心聽
尒時世尊說此偈已告弥勒菩薩我今於此
大衆宣告汝等阿逸多是諸大菩薩摩訶薩
无量无數阿僧祇從地踊出汝等昔所未見
者我於是娑婆世界得阿耨多羅三藐三菩
提已教化示導是諸菩薩調伏其心令發道
意此諸菩薩皆於是娑婆世界之下此界虛
空中住於諸經典讀誦通利思惟分別正憶
念阿逸多是諸善男子等不樂在衆多有所
說常樂靜處勤行精進未曾休息亦不依止
人天而住常樂深智无有障礙亦常樂於
諸佛之法一心精進求无上慧尒時世尊
欲重宣此義而說偈言
阿逸汝當知　是諸大菩薩　從无數劫來　脩習佛智慧
悉是我所化　令發大道心　此等是我子　依止是世界
常行頭陀事　志樂於靜處　捨大衆憒閙　不樂多所說
如是諸子等　學習我道法　晝夜常精進　為求佛道故

BD14955號　妙法蓮華經（八卷本）卷五　（20–17）

諸佛之法一心精進求无上慧尒時世尊
欲重宣此義而說偈言
阿逸汝當知　是諸大菩薩　從无數劫來　脩習佛智慧
悉是我所化　令發大道心　此等是我子　依止是世界
常行頭陀事　志樂於靜處　捨大衆憒閙　不樂多所說
如是諸子等　學習我道法　晝夜常精進　為求佛道故
在娑婆世界　下方空中住　志念力堅固　常勤求智慧
說種種妙法　其心无所畏　我於伽耶城　菩提樹下坐
得成最正覺　轉无上法輪　尒乃教化之　令初發道心
今皆住不退　悉當得成佛　我今說實語　汝等一心信
我從久遠來　教化是等衆
尒時弥勒菩薩摩訶薩及无數諸菩薩等心
生疑惑怪未曾有而作是念云何世尊於少
時間教化如是无量无邊阿僧祇諸大菩薩
令住阿耨多羅三藐三菩提即白佛言世尊
如來為太子時出於釋氏宮去伽耶城不遠
坐於道場得成阿耨多羅三藐三菩提從是
已來始過四十餘年世尊云何於此少時大
作佛事以佛勢力以佛功德教化如是无量
大菩薩衆當成阿耨多羅三藐三菩提世尊
此大菩薩衆假使有人於千万億劫數不能
盡不得其邊斯等久遠已來於无量无邊
諸佛所殖諸善根成就菩薩道常脩梵行世
尊如此之事世所難信譬如有人色美髮黑年
二十五指百歲人言是我子其百歲人亦指
年少言是我父生育我等是事難信佛亦
如是得道已來其實未久而此大衆諸菩薩
等已於无量千万億劫為佛道故勤精進善

BD14955號　妙法蓮華經（八卷本）卷五　（20–18）

諸佛所殖諸善根成就菩薩道常修梵行世
尊如此之事世所難信譬如有人色美髮黑年
二十五指百歲人言是我子其百歲人亦指
年少言是我父生育我等是事難信佛亦
如是得道已來其實未久而此大眾諸菩薩
等已於无量千万億劫為佛道故勤行精進善
入出住无量百千万億三昧得大神通久修
梵行善能次第習諸善法巧於問答人中
之寶一切世間甚為希有今日世尊方云得佛
道時初令發心教化示導令向阿耨多羅三
藐三菩提世尊得佛未久乃能作此大功
德事我等雖復信佛隨宜所說佛所出言未
曾虛妄佛所知者皆悉通達然諸新發意
菩薩於佛滅後若聞是語或不信受而起破法罪
業因緣唯然世尊願為解說除我等疑及未
來世諸善男子聞此事已亦不生疑尒時彌勒
菩薩欲重宣此義而說偈言
佛昔從釋種　出家近伽耶　坐於菩提樹　尒來尚未久
此諸佛子等　其數不可量　久已行佛道　住於神通力
善學菩薩道　不染世間法　如蓮華在水　從地而踊出
皆起恭敬心　住於世尊前　是事難思議　云何而可信
佛得道甚近　所成就甚多　願為除眾疑　如實分別說
譬如少壯人　年始二十五　示人百歲子　髮白而面皺
是等我所生　子亦說是父　父少而子老　舉世所不信
世尊亦如是　得道來甚近　是諸菩薩等　志固无怯弱
從无量劫來　而行菩薩道　巧於難問答　其心无所畏
忍辱心決定　端正有威德　十方佛所讚　善能分別說
不樂在人眾　當好在禪定　為求佛道故　於下空中住

BD14955號　妙法蓮華經（八卷本）卷五　（20–19）

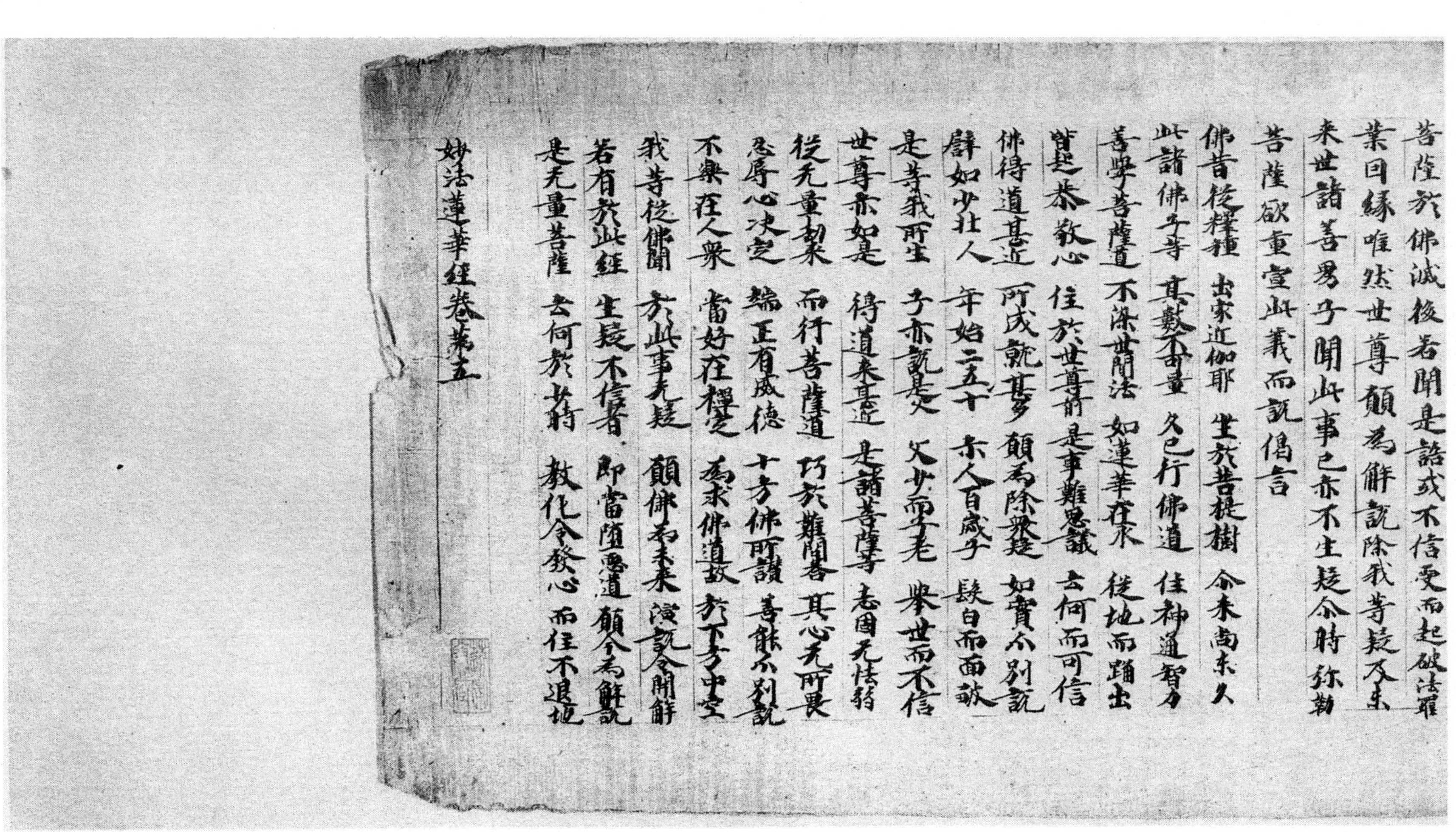
菩薩於佛滅後若聞是語或不信受而起破法罪
業因緣唯然世尊願為解說除我等疑及未
來世諸善男子聞此事已亦不生疑尒時彌勒
菩薩欲重宣此義而說偈言
佛昔從釋種　出家近伽耶　坐於菩提樹　尒來尚未久
此諸佛子等　其數不可量　久已行佛道　住於神通力
善學菩薩道　不染世間法　如蓮華在水　從地而踊出
皆起恭敬心　住於世尊前　是事難思議　云何而可信
佛得道甚近　所成就甚多　願為除眾疑　如實分別說
譬如少壯人　年始二十五　示人百歲子　髮白而面皺
是等我所生　子亦說是父　父少而子老　舉世所不信
世尊亦如是　得道來甚近　是諸菩薩等　志固无怯弱
從无量劫來　而行菩薩道　巧於難問答　其心无所畏
忍辱心決定　端正有威德　十方佛所讚　善能分別說
不樂在人眾　當好在禪定　為求佛道故　於下空中住
我等從佛聞　於此事无疑　願佛為未來　演說令開解
若有於此經　生疑不信者　即當墮惡道　願今為解說
是无量菩薩　云何於少時　教化令發心　而住不退地

妙法蓮華經卷第五

BD14955號　妙法蓮華經（八卷本）卷五　（20–20）

BD14955 號背　勘記 （1–1）

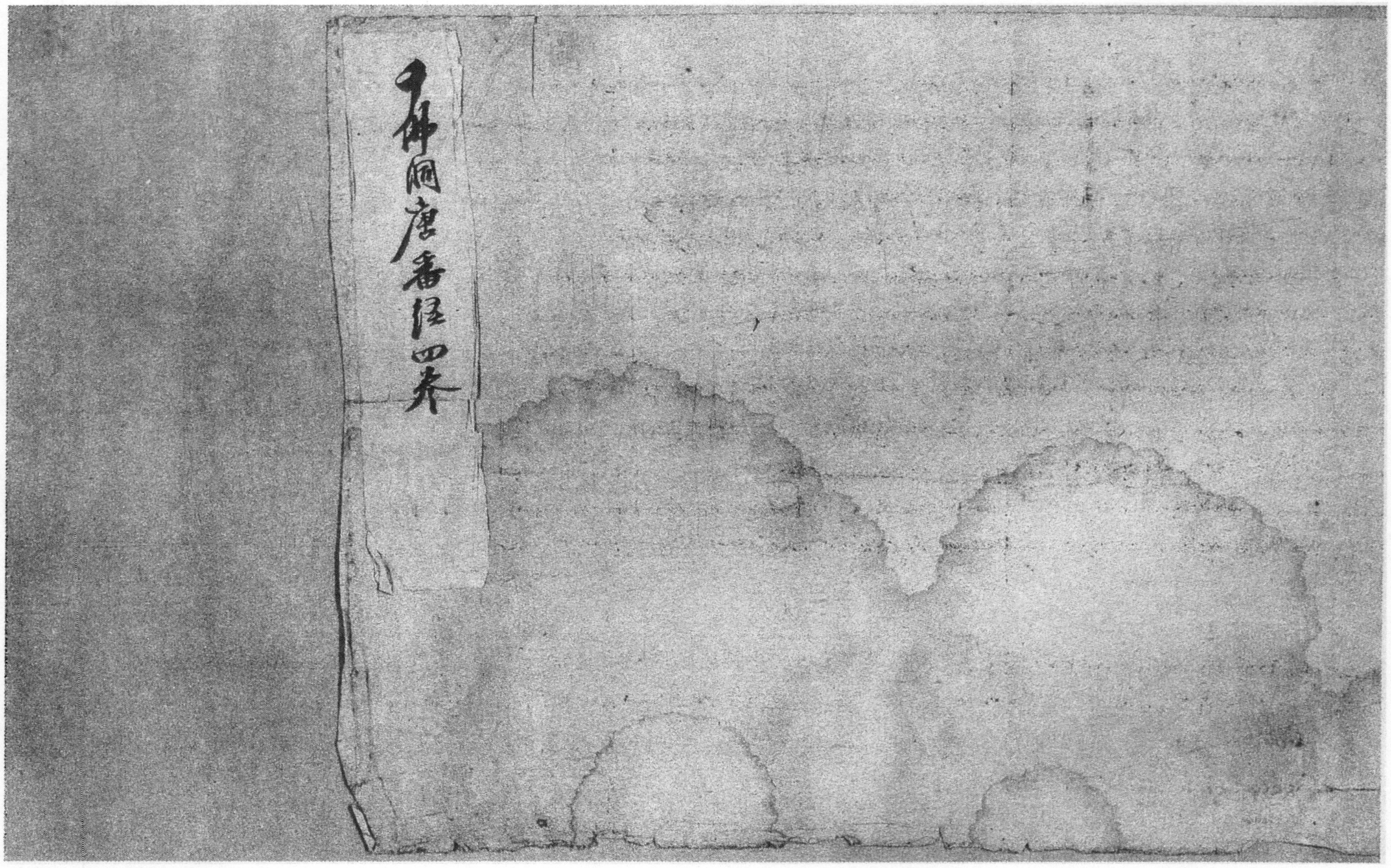

BD14956 號背　現代護首 （1–1）

BD14956號　藏文（無量壽宗要經甲本）　　（6–1）

BD14956號　藏文（無量壽宗要經甲本）　　（6–2）

BD14956號　藏文（無量壽宗要經甲本）　　（6–3）

BD14956號　藏文（無量壽宗要經甲本）　　（6–4）

BD14956 號　藏文（無量壽宗要經甲本）　（6–5）

BD14956 號　藏文（無量壽宗要經甲本）　（6–6）

BD14957 號　藏文（無量壽宗要經乙本）　　（6–1）

BD14957 號　藏文（無量壽宗要經乙本）　　（6–2）

BD14957號　藏文（無量壽宗要經乙本）　（6–3）

BD14957號　藏文（無量壽宗要經乙本）　（6–4）

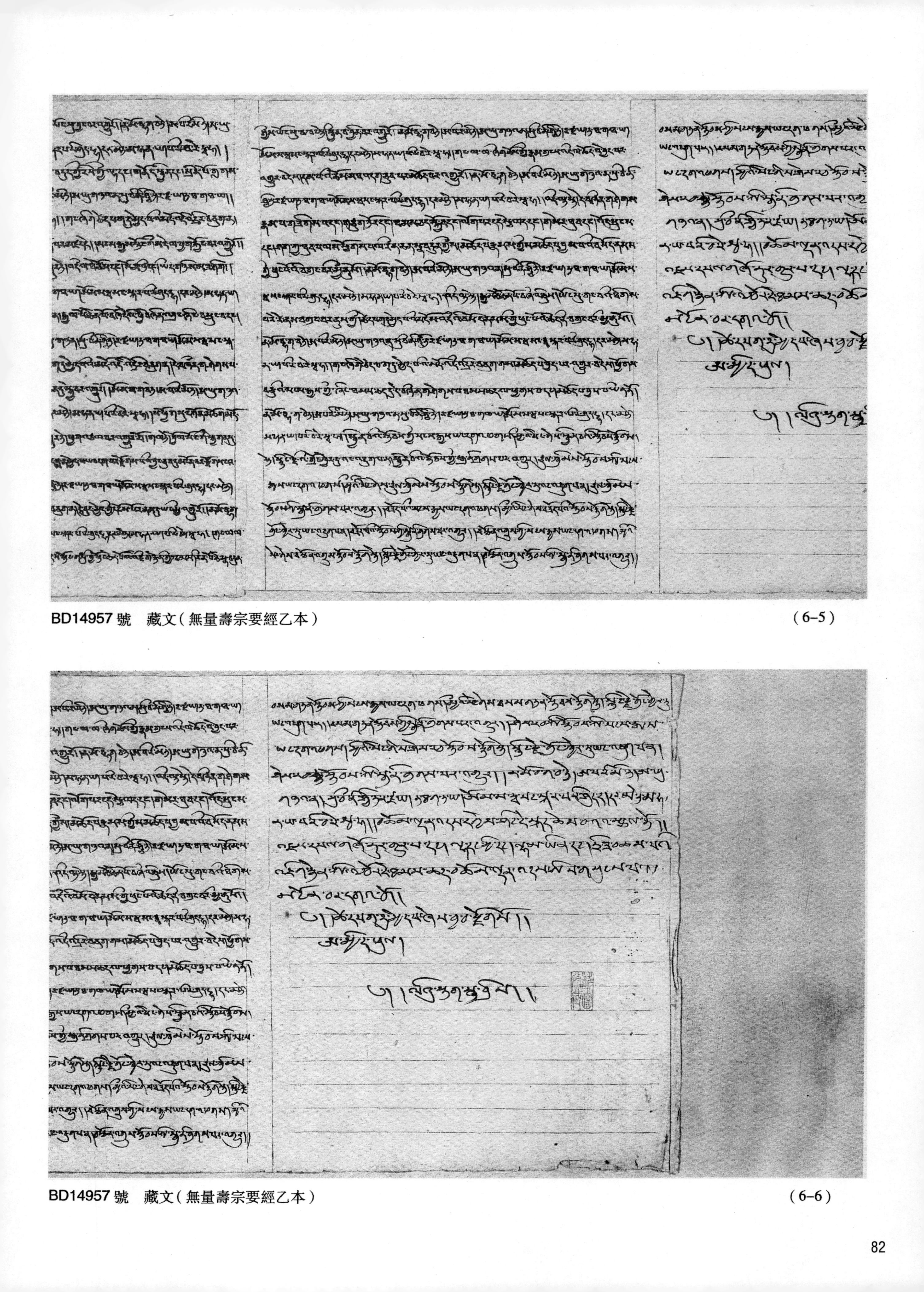

BD14957號　藏文（無量壽宗要經乙本）　（6–5）

BD14957號　藏文（無量壽宗要經乙本）　（6–6）

BD14958號　藏文（無量壽宗要經甲本）　（6–1）

BD14958號　藏文（無量壽宗要經甲本）　（6–2）

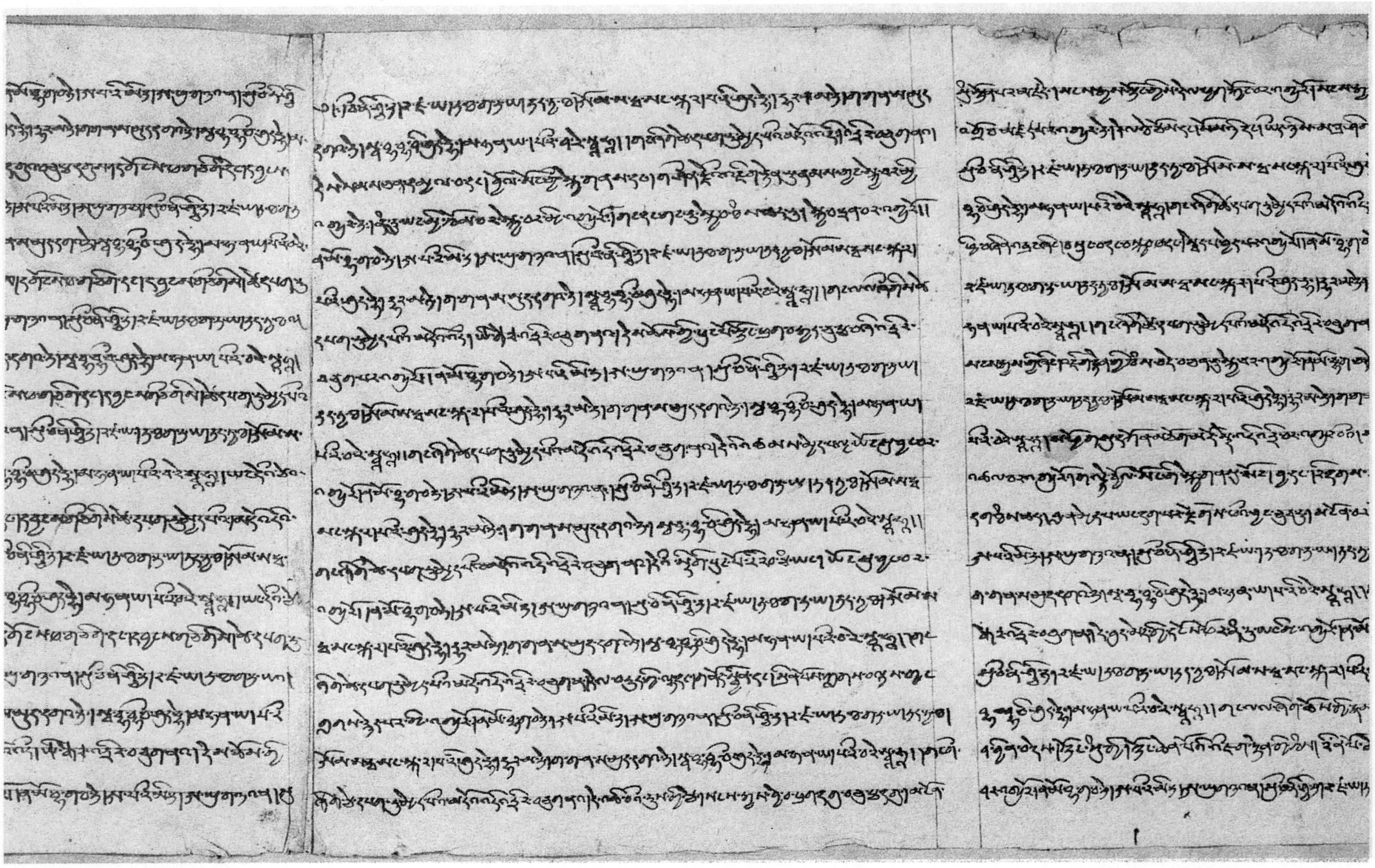

BD14958號　藏文（無量壽宗要經甲本）　（6–3）

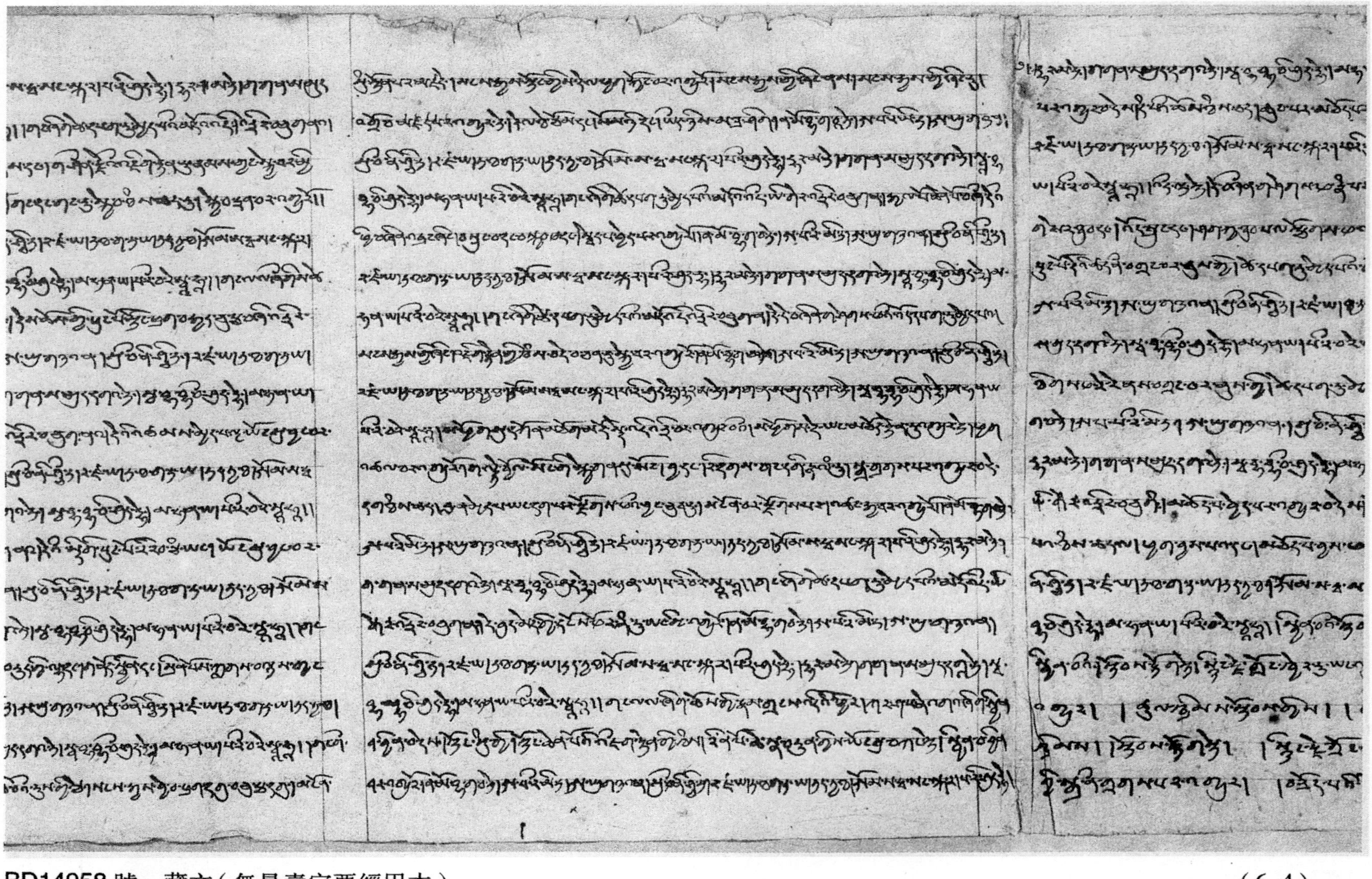

BD14958號　藏文（無量壽宗要經甲本）　（6–4）

BD14958號　藏文（無量壽宗要經甲本）　　（6–5）

BD14958號　藏文（無量壽宗要經甲本）　　（6–6）

BD14959 號　藏文（無量壽宗要經甲本）　　（6–1）

BD14959 號　藏文（無量壽宗要經甲本）　　（6–2）

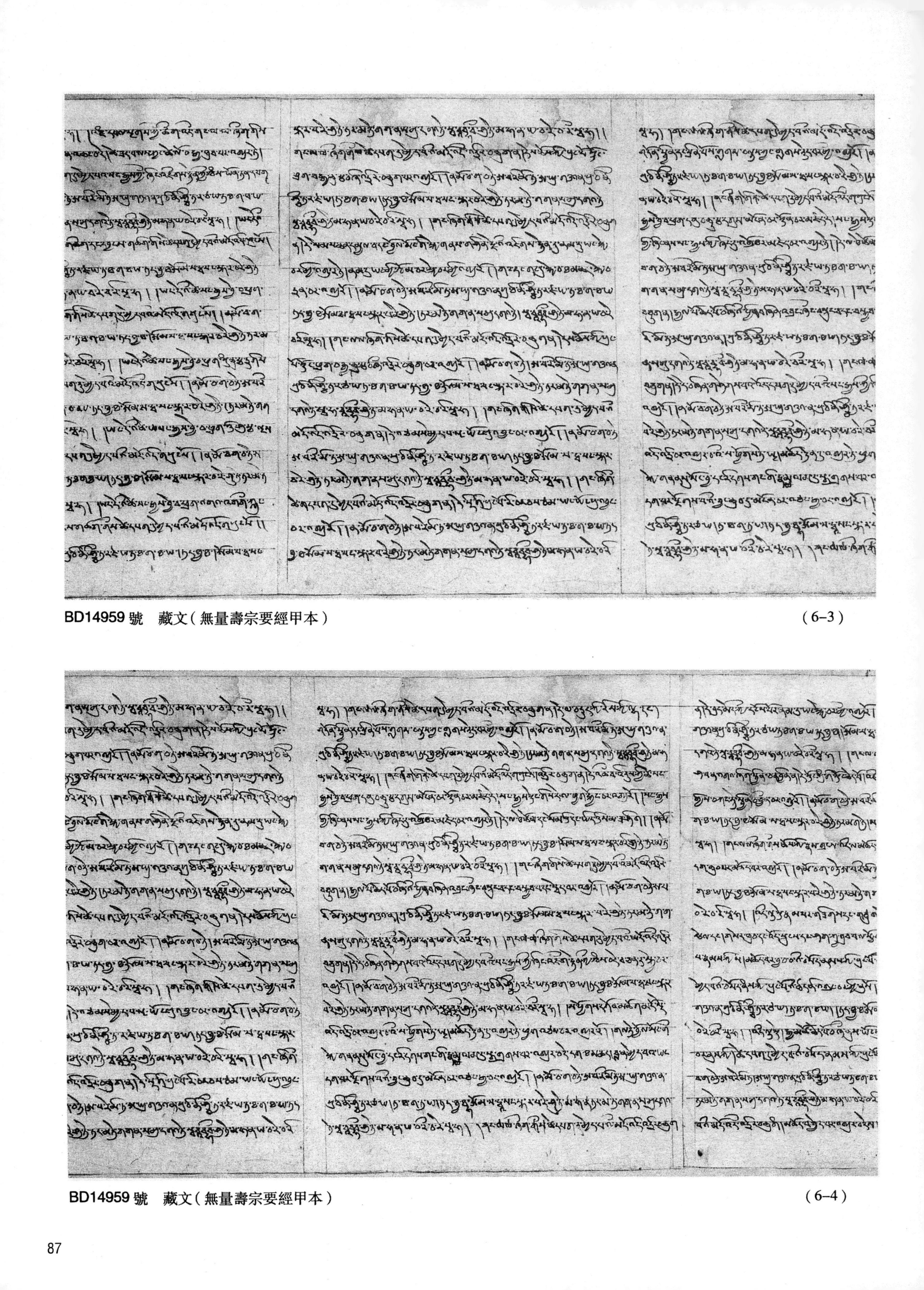

BD14959 號　藏文（無量壽宗要經甲本）　（6–3）

BD14959 號　藏文（無量壽宗要經甲本）　（6–4）

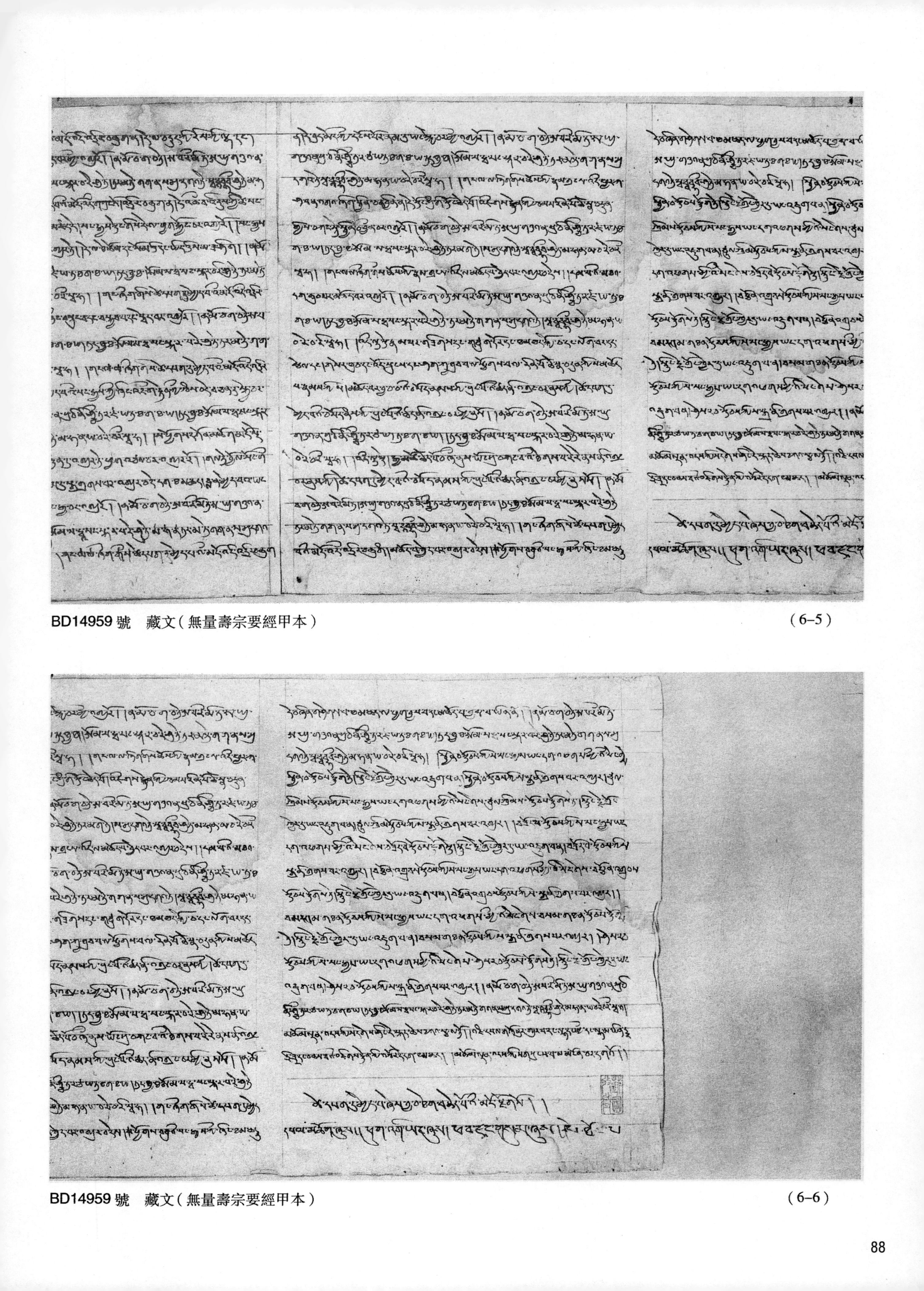

BD14959 號　藏文（無量壽宗要經甲本）　　（6–5）

BD14959 號　藏文（無量壽宗要經甲本）　　（6–6）

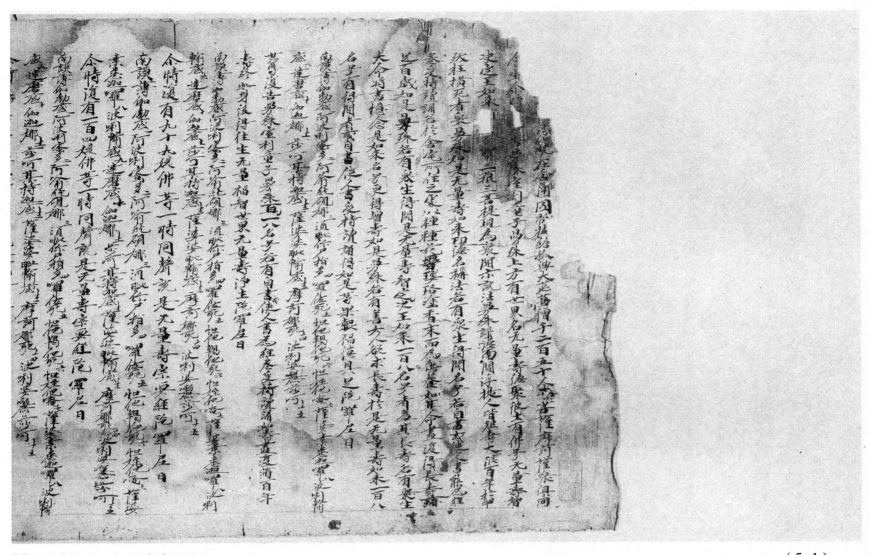

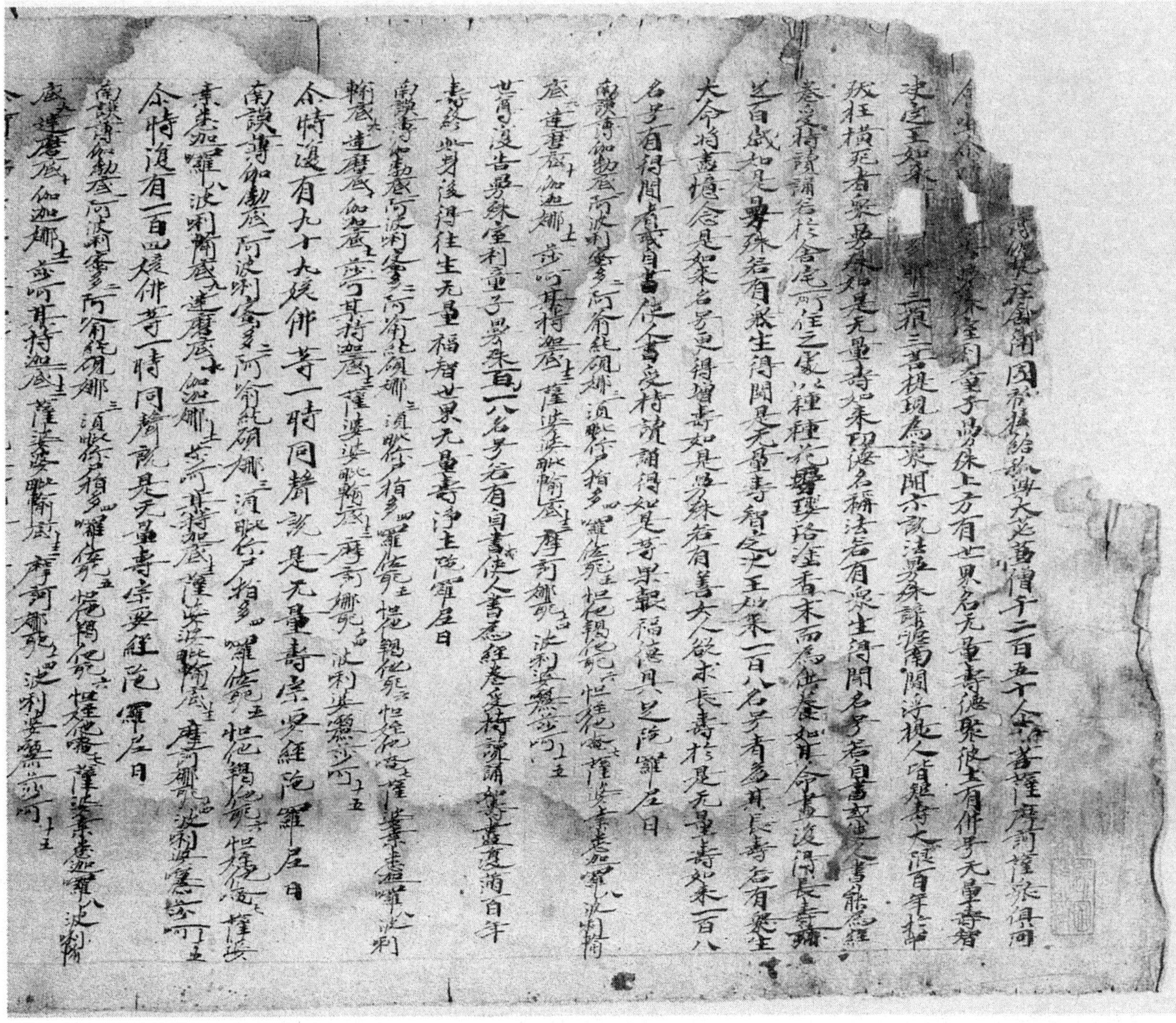

BD14960號　無量壽宗要經　　（5–1）

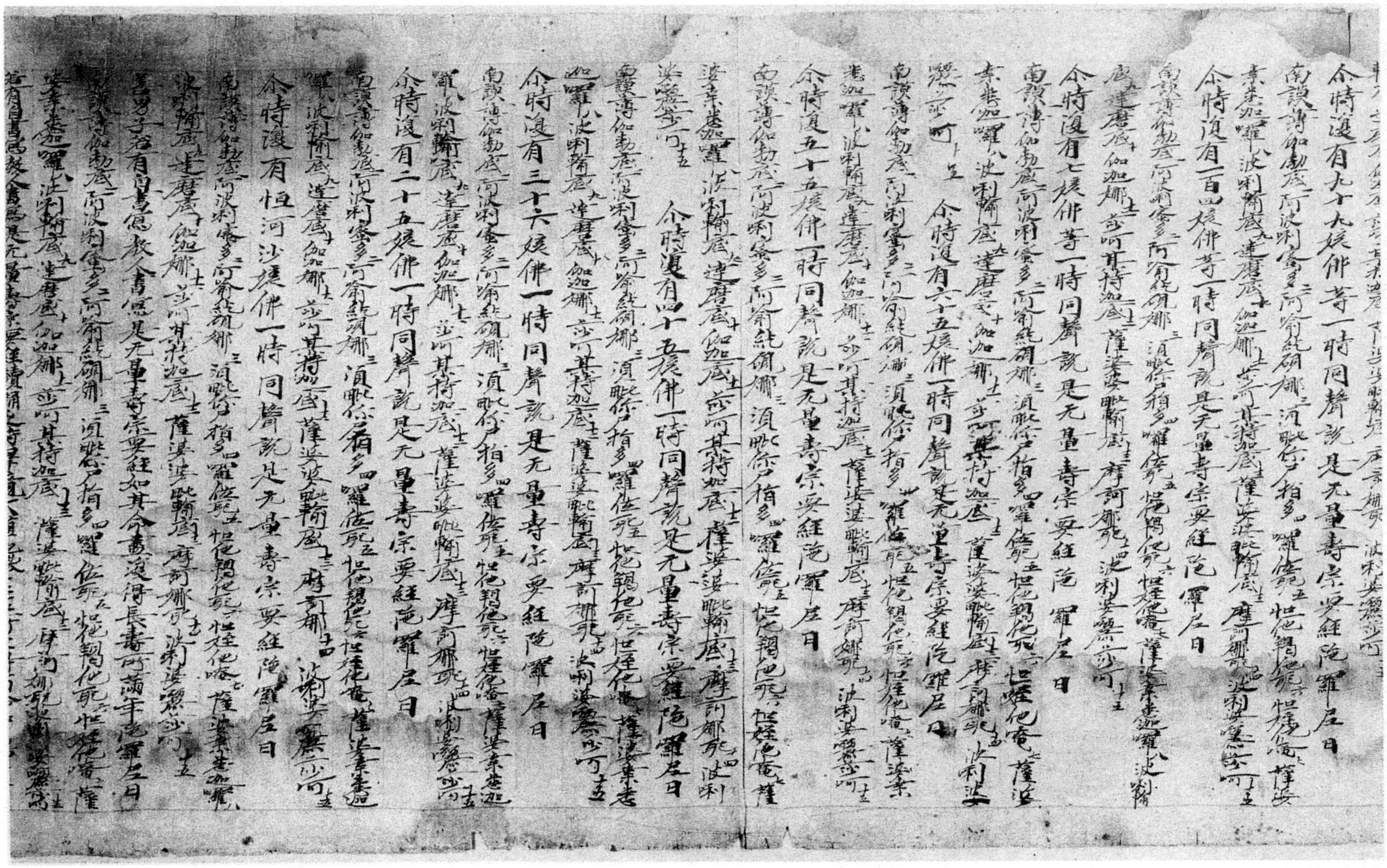

BD14960號　無量壽宗要經　　（5–2）

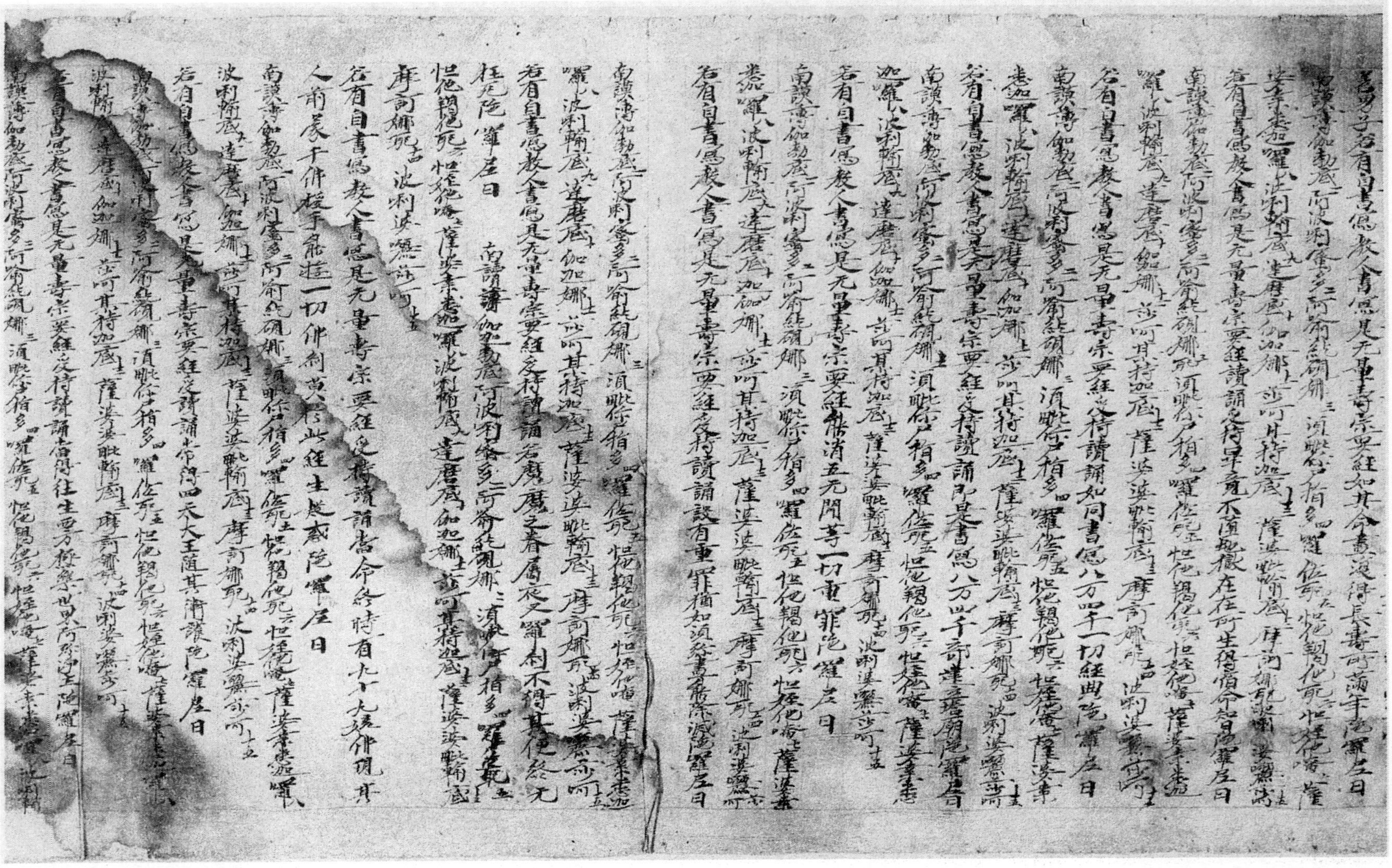

BD14960號　無量壽宗要經　（5–3）

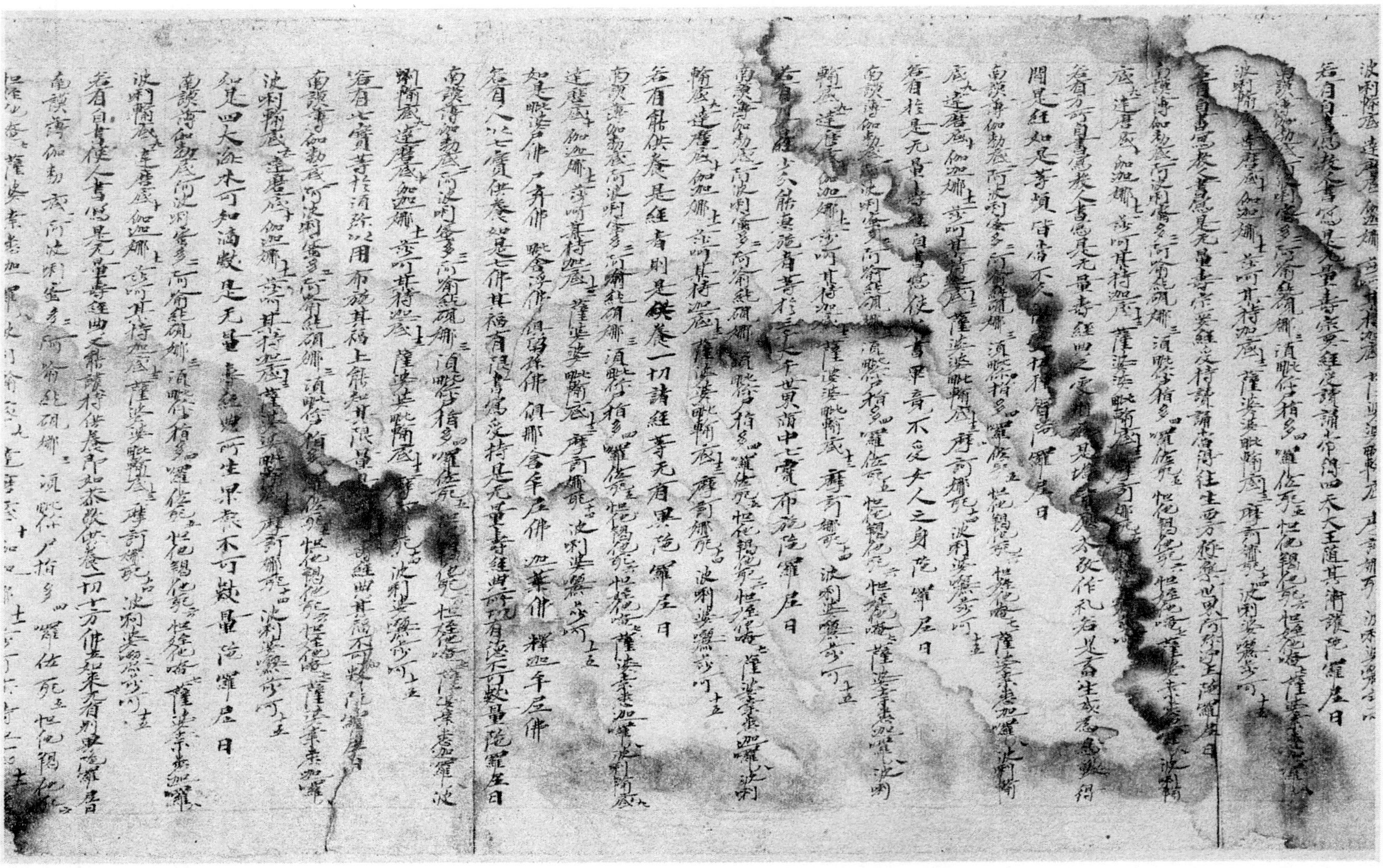

BD14960號　無量壽宗要經　（5–4）

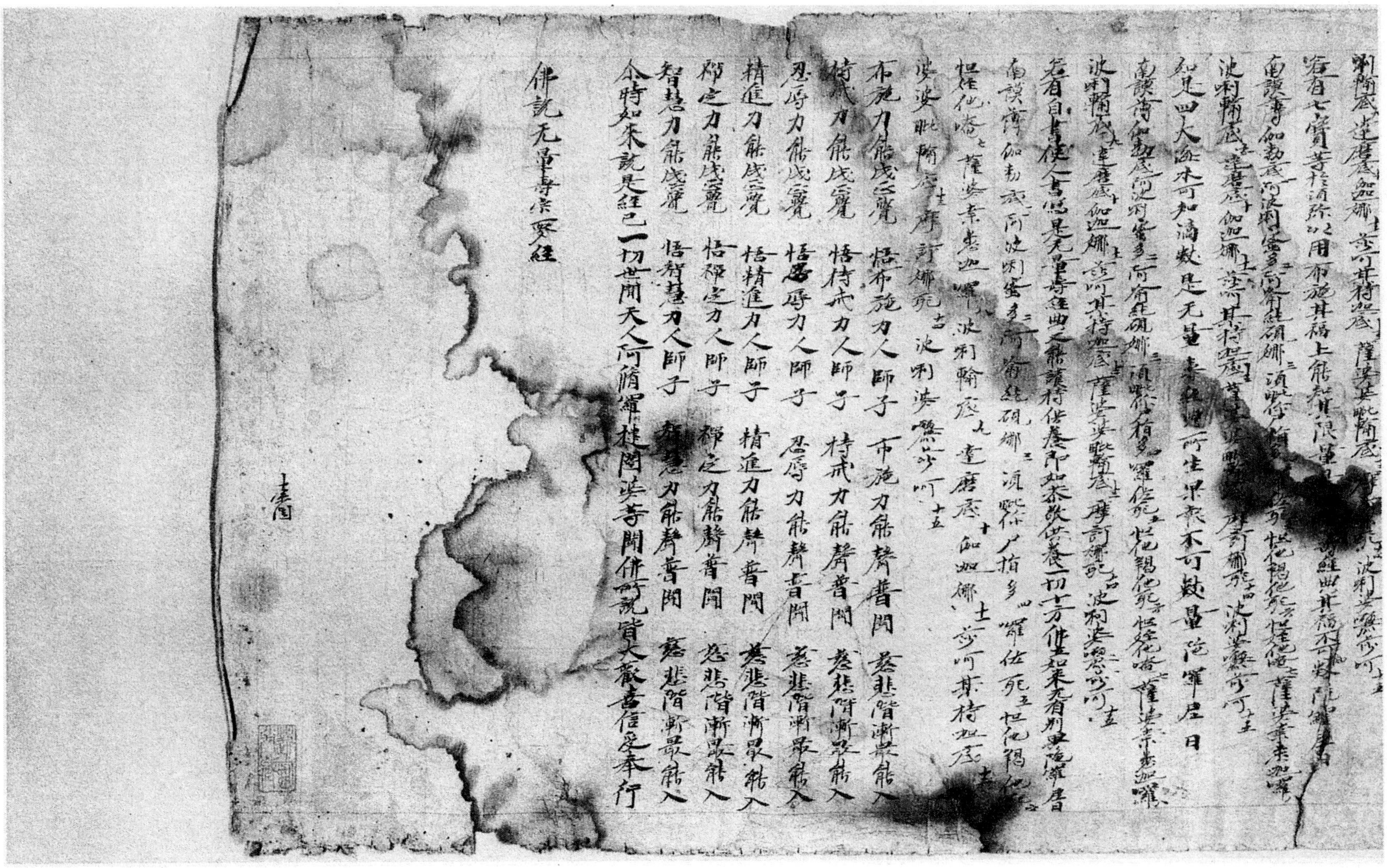

BD14960 號　無量壽宗要經

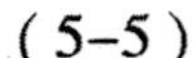
（5–5）

BD14960 號背　裱補紙殘字

（1–1）

敦煌千佛洞所出唐人寫經大半為晚唐五代人書字多拙劣此卷跋鄭元穆
結銜為弱水府折衝都尉則書此卷時府兵之制尚未廢矣唐書地理志載諸
折衝府名無弱水府惟楊炎撰四鎮節度副使右金吾衛大將軍楊和神道
碑（見文苑英華）云始日弱水府別將至執金吾勞季言唐折衝府考據之以補唐志之
闕此跋有弱水府折衝都尉足補勞說弱水府以地理言之當設於甘州甘沙二州相
距至近故甘州所寫經得在敦煌也辛酉季秋海甯王國維觀并記
戊寅二月弟子桐城汪吟龍敬觀
當州張鼎銘同敬觀

摩訶般若波羅蜜相應品第三
佛告舍利弗菩薩摩訶薩行般若波羅蜜應
如是思惟菩薩但有字佛々但有字般若波
羅蜜々但有字色但有字受想行識々但有
字舍利弗如我但有字一切我常不可得衆
生壽者命者生者養育衆數人作者使作者
起者使起者受者使受者知者見者是一切
皆不可得无所得空故但以名字說菩薩摩
訶薩亦如是行般若波羅蜜不見我不見衆
生乃至不見知者見者所說名字亦不見菩

BD14961號　摩訶般若波羅蜜經卷一　（15–1）

字舍利弗如我但有字一切我常不可得衆
生壽者命者生者養育衆數人作者使作者
起者使起者受者使受者知者見者是一切
皆不可得无所得空故但以名字說菩薩摩
訶薩亦如是行般若波羅蜜不見我不見衆
生乃至不見知者見者所說名字亦不見菩
薩摩訶薩作如是行般若波羅蜜除佛智慧
過一切聲聞辟支佛上用无所得空故何以
故是菩薩摩訶薩諸名字法名字所著處上
不可得故舍利弗菩薩摩訶薩能如是行爲
行般若波羅蜜譬如滿閻浮提竹葦甘蔗稻
麻叢林諸比丘其數如是智慧如舍利弗目
揵連等欲比菩薩行般若波羅蜜智慧百分
不及一千分百千分乃至筭數譬喻所不能
及何以故菩薩摩訶薩用智慧度脫一切衆
生故舍利弗置滿閻浮提如舍利弗目揵連
等若滿三千大千國土如舍利弗目揵連等
復置是事若滿十方如恒河沙等國土如舍
利弗目揵連等智慧欲比菩薩行般若波羅
蜜智慧百分不及一千分百千分乃至筭數
譬喻所不能及復次舍利弗菩薩摩訶薩行
般若波羅蜜一日脩智慧出過一切聲聞辟
支佛上舍利弗白佛言世尊聲聞所有智慧
若須陁洹斯陁含阿那含阿羅漢辟支佛智
慧佛智慧是諸衆智无有差別不相違背无
生性空若法不相違背无生性空是法无有別

BD14961號　摩訶般若波羅蜜經卷一　（15–2）

般若波羅蜜一日修智慧出過一切聲聞辟
支佛上舍利弗白佛言世尊聲聞所有智慧
若須陀洹斯陀含阿那含阿羅漢辟支佛智
慧佛智慧是諸衆智无有差别不相違背无
生性空若法不相違背无生性空是法无有别
異云何世尊言菩薩摩訶薩行般若波羅蜜
一日修智慧出過聲聞辟支佛上佛告舍
利弗於汝意云何菩薩摩訶薩行般若波羅
蜜一日修智慧心念我行道慧益一切衆生
當以一切種智一切法度一切衆生諸聲聞
辟支佛智慧爲有是事不舍利弗言不也
世尊舍利弗於汝意云何諸聲聞辟支佛頗
有是念我等當得阿耨多羅三藐三菩提度
一切衆生令得无餘涅槃不舍利弗言不也世
尊佛告舍利弗以是因緣故當知諸聲聞辟
支佛智慧欲比菩薩摩訶薩智慧百分不及
一千分百千分乃至筭數譬喻所不能及舍
利弗於汝意云何諸聲聞辟支佛頗有是
念我行六波羅蜜成就衆生莊嚴佛土具佛
十力四无所畏四无导智十八不共法度脫无
量阿僧祇衆生令得涅槃不舍利弗言不也
世尊佛告舍利弗菩薩摩訶薩有是念我
當行六波羅蜜乃至十八不共法成阿耨多
羅三藐三菩提度脫无量阿僧祇衆生令得
涅槃譬如螢火虫不作是念我力能照閻浮
提普令大明諸阿羅漢辟支佛亦如是不作是
念我等行六波羅蜜乃至十八不共法得阿

BD14961號　摩訶般若波羅蜜經卷一　（15–3）

世尊佛告舍利弗菩薩摩訶薩有是念我
當行六波羅蜜乃至十八不共法成阿耨多
羅三藐三菩提度脫无量阿僧祇衆生令得
涅槃譬如螢火虫不作是念我力能照閻浮
提普令大明諸阿羅漢辟支佛亦如是不作是
念我等行六波羅蜜乃至十八不共法得阿
耨多羅三藐三菩提度脫无量阿僧祇衆生
令得涅槃舍利弗譬如日出時光明遍照閻
浮提无不蒙明者菩薩摩訶薩亦如是行六
波羅蜜乃至十八不共法得阿耨多羅三藐三
菩提度脫无量阿僧祇衆生令得涅槃舍利弗
白佛言云何菩薩摩訶薩過聲聞辟支佛地
至阿鞞跋致地淨佛道佛告舍利弗菩薩摩
訶薩從初發意行六波羅蜜住空无相无作
法能過聲聞辟支佛地住阿鞞跋致地淨佛
道舍利弗白佛言菩薩摩訶薩住何等地能
爲諸聲聞辟支佛作福田佛告舍利弗菩薩
摩訶薩從初發意行六波羅蜜乃至坐道場
於其中間常爲諸聲聞辟支佛作福田何
以故以有菩薩摩訶薩因緣故諸善法生何
等善法所謂十善道五戒八分成就齋四
禪四无量心四无色定四念處四正勤四如意
足五根五力七覺分八聖道分盡現於世
以菩薩因緣故六波羅蜜十八空佛十力四
无所畏四无导智十八不共法大慈大悲一
切種智盡現於世以菩薩因緣故有剎利大

BD14961號　摩訶般若波羅蜜經卷一　（15–4）

足五根五力七覺分八聖道分盡現於世
以菩薩因緣故六波羅蜜十八空佛十力四
无所畏四无㝵智十八不共法大慈大悲一
切種智盡現於世以菩薩因緣故有剎利大
姓婆羅門大姓居士大家四天王天乃至非
有想非无想天皆現於世以菩薩因緣故有
須陁洹斯陁含阿那含阿羅漢辟支佛佛皆
現於世舍利弗白佛言菩薩摩訶薩淨畢施
福不佛言不也何以故本以淨畢故舍利弗
菩薩摩訶薩為大施主施何等施諸善法何
等善法十善道五戒乃至十八不共法一切種
智以是施與舍利弗白佛言世尊菩薩摩訶
薩云何習應般若波羅蜜與般若波羅蜜相
應佛告舍利弗菩薩摩訶薩習應色空是名
與般若波羅蜜相應受想行識空是名與般
若波羅蜜相應復次舍利弗菩薩摩訶薩習
應眼空是名與般若波羅蜜相應習應耳鼻
舌身心空是名與般若波羅蜜相應習應色
空是名與般若波羅蜜相應習應聲香味觸
法空是名與般若波羅蜜相應習應眼界空
色界空眼識界空是名與般若波羅蜜相
應習應耳聲識鼻香識舌味識身觸識意法識
界空是名與般若波羅蜜相應習應苦空是名
與般若波羅蜜相應習應集滅道空是名與
般若波羅蜜相應習應无明空是名與般若
波羅蜜相應習應行識名色六處觸受愛取

應習應耳聲識鼻香識舌味識身觸識意法識
界空是名與般若波羅蜜相應習應苦空是名
與般若波羅蜜相應習應集滅道空是名與
般若波羅蜜相應習應无明空是名與般若
波羅蜜相應習應行識名色六處觸受愛取
有生老死空是名與般若波羅蜜相應習
應一切諸法空若有為若无為是名與般若波
羅蜜相應復次舍利弗菩薩摩訶薩習應性
空是名與般若波羅蜜相應如是舍利弗菩
薩摩訶薩行般若波羅蜜習應七空所謂性
空自相空諸法空无所得空无法空有法空无
法有法空是名與般若波羅蜜相應佛告舍
利弗菩薩摩訶薩習應七空時不見色若相
應若不相應不見受想行識若相應若不
相應不見色若生相若滅相不見受想行識
若生相若滅相不見色若垢相若淨相不見
受想行識若垢相若淨相不見色與受合不
見受與想合不見想與行合不見行與識合
何以故无有法與法合者性空故舍利弗色
空中无有色受想行識空中无有識舍利弗
色空故无惱壞相受空故无受相想空故无
知相行空故无作相識空故无覺相何以故
舍利弗非色異空非空異色色即是空空即
是色受想行識亦如是舍利弗是諸法空相
不生不滅不垢不淨不增不減是空法非過
去非未來非現在是故空中无色无受想行

知相行空故无作相識空故无覺相何以故
舍利弗非色異空非空異色色即是空空即
是色受想行識〻如是舍利弗是諸法空相
不生不滅不垢不淨不增不減是空法非過
去非未來非現在是故空中无色无受想行
識无眼耳鼻舌身意无色聲香味觸法无眼
界乃至无意識界无无明〻无无明盡乃至
无老死无老死盡无苦集滅道无智无得无
須陁洹无須陁洹果无斯陁含无斯陁含果
无阿那含无阿那含果无阿羅漢无阿羅漢
果无辟支佛无辟支佛道无佛〻无佛道舍
利弗菩薩摩訶薩如是習應是名與般若波
羅蜜相應舍利弗是菩薩摩訶薩行般若波
羅蜜不見般若波羅蜜若相應若不相應不
見檀波羅蜜尸波羅蜜羼提波羅蜜毗梨耶
波羅蜜禪波羅蜜若相應若不相應〻不見
色若相應若不相應不見受想行識若相應
若不相應不見眼乃至意色乃至法眼色識
界乃至意法識界若相應若不相應不見四
念處乃至八聖道分佛十力乃至一切種智
若相應若不相應如是舍利弗當知菩薩摩
訶薩與般若波羅蜜相應復次舍利弗菩薩
摩訶薩行般若波羅蜜時空不與空合无相
不與无相合无作不與无作合何以故空无
相无作无有合與不合舍利弗菩薩摩訶薩
如是習應是名與般若波羅蜜相應復次舍
利弗菩薩摩訶薩行般若波羅蜜入諸法自

BD14961號　摩訶般若波羅蜜經卷一　（15–7）

摩訶薩行般若波羅蜜時空不與空合无相
不與无相合无作不與无作合何以故空无
相无作无有合與不合舍利弗菩薩摩訶薩
如是習應是名與般若波羅蜜相應復次舍
利弗菩薩摩訶薩行般若波羅蜜入諸法自
相空入已色不作合不作不合受想行識不
作合不作不合色不與過去世合何以故不
見過去世故色不與未來世合何以故不見
未來世故色不與現在世合何以故不見現
在世故受想行識〻如是復次舍利弗菩薩
摩訶薩行般若波羅蜜過去世不與未來世
合未來世不與過去世合現在世不與過去
未來世合過去未來世不與現在世合三世
名空故舍利弗菩薩摩訶薩如是習應是名
與般若波羅蜜相應復次舍利弗菩薩摩
訶薩行般若波羅蜜薩婆若不與過去世合何
以故過去世不可見何況薩婆若與過去世合
薩婆若不與未來世合何以故未來世不可見
何況薩婆若與未來世合薩婆若不與現在
世合何以故現在世不可見何況薩婆若與
現在世合舍利弗菩薩摩訶薩如是習應是
名與般若波羅蜜相應復次舍利弗菩薩摩
訶薩行般若波羅蜜色不與薩婆若合色不
可見故受想行識〻如是眼不與薩婆若合
眼不可見故耳鼻舌身意〻如是色不與
薩婆若合色不可見故聲香味觸法〻如
是舍利弗菩薩摩訶薩如是習應是名與般

BD14961號　摩訶般若波羅蜜經卷一　（15–8）

訶薩行般若波羅蜜色不與薩婆若合色不
可見故受想行識亦如是眼不與薩婆若合
眼不可見故耳鼻舌身意亦如是色不與
薩婆若合色不可見故聲香味觸法亦如
是舍利弗菩薩摩訶薩如是習應是名與般
若波羅蜜相應復次舍利弗菩薩摩訶薩行
般若波羅蜜檀波羅蜜不與薩婆若合檀波
羅蜜不可見故乃至般若波羅蜜亦如是四
念處不與薩婆若合四念處不可見故乃至
八聖道分亦如是佛十力乃至十八不共法不
與薩婆若合佛十力乃至十八不共法不可
見故舍利弗菩薩摩訶薩如是習應是名
與般若波羅蜜相應復次舍利弗菩薩摩訶
薩行般若波羅蜜佛不與薩婆若合薩婆若
不與佛合菩提不與薩婆若合薩婆若不與菩
提合何以故佛即是薩婆若薩婆若即是佛
菩提即是薩婆若薩婆若即是菩提舍利
弗菩薩摩訶薩行般若波羅蜜如是習應是
名與般若波羅蜜相應復次舍利弗菩薩摩訶
薩行般若波羅蜜不習色有不習色无受想行
識亦如是不習色有常不習色无常受想行
識亦如是不習色苦不習色樂受想行識亦
如是不習色我不習色非我受想行識亦如
是不習色寂滅不習色不寂滅受想行識亦
如是不習色空不習色非空受想行識亦
如是不習色有相不習色无相受想行識
亦如是不習色有作不習色无作受想行識

BD14961號　摩訶般若波羅蜜經卷一　（15-9）

如是不習色我不習色非我受想行識亦如
是不習色寂滅不習色不寂滅受想行識亦
如是不習色空不習色非空受想行識亦
如是不習色有相不習色无相受想行識
亦如是不習色有作不習色无作受想行識
亦如是菩薩摩訶薩行般若波羅蜜不作是
念我行般若波羅蜜不行般若波羅蜜非行
非不行般若波羅蜜舍利弗菩薩摩訶薩如
是習應是名與般若波羅蜜相應復次舍
利弗菩薩摩訶薩不為般若波羅蜜故行般
若波羅蜜不為檀波羅蜜尸波羅蜜羼提波
羅蜜毗梨耶波羅蜜禪波羅蜜故行般若
波羅蜜不為阿鞞跋致地故行般若波羅蜜
不為成就眾生故行般若波羅蜜不為淨佛
土故行般若波羅蜜不為佛十力四无所畏
四无礙智十八不共法故行般若波羅蜜不為
內空故行般若波羅蜜不為外空內外空空
空大空第一義空有為空无為空畢竟空无
始空散空性空諸法空自相空无所得空无
法空有法空无法有法空故行般若波羅蜜
不為如法性實際故行般若波羅蜜何以故
是菩薩摩訶薩行般若波羅蜜不壞諸法相
故如是習應是名與般若波羅蜜相應復次
舍利弗菩薩摩訶薩行般若波羅蜜不為
如意神通故行般若波羅蜜不為天耳故不
為他心智故不為宿命智故不為天眼故不為
漏盡神通故行般若波羅蜜何以故菩薩摩

BD14961號　摩訶般若波羅蜜經卷一　（15-10）

舍利弗菩薩摩訶薩行般若波羅蜜不為
如意神通故行般若波羅蜜不為天耳故不
為他心智故不為宿命智故不為天眼故不為
漏盡神通故行般若波羅蜜何以故菩薩摩
訶薩行般若波羅蜜尚不見般若波羅蜜何
况見菩薩神通舍利弗菩薩摩訶薩如是行
是名與般若波羅蜜相應復次舍利弗菩薩
摩訶薩行般若波羅蜜不作是念我以如意
神通飛到東方供養恭敬如恒河沙等諸佛
南西北方四維上下亦如是復次舍利弗菩薩
摩訶薩行般若波羅蜜不作是念我以天耳
聞十方諸佛所說法不作是念我以他心智知
十方衆生心所念不作是念我以宿命通知
十方衆生宿命所作不作是念我以天眼見
十方衆生死此生彼舍利弗菩薩摩訶薩如
是行是名與般若波羅蜜相應亦能度无量
阿僧祇衆生舍利弗菩薩摩訶薩如是行
般若波羅蜜惡魔不能得其便世間衆事所
欲隨意十方各如恒河沙等諸佛皆悉擁護
是菩薩令不墮聲聞辟支佛地四天王天乃
至阿迦尼吒天皆亦擁護是菩薩不令有㝵
是菩薩所有重罪現世輕受何以故是菩薩、
摩訶薩用普慈加衆生故舍利弗菩薩摩訶
薩如是行是名與般若波羅蜜相應復次舍
利弗菩薩摩訶薩行般若波羅蜜疾得諸
陁羅尼門諸三昧門所生處常值諸佛乃至阿

摩訶薩用普慈加衆生故舍利弗菩薩摩訶
薩如是行是名與般若波羅蜜相應復次舍
利弗菩薩摩訶薩行般若波羅蜜疾得諸
陁羅尼門諸三昧門所生處常值諸佛乃至阿
耨多羅三藐三菩提初不離見佛舍利弗菩
薩摩訶薩如是習應是名與般若波羅蜜相
應復次舍利弗菩薩摩訶薩行般若波羅蜜不
作是念有法與法若合若不合若等若不等
何以故是菩薩摩訶薩不見法與餘法若合若
不合若等若不等舍利弗菩薩摩訶薩如是
習應是名與般若波羅蜜相應復次舍利弗菩
薩摩訶薩行般若波羅蜜不作是念我當
疾得法性若不得何以故法性非得相故舍
利弗菩薩摩訶薩如是習應是名與般若
波羅蜜相應復次舍利弗菩薩摩訶薩行
般若波羅蜜不見有法出法性者如是習應是
名與般若波羅蜜相應復次舍利弗菩薩摩訶
薩行般若波羅蜜不作是念法性分別諸法
如是習應是名與般若波羅蜜相應復次舍
利弗菩薩摩訶薩行般若波羅蜜不作是念
是法能得法性若不得何以故是菩薩不見用
是法能得法性若不得舍利弗菩薩摩訶薩
如是習應是名與般若波羅蜜相應復次舍
利弗菩薩摩訶薩行般若波羅蜜法性不與
空合空不與法性合如是習應是名與般若
波羅蜜相應復次舍利弗菩薩摩訶薩行

如是習應是名與般若波羅蜜相應復次舍
利弗菩薩摩訶薩行般若波羅蜜法性不與
空合空不與法性合如是習應是名與般若
波羅蜜相應復次舍利弗菩薩摩訶薩行
般若波羅蜜眼界不與空合空不與眼界合色
界不與空合空不與色界合眼識界不與空
合空不與眼識界合乃至意界不與空合空不
與意界合法界不與空合空不與法界合意識
界不與空合空不與意識界合是故舍利弗
是空相應名為第一相應舍利弗行空菩薩摩
訶薩不墮聲聞辟支佛地能淨佛土成就眾生
疾得阿耨多羅三藐三菩提舍利弗諸相應中
般若波羅蜜相應為最第一最尊最勝最
妙為无有上何以故是菩薩摩訶薩行般若
波羅蜜應空无相无作故當知是菩薩如受記
无異若近受記舍利弗菩薩摩訶薩如是相應
者能為无量阿僧祇眾生作益厚是菩薩摩
訶薩亦不作是念我與般若波羅蜜相應諸佛
當授我記我當近受記我當淨佛國土我得
阿耨多羅三藐三菩提當轉法輪何以故是
菩薩摩訶薩不見是法出於法性亦不見是法
行般若波羅蜜亦不見是法諸佛授記亦不見
是法得阿耨多羅三藐三菩提何以故菩薩摩
訶薩行般若波羅蜜不生我相眾生相乃至知
者見者相何以故眾生畢竟不生不滅故眾生
无有生无有滅若法无有生相无有滅相云何

BD14961號　摩訶般若波羅蜜經卷一　（15–13）

者能為无量阿僧祇眾生作益厚是菩薩摩
訶薩亦不作是念我與般若波羅蜜相應諸佛
當授我記我當近受記我當淨佛國土我得
阿耨多羅三藐三菩提當轉法輪何以故是
菩薩摩訶薩不見是法出於法性亦不見是法
行般若波羅蜜亦不見是法諸佛授記亦不見
是法得阿耨多羅三藐三菩提何以故菩薩摩
訶薩行般若波羅蜜不生我相眾生相乃至知
者見者相何以故眾生畢竟不生不滅故眾生
无有生无有滅若法无有生相无有滅相云何
是法當行般若波羅蜜如是舍利弗菩薩摩
訶薩不見眾生故為行般若波羅蜜眾生
不受故眾生空故眾生不可得故眾生離
故為行般若波羅蜜舍利弗菩薩摩訶
薩於諸相應中為最第一相應所謂空相
應勝餘相應菩薩摩訶薩如是習空能生
大慈大悲菩薩摩訶薩如是習空不生慳心
不生犯戒心不生瞋心不生懈怠心不生亂
心不生无智心

摩訶般若波羅蜜卷第一

翊水府折衝都尉錢唐縣開國男
菩薩戒弟子鄧元穆謹為七世父
母敬寫大品經一部願法界眾生同
登正覺

BD14961號　摩訶般若波羅蜜經卷一　（15–14）

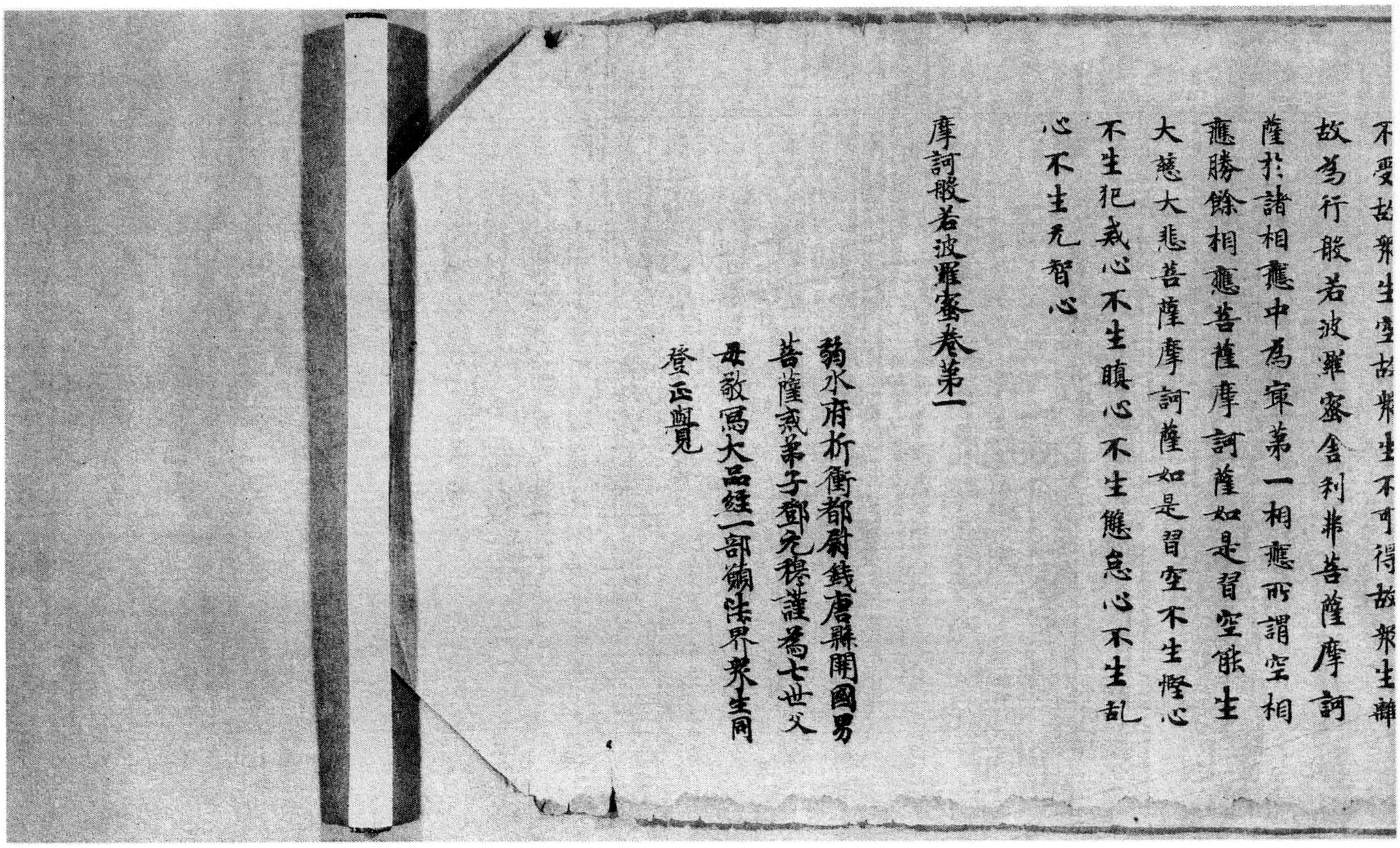

不受故般生空故般生不可得故般生離
故爲行般若波羅蜜舍利弗菩薩摩訶
薩於諸相應中爲第一相應所謂空相
應勝餘相應菩薩摩訶薩如是習空能生
大慈大悲菩薩摩訶薩如是習空不生慳心
不生犯戒心不生瞋心不生懈怠心不生亂
心不生无智心

摩訶般若波羅蜜卷第一

弱水府折衝都尉錢唐縣開國男
菩薩戒弟子鄧元穆謹爲七世父
母敬寫大品經一部願法界衆生同
登正覺

BD14961 號　摩訶般若波羅蜜經卷一　　（15–15）

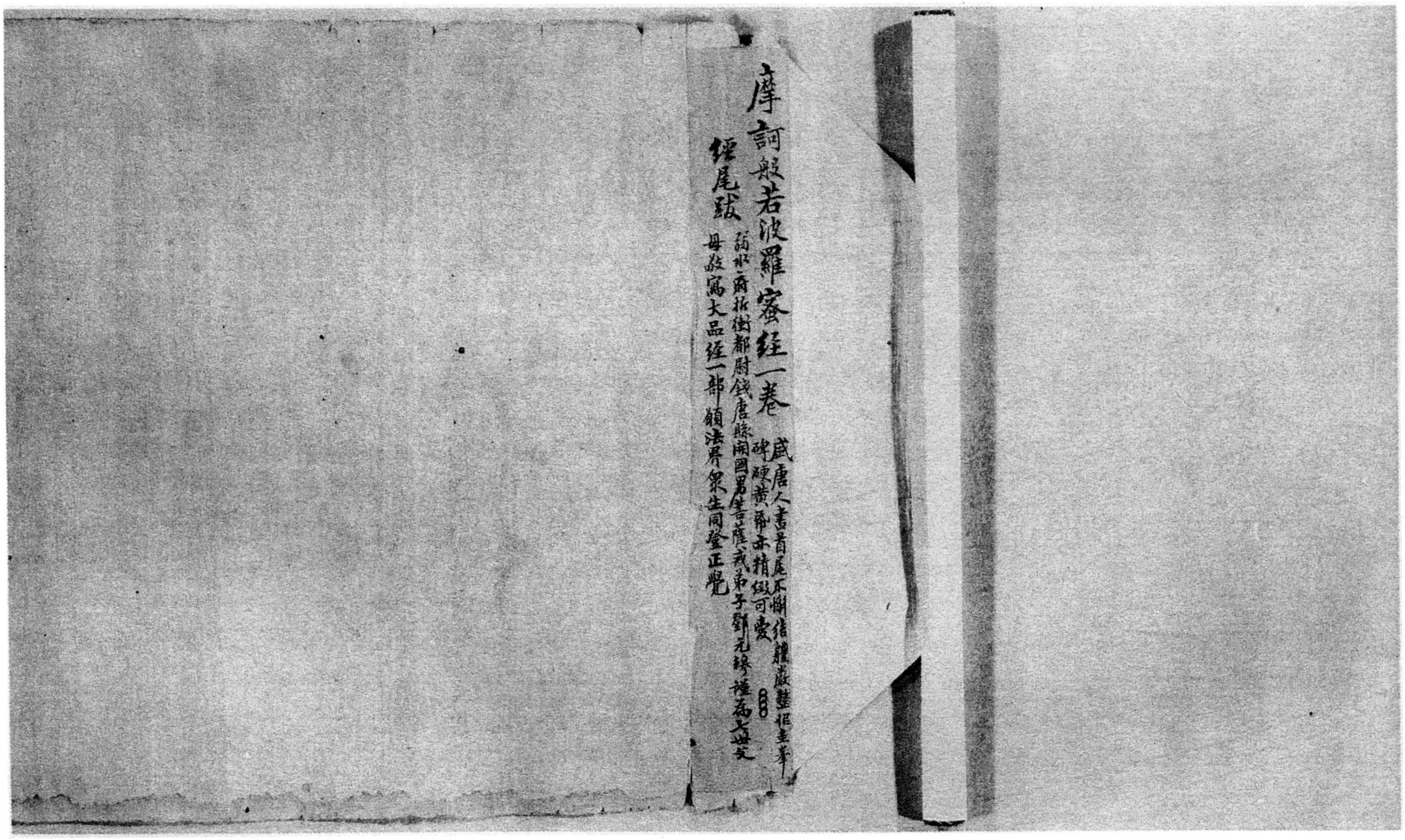

摩訶般若波羅蜜經一卷　盛唐人書首尾不斷結體嚴整似圭峯
碑硬黃帋亦精緻可愛
經尾跋　弱水府折衝都尉錢唐縣開國男菩薩戒弟子鄧元穆謹爲七世父
母敬寫大品經一部願法界衆生同登正覺

BD14961 號背　題記　　（1–1）

BD14962 號 1　藏文（無量壽宗要經甲本）　　（30–1）

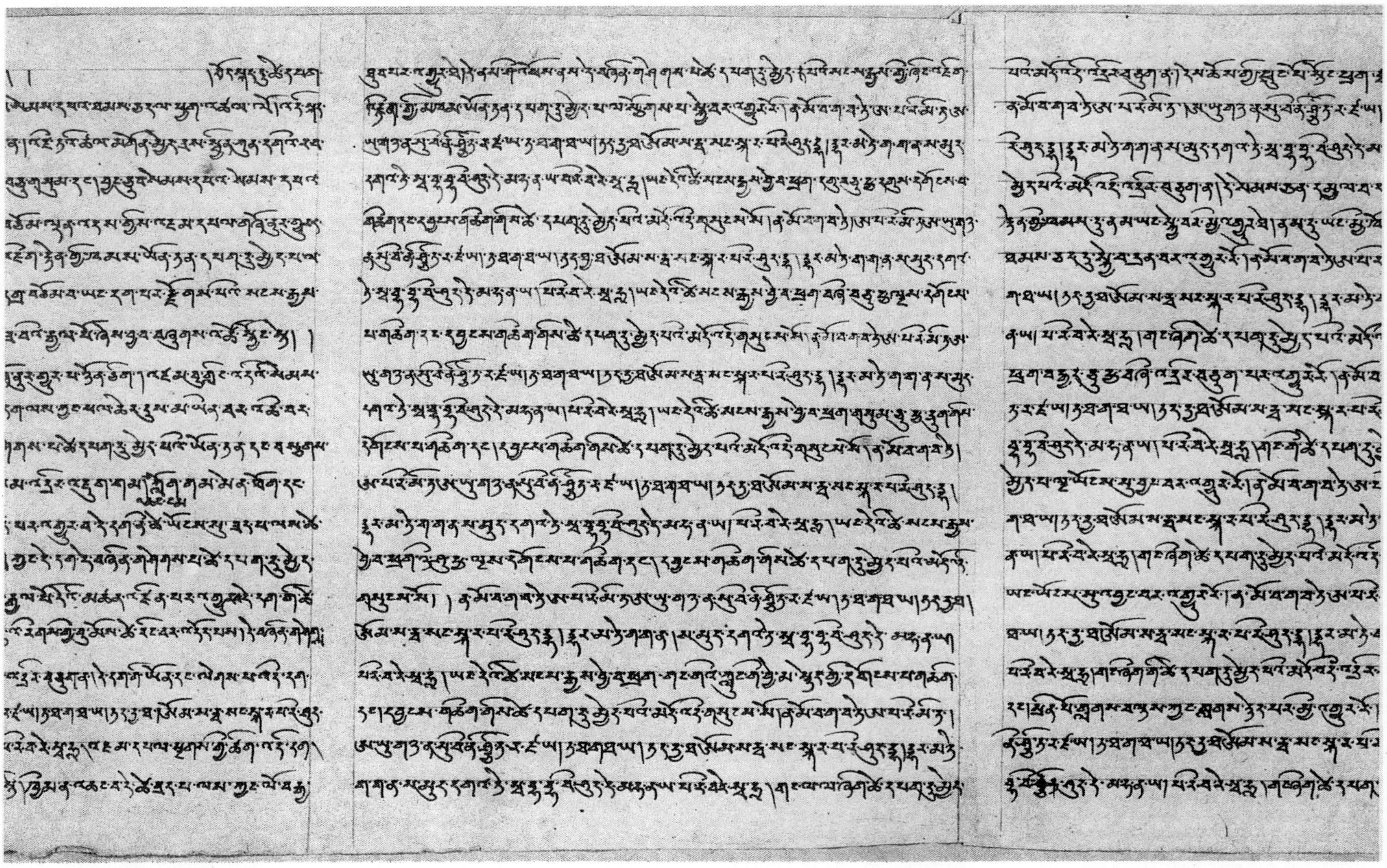

BD14962 號 1　藏文（無量壽宗要經甲本）　　（30–2）

BD14962 號 1　藏文（無量壽宗要經甲本）　（30–3）

BD14962 號 1　藏文（無量壽宗要經甲本）　（30–4）

BD14962 號 1　藏文（無量壽宗要經甲本）　　（30–5）

BD14962 號 1　藏文（無量壽宗要經甲本）　　（30–6）

BD14962 號 2　藏文（無量壽宗要經甲本）　　　　（30–7）

BD14962 號 2　藏文（無量壽宗要經甲本）　　　　（30–8）

BD14962 號 2　藏文（無量壽宗要經甲本）　（30–9）

BD14962 號 2　藏文（無量壽宗要經甲本）　（30–10）

BD14962 號 2　藏文（無量壽宗要經甲本）　　（30–11）

BD14962 號 2　藏文（無量壽宗要經甲本）　　（30–12）

BD14962 號 3　藏文（無量壽宗要經甲本）　（30–13）

BD14962 號 3　藏文（無量壽宗要經甲本）　（30–14）

BD14962 號 3　藏文（無量壽宗要經甲本）　　（30–15）

BD14962 號 3　藏文（無量壽宗要經甲本）　　（30–16）

BD14962號3　藏文（無量壽宗要經甲本）　　（30–17）

BD14962號3　藏文（無量壽宗要經甲本）　　（30–18）

BD14962號 4　藏文(無量壽宗要經甲本)　　(30–19)

BD14962號 4　藏文(無量壽宗要經甲本)　　(30–20)

BD14962 號 4　藏文（無量壽宗要經甲本）　　（30–21）

BD14962 號 4　藏文（無量壽宗要經甲本）　　（30–22）

BD14962號 4　藏文（無量壽宗要經甲本）　　（30–23）

BD14962號 4　藏文（無量壽宗要經甲本）　　（30–24）

BD14962 號 5　藏文（無量壽宗要經甲本）　（30–25）

BD14962 號 5　藏文（無量壽宗要經甲本）　（30–26）

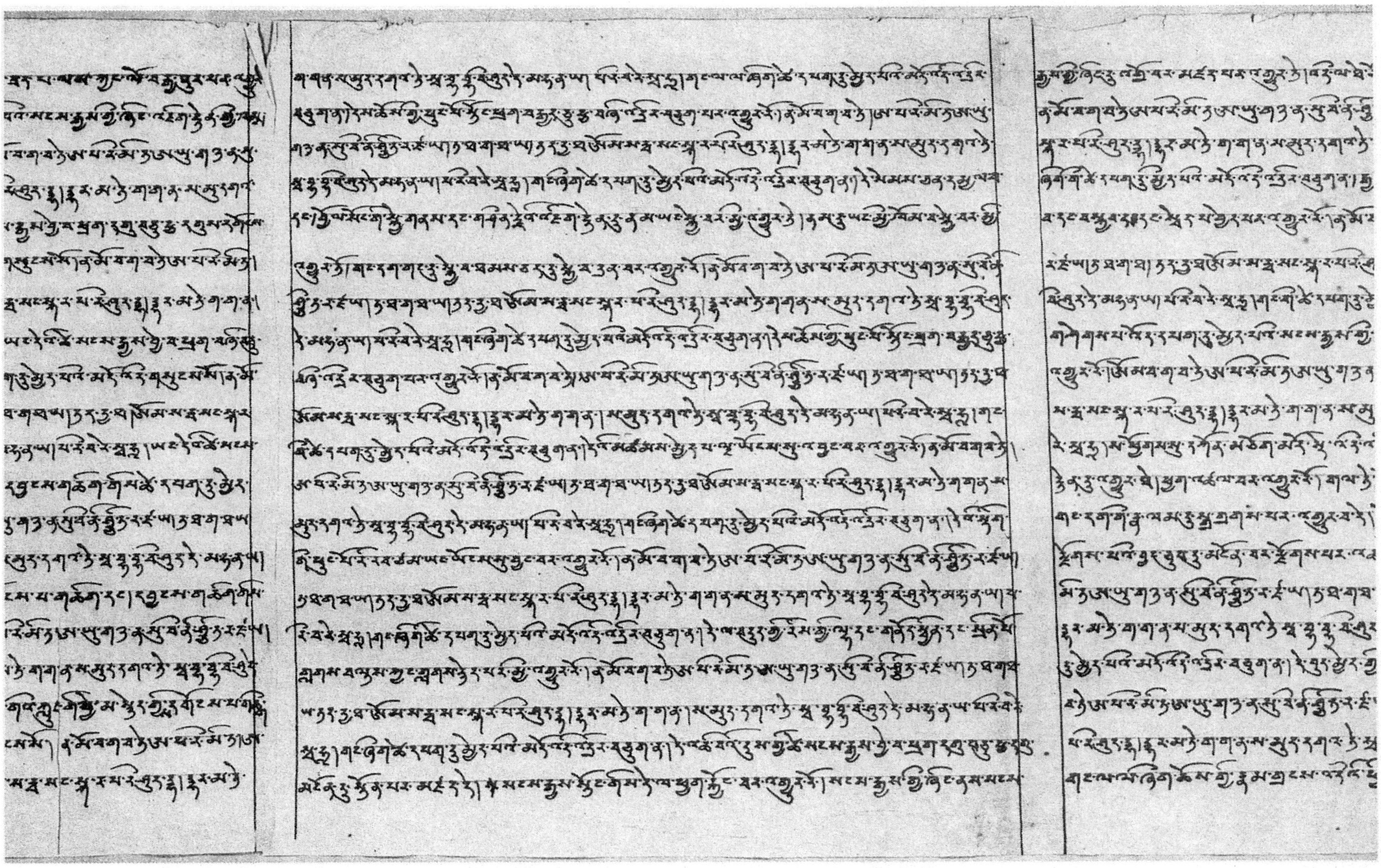

BD14962 號 5　藏文（無量壽宗要經甲本）　（30–27）

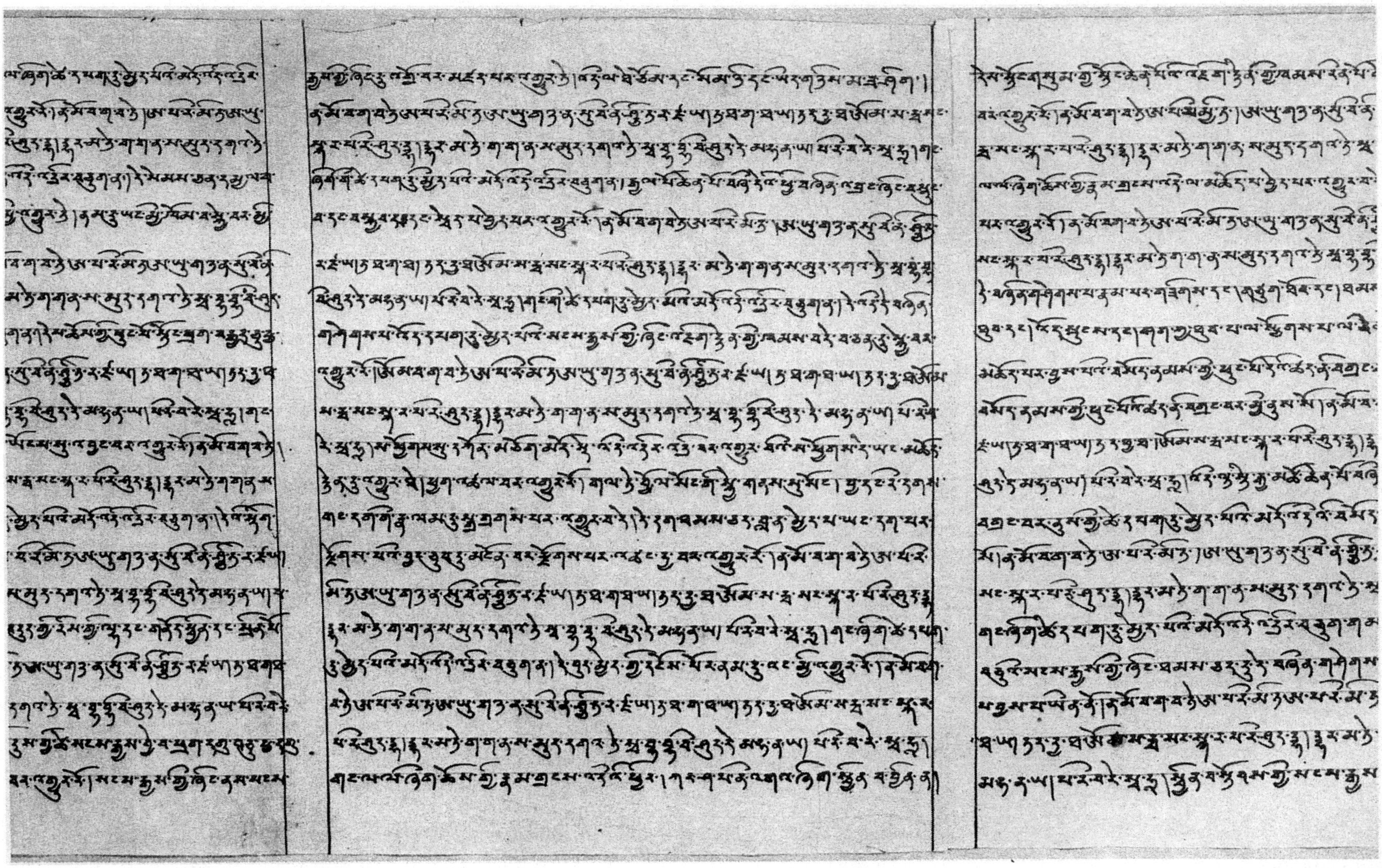

BD14962 號 5　藏文（無量壽宗要經甲本）　（30–28）

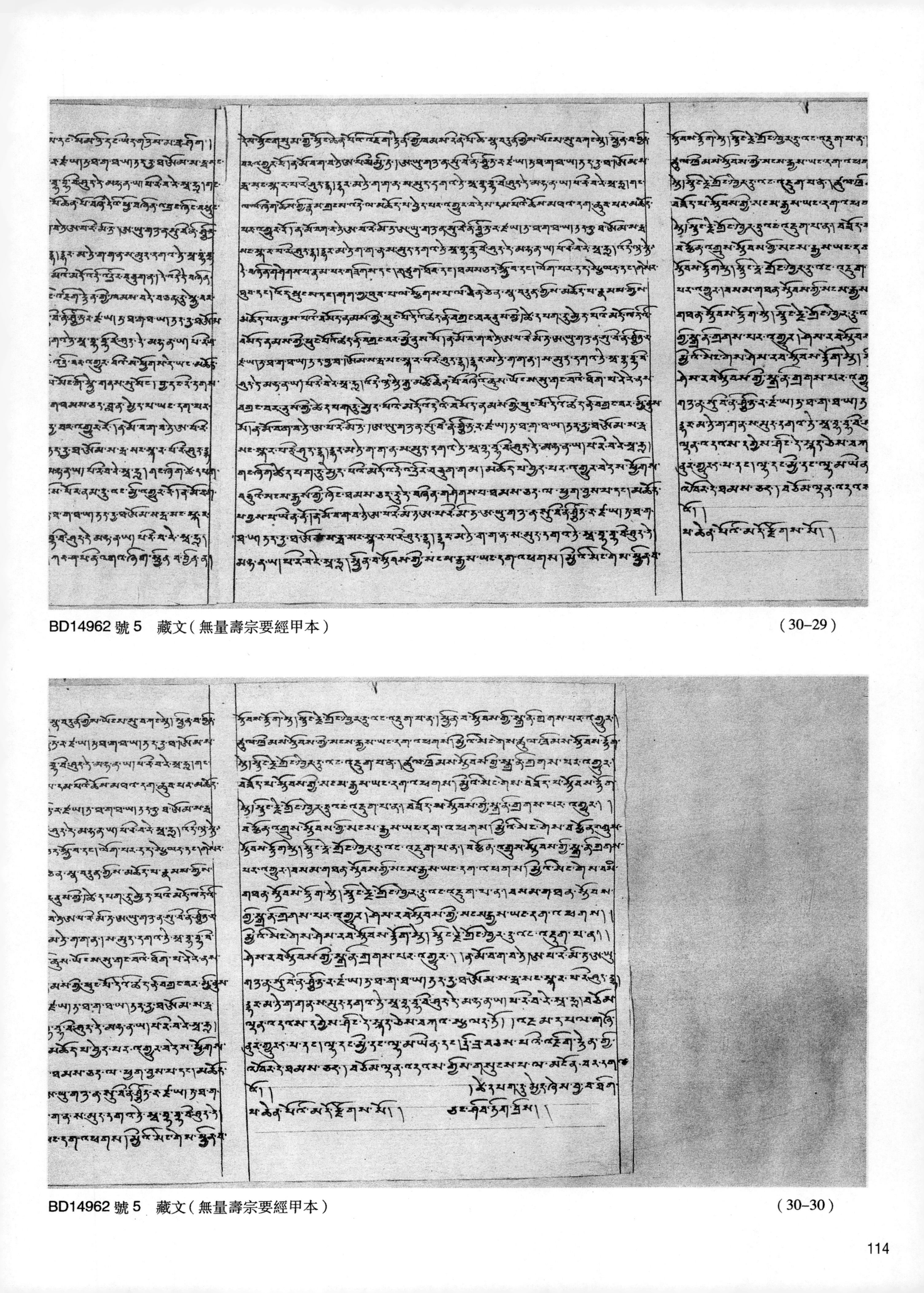

BD14962 號 5　藏文（無量壽宗要經甲本）　　（30–29）

BD14962 號 5　藏文（無量壽宗要經甲本）　　（30–30）

BD14962號背　勘記、印章

(1–1)

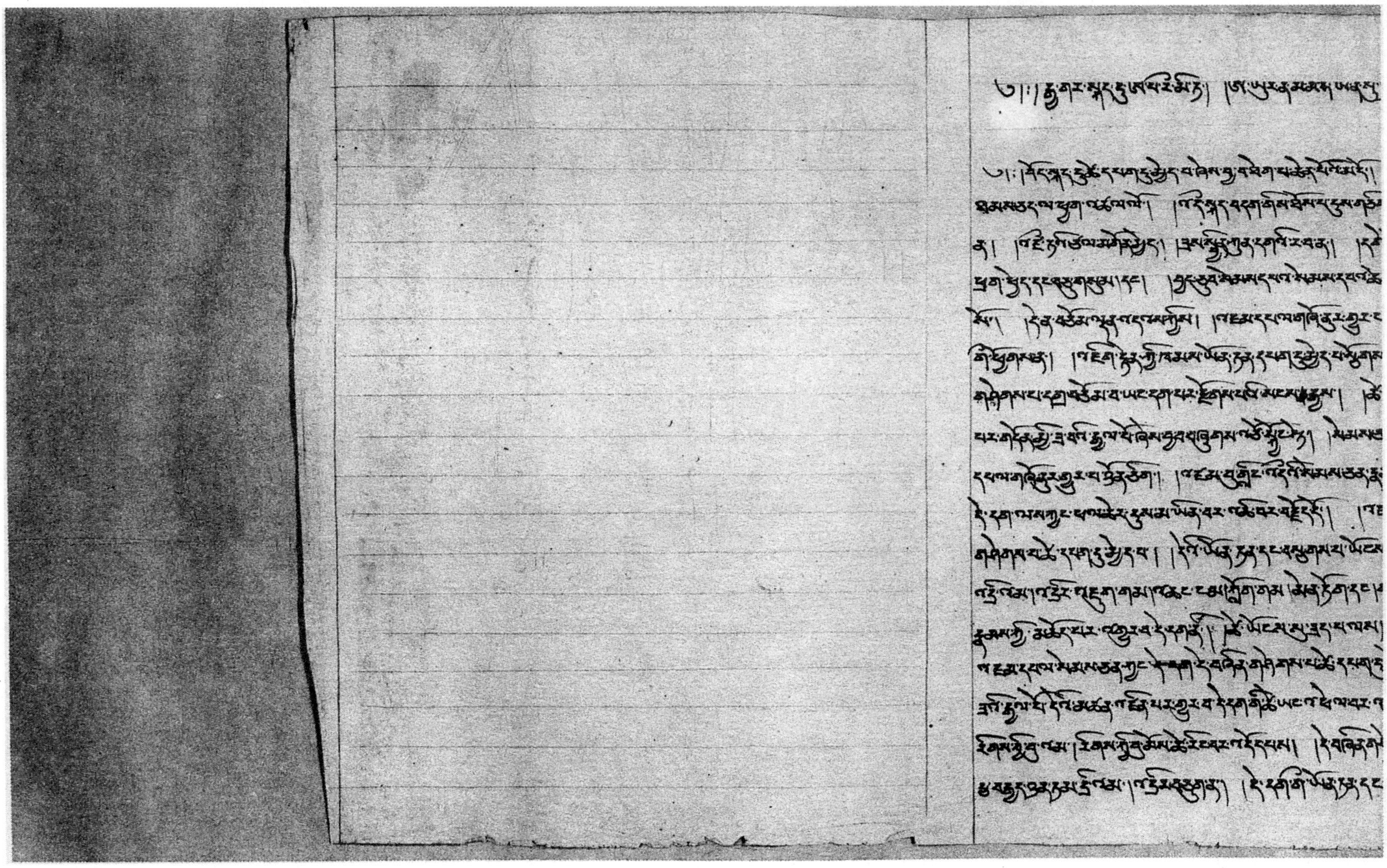

BD14963號　藏文(無量壽宗要經乙本)

(7–1)

BD14963 號　藏文（無量壽宗要經乙本）　　（7–2）

BD14963 號　藏文（無量壽宗要經乙本）　　（7–3）

BD14963 號　藏文（無量壽宗要經乙本）　（7–4）

BD14963 號　藏文（無量壽宗要經乙本）　（7–5）

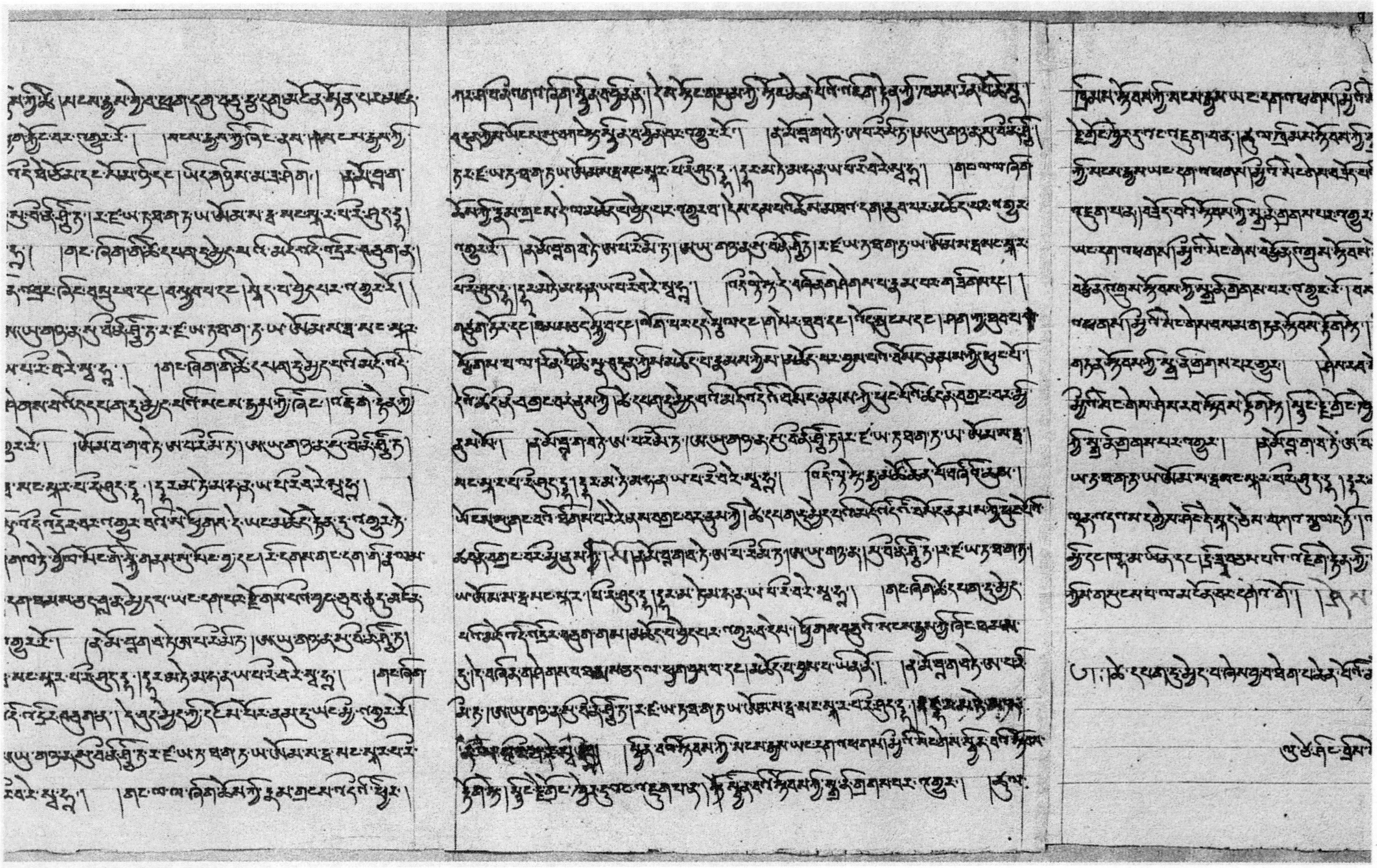

BD14963號　藏文（無量壽宗要經乙本）　（7–6）

BD14963號　藏文（無量壽宗要經乙本）　（7–7）

BD14963 號背　印章　　（1–1）

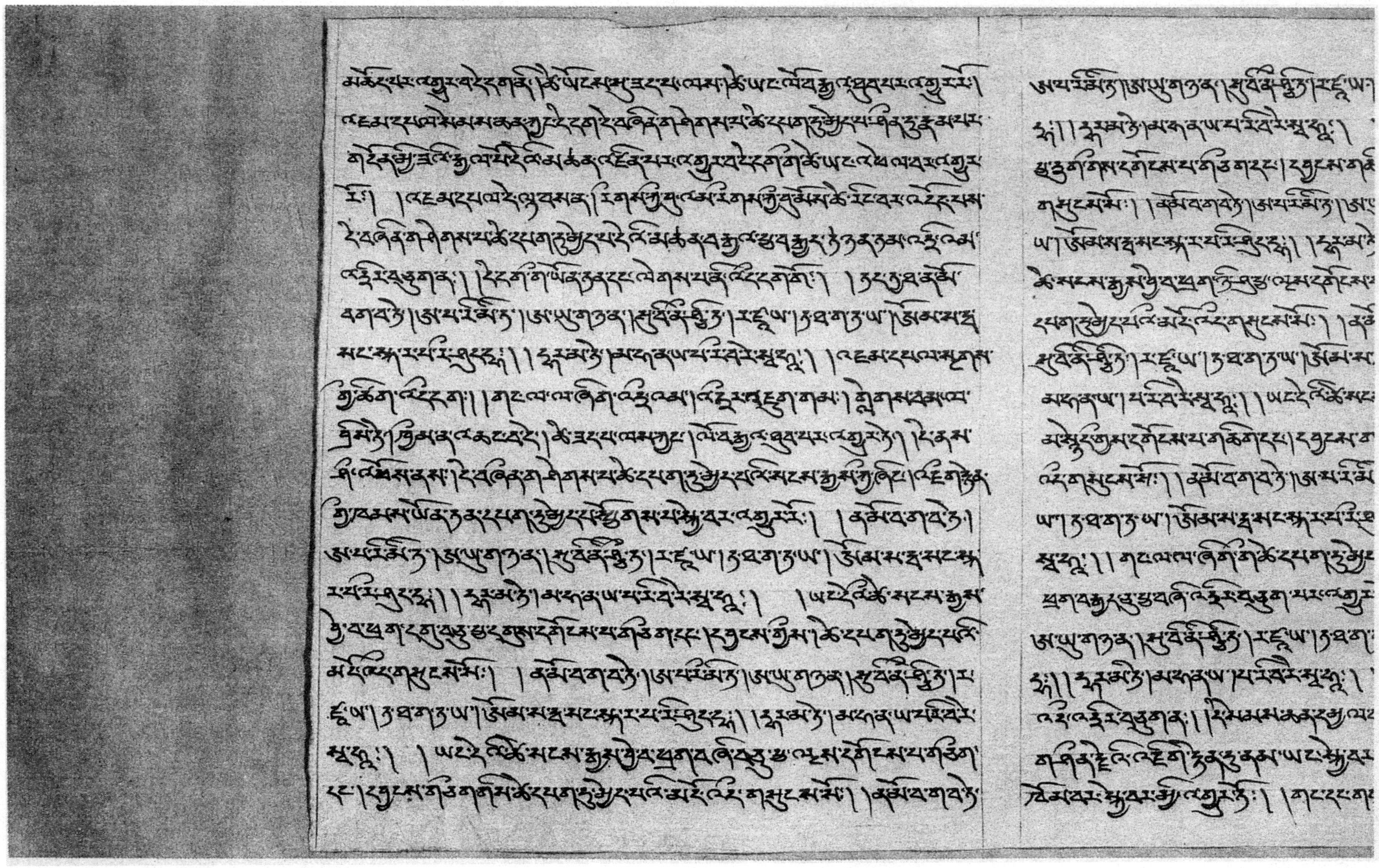

BD14964 號　藏文（無量壽宗要經乙本）　　（7–1）

BD14964 號　藏文（無量壽宗要經乙本）　　（7–2）

BD14964 號　藏文（無量壽宗要經乙本）　　（7–3）

BD14964號　藏文（無量壽宗要經乙本）　　（7–4）

BD14964號　藏文（無量壽宗要經乙本）　　（7–5）

BD14964 號　藏文（無量壽宗要經乙本）　　（7–6）

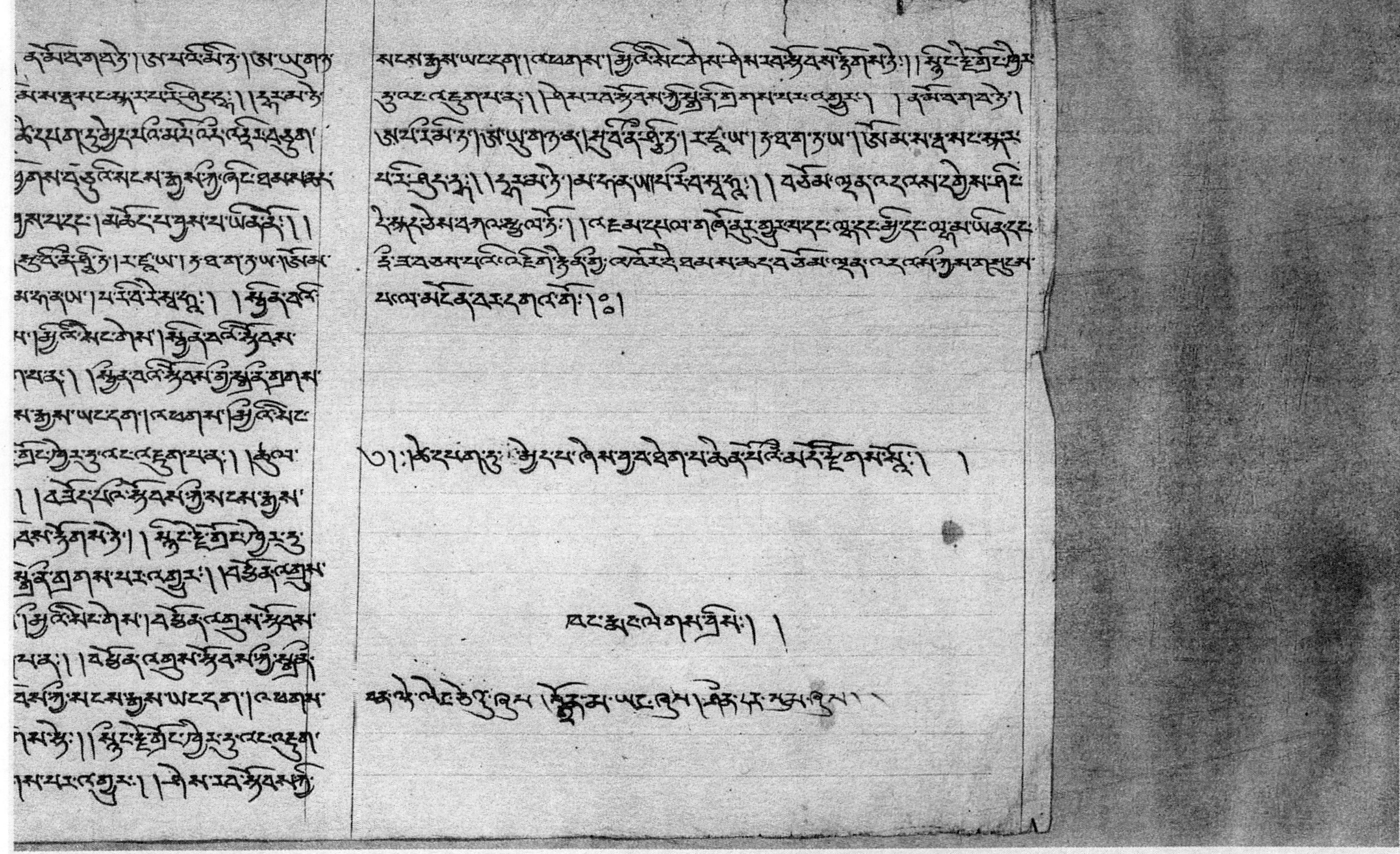

BD14964 號　藏文（無量壽宗要經乙本）　　（7–7）

BD14964 號背　勘記、印章　（1–1）

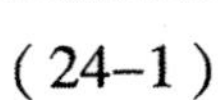

BD14965 號 1　藏文（無量壽宗要經甲本）　（24–1）

BD14965 號 1　藏文（無量壽宗要經甲本）　（24–2）

BD14965 號 1　藏文（無量壽宗要經甲本）　（24–3）

BD14965 號 1　藏文（無量壽宗要經甲本）　　（24–4）

BD14965 號 1　藏文（無量壽宗要經甲本）　　（24–5）

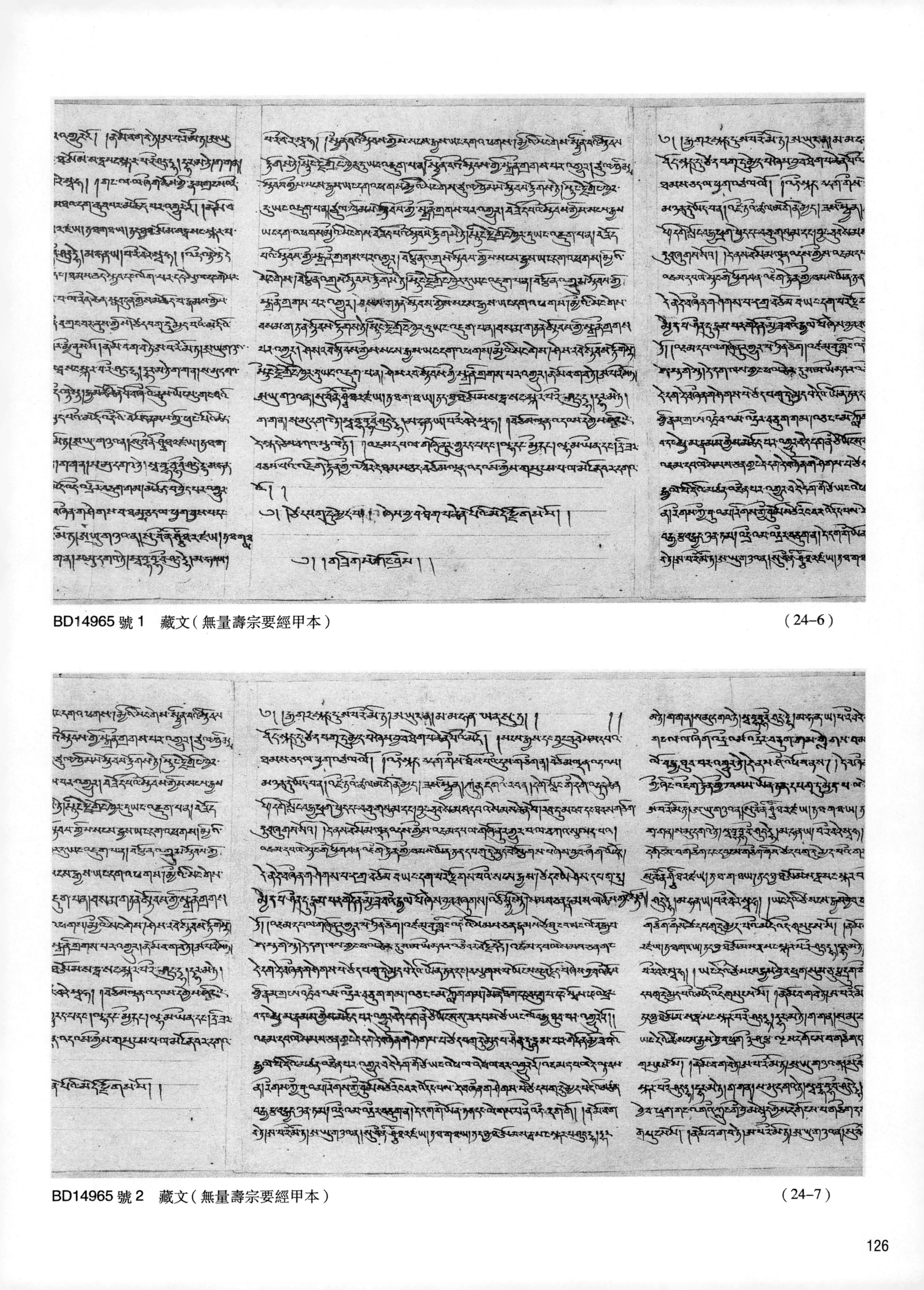

BD14965 號 1　藏文（無量壽宗要經甲本）　　（24–6）

BD14965 號 2　藏文（無量壽宗要經甲本）　　（24–7）

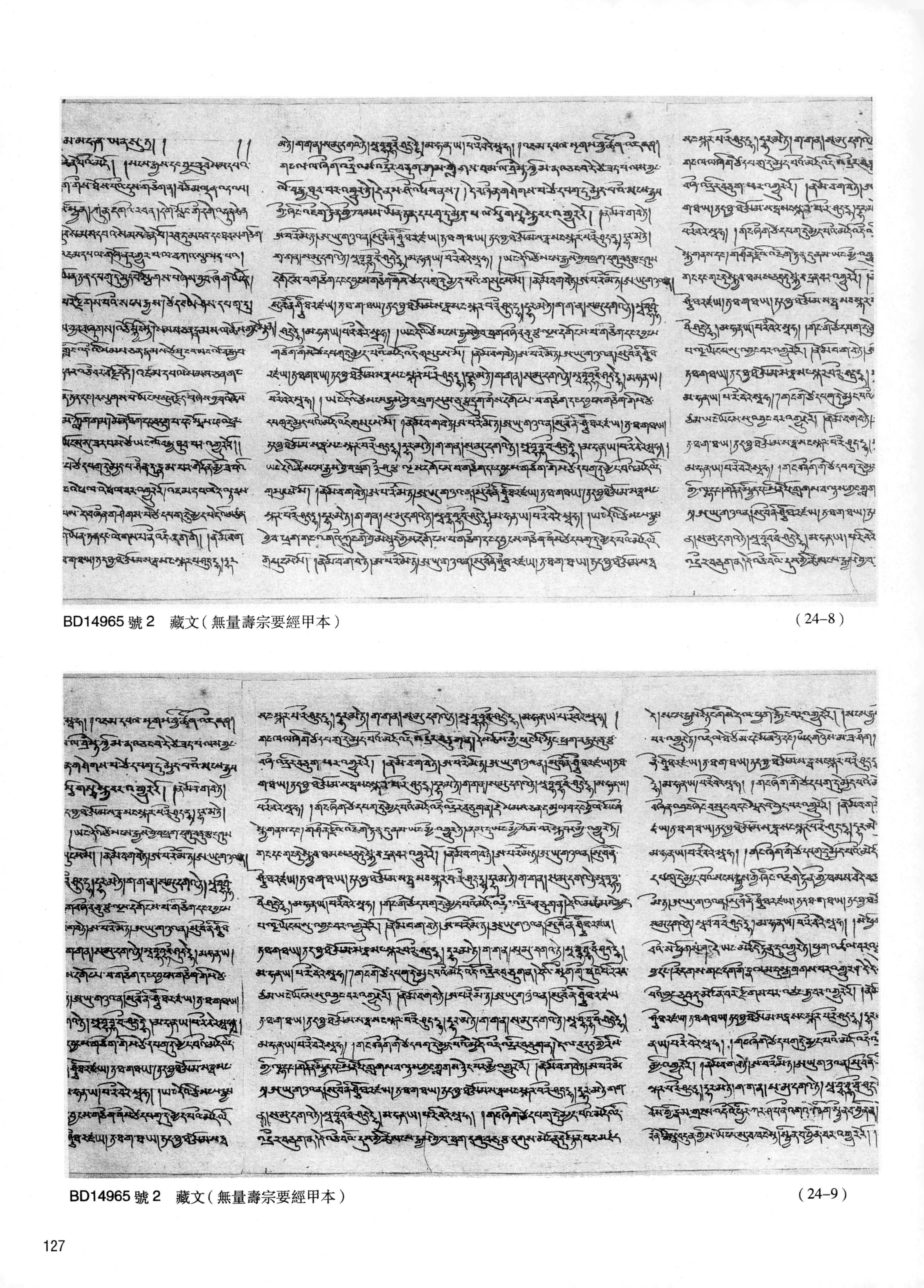

BD14965 號 2　藏文（無量壽宗要經甲本）　（24–8）

BD14965 號 2　藏文（無量壽宗要經甲本）　（24–9）

BD14965 號 2　藏文（無量壽宗要經甲本）　　　　（24–10）

BD14965 號 2　藏文（無量壽宗要經甲本）　　　　（24–11）

BD14965 號 2　藏文（無量壽宗要經甲本）　　（24–12）

BD14965 號 3　藏文（無量壽宗要經甲本）　　（24–13）

BD14965 號 3　藏文（無量壽宗要經甲本）　　（24–14）

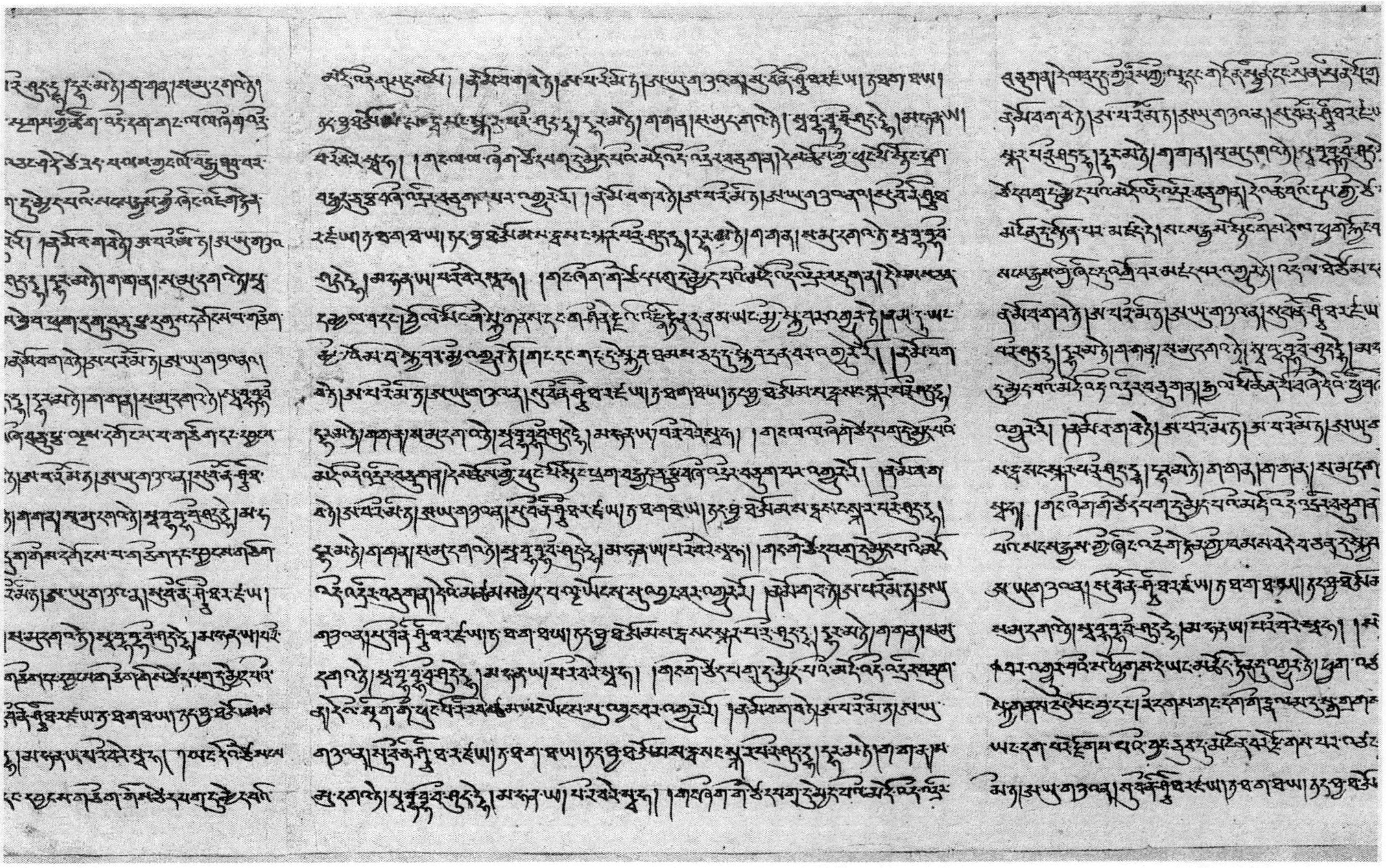

BD14965 號 3　藏文（無量壽宗要經甲本）　　（24–15）

BD14965 號 3　藏文（無量壽宗要經甲本）　　（24–16）

BD14965 號 3　藏文（無量壽宗要經甲本）　　（24–17）

BD14965 號 3　藏文（無量壽宗要經甲本）　　（24–18）

BD14965 號 4　藏文（無量壽宗要經甲本）　　（24–19）

BD14965 號 4　藏文（無量壽宗要經甲本）　（24–20）

BD14965 號 4　藏文（無量壽宗要經甲本）　（24–21）

BD14965 號 4　藏文（無量壽宗要經甲本）　　　　（24–22）

BD14965 號 4　藏文（無量壽宗要經甲本）　　　　（24–23）

BD14965 號 4　藏文（無量壽宗要經甲本）　　（24–24）

BD14966 號背　現代護首　　（1–1）

維摩詰經香積品第十　下卷
於是舍利弗心念日時欲至此諸菩薩當於
何食時維摩詰知其意而語言佛說八解脫
仁者受行豈雜欲食而聞法乎若欲食者且
待須臾當令汝得未曾有食時維摩詰即
入三昧以神通力示諸大衆上方界過卌二恒
河沙佛土有國名衆香佛号香積今現在其
國香氣比於十方諸佛世界人天之香最為
第一彼土无有聲聞辟支佛名唯有清淨大
菩薩衆佛為說法其界一切皆以香作樓閣
經行香地苑園皆香其食香氣周流十方
无量世界時彼佛與諸菩薩方共坐食有諸
天子皆号香嚴悉發阿耨多羅三藐三菩提
心供養彼佛及諸菩薩此諸大衆莫不目見
時維摩詰問衆菩薩諸仁者誰能致彼佛飯
以文殊師利威神力故咸皆嘿然維摩詰言仁
者此諸大衆无乃可恥文殊師利日如佛所言

BD14966 號　維摩詰所說經卷下　（23–1）

天子皆号香嚴悉發阿耨多羅三藐三菩提
心供養彼佛及諸菩薩此諸大衆莫不目見
時維摩詰問衆菩薩諸仁者誰能致彼佛飯
以文殊師利威神力故咸皆嘿然維摩詰言仁
者此諸大衆无乃可恥文殊師利日如佛所言
勿輕未學於是維摩詰不起于坐居衆會前
化作菩薩相好光明威德殊勝蔽於衆會而告
之日汝往上方界分度如卌二恒河沙佛土
有國名衆香佛号香積與諸菩薩方共坐
食汝往到彼如我辭日維摩詰稽首世尊足
下致敬无量問訊起居少病少惱氣力安不
願得世尊所食之餘當於娑婆世界施作佛
事令此樂小法者得弘大道亦使如來名聲
普聞時化菩薩即於會前昇于上方舉
衆皆見其去到衆香界礼彼佛足又聞其言
維摩詰稽首世尊足下致敬无量問訊起居
少病少惱氣力安不願得世尊所食之餘欲
於娑婆世界施作佛事使此樂小法者得弘
大道亦使如來名聲普聞彼諸大士見化菩
薩歎未曾有今此上人從何來娑婆世界為
在何許云何名為樂小法者即以問佛佛告
之日下方度如卌二恒河沙佛土有世界名娑
婆佛号釋迦牟尼今現在於五濁世為樂小
法衆生敷演道教彼有菩薩名維摩詰住
不可思議解脫為諸菩薩說法故遣化來稱
揚我名并讚此土令彼菩薩增功德彼菩薩

BD14966 號　維摩詰所說經卷下　（23–2）

之曰下方度如卌二恒河沙佛土有世界名娑
婆佛号釋迦牟尼今現在於五濁世為樂小
法衆生敷演道教彼有菩薩名維摩詰住
不可思議解脱為諸菩薩説法故遣化来稱
楊我名并讃此土令彼菩薩增功德彼菩薩
言其人何如乃作是化德力无畏神足若
斯佛言甚大一切十方皆遣化往施作佛
事饒益衆生於是香積如来以衆香鉢盛滿
香飯與化菩薩時彼九百万菩薩俱發聲言
我欲詣娑婆世界供養釋迦牟尼佛并欲
見維摩詰等諸菩薩衆佛言可往攝汝身香
无令彼諸衆生起惑著心又當捨汝本形勿
使彼國求菩薩者而自鄙恥又汝於彼莫懷輕
賤而作导想所以者何十方國土皆如虚空又
諸佛為欲化諸樂小法者不盡現其清淨土
耳時化菩薩既受鉢飯與彼九百万菩薩俱
承佛威神及維摩詰力於彼世界忽然不現
須臾之間至維摩詰舍維摩詰即化作九百
万師子之座嚴好如前諸菩薩皆坐其上化
菩薩以滿鉢香飯與維摩詰飯香普薰毗耶
離城及三千大千世界時毗耶離婆羅門居
士等聞是香氣身意快然歎未曾有於長者
主月盖從八万四千人来入維摩詰舍見其
室中菩薩甚多諸師子座高廣嚴好皆大歡
喜礼衆菩薩及大弟子却住一面諸地神虚
空神及欲色界諸天聞此香氣亦皆来
入維摩詰舍時維摩詰語舍利弗等諸大聲

BD14966 號　維摩詰所説經卷下　（23–3）

主月盖從八万四千人来入維摩詰舍見其
室中菩薩甚多諸師子座高廣嚴好皆大歡
喜礼衆菩薩及大弟子却住一面諸地神虚
空神及欲色界諸天聞此香氣亦皆来
入維摩詰舍時維摩詰語舍利弗等諸大聲
聞仁者可食如来甘露味飯大悲所薰无以限
意食之使不消也有異聲聞念是飯少而此
大衆人民當食化菩薩曰勿以聲聞小德小
智稱量如来无量福慧四海有竭此飯无
盡使一切人食揣若須彌乃至一劫猶不能盡
所以者何无盡戒定智慧解脱解脱知見功
德具足者所食之餘終不可盡於是鉢飯悉飽
衆會猶故不賜其諸菩薩聲聞天人食此飯
者身安快樂譬如一切樂莊嚴國諸菩薩
也又諸毛孔皆出妙香亦如衆香國土諸樹之
香尒時維摩詰問衆香菩薩香積如来以何
説法彼菩薩曰我土如来无文字説但以衆香
令諸天人得入律行菩薩各各坐香樹下聞
斯妙香即獲一切德藏三昧得是三昧者菩
薩所有功德皆悉具足彼諸菩薩問維摩
詰今世尊釋迦牟尼以何説法維摩詰言此土
衆生剛强化故佛為説剛强之語以調伏之
言是地獄是畜生是餓鬼是諸難處是愚人
生處是身邪行是身邪行報是口邪行是口
邪行報是意邪行是意邪行報是煞生是
煞生報是不與取是不與取報是邪婬是邪
婬報是妄語是妄語報是兩舌是兩舌報是

BD14966 號　維摩詰所説經卷下　（23–4）

言是地獄是畜生是餓鬼是諸難處是愚人
生處是身邪行是身邪行報是口邪行是口
邪行報是意邪行是意邪行報是煞生是
煞生報是不與取是不與取報是邪婬是邪
婬報是妄語是妄語報是兩舌是兩舌報是
惡口是惡口報是无義語是无義語報是貪
嫉是貪嫉報是瞋惱是瞋惱報是邪見是邪
見報是慳悋是慳悋報是毀戒是毀戒報是
瞋恚是瞋恚報是懈怠是懈怠報是乱意是
亂意報是愚癡是愚癡報是結戒是持戒是
犯戒是應作是不應作是鄣㝵是不鄣㝵是
得罪是離罪是淨是垢是有漏是无漏是邪
道是正道是有為是无為是世間是涅槃以難
化之人心如猨猴故以若干種法制御其心
乃可調伏譬如象馬儱悷不調加諸楚毒乃
至徹骨然後調伏如是剛強難化衆生故以
一切苦切之言乃可入律彼諸菩薩聞說是
已皆曰未曾有也如世尊釋迦牟尼佛隱其
无量自在之力乃以貧所樂法度脫衆生斯
諸菩薩亦能勞謙以无量大悲生是佛土
維摩詰言此土菩薩於諸衆生大悲堅固誠
如所言然其一世饒益衆生多於彼國百千
劫行所以者何此娑婆世界有十事善法諸
餘淨土之所无有何等為十以布施攝貧窮
以淨戒攝毀禁以忍辱攝瞋恚以精進攝懈
怠以禪定攝亂意以智慧攝愚癡說除難法

劫行所以者何此娑婆世界有十事善法諸
餘淨土之所无有何等為十以布施攝貧窮
以淨戒攝毀禁以忍辱攝瞋恚以精進攝懈
怠以禪定攝亂意以智慧攝愚癡說除難法
度八難者以大乘法度樂小乘者以諸善根
濟无德者常以四攝成就衆生是為十彼菩
薩曰菩薩成就幾法於此世界行无瘡疣生
于淨土維摩詰言菩薩成就八法於此世界行
无瘡疣生于淨土何等為八饒益衆生而不望
報代一切衆生受諸苦惱所作功德盡以施之
等心衆生謙下无㝵於諸菩薩視之如佛
所未聞經聞之不疑不與聲聞而相違背不
嫉彼供不高己利而於其中調伏其心常省
己過不訟彼短恒以一心求諸功德是為八
維摩詰文殊師利於大衆中說是法時百
千天人皆發阿耨多羅三藐三菩提心十
千菩薩得无生法忍

菩薩行品第十一

是時佛說法於菴羅樹園其地忽然廣博
嚴事一切衆會皆作金色阿難白佛言世尊
以何因緣有此瑞應是處忽然廣博嚴事一
切衆會皆作金色佛告阿難是維摩詰文殊師
利與諸大衆恭敬圍繞發意欲來故先為此
瑞應於是維摩詰語文殊師利可共見佛與
諸菩薩礼事供養文殊師利言善哉行矣今
正是時維摩詰即以神力持諸大衆并師

瑞應於是維摩詰語文殊師利可共見佛與
諸菩薩礼事供養文殊師利言善哉行矣今
正是時維摩詰即以神力持諸大衆并師
子座置於右掌往詣佛所到已著地稽首佛
足右遶七匝一心合掌在一面立其諸菩薩
即皆避坐稽首佛足亦遶七匝於一面立諸大
弟子釋梵四天王等亦皆避坐稽首佛足在
一面立於是世尊如法慰問諸菩薩已各令
復坐即皆受教衆坐已定佛語舍利弗汝見
菩薩大士自在神力之所為乎唯然已見於
汝意云何尊我覩其為不可思議非意所
圖非度所測尒時阿難白佛言世尊今所聞
香自昔未有是為何香佛告阿難是彼菩薩
毛孔之香於是舍利弗語阿難言我等毛孔
亦出是香阿難言此所從来曰是長者維摩詰
從衆香國取佛餘飯於舍食者一切毛孔皆
香若此阿難問維摩詰是香氣住當久如
維摩詰言至此飯消曰此飯久如當消曰此
飯勢力至于七日然後乃消又阿難若聲
聞未入正位食此飯者得入正位然後乃消
已入正位食此飯者得心解脫然後乃消若
未發大乘意食此飯者至發意乃消已發意
食此飯者得无生忍然後乃消已得无生忍
食此飯者至一生補處然後乃消辟如有藥
名曰上味其有服者身諸毒滅然後乃消此
飯如是滅除一切諸煩惱毒然後乃消阿難

食此飯者得无生忍然後乃消已得无生忍
食此飯者至一生補處然後乃消辟如有藥
名曰上味其有服者身諸毒滅然後乃消此
飯如是滅除一切諸煩惱毒然後乃消阿難
白佛言未曾有也世尊如此香飯能作佛事
佛言如是如是阿難或有佛土以佛光明而
作佛事有以諸菩薩而作佛事有以佛所化
人而作佛事有以菩提樹而作佛事有以佛
衣服卧具而作佛事有以飯食而作佛事有
以園林臺觀而作佛事有以卅二相八十
隨形好而作佛事有以佛身而作佛事有
以虛空而作佛事衆生應以此緣得入律行
有以夢幻影響鏡中像水中月熱時炎如是
等喻而作佛事有以音聲語言文字而作佛
事或有清淨佛土寂莫无言无說无示无識
无作无為而作佛事如是阿難諸佛威儀進止
諸所施為无非佛事阿難有此四魔八万四
千諸煩惱門而諸衆生為之疲勞諸佛即以
此法而作佛事是名入一切諸佛法門菩薩
入此門者若見一切淨妙佛土不以為喜不
貪不高若見一切不淨佛土不以為憂不閡
不沒但於諸佛生清淨心歡喜恭敬未曾
有也諸佛如來功德平等為教化衆生故而
現佛土不同阿難汝見諸佛國土地有若干
而虛空无若干也如是見諸佛色身有若干

有世諸佛如来功德平等為教化衆生故而
現佛土不同阿難汝見諸佛國土地有若干
而虛空无若干也如是見諸佛色身有若干
耳其无閡慧无若干也阿難諸佛色身威相
種姓戒定智慧解脫解脫知見力无所畏不
共之法大慈大悲威儀所行及其壽命說法教
化成就衆生淨佛國土具諸佛法悉皆同等
是故名為三耶三佛陁名為多陁阿伽度名為
佛陁阿難若我廣說此三句義汝以劫壽不
能盡受正使三千大千世界滿中衆生皆如
阿難多聞第一得念揔持此諸人等以劫之
壽亦不能受如是阿難諸佛阿耨多羅三
耶三菩提无有限量智慧辯才不可思議
阿難白佛我從今已往不敢自謂以為多聞
佛告阿難勿起退意所以者何我說汝於聲
聞中為最多聞非謂菩薩且止阿難其有智
者不應限度諸菩薩也一切海渕尚可測量
菩薩禪定智慧揔持辯才一切功德不可量
也阿難汝等捨置菩薩所行是維摩詰一時
所現神通之力一切聲聞辟支佛於百千劫
盡力變化所不能作
尒時衆香世界菩薩来者合掌白佛言世尊
我等初見此土生下劣想今自悔責捨離是
心所以者何諸佛方便不可思議為度衆生
故隨其所應現佛國異唯然世尊願賜少法
還於彼土當念如来佛告諸菩薩有盡无盡

尒時衆香世界菩薩来者合掌白佛言世尊
我等初見此土生下劣想今自悔責捨離是
心所以者何諸佛方便不可思議為度衆生
故隨其所應現佛國異唯然世尊願賜少法
還於彼土當念如来佛告諸菩薩有盡无盡
解脫法門汝等當學何謂為盡謂有為法何
謂无盡謂无為法如菩薩者不盡有為不住
无為何謂不盡有為謂不離大慈不捨大悲
深發一切智心而不忽忘教化衆生終不猒
惓於四攝法常念順行護持正法不惜軀命
種諸善根无有疲猒志常安住方便迴向求
法不懈說法无悋勤供諸佛故入生死而无
所畏於諸榮辱心无憂喜不軽未學敬學如
佛墮煩惱者令發正念於遠離樂不以為貴
不著已樂慶於彼樂在諸禪定如地獄想於
生死中如園觀想見来求者為善師想捨諸
所有具一切智想見毀戒人起救護想諸波
羅蜜為父母想道品之法為眷屬想發行善
根无有齊限以諸淨國嚴飾之事成已佛土
行不限施具足相好除一切惡淨身口意生死
无數劫意而有勇聞佛无量德志而不惓以
智慧劒破煩惱賊出陰界入荷負衆生来使
解脫以大精進摧伏魔軍常求无念實相智
慧於世間法少欲知足於出世間法求之无猒
不壞威儀而能隨俗起神通慧引導衆生
得念揔持所聞不忘善別諸根斷衆生疑以

无數劫意而有勇聞佛无量徳志而不惓以
智慧劒破煩惱賊出陰界入荷負衆生永使
觧脫以大精進摧伏魔軍常求无念實相智
慧於世間法少欲知足於出世間法求之无猒
不壞威儀而能隨俗起神通慧引導衆生
得念揔持所聞不忘善別諸根斷衆生疑以
樂說辯演法无閡淨十善道受天人福脩四无
量開梵天道勸請說法隨喜讃善得佛音聲
身口意善得佛威儀深脩善法所行轉勝以
大乘教成菩薩僧心无放逸不失衆善行如
此法是名菩薩不盡有為何謂菩薩不住无
為謂脩學空不以空為證脩學无相无作不
以无相无作為證脩學无起不以无起為證
觀於无常而不猒善本觀世間苦而不惡生
死觀於无我而誨人不惓觀於寂滅而不
永寂滅觀於遠離而身心脩善觀无所歸而
歸趣善法觀於无生而以生法荷負一切觀
於无漏而不斷諸漏觀无所行而以行法教
化衆生觀於空无而不捨大悲觀正法位而
不隨小乘觀諸法虛妄无牢无人无主无
相本願未滿而不虛福徳禪定智慧脩如此法
是名菩薩不住无為又具福徳故不住无為
具智慧故不盡有為大慈悲故不住无為滿
本願故不盡有為集法藥故不住无為隨授
藥故不盡有為知衆生病故不住无為滅衆
生病故不盡有為諸正士菩薩已脩此法不

是名菩薩不住无為又具福徳故不住无為
具智慧故不盡有為大慈悲故不住无為滿
本願故不盡有為集法藥故不住无為隨授
藥故不盡有為知衆生病故不住无為滅衆
生病故不盡有為諸正士菩薩已脩此法不
盡有為不住无為是名盡无盡解脫法門汝
等當學尒時彼諸菩薩聞說是法皆大歡喜
以衆妙華若干種色若干種香散遍三千大
千世界供養於佛及此經法并諸菩薩已稽
首佛足歎未曾有言釋迦牟尼佛乃能於
此善行方便言已忽然不現還到彼國

見阿閦佛品第十二

尒時世尊問維摩詰汝欲見如來為以何等
觀如來乎維摩詰言如自觀身實相觀佛
亦然我觀如來前際不來後際不去今則不住
不觀色不觀色如不觀色性不觀受想行識
不觀識如不觀識性非四大起同於虛空六
入无積眼耳鼻舌身心已過不在三界三垢
已離順三脫門三明與无明等不一相不異
相不自相不他相非无相非取相不此岸不
彼岸不中流而化衆生而觀寂滅亦不永滅
不此不彼不在此不在彼不可以智知不可
以識識无晦无明无名无相无強无弱非淨
非穢不在方不離方非有為非无為无示无
說不施不慳不戒不犯不忍不恚不進不怠
不定不亂不智不愚不誠不欺不來不去不

以識識无晦无明无名无相无強无弱非淨
非穢不在方不離方非有為非无為无示无
説不施不慳不戒不犯不忍不恚不進不怠
不定不亂不智不愚不成不欺不來不去不
出不入一切言語道斷非福田非不福田非
應供養非不應供養非取非捨非有相非无
相不增不減同真際等法性不可稱不可量
過諸稱量非大非小非見非聞非覺非知離
衆結縛等諸智同衆生於諸法无分別一切
无失无濁无惱无作无起无生无滅无畏无
憂无喜无猒无著无已有无當有无今有不
可以一切言説分別顯示世尊如來身為若
此作如是觀以斯觀者名為正觀若他觀者
名為耶觀
尒時舍利弗問維摩詰汝於何沒而來生此
維摩詰言汝所得法有沒生乎舍利弗言无
沒生也若諸法无沒生相云何問言汝於何
沒而來生此於意云何譬如幻師幻作男女
寧沒生耶舍利弗言无沒生也汝豈不聞佛
説諸法如幻相乎答曰如是若一切法如幻
相者云何問言汝於何沒而來生此舍利弗
沒者為虛誑法壞敗之相生者為虛誑法相
續之相菩薩雖沒不盡善本雖生不長諸惡
是時佛告舍利弗有國名妙喜佛号无動是
維摩詰於彼國沒而來生此舍利弗言未曾

BD14966 號　維摩詰所説經卷下　（23–13）

續之相菩薩雖沒不盡善本雖生不長諸惡
是時佛告舍利弗有國名妙喜佛号无動是
維摩詰於彼國沒而來生此舍利弗言未曾
有也世尊是人乃能捨清淨土而來樂此多
怒害處維摩詰語舍利弗於意云何日光出
時與冥合乎答曰不也日光出時則无衆冥
維摩詰言夫日何故行閻浮提答曰欲以明
照為之除冥維摩詰言菩薩如是雖生不淨
佛土為化衆生不與愚闇而共合也但滅衆
生煩惱闇耳
是時大衆渴仰欲見妙喜世界不動如來及
其菩薩聲聞之衆佛知一切衆會所念告維
摩詰言善男子為此衆會現妙喜國不動如
來及諸菩薩聲聞之衆皆欲見於是維摩詰
心念吾當不起于坐接妙喜國鐵圍山川溪谷
江河大海泉源須弥諸山及日月星宿天龍
鬼神梵天等宮并諸菩薩聲聞之衆城邑
聚落男女大小乃至无動如來及菩提樹諸
妙蓮華能於十方作佛事者三道寶階從閻
浮提至忉利天以此寶階諸天來下悉為礼敬
无動如來聽受經法閻浮提人亦登其階上
昇忉利見彼諸天妙喜世界成就如是无量
功德上至阿迦膩吒天下至水際以右手斷
取如陶家輪入此世界猶持華鬘示一切衆
作是念已入於三昧現神通力以其右手斷

BD14966 號　維摩詰所説經卷下　（23–14）

身忉利見彼諸天妙喜世界成就如是无量
功德上至阿迦膩吒天下至水際以右手斷
取如陶家輪入此世界猶持華鬘示一切衆
作是念已入於三昧現神通力以其右手斷
取妙喜世界置於此土彼得神通菩薩及聲
聞衆并餘天人俱發聲言唯然世尊誰取我
去願見救護无動佛言非我所為是維摩詰
神力所作其餘未得神通者不覺不知已之
所往妙喜世界雖入此土而不增減於是世
界亦不迫隘如本无異
尒時釋迦牟尼佛告諸大衆汝等且觀妙喜
世界无動如來其國嚴飾菩薩行淨弟子清
白皆曰唯然已見佛言若菩薩欲得如是清
淨佛土當學无動如來所行之道現此妙喜
國時娑婆世界十四那由他人發阿耨多羅
三藐三菩提心皆願生於妙喜佛土釋迦牟
尼佛即記之曰當生彼國時妙喜世界於此
國土所應饒益其事訖已還復本處舉衆皆
見佛告舍利弗汝見此妙喜世界及无動佛
不唯然已見世尊願使一切衆生得清淨土
如无動佛獲神通力如維摩詰世尊我等快
得善利得見是人親近供養其諸衆生若今
現在若滅佛後聞此經者亦得善利況復聞
已信解受持讀誦解說如法脩行若有手得
是經典者便為已得法寶之藏若有讀誦解

BD14966號　維摩詰所說經卷下　（23–15）

現在若滅佛後聞此經者亦得善利況復聞
已信解受持讀誦解說如法脩行若有手得
是經典者便為已得法寶之藏若有讀誦解
釋其義如說脩行則為諸佛之所護念其有
供養如是人者當知則為供養於佛其有書
持此經卷者當知其室則有如來若聞是經
能隨喜者斯人則為取一切智若能信解此
經乃至一四句偈為他說者當知此人即是
受阿耨多羅三藐三菩提記
法供養品第十三
尒時釋提桓因於大衆中白佛言世尊我雖
從佛及文殊師利聞百千經未曾聞此不可
思議自在神通決定實相經典如我解佛所
說義趣若有衆生聞是經法信解受持讀誦
之者必得是法不疑何況如說脩行斯人則
為閉衆惡趣開諸善門常為諸佛之所護念降
伏外學摧滅魔怨脩治菩提安處道場履
踐如來所行之跡世尊若有受持讀誦如說
脩行者我當與諸眷屬供養給事所在聚落
城邑山林曠野有是經處我亦與諸眷屬聽
受法故共到其所其未信者當令生信其已
信者當為作護佛言善哉善哉天帝如汝所
說吾助尒喜此經廣說過去未來現在諸佛
不可思議阿耨多羅三藐三菩提是故天帝
若善男子善女人受持讀誦供養是經者則

BD14966號　維摩詰所說經卷下　（23–16）

受法故共到其所其未信者當令生信其已
信者當為作護佛言善哉善哉天帝如汝所
說吾助尒喜此經廣說過去未來現在諸佛
不可思議阿耨多羅三藐三菩提是故天帝
若善男子善女人受持讀誦供養是經者則
為供養去來今佛天帝正使三千大千世界
如來滿中譬如甘蔗竹葦稻麻叢林若有善
男子善女人或一劫或減一劫恭敬尊重讚
嘆供養奉諸所安至諸佛滅後以一一全身
舍利起七寶塔縱廣一四天下高至梵天表
剎莊嚴以一切華香瓔珞幢幡伎樂微妙第
一若一劫若減一劫而供養之於天帝意云
何其人殖福寧為多不釋提桓因言多矣世
尊彼之福德若以百千億劫說不能盡佛告
天帝當知是善男子善女人聞是不可思議
解脫經典信解受持讀誦脩行福多於彼所以
者何諸佛菩提皆從是生菩提之相不可限
量以是因緣福不可量
佛告天帝過去无量阿僧祇劫時世有佛号
曰藥王如來應供正遍知明行足善逝世間
解无上士調御丈夫天人師佛世尊世界曰
大莊嚴劫曰莊嚴佛壽廿小劫其聲聞僧卅
六億那由他菩薩僧有十二億天帝是時有
轉輪聖王名曰寶蓋七寶具足主四天下至
有千子端政勇健能伏怨敵尒時寶蓋與其
眷屬供養藥王如來施諸所安至滿五劫過

BD14966號　維摩詰所說經卷下　（23–17）

六億那由他菩薩僧有十二億天帝是時有
轉輪聖王名曰寶蓋七寶具足主四天下至
有千子端政勇健能伏怨敵尒時寶蓋與其
眷屬供養藥王如來施諸所安至滿五劫過
五劫已告其千子汝等亦當如我以深心供
養於佛於是千子受父王命供養藥王如來
復滿五劫一切施安其王一子名曰月蓋獨
坐思惟寧有供養殊過此者以佛神力空中
有天曰善男子法之供養勝諸供養即問何
謂法之供養天曰汝可往問藥王如來當廣
為汝說法之供養即時月蓋王子行詣藥王
如來稽首佛足却住一面白佛言世尊諸供
養中法供養勝云何為法供養佛言善男子
法供養者諸佛所說深經一切世間難信難
受微妙難見清淨无染非但分別思惟之所
能得菩薩法藏所攝陀羅尼印印之至不退
轉成就六度善分別義順菩提法衆經之上
入大慈悲離衆魔事及諸邪見順因緣法无
我无衆生无壽命空无相无作无起能令衆
生坐於道場而轉法輪諸天龍神乹闥婆等
所共嘆譽能令衆生入佛法藏攝諸賢聖一
切智慧說衆菩薩所行之道依於諸法實相
之義明宣无常苦空无我寂滅能救一切毀
禁衆生諸魔外道及貪著者能使怖畏諸佛
賢聖所共稱嘆背生死苦示涅槃樂十方三

BD14966號　維摩詰所說經卷下　（23–18）

切智慧說衆菩薩所行之道依於諸法實相
之義明宣无常苦空无我寂滅能救一切毀
禁衆生諸魔外道及貪著者能使怖畏諸佛
賢聖所共稱嘆背生死苦示涅槃樂十方三
世諸佛所說若聞如是等經信解受持讀誦
以方便力為諸衆生分別解說顯示分別守
護法故是名法之供養又於諸法如說脩行
隨順十二因緣離諸耶見得无生忍決定无
我无有衆生而於因緣果報无違无諍離諸
我所依於義不依語依於智不依識依了義
經不依不了義經依於法不依人隨順法相
无所入无所歸无明畢竟滅故諸行亦畢竟
滅乃至生畢竟滅故老死亦畢竟滅作如是
觀十二因緣无有盡相不復起見是名最上
法之供養
佛告天帝王子月蓋從藥王佛聞如是法得
柔順忍即解寶衣嚴身之具以供養佛白佛
言世尊如來滅後我當行法供養守護正法
願以威神加哀建立令我得降魔怨脩菩薩
行佛知其深心所念而語之曰汝於末後守
護法城天帝時王子月蓋見法清淨聞佛授
記以信出家脩集善法精進不久得五神通
通菩薩道得陁羅尼无断辯才於佛滅後以
其所得神通摠持辯才之力滿十小劫藥王
如來所轉法輪隨而分布月蓋比丘以守護

BD14966號　維摩詰所說經卷下

(23–19)

記以信出家脩集善法精進不久得五神通
通菩薩道得陁羅尼无断辯才於佛滅後以
其所得神通摠持辯才之力滿十小劫藥王
如來所轉法輪隨而分布月蓋比丘以守護
法勤行精進即於此身化百万億人於阿耨
多羅三藐三菩提立不退轉十四那由他人
深發聲聞辟支佛心无量衆生得生天上天
帝時王寶蓋豈異人乎今現得佛號寶炎如
來其王千子即賢劫中千佛是也從迦羅鳩
孫大為始得佛最後如來號曰樓至月蓋比
丘則我身是如是天帝當知此要以法供養
於諸供養為上為最第一无比是故天帝當
以法之供養供養於佛

囑累品第十四

於是佛告弥勒菩薩言弥勒我今以是无量
億阿僧祇劫所集阿耨多羅三藐三菩提付
囑於汝如是輩經於佛滅後末世之中汝等
當以神力廣宣流布於閻浮提无令斷絕所
以者何未來世中當有善男子善女人及天
龍鬼神乾闥婆羅刹等發阿耨多羅三藐三
菩提心樂於大法若使不聞如是等經則失
善利如此輩人聞是等經必多信樂發希有
心當以頂受隨諸衆生所應得利而為廣說
弥勒當知菩薩有二相何謂為二一者好於
雜句文餝之事二者不畏深義如實能入若

BD14966號　維摩詰所說經卷下

(23–20)

善利如此華人聞是等經必多信樂發希有
心當以頂受隨諸衆生所應得利而為廣說
弥勒當知菩薩有二相何謂為二一者好於
雜句文飾之事二者不畏深義如實能入若
好雜句文飾事者當知是為新學菩薩若於
如是无染无著甚深經典无有恐畏能入其
中聞已心淨受持讀誦如說脩行當知是為
久脩道行弥勒復有二法名新學者不能决
定於甚深法何等為二一者所未聞深經聞
之驚怖生疑不能隨順毀謗不信而作是言我
初不聞從何所來二者若有護持解說如是
深經者不肯親近供養恭敬或時於中說
其過惡有此二法當知是新學菩薩為自毀
傷不能於深法中調伏其心弥勒復有二法
菩薩雖信解深法猶自毀傷而不能得无生
法忍何等為二一者輕慢新學菩薩而不教
誨二者雖解深法而取相分別是為二法弥
勒菩薩聞說是已白佛言世尊未曾有也如
佛所說我當遠離如斯之惡奉持如來无數
阿僧祇劫所集阿耨多羅三藐三菩提法若
未來世善男子善女人求大乘者當令手
得如是等經與其念力使受持讀誦為他廣說
世尊若後末世有能受持讀誦為他說者當
知是為弥勒神力之所建立佛言善哉善哉
弥勒如汝所說佛助尒喜於是一切菩薩合
掌白佛我等亦於如來滅後十方國土廣宣

BD14966 號　維摩詰所說經卷下　（23–21）

阿僧祇劫所集阿耨多羅三藐三菩提法若
未來世善男子善女人求大乘者當令手
得如是等經與其念力使受持讀誦為他廣說
世尊若後末世有能受持讀誦為他說者當
知是為弥勒神力之所建立佛言善哉善哉
弥勒如汝所說佛助尒喜於是一切菩薩合
掌白佛我等亦於如來滅後十方國土廣宣
流布阿耨多羅三藐三菩提復當開導諸說
法者令得是經
尒時四天王白佛言世尊在在處處城邑聚
落山林曠野有是經卷讀誦解說者我當率
諸官屬為聽法故往詣其所擁護其人面百由
旬令无伺求得其便者是時佛告阿難受持
是經廣宣流布阿難言唯我已受持要者
世尊當何名斯經佛言阿難是經名為維摩
詰所說亦名不可思議解脫法門如是受持佛
說是經已長者維摩詰文殊師利舍利弗阿
難等及諸天人阿脩羅一切大衆聞佛所說
皆大歡喜

維摩詰經下卷

BD14966 號　維摩詰所說經卷下　（23–22）

是經廣宣流布阿難言唯我已受持要者
世尊當何名斯經佛言阿難是經名為維摩
詰所說亦名不可思議解脫法門如是受持佛
說是經已長者維摩詰文殊師利舍利弗阿
難等及諸天人阿脩羅一切大衆聞佛所說
皆大歡喜

維摩詰經下卷

BD14966 號　維摩詰所說經卷下　（23–23）

女[illegible]舍衛國祇樹給孤
與大[illegible]五十人俱尒時世[illegible]
時著衣持[illegible]大城乞食於其城中次
第乞已還至本處飯食訖收衣鉢洗足已敷
座而坐時長老須菩提在大衆中即從座起
偏袒右肩右膝著地合掌恭敬而白佛言希
有世尊如來善護念諸菩薩善付囑諸菩薩
世尊善男子善女人發阿耨多羅三藐三菩
提心應云何住云何降伏其心佛言善哉善哉
須菩提如汝所說如來善護念諸菩薩善
付囑諸菩薩汝今諦聽當為汝說善男子善
女人發阿耨多羅三藐三菩提心應如是住如
是降伏其心唯然世尊願樂欲聞
佛告須菩提諸菩薩摩訶薩應如是降伏其心
所有一切衆生之類若卵生若胎生若濕生
若化生若有色若无色若有想若无想若非
有想若非无想我皆令入无餘涅槃而滅度
之如是滅度无量无數无邊衆生實无衆生
得滅度者何以故須菩提若菩薩有我相人

BD14967 號　金剛般若波羅蜜經　（12–1）

佛告須菩提諸菩薩摩訶薩應如是降伏其心
所有一切衆生之類若卵生若胎生若濕生
若化生若有色若无色若有想若无想若非
有想若非无想我皆令入无餘涅槃而滅度
之如是滅度无量无數无邊衆生實无衆生
得滅度者何以故須菩提若菩薩有我相人
相衆生相壽者相即非菩薩復次須菩提菩
薩於法應无所住行於布施所謂不住色布
施不住聲香味觸法布施須菩提菩薩應如
是布施不住於相何以故若菩薩不住相布
施其福德不可思量須菩提於意云何東
方虛空可思量不不也世尊須菩提南西北
方四維上下虛空可思量不不也世尊須菩
提菩薩无住相布施福德亦復如是不可思
量須菩提菩薩但應如所教住須菩提於意
云何可以身相見如来不不也世尊不可以
身相得見如来何以故如来所說身相即非
身相佛告須菩提凡所有相皆是虛妄若見
諸相非相則見如来須菩提白佛言世尊頗
有衆生得聞如是言說章句生實信不佛告
須菩提莫作是說如来滅後後五百歲有持
戒修福者於此章句能生信心以此爲實當
知是人不於一佛二佛三四五佛而種善根
已於无量千万佛所種諸善根聞是章句乃
至一念生淨信者須菩提如来悉知悉見是
諸衆生得如是无量福德何以故是諸衆生

戒修福者於此章句能生信心以此爲實當
知是人不於一佛二佛三四五佛而種善根
已於无量千万佛所種諸善根聞是章句乃
至一念生淨信者須菩提如来悉知悉見是
諸衆生得如是无量福德何以故是諸衆生
无復我相人相衆生相壽者相无法相亦无
非法相何以故是諸衆生若心取相則爲著
我人衆生壽者若取法相即著我人衆生壽
者何以故若取非法相即著我人衆生壽者
是故不應取法不應取非法以是義故如来
常說汝等比丘知我說法如栰喻者法尚應
捨何况非法須菩提於意云何如来得阿耨
多羅三藐三菩提耶如来有所說法耶須菩
提言如我解佛所說義无有定法名阿耨多
羅三藐三菩提亦无有定法如来可說何以
故如来所說法皆不可取不可說非法非非
法所以者何一切賢聖皆以无爲法而有差
別須菩提於意云何若人滿三千大千世界
七寶以用布施是人所得福德寧爲多不須
菩提言甚多世尊何以故是福德即非福德
性是故如来說福德多若復有人於此經中
受持乃至四句偈等爲他人說其福勝彼何
以故須菩提一切諸佛及諸佛阿耨多羅三
藐三菩提法皆從此經出須菩提所謂佛法
者即非佛法須菩提於意云何須陁洹能作
是念我得須陁洹果不須菩提言不也世尊

受持乃至四句偈等為他人說其福勝彼何
以故須菩提一切諸佛及諸佛阿耨多羅三
藐三菩提法皆從此經出須菩提所謂佛法
者即非佛法須菩提於意云何須陁洹能作
是念我得須陁洹果不須菩提言不也世尊
何以故須陁洹名為入流而无所入不入色
聲香味觸法是名須陁洹須菩提於意云
何斯陁含能作是念我得斯陁含果不須菩提
言不也世尊何以故斯陁含名一往来而實
无往来是名斯陁含須菩提於意云何阿那
含能作是念我得阿那含果不須菩提言不
也世尊何以故阿那含名為不来而實无来
是故名阿那含須菩提於意云何阿羅漢能
作是念我得阿羅漢道不須菩提言不也世
尊何以故實无有法名阿羅漢世尊若阿羅
漢作是念我得阿羅漢道即為著我人衆生
壽者世尊佛說我得无諍三昧人中最為第
一是第一離欲阿羅漢我不作是念我是離
欲阿羅漢世尊我若作是念我得阿羅漢道
世尊則不說須菩提是樂阿蘭那行者以須
菩提實无所行而名須菩提樂阿蘭那
佛告須菩提於意云何如来昔在燈燃佛所
於法有所得不世尊如来在然燈佛所於法
實无所得須菩提於意云何菩薩莊嚴佛土
不不也世尊何以故莊嚴佛土者則非莊嚴
是名莊嚴是故須菩提諸菩薩摩訶薩應如

BD14967號　金剛般若波羅蜜經　（12–4）

於法有所得不世尊如来在然燈佛所於法
實无所得須菩提於意云何菩薩莊嚴佛土
不不也世尊何以故莊嚴佛土者則非莊嚴
是名莊嚴是故須菩提諸菩薩摩訶薩應如
是生清淨心不應住色生心不應住聲香味
觸法生心應无所住而生其心須菩提辟如
有人身如須弥山王於意云何是身為大不
須菩提言甚大世尊何以故佛說非身是名
大身須菩提如恒河中所有沙數如是沙等
恒河於意云何是諸恒河沙寧為多不須菩
提言甚多世尊但諸恒河尚多无數何況其
沙須菩提我今實言告汝若有善男子善女
人以七寶滿尒所恒河沙數三千大千世界
以用布施得福多不須菩提言甚多世尊佛
告須菩提若善男子善女人於此經中乃至
受持四句偈等為他人說而此福德勝前福
德復次須菩提隨說是經乃至四句偈等當
知此處一切世間天人阿修羅皆應供養如
佛塔廟何況有人盡能受持讀誦須菩提當
知是人成就最上第一希有之法若是經典
所在之處則為有佛若尊重弟子尒時須菩
提白佛言世尊當何名此經我等云何奉持
佛告須菩提是經名為金剛般若波羅蜜以
是名字汝當奉持所以者何須菩提佛說般
若波羅蜜則非般若波羅蜜須菩提於意云

BD14967號　金剛般若波羅蜜經　（12–5）

[illegible]須菩
提白佛言世尊當何名此經我等云何奉持
佛告須菩提是經名為金剛般若波羅蜜以
是名字汝當奉持所以者何須菩提佛說般
若波羅蜜則非般若波羅蜜須菩提於意云
何如来有所說法不須菩提白佛言世尊如
来无所說須菩提於意云何三千大千世界所
有微塵是為多不須菩提言甚多世尊須菩
提諸微塵如来說非微塵是名微塵如来說
世界非世界是名世界須菩提於意云何可
以三十二相見如来不不也世尊不可以三
十二相得見如来何以故如来說三十二相
即是非相是名三十二相須菩提若有善男
子善女人以恒河沙等身命布施若復有人
於此經中乃至受持四句偈等為他人說其
福甚多尒時須菩提聞說是經深解義趣涕
淚悲泣而白佛言希有世尊佛說如是甚深
經典我從昔来所得慧眼未曾得聞如是之
經世尊若復有人得聞是經信心清淨則
生實相當知是人成就第一希有功德世尊是
實相者則是非相是故如来說名實相世尊
我今得聞如是經典信解受持不足為難
若當来世後五百歲其有衆生得聞是經信
解受持是人則為第一希有何以故此人无
我相人相衆生相壽者相所以者何我相即
是非相人相衆生相壽者相即是非相何以

我今得聞如是經典信解受持不足為難
若當来世後五百歲其有衆生得聞是經信
解受持是人則為第一希有何以故此人无
我相人相衆生相壽者相所以者何我相即
是非相人相衆生相壽者相即是非相何以
故離一切諸相則名諸佛佛告須菩提如是如
是若復有人得聞是經不驚不怖不畏當知
是人甚為希有何以故須菩提如来說第
一波羅蜜非第一波羅蜜是名第一波羅蜜
須菩提忍辱波羅蜜如来說非忍辱波羅蜜
何以故須菩提如我昔為歌利王割截身體
我於尒時无我相无人相无衆生相无壽者
相何以故我於往昔節節支解時若有我相
人相衆生相壽者相應生瞋恨須菩提又
念過去於五百世作忍辱仙人於尒所世无
我相无人相无衆生相无壽者相是故須菩
提菩薩應離一切相發阿耨多羅三藐三菩
提心不應住色生心不應住聲香味觸法生
心應生无所住心若心有住則為非住是故
佛說菩薩心不應住色布施須菩提菩薩為
利益一切衆生應如是布施如来說一切
諸相即是非相又說一切衆生則非衆生須
菩提如来是真語者實語者如語者不誑語
者不異語者須菩提如来所得法此法无實
无虛須菩提若菩薩心住於法而行布施如
人入闇則无所見若菩薩心不住於法而行

諸相即是非相又説一切衆生則非衆生須
菩提如来是真語者實語者如語者不誑語
者不異語者須菩提如来所得法此法无實
无虚須菩提若菩薩心住於法而行布施如
人入闇則无所見若菩薩心不住於法而行
布施如人有目日光明照見種種色須菩提
當来之世若有善男子善女人能於此經受
持讀誦則為如来以佛智恵悉知是人悉見
是人皆得成就无量无邊功德須菩提若有
善男子善女人初日分以恒河沙等身布施
中日分復以恒河沙等身布施後日分亦以
恒河沙等身布施如是无量百千万億劫以身
布施若復有人聞此經典信心不逆其
福勝彼何況書寫受持讀誦為人解説須菩
提以要言之是經有不可思議不可稱量无
邊功德如来為發大乘者説為發最上乘者
説若有人能受持讀誦廣為人説如来悉知
是人悉見是人皆得成就不可量不可稱无
有邊不可思議功德如是人等則為荷擔如
樂小法者著我見人見衆生見壽者見則於
此經不能聽受讀誦為人解説須菩提在在
處處若有此經一切世間天人阿脩羅所應
供養當知此處則為是塔皆應恭敬作禮圍
遶以諸華香而散其處復次須菩提善男子
善女人受持讀誦此經若為人輕賤是人先
世罪業應墮惡道以今世人輕賤故先世

供養當知此處則為是塔皆應恭敬作禮圍
遶以諸華香而散其處復次須菩提善男子
善女人受持讀誦此經若為人輕賤是人先
世罪業應墮惡道以今世人輕賤故先世
罪業則為消滅當得阿耨多羅三藐三菩提
須菩提我念過去无量阿僧祇劫於然燈佛
前得值八百四千万億那由他諸佛悉皆供
養承事无空過者若復有人於後末世能受
持讀誦此經所得功德於我所供養諸佛功
德百分不及一百千万億分乃至筭數譬喻所
不能及須菩提若善男子善女人於後末
世有受持讀誦此經所得功德我若具説者
或有人聞心則狂亂狐疑不信須菩提若知
是經義不可思議果報亦不可思議
尒時須菩提白佛言世尊善男子善女人發
阿耨多羅三藐三菩提心云何應住云何降
伏其心佛告須菩提善男子善女人發阿耨
多羅三藐三菩提者當生如是心我應滅度
一切衆生滅度一切衆生已而无有一衆生
實滅度者何以故若菩薩有我相人相衆生
相壽者相則非菩薩所以者何須菩提實无
有法發阿耨多羅三藐三菩提者須菩提於
意云何如来於然燈佛所有法得阿耨多羅
三藐三菩提不不也世尊如我解佛所説義佛
於然燈佛所无有法得阿耨多羅三藐三菩

有法發阿耨多羅三藐三菩提者須菩提於
意云何如来於然燈佛所有法得阿耨多羅
三藐三菩提不不也尊如我解佛所說義佛
於然燈佛所无有法得阿耨多羅三藐三菩
提佛言如是如是須菩提實无有法如来得阿
耨多羅三藐三菩提須菩提若有法如来得
阿耨多羅三藐三菩提者然燈佛則不與我
受記汝於来世當得作佛号釋迦牟尼以實
无有法得阿耨多羅三藐三菩提是故然燈
佛與我受記作是言汝於来世當得作佛号
菩提莫作是念何以故實无有衆生如来度
者若有衆生如来度者如来則有我人衆生
壽者須菩提如来說有我者則非有我而凡
夫之人以為有我須菩提凡夫者如来說則非
凡夫須菩提於意云何可以三十二相觀
如来不須菩提言如是如是以三十二相觀
如来佛言須菩提若以三十二相觀如来者
轉輪聖王則是如来須菩提白佛言世尊如
我解佛所說義不應以三十二相觀如来尒
時世尊而說偈言
若以色見我　以音聲求我　是人行耶道　不能見如来
須菩提汝若作是念如来不以具足相故得
阿耨多羅三藐三菩提須菩提莫作是念如
来不以具足相故得阿耨多羅三藐三菩提
須菩提汝若作是念發阿耨多羅三藐三菩
提者說諸法斷滅莫作是念何以故發阿耨

須菩提汝若作是念如来不以具足相故得
阿耨多羅三藐三菩提須菩提莫作是念如
来不以具足相故得阿耨多羅三藐三菩提
須菩提汝若作是念發阿耨多羅三藐三菩
提者說諸法斷滅莫作是念何以故發阿耨
多羅三藐三菩提者於汝不說斷滅相須菩提
若菩薩以滿恒河沙等世界七寶持用布施若
復有人知一切法无我得成於忍此菩薩勝
前菩薩所得功德須菩提以諸菩薩不受福
德故須菩提白佛言世尊云何菩薩不受福
德須菩提菩薩所作福德不應貪着是故說
不受福德須菩提若有人言如来若来若去
若坐若卧是人不解我所說義何以故如来
者无所從来亦无所去故名如来須菩提若
善男子善女人以三千大千世界碎為微塵
於意云何是微塵衆寧為多不甚多世尊
何以故若是微塵衆實有者佛則不說是微
塵衆所以者何佛說微塵衆則非微塵衆是
名微塵衆世尊如来所說三千大千世界則
非世界是名世界何以故若世界實有者則
是一合相如来說一合相則非一合相是名一
合相須菩提一合相者則是不可說但凡夫
之人貪著其事須菩提若人言佛說我見人
見衆生見壽者見須菩提於意云何是人解
我所說義不世尊是人不解如来所說義何

是一合相如来說一合相則非一合相是名一
合相須菩提一合相者則是不可說但凡夫
之人貪著其事須菩提若人言佛說我見人
見衆生見壽者見須菩提於意云何是人解
我所說義不世尊是人不解如来所說義何
以故世尊說我見人見衆生見壽者見即非
我見人見衆生見壽者見是名我見人見衆
生見壽者見須菩提發阿耨多羅三藐三菩
提心者於一切法應如是知如是見如是信
解不生法相須菩提所言法相者如来說即
非法相是名法相須菩提若有人以滿无量阿
僧祇世界七寶持用布施若有善男子善女
人發菩薩心者持於此經乃至四句偈等受
持讀誦為人演說其福勝彼云何為人演說
不取於相如如不動何以故
一切有為法　如夢幻泡影　如露亦如電　應作如是觀
佛說是經已長者須菩提及諸比丘比丘尼優
婆塞優婆夷一切世間天人阿脩羅聞佛
所說皆大歡喜信受奉行
金剛般若波羅蜜經

BD14967 號　金剛般若波羅蜜經　（12–12）

BD14967 號背　勘記、印章　（1–1）

妙法蓮華經方便品第二

尒時世尊從三昧安詳而起告舍利弗諸佛智慧甚深无量其智慧門難解難入一切聲聞辟支佛所不能知所以者何佛曾親近百千万億无數諸佛盡行諸佛无量道法勇猛精進名稱普聞成就甚深未曾有法隨宜所說意趣難解舍利弗吾從成佛已來種種因緣種種譬喻廣演言教无數方便引導衆生令離諸著所以者何如來方便知見波羅蜜皆已具足舍利弗如來知見廣大深遠无量无礙力无所畏禪定解脫三昧深入无際成就一切未曾有法舍利弗如來能種種分別巧說諸法言辭柔軟悅可衆心舍利弗取要言之无量无邊未曾有法佛悉成就止舍利弗不須復說所以者何佛所成就第一希有

BD14968號　妙法蓮華經卷一　（10–1）

无礙力无所畏禪定解脫三昧深入无際成就一切未曾有法舍利弗如來能種種分別巧說諸法言辭柔軟悅可衆心舍利弗取要言之无量无邊未曾有法佛悉成就止舍利弗不須復說所以者何佛所成就第一希有難解之法唯佛與佛乃能究盡諸法實相所謂諸法如是相如是性如是體如是力如是作如是因如是緣如是果如是報如是本末究竟等尒時世尊欲重宣此義而說偈言

世雄不可量　諸天及世人　一切衆生類　无能知佛者
佛力无所畏　解脫諸三昧　及佛諸餘法　无能測量者
本從无數佛　具足行諸道　甚深微妙法　難見難可了
於无量億劫　行此諸道已　道場得成果　我已悉知見
如是大果報　種種性相義　我及十方佛　乃能知是事
是法不可示　言辭相寂滅　諸餘衆生類　无有能得解
除諸菩薩衆　信力堅固者　諸佛弟子衆　曾供養諸佛
一切漏已盡　住是最後身　如是諸人等　其力所不堪
假使滿世間　皆如舍利弗　盡思共度量　不能測佛智
正使滿十方　皆如舍利弗　及餘諸弟子　亦滿十方剎
盡思共度量　亦復不能知　辟支佛利智　无漏最後身
亦滿十方界　其數如竹林　斯等共一心　於億无量劫
欲思佛實智　莫能知少分　新發意菩薩　供養无數佛
了達諸義趣　又能善說法　如稻麻竹葦　充滿十方剎
一心以妙智　於恒河沙劫　咸皆共思量　不能知佛智
不退諸菩薩　其數如恒沙　一心共思求　亦復不能知
又告舍利弗　无漏不思議　甚深微妙法　我今已具得
唯我知是相　十方佛亦然　舍利弗當知　諸佛語无異

BD14968號　妙法蓮華經卷一　（10–2）

不退諸菩薩　其數如恒沙　一心共思求　亦復不能知
又告舍利弗　无漏不思議　甚深微妙法　我今已具得
唯我知是相　十方佛亦然　舍利弗當知　諸佛語无異
於佛所說法　當生大信力　世尊法久後　要當說真實
告諸聲聞衆　及求緣覺乘　我令脫苦縛　逮得涅槃者
佛以方便力　示以三乘教　衆生處處著　引之令得出
尒時大衆中有諸聲聞漏盡阿羅漢阿若憍
陳如等千二百人及發聲聞辟支佛心比丘比
丘尼優婆塞優婆夷各作是念今者世尊
何故慇懃稱歎方便而作是言佛所得法甚
深難解有所言說意趣難知一切聲聞辟支
佛所不能及佛說一解脫義我等亦得此法
到於涅槃而今不知是義所趣尒時舍利弗
知四衆心疑自亦未了而白佛言世尊何因
何緣慇懃稱歎諸佛第一方便甚深微妙難
解之法我自昔來未曾從佛聞如是說今者四
衆咸皆有疑唯願世尊敷演斯事世尊何
故慇懃稱歎甚深微妙難解之法尒時舍利
弗欲重宣此義而說偈言
慧日大聖尊　久乃說是法　自說得如是　力无畏三昧
禪定解脫等　不可思議法　道場所得法　无能發問者
我意難可測　亦无能問者　无問而自說　稱歎所行道
智慧甚微妙　諸佛之所得　无漏諸羅漢　及求涅槃者
今皆墮疑網　佛何故說是　其求緣覺者　比丘比丘尼
諸天龍鬼神　及乾闥婆等　相視懷猶豫　瞻仰兩足尊
是事為云何　願佛為解說　於諸聲聞衆　佛說我第一
我今自於智　疑惑不能了

BD14968號　妙法蓮華經卷一　（10–3）

智慧甚微妙　諸佛之所得　无漏諸羅漢　及求涅槃者
今皆墮疑網　佛何故說是　其求緣覺者　比丘比丘尼
諸天龍鬼神　及乾闥婆等　相視懷猶豫　瞻仰兩足尊
是事為云何　願佛為解說　於諸聲聞衆　佛說我第一
我今自於智　疑惑不能了　為是究竟法　為是所行道
佛口所生子　合掌瞻仰待　願出微妙音　時為如實說
諸天龍神等　其數如恒沙　求佛諸菩薩　大數有八万
又諸万億國　轉輪聖王至　合掌以敬心　欲聞具足道
尒時佛告舍利弗止止不須復說若說是事一
切世間諸天及人皆當驚疑舍利弗重白佛
言世尊唯願說之唯願說之所以者何是
會无數百千万億阿僧祇衆生曾見諸佛諸
根猛利智慧明了聞佛所說則能敬信尒時
舍利弗欲重宣此義而說偈言
法王无上尊　唯說願勿慮　是會无量衆　有能敬信者
佛復止舍利弗若說是事一切世間天人阿脩
羅皆當驚疑增上慢比丘將墜於大坑尒時
世尊重說偈言
止止不須說　我法妙難思　諸增上慢者　聞必不敬信
尒時舍利弗重白佛言世尊唯願說之唯願
說之今此會中如我等比百千万億世世已曾
從佛受化如此人等必能敬信長夜安隱多
所饒益尒時舍利弗欲重宣此義而說偈言
无上兩足尊　願說第一法　我為佛長子　唯垂分別說
是會无量衆　能敬信此法　佛已曾世世　教化如是等
皆一心合掌　欲聽受佛語　我等千二百　及餘求佛者
願為此衆故　唯垂分別說　是等聞此法　則生大歡喜

BD14968號　妙法蓮華經卷一　（10–4）

所饒益尒時舍利弗欲重宣此義而說偈言
无上兩足尊　願說第一法　我為佛長子　唯垂分別說
是會无量衆　能敬信此法　佛已曾世世　教化如是等
皆一心合掌　欲聽受佛語　我等千二百　及餘求佛者
願為此衆故　唯垂分別說　是等聞此法　則生大歡喜
尒時世尊告舍利弗汝已慇懃三請豈得不說
汝今諦聽善思念之吾當為汝分別解說
說此語時會中有比丘比丘尼優婆塞優婆
夷五千人等即從座起礼佛而退所以者何
此輩罪根深重及增上慢未得謂得未證謂
證有如此失是以不住世尊默然而不制止
尒時佛告舍利弗我今此衆无復枝葉純有
貞實舍利弗如是增上慢人退亦佳矣汝今
善聽當為汝說舍利弗言唯然世尊願樂欲
聞佛告舍利弗如是妙法諸佛如來時乃說
之如優曇鉢華時一現耳舍利弗汝等當信
佛之所說言不虛妄舍利弗諸佛隨宜說法
意趣難解所以者何我以无數方便種種因
緣譬喻言辭演說諸法是法非思量分別之
所能解唯有諸佛乃能知之所以者何諸佛世
尊唯以一大事因緣故出現於世舍利弗
云何名諸佛世尊唯以一大事因緣故出現
於世諸佛世尊欲令衆生開佛知見使得清
淨故出現於世欲示衆生佛知見故出現於
世欲令衆生悟佛知見故出現於世欲令衆
生入佛知見道故出現於世舍利弗是為諸
佛以一大事因緣故出現於世佛告舍利弗
諸佛如[illegible]

淨故出現於世欲示衆生佛知見故出現於
世欲令衆生悟佛知見故出現於世欲令衆
生入佛知見道故出現於世舍利弗是為諸
佛以一大事因緣故出現於世佛告舍利弗
諸佛如來但教化菩薩諸有所作常為一事
唯以佛之知見示悟衆生舍利弗如來但以
一佛乘故為衆生說法无有餘乘若二若二
舍利弗一切十方諸佛法亦如是舍利弗過
去諸佛以无量无數方便種種因緣譬喻言
辭而為衆生演說諸法是法皆為一佛乘故
是諸衆生從諸佛聞法究竟皆得一切種智
舍利弗未來諸佛當出於世亦以无量无數
方便種種因緣譬喻言辭而為衆生演說諸
法是法皆為一佛乘故是諸衆生從佛聞法
究竟皆得一切種智舍利弗現在十方无量
百千万億佛土中諸佛世尊多所饒益安樂
衆生是諸佛亦以无量无數方便種種因緣
譬喻言辭而為衆生演說諸法是法皆為一
佛乘故是諸衆生從佛聞法究竟皆得一切種
智舍利弗是諸佛但教化菩薩欲以佛之知
見示衆生故欲以佛之知見悟衆生故欲令
衆生入佛之知見故舍利弗我今亦復如是
知諸衆生有種種欲深心所著隨其本性
以種種因緣譬喻言辭方便力故而為說法
舍利弗如此皆為得一佛乘一切種智故舍
利弗十方世界中尚无二乘何況有三舍利
弗諸佛出於五濁惡世所謂劫濁煩惱濁衆
生濁見濁命濁如是舍利弗劫濁亂時衆生

[illegible]言辭[illegible]方便[illegible]故而為[illegible]說法
舍利弗如此皆為得一佛乘一切種智故舍
利弗十方世界中尚无二乘何況有三舍利
弗諸佛出於五濁惡世所謂劫濁煩惱濁衆
生濁見濁命濁如是舍利弗劫濁亂時衆生
垢重慳貪嫉妬成就諸不善根故諸佛以方
便力於一佛乘分別說三舍利弗若我弟子
自謂阿羅漢辟支佛者不聞不知諸佛如來
但教化菩薩事此非佛弟子非阿羅漢非辟
支佛又舍利弗是諸比丘比丘尼自謂已得
阿羅漢是最後身究竟涅槃便不復志求阿
耨多羅三藐三菩提當知此輩皆是增上慢
人所以者何若有比丘實得阿羅漢若不信
此法无有是處除佛滅度後現前无佛所以
者何佛滅度後如是等經受持讀誦解義者
是人難得若遇餘佛於此法中便得決了舍
利弗汝等當一心信解受持佛語諸佛如來
言无虛妄无有餘乘唯一佛乘尒時世尊欲
重宣此義而說偈言
比丘比丘尼　有懷增上慢　優婆塞我慢　優婆夷不信
如是四衆等　其數有五千　不自見其過　於戒有缺漏
護惜其瑕疵　是小智已出　衆中之糟糠　佛威德故去
斯人尠福德　不堪受是法　此衆无枝葉　唯有諸貞實
舍利弗善聽　諸佛所得法　无量方便力　而為衆生說
衆生心所念　種種所行道　若干諸欲性　先世善惡業
佛悉知是已　以諸緣譬喻　言辭方便力　令一切歡喜
或說修多羅　伽陀及本事　本生未曾有　亦說於因緣
譬喻并祇夜　優波提舍經　鈍根樂小法　貪著於生死

舍利弗善聽　諸佛所得法　无量方便力　而為衆生說
衆生心所念　種種所行道　若干諸欲性　先世善惡業
佛悉知是已　以諸緣譬喻　言辭方便力　令一切歡喜
或說修多羅　伽陀及本事　本生未曾有　亦說於因緣
譬喻并祇夜　優波提舍經　鈍根樂小法　貪著於生死
於諸无量佛　不行深妙道　衆苦所惱亂　為是說涅槃
我設是方便　令得入佛慧　未曾說汝等　當得成佛道
所以未曾說　說時未至故　今正是其時　決定說大乘
我此九部法　隨順衆生說　入大乘為本　以故說是經
有佛子心淨　柔軟亦利根　无量諸佛所　而行深妙道
為此諸佛子　說是大乘經　我記如是人　來世成佛道
以深心念佛　修持淨戒故　此等聞得佛　大喜充遍身
佛知彼心行　故為說大乘　聲聞若菩薩　聞我所說法
乃至於一偈　皆成佛无疑　十方佛土中　唯有一乘法
无二亦无三　除佛方便說　但以假名字　引導於衆生
說佛智慧故　諸佛出於世　唯此一事實　餘二則非真
終不以小乘　濟度於衆生　佛自住大乘　如其所得法
定慧力莊嚴　以此度衆生　自證无上道　大乘平等法
若以小乘化　乃至於一人　我則墮慳貪　此事為不可
若人信歸佛　如來不欺誑　亦无貪嫉意　斷諸法中惡
故佛於十方　而獨无所畏　我以相嚴身　光明照世間
无量衆所尊　為說實相印　舍利弗當知　我本立誓願
欲令一切衆　如我等无異　如我昔所願　今者已滿足
化一切衆生　皆令入佛道　若我遇衆生　盡教以佛道
无智者錯亂　迷惑不受教　我知此衆生　未曾修善本
堅著於五欲　癡愛故生惱　以諸欲因緣　墜墮三惡道
輪迴六趣中　備受諸苦毒　受胎之微形　世世常增長
薄德少福人　衆苦所逼迫　入邪見稠林　若有若无等

欲令一切衆　如我等无異　如我昔所願　今者已滿足
化一切衆生　皆令入佛道　若我遇衆生　盡教以佛道
无智者錯亂　迷惑不受教　我知此衆生　未曾脩善本
堅著於五欲　癡愛故生惱　以諸欲因緣　墜墮三惡道
輪迴六趣中　備受諸苦毒　受胎之微形　世世常增長
薄德少福人　衆苦所逼迫　入邪見稠林　若有若无等
依止此諸見　具足六十二　深著虛妄法　堅受不可捨
我慢自矜高　諂曲心不實　於千万億劫　不聞佛名字
亦不聞正法　如是人難度　是故舍利弗　我為設方便
說諸盡苦道　示之以涅槃　我雖說涅槃　是亦非真滅
諸法從本來　常自寂滅相　佛子行道已　來世得作佛
我有方便力　開示三乘法　一切諸世尊　皆說一乘道
今此諸大衆　皆應除疑惑　諸佛語无異　唯一无二乘
過去无數劫　无量滅度佛　百千万億種　其數不可量
如是諸世尊　種種緣譬喻　无數方便力　演說諸法相
是諸世尊等　皆說一乘法　化无量衆生　令入於佛道
又諸大聖主　知一切世間　天人群生類　深心之所欲
更以異方便　助顯第一義　若有衆生類　值諸過去佛
若聞法布施　或持戒忍辱　精進禪智等　種種脩福德
如是諸人等　皆已成佛道　諸佛滅度已　若人善軟心
如是諸衆生　皆已成佛道　諸佛滅度已　供養舍利者
起万億種塔　金銀及頗梨　車璖與馬瑙　玫瑰瑠璃珠
清淨廣嚴飾　莊挍於諸塔　或有起石廟　栴檀及沉水
木蜜并餘材　塼瓦泥土等　若於曠野中　積土成佛廟
乃至童子戲　聚沙為佛塔　如是諸人等　皆已成佛道
若人為佛故　建立諸形像　刻雕成衆相　皆已成佛道
或以七寶成　鍮石赤白銅　白鑞及鉛錫　鐵木及與泥

BD14968號　妙法蓮華經卷一　（10–9）

如是諸世尊　種種緣譬喻　无數方便力　演說諸法相
是諸世尊等　皆說一乘法　化无量衆生　令入於佛道
又諸大聖主　知一切世間　天人群生類　深心之所欲
更以異方便　助顯第一義　若有衆生類　值諸過去佛
若聞法布施　或持戒忍辱　精進禪智等　種種脩福德
如是諸人等　皆已成佛道　諸佛滅度已　若人善軟心
如是諸衆生　皆已成佛道　諸佛滅度已　供養舍利者
起万億種塔　金銀及頗梨　車璖與馬瑙　玫瑰瑠璃珠
清淨廣嚴飾　莊挍於諸塔　或有起石廟　栴檀及沉水
木蜜并餘材　塼瓦泥土等　若於曠野中　積土成佛廟
乃至童子戲　聚沙為佛塔　如是諸人等　皆已成佛道
若人為佛故　建立諸形像　刻雕成衆相　皆已成佛道
或以七寶成　鍮石赤白銅　白鑞及鉛錫　鐵木及與泥
或以膠漆布　嚴飾作佛像　如是諸人等　皆已成佛道
綵畫作佛像　百福莊嚴相　自作若使人　皆已成佛道
乃至童子戲　若草木及筆　或以指爪甲　而畫作佛像
如是諸人等　漸漸積功德　具足大悲心　皆已成佛道
但化諸菩薩　度脫无量衆　若人於塔廟　寶像及畫像
以華香幡蓋　敬心而供養　若使人作樂　擊鼓吹角貝
簫笛琴箜篌　琵琶鐃銅鈸　如是衆妙音　盡持以供養

BD14968號　妙法蓮華經卷一　（10–10）

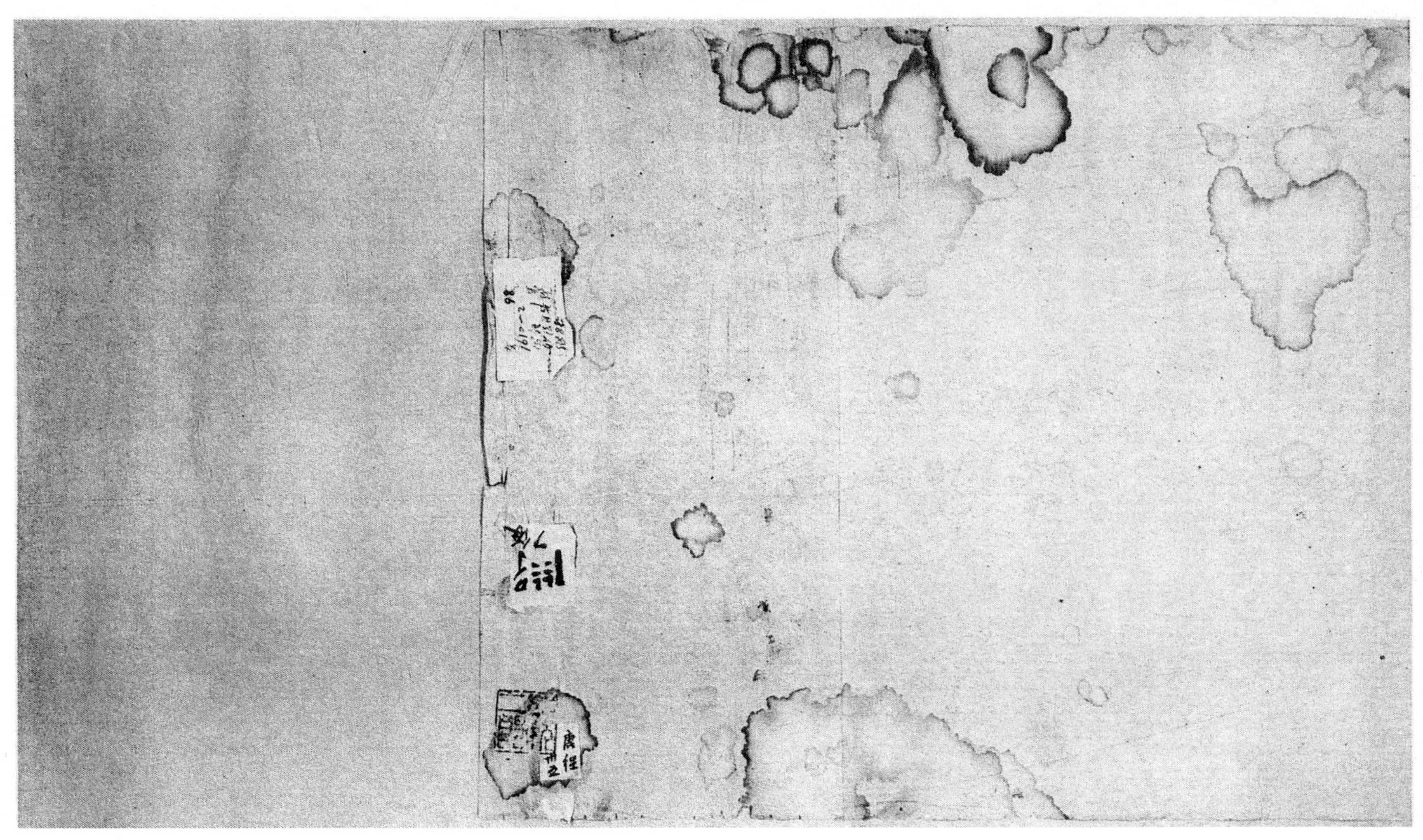

BD14968 號背　勘記、印章　（1–1）

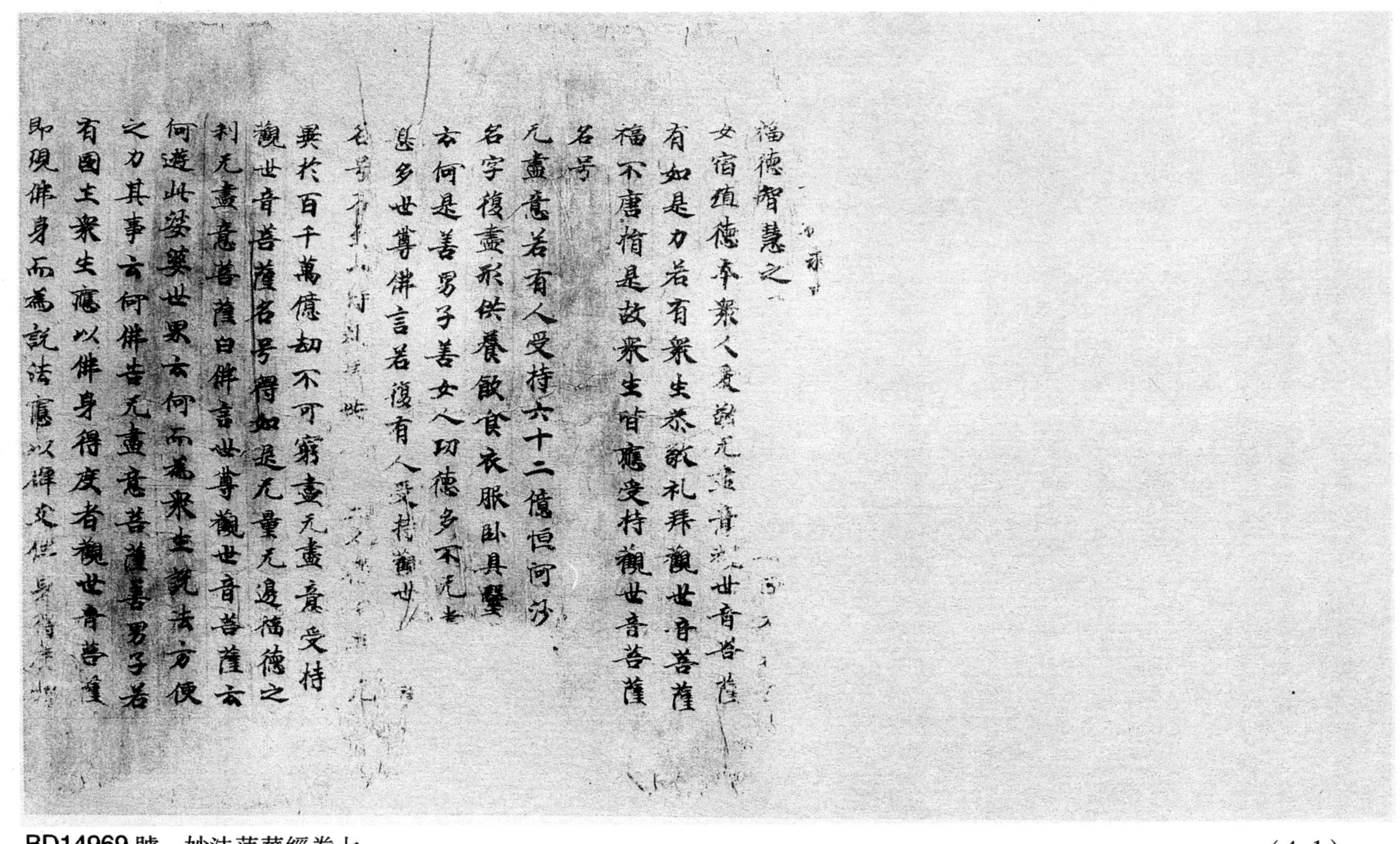

BD14969 號　妙法蓮華經卷七　（4–1）

利无盡意菩薩白佛言世尊觀世音菩薩云
何遊此娑婆世界云何而為衆生說法方便
之力其事云何佛告无盡意菩薩善男子若
有國土衆生應以佛身得度者觀世音菩薩
即現佛身而為說法應以辟支佛身得度者
即現辟支佛身而為說法應以聲聞身得度
者即現聲聞身而為說法應以梵王身得度
者即現梵王身而為說法應以帝釋身得度
者即現帝釋身而為說法應以自在天身得
度者即現自在天身而為說法應以大自在
天身得度者即現大自在天身而為說法應
以天大將軍身得度者即現天大將軍身而
為說法應以毗沙門身得度者即現毗沙門
身而為說法應以小王身得度者即現小王
身而為說法應以長者身得度者即現長者
身而為說法應以居士身得度者即現居士
身而為說法應以宰官身得度者即現宰官
身而為說法應以婆羅門身得度者即現婆
羅門身而為說法應以比丘比丘尼優婆塞
優婆夷身得度者即現比丘比丘尼優婆塞
優婆夷身而為說法應以長者居士宰官婆
羅門婦女身得度者即現婦女身而為說法
應以童男童女身得度者即現童男童女身
而為說法應以天龍夜叉乾闥婆阿脩羅迦
樓羅緊那羅摩睺羅伽人非人等身得度者
即皆現之而為說法應以執金剛神得度者
即現執金剛神而為說法无盡意是觀世音
菩薩成就如是功德以種種形遊諸國土度
脫衆生是故汝等應當一心供養觀世音菩

BD14969號　妙法蓮華經卷七　（4–2）

樓羅緊那羅摩睺羅伽人非人等身得度者
即皆現之而為說法應以執金剛神得度者
即現執金剛神而為說法无盡意是觀世音
菩薩成就如是功德以種種形遊諸國土度
脫衆生是故汝等應當一心供養觀世音菩
薩是觀世音菩薩摩訶薩於怖畏急難之中
能施无畏是故此娑婆世界皆號之為施无
畏者无盡意菩薩白佛言世尊我今當供養
觀世音菩薩即解頸衆寶珠瓔珞價直百千
兩金而以與之作是言仁者受此法施珎寶
瓔珞時觀世音菩薩不肯受之无盡意復白
觀世音菩薩言仁者愍我等故受此瓔珞尒
時佛告觀世音菩薩當愍此无盡意菩薩及
四衆天龍夜叉乾闥婆阿脩羅迦樓羅緊那羅
摩睺羅伽人非人等故受是瓔珞即時觀世
音菩薩愍諸四衆及於天龍人非人等受其
瓔珞分作二分一分奉釋迦牟尼佛一分奉多
寶佛塔无盡意觀世音菩薩有如是自在神力
遊於娑婆世界尒時无盡意菩薩以偈問曰
世尊妙相具　我今重問彼　佛子何因緣　名為觀世音
具足妙相尊　偈荅无盡意　汝聽觀音行　善應諸方所
弘誓深如海　歷劫不思議　侍多千億佛　發大清淨願
我為汝略說　聞名及見身　心念不空過　能滅諸有苦
假使興害意　推落大火坑　念彼觀音力　火坑變成池
或漂流巨海　龍魚諸鬼難　念彼觀音力　波浪不能沒
或在須弥峯　為人所推墮　念彼觀音力　如日虛空住
或被惡人逐　墮落金剛山　念彼觀音力　不能損一毛
或值怨賊繞　各執刀加害　念彼觀音力　咸即起慈心
或遭王難苦　臨刑欲受終　念彼觀音力　刀尋段段壞

BD14969號　妙法蓮華經卷七　（4–3）

或在須弥峯　為人所推墮　念彼觀音力　如日虚空住
或被惡人逐　墮落金剛山　念彼觀音力　不能損一毛
或值怨賊繞　各執刀加害　念彼觀音力　咸即起慈心
或遭王難苦　臨刑欲受終　念彼觀音力　刀尋段段壞
或囚禁枷鎖　手足被杻械　念彼觀音力　釋然得解脫
呪咀諸毒藥　所欲害身者　念彼觀音力　還著於本人
或遇惡羅刹　毒龍諸鬼等　念彼觀音力　時悉不敢害
或惡獸圍遶　利牙爪可怖　念彼觀音力　疾走无邊方
蚖蛇及蝮蠍　氣毒烟火然　念彼觀音力　尋聲自迴去
雲雷鼓掣電　降雹澍大雨　念彼觀音力　應時得消散
衆生被困厄　無量苦逼身　觀音妙智力　能救世間苦
具足神通力　廣修智方便　十方諸國土　无刹不現身
種種諸惡趣　地獄鬼畜生　生老病死苦　以漸悉令滅
真觀清淨觀　廣大智慧觀　悲觀及慈觀　常願常瞻仰
无垢清淨光　慧日破諸闇　能伏災風火　普明照世間
悲體戒雷震　慈意妙大雲　澍甘露法雨　滅除煩惱焰
諍訟經官處　怖畏軍陣中　念彼觀音力　衆怨悉退散
妙音觀世音　梵音海潮音　勝彼世間音　是故須常念
念念勿生疑　觀世音淨聖　於苦惱死厄　能為作依怙
具一切功德　慈眼視衆生　福聚海无量　是故應頂禮
尒時持地菩薩即從座起前白佛言世尊若
有衆生聞是觀世音菩薩品自在之業普門
示現神通力者當知是人功德不少佛說是
普門品時衆中八萬四千衆生皆發无等等
阿耨多羅三藐三菩提心

BD14969號　妙法蓮華經卷七　　（4–4）

BD14969號背　勘記、印章　　（2–1）

BD14969 號背　勘記、印章　　（2–2）

是世尊
須菩提若福德有實如來不說得福德多以
福德无故如來說得福德多
須菩提於意云何佛可以具足色身見不不
也世尊如來不應以色身見何以故如來說
具足色身即非具足色身是名具足色身須
菩提於意云何如來可以具足諸相見不不
也世尊如來不應以具足諸相見何以故如
來說諸相具足即非具足是名諸相具足須
菩提汝勿謂如來作是念我當有所說法莫
作是念何以故若人言如來有所說法即為
謗佛不能解我所說故須菩提說法者无法
可說是名說法須菩提白佛言世尊佛得阿
耨多羅三藐三菩提為无所得耶如是如是
須菩提我於阿耨多羅三藐三菩提乃至无
有少法可得是名阿耨多羅三藐三菩提復
次須菩提是法平等无有高下是名阿耨多
羅三藐三菩提以无我无人无衆生无壽者

BD14970 號　金剛般若波羅蜜經　　（4–1）

耨多羅三藐三菩提為无所得耶如是如是
須菩提我於阿耨多羅三藐三菩提乃至无
有少法可得是名阿耨多羅三藐三菩提復
次須菩提是法平等无有高下是名阿耨多
羅三藐三菩提以无我无人无衆生无壽者
脩一切善法則得阿耨多羅三藐三菩提須
菩提所言善法者如来說非善法是名善法
須菩提若三千大千世界中所有諸須弥山
王如是等七寶聚有人持用布施若人以此
般若波羅蜜經乃至四句偈等受持讀誦為他人
說於前福德百分不及一百千万億分乃至
筭數譬喻所不能及
須菩提於意云何汝等勿謂如来作是念我
當度衆生須菩提莫作是念何以故實无有
衆生如来度者若有衆生如来度者如来則
有我人衆生壽者須菩提如来說有我者則
非有我而凡夫之人以為有我須菩提凡夫者
如来說則非凡夫須菩提於意云何可以卅
二相觀如来不須菩提言如是如是以卅
二相觀如来佛言須菩提若以卅二相觀如
来者轉輪聖王則是如来須菩提白佛言世
尊如我解佛所說義不應以卅二相觀如来
尒時世尊而說偈言
若以色見我　以音聲求我　是人行邪道　不能見如来
須菩提汝若作是念如来不以具足相故得
阿耨多羅三藐三菩提須菩提莫作是念如
来不以具足相故得阿耨多羅三藐三菩提

BD14970 號　金剛般若波羅蜜經　（4–2）

若以色見我　以音聲求我　是人行邪道　不能見如来
須菩提汝若作是念如来不以具足相故得
阿耨多羅三藐三菩提須菩提莫作是念如
来不以具足相故得阿耨多羅三藐三菩提
須菩提汝若作是念發阿耨多羅三藐三菩
提者說諸法斷滅莫作是念何以故發阿耨
多羅三藐三菩提者於法不說斷滅相須菩
提若菩薩以滿恒河沙等世界七寶布施若
復有人知一切法无我得成於忍此菩薩勝
前菩薩所得功德須菩提以諸菩薩不受福
德故須菩提白佛言世尊何菩薩不受福
德須菩提菩薩所作福德不應貪著是故說
不受福德須菩提若有人言如来若来若去
若坐若卧是人不解我所說義何以故如来
者无所從来亦无所去故名如来須菩提若
善男子善女人以三千大千世界碎為微塵
於意云何是微塵衆寧為多不甚多世尊何
以故若是微塵衆實有者佛則不說是微塵
衆所以者何佛說微塵衆則非微塵衆是名
微塵衆世尊如来所說三千大千世界則非
世界是名世界何以故若世界實有者則是
一合相如来說一合相則非一合相是名一
合相須菩提一合相者則是不可說但凡夫
之人貪著其事須菩提若人言佛說我見人
見衆生見壽者見須菩提於意云何是人解
我所說義不世尊是人不解如来所說義何
以故世尊說我見人見衆生見壽者見即非

BD14970 號　金剛般若波羅蜜經　（4–3）

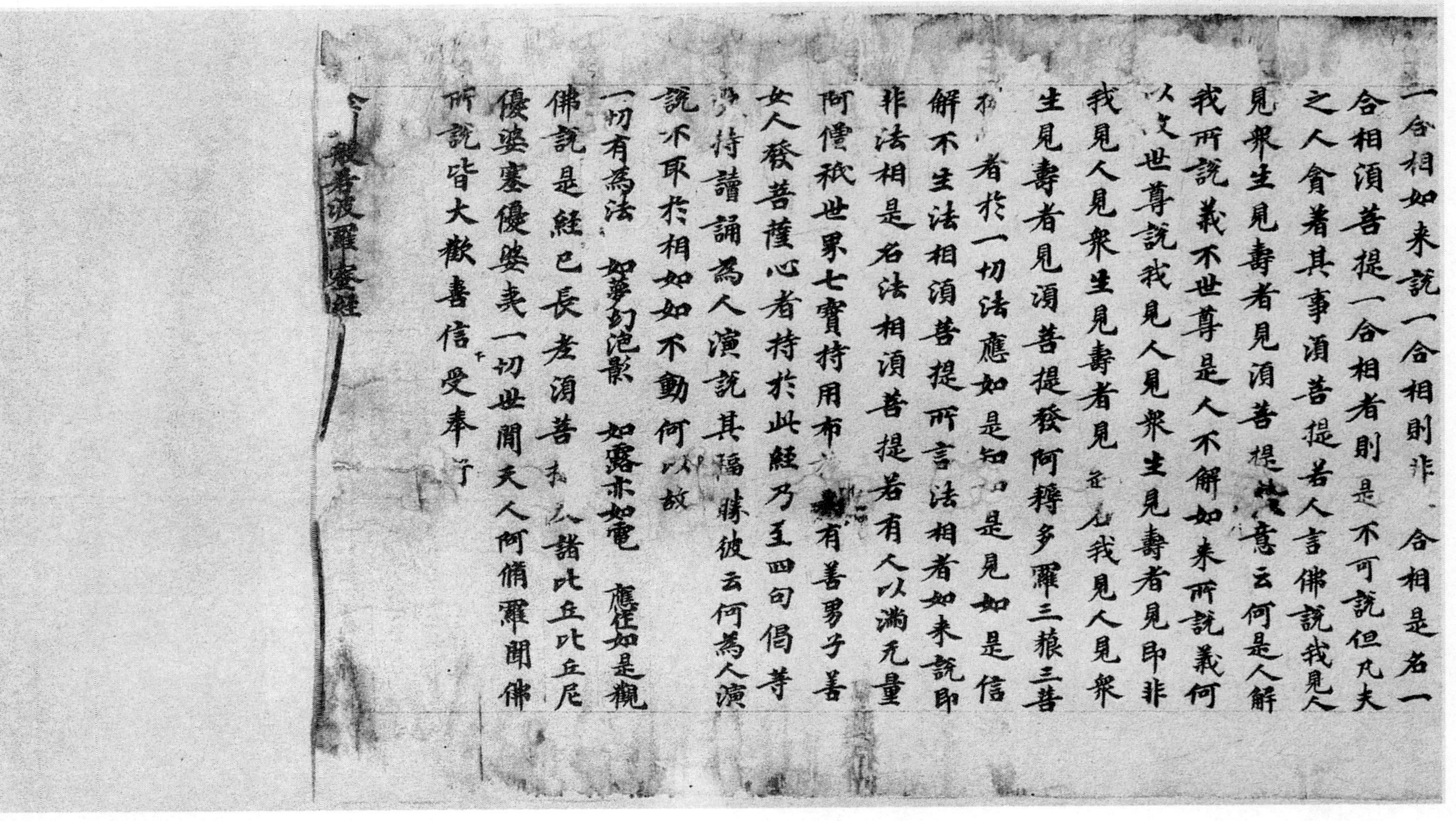

BD14970號　金剛般若波羅蜜經　　（4–4）

BD14970號背　勘記、印章　　（1–1）

蘊亦不異蘊非依蘊非不依蘊非生非滅非
智非所知非根非境何以故蘊界處諸根境
等皆麁鄙故不應住內不應住外而見如來善
男子色无覺知无有思慮生已必滅同於草
木瓦石之類微塵集成如水聚沫受以二法
和合而生猶如浮泡瓶衣等相亦二和合因
緣所生如熱時燄譬如盛熱地氣蒸涌照以
日月如水波浪諸鳥獸等為渴所逼遠而見
之生真水解想亦如是无有體性虛妄不實
分別智者如有性見各別體相名字可得定
者審觀猶如菟角石女兒等但有假名都无
實義如夢中色唯相妄見寤即非有无明
夢中見男女等種種之色成於正覺即无所
見譬如芭蕉皮葉既除中无有實行亦如是
離於身境即无體性識亦如是幻事虛誑不
實譬如幻若幻師弟子以草木等物幻作於人及

分別智者如有性見各別體相名字可得定
者審觀猶如菟角石女兒等但有假名都无
實義如夢中色唯相妄見寤即非有无明
夢中見男女等種種之色成於正覺即无所
見譬如芭蕉皮葉既除中无有實行亦如是
離於身境即无體性識亦如是幻事虛誑不
實譬如幻若幻師弟子以草木等物幻作於人及
諸象馬種種形體具足莊嚴愚幻貪求非明智
者識亦如是依餘而住而異分別謂能所取二
種而生若自了知即皆轉滅是故无體同於幻
事金剛藏如來常住恒不變易是修念佛觀
行之境名如來藏猶如虛空不可壞滅名涅槃
界亦名法界過現未來諸佛世尊皆隨順此而
宣說故如來出世不出世間此性常在名法住
性亦名法尼夜摩性金剛藏云何名為尼
夜摩性後有諸惡此皆離故又此三昧能決定
除後有諸惡以如是義名尼夜摩若有住此
三昧之者於諸眾生心无顧戀證於實際
及以涅槃猶如熱鐵投清冷水故諸菩薩
捨而不證返住而已常為眾生而作利益
不捨精進大悲諸度不斷佛種不行外道二
乘之径如大力鳥不為三昧淤泥所溺心不
味著識之境界趣佛法門恒无退轉以究竟
慧入佛法身開顯如來廣大威德當成正覺
轉妙法輪知境眾色而為資用入如來定
遊涅槃境漸次修行起第八地善巧積習乃
至法雲資用如來廣大威德住於諸佛內證

轉妙法輪知境衆色而為資用入如來定
遊涅槃境漸次脩行超第八地善巧積習乃
至法雲資用如來廣大威德住於諸佛內證
之地與无功用三昧相應遍遊十方不動本
處而恒依止密嚴佛國轉於所依智定意身
力通自在皆得具足譬如空月影遍衆水佛
亦如是化形普降於諸世間隨衆生心所樂不
同皆使蒙益无空見者復令當詣密嚴佛國
如其性欲而漸開誘為說一切欲界天王自
在菩薩摩尼宮等諸安樂處乃至諸地次
第十方佛土功德莊嚴盡於未來隨機應
現如因持呪安繕那藥及諸靈仙宮殿之神
與人同止而不可見如來變化所為事畢住於
真身晦而現不亦復如是尒時世尊而說偈言
根蘊如蛇聚 境界緣所觸 癡愛業所生 衆習纏難解
心及諸心法 動慮恒不安 覺觀所纏遶 如龍共糾結
瞋毒從此興 譬如蛇藏穴 諸脩觀行者 為捨衆蘊法
於此常諦觀 一心而不解 譬如虛空中 无樹而有影
風衛與鳥跡 此見甚為難 能造及所造 色與非色法
於彼見如來 其難亦如是 真如實際等 及諸佛體性
內證之所行 超諸語言境 涅槃名為佛 佛亦名涅槃
離諸分別相 云何而可見 碎末於金礦 礦中不見金
知者巧融鍊 真金方乃顯 分割於諸色 乃至為微塵
及析求諸蘊 若一若異性 佛體不可見 亦非无有佛
定者觀如來 三十二相具 苦樂并衆事 施作皆明顯
是故不應說 如來定是无

BD14971 號　大乘密嚴經（地婆訶羅本）卷上　（17–3）

離諸分別相 云何而可見 碎末於金礦 礦中不見金
知者巧融鍊 真金方乃顯 分割於諸色 乃至為微塵
及析求諸蘊 若一若異性 佛體不可見 亦非无有佛
定者觀如來 三十二相具 苦樂并衆事 施作皆明顯
是故不應說 如來定是无
三昧一緣佛 善因善根佛 一切世勝佛 及正等覺佛
如是五種佛 所餘皆變化
三十二勝相 如來藏具有 是故佛非无 定者能觀見
出過於三界 无量諸佛國 如來微妙剎 淨佛子充滿
禪慧牙相資 以成堅固性 遊於密嚴土 思惟佛威德
密嚴中之人 一切同於佛 超過剎那壞 恒遊三昧中
世尊有大定 湛然而正受 相好諸功德 內外以莊嚴
衆謂佛化身 從於兜率降 佛常密嚴住 為現從其國
住真而正受 隨緣衆像生 如月在虛空 影臨於諸水
如摩尼衆影 色合而明現 如來住正定 現影亦復然
譬如形與像 非一亦非異 如是勝丈夫 成於諸事業
非微塵勝性 非時非自在 亦非餘緣等 而作於世間
如來以因性 莊嚴其果體 隨世之所應 種種皆明現
遊戲於三昧 內外无不為 山川及林野 朋友諸眷屬
衆星與日月 皎鏡而垂曜 如是諸世間 身中盡包納
復置於掌內 毅擲如芥子 佛於定自在 牟尼最勝尊
无能作世間 唯佛之所化
盲闇无智者 馳流妄分別 計著於有无 若我及非我
或言一切壞 或言少分滅 如是諸人等 常自害其身
云何於中此 而生是諸見
佛是遍三界 觀行之大師 觀世如亂夢 所作衆事業
亦如夢中色 渴獸所求水 因於種種業 風乘而進退

BD14971 號　大乘密嚴經（地婆訶羅本）卷上　（17–4）

盲闇无智者　馳流妄分別　計著於有无　若我及非我
或言一切壞　或言少分滅　如是諸人等　常自害其身
云何於中此　而生是諸見
佛是遍三界　觀行之大師　觀世如亂成　所作衆事業
亦如夢中色　渴獸所求水　因於種種業　風乘而進退
佛於方便中　自在智見者　譬如工巧匠　善守於機發
亦如海船師　執柂而摧動
如來最微妙　寂靜无有邊　超諸有善根　淨根之所證
是修行定者　微妙定所依　一切觀行人　明了心中住
佛體最清淨　非有亦非无　遠離於限量　及以能所覺
妙智相應心　最上之境界　智明皆无性　是即見如來
破諸煩惱心　不著於三昧　住於无漏路　一切皆无漏
諸天乾闥婆　阿脩羅藥叉　仙人及外道　諸歎而供養
於彼不執求　而與世間業　以住本清淨　相應妙理中
天人等見者　變化之所作　佛非彼此現　而同於日月
住於圓應道　現除諸貢高　異學各不同　隨所而攝御
種種衆法智　王論三毗陁　悉是諸如來　定力持而說
國王王臣等　乃至山林處　所有諸儀則　皆從佛出生
十方衆寶藏　出生清淨寶　悉是天中天　自在威神故
一切三界中　有諸明智者　種種方便業　因佛而成就
現從兜率降　妹女衆圍遶　歌舞共歡娛　日夜常遊集
或如堅利智　舍陵波尼王　執世之直繩　興奪而招救
雖於一切處　現為明智者　而在密嚴中　寂然无動作
此大牟尼境　凡愚異分別　譬如翳目人　亦猶衆渴獸
如世觀於幻　夢中諸所取　天中天境界　佛子見其真
如是觀行人　如從於睡覺　那羅與伊舍　梵天婆旦那
難陁鳩摩羅　劫比首迦等　處定而思審　於此常迷惑

或如堅利智　舍陵波尼王　執世之直繩　興奪而招救
雖於一切處　現為明智者　而在密嚴中　寂然无動作
此大牟尼境　凡愚異分別　譬如翳目人　亦猶衆渴獸
如世觀於幻　夢中諸所取　天中天境界　佛子見其真
如是觀行人　如從於睡覺　那羅與伊舍　梵天婆旦那
難陁鳩摩羅　劫比首迦等　處定而思審　於此常迷惑
去來現在世　一切諸牟尼　習氣覆於心　亦所不能見
善哉金剛藏　普行諸地中　復以佛威神　而居密嚴土
是汝之境界　我今為汝說
或有妄分別　勝性與微塵　如工作諸物　種種諸形相
生唯是法生　滅亦是法滅　妄計一切物　細塵能造作
因能了於果　譬如燈照物　先不得其相　後壞亦復然
非於過去中　有體而可得　未來亦如是　離緣无有性
一一諸緣內　遍求无有體　不見性有无　亦无无有見
於瀘瓶衣等　微細而分別　三百有六十　邪宗壞正道
往來生死中　无有涅槃法

大乘密嚴經妙身生品第二

尒時如實見菩薩有大威力世中自在其身好妙上服莊嚴在於佛前避座而立曲躬合掌一心恭敬向金剛藏菩薩摩訶薩而作是言尊者善能通達自智之境現法樂住於三乘世間心得无畏為大定師於定自在能隨順說諸地之相常在一切佛國土中為諸上首演深妙法是故我今勸請尊者說諸聖人不隨他行現法樂住內證之境令我及餘諸菩薩衆得見斯法安樂修行趣於佛地讓意生身及言說身力通自在皆得具足轉所依心不

說諸[illegible]
深妙法是故我今勸請尊者說諸聖人不隨
他行現法樂住內證之境令我及餘諸菩薩
衆得見斯法安樂循行趣於佛地護意生
身及言說身力通自在皆得具足轉所依心不
住寶際如衆彩摩尼現諸色像於一切佛國
說密嚴行金剛菩薩摩訶薩言善哉仁主能
請我說入於密嚴无我之法仁主先應覺了諸
分別境是心之相於境界中捨諸分別仁主一切
世間是分別見見世間體即於所緣而得三昧
我今為汝開示彼法王應善聽即說偈言
一切諸世間　譬如熱時焰　以諸不實相　无而妄分別
覺因所覺生　所覺依能現　離一則无二　譬如光共影
无心亦无境　量及所量事　但依於一心　如是而分別
能知所知法　唯依心妄計　若了所知无　能知即非有
心為法自性　及人之所濁　入於八地中　而彼得清淨
九地行禪定　十地大開覺　法水灌其頂　而成世所尊
法身无有盡　是佛之境界　究竟如虛空　心識亦如是
无盡亦无壞　衆德以莊嚴　恒住不思議　密嚴諸佛土
譬如瓶破已　瓦因而顯現　瓦破顯於塵　塵析極微顯
如是因有漏　而成无漏法　如火燒盡木　復於餘處然
味於不動智　轉依離分別　密嚴佛國中　如是而常現
不生衆品類　莫住於世間　捨於一切見　歸依此无我
斷諸相續流　无生亦无壞　盡於一切見　歸依此无我
諸患皆已息　常住不思議　淨於一切見　歸依此无我
世間種種法　本來无我性　非由聲壞无　及喻之所現
如火焚薪已　自於是中滅　觀察於三界　无我智亦然

BD14971 號　大乘密嚴經（地婆訶羅本）卷上　（17–7）

斷諸相續流　无生亦无壞　盡於一切見　歸依此无我
諸患皆已息　常住不思議　淨於一切見　歸依此无我
世間種種法　本來无我性　非由聲壞无　及喻之所現
如火焚薪已　自於是中滅　觀察於三界　无我智亦然
是名現法樂　聖人自智境　依此入諸地　淨除无始惡
捨離世所依　出世而安住　其心轉清淨　恒居密嚴土
尒時如實見菩薩及諸王衆俱作是言金剛自在
我等今者咸欲歸依願示於我歸之處於是金
剛藏菩薩摩訶薩以偈答曰
佛體非是有　亦非无有佛　蘊樹已焚燒　魔軍咸退殄
住於如來地　密嚴之妙國　所覺淨无垢　仁主可歸依
遠離諸分別　證於无處所　密嚴諸定者　仁主可歸依
密嚴勝淨刹　衆聖之依處　觀行者充滿　應歸此嚴國
尒時金剛藏菩薩摩訶薩說是語已復告如實
見菩薩言仁主已得住地諸觀行者觀一切
世間如繢像中而有高下如夢所見端正女色如
石女人忽夢已身誕育於子如乾闥婆城內諸
所施為如旋火成輪如空中垂髮如幻化所作
人馬等形樹林花果如浮雲之影如奔電之光
皆是虛偽非真實有分別所成猶工造器仁
主世間衆生習氣覆心生種種戲論意與意
識及餘諸識相續而轉五法三性二種无我恒
共相應譬如瀑流為風所擊起諸波浪浪起
相尋而流不息阿賴耶識在於世間亦復如
是无始習氣猶如瀑流為境界風之所飄動
起諸識浪恒无斷絕仁主是八種心雖无如

BD14971 號　大乘密嚴經（地婆訶羅本）卷上　（17–8）

識及餘諸識相續而轉五法三性二種无我恒
共相應譬如瀑流爲風所擊起諸波浪浪起
相尋而流不息阿賴耶識在於世間亦復如
是无始習氣猶如瀑流爲境界風之所飄動
起諸識浪恒无斷絶仁主是八種心雖无如
是若干體異而隨緣漸起或一時生心生之
時取諸境界亦有如是漸頓差別若於屋宅
及諸星宿軍衆山林枝葉花菓如是等處
多是一時或次第取若在眠夢見昔所更
或相念初生至于老死及筭數衆物尋思句
義觀異文彩受好飲食於是境界次第了知
或有一時頓取之者仁主心性本淨不可思議
是諸如來微妙之藏如金在礦意從心生
餘六亦然如是多種於世法中而爲差別住主
阿賴耶識雖與能熏及諸心法乃至一切染淨
種子而同止住性恒明潔如來種性應知亦
然定不定别體常清淨如海常住波瀾
轉移阿賴耶識亦復如是諸地漸循下中上
别捨諸雜染而得明現於是金剛藏菩薩摩
訶薩復說偈言
善哉如寶慧 於斯微妙法 從我已聽聞 心淨能開了
十方一切國 諸王衆會中 汝當隨所願 廣爲其宣說
若人聞法已 漸淨阿賴耶 或作人中王 轉輪四天下
或復爲帝釋 兜率須夜摩 乃至自在宮 而爲欲天主
或爲色界生 及生无色天 无想衆生中 受諸禪定樂
證真而不住 譬如師子吼 衆定皆自在 喜樂已相應

BD14971號　大乘密嚴經（地婆訶羅本）卷上　（17–9）

若人聞法已 漸淨阿賴耶 或作人中王 轉輪四天下
或復爲帝釋 兜率須夜摩 乃至自在宮 而爲欲天主
或爲色界生 及生无色天 无想衆生中 受諸禪定樂
證真而不住 譬如師子吼 衆定皆自在 喜樂已相應
一心求密嚴 不染著三界 至於密嚴已 漸次而開覺
轉依獲安樂 寂靜常安住 无量諸師子 圍遶以莊嚴
爲法自在王 衆中之最上 非如外道說 壞滅爲涅槃
壞應同有爲 死有復生過 十業上中下 三乘以出生
最上生密嚴 諸地轉增進 得解脫智慧 如來微妙身
云何說涅槃 是滅壞之法 涅槃若滅壞 衆生有終盡
衆生若有終 是亦有初際 應有非生法 而如作衆生
无有非衆生 而生衆生色 衆生界既盡 佛无尒餘法
是則无能覺 亦无有涅槃 妄計解脫者 而說於解脫
譬如衆已燼 燈滅及薪盡 彼說解脫性 是壞有成无
於解脫妙樂 遠離不能證 遍處及諸禪 无色无想定
逆順而入出 力通皆自在 於彼不退還 亦不恒沉没
審知諸法相 諸地得善巧 如是而莊嚴 而來密嚴國
若言解脫性 壞有以成无 斯人住諸有 畢竟不能出
亦壞三和合 因等四衆緣 眼色內外緣 和合所生識
世間內外法 並力以相生 如是等衆義 一切皆遠反
若知唯識現 離於心所得 分別不現前 亦不住其性
是時攀緣離 寂然心正受 捨於世間中 所取能取見
轉依離麤重 智慧不思議 十種意生身 衆妙爲嚴好
作三界之主 而來密嚴國
色心及心法 不相應无爲 內外衆世間 諦觀无別異
如是諸智者 來於密嚴國
相名與分別 正智及如如 定者能明照 體性皆平等

BD14971號　大乘密嚴經（地婆訶羅本）卷上　（17–10）

轉依離塵垢 智慧不思議 十種意生身 眾妙為嚴好
作三身之主 而來密嚴國
色心及心法 不相應无為 内外眾世間 諦觀无別異
如是諸智者 來於密嚴國
相名與分別 正智及如如 定者能明照 體性皆平等
入佛所讚揚 密嚴之淨國
若壞三和合 及以四種緣 不因於自宗 同諸妄分別
惡習分別者 彼之五種論 譬喻不成立 諸義皆相違
五種皆成過 惑亂於智眼 顛倒不顛倒 同異法斯壞
捨離於自宗 依止他宗法 初際等諸見 皆從滅壞生
大王應當知 眾生在諸有 如輪而運轉 初際不可得
如來以悲願 普應諸有緣 如淨月光明 无處不周遍
各順其根性 隨宜而說法 涅槃若滅壞 佛有何功利
增上有三種 解脫亦復然 四諦及神足 念處无礙解
四緣无色住 根力及神通 覺支諸地等 有為无為法
乃至眾聖人 皆依識而有
苦法苦觀智 及苦隨生智 集智三亦然 滅道亦如是
如是十二種 名之為現觀
學人數有十 第八七返生 家家一往來 一間而滅度
中般與生般 有行及无行 上流於處處 然後般涅槃
如是一切種 諸智之品位
脩行觀行者 下中上不同 菩薩增上脩 功德最殊勝
十一與十二 乃至於十六 此諸脩定者 復漸滅於心
所盡非是盡 亦非心共住 未來心未至 未至故非有
心緣不和合 非此非彼生 第四禪无心 有因不能害
有因為諸識 意識及五種 妄相不自覺 猶如彼浪生

BD14971號　大乘密嚴經（地婆訶羅本）卷上　（17–11）

十一與十二 乃至於十六 此諸脩定者 復漸滅於心
所盡非是盡 亦非心共住 未來心未至 未至故非有
心緣不和合 非此非彼生 第四禪无心 有因不能害
有因為諸識 意識及五種 妄相不自覺 猶如彼浪生
定者觀賴耶 離能所分別 微妙无所有 轉依而不壞
在於密嚴中 如月恒明顯
密嚴諸智者 與佛常共俱 恒遊定境中 一味无差別
密嚴之者處 定力生於彼 是故應脩習 相應妙定心
欲界有六天 梵摩十二處 无色及无想 一切諸地中
若生密嚴國 於彼為天主 欲求密嚴土 當脩十種智
法智隨生智 世俗知他心 及苦集滅道 盡智无生智
仁者真實見 舍君羅帝族 與日蔗月王 種性无殊異
當求密嚴國 勿懷疑退心 如羊被牽挽 喘懼而前却
意在於身中 似幻獸而住 亦如幻為樹 河中之葦莪
如王獻園苑 運動諸身分
意及於意識 心心法共俱 譬如空中雲 共聚而无實
種子賴耶識 諸習所纏覆 譬如摩尼寶 隨緣現眾色
雖住眾生身 體淨而无垢 是決定種性 亦為大涅槃
名因於相生 相從因緣起 以諸形相故 而起於分別
分別從二因 外相心習氣 第七末那識 應知亦復然
諸根意緣會 發生於五識 心法共相應 如是身中住
正智常觀察 一切諸世間 從於如是因 而生彼諸果
真如非異此 諸法互相生 與理相應心 明了而觀見
此即是諸法 究竟真實性 亦為妄所計 一切法不生
諸法性常空 非无亦非有 如幻及陽焰 乾城等眾物
種種諸形相 名句及文身 如是執著生 成於遍計性
根境意和合 熏習成於種 與心无別異 諸識從生此

BD14971號　大乘密嚴經（地婆訶羅本）卷上　（17–12）

真如非異此　諸法互相生　與理相應心　明了而觀見
此即是諸法　究竟真實性　亦為妄所計　一切法不生
諸法性常空　非无亦非有　如幻及陽焰　乾城等衆物
種種諸形相　名句及文身　如是執著生　成於遍計性
根境意和合　熏習成於種　與心无別異　諸識從生此
資於互因力　是謂依他起
内證真實智　現前所住法　是即説圓成　衆聖之境界
佛及諸弟子　證此名聖人
若人證斯法　即見於真際　唱言生已盡　梵行皆已立
所作業不成　永離於諸有　解脱一切苦　滅除衆怖畏
生法二无我　若能明了知　普燒諸習氣　永斷於分別
從於无始來　戲論而積聚　无量衆過患　一切皆已除
譬如熱鐵團　熱去鐵无損　解脱者亦尒　惑盡而清涼
入於无漏界　密嚴之妙土　此土最微妙　非餘所能及
佛與諸菩薩　清淨之所居　三昧樂現前　以此而為食
欲斷生死者　當修真實觀　復為諸衆生　如理廣宣説
名生本於相　相起復從緣　種種諸分別　皆因相而有
根境能依等　蘊法所合成　分別從生此　了知而離異
若動若非動　一切諸世間　皆因愚闇生　愚癡以為體
長短等諸色　音聲與香界　甘苦堅滑等　意識之所緣
善與不善性　有為无為法　乃至於涅槃　斯為智之境
念念常遷轉　皆依識已生　譬如慈石力　吸鐵令迴轉
末那於藏識　當知亦復然　如蛇有二頭　各別為其業
染意亦如是　執取阿賴耶　能為我事業　增長於我所
復與意識俱　為依而轉謝　身中煖觸生　運動作諸業
飲食及衣服　隨事而受用　騰躍或歌舞　種種自歡娛

BD14971號　大乘密嚴經（地婆訶羅本）卷上　（17–13）

念念常遷轉　皆依識已生　譬如慈石力　吸鐵令迴轉
末那於藏識　當知亦復然　如蛇有二頭　各別為其業
染意亦如是　執取阿賴耶　能為我事業　增長於我所
復與意識俱　為依而轉謝　身中煖觸生　運動作諸業
飲食及衣服　隨事而受用　騰躍或歌舞　種種自歡娛
持諸衆生身　斯由意功力　於如夢翳等　一切諸境界
起種種分別　不知唯是心　如人在空中　走索以遊戲
飄危不安固　分別亦如是　分別无所依　但行於自境
譬如鏡中像　識種動而見　愚夫此迷惑　非諸明智者
仁主應當知　此三皆識現　於斯遠離處　是即名真實
持進菩薩等　及聖目乾連　遍觀諸億刹　種種皆嚴好
於彼莊嚴中　此土最殊勝
極樂及現喜　乃至於下方　无量億土中　諸佛所稱讚
皆言密嚴國　威德化自然　无始亦无終　本昔如來地
出過於三有　寂靜无所為　自利及利他　切業悉成滿
非木此成佛　欲中施佛事　要從於密嚴　化為无量億
常依於正定　遊戲諸神通　一切國土中　如月无不見
隨諸衆生類　所應而化益
十地花嚴等　大樹與神通　勝鬘及餘經　皆從此經出
此經最殊勝　衆經莫能比　仁主及諸王　宜應盡尊敬
欲色无色界　无相等天宮　佛已超過彼　而依密嚴住
此土諸宮殿　如蓮備衆飾　是一切如來　淨智之妙相
佛及諸菩薩　常在於是中
世尊恒住禪　寂靜最无上　依自難思定　現於衆妙色
色相无有邊　非餘所能見
極樂莊嚴國　世尊无量壽　諸修觀行者　色相皆亦然
或見天中天　赫奕含衆形　訶利占波色　真金明月光

BD14971號　大乘密嚴經（地婆訶羅本）卷上　（17–14）

此諸宮殿 如蓮花衆飾 是一切如來
佛及諸菩薩 常在於是中
世尊恒住禪 寂靜最无上 依自難思定 現於衆妙色
色相无有邊 非餘所能見
極樂莊嚴國 世尊无量壽 諸脩觀行者 色相皆亦然
或見天中天 赫奕含衆形 訶利由波色 真金明月光
孔雀素羅猩 珊瑚蓮電等 或見身羸瘦 弊服寢茅中
或如千日光 處大蓮花上 或見諸菩薩 頂飾龍王髻
或以帝青寶 莊嚴為寶冠 或見輪幢夫 魚螺等衆相
或見光聚色 如蜺而𢌞空 或見以須弥 置之於右掌
或持大海水 其狀如牛跡 或見作人王 寬服當軒宇
輔佐衆圍遶 共宣於國化 或見諸菩薩 最上脩行者
說於自境界 光佛所知法 或說以智定 速轉於所依
得如幻之身 種種皆无礙 或亦了於境 斷諸取著業
諸見皆以除 不受於諸有 譬如膏炷盡 燈滅而涅槃
或有亦脩行 一切波羅蜜 衍那之大會 周給无窮盡
若行持戒等 種種諸儀則 極樂莊嚴國 人非胎藏生
身相如金山 光色常圓滿 瑜伽自在者 安樂及光明
斯人之境界 百分无其一 極樂中之人 自然隨念食
牟尼勝自在 定為甘露味 寶樹名如意 遊憩於其下
妙金為碎末 布地以莊嚴 池蓮及衆華 敷榮而蓊鬱
如是其嚴飾 不可得為喻 若人有淨信 善巧行諸禪
愛樂佛功德 專精以迴向 即於佛勝土 蓮華而化生
衆相以莊嚴 皎鏡无塵垢
尒時金剛藏菩薩摩訶薩說是偈已自現其
身如一指節或如芥子乃至毫端百分之一或
現佛身或現獨覺身或現聲聞身及餘无

BD14971號　大乘密嚴經（地婆訶羅本）卷上　（17–15）

衆相以莊嚴 皎鏡无塵垢
尒時金剛藏菩薩摩訶薩說是偈已自現其
身如一指節或如芥子乃至毫端百分之一或
現佛身或現獨覺身或現聲聞身及餘无
量種種之形而說於法或說菩薩入於諸地了知
五法八識三性及二无我得如幻三昧隨意受身
自在神通力无所畏皆不退轉淨所依止入
於佛地无漏蘊界常无變易或說菩薩善
能遊履如夢如像如水中月諸觀行人所行
之道得首楞嚴三昧十幻喻身諸究竟顯莫
不咸滿逮于正覺坐妙蓮花諸佛子衆於其國
遶或說菩薩以願力故現種種形遊諸國土歷
事諸佛是諸菩薩其身微妙不在有无譬如
天仙乾闥婆衆依須弥住或在虛空地行衆生
所不能覩彼諸菩薩亦復如是非觀行者不
能得見或說菩薩得禪自在三昧力故於
十方國土蓮花之宮亦現受生及涅槃或說
菩薩以昧力轉於所依而不住實際於
一切有衆生處差別現身其心平等如地如
水如日如月或說菩薩以大悲心愍諸衆生輪
轉生死孤窮下賤衆苦所逼譬如黑蜂依船而
住遊於大海隨船飄蕩或一由旬至百千无量
遊旬為說非我生死常令如速憾不依住或說諸
佛及諸菩薩見一切衆生渴愛迷亂為分別苦
之逼迫於无相法中而取於相虛妄計著有能
所取是能所取縲紲其心於生死海池蕩不息
貧窮孤露无有所依如大海中蛛蟼之網佛

BD14971號　大乘密嚴經（地婆訶羅本）卷上　（17–16）

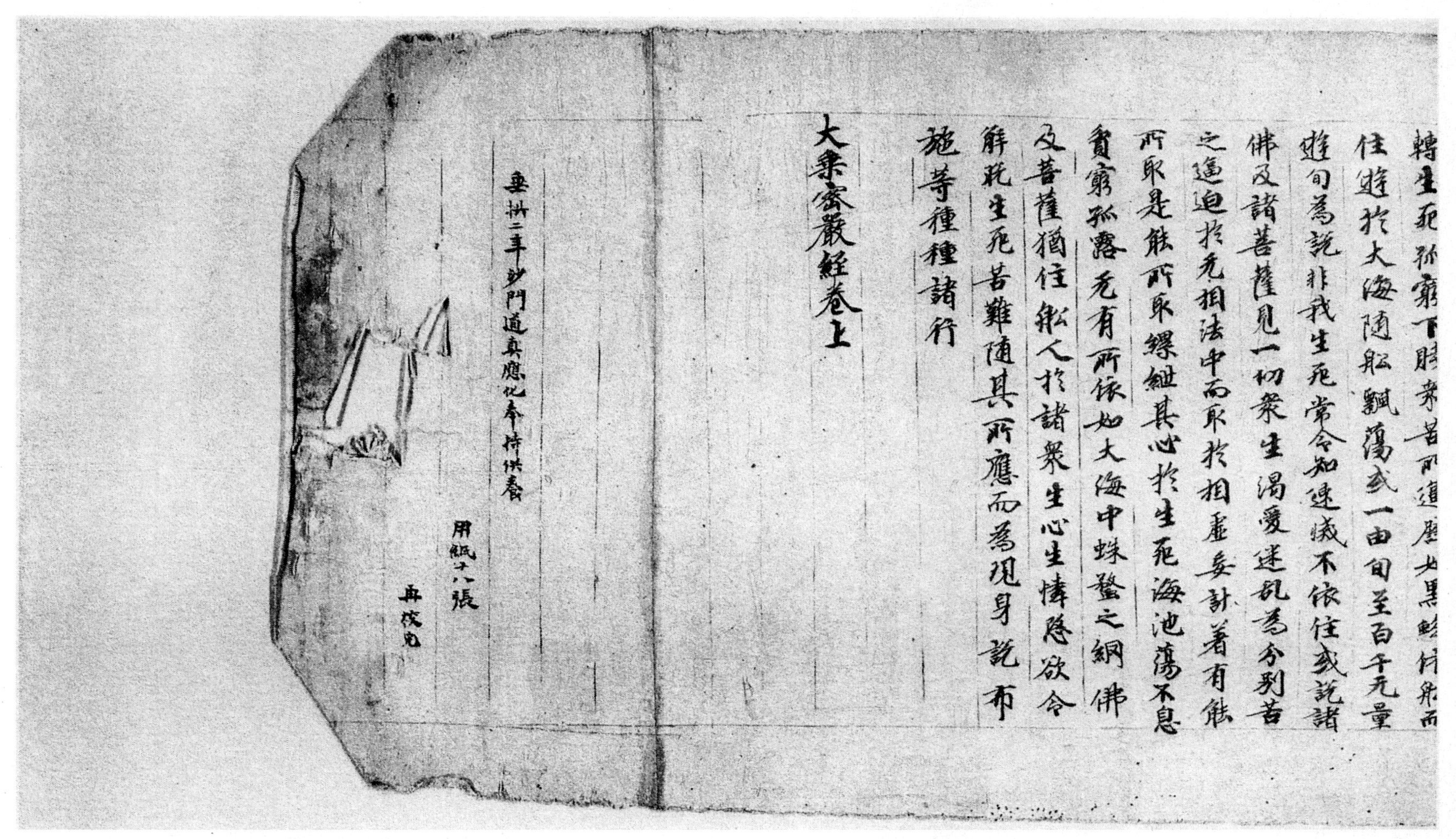

BD14971 號　大乘密嚴經（地婆訶羅本）卷上　　（17–17）

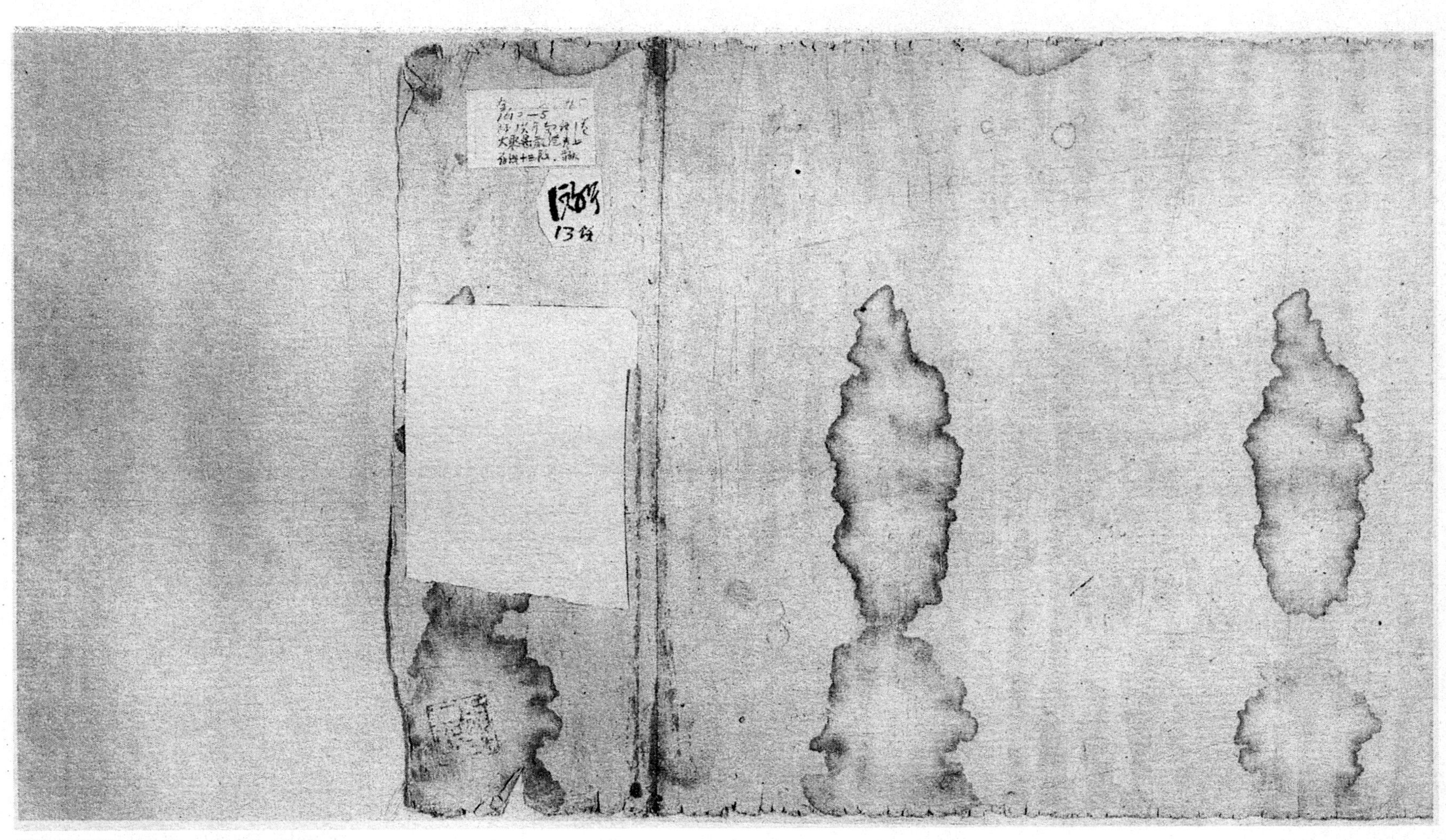

BD14971 號背　勘記、印章　　（2–1）

BD14971 號背　勘記、印章　　（2–2）

唐人寫金光明最勝王経

BD14972 號背　現代護首　　（1–1）

爲涅槃善男子是謂十法說有涅槃
復次善男子豈唯如來不般涅槃是爲希有
復有十種希有之法是如來行云何爲十一者
生死過失涅槃寂靜由於生死及以涅槃
證平等故不處流轉不住涅槃於諸有情不
生厭背是如來行二者佛於衆生不作是念
此諸愚夫行顛倒見爲諸煩惱之所纏迫我
今開悟令得解脫然由往昔慈善根力於彼
有情隨其根性意樂勝解不起分別任運濟
度示教利喜盡未來際無有窮盡是如來行
三者佛無是念我今演說十二分教利益有
情然由往昔慈善根力於彼有情廣說乃至

BD14972號1　金光明最勝王經卷一　（8–1）

此諸愚夫行顛倒見爲諸煩惱之所纏迫我
今開悟令得解脫然由往昔慈善根力於彼
有情隨其根性意樂勝解不起分別任運濟
度示教利喜盡未來際無有窮盡是如來行
三者佛無是念我今演說十二分教利益有
情然由往昔慈善根力於彼有情廣說乃至
盡未來際無有窮盡是如來行四者佛無是
念我今往彼城邑聚落王及大臣婆羅門刹
帝利薜舍戍達羅等舍從其乞食然由往昔
身語意行串習力故任運詣彼爲利益事而
行乞食是如來行五者如來之身無有飢渴
亦無便利羸憊之相雖行乞取而無所食亦
無分別然爲任運利益有情是有食相是如
來行六者佛無是念此諸衆生有上中下隨
彼機性而爲說法然佛世尊無有分別隨其
器量善應機緣爲彼說法是如來行七者佛
無是念此類有情不恭敬我常於我所出呵
罵言不能與彼共爲言論彼類有情恭敬於
我常於我所共相讚歎我當與彼共爲言說
然而如來起慈悲心平等無二是如來行八
者諸佛如來無有愛憎憍慢貪惜及諸煩惱
然而如來常樂寂靜讚歎少欲離諸諠鬧是
如來行九者如來無有一法不知不善通達
於一切處鏡智現前無有分別然而如來見
彼有情所作事業隨彼意轉方便誘引令得
出離是如來行十者如來若見一分有情得
富盛時不生歡喜見其衰損不起憂戚然而

BD14972號1　金光明最勝王經卷一　（8–2）

如來行九者如來無有一法不知不善通達
於一切處鏡智現前無有分別然而如來見
彼有情所作事業隨彼意轉方便誘引令得
出離是如來行十者如來若見一分有情得
富盛時不生歡喜見其衰損不起憂戚然而
如來見彼有情脩習正行無礙大慈自然
救攝若見有情脩習邪行無礙大悲自然救
攝是如來行善男子如是當知如來應正等覺
說有如是無邊正行汝等當知是謂涅槃真
實之相或時見有般涅槃者是權方便及留
舍利令諸有情恭敬供養皆是如來慈善根
力若供養者於未來世遠離八難逢事諸佛
遇善知識不失善心福報無邊速當出離不
爲生死之所羈縛如是妙行汝等勤脩勿爲
放逸
尒時妙幢菩薩聞佛親說不般涅槃及甚深
行合掌恭敬白言我今始知如來大師不般
涅槃及留舍利普益衆生身心踊悅歎未曾
有說是如來壽量品時無量無數無邊衆生
皆發無等等阿耨多羅三藐三菩提心時四如
來忽然不現妙幢菩薩礼佛足已從座而起
還其本處

金光明最勝王經卷第一

[illegible]

[illegible]

長安三年歲次癸卯十月己未朔四日壬戌三藏法師義

BD14972 號 1　金光明最勝王經卷一　（8–3）

有說是如來壽量品時無量無數無邊衆生
皆發無等等阿耨多羅三藐三菩提心時四如
來忽然不現妙幢菩薩礼佛足已從座而起
還其本處

金光明最勝王經卷第一

長安三年歲次癸卯十月己未朔四日壬戌三藏法師義
淨奉　制於長安西明寺新譯并綴文正字

[illegible]

BD14972 號 1　金光明最勝王經卷一　（8–4）
BD14972 號 2　藏文回向文（擬）

右唐人寫經紙本得自
京師爰取光明最勝之
義留贈
紹軒上將軍即已
鑒存
丙辰仲冬長汀江瀚識

滌厂吾友出所藏唐人寫經見示緣支
寫經功德俱詳釋典或遠種菩提之因
或立證人天之果書經刺血映於日則炯
鑠成金繡佛織絲儼其人則温恭似玉羅

BD14972 號　題記　（8–5）

滌厂吾友出所藏唐人寫經見示緣支
寫經功德俱詳釋典或遠種菩提之因
或立證人天之果書經刺血映於日則炯
鑠成金繡佛織絲儼其人則温恭似玉羅
文玉版界以烏絲晃穎難毫書成蚊翅縱
隱晦於當世或顯耀於來茲吾人少識之學
於竦讀此人生剎那間即不為功德計亦
當為此有為方便後世宏法利生莫善
乎此唐人寫經字多纖弱且不書名或士
子末第轉習此以資膏火者即身隱顯
未可知其人固早已物化矣而其字獨能
炫燿百代者寧非於字以人傳人以字傳
之外獨藉佛法以傳其字也耶要之字
為人精神之所寄斯其人亦不朽矣世固
有鳴一藝於當時去及其人亡藏亦泯沒
可慨也夫記云同名相召同氣相求雲從
龍風從虎聖人作而萬物覩太史公曰伯
夷叔齊雖賢得夫子而名益彰顏回雖

BD14972 號　題記　（8–6）

可慨也大記云同名相名同氣相求雲從
龍風從虎聖人作而萬物覩太史公曰伯
夷叔齊雖賢得夫子而名益彰顏回雖
篤學附驥尾而行益顯巖穴之士趣舍
有時若此類名湮沒而不稱悲夫沒之欲
砥行礪名者非附青雲之士烏能施於後
世哉爰述所懷並書心經一部蓋亦有附
驥之意存焉　癸未秋竺菩提

般若波羅蜜多心經
觀自在菩薩行深般若波羅蜜多時照見五蘊皆
空度一切苦厄舍利子色不異空空不異色色即
是空空即是色受想行識亦復如是舍利子是諸
法空相不生不滅不垢不淨不增不減是故空中
無色無受想行識無眼耳鼻舌身意無色聲香味
觸法無眼界乃至無意識界無無明亦無無明盡
乃至無老死亦無老死盡無苦集滅道無智亦無
得以無所得故菩提薩埵依般若波羅蜜多故心
無罣礙無罣礙故無有恐怖遠離顛倒夢想究竟
涅槃三世諸佛依般若波羅蜜多故得阿耨多羅
三藐三菩提故知般若波羅蜜多是大神咒是大
明咒是無上咒是無等等咒能除一切苦真實不
虛故說般若波羅蜜多咒即說咒曰答鴿他唵噶

無罣礙無罣礙故無有恐怖遠離顛倒夢想究竟
涅槃三世諸佛依般若波羅蜜多故得阿耨多羅
三藐三菩提故知般若波羅蜜多是大神咒是大
明咒是無上咒是無等等咒能除一切苦真實不
虛故說般若波羅蜜多咒即說咒曰答鴿他唵噶
的噶的巴拉噶的巴拉桑噶的菩提娑哈
般若波羅蜜多心經　終

濰厂先生出示所藏唐人寫經屬題敬觀是作睨目元流順
神泰素故能外其貿囂務揚此宏茲夫日月不居風流易逝古
來賢達遺彼世華孤笑一生之中遐抱千秋之想安道有
言誰能高佚幽然一悟知非冥悟於道者不是語此也士生丁
傲世既不能振已頹之緒達微管之勳萌底又安寰宇奠定
值無用之位占明夷之爻亦唯有怡情翰墨獨浪煙靄睥睨
卿相之尊擺落雰埃以外忘懷得失幽棲蓬蒿深維我
佛之旨圓照重昏一念皈依即可永離苦空證成妙果豈
不謂廣被無量此籍謀不朽傳世行遠其道在茲乎沉浸
數四若有神會歡喜讚嘆靡可言詮謹識衷誠用飽眼
福且仰功德　癸未仲秋衷江陳彥森

結壇散食發願文

奉請清淨法身毗盧遮那佛　奉請圓滿寶身盧舍　奉請千百化身同名
釋迦牟尼佛　奉請東方十二上願藥師瑠璃光佛　又請西方極樂世界阿彌陀
佛　又請南方燈王佛　又請北方世界最勝音佛　又請十方恒河沙佛來就
燉煌郡西南角結壇道場五日五夜受我　太保淨香淨燈專
主供養擁護一郡倉生及我太保夫人娘子郎君長幼合宅枝
並受無疆之福九橫不侵於寶界十善常於閭閻　敬礼常住三寶
奉請清涼山頂大聖文殊利菩薩大聖普賢菩薩大慈食輪
菩薩大悲救苦觀世音菩薩地藏菩薩十二世一切世界諸菩薩
衆復願去救濟心就此道場受我　太保供養助護我方境土人民
及我太保夫人小娘子郎君合宅內外親羅非災不樂恒車吉慶
敬礼常住三寶　奉請十方世界无學辟支入定羅漢有天眼天耳
他心通者並願出於三昧興悲慈心降此道場受我　太主淨心
供養加護我世界悲念我方人資盡我太保夫人小娘子郎君　姻羅
亦族相護閭閻　敬礼常住三寶　奉請東方提頭賴吒天王主領一切
乾闥婆神毗舍耆鬼并諸眷屬來降道場　奉請南方世界
毗樓勒叉天王主領一切鳩盤吒鬼毗脇鬼　并諸眷屬來降道場

BD14973號　結壇散食發願文　（5–1）

供養加護我世界悲念我方人資盡我太保夫人小娘子郎君　姻羅
亦族相護閭閻　敬礼常住三寶　奉請東方提頭賴吒天王主領一切
乾闥婆神毗舍耆鬼并諸眷屬來降道場　奉請南方世界
毗樓勒叉天王主領一切鳩盤吒鬼毗脇鬼　并諸眷屬來降道場
奉請西方毗樓博叉天王主領一切諸毒龍及富單那鬼　并諸
眷屬來降道場　奉請北方大聖毗沙門天王主領一切夜叉羅剎諸
惡鬼神并諸眷屬來降道場奉請上方釋提桓因主領一切
日月天子星宿五官三十二神四金剛首并諸眷屬來降道場
奉請下方堅牢地神主領一切山岳靈祇江河魍魎并諸眷屬來降道場
奉請三界九地二十八部那羅延神散支大將金剛蜜跡轉輪聖王
護塔善神護伽藍神三歸五戒菩薩藏神閻羅天子啖人羅剎
行病鬼王五道大神太山府君察命司錄五羅八王三司六府奏使
考典種是非善惡童子大阿毗獄羅剎夜叉小精洛迦牛頭獄
卒諸如是等雜類鬼神皆有不思議大威神力並願空飛騰電
擊雷奔來降道場所修功德並願發歡喜心推魔攝海敬礼常
三寶　奉請四天王衆二十八部藥叉大將乾闥婆神毗舍耆鬼鳩盤吒鬼
富單那鬼毗脇多鬼夜叉羅剎等一切鬼族眾並將眷屬來降道場
受我　大王所請淨食香燈錢財五穀花菓六時音樂供養擁護燉煌
一境及我　大王一族諸難永離刀兵之難永離飢饉之難永離非灾之
難永離毒之難永離假毒之難永離水灾之難永離火灾之難永離斗鬪
之難永離蟲毒之難永離獸傷之難永離毒龍惡獸之難　所有不祥
之難並不占我身不及我門諸神鬼等啟當權護神比高山受我等深
記錄同滄海門列朱軒千秋万古永傳長　敬礼常住三寶　又請江河淮
海者雷公蛇光霹靂雷請龍衆等并諸眷屬來降道場　受我　大王結壇道

BD14973號　結壇散食發願文　（5–2）

之難永離蠱毒之難永離獸傷之難永離毒龍惡獸之難所切不祥
之難等不占我身不及我門諸神鬼等弥當擁護神此高山受我等請
記錄同滄海列朱軒千秋万古永傳長 敬礼常住三寶 又請江河淮
海者甫以蛙光竊雷請龍衆等并諸眷屬來降道場受我 大王結壇值
壇五日五夜香火燈燭重々飲食餓鬼五穀六時音樂力能供養 住鎮祈雷
處之地發歡喜心調風雨五穀豐登夏旱秋霜不去境內衆惑万人普安
年豐之㲹至心歸命常住三寶 散神食了 次打新鬼 飲 大王 及卿方
姓結願來壇五日五夜所施飲食如須彌海以如餓鬼如同高山如明燈照
之黑暗以此轉念願汝往生未離鬼取差是天上人間壙野丘陵塚墓孤魂
雜鄉來新不得歸魂或非世業鄉堵施或塚右觸近不得橫死

不得生處流浪或於軍陳在其人來不得生處路證往親識便為賊福 （旁注：刑死或死官法死市盈之障作新鬼）
或是客死之鬼不得歸還孤住獨等汝等之鬼 我大王 結壇來壇五日五夜
淨食香燈餓鬼五穀 花菓音樂 供養汝等願汝等迴償福為福
令讓我嫡男及義全郎君子娘子枝羅兔斯賊福歸依他界莫損万人
永離罪罪敬礼常住三寶 差是江河洩谷一切魍魎鬼道狂林間藏穴
浮遊誑稱神鬼爭鄉來熊道場 領受淨饍 供養隨水遊
歸嶽廣消除迷咒奇年歸本所 然後國人安寧域清宜
敬礼常住三寶 法師散蓋盤云 竟盤國大地飲食 為差須彌
餓鬼由如高寶之山香湯比四大海水明燈照如天星辰
并願風飛雨驟電響奔發歡喜之心不違所請業空普地感動山
照臨一切皆通所有飢渴鄉全充足 敬礼常住三寶
來降道場證弟子某甲功德有今月白奉為國安人泰五稼豐
盈歲稔時康災殃殄滅次伏為弟子某甲延祥益壽以日月而濟明保位恒昌
⋯⋯風神⋯⋯

BD14973 號　結壇散食發願文　（5–3）

照臨一切皆通所有飢渴鄉全充足 敬礼常住三寶
并願風飛雨驟電響奔發歡喜之心不違所請業空普地感動山
來降道場證弟子某甲功德有今月白奉為國安人泰五稼豐
盈歲稔時康災殃殄滅次伏為弟子某甲延祥益壽以日月而濟明保位恒昌
故乾坤而永固某甲等保慶合宅和六親族內外清吉遂結壇之處轉
殿勝之金言散食五穀誦蜜音之神咒香焚百味一々從西天來花捧
万般掌上聖山所摘金瓶香水淨海之龍寶銀盞神燈朗讚
皇諸寶珊真僧七々晝夜澄心念誓 （旁注：弘） 晨昏分絕 侍總 結壇
功德迴奉轉念勝因光用 崖岸此梵釋四王 龍天八部伏願威光轉盛神力
吉昌社稷有應瑞之祥國境有情平之樂龍王歡喜調風雨而晴時神理濟
運保豐盈而務壇縣群界千年不把於三前次席要請万載無假於
一境 又持福事資益大王伏願長岳業永鎮龍沙秉政河西祥文

母 壽清彭祖 夫人永泰南北往來而居 弟子某甲應祥東西奉
務使 某甲吉慶轉益加榮內外親族咸臻長年大護法鎮聖主
再安宇宙十道歸京邀方都護唐風三邊廓靜然後城中官吏各
保清貞合城君奉俱霑勝益戎烟罷戢後無征賞之足狼煙
歸降前有輸身之疑三秋成熟寒暑消不能於凡厲九夏作
嬌猛風無潭於姝葉令剗險 撒律彼陳 伏願慈悲迴光
照願敬礼常住三寶 奄 沛頗囉 沛顚囉 娑婆摩耶呼嚩
摩訶盧縛羅叫 四天王咒 南無薛室羅末拏也 摩訶曷闍地 恒娑他
囉囉羅囉 囉 非怒非怒 孟怒孟怒
第二食文 右弟子某甲 自結壇散食誦咒轉經 焚香然燈若
遂請下方窮鬼神護道崖奈閻羅天王察命司錄太山府君五

BD14973 號　結壇散食發願文　（5–4）

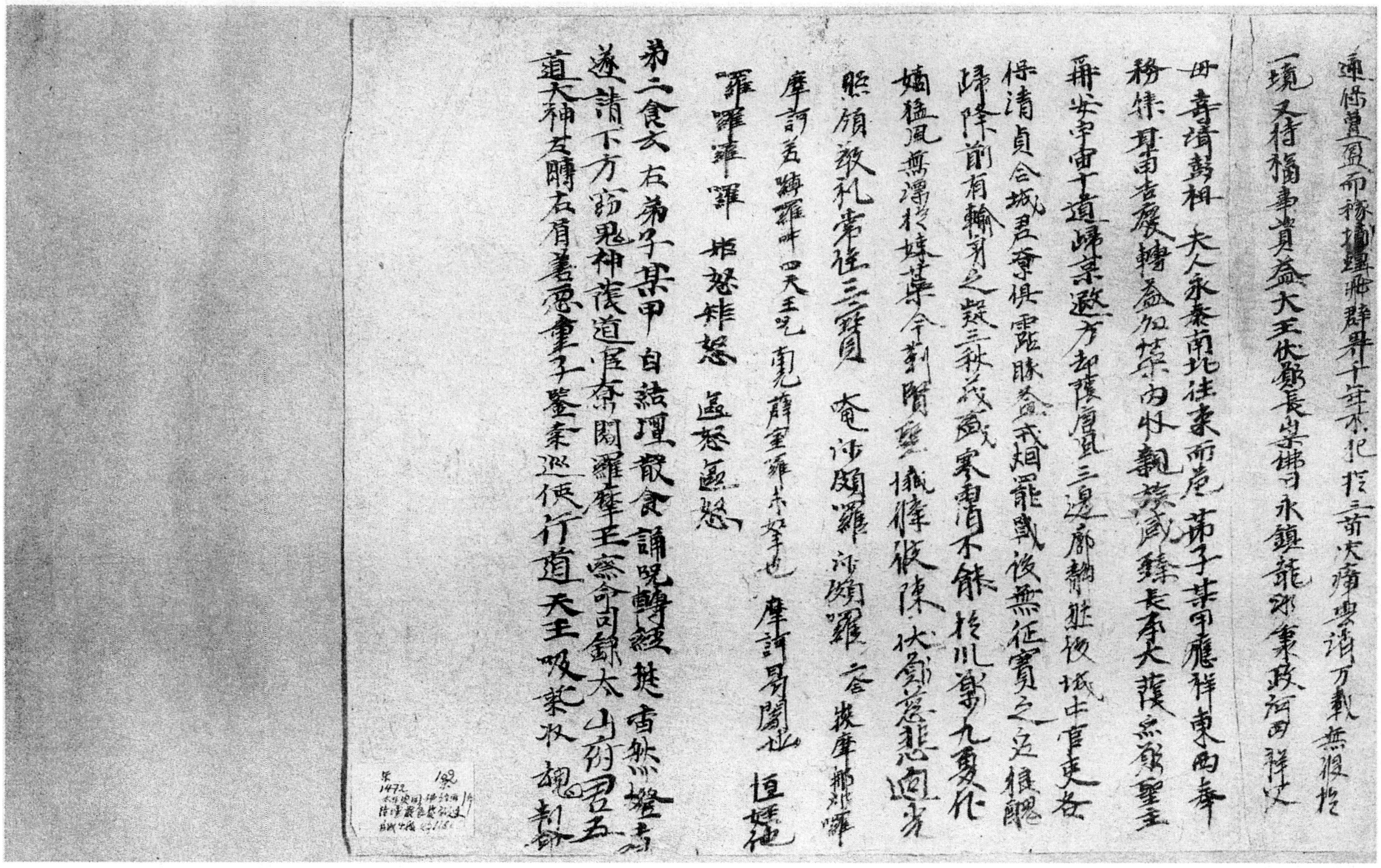

BD14973號　結壇散食發願文　（5–5）

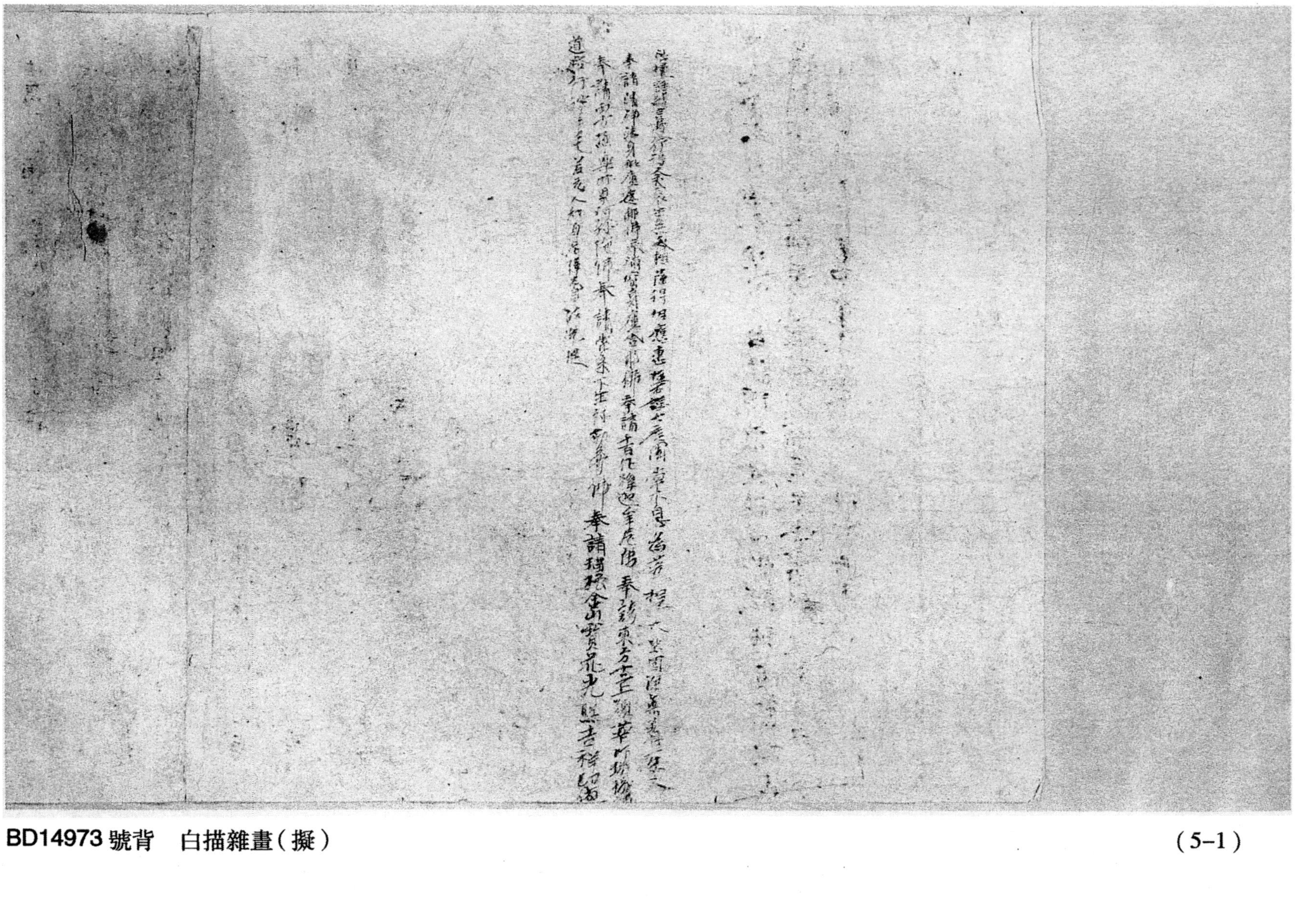

BD14973號背　白描雜畫（擬）　（5–1）

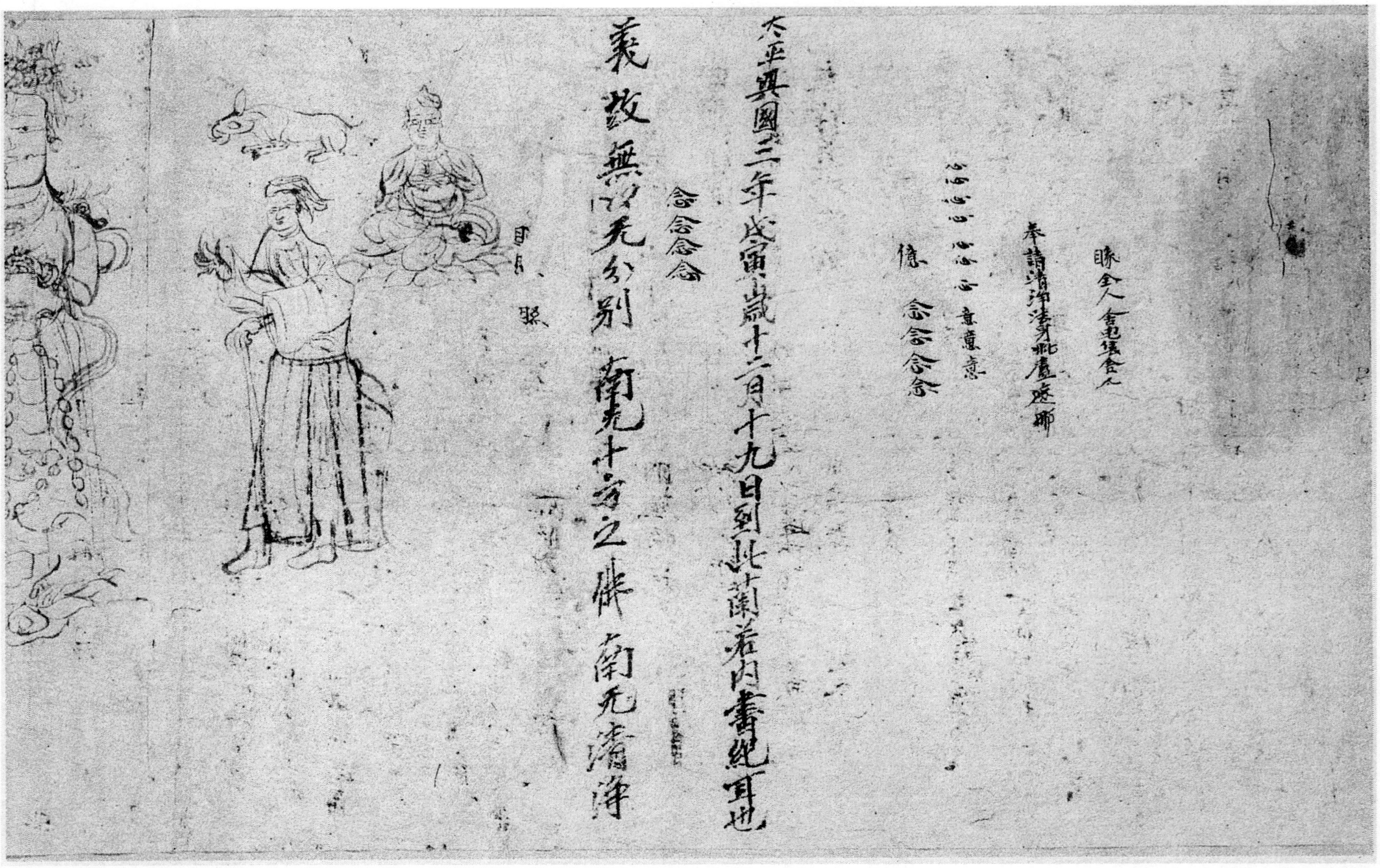

BD14973 號背　白描雜畫（擬）　（5–2）

BD14973 號背　白描雜畫（擬）　（5–3）

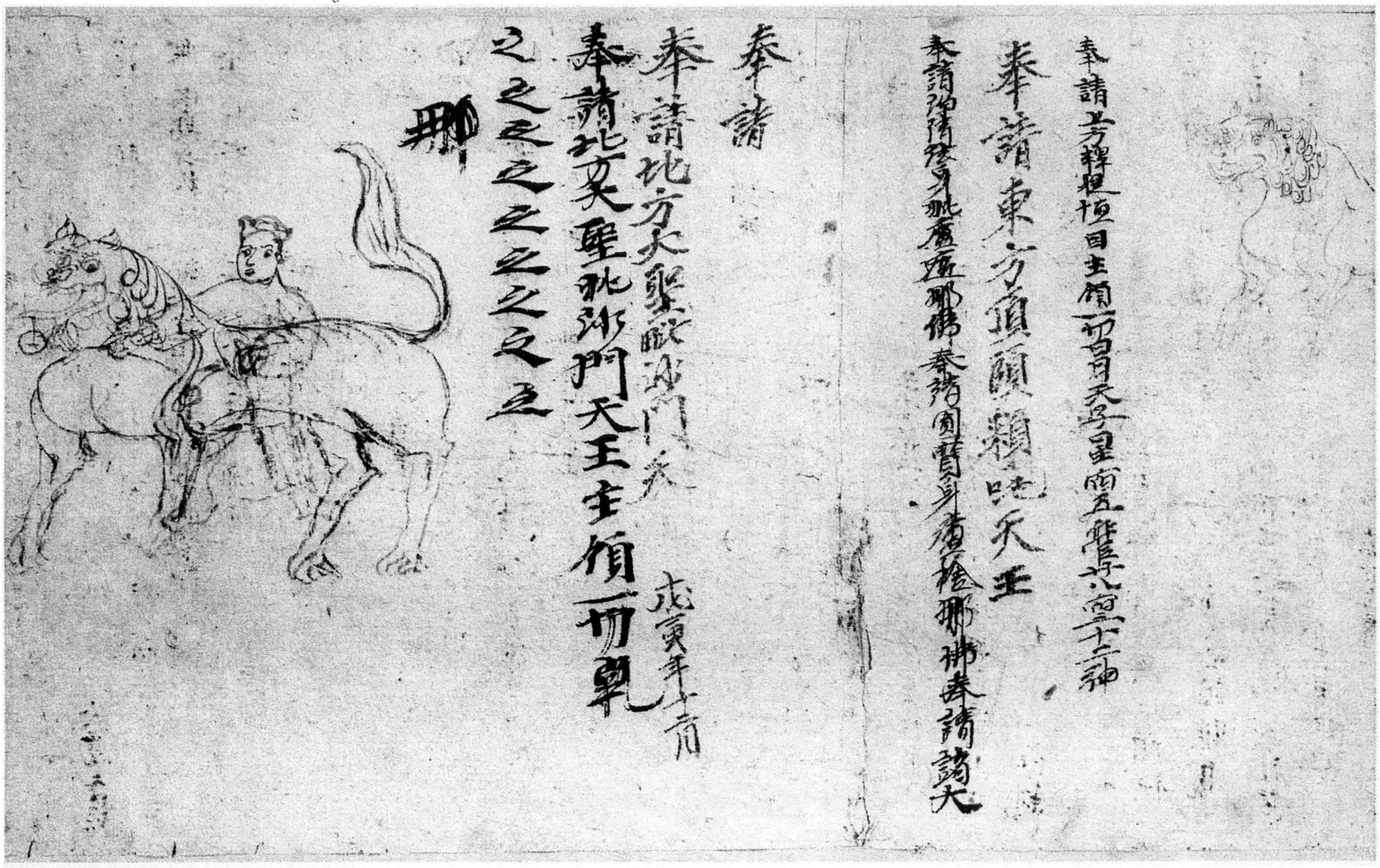

BD14973號背　白描雜畫（擬）　　（5–4）

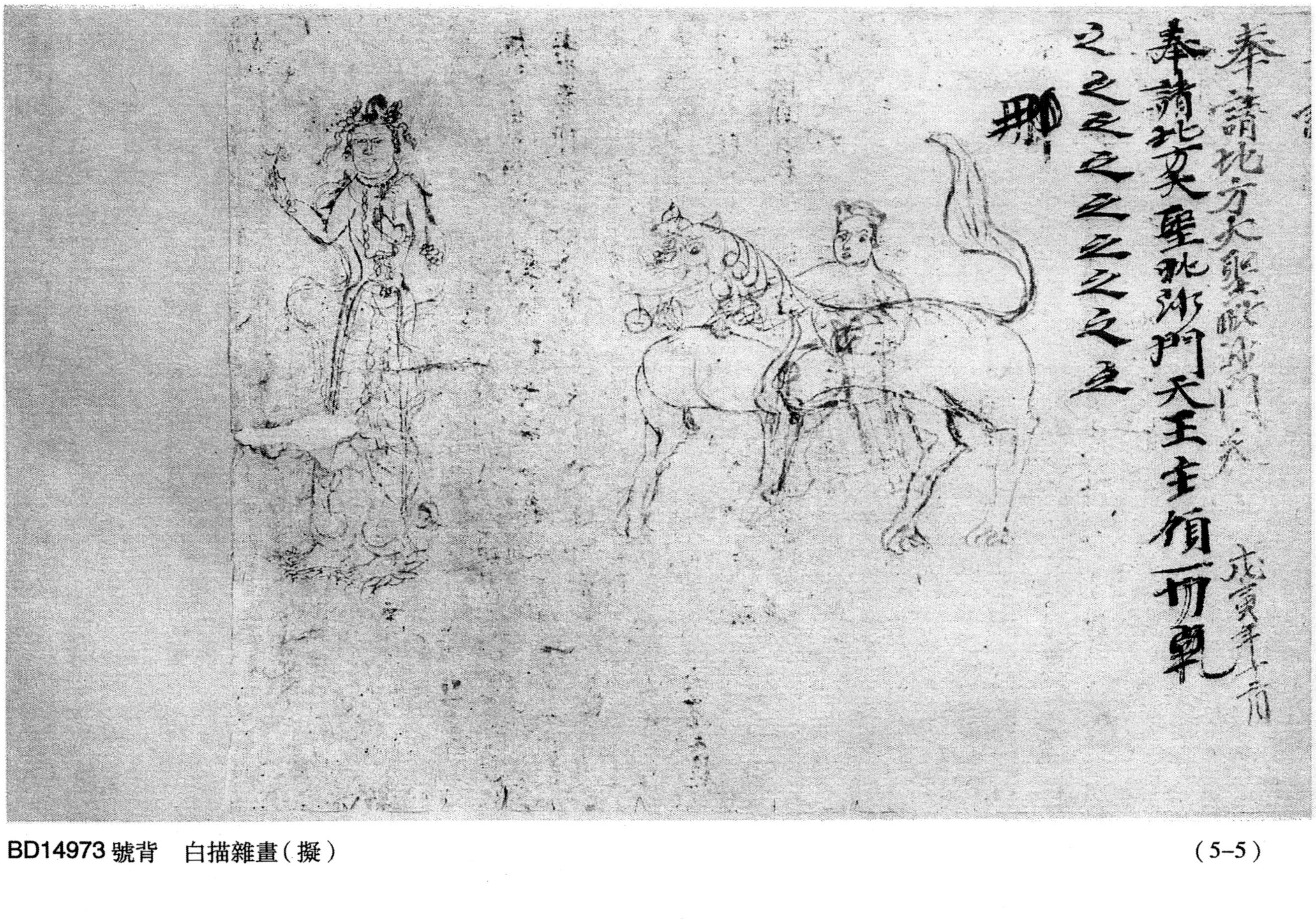

BD14973號背　白描雜畫（擬）　　（5–5）

唐人指書摩訶般若波羅蜜經
五

龍成氏藏
開

BD14974 號　現代册頁封面　　（6–1）

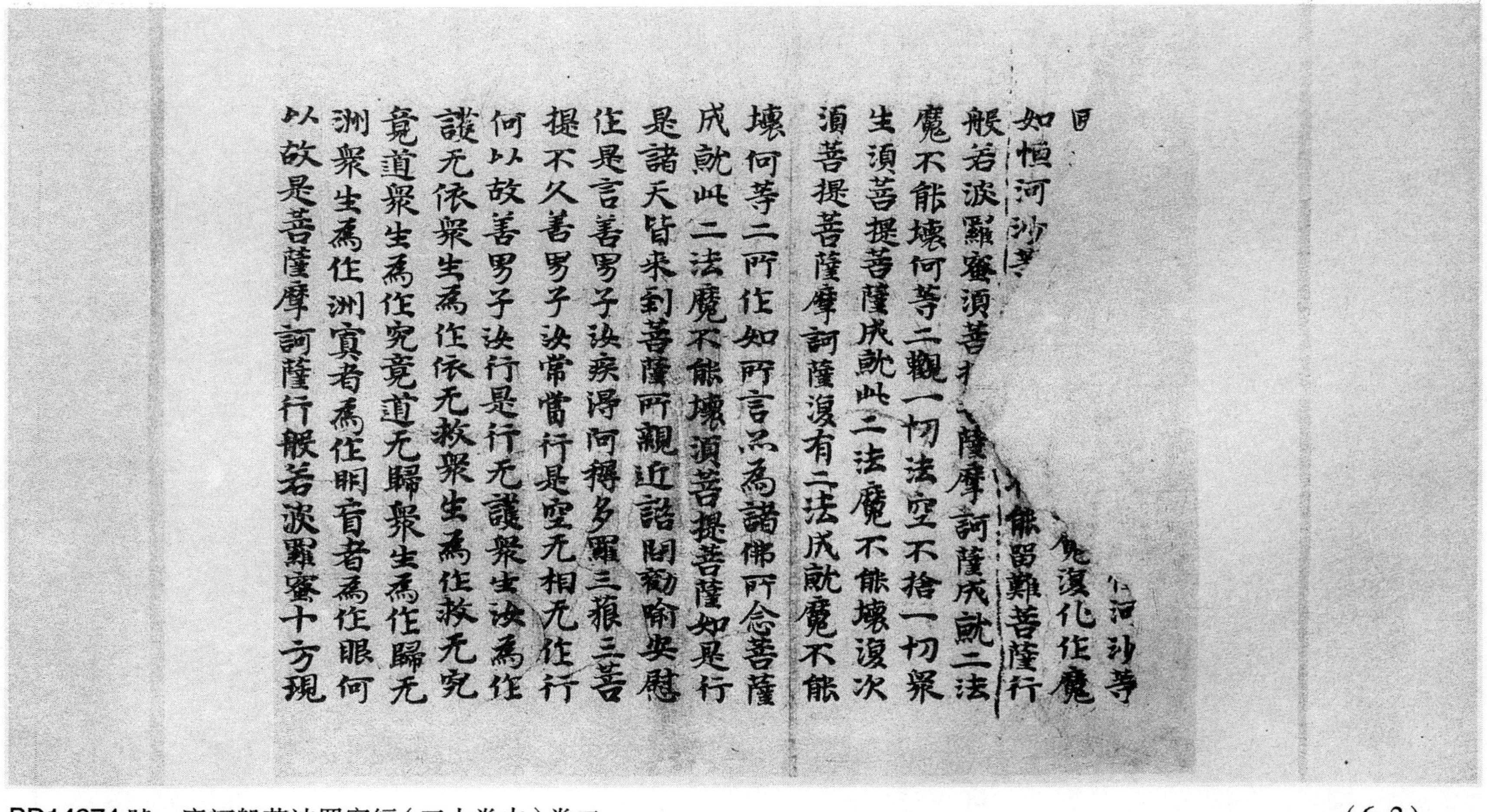

[illegible]河沙等
[illegible]魔復化作魔
如恒河沙等[illegible]能留難菩薩行
般若波羅蜜須菩提[illegible]薩摩訶薩成就二法
魔不能壞何等二觀一切法空不捨一切衆
生須菩提菩薩成就此二法魔不能壞復次
須菩提菩薩摩訶薩復有二法成就魔不能
壞何等二所作如所言忍為諸佛所念菩薩
成就此二法魔不能壞須菩提菩薩如是行
是諸天皆來到菩薩所親近諮問勸喻安慰
作是言善男子汝疾得阿耨多羅三藐三菩
提不久善男子汝常當行是空无相无作行
何以故善男子汝行是行无護衆生汝為作
護无依衆生為作依无救衆生為作救无究
竟道衆生為作究竟道无歸衆生為作歸无
洲衆生為作洲冥者為作明盲者為作眼何
以故是菩薩摩訶薩行般若波羅蜜十方現

BD14974 號　摩訶般若波羅蜜經（三十卷本）卷二一　　（6–2）

在无量阿僧祇諸佛在大衆中説法時自讃
嘆稱揚是菩薩摩訶薩名姓言其甲菩薩成
就般若波羅蜜功德須菩提如我今説法時
自稱揚寶相菩薩尸棄菩薩復有諸菩薩摩
訶薩在阿閦佛國中行般若波羅蜜淨脩梵
行我亦稱揚是菩薩名姓須菩提亦如東方
現在諸佛説法時是中有菩薩摩訶薩淨脩
梵行佛亦歡喜自稱揚讃嘆是菩薩南西北
方四維上下亦如是復有菩薩從初發意欲
具足佛道乃至得一切種智諸佛説法時亦
歡喜自稱揚讃嘆是菩薩何以故是諸菩薩
摩訶薩所行甚難不斷佛種行須菩提白佛
言世尊何等菩薩摩訶薩諸佛説法時自讃
嘆稱揚佛告須菩提阿鞞跋致菩薩諸佛説
法時自讃嘆稱揚須菩提言何等阿鞞跋致
菩薩為佛所讃佛言如阿閦佛為菩薩時所
行所學諸菩薩亦如是學是諸阿鞞跋致菩
薩諸佛説法時歡喜讃嘆復次須菩提有菩

BD14974 號　摩訶般若波羅蜜經（三十卷本）卷二一　（6–3）

薩行般若波羅蜜信解一切法无生未得无
生忍法信解一切法空未得无生忍法信解
一切法虚誑不實无所有不堅固未得无生
忍法須菩提如是等諸菩薩摩訶薩佛説法
時歡喜自讃嘆稱揚名姓須菩提若諸菩薩
摩訶薩諸佛説法時歡喜自讃嘆者是菩薩
滅聲聞辟支佛地當得阿耨多羅三藐三菩
提記須菩提若菩薩摩訶薩諸佛説法時歡
喜自讃嘆者是菩薩當住阿鞞跋致地住是
地已當得薩婆若復次須菩提菩薩摩訶薩
聞是深般若波羅蜜時其心明利不疑不悔
作是念是事如佛所説是菩薩亦當於阿閦
佛及諸菩薩所廣聞是般若波羅蜜亦信解
信解已如佛所説當住阿鞞跋致地如是須
菩提但聞般若波羅蜜得大利益何况信解
信解已如説住如説行如説行已住一切種
智中須菩提白佛言世尊若佛説菩薩摩訶

BD14974 號　摩訶般若波羅蜜經（三十卷本）卷二一　（6–4）

薩如所說住如所說行住薩婆若若菩薩摩
訶薩无所得法云何住薩婆若佛告須菩提
菩薩摩訶薩住諸法如中住薩婆若須菩提
言世尊除如更无法可得誰住如中住如中
已當得阿耨多羅三藐三菩提誰住如中當
說法如尚不可得何況住如得阿耨多羅三
藐三菩提誰住如中而說法无有是處佛告
須菩提如汝所言除如更无法誰住如中住
如中已當得阿耨多羅三藐三菩提誰住如
中當說法如尚不可得何況住如得阿耨多
羅三藐三菩提誰住如中而說法无有是處
佛言如是如是須菩提除如更无有法可得
誰住如中住如中已當得阿耨多羅三藐
三菩提誰住如中當說法如尚不可得何況
住如得阿耨多羅三藐三菩提誰住如中而
說法何以故是如生不可得滅不可得住異
不可得若法生滅住異不可得是中誰當住

BD14974號　摩訶般若波羅蜜經（三十卷本）卷二一　　（6–5）

如誰當住如已得阿耨多羅三藐三菩提誰
當住如而說法无有是處釋提桓因白佛言
世尊諸菩薩摩訶薩所為甚難深般若波羅
蜜中欲得阿耨多羅三藐三菩提何以故世
尊无有如中住者亦无當得阿耨多羅三藐
三菩提者亦无說法者菩薩摩訶薩於是處
心不驚不沒不怖不畏不疑不悔尒時須菩
提語釋提桓因汝憍尸迦說菩薩摩訶薩所
為甚難是甚深法中心不驚不沒不怖不畏
不疑不悔憍尸迦諸法空中誰驚誰沒誰怖
誰畏誰疑誰悔是時釋提桓因語須菩提須
菩提所說但為空事无所罣㝵譬如仰射空
中箭去无㝵須菩提說法无㝵亦如是

摩訶般若波羅蜜經卷第廿一　共住品　等學品　釋願樂品　无真實品

BD14974號　摩訶般若波羅蜜經（三十卷本）卷二一　　（6–6）

妙法蓮華經分別功德品第十七
尒時大會聞佛說壽命劫數長遠如是无量
无邊阿僧祇衆生得大饒益於時世尊告弥
勒菩薩摩訶薩阿逸多我說是如來壽命長
遠時六百八十万億那由他恒河沙衆生得
无生法忍復千倍菩薩摩訶薩得聞持陁羅
尼門復有一世界微塵數菩薩摩訶薩得樂
說无㝵辯才復有一世界微塵數菩薩摩訶
薩得百万億无量旋陁羅尼復有三千大千
世界微塵數菩薩摩訶薩能轉不退法輪復
有二千中國土微塵數菩薩摩訶薩能轉
清淨法輪復有小千國土微塵數菩薩摩訶
薩八生當得阿耨多羅三藐三菩提復有四
四天下微塵數菩薩摩訶薩四生當得阿耨
多羅三藐三菩提復有三千天下微塵數菩
薩摩訶薩三生當得阿耨多羅三藐三菩提
復有二四天下微塵數菩薩摩訶薩二生當
得阿耨多羅三藐三菩提復有一四天下微

BD14975號　妙法蓮華經卷五　（7–1）

薩八生當得阿耨多羅三藐三菩提復有四
四天下微塵數菩薩摩訶薩四生當得阿耨
多羅三藐三菩提復有三千天下微塵數菩
薩摩訶薩三生當得阿耨多羅三藐三菩提
復有二四天下微塵數菩薩摩訶薩二生當
得阿耨多羅三藐三菩提復有一四天下微
塵數菩薩摩訶薩一生當得阿耨多羅三藐
三菩提復有八世界微塵數衆生皆發阿耨
多羅三藐三菩提心佛說是諸菩薩摩訶薩
得大法利時於虛空中雨曼陁羅華摩訶曼
陁羅華以散无量百千万億寶樹下師子座
上諸佛并散七寶塔中師子座上釋迦牟尼
佛及久滅度多寶如來亦散一切諸大菩薩
及四部衆又雨細末栴檀沉水香等於虛空
中天鼓自鳴妙聲深遠又雨千種天衣垂諸
瓔珞真珠瓔珞摩尼珠瓔珞如意珠瓔珞遍
於九方衆寶香爐燒无價香自然周至供養
大會一一佛上有諸菩薩執持幡蓋次第而
上至于梵天是諸菩薩以妙音聲歌无量頌
讚歎諸佛尒時弥勒菩薩從座而起偏袒右
肩合掌向佛而說偈言
佛說希有法　昔所未曾聞　世尊有大力　壽命不可量
无數諸佛子　聞世尊分別　說得法利者　歡喜充遍身
或住不退地　或得陁羅尼　或无㝵樂說　万億旋總持
或有大千界　微塵數菩薩　各各皆能轉　不退之法輪
或有中千界　微塵數菩薩　各各皆能轉　清淨之法輪
復有小千界　微塵數菩薩　餘各八生在　當得成佛道

BD14975號　妙法蓮華經卷五　（7–2）

或住不退地　或得陁羅尼　或无导樂說　万億旋揔持
或有大千界　微塵數菩薩　各各皆能轉　不退之法輪
或有中千界　微塵數菩薩　各各皆能轉　清淨之法輪
復有小千界　微塵數菩薩　餘各八生在　當得成佛道
復有四三二　如是四天下　微塵諸菩薩　隨數生成佛
或一四天下　微塵數菩薩　餘有一生在　當成一切智
如是等衆生　聞佛壽長遠　得无量无漏　清淨之果報
復有八世界　微塵數衆生　聞佛說壽命　皆發无上心
世尊說无量　不可思議法　多有所饒益　如虛空无邊
雨天曼陁羅　摩訶曼陁羅　釋梵如恒沙　无數佛土來
雨栴檀沉水　繽紛而乱墜　如鳥飛空下　供養於諸佛
天鼓虛空中　自然出妙聲　天衣千万種　旋轉而來下
衆寶妙香爐　燒无價之香　自然悉周遍　供養諸世尊
其大菩薩衆　執七寶幡蓋　高妙万億種　次第至梵天
一一諸佛前　寶幢懸勝幡　亦以千万偈　歌詠諸如來
如是種種事　昔所未曾有　聞佛壽无量　一切皆歡喜
佛名聞十方　廣饒益衆生　一切具善根　以助无上心
尒時佛告弥勒菩薩摩訶薩阿逸多其有衆
生聞佛壽命長遠如是乃至能生一念信解
所得功德无有限量若有善男子善女人爲
阿耨多羅三藐三菩提於八十万億那由他
劫行五波羅蜜檀波羅蜜尸羅波羅蜜羼提
波羅蜜毗梨耶波羅蜜禪波羅蜜除般若波
羅蜜以是功德比前功德百分千分百千万
億分不及其一乃至筭數譬喻所不能知若
善男子有如是功德於阿耨多羅三藐三菩
提退者无有是處尒時世尊欲重宣此義而
說偈言

BD14975 號　妙法蓮華經卷五　(7-3)

億分不及其一乃至筭數譬喻所不能知若
善男子有如是功德於阿耨多羅三藐三菩
提退者无有是處尒時世尊欲重宣此義而
說偈言
若人求佛慧　於八十万億　那由他劫數　行五波羅蜜
於是諸劫中　布施供養佛　及緣覺弟子　并諸菩薩衆
珎異之飲食　上服與卧具　栴檀立精舍　以園林莊嚴
如是等布施　種種皆微妙　盡此諸劫數　以迴向佛道
若復持禁戒　清淨无缺漏　求於无上道　諸佛之所嘆
若復行忍辱　住於調柔地　設衆惡來加　其心不傾動
諸有得法者　懷於增上慢　爲此所輕惱　如是亦能忍
若復勤精進　志念常堅固　於无量億劫　一心不懈息
又於无數劫　住於空閑處　若坐若經行　除睡常攝心
以是因緣故　能生諸禪定　八十億万劫　安住心不乱
持此一心福　願求无上道　我得一切智　盡諸禪定際
是人於百千　万億劫數中　行此諸功德　如上之所說
有善男子等　聞我說壽命　乃至一念信　其福過於彼
若人悉无有　一切諸疑悔　深心須臾信　其福爲如此
其有諸菩薩　无量劫行道　聞我說壽命　是則能信受
如是諸人等　頂受此經典　願我於未來　長壽度衆生
如今日世尊　諸釋中之王　道場師子吼　說法无所畏
我等未來世　一切所尊敬　坐於道場時　說壽亦如是
若有深心者　清淨而質直　多聞能揔持　隨義解佛語
如是諸人等　於此无有疑
又阿逸多若有聞佛壽命長遠解其言趣是
人所得功德无有限量能起如來无上之慧
何況廣聞是經若教人聞若自持若教人持

BD14975 號　妙法蓮華經卷五　(7-4)

…諸人悉　於此无有疑
又阿逸多若有聞佛壽命長遠解其言趣是
人所得功德无有限量能起如来无上之慧
何況廣聞是經若教人聞若自持若教人持
若自書若教人書若以華香瓔珞幢幡繒蓋
香油蘇燈供養經卷是人功德无量无邊能
生一切種智阿逸多若善男子善女人聞我
說壽命長遠深心信解則為見佛常在耆闍
崛山共大菩薩諸聲聞衆圍繞說法又見此
娑婆世界其地瑠璃坦然平正閻浮檀金以
界八道寶樹行列諸臺樓觀皆悉寶成其菩
薩衆咸處其中若有能如是觀者當知是為
深信解相又復如来滅後若聞是經而不毀
呰起隨喜心當知已為深信解相何況讀誦
受持之者斯人則為頂戴如来阿逸多是善
男子善女人不須為我復起塔寺及作僧坊
以四事供養衆僧所以者何是善男子善女
人受持讀誦是經典者為已起塔造立僧坊
供養衆僧則為以佛舍利起七寶塔高廣漸
小至于梵天懸諸幡蓋及衆寶鈴華香瓔珞
末香塗香燒香衆鼓伎樂簫笛箜篌種種儛
戲以妙音聲歌唄讚頌則為於无量千万億
劫作是供養已阿逸多若我滅後聞是經典
有能受持若自書若教人書則為起立僧坊
以赤栴檀作諸殿堂三十有二高八多羅樹
高廣嚴好百千比丘於其中止園林浴池經
行禪窟衣服飲食床褥湯藥一切樂具充滿
其中如是僧坊堂閣若千百千万億其數无

有能受持若自書若教人書則為起立僧坊
以赤栴檀作諸殿堂三十有二高八多羅樹
高廣嚴好百千比丘於其中止園林浴池經
行禪窟衣服飲食床褥湯藥一切樂具充滿
其中如是僧坊堂閣若千百千万億其數无
量以此現前供養於我及比丘僧是故我說
如来滅後若有受持讀誦為他人說若自書
若教人書供養經卷不須復起塔寺及造僧
坊供養衆僧況復有人能持是經兼行布施
持戒忍辱精進一心智慧其德最勝无量无
邊譬如虛空東西南北四維上下无量无邊
是人功德亦復如是无量无邊疾至一切種
智若人讀誦受持是經為他人說若自書若
教人書復能起塔及造僧坊供養讚嘆聲聞
衆僧亦以百千万億讚嘆之法讚嘆菩薩功
德又為他人種種因緣隨義解說此法華經
復能清淨持戒與柔和者而共同止忍辱无
瞋志念堅固常貴坐禪得諸深定精進勇猛
攝諸善法利根智慧善答問難阿逸多若我
滅後諸善男子善女人受持讀誦是經典者
復有如是諸善功德當知是人已趣道場近
阿耨多羅三藐三菩提坐道樹下阿逸多是
善男子若坐若立若行處此中便應起塔一
切天人皆應供養如佛之塔尒時世尊欲重
宣此義而說偈言
若我滅度後　能奉持此經　斯人福无量　如上之所說
是則為具足　一切諸供養　以舍利起塔　七寶而莊嚴

善男子若坐若立若行處此中便應起塔一
切天人皆應供養如佛之塔尒時世尊欲重
宣此義而說偈言
若我滅度後　能奉持此經　斯人福无量　如上之所說
是則為具足　一切諸供養　以舍利起塔　七寶而莊嚴
表剎甚高廣　漸小至梵天　寶鈴千万億　風動出妙音
又於无量劫　而供養此塔　華香諸瓔珞　天衣眾伎樂
然香油蘇燈　周帀常照明　悪世末法時　能持是經者
則為已如上　具足諸供養　若能持此經　則如佛現在
以牛頭栴檀　起僧坊供養　堂有三十二　高八多羅樹
上饌妙衣服　床臥皆具足　百千眾住處　園林諸浴池
經行及禪窟　種種皆嚴好　若有信解心　受持讀誦書
若復教人書　及供養經卷　散華香末香　以須曼瞻蔔
阿提目多伽　薰油常然之　如是供養者　得无量功德
如虛空无邊　其福亦如是　況復持此經　兼布施持戒
忍辱樂禪定　不瞋不悪口　恭敬於塔廟　謙下諸比丘
遠離自高心　常思惟智慧　有問難不瞋　隨順為解說
若能行是行　功德不可量　若見此法師　成就如是德
應以天華散　天衣覆其身　頭面接足礼　生心如佛想
又應作是念　不久詣道樹　得无漏无為　廣利諸人天
其所住止處　經行若坐臥　乃至說一偈　是中應起塔
莊嚴令妙好　種種以供養　佛子住此地　則是佛受用
常在於其中　經行及坐臥
妙法蓮華經卷第五

BD14975 號　妙法蓮華經卷五　（7–7）

四眾欣仰　瞻仁及我　世尊何故　放斯光明
佛子時答　決疑令喜　何所饒益　演斯光明
佛坐道場　所得妙法　為欲說此　為當授記
示諸佛土　眾寶嚴淨　及見諸佛　此非小緣
文殊當知　四眾龍神　瞻察仁者　為說何等
尒時文殊師利語彌勒菩薩摩訶薩及諸大
士善男子等如我惟忖今佛世尊欲說大法
雨大法雨吹大法螺擊大法鼓演大法義諸
善男子我於過去諸佛曾見此瑞放斯光已
即說大法是故當知今佛現光亦復如是欲
令眾生咸得聞知一切世間難信之法故現
斯瑞諸善男子如過去无量无邊不可思議
阿僧祇劫尒時有佛号日月燈明如來應供正
遍知明行足善逝世間解无上士調御丈夫
天人師佛世尊演說正法初善中善後善其
義深遠其語巧妙純一无雜具足清白梵行
之相為求聲聞者說應四諦法度生老病死
究竟涅槃為求辟支佛者說應十二因緣法

BD14976 號　妙法蓮華經卷一　（17–1）

遍知明行足善逝世間解无上士調御丈夫
天人師佛世尊演說正法初善中善後善其
義深遠其語巧妙純一无雜具足清白梵行
之相為求聲聞者說應四諦法度生老病死
究竟涅槃為求辟支佛者說應十二因緣法
為諸菩薩說應六波羅蜜令得阿耨多羅三
藐三菩提成一切種智次復有佛亦名日月
燈明次復有佛亦名日月燈明如是二万佛
皆同一字号日月燈明又同一姓姓頗羅墮
弥勒當知初佛後佛皆同一字名日月燈明
十号具足所可說法初中後善其最後佛未
出家時有八王子一名有意二名善意三名
无量意四名寶意五名增意六名除疑意七名
響意八名法意是八王子威德自在各領四
天下是諸王子聞父出家得阿耨多羅三藐
三菩提悉捨王位亦隨出家發大乘意常
脩梵行皆為法師已於千万億佛所殖諸善本
是時日月燈明佛說大乘經名无量義教菩
薩法佛所護念說是經已即於大衆中結跏
趺坐入於无量義處三昧身心不動是時天
雨曼陀羅華摩訶曼陀羅華曼殊沙華摩訶
曼殊沙華而散佛上及諸大衆普佛世界六
種震動尒時會中比丘比丘尼優婆塞優婆
夷天龍夜叉乾闥婆阿脩羅迦樓羅緊那羅
摩睺羅伽人非人及諸小王轉輪聖王等是
諸大衆得未曾有歡喜合掌一心觀佛尒時
如來放眉間白毫相光照東方万八千佛土
靡不周遍如今所見是諸佛土弥勒當知尒
時會中有二十億菩薩樂欲聽法是諸菩薩

BD14976號　妙法蓮華經卷一　（17–2）

摩睺羅伽人非人及諸小王轉輪聖王等是
諸大衆得未曾有歡喜合掌一心觀佛尒時
如來放眉間白毫相光照東方万八千佛土
靡不周遍如今所見是諸佛土弥勒當知尒
時會中有二十億菩薩樂欲聽法是諸菩薩
見此光明普照佛土得未曾有欲知此光所為
因緣時有菩薩名曰妙光有八百弟子是時
日月燈明佛從三昧起因妙光菩薩說大乘
經名妙法蓮華教菩薩法佛所護念六十
小劫不起于坐時會聽者亦坐一處六十小劫
身心不動聽佛所說謂如食頃是時衆中无
有一人若身若心而生懈惓日月燈明佛於
六十小劫說是經已即於梵魔沙門婆羅
門及天人阿脩羅衆中而宣此言如來於今
日中夜當入无餘涅槃時有菩薩名曰德藏
日月燈明佛即授其記告諸比丘是德藏菩
薩次當作佛号曰淨身多陀阿伽度阿羅訶
三藐三佛陀佛授記已便於中夜入无餘涅
槃佛滅度後妙光菩薩持妙法蓮華經滿八
十小劫為人演說日月燈明佛八子皆師妙
光妙光教化令其堅固阿耨多羅三藐三菩
提是諸王子供養无量百千万億佛已皆成
佛道其最後成佛者名曰然燈八百弟子中
有一人号曰求名貪著利養雖復讀誦衆經
而不通利多所忘失故号求名是人亦以種
諸善根因緣故得值无量百千万億諸佛供
養恭敬尊重讚歎弥勒當知尒時妙光菩薩
豈異人乎我身是也求名菩薩汝身是也今
見此瑞與本无異是故惟忖今日如來當說

BD14976號　妙法蓮華經卷一　（17–3）

而不通利多所忘失故号求名是人亦以種
諸善根因緣故得值无量百千万億諸佛供
養恭敬尊重讚嘆弥勒當知尒時妙光菩薩
豈異人乎我身是也求名菩薩汝身是也今
見此瑞與本无異是故惟忖今日如来當說
大乘經名妙法蓮華教菩薩法佛所護念尒
時文殊師利於大衆中欲重宣此義而說偈言
我念過去世　无量无數劫　有佛人中尊　号日月燈明
世尊演說法　度无量衆生　无數億菩薩　令入佛智慧
佛未出家時　所生八王子　見大聖出家　亦隨脩梵行
時佛說大乘　經名无量義　於諸大衆中　而為廣分別
佛說此經已　即於法坐上　跏趺坐三昧　名无量義處
天雨曼陁華　天鼓自然鳴　諸天龍鬼神　供養人中尊
一切諸佛土　即時大震動　佛放眉閒光　現諸希有事
此光照東方　万八千佛土　示一切衆生　生死業報處
有見諸佛土　以衆寶莊嚴　琉璃頗梨色　斯由佛光照
及見諸天人　龍神夜叉衆　乾闥緊那羅　各供養其佛
又見諸如来　自然成佛道　身色如金山　端嚴甚微妙
如淨琉璃中　內現真金像　世尊在大衆　敷演深法義
一一諸佛土　聲聞衆无數　因佛光所照　悉見彼大衆
或有諸比丘　在於山林中　精進持淨戒　猶如護明珠
又見諸菩薩　行施忍辱等　其數如恒沙　斯由佛光照
又見諸菩薩　深入諸禪定　身心寂不動　以求无上道
又見諸菩薩　知法寂滅相　各於其國土　說法求佛道
尒時四部衆　見日月燈佛　現大神通力　其心皆歡喜
各各自相問　是事何因緣
天人所奉尊　適從三昧起　讚妙光菩薩　汝為世閒眼

BD14976號　妙法蓮華經卷一　（17–4）

尒時四部衆　見日月燈佛　現大神通力　其心皆歡喜
各各自相問　是事何因緣
天人所奉尊　適從三昧起　讚妙光菩薩　汝為世閒眼
一切所歸信　能奉持法藏　如我所說法　唯汝能證知
世尊既讚歎　令妙光歡喜　說是法華經　滿六十小劫
不起於此坐　所說上妙法　是妙光法師　悉皆能受持
佛說是法華　令衆歡喜已　尋即於是日　告於天人衆
諸法實相義　已為汝等說　我今於中夜　當入於涅槃
汝一心精進　當離於放逸　諸佛甚難值　億劫時一遇
世尊諸子等　聞佛入涅槃　各各懷悲惱　佛滅一何速
聖主法之王　安慰无量衆　我若滅度時　汝等勿憂怖
是德藏菩薩　於无漏實相　心已得通達　其次當作佛
号曰為淨身　亦度无量衆
佛此夜滅度　如薪盡火滅　分布諸舍利　而起无量塔
比丘比丘尼　其數如恒沙　倍復加精進　以求无上道
是妙光法師　奉持佛法藏　八十小劫中　廣宣法華經
是諸八王子　妙光所開化　堅固无上道　當見无數佛
供養諸佛已　隨順行大道　相繼得成佛　轉次而授記
最後天中天　号曰然燈佛　諸仙之道師　度脫无量衆
是妙光法師　時有一弟子　心常懷懈怠　貪著於名利
求名利无猒　多遊族姓家　棄捨所習誦　廢忘不通利
以是因緣故　号之為求名　亦行衆善業　得見无數佛
供養於諸佛　隨順行大道　具六波羅蜜　今見釋師子
其後當作佛　号名曰弥勒　廣度諸衆生　其數无有量
彼佛滅度後　懈怠者汝是　妙光法師者　今則我身是
我見燈明佛　本光瑞如此　以是知今佛　欲說法華經
今相如本瑞　是諸佛方便　今佛放光明　助發實相義

BD14976號　妙法蓮華經卷一　（17–5）

供養於諸佛　隨順行大道　具六波羅蜜　今見釋師子
其後當作佛　号名曰弥勒　廣度諸衆生　其數无有量
彼佛滅度後　懈怠者汝是　妙光法師者　今則我身是
我見燈明佛　本光瑞如此　以是知今佛　欲說法華經
今相如本瑞　是諸佛方便　今佛放光明　助發實相義
諸人今當知　合掌一心待　佛當雨法雨　充足求道者
諸求三乘人　若有疑悔者　佛當為除斷　令盡无有餘
妙法蓮華經方便品第二
尒時世尊從三昧安詳而起告舍利弗諸佛
智慧甚深无量其智慧門難解難入一切聲
聞辟支佛所不能知所以者何佛曾親近百
千万億无數諸佛盡行諸佛无量道法勇猛
精進名稱普聞成就甚深未曾有法隨宜所
說意趣難解舍利弗吾從成佛已來種種因
緣種種譬喻廣演言教无數方便引導衆生
令離諸著所以者何如來方便知見波羅蜜
皆已具足舍利弗如來知見廣大深遠无量
无礙力无所畏禪定解脫三昧深入无際成
就一切未曾有法舍利弗如來能種種分別巧
說諸法言辭柔軟悅可衆心舍利弗取要
言之无量无邊未曾有法佛悉成就止舍利
弗不須復說所以者何佛所成就第一希有
難解之法唯佛與佛乃能究盡諸法實相所
謂諸法如是相如是性如是體如是力如是作
如是因如是緣如是果如是報如是本末究
竟等尒時世尊欲重宣此義而說偈言
世雄不可量　諸天及世人　一切衆生類　无能知佛者
佛力无所畏　解脫諸三昧　及佛諸餘法　无能測量者
本從无數佛　具足行諸道　甚深微妙法　難見難可了

BD14976號　妙法蓮華經卷一　（17–6）

如是因如是緣如是果如是報如是本末究
竟等尒時世尊欲重宣此義而說偈言
世雄不可量　諸天及世人　一切衆生類　无能知佛者
佛力无所畏　解脫諸三昧　及佛諸餘法　无能測量者
本從无數佛　具足行諸道　甚深微妙法　難見難可了
於无量億劫　行此諸道已　道場得成果　我已悉知見
如是大果報　種種性相義　我及十方佛　乃能知是事
是法不可示　言辭相寂滅　諸餘衆生類　无有能得解
除諸菩薩衆　信力堅固者　諸佛弟子衆　曾供養諸佛
一切漏已盡　住是最後身　如是諸人等　其力所不堪
假使滿世間　皆如舍利弗　盡思共度量　不能測佛智
正使滿十方　皆如舍利弗　及餘諸弟子　亦滿十方剎
盡思共度量　亦復不能知　辟支佛利智　无漏最後身
亦滿十方界　其數如竹林　斯等共一心　於億无量劫
欲思佛實智　莫能知少分　新發意菩薩　供養无數佛
了達諸義趣　又能善說法　如稻麻竹葦　充滿十方剎
一心以妙智　於恒河沙劫　咸皆共思量　不能知佛智
不退諸菩薩　其數如恒沙　一心共思求　亦復不能知
又告舍利弗　无漏不思議　甚深微妙法　我今已具得
唯我知是相　十方佛亦然　舍利弗當知　諸佛語无異
於佛所說法　當生大信力　世尊法久後　要當說真實
告諸聲聞衆　及求緣覺乘　我令脫苦縛　逮得涅槃者
佛以方便力　亦以三乘教　衆生處處著　引之令得出
尒時大衆中有諸聲聞漏盡阿羅漢阿若憍
陳如等千二百人及發聲聞辟支佛心比丘
比丘尼優婆塞優婆夷各作是念今者世尊
何故慇懃稱歎方便而作是言佛所得法甚
深難解有所言說意趣難知一切聲聞辟支
佛所不能及佛說一解脫義我等亦得此法

BD14976號　妙法蓮華經卷一　（17–7）

比丘尼優婆塞優婆夷各作是念今者世尊
何故慇懃稱歎方便而作是言佛所得法甚
深難解有所言說意趣難知一切聲聞辟支
佛所不能及佛說一解脫義我等亦得此法
到於涅槃而今不知是義所趣尒時舍利弗
知四衆心疑自亦未了而白佛言世尊何因何
緣慇懃稱歎諸佛第一方便甚深微妙難
解之法我自昔來未曾從佛聞如是說今者
四衆咸皆有疑唯願世尊敷演斯事世尊何
故慇懃稱歎甚深微妙難解之法尒時舍利
弗欲重宣此義而說偈言

慧日大聖尊　久乃說是法　自說得如是　力无畏三昧
禪定解脫等　不可思議法　道場所得法　无能發問者
我意難可測　亦无能問者　无問而自說　稱歎所行道
智慧甚微妙　諸佛之所得　无漏諸羅漢　及求涅槃者
今皆墮疑網　佛何故說是　其求緣覺者　比丘比丘尼
諸天龍鬼神　及乾闥婆等　相視懷猶豫　瞻仰兩足尊
是事為云何　願佛為解說　於諸聲聞衆　佛說我第一
我今自於智　疑惑不能了　為是究竟法　為是所行道
佛口所生子　合掌瞻仰待　願出微妙音　時為如實說
諸天龍神等　其數如恒沙　求佛諸菩薩　大數有八万
又諸万億國　轉輪聖王至　合掌以敬心　欲聞具足道

尒時佛告舍利弗止止不須復說若說是事
一切世間諸天及人皆當驚疑舍利弗重白佛
言世尊唯願說之唯願說之所以者何是會
无數百千万億阿僧祇衆生曾見諸佛諸根猛
利智慧明了聞佛所說則能敬信尒時舍利
弗欲重宣此義而說偈言

BD14976號　妙法蓮華經卷一　（17–8）

言世尊唯願說之唯願說之所以者何是會
无數百千万億阿僧祇衆生曾見諸佛諸根猛
利智慧明了聞佛所說則能敬信尒時舍利
弗欲重宣此義而說偈言

法王无上尊　唯說願勿慮　是會无量衆　有能敬信者

佛復止舍利弗若說是事一切世間天人阿脩
羅皆當驚疑增上慢比丘將墜於大坑尒時
世尊重說偈言

止止不須說　我法妙難思　諸增上慢者　聞必不敬信

尒時舍利弗重白佛言世尊唯願說之唯願
說之今此會中如我等比百千万億世世已曾
從佛受化如此人等必能敬信長夜安隱
多所饒益尒時舍利弗欲重宣此義而說偈言

无上兩足尊　願說第一法　我為佛長子　唯垂分別說
是會无量衆　能敬信此法　佛已曾世世　教化如是等
皆一心合掌　欲聽受佛語　我等千二百　及餘求佛者
願為此衆故　唯垂分別說　是等聞此法　則生大歡喜

尒時世尊告舍利弗汝已慇懃三請豈得不
說汝今諦聽善思念之吾當為汝分別解說
說此語時會中有比丘比丘尼優婆塞優婆
夷五千人等即從座起礼佛而退所以者何
此輩罪根深重及增上慢未得謂得未證謂
證有如此失是以不住世尊默然而不制止尒
時佛告舍利弗我今此衆无復枝葉純有貞
實舍利弗如是增上慢人退亦佳矣汝今善
聽當為汝說舍利弗言唯然世尊願樂欲聞
佛告舍利弗如是妙法諸佛如來時乃說之
如優曇鉢華時一現耳舍利弗汝等當信佛

BD14976號　妙法蓮華經卷一　（17–9）

時佛告舍利我今此衆无復枝葉純有貞
實舍利弗如是增上慢人退亦佳矣汝今善
聽當為汝說舍利弗言唯然世尊願樂欲聞
佛告舍利弗如是妙法諸佛如來時乃說之
如優曇鉢華時一現耳舍利弗汝等當信佛
之所說言不虛妄舍利弗諸佛隨宜說法
意趣難解所以者何我以无數方便種種因
緣譬喻言辭演說諸法是法非思量分別之
所能解唯有諸佛乃能知之所以者何諸佛
世尊唯以一大事因緣故出現於世舍利弗
云何名諸佛世尊唯以一大事因緣故出現
於世諸佛世尊欲令衆生開佛知見使得清
淨故出現於世欲示衆生佛之知見故出現於
世欲令衆生悟佛知見故出現於世欲令衆
生入佛知見道故出現於世舍利弗是為諸
佛以一大事因緣故出現於世佛告舍利弗
諸佛如來但教化菩薩諸有所作常為一事
唯以佛之知見示悟衆生舍利弗如來但以
一佛乘故為衆生說法无有餘乘若二若三
舍利弗一切十方諸佛法亦如是舍利弗過
去諸佛以无量无數方便種種因緣譬喻言
辭而為衆生演說諸法是法皆為一佛乘故
是諸衆生從諸佛聞法究竟皆得一切種智
舍利弗未來諸佛當出於世亦以无量无數
方便種種因緣譬喻言辭而為衆生演說諸
法是法皆為一佛乘故是諸衆生從佛聞法
究竟皆得一切種智舍利弗現在十方无量
百千万億佛土中諸佛世尊多所饒益安樂

BD14976號　妙法蓮華經卷一　(17–10)

舍利弗未來諸佛當出於世亦以无量无數
方便種種因緣譬喻言辭而為衆生演說諸
法是法皆為一佛乘故是諸衆生從佛聞法
究竟皆得一切種智舍利弗現在十方无量
百千万億佛土中諸佛世尊多所饒益安樂
衆生是諸佛亦以无量无數方便種種因緣
譬喻言辭而為衆生演說諸法是法皆為一
佛乘故是諸衆生從佛聞法究竟皆得一切
種智舍利弗是諸佛但教化菩薩欲以佛之
知見示衆生故欲以佛之知見悟衆生故欲
令衆生入佛知見故舍利弗我今亦復如是
知諸衆生有種種欲深心所著隨其本性以
種種因緣譬喻言辭方便力故而為說法舍
利弗如此皆為得一佛乘一切種智故舍
利弗十方世界中尚无二乘何况有三舍利
弗諸佛出於五濁惡世所謂劫濁煩惱濁衆
生濁見濁命濁如是舍利弗劫濁乱時衆生
垢重慳貪嫉妬成就諸不善根故諸佛以
方便力於一佛乘分別說三舍利弗若我弟
子自謂阿羅漢辟支佛者不聞不知諸佛如
來但教化菩薩事此非佛弟子非阿羅漢非
辟支佛又舍利弗是諸比丘比丘尼自謂已
得阿羅漢是最後身究竟涅槃便不復志求
阿耨多羅三藐三菩提當知此輩皆是增上
慢人所以者何若有比丘實得阿羅漢若不
信此法无有是處除佛滅度後現前无佛所
以者何佛滅度後如是等經受持讀誦解義
者是人難得若遇餘佛於此法中便得決了
舍利弗汝等當一心信解受持佛語諸佛如

BD14976號　妙法蓮華經卷一　(17–11)

信此法无有是處除佛滅度後現前无佛所
以者何佛滅度後如是等經受持讀誦解義
者是人難得若遇餘佛於此法中便得決了
舍利弗汝等當一心信解受持佛語諸佛如
來言无虛妄无有餘乘唯一佛乘尒時世尊
欲重宣此義而說偈言
比丘比丘尼　有懷增上慢　優婆塞我慢　優婆夷不信
如是四衆等　其數有五千　不自見其過　於戒有缺漏
護惜其瑕疵　是小智已出　衆中之糟糠　佛威德故去
斯人尠福德　不堪受是法　此衆无枝葉　唯有諸貞實
舍利弗善聽　諸佛所得法　无量方便力　而為衆生說
衆生心所念　種種所行道　若干諸欲性　先世善惡業
佛悉知是已　以諸緣譬喻　言辭方便力　令一切歡喜
或說脩多羅　伽陁及本事　本生未曾有　亦說於因緣
譬喻并祇夜　優波提舍經　鈍根樂小法　貪著於生死
於諸无量佛　不行深妙道　衆苦所惱亂　為是說涅槃
我設是方便　令得入佛慧　未曾說汝等　當得成佛道
所以未曾說　說時未至故　今正是其時　決定說大乘
我此九部法　隨順衆生說　入大乘為本　以故說是經
有佛子心淨　柔軟亦利根　无量諸佛所　而行深妙道
為此諸佛子　說是大乘經　我記如是人　來世成佛道
以深心念佛　脩持淨戒故　此等聞得佛　大喜充遍身
佛知彼心行　故為說大乘　聲聞若菩薩　聞我所說法
乃至於一偈　皆成佛无疑　十方佛土中　唯有一乘法
无二亦无三　除佛方便說　但以假名字　引導於衆生
說佛智慧故　諸佛出於世　唯此一事實　餘二則非真
終不以小乘　濟度於衆生　佛自住大乘　如其所得法
定慧力莊嚴　以此度衆生　自證无上道　大乘平等法

BD14976號　妙法蓮華經卷一　（17–12）

佛知彼心行　故為說大乘　聲聞若菩薩　聞我所說法
乃至於一偈　皆成佛无疑　十方佛土中　唯有一乘法
无二亦无三　除佛方便說　但以假名字　引導於衆生
說佛智慧故　諸佛出於世　唯此一事實　餘二則非真
終不以小乘　濟度於衆生　佛自住大乘　如其所得法
定慧力莊嚴　以此度衆生　自證无上道　大乘平等法
若以小乘化　乃至於一人　我則墮慳貪　此事為不可
若人信歸佛　如來不欺誑　亦无貪嫉意　斷諸法中惡
故佛於十方　而獨无所畏　我以相嚴身　光明照世間
无量衆所尊　為說實相印　舍利弗當知　我本立誓願
欲令一切衆　如我等无異　如我昔所願　今者已滿足
化一切衆生　皆令入佛道　若我遇衆生　盡教以佛道
无智者錯亂　迷惑不受教　我知此衆生　未曾脩善本
堅著於五欲　癡愛故生惱　以諸欲因緣　墜墮三惡道
輪迴六趣中　備受諸苦毒　受胎之微形　世世常增長
薄德少福人　衆苦所逼迫　入邪見稠林　若有若无等
依止此諸見　具足六十二　深著虛妄法　堅受不可捨
我慢自矜高　諂曲心不實　於千万億劫　不聞佛名字
亦不聞正法　如是人難度　是故舍利弗　我為設方便
說諸盡苦道　示之以涅槃　我雖說涅槃　是亦非真滅
諸法從本來　常自寂滅相　佛子行道已　來世得作佛
我有方便力　開示三乘法　一切諸世尊　皆說一乘道
今此諸大衆　皆應除疑惑　諸佛語无異　唯一无二乘
過去无數劫　无量滅度佛　百千万億種　其數不可量
如是諸世尊　種種緣譬喻　无數方便力　演說諸法相
是諸世尊等　皆說一乘法　化无量衆生　令入於佛道
又諸大聖主　知一切世間　天人群生類　深心之所欲
更以異方便　助顯第一義　若有衆生類　值諸過去佛
若聞法布施　或持戒忍辱　精進禪智等　種種脩福慧

BD14976號　妙法蓮華經卷一　（17–13）

如是諸世尊　種種緣譬喻　无數方便力　演說諸法相
是諸世尊等　皆說一乘法　化无量衆生　令入於佛道
又諸大聖主　知一切世間　天人羣生類　深心之所欲
更以異方便　助顯第一義　若有衆生類　值諸過去佛
若聞法布施　或持戒忍辱　精進禪智等　種種脩福慧
如是諸人等　皆已成佛道　諸佛滅度已　若人善軟心
如是諸衆生　皆已成佛道　諸佛滅度已　供養舍利者
起万億種塔　金銀及頗梨　車𤦲與馬瑙　玫瑰瑠璃珠
清淨廣嚴飾　莊校於諸塔　或有起石廟　栴檀及沉水
木蜜并餘材　塼瓦泥土等　若於曠野中　積土成佛廟
乃至童子戲　聚沙為佛塔　如是諸人等　皆已成佛道
若人為佛故　建立諸形像　刻雕成衆相　皆已成佛道
或以七寶成　鍮石赤白銅　白鑞及鉛錫　鐵木及與泥
或以膠漆布　嚴飾作佛像　如是諸人等　皆已成佛道
綵畫作佛像　百福莊嚴相　自作若使人　皆已成佛道
乃至童子戲　若草木及筆　或以指爪甲　而畫作佛像
如是諸人等　漸漸積功德　具足大悲心　皆已成佛道
但化諸菩薩　度脫无量衆　若人於塔廟　寶像及畫像
以華香旛蓋　敬心而供養　若使人作樂　擊鼓吹角貝
簫笛琴箜篌　琵琶鐃銅鈸　如是衆妙音　盡持以供養
或以歡喜心　歌唄頌佛德　乃至一小音　皆已成佛道
若人散亂心　乃至以一華　供養於畫像　漸見无數佛
或有人礼拜　或復但合掌　乃至舉一手　或復小低頭
以此供養像　漸見无量佛　自成无上道　廣度无數衆
入无餘涅槃　如薪盡火滅　若人散亂心　入於塔廟中
一稱南无佛　皆已成佛道　於諸過去佛　在世或滅後
若有聞是法　皆已成佛道　未來諸世尊　其數无有量
是諸如來等　亦方便說法　一切諸如來　以无量方便
度脫諸衆生　入佛无漏智　若有聞法者　无一不成佛

BD14976 號　妙法蓮華經卷一　（17–14）

入无餘涅槃　如薪盡火滅　若人散亂心　入於塔廟中
一稱南无佛　皆已成佛道　於諸過去佛　在世或滅後
若有聞是法　皆已成佛道　未來諸世尊　其數无有量
是諸如來等　亦方便說法　一切諸如來　以无量方便
度脫諸衆生　入佛无漏智　若有聞法者　无一不成佛
諸佛本誓願　我所行佛道　普欲令衆生　亦同得此道
未來世諸佛　雖說百千億　无數諸法門　其實為一乘
諸佛兩足尊　知法常无性　佛種從緣起　是故說一乘
是法住法位　世間相常住　於道場知已　導師方便說
天人所供養　現在十方佛　其數如恒沙　出現於世間
安隱衆生故　亦說如是法　知第一寂滅　以方便力故
雖示種種道　其實為佛乘　知衆生諸行　深心之所念
過去所習業　欲性精進力　及諸根利鈍　以種種因緣
譬喻亦言辭　隨應方便說　今我亦如是　安隱衆生故
以種種法門　宣示於佛道　我以智慧力　知衆生性欲
方便說諸法　皆令得歡喜　舍利弗當知　我以佛眼觀
見六道衆生　貧窮无福慧　入生死險道　相續苦不斷
深著於五欲　如犛牛愛尾　以貪愛自蔽　盲瞑无所見
不求大勢佛　及與斷苦法　深入諸邪見　以苦欲捨苦
為是衆生故　而起大悲心　我始坐道場　觀樹亦經行
於三七日中　思惟如是事　我所得智慧　微妙最第一
衆生諸根鈍　著樂癡所盲　如斯之等類　云何而可度
尒時諸梵王　及諸天帝釋　護世四天王　及大自在天
并餘諸天衆　眷屬百千万　恭敬合掌礼　請我轉法輪
我即自思惟　若但讚佛乘　衆生沒在苦　不能信是法
破法不信故　墜於三惡道　我寧不說法　疾入於涅槃
尋念過去佛　所行方便力　我今所得道　亦應說三乘
作念思惟時　十方佛皆現　梵音慰喻我　善哉釋迦文
第一之導師　得是无上法　隨諸一切佛　而用方便力

BD14976 號　妙法蓮華經卷一　（17–15）

并餘諸天衆 眷屬百千万 恭敬合掌礼 請我轉法輪
我即自思惟 若但讚佛乘 衆生沒在苦 不能信是法
破法不信故 墜於三惡道 我寧不說法 疾入於涅槃
尋念過去佛 所行方便力 我今所得道 亦應說三乘
作念思惟時 十方佛皆現 梵音慰喻我 善哉釋迦文
第一之導師 得是无上法 隨諸一切佛 而用方便力
我等亦皆得 㝡妙第一法 為諸衆生類 分別說三乘
少智樂小法 不自信作佛 是故以方便 分別說諸果
雖復說三乘 但為教菩薩 舍利弗當知 我聞聖師子
深淨微妙音 稱南无諸佛 復作如是念 我出濁惡世
如諸佛所說 我亦隨順行 思惟是事已 即趣波羅柰
諸法寂滅相 不可以言宣 以方便力故 為五比丘說
是名轉法輪 便有涅槃音 及以阿羅漢 法僧差別名
從久遠劫來 讚示涅槃法 生死苦永盡 我常如是說
舍利弗當知 我見佛子等 志求佛道者 无量千万億
咸以恭敬心 皆來至佛所 曾從諸佛聞 方便所說法
我即作是念 如來所以出 為說佛慧故 今正是其時
舍利弗當知 鈍根小智人 著相憍慢者 不能信是法
今我喜无畏 於諸菩薩中 正直捨方便 但說无上道
菩薩聞是法 疑網皆已除 千二百羅漢 悉亦當作佛
如三世諸佛 說法之儀式 我今亦如是 說无分別法
諸佛興出世 懸遠值遇難 正使出於世 說是法復難
无量无數劫 聞是法亦難 能聽是法者 斯人亦復難
譬如優曇華 一切皆愛樂 天人所希有 時時乃一出
聞法歡喜讚 乃至發一言 則為已供養 一切三世佛
是人甚希有 過於優曇華 汝等勿有疑 我為諸法王
普告諸大衆 但以一乘道 教化諸菩薩 无聲聞弟子
汝等舍利弗 聲聞及菩薩 當知是妙法 諸佛之秘要

BD14976 號　妙法蓮華經卷一　（17–16）

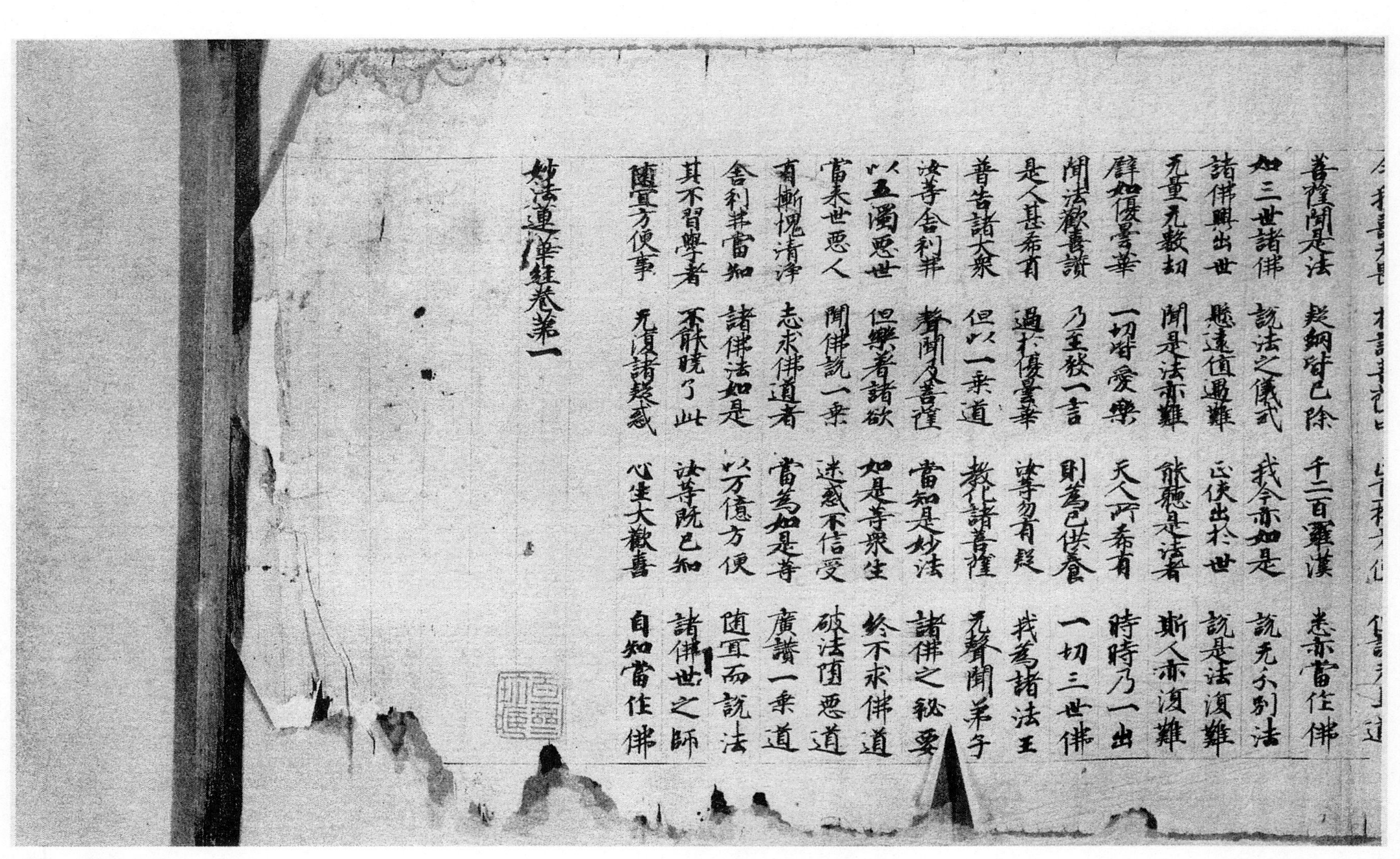

今我喜无畏 於諸菩薩中 正直捨方便 但說无上道
菩薩聞是法 疑網皆已除 千二百羅漢 悉亦當作佛
如三世諸佛 說法之儀式 我今亦如是 說无分別法
諸佛興出世 懸遠值遇難 正使出於世 說是法復難
无量无數劫 聞是法亦難 能聽是法者 斯人亦復難
譬如優曇華 一切皆愛樂 天人所希有 時時乃一出
聞法歡喜讚 乃至發一言 則為已供養 一切三世佛
是人甚希有 過於優曇華 汝等勿有疑 我為諸法王
普告諸大衆 但以一乘道 教化諸菩薩 无聲聞弟子
汝等舍利弗 聲聞及菩薩 當知是妙法 諸佛之秘要
以五濁惡世 但樂著諸欲 如是等衆生 終不求佛道
當來世惡人 聞佛說一乘 迷惑不信受 破法墮惡道
有慚愧清淨 志求佛道者 當為如是等 廣讚一乘道
舍利弗當知 諸佛法如是 以万億方便 隨宜而說法
其不習學者 不能曉了此 汝等既已知 諸佛世之師
隨宜方便事 无復諸疑惑 心生大歡喜 自知當作佛

妙法蓮華經卷第一

BD14976 號　妙法蓮華經卷一　（17–17）

真珠瓔珞價直百千以散佛上於虛空中
化成四柱寶臺臺中有大寶床敷百千万
天衣其上有佛結跏趺坐放大光明尒時妙
莊嚴王作是念佛身希有端嚴殊特成就
第一微妙之色時雲雷音宿王華智佛告
四衆言汝等見是妙莊嚴王於我前合掌立
不此王於我法中作比丘精勤脩習助佛道法
當得作佛号娑羅樹王國名大光劫名大高
王其娑羅樹王佛有无量菩薩衆及无量聲
聞其國平正功德如是其王即時以國付弟王
與夫人二子并諸眷屬於佛法中出家脩道
王出家已於八万四千歳常懃精進脩行
妙法華經過是已後得一切淨功德莊嚴三
昧即昇虛空高七多羅樹而白佛言世尊

BD14977 號　妙法蓮華經卷七　（8–1）

與夫人二子并諸眷屬於佛法中出家脩道
王出家已於八万四千歳常懃精進脩行
妙法華經過是已後得一切淨功德莊嚴三
昧即昇虛空高七多羅樹而白佛言世尊
此我二子已作佛事以神通變化轉我邪心令
得安住於佛法中得見世尊此二子者是我
善知識為欲發起宿世善根饒益我故來
生我家尒時雲雷音宿王華智佛告妙莊
嚴王言如是如是如汝所言若善男子善女人
種善根故世世得善知識其善知識能作佛
事示教利喜令入阿耨多羅三藐三菩提大
王當知善知識者是大因緣所謂化道令得
見佛發阿耨多羅三藐三菩提心大王汝見
此二子不此二子已曾供養六十五百千万億那
由他恒河沙諸佛親近恭敬於諸佛所受持
法華經愍念邪見衆生令住正見尒時妙莊嚴
王即從虛空中下而白佛言世尊如來甚希有
以功德智慧故頂上肉髻光明顯照其眼長廣
而紺青色眉間豪相白如珂月齒白齊密常
有光明脣色赤好如頻婆菓尒時妙莊嚴王
讚歎佛如是等无量百千万億功德已於如
來前一心合掌復白佛言世尊未曽有也如
來之法具足成就不可思議微妙功德教戒
所行安隱快善我從今日不復自隨心行不生
邪見憍慢瞋恚諸惡之心說是語已礼佛而

BD14977 號　妙法蓮華經卷七　（8–2）

来前一心合掌復白佛言世尊未曾有也如
来之法具足成就不可思議微妙功德教戒
所行安隱快善我從今日不復自随心行不生
耶見憍慢瞋恚諸惡之心説是語已礼佛而
出佛告大衆於意云何妙莊嚴王豈異人乎今
今華徳菩薩是其浄徳夫人今佛前光照
莊嚴相菩薩是其浄徳夫人王及諸眷屬
故於彼中生其二子者今藥王菩薩藥上菩
薩是是王藥上菩薩成就如此諸大功徳已
於无量百千万億諸佛所殖衆徳本成就不
可思議諸善功徳若有人識是二菩薩名字
者一切世間諸天人民亦應礼拜佛説是妙
莊嚴王本事品時八万四千人遠塵離垢於
諸法中得法眼浄

妙法蓮華經普賢菩薩勸發品苐二十八

尒時普賢菩薩以自在神通威徳名聞與大
菩薩无量无邊不可稱數從東方来所經諸
國普皆震動雨寶蓮華作无量百千万億
種種伎樂又與无數諸天龍夜叉乾闥婆阿
脩羅迦樓羅緊那羅摩睺羅伽人非人等大
衆圍繞各現威徳神通之力到娑婆世界耆
闍崛山中頭面礼釋迦牟尼佛右繞七迊白佛
言世尊我於寶威徳上王佛國遥聞此娑婆
世界説法華經與无量无邊百千万億諸菩
薩衆共来聽受唯願世尊當為説之若善

闍崛山中頭面礼釋迦牟尼佛右繞七迊白佛
言世尊我於寶威徳上王佛國遥聞此娑婆
世界説法華經與无量无邊百千万億諸菩
薩衆共来聽受唯願世尊當為説之若善
男子善女人於如来滅後云何能得是法華
經佛告普賢菩薩若善男子善女人成就四
法於如来滅後當得是法華經一者為諸佛
護念二者殖衆徳本三者入正定聚四者發救
一切衆生之心善男子善女人如是成就四法
於如来滅後必得是經尒時普賢菩薩白佛
言世尊於後五百歳濁惡世中其有受持是
經典者我當守護除其衰患令得安隱使
无伺求得其便者若魔若魔子若魔女若魔
民若為魔所著者若夜叉若羅剎若鳩槃荼
若毗舍闍若吉蔗若富单那若韋陁羅等
諸惱人者皆不得便是人若行若立讀誦此
經我尒時乘六牙白象王與大菩薩衆俱詣
其所而自現身供養守護安慰其心亦為供
養法華經故是人若坐思惟此經尒時我復
乘白象王現其人前其人若於法華經有所忘
失一句一偈我當教之與共讀誦還令通利
尒時受持讀誦法華經者得見我身甚大
歡喜轉復精進以見我故即得三昧及陁羅
尼名為旋陁羅尼百千万億旋陁羅尼法音方

失一句一偈我當敎之與共讀誦還令通利
尒時受持讀誦法華經者得見我身甚大
歡喜轉復精進以見我故即得三昧及陁羅
尼名為旋陁羅尼百千万億旋陁羅尼法音方
便陁羅尼得如是等陁羅尼世尊若後世後
五百歲濁惡世中比丘比丘尼優婆塞優婆
夷求索者受持者讀誦者書寫者欲脩習
是法華經於三七日中應一心精進滿三七日已
我當乘六牙白象王與无量菩薩而自圍繞
以一切衆生所憙見身現其人前而為說法示
教利喜亦復與其陁羅尼呪得是陁羅尼
故无有非人能破壞者亦不為女人之所惑乱
我身亦自常護是人唯願世尊聽我說此
陁羅尼即於佛前而說呪曰
阿檀地一檀陁婆地二檀陁婆帝三檀陁鳩舍
隸四檀陁脩陁隸五脩陁隸六脩陁羅婆底七
佛䭾波羶祢八薩婆陁羅尼阿婆多尼九薩婆
婆沙阿婆多尼十脩阿婆多尼十一僧伽婆履叉
尼十二僧伽涅伽陁尼十三阿僧祇十四僧伽波伽地十五帝
隸阿惰僧伽兜略波羅帝十六薩婆僧伽三摩地
伽蘭地十七薩婆達磨脩波利刹帝十八薩婆薩
埵樓䭾憍舍略阿㝹伽地十九辛阿毗吉利地帝
世尊若有菩薩得聞是陁羅尼者當知普
賢神通之力若法華經行閻浮提有受持者

BD14977 號　妙法蓮華經卷七　（8–5）

埵樓䭾憍舍略阿㝹伽地十九辛阿毗吉利地帝
世尊若有菩薩得聞是陁羅尼者當知普
賢神通之力若法華經行閻浮提有受持者
應作此念皆是普賢威神之力若有受持讀
誦正憶念解其義趣如說脩行當知是人行
普賢行於无量无邊諸佛所深種善根為
諸如來手摩其頭若但書寫是人命終當生
忉利天上是時八万四千天女作衆伎樂而來迎
之其人即著七寶冠於婇女中娛樂快樂何
況受持讀誦正憶念解其義趣如說脩行若有
人受持讀誦解其義趣是人命終為千佛授
手令不恐怖不墮惡趣即往兜率天上弥勒
菩薩所弥勒菩薩有三十二相大菩薩衆所
共圍繞有百千万億天女眷屬而於中生有
如是等功德利益是故智者應當一心自書
若使人書受持讀誦正憶念如說脩行世尊
我今以神通力守護是經於如來滅後閻浮
提內廣令流布使不斷絶尒時釋迦牟尼佛
讚言善哉善哉普賢汝能護助是經令多
所衆生安樂利益汝已成就不可思議功德
深大慈悲從久遠來發阿耨多羅三藐三菩
提意而能作是神通之願守護是經我當
以神通力守護能受持普賢菩薩名者普
賢若有受持讀誦正憶念脩習書寫是經

BD14977 號　妙法蓮華經卷七　（8–6）

深大慈悲從久遠來發阿耨多羅三藐三菩
提意而能作是神通之願守護是經我當
以神通力守護能受持普賢菩薩名者普
賢若有受持讀誦正憶念修習書寫是經
法華經者當知是人則見釋迦牟尼佛如從佛
口聞此經典當知是人供養釋迦牟尼佛當知
是人佛讚善哉當知是人為釋迦牟尼佛手
摩其頭當知是人為釋迦牟尼佛衣之所覆
如是之人不復貪著世樂不好外道經書手
筆亦復不喜親近其人及諸惡者若屠兒若
畜猪羊雞狗若獵師若衒賣女色是人心意
質直有正憶念有福德力是人不為三毒
所惱亦不為嫉妬我慢邪慢增上慢所惱
是人少欲知足能修普賢之行普賢若如來滅
後後五百歲若有人見受持讀誦法華經者
應作是念此人不久當詣道場破諸魔眾
得阿耨多羅三藐三菩提轉法輪擊法鼓
吹法螺雨法雨當坐天人大眾中師子法座上
普賢若於後世受持讀誦是經典者是人不
復貪著衣服卧具飲食資生之物所願不虛
亦於現世得其福報若有人輕毀之言汝狂人
耳空作是行終无所獲如是罪報當世世无
眼若有供養讚歎之者當於今世得現果
報若復見受持是經典者出其過惡若實若
不實此人現世得白癩病若有輕笑之者當世

BD14977號　妙法蓮華經卷七　（8–7）

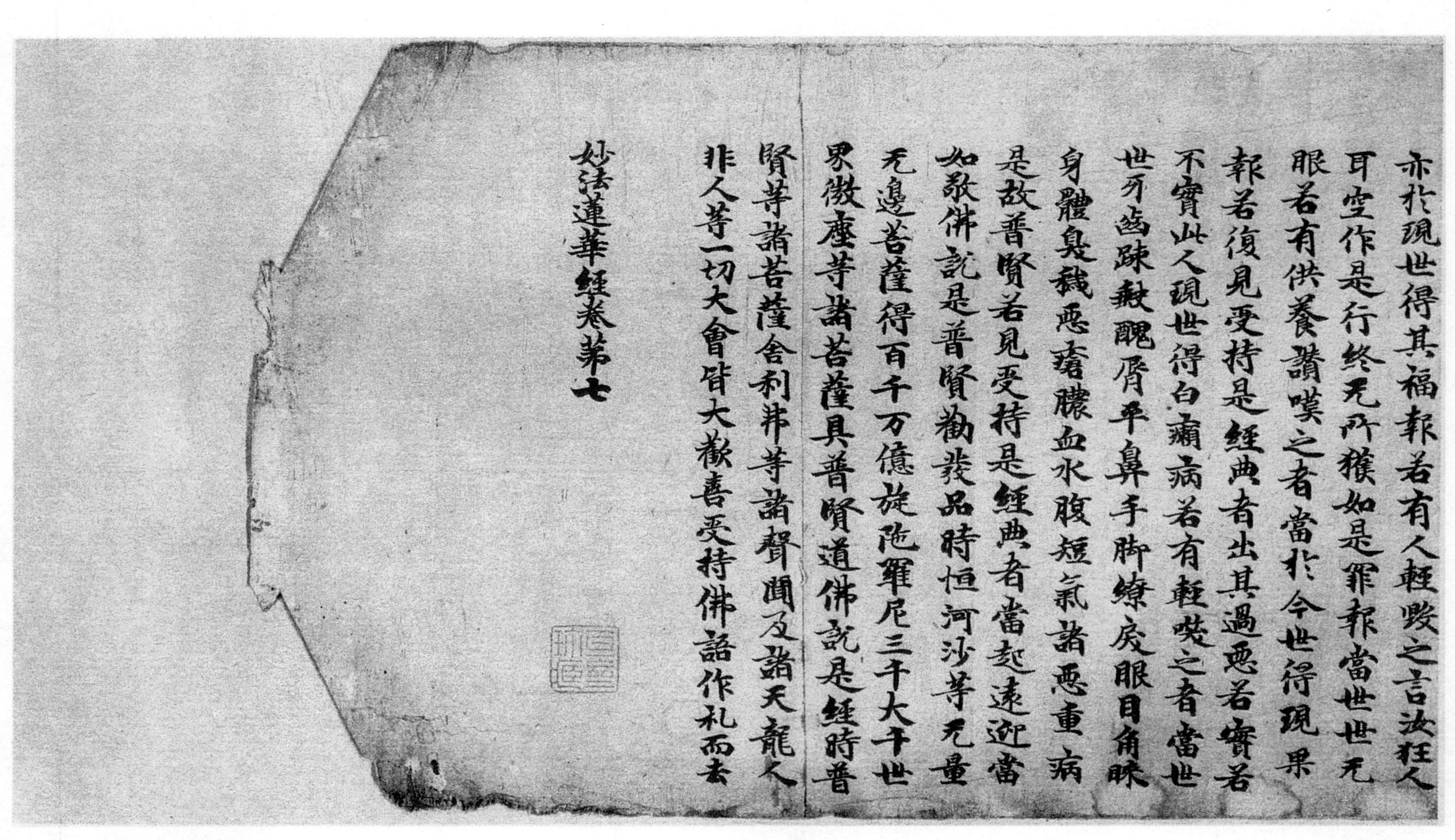

亦於現世得其福報若有人輕毀之言汝狂人
耳空作是行終无所獲如是罪報當世世无
眼若有供養讚歎之者當於今世得現果
報若復見受持是經典者出其過惡若實若
不實此人現世得白癩病若有輕笑之者當世
世牙齒疏缺醜脣平鼻手脚繚戾眼目角睞
身體臭穢惡瘡膿血水腹短氣諸惡重病
是故普賢若見受持是經典者當起遠迎當
如敬佛說是普賢勸發品時恒河沙等无量
无邊菩薩得百千万億旋陀羅尼三千大千世
界微塵等諸菩薩具普賢道佛說是經時普
賢等諸菩薩舍利弗等諸聲聞及諸天龍人
非人等一切大會皆大歡喜受持佛語作礼而去

妙法蓮華經卷第七

BD14977號　妙法蓮華經卷七　（8–8）

BD14977 號背　勘記　　（1–1）

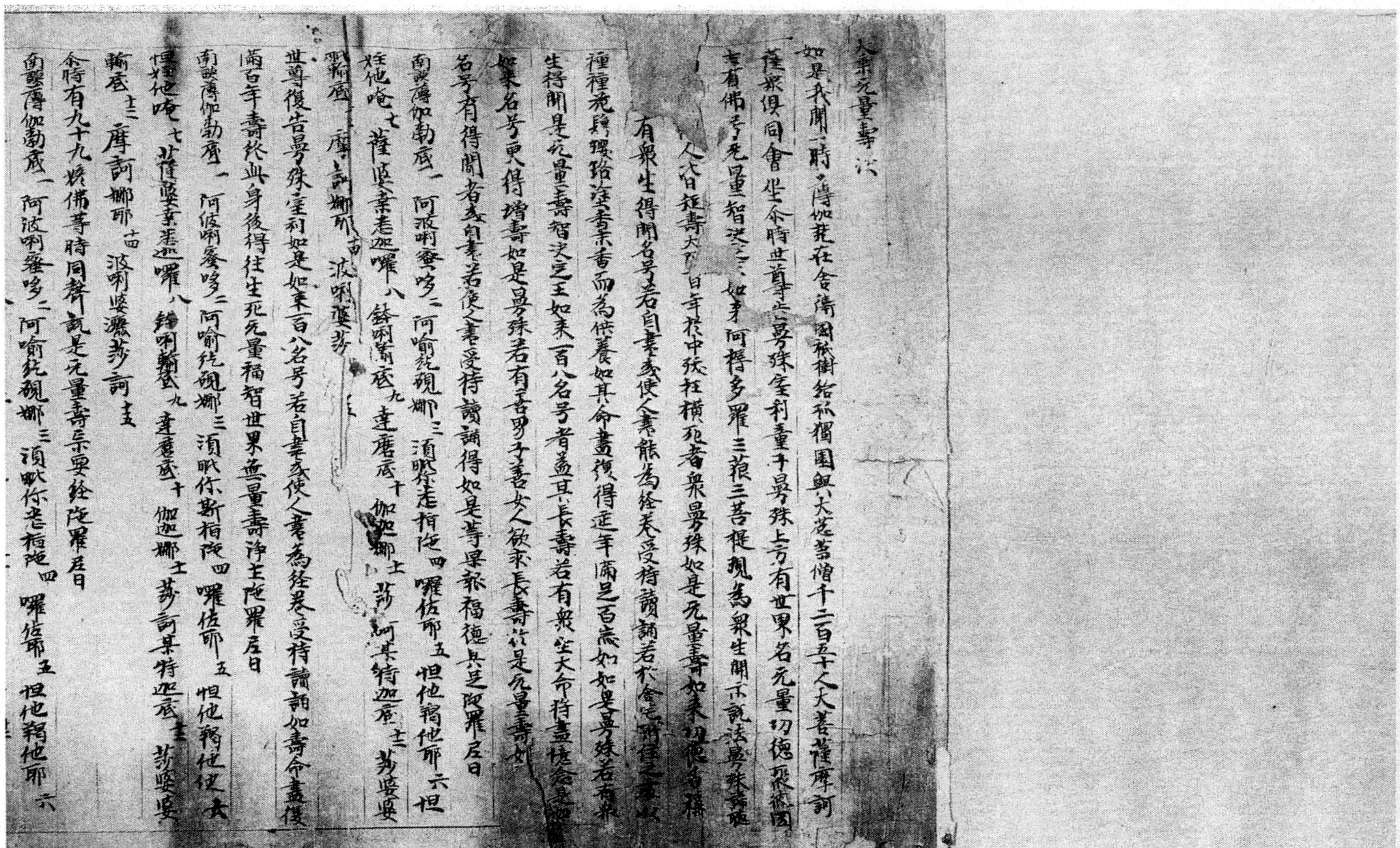

大乘无量壽經
如是我聞一時薄伽梵在舍衛國祇樹給孤獨園與大苾芻僧千二百五十人大菩薩摩訶
薩衆俱同會坐尒時世尊告曼殊室利童子曼殊上方有世界名无量功德聚彼國
土有佛号无量智決定王如來阿羅訶三藐三菩提現為衆生開示說法曼殊[illegible]
人今日短壽大[illegible]百年於中殀枉橫死者衆曼殊如是无量壽如來功德名稱
有衆生得聞名号若自書或使人書能為経卷受持讀誦若於舍宅所住之處以
種種花鬘瓔珞塗香末香而為供養如其命盡復得延年滿足百歲如如是曼殊若有衆
生得聞是无量壽智決定王如來一百八名号者益其長壽若有衆生大命將盡憶念是[illegible]
如來名号更得增壽如是曼殊若有善男子善女人欲求長壽於是无量壽如
來名号有得聞者或自書若使人書受持讀誦得如是等果報福德具足陀羅尼曰
南謨薄伽勃底一　阿波唎蜜哆二　阿喻紇硯娜三　須毗你失指陀四　囉佐耶五　怛他羯他耶六　怛
姪他唵七　薩婆桑塞迦囉八　鉢唎輸底九　達磨底十　伽伽娜十一　莎訶某特迦底十二　莎婆
婆輸底十三　摩訶娜耶十四　波唎婆莎
世尊復告曼殊室利如是如來一百八名号若自書或使人書為経卷受持讀誦如壽命盡復
滿百年壽終此身後得往生无量福智世界无量壽淨土陀羅尼曰
南謨薄伽勃底一　阿波唎蜜哆二　阿喻紇硯娜三　須毗你斯指陀四　囉佐耶五　怛他羯他耶六
怛姪他唵七　薩婆桑塞迦囉八　鉢唎輸底九　達磨底十　伽伽娜十一　莎訶某特迦底十二　莎婆婆
輸底十三　摩訶娜耶十四　波唎婆嚩莎訶十五
尒時有九十九殑伽沙佛等時同聲說是无量壽宗要経陀羅尼曰
南謨薄伽勃底一　阿波唎蜜哆二　阿喻紇硯娜三　須毗你悉指陀四　囉佐耶五　怛他羯他耶六

BD14978 號　無量壽宗要經　　（6–1）

南謨薄伽勃底一 阿彼唎蜜哆二 阿喻紇硯娜三 須毗你斷指陀四 囉佐耶五 怛他羯他耶六
怛姪他唵七 薩婆桒悉迦囉八 鉢唎輸底九 達磨底十 伽迦娜十一 莎訶某特迦底十二 莎婆婆
輸底十三 摩訶娜耶十四 波唎婆瀉莎訶十五
尒時有九十九殑佛等時同聲說是无量壽宗要經陀羅尼曰
南謨薄伽勃底一 阿波唎蜜哆二 阿喻紇硯娜三 須毗你悉指陀四 囉佐耶五 怛他羯他耶六
怛姪他唵七 薩婆桒悉迦囉八 鉢唎輸底九 達磨底十 伽迦娜十一 莎訶某特迦底十二 莎婆毗輸
底十三 摩訶娜耶十四 波唎婆唎莎訶十五
尒時復有百四殑佛一時同聲說是无量壽宗要經陀羅尼曰
南謨薄伽勃底一 阿波唎蜜哆二 阿喻紇硯娜三 須毗你悉指陀四 囉佐耶五 怛他羯他耶六
怛姪他唵七 薩婆桒悉迦囉八 波唎輸底九 達磨底十 伽迦娜十一 莎訶某特迦底十二 薩婆
婆毗輸底十三 摩訶娜耶十四 波唎婆瀉莎訶十五
尒時復有七殑佛一時同聲說是无量壽宗要經陀羅尼曰
南謨薄伽勃底一 阿波唎蜜哆二 阿喻紇硯娜三 須毗你悉指陀四 囉佐耶五 怛他羯他耶六
怛姪他唵七 薩婆桒悉迦囉八 波唎輸底九 達磨底十 伽迦娜十一 莎訶某特迦底十二 薩婆
毗輸底十三 摩訶娜耶十四 波唎婆瀉莎訶十五
尒時復有六十五殑佛一時同聲說是无量壽宗要經陀羅尼曰
南謨薄伽勃底一 阿波唎蜜哆二 阿喻紇硯娜三 須毗你悉指陀四 囉佐耶五 怛姪羯他耶六
怛姪他唵七 薩婆桒悉迦囉八 波唎輸底九 達磨底十 伽迦娜十一 莎訶某特迦底十二 莎婆
婆毗輸底十三 摩訶娜耶十四 波唎婆瀉莎訶十五
尒時復有五十五殑佛一時同聲說是无量壽宗要經陀羅尼曰
南謨薄伽勃底一 阿波唎蜜哆二 阿喻紇硯娜三 須毗你悉指陀四 囉佐耶五 怛他羯他耶六
怛姪他唵七 薩婆桒悉迦囉八 波唎輸底九 達磨底十 伽迦娜十一 莎訶某特迦底十二 薩婆
婆毗輸底十三 摩訶娜耶十四 波唎婆瀉莎訶十五
尒時復有五十五殑佛一時同聲說是无量壽宗要經陀羅尼曰
南謨薄伽勃底一 阿波唎蜜哆二 阿喻紇硯耶三 須毗你悉指陀四 囉佐耶五 怛他羯他耶六 怛姪他唵七
薩婆桒悉迦囉八 波唎輸底九 達磨底十 伽迦娜十一 莎訶某特伽底十二 薩婆婆毗輸底十三 摩
訶娜耶十四 波唎婆瀉莎訶十五
尒時復有三十六殑佛一時同聲說是无量壽宗要經陀羅尼曰
南謨薄伽勃底一 阿波唎蜜哆二 阿喻紇硯耶三 須毗你悉指陀四 囉佐耶五 怛他羯他耶六
怛姪他唵七 薩婆桒悉迦囉八 波唎輸底九 達磨底十 伽迦娜十一 莎訶某特迦底十二 薩婆婆
毗輸底十三 摩訶娜耶十四 波唎婆瀉莎訶十五
尒時復有恒河沙殑佛一時同聲說是无量壽宗要經陀羅尼曰 南謨薄伽勃底一 阿波唎蜜哆二 阿喻紇硯耶三 須毗你悉指陀四 囉佐耶五 怛他羯他耶六 怛姪他

訶娜耶十四 波唎婆瀉莎訶十五
尒時復有三十六殑佛一時同聲說是无量壽宗要經陀羅尼曰
南謨薄伽勃底一 阿波唎蜜哆二 阿喻紇硯耶三 須毗你悉指陀四 囉佐耶五 怛他羯他耶六
怛姪他唵七 薩婆桒悉迦囉八 波唎輸底九 達磨底十 伽迦娜十一 莎訶某特迦底十二 薩婆婆
毗輸底十三 摩訶娜耶十四 波唎婆瀉莎訶十五
尒時復有恒河沙殑佛一時同聲說是无量壽宗要經陀羅尼曰
南謨薄伽勃底一 阿波唎蜜哆二 阿喻紇硯耶三 須毗你悉指陀四 囉佐耶五 怛他羯他耶六 怛姪他
唵七 薩婆桒悉迦囉八 波唎輸底九 達磨底十 伽迦娜十一 莎訶某特迦底十二 薩婆婆毗輸底十三
摩訶娜耶十四 波唎婆瀉莎訶十五
善男子若有自書寫教人書寫是无量壽宗要經如其命盡復得長壽而滿年陀羅尼曰
南謨薄伽勃底一 阿波唎蜜哆二 阿喻紇硯耶三 須毗你悉指陀四 囉佐耶五 怛他羯他耶六 怛姪
他七 薩婆桒悉迦囉八 波唎輸底九 達磨底十 伽迦娜十一 莎訶某迦底十二 薩婆婆毗輸底十三
摩訶娜耶十四 波唎婆瀉莎訶十五
若有自書寫教人書寫是无量壽宗要經讀誦受持竟畢不墮地獄在在所生得宿命智陀
羅尼曰 南謨薄伽勃底一 阿波唎蜜哆二 阿喻紇硯耶三 須毗你悉指陀四 囉佐耶五
怛他羯他耶六 怛姪他唵七 薩婆桒悉迦囉八 波唎輸底九 達磨底十 伽迦娜十一 莎訶某特迦底十二
薩婆婆毗輸底十三 摩訶娜耶十四 波唎婆瀉莎訶十五
若有自書寫教人書寫是无量壽宗要經受持讀誦如同書寫八万四千一切經典陀羅尼曰
南謨薄伽勃底一 阿波唎蜜哆二 阿喻紇硯耶三 須毗你悉指陀四 囉佐耶五 怛他羯他耶六
怛姪他唵七 薩婆桒悉迦囉八 波唎輸底九 達磨底十 伽迦娜十一 莎某特迦底十二 薩婆婆毗輸底十三
摩訶娜耶十四 波唎婆瀉莎訶十五
若有自書寫教人書寫是无量壽宗要經即是書寫八万四千部建立塔廟陀羅尼曰
南謨薄伽勃底一 阿波唎蜜哆二 阿喻紇硯耶三 須毗你悉指陀四 囉佐耶五 怛他羯他耶六
怛姪他唵七 薩婆桒悉迦囉八 波唎輸底九 達磨底十 伽迦娜十一 莎訶某特迦底十二 薩婆婆毗輸底十三
摩訶娜耶十四 波唎婆瀉莎訶十五
若有自書寫教人書寫是无量壽宗要經能消五无間等一切重罪陀羅尼曰
南謨薄伽勃底一 阿波唎蜜哆二 阿喻紇硯耶三 須毗你悉指陀四 囉佐耶五 怛姪他唵七 薩婆桒悉迦
囉八 波唎輸底九 達磨底十 伽迦娜十一 莎訶某特迦底十二 薩婆婆毗輸底十三 摩訶娜耶十四
波唎婆瀉莎訶十五
若有自書寫教人書寫是无量壽宗要經受持讀誦設有重罪猶如須弥盡能除滅陀羅尼曰
南謨薄伽勃底一 阿波唎蜜哆二 阿喻紇耶三 須毗你悉指陀四 囉佐耶五 怛他羯他耶六 怛姪他唵七
薩婆婆毗輸底 薩婆桒悉迦囉八 波唎輸底九 達磨底十 伽迦娜十一 莎訶某特迦底十二 薩婆
毗輸底十三 摩訶娜耶十四 波唎婆瀉莎訶十五

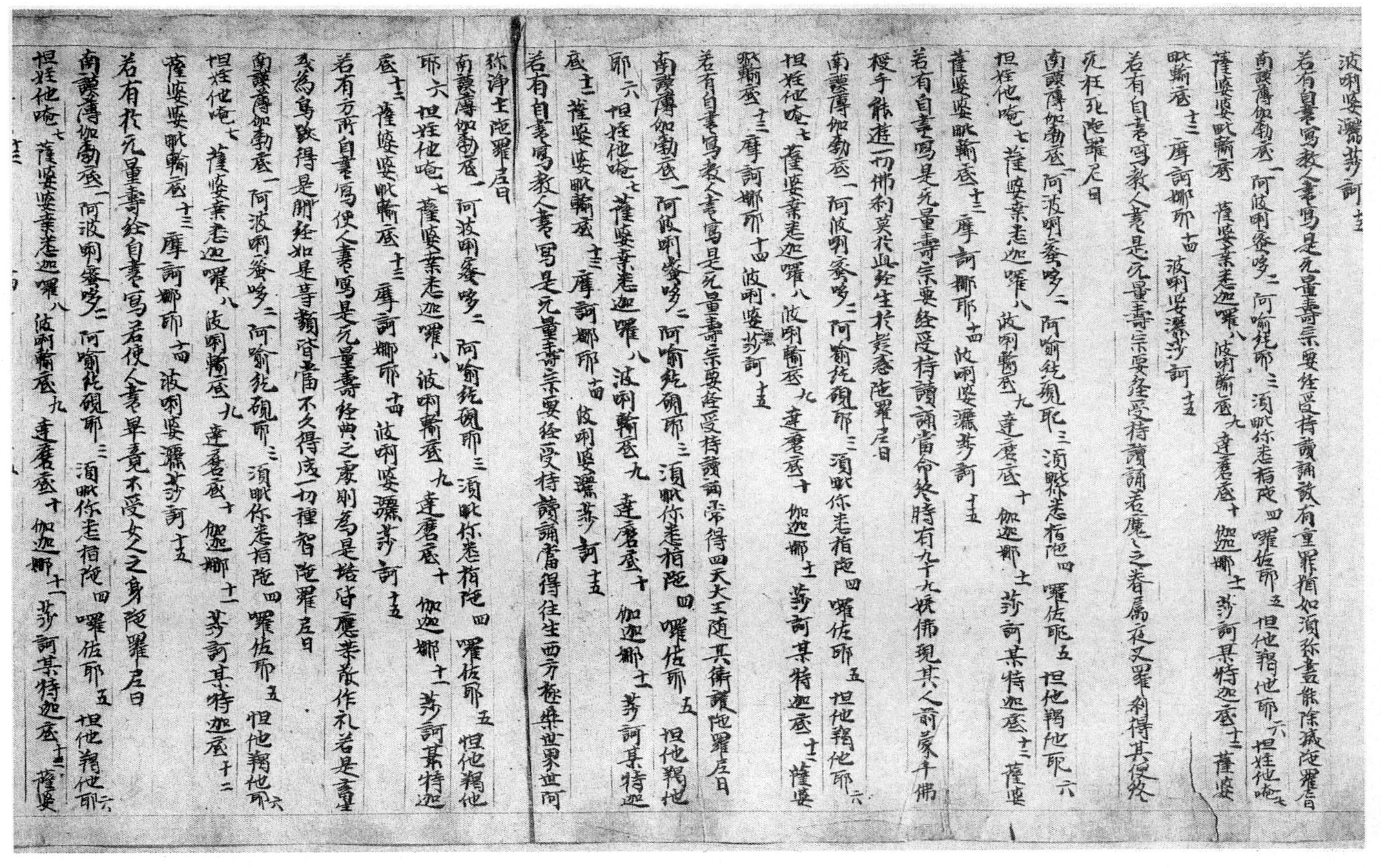
波唎娑濡莎訶十五
若有自書寫教人書寫是无量壽宗要經受持讀誦設有重罪猶如須彌盡能除滅陁羅尼曰
南謨薄伽勃底一 阿波唎蜜哆二 阿喻紇硯耶三 須毗你悉指陁四 囉佐耶五 怛他羯他耶六 怛姪他唵七
薩婆娑毗輸底 薩婆桑悉迦囉八 波唎輸底九 達磨底十 伽迦娜十一 莎訶某特迦底十二 薩婆
毗輸底十三 摩訶娜耶十四 波唎娑濡莎訶十五
若有自書寫教人書是无量壽宗要經受持讀誦若魔魔之眷屬夜叉羅剎得其便終
死枉死陁羅尼曰
南謨薄伽勃底 阿波唎蜜哆二 阿喻紇硯耶三 須毗你悉指陁四 囉佐耶五 怛他羯陁耶六
怛姪他唵七 薩婆桑悉迦囉八 波唎輸底九 達磨底十 伽迦娜十一 莎訶某特迦底十二 薩婆
娑毗輸底十三 摩訶娜耶十四 波唎娑濡莎訶十五
若有自書寫是无量壽宗要經受持讀誦當命終時有九十九俱胝佛現其人前來手佛
授手能遊一切佛剎莫於此經生於疑惑陁羅尼曰
南謨薄伽勃底一 阿波唎蜜哆二 阿喻紇硯耶三 須毗你悉指陁四 囉佐耶五 怛他羯他耶六
怛姪他唵七 薩婆桑悉迦囉八 波唎輸底九 達磨底十 伽迦娜十一 莎訶某特迦底十二 薩婆
娑毗輸底十三 摩訶娜耶十四 波唎娑濡莎訶十五
若有自書寫教人書寫是无量壽宗要經受持讀誦常得四大天王隨其衛護陁羅尼曰
南謨薄伽勃底一 阿波唎蜜哆二 阿喻紇硯耶三 須毗你悉指陁四 囉佐耶五 怛他羯他
耶六 怛姪他唵七 薩婆桑悉迦囉八 波唎輸底九 達磨底十 伽迦娜十一 莎訶某特迦
底十二 薩婆娑毗輸底十三 摩訶娜耶十四 波唎娑濡莎訶十五
若有自書寫教人書寫是无量壽宗要經受持讀誦當得往生西方極樂世界阿
彌淨土陁羅尼曰
南謨薄伽勃底一 阿波唎蜜哆二 阿喻紇硯耶三 須毗你悉指陁四 囉佐耶五 怛他羯他
耶六 怛姪他唵七 薩婆桑悉迦囉八 波唎輸底九 達磨底十 伽迦娜十一 莎訶某特迦
底十二 薩婆娑毗輸底十三 摩訶娜耶十四 波唎娑濡莎訶十五
若有方所自書寫使人書寫是无量壽宗要經典之處則爲是塔皆應恭敬作禮若是畜
生爲鳥獸得聞是經如是等類皆當不久得成一切種智陁羅尼曰
南謨薄伽勃底一 阿波唎蜜哆二 阿喻紇硯耶三 須毗你悉指陁四 囉佐耶五 怛他羯他耶六
怛姪他唵七 薩婆桑悉迦囉八 波唎輸底九 達磨底十 伽迦娜十一 莎訶某特迦底十二
薩婆娑毗輸底十三 摩訶娜耶十四 波唎娑濡莎訶十五
若有於无量壽經自書寫若使人書畢竟不受女人之身陁羅尼曰
南謨薄伽勃底一 阿波唎蜜哆二 阿喻紇硯耶三 須毗你悉指陁四 囉佐耶五 怛他羯他耶六
怛姪他唵七 薩婆桑悉迦囉八 波唎輸底九 達磨底十 伽迦娜十一 莎訶某特迦底十二 薩婆

BD14978號　無量壽宗要經　（6–4）

怛姪他唵七 薩婆桑悉迦囉八 波唎輸底九 達磨底十 伽迦娜十一 莎訶某特迦底十二
薩婆娑毗輸底十三 摩訶娜耶十四 波唎娑濡莎訶十五
若有於无量壽經自書寫若使人書畢竟不受女人之身陁羅尼曰
南謨薄伽勃底一 阿波唎蜜哆二 阿喻紇硯耶三 須毗你悉指陁四 囉佐耶五 怛他羯他耶六
怛姪他唵七 薩婆桑悉迦囉八 波唎輸底九 達磨底十 伽迦娜十一 莎訶某特迦底十二 薩婆
娑毗輸底十三 摩訶娜耶十四 波唎娑濡莎訶十五
若有能於是經少分惠施者等於三千大千世界滿中七寶布施陁羅尼曰
南謨薄伽勃底一 阿波唎蜜哆二 阿喻紇硯耶三 須毗你悉指陁四 囉佐耶五 怛他羯他耶六
怛姪他唵七 薩婆桑悉迦囉八 波唎輸底九 達磨底十 伽迦娜十一 莎訶某特迦底十二 薩婆娑
毗輸底十三 摩訶娜耶十四 波唎娑濡莎訶十五
若有能供養是經者則是供養一切諸經等无有異陁羅尼曰
南謨薄伽勃底一 阿波唎蜜哆二 阿喻紇硯耶三 須毗你悉指陁四 囉佐耶五 怛他羯他耶六 怛姪他
唵七 薩婆桑悉迦囉八 波唎輸底九 達磨底十 伽迦娜十一 莎訶某特迦底十二 薩婆娑毗輸底十三
摩訶娜耶十四 波唎娑濡莎訶十五
如毗婆尸佛尸棄佛毗舍浮佛拘留孫佛拘那含牟尼佛迦葉佛釋迦牟尼佛若有人以七
寶供養如是七佛其福有限書寫受持是无量壽經所有功德不可限量陁羅尼曰
南謨薄伽勃底一 阿波唎蜜哆二 阿喻紇硯耶三 須毗你悉指陁四 囉佐耶五 怛他羯他耶六
怛姪他唵七 薩婆桑悉迦囉八 波唎輸底九 達磨底十 伽迦娜十一 莎訶某特迦底十二 薩婆
娑毗輸底十三 摩訶娜耶十四 波唎娑濡莎訶十五
若有七寶等於須彌以用布施其福上能知其限量是无量壽經典其福不可知數陁羅
尼曰
南謨薄伽勃底一 阿波唎蜜哆二 阿喻紇硯耶三 須毗你悉指陁四 囉佐耶五
怛姪他唵七 怛他羯他耶六 怛姪他唵七 薩婆桑悉迦囉八 波唎輸底九 達磨底十 伽迦娜十一
莎訶某特迦底十二 薩婆娑毗輸底十三 摩訶娜耶十四 波唎娑濡莎訶十五
如是四大海水可知滴數是无量壽經典所生果報不可數量陁羅尼曰
南謨薄伽勃底一 阿波唎蜜哆二 阿喻紇硯耶三 須毗你悉指陁四 囉佐耶五 怛他羯他耶六 怛
姪他唵七 薩婆桑悉迦囉八 波唎輸底九 達磨底十 伽迦娜十一 莎訶某特迦底十二 薩婆娑毗
輸底十三 摩訶娜耶十四 波唎娑濡莎訶十五
南謨薄伽勃底
若有自書寫使人書寫是无量壽經典又能護持供養即如恭敬供養一切十方佛土如來
无有別異陁羅尼曰
南謨薄伽勃底一 阿波唎蜜哆二 阿喻紇硯耶三 須毗你悉指陁四 囉佐耶五 怛他羯他耶六 怛
姪他唵七 薩婆桑悉迦囉八 波唎輸底九 達磨底十 伽迦娜十一 莎訶某特迦底十二 薩婆娑

BD14978號　無量壽宗要經　（6–5）

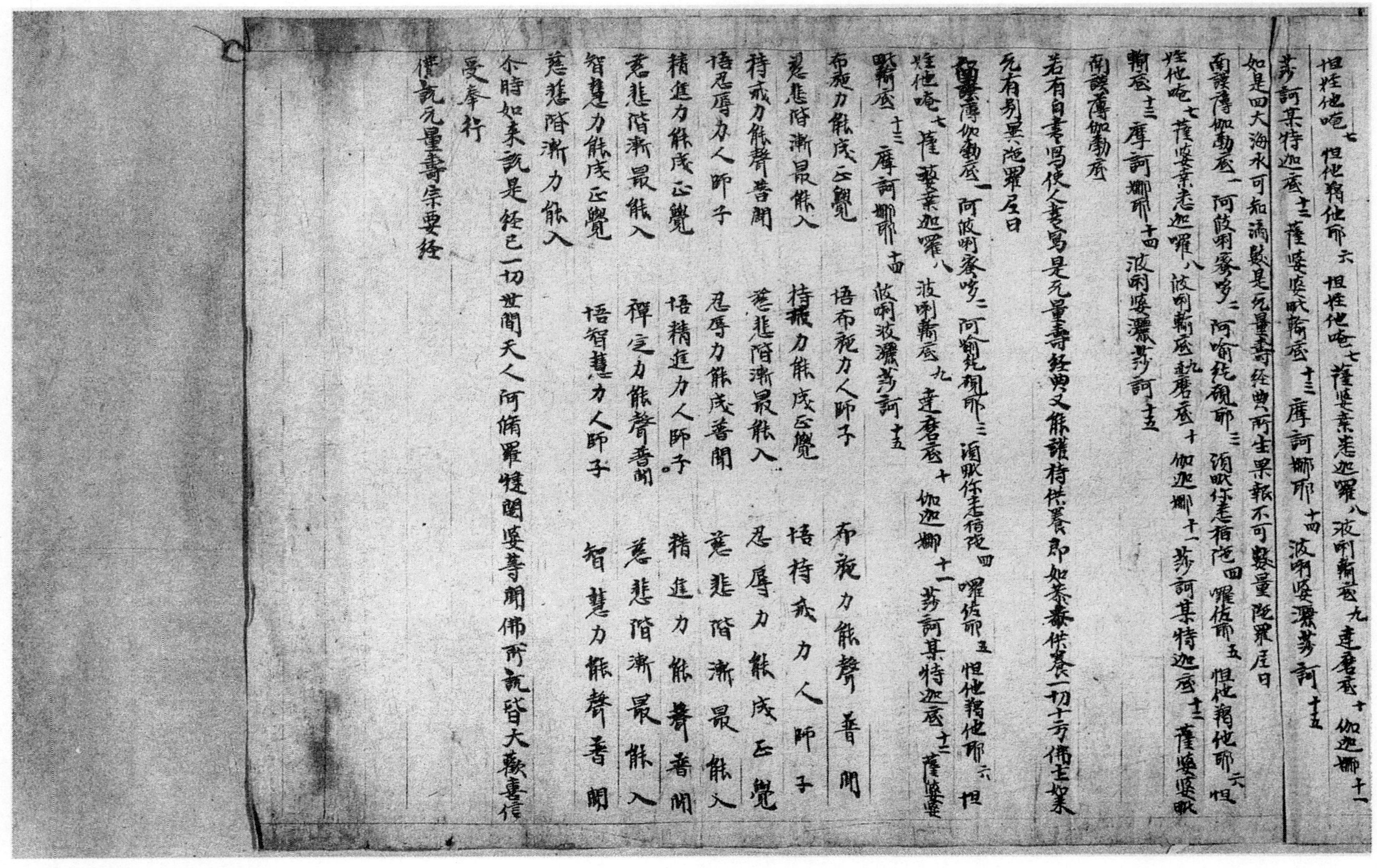
怛姪他唵七　怛他揭他耶六　怛姪他唵七　薩婆桑悉迦囉八　波唎輸底九　達磨底十　伽迦娜十一
莎訶某特迦底十二　薩婆娑毗輸底十三　摩訶娜耶十四　波唎婆濕莎訶十五
如是四大海水可知滴數是無量壽經典所生果報不可數量陁羅尼曰
南謨薄伽勒底一　阿波唎蜜哆二　阿喻紇硯耶三　須毗你悉指陁四　囉佐耶五　怛他揭他耶六　怛
姪他唵七　薩婆桑悉迦囉八　波唎輸底九　達磨底十　伽迦娜十一　莎訶某特迦底十二　薩婆娑毗
輸底十三　摩訶娜耶十四　波唎婆濕莎訶十五
南謨薄伽勒底
若有自書寫使人書寫是無量壽經典又能讀持供養即如恭敬供養一切十方佛土如來
無有別異陁羅尼曰
南謨薄伽勒底一　阿波唎蜜哆二　阿喻紇硯耶三　須毗你悉指陁四　囉佐耶五　怛他揭他耶六　怛
姪他唵七　薩婆桑悉迦囉八　波唎輸底九　達磨底十　伽迦娜十一　莎訶某特迦底十二　薩婆娑
毗輸底十三　摩訶娜耶十四　波唎婆濕莎訶十五
布施力能成正覺　悟布施力人師子　布施力能聲普聞
慈悲階漸最能入　持戒力能成正覺　悟持戒力人師子
持戒力能聲普聞　慈悲階漸最能入　忍辱力能成正覺
悟忍辱力人師子　忍辱力能成普聞　慈悲階漸最能入
精進力能成正覺　悟精進力人師子　精進力能聲普聞
慈悲階漸最能入　禪定力能聲普聞　慈悲階漸最能入
智慧力能成正覺　悟智慧力人師子　智慧力能聲普聞
慈悲階漸力能入
尒時如來說是經已一切世間天人阿脩羅揵闥婆等聞佛所說皆大歡喜信
受奉行
佛說無量壽宗要經

BD14978 號　無量壽宗要經　（6–6）

妙法蓮華經如來壽量品第十六
尒時佛告諸菩薩及一切大衆諸善男子汝
等當信解如來誠諦之語復告大衆汝等當
信解如來誠諦之語又復告諸大衆汝等當
信解如來誠諦之語是時菩薩大衆弥勒為
首合掌白佛言世尊唯願說之我等當信受
佛語如是三白已復言唯願說之我等當信
受佛語尒時世尊知諸菩薩三請不止而告
之言汝等諦聽如來祕密神通之力一切世
間天人及阿脩羅皆謂今釋迦牟尼佛出釋
氏宮去伽耶城不遠坐於道場得阿耨多羅
三藐三菩提然善男子我實成佛已來無量
無邊百千万億那由他劫譬如五百千万億
那由他阿僧祇三千大千世界假使有人末
為微塵過於東方五百千万億那由他阿僧
祇國乃下一塵如是東行盡是微塵諸善男

BD14979 號　妙法蓮華經卷五　（14–1）

氏宮去伽耶城不遠坐於道場得阿耨多羅
三藐三菩提然善男子我實成佛已来无量
无邊百千万億那由他劫譬如五百千万億
那由他阿僧祇三千大千世界假使有人末
為微塵過於東方五百千万億那由他阿僧
祇國乃下一塵如是東行盡是微塵諸善男
子於意云何是諸世界可得思惟挍計知其
數不弥勒菩薩等俱白佛言世尊是諸世界
无量无邊非筭數所知亦非心力所及一切
聲聞辟支佛以无漏智不能思惟知其限數
我等住阿惟越致地於是事中亦所不達世
尊如是諸世界无量无邊尒時佛告大菩薩
衆諸善男子今當分明宣語汝等是諸世界
若著微塵及不著者盡以為塵一塵一劫我
成佛已来復過於此百千万億那由他阿僧
祇劫自從是来我常在此娑婆世界說法教
化亦於餘處百千万億那由他阿僧祇國導
利衆生諸善男子於是中間我說燃燈佛等
又復言其入於涅槃如是皆以方便分別諸
善男子若有衆生来至我所我以佛眼觀其
信等諸根利鈍隨所應度處處自說名字不
同年紀大小亦復現言當入涅槃又以種種
方便說微妙法能令衆生發歡喜心諸善男
子如来見諸衆生樂於小法德薄垢重者為
是人說我少出家得阿耨多羅三藐三菩提
然我實成佛已来久遠若斯但以方便教化

BD14979號　妙法蓮華經卷五　（14–2）

同年紀大小亦復現言當入涅槃又以種種
方便說微妙法能令衆生發歡喜心諸善男
子如来見諸衆生樂於小法德薄垢重者為
是人說我少出家得阿耨多羅三藐三菩提
然我實成佛已来久遠若斯但以方便教化
衆生令入佛道作如是說諸善男子如来所
演經典皆為度脫衆生或說己身或說他身
或示己身或示他身或示己事或示他事諸
所言說皆實不虛所以者何如来如實知見
三界之相无有生死若退若出亦无在世及
滅度者非實非虛非如非異不如三界見於
三界如斯之事如来明見无有錯謬以諸衆
生有種種性種種欲種種行種種憶想分別
故欲令生諸善根以若干因緣譬喻言辭種
種說法所作佛事未曾暫廢如是我成佛已
来甚大久遠壽命无量阿僧祇劫常住不滅
諸善男子我本行菩薩道所成壽命今猶未
盡復倍上數然今非實滅度而便唱言當取
滅度如来以是方便教化衆生所以者何若
佛久住於世薄德之人不種善根貧窮下賤
貪著五欲入於憶想妄見網中若見如来常
在不滅便起憍恣而懷猒怠不能生難遭之
想恭敬之心是故如来以方便說比丘當知
諸佛出世難可值遇所以者何諸薄德人過
无量百千万億劫或有見佛或不見者以此
事故我作是言諸比丘如来難可得見斯衆

BD14979號　妙法蓮華經卷五　（14–3）

想恭敬之心是故如来以方便說比丘當知
諸佛出世難可值遇所以者何諸薄德人過
无量百千万億劫或有見佛或不見者以此
事故我作是言諸比丘如来難可得見斯衆
生等聞如是語必當生於難遭之想心懷戀
慕渴仰於佛便種善根是故如来雖不實滅
而言滅度又善男子諸佛如来法皆如是為
度衆生皆實不虛譬如良醫智慧聰達明練
方藥善治衆病其人多諸子息若十二十乃
至百數以有事緣遠至餘國諸子於後飲他
毒藥藥發悶亂宛轉于地是時其父還來歸
家諸子飲毒或失本心或不失者遥見其父
皆大歡喜拜跪問訊善安隱歸我等愚癡誤
服毒藥願見救療更賜壽命父見子等苦惱
如是依諸經方求好藥草色香美味皆悉具
足擣篩和合與子令服而作是言此大良藥
色香美味皆悉具足汝等可服速除苦惱无
復衆患其諸子中不失心者見此良藥色香
俱好即便服之病盡除愈餘失心者見其父
来雖亦歡喜問訊求索治病然與其藥而不
肯服所以者何毒氣深入失本心故於此好
色香藥而謂不美父作是念此子可愍為毒
所中心皆顛倒雖見我喜求索救療如是好
藥而不肯服我今當設方便令服此藥即作
是言汝等當知我今衰老死時已至是好良

BD14979號　妙法蓮華經卷五　（14–4）

色香藥而謂不美父作是念此子可愍為毒
所中心皆顛倒雖見我喜求索救療如是好
藥而不肯服我今當設方便令服此藥即作
是言汝等當知我今衰老死時已至是好良
藥今留在此汝可取服勿憂不差作是教已
復至他國遣使還告汝父已死是時諸子聞
父背喪心大憂惱而作是念若父在者慈愍
我等能見救護今者捨我遠喪他國自惟孤
露无復恃怙常懷悲感心遂醒悟乃知此藥
色味香美即取服之毒病皆愈其父聞子悉
已得差尋便來歸咸使見之諸善男子於意
云何頗有人能說此良醫虛妄罪不不也世
尊佛言我亦如是成佛已来无量无邊百千
万億那由他阿僧祇劫為衆生故以方便力
言當滅度亦无有能如法說我虛妄過者尒
時世尊欲重宣此義而說偈言
自我得佛来　所經諸劫數　无量百千万　億載阿僧祇
常說法教化　无數億衆生　令入於佛道　尒来无量劫
為度衆生故　方便現涅槃　而實不滅度　常住此說法
我常住於此　以諸神通力　令顛倒衆生　雖近而不見
衆見我滅度　廣供養舍利　咸皆懷戀慕　而生渴仰心
衆生既信伏　質直意柔軟　一心欲見佛　不自惜身命
時我及衆僧　俱出靈鷲山　我時語衆生　常在此不滅
以方便力故　現有滅不滅　餘國有衆生　恭敬信樂者
我復於彼中　為說无上法　汝等不聞此　但謂我滅度

BD14979號　妙法蓮華經卷五　（14–5）

衆生既信伏　質直意柔軟　一心欲見佛　不自惜身命
時我及衆僧　俱出靈鷲山　我時語衆生　常在此不滅
以方便力故　現有滅不滅　餘國有衆生　恭敬信樂者
我復於彼中　為說无上法　汝等不聞此　但謂我滅度
我見諸衆生　沒在於苦惱　故不為現身　令其生渴仰
因其心戀慕　乃出為說法　神通力如是　於阿僧祇劫
常在靈鷲山　及餘諸住處　衆生見劫盡　大火所燒時
我此土安隱　天人常充滿　園林諸堂閣　種種寶莊嚴
寶樹多華菓　衆生所遊樂　諸天擊天鼓　常作衆伎樂
雨曼陁羅華　散佛及大衆　我淨土不毀　而衆見燒盡
憂怖諸苦惱　如是悉充滿　是諸罪衆生　以惡業因緣
過阿僧祇劫　不聞三寶名　諸有脩功德　柔和質直者
則皆見我身　在此而說法　或時為此衆　說佛壽无量
久乃見佛者　為說佛難值　我智力如是　慧光照无量
壽命无數劫　久脩業所得　汝等有智者　勿於此生疑
當斷令永盡　佛語實不虛　如醫善方便　為治狂子故
實在而言死　无能說虛妄　我亦為世父　救諸苦患者
為凡夫顛倒　實在而言滅　以常見我故　而生憍恣心
放逸著五欲　墮於惡道中　我常知衆生　行道不行道
隨應所可度　為說種種法　每自作是意　以何令衆生
得入无上道　速成就佛身

妙法蓮華經分別功德品第十七

尒時大會聞佛說壽命劫數長遠如是无量
无邊阿僧祇衆生得大饒益於時世尊告弥
勒菩薩摩訶薩阿逸多我說是如来壽命長
遠時六百八十万億那由他恒河沙衆生得

BD14979號　妙法蓮華經卷五　（14–6）

妙法蓮華經分別功德品第十七
尒時大會聞佛說壽命劫數長遠如是无量
无邊阿僧祇衆生得大饒益於時世尊告弥
勒菩薩摩訶薩阿逸多我說是如来壽命長
遠時六百八十万億那由他恒河沙衆生得
无生法忍復千倍菩薩摩訶薩得聞持陁羅
尼門復有一世界微塵數菩薩摩訶薩得樂
說无礙辯才復有一世界微塵數菩薩摩訶
薩得百千万億无量旋陁羅尼復有三千大千
世界微塵數菩薩摩訶薩能轉不退法輪復
有二千中國土微塵數菩薩摩訶薩能轉清
淨法輪復有小千國土微塵數菩薩摩訶薩
八生當得阿耨多羅三藐三菩提復有四四
天下微塵數菩薩摩訶薩四生當得阿耨多
羅三藐三菩提復有三四天下微塵數菩薩
摩訶薩三生當得阿耨多羅三藐三菩提復
有二四天下微塵數菩薩摩訶薩二生當得
阿耨多羅三藐三菩提復有一四天下微塵
數菩薩摩訶薩一生當得阿耨多羅三藐三
菩提復有八世界微塵數衆生皆發阿耨多
羅三藐三菩提心佛說是諸菩薩摩訶薩得
大法利時於虛空中雨曼陁羅華摩訶曼陁
羅華以散无量百千万億寶樹下師子座上
諸佛并散七寶塔中師子座上釋迦牟尼佛
及久滅度多寶如来亦散一切諸大菩薩及
四部衆又雨細末栴檀沉水香等於虛空中

BD14979號　妙法蓮華經卷五　（14–7）

羅華以散无量百千万億寶樹下師子座上
諸佛并散七寶塔中師子座上釋迦牟尼佛
及久滅度多寶如來亦散一切諸大菩薩及
四部衆又雨細末栴檀沉水香等於虛空中
天鼓自鳴妙聲深遠又雨千種天衣垂諸瓔
珞真珠瓔珞摩尼珠瓔珞如意珠瓔珞遍於
九方衆寶香爐燒无價香自然周至供養大
會一一佛上有諸菩薩執持幡蓋次第而上
至于梵天是諸菩薩以妙音聲歌无量頌讚
歎諸佛尒時弥勒菩薩從座而起偏袒右肩
合掌向佛而說偈言

佛說希有法　昔所未曾聞　世尊有大力　壽命不可量
无數諸佛子　聞世尊分別　說得法利者　歡喜充遍身
或住不退地　或得陁羅尼　或无礙樂說　万億旋摠持
或有大千界　微塵數菩薩　各各皆能轉　不退之法輪
或有中千界　微塵數菩薩　各各皆能轉　清淨之法輪
復有小千界　微塵數菩薩　餘各八生在　當得成佛道
復有四三二　如是四天下　微塵諸菩薩　隨數生成佛
或一四天下　微塵數菩薩　餘有一生在　當成一切智
如是等衆生　聞佛壽長遠　得无量无漏　清淨之果報
復有八世界　微塵數衆生　聞佛說壽命　皆發无上心
世尊說无量　不可思議法　多有所饒益　如虛空无邊
雨天曼陁羅　摩訶曼陁羅　釋梵如恒沙　无數佛土來
雨栴檀沉水　繽紛而亂墜　如鳥飛空下　供散於諸佛
天鼓虛空中　自然出妙聲　天衣千万種　旋轉而來下

BD14979號　妙法蓮華經卷五　（14–8）

世尊說无量　不可思議法　多有所饒益　如虛空无邊
雨天曼陁羅　摩訶曼陁羅　釋梵如恒沙　无數佛土來
雨栴檀沉水　繽紛而亂墜　如鳥飛空下　供散於諸佛
天鼓虛空中　自然出妙聲　天衣千万種　旋轉而來下
衆寶妙香爐　燒无價之香　自然悉周遍　供養諸世尊
其大菩薩衆　執七寶幡蓋　高妙万億種　次第至梵天
一一諸佛前　寶幢懸勝幡　亦以千万偈　歌詠諸如來
如是種種事　昔所未曾有　聞佛壽无量　一切皆歡喜
佛名聞十方　廣饒益衆生　一切具善根　以助无上心

尒時佛告弥勒菩薩摩訶薩阿逸多其有衆
生聞佛壽命長遠如是乃至能生一念信解
所得功德无有限量若有善男子善女人為
阿耨多羅三藐三菩提於八十万億那由他
劫行五波羅蜜檀波羅蜜尸羅波羅蜜羼提
波羅蜜毗梨耶波羅蜜禪波羅蜜除般若波
羅蜜以是功德比前功德百分千分百千万
億分不及其一乃至筭數譬喻所不能知若
善男子有如是功德於阿耨多羅三藐三菩
提退者无有是處尒時世尊欲重宣此義而
說偈言

若人求佛慧　於八十万億　那由他劫數　行五波羅蜜
於是諸劫中　布施供養佛　及緣覺弟子　并諸菩薩衆
珎異之飲食　上服與卧具　栴檀立精舍　以園林莊嚴
如是等布施　種種皆微妙　盡此諸劫數　以迴向佛道
若復持禁戒　清淨无缺漏　求於无上道　諸佛之所歎

BD14979號　妙法蓮華經卷五　（14–9）

於是諸劫中　布施供養佛　及緣覺弟子　并諸菩薩衆
珎異之飲食　上服與臥具　栴檀立精舍　以園林莊嚴
如是等布施　種種皆微妙　盡此諸劫數　以迴向佛道
若復持禁戒　清淨无缺漏　求於无上道　諸佛之所歎
若復行忍辱　住於調柔地　設衆惡來加　其心不傾動
諸有得法者　懷於增上慢　為此所輕惱　如是亦能忍
若復勤精進　志念常堅固　於无量億劫　一心不懈息
又於无數劫　住於空閑處　若坐若經行　除睡常攝心
以是因緣故　能生諸禪定　八十億万劫　安住心不亂
持此一心福　願求无上道　我得一切智　盡諸禪定際
是人於百千　万億劫數中　行此諸功德　如上之所說
有善男女等　聞我說壽命　乃至一念信　其福過於彼
若人悉无有　一切諸疑悔　深心須臾信　其福為如此
其有諸菩薩　无量劫行道　聞我說壽命　是則能信受
如是諸人等　頂受此經典　願我於未來　長壽度衆生
如今日世尊　諸釋中之王　道場師子吼　說法无所畏
我等未來世　一切所尊敬　坐於道場時　說壽亦如是
若有深心者　清淨而質直　多聞能捴持　隨義解佛語
如是諸人等　於此无有疑
又阿逸多若有聞佛壽命長遠解其言趣是
人所得功德无有限量能起如來无上之慧
何況廣聞是經若教人聞若自持若教人持
若自書若教人書若以華香瓔珞幢幡繒蓋
香油蘇燈供養經卷是人功德无量无邊能
生一切種智阿逸多若善男子善女人聞我

BD14979號　妙法蓮華經卷五　（14–10）

何況廣聞是經若教人聞若自持若教人持
若自書若教人書若以華香瓔珞幢幡繒蓋
香油蘇燈供養經卷是人功德无量无邊能
生一切種智阿逸多若善男子善女人聞我
說壽命長遠深心信解則為見佛常在耆闍
崛山共大菩薩諸聲聞衆圍繞說法又見此
娑婆世界其地瑠璃坦然平正閻浮檀金以
界八道寶樹行列諸臺樓觀皆悉寶成其菩
薩衆咸處其中若有能如是觀者當知是為
深信解相又復如來滅後若聞是經而不毀
呰起隨喜心當知已為深信解相何況讀誦
受持之者斯人則為頂戴如來阿逸多是善
男子善女人不須為我復起塔寺及作僧坊
以四事供養衆僧所以者何是善男子善女
人受持讀誦是經典者為已起塔造立僧坊
供養衆僧則為以佛舍利起七寶塔高廣漸
小至于梵天懸諸幡蓋及衆寶鈴華香瓔珞
末香塗香燒香衆鼓伎樂簫笛箜篌種種儛
戲以妙音聲歌唄讚頌則為於无量千万億
劫作是供養已阿逸多若我滅後聞是經典
有能受持若自書若教人書則為起立僧坊
以赤栴檀作諸殿堂三十有二高八多羅樹
高廣嚴好百千比丘於其中止園林流池經
行禪窟衣服飲食床褥湯藥一切樂具充滿
其中如是僧坊堂閣若干百千万億其數无

BD14979號　妙法蓮華經卷五　（14–11）

以赤栴檀作諸殿堂三十有二高八多羅樹
高廣嚴好百千比丘於其中止園林流池經
行禪窟衣服飲食床褥湯藥一切樂具充滿
其中如是僧坊堂閣若干百千万億其數无
量以此現前供養於我及比丘僧是故我說
如來滅後若有受持讀誦為他人說若自書
若教人書供養經卷不須復起塔寺及造僧
坊供養衆僧況復有人能持是經兼行布施
持戒忍辱精進一心智慧其德㝡勝无量无
邊譬如虛空東西南北四維上下无量无邊
是人功德亦復如是无量无邊疾至一切種
智若人讀誦受持是經為他人說若自書若
教人書復能起塔及造僧坊供養讚歎聲聞
衆僧亦以百千万億讚歎之法讚歎菩薩功
德又為他人種種因緣隨義解說此法華經
復能清淨持戒與柔和者而共同止忍辱无
瞋志念堅固常貴坐禪得諸深定精進勇猛
攝諸善法利根智慧善荅問難阿逸多若我
滅後諸善男子善女人受持讀誦是經典者
復有如是諸善功德當知是人已趣道場近
阿耨多羅三藐三菩提坐道樹下阿逸多是
善男子若坐若立若行處此中便應起塔一
切天人皆應供養如佛之塔尒時世尊欲重
宣此義而說偈言
若我滅度後　能奉持此經　斯人福无量　如上之所說

BD14979號　妙法蓮華經卷五　（14–12）

切天人皆應供養如佛之塔尒時世尊欲重
宣此義而說偈言
若我滅度後　能奉持此經　斯人福无量　如上之所說
是則為具足　一切諸供養　以舍利起塔　七寶而莊嚴
表刹甚高廣　漸小至梵天　寶鈴千万億　風動出妙音
又於无量劫　而供養此塔　華香諸瓔珞　天衣衆伎樂
燃香油蘇燈　周帀常照明　惡世法末時　能持是經者
則為已如上　具足諸供養　若能持此經　則如佛現在
以牛頭栴檀　起僧坊供養　堂有三十二　高八多羅樹
上饌妙衣服　床臥皆具足　百千衆住處　園林諸流池
經行及禪窟　種種皆嚴好　若有信解心　受持讀誦書
若復教人書　及供養經卷　散華香末香　以須曼瞻蔔
阿提目多伽　薰油常燃之　如是供養者　得无量功德
如虛空无邊　其福亦如是　況復持此經　兼布施持戒
忍辱樂禪定　不瞋不惡口　恭敬於塔廟　謙下諸比丘
遠離自高心　常思惟智慧　有問難不瞋　隨順為解說
若能行是行　功德不可量　若見此法師　成就如是德
應以天華散　天衣覆其身　頭面接足禮　生心如佛想
又應作是念　不久詣道樹　得无漏无為　廣利諸人天
其所住止處　經行若坐臥　乃至說一偈　是中應起塔
莊嚴令妙好　種種以供養　佛子住此地　則是佛受用
常在於其中　經行及坐臥

妙法蓮華經卷第五

BD14979號　妙法蓮華經卷五　（14–13）

BD14979 號　妙法蓮華經卷五　　（14–14）

BD14979 號背　勘記、印章　　（1–1）

所生諸受我无我相不可得宣說耳鼻舌身
意觸為緣所生諸受我无我相亦不可得宣
說眼觸為緣所生諸受淨不淨相不可得宣
說耳鼻舌身意觸為緣所生諸淨不淨相
亦不可得宣說眼觸為緣所生諸受遠離不
遠離相不可得宣說耳鼻舌身意觸為緣所
生諸受遠離不遠離相亦不可得宣說眼觸
為緣所生諸受寂靜不寂靜相不可得宣說
耳鼻舌身意觸為緣所生諸受寂靜不寂靜
相亦不可得无數如來應正等覺為諸菩薩
摩訶薩衆宣說地界常无常相不可得宣說
水火風空識界常无常相亦不可得宣說地
界樂无樂相不可得宣說水火風空識界樂
无樂相亦不可得宣說地界我无我相不可
得宣說水火風空識界我无我相亦不可得
宣說地界淨不淨相不可得宣說水火風空

BD14980號　大般若波羅蜜多經卷五八二　（13–1）

水火風空識界常无常相亦不可得宣說地
界樂无樂相不可得宣說水火風空識界樂
无樂相亦不可得宣說地界我无我相不可
得宣說水火風空識界我无我相亦不可得
宣說地界淨不淨相不可得宣說水火風空
識界淨不淨相亦不可得宣說地界遠離不
遠離相不可得宣說水火風空識界遠離不
遠離相亦不可得宣說地界寂靜不寂靜相
不可得宣說水火風空識界寂靜不寂靜相
亦不可得无數如來應正等覺為諸菩薩摩
訶薩衆宣說因緣常无常相不可得宣說等
无間緣所緣緣增上緣常无常相亦不可得
宣說因緣樂无樂相不可得宣說等无間緣
所緣緣增上緣樂无樂相亦不可得宣說因
緣我无我相不可得宣說等无間緣所緣緣
增上緣我无我相亦不可得宣說因緣淨不
淨相不可得宣說等无間緣所緣緣增上緣
淨不淨相亦不可得宣說因緣遠離不遠離
相不可得宣說等无間緣所緣緣增上緣遠
離不遠離相亦可得宣說因緣寂靜不寂靜
相不可得宣說等无間緣所緣緣增上緣寂
靜不寂靜相亦不可得无數如來應正等覺
為諸菩薩摩訶薩衆宣說无明常无常相不
可得宣說行識名色六處觸受愛取有生老
死常无常相亦不可得宣說无明樂无樂相
不可得宣說行識名色六處觸受愛取有生
老死樂无樂相亦不可得宣說无明我无[illegible]

BD14980號　大般若波羅蜜多經卷五八二　（13–2）

……宣說无明常无常相不
可得宣說行識名色六處觸受愛取有生老
死常无常相亦不可得宣說无明樂无樂相
不可得宣說行識名色六處觸受愛取有生
老死樂无樂相亦不可得宣說无明我无我
相不可得宣說行識名色六處觸受愛取有
生老死我无我相亦不可得宣說无明淨不
淨相不可得宣說行識名色六處觸受愛取
有生老死淨不淨相亦不可得宣說无明遠
離不遠離相不可得宣說行識名色六處觸
受愛取有生老死遠離不遠離相亦不可得
宣說无明寂靜不寂靜相不可得宣說行識
名色六處觸受愛取有生老死寂靜不寂靜
相亦不可得无數如來應正等覺為諸大衆
宣說種種有无有等差別法門佛神力故復
見東方无量殑伽沙等世界无數如來應正
等覺為欲饒益諸菩薩故多俱胝劫不般涅
槃未發无上菩提心者令其發心已發无上
菩提心者令永不退若於无上正等菩提已
不退者令其圓滿一切智智无數如來應正
等覺為欲饒益諸聲聞故經多劫住方便成
熟未發心者化令發心已發心者令勤脩行
已脩行者令其證得阿羅漢果无數如來應
正等覺為[欲]饒益諸獨覺故經多劫住方便
成熟未發心者化令發心已發心者令勤脩
行已脩行者令其證得獨覺菩提无數如來
應正等覺為欲饒益諸有情故經多劫住方

BD14980號　大般若波羅蜜多經卷五八二　（13–3）

正等覺為[欲]饒益諸獨覺故經多劫住方便
成熟未發心者化令發心已發心者令勤脩
行已脩行者令其證得獨覺菩提无數如來
應正等覺為欲饒益諸有情故經多劫住方
便成熟或令无量殑伽沙等諸有情類隨其
種姓得般涅槃或令无量殑伽沙等諸有情
類脫惡趣苦得人天樂无數如來應正等覺
以神通力往餘无量无邊世界方便善巧利
益安樂无量有情時舍利子見如是事歡喜
踊躍便白佛言甚奇世尊希有善逝成就如
是大威神力能令我等得見東方无量殑伽
沙等世界无數菩薩摩訶薩衆行菩薩行種
種差別无數如來應正等覺種種方便饒益
有情甚奇世尊希有善逝諸佛成就廣大
妙法能令菩薩發心趣求諸佛所成廣大妙法
所謂无上正等菩提爾時世尊告舍利子如
是如如是如汝所說佛成就廣大妙法能令
菩薩發心趣求諸佛所成廣大妙法所謂无
上正等菩提由此能脩資粮圓滿疾能證得
一切智智
時舍利子及諸大衆佛神力故復見南方无
量殑伽沙等世界无數菩薩坐菩提座廣說
乃至无數菩薩降伏无量天魔怨敵令退散
已證得无上正等菩提佛神力故復見南方、
无量殑伽沙等世界无數如來應正等覺為
諸菩薩摩訶薩衆宣說色蘊常无常相不可

BD14980號　大般若波羅蜜多經卷五八二　（13–4）

乃至无數菩薩降伏无量天魔怨敵令退散
已證得无上正等菩提佛神力故復見南方
无量殑伽沙等世界无數如來應正等覺為
諸菩薩摩訶薩衆宣說色蘊常无常相不可
得宣說受想行識蘊常无常相亦不可得廣
說乃至无數如來應正等覺以神通力往餘
无量无邊世界方便善巧利益安樂无量有
情時舍利子見如是事歡喜踊躍便白佛言
甚奇世尊希有善逝成就如是大威神力能
令我等得見南方无量殑伽沙等世界无數
菩薩摩訶薩衆行菩薩行種種善刹无數如
來應正等覺種種方便饒益有情甚奇世尊
希有善逝諸佛成就廣大妙法能令菩薩
發心趣求諸佛所成廣大妙法所謂无上正
等菩提尒時世尊告舍利子如是如是如汝
所說諸佛成就廣大妙法能令菩薩發心趣
求諸佛所成廣大妙法謂无上正等菩提
由此能脩資粮圓滿疾能證得一切智智時
舍利子及諸大衆佛神力故復見西方无量
殑伽沙等世界无數菩薩坐菩提座廣說乃
至无數菩薩降伏无量天魔怨敵令退散已
證得无上正等菩提佛神力故復見西方无
量殑伽沙等世界无數如來應正等覺為諸
菩薩摩訶薩衆宣說色蘊常无常相不可得
宣說受想行識蘊常无常相亦不可得廣說
乃至无數如來應正等覺以神通力往餘无

BD14980號　大般若波羅蜜多經卷五八二　（13–5）

菩薩摩訶薩衆宣說色蘊常无常相不可得
宣說受想行識蘊常无常相亦不可得廣說
乃至无數如來應正等覺以神通力往餘无
量无邊世界方便善巧利益安樂无量有情
時舍利子見如是事歡喜踊躍便白佛言甚
奇世尊希有善逝成就如是大威神力能令
我等得見西方无量殑伽沙等世界无數菩
薩摩訶薩衆行菩薩行種種善刹无數如來
應正等覺種種方便饒益有情甚奇世尊希
有善逝諸佛成就廣大妙法能令菩薩發心
趣求諸佛所成廣大妙法所謂无上正等菩
提尒時世尊告舍利子如是如是如汝所說
諸佛成就廣大妙法能令菩薩發心趣求諸
佛所成廣大妙法所謂无上正等菩提由此
能脩資粮圓滿疾能證得一切智智時舍利
子及諸大衆佛神力故復見北方无量殑伽
沙等世界无數菩薩坐菩提座廣說乃至无
數菩薩降伏无量天魔怨敵令退散已證得
无上正等菩提佛神力故復見北方无量殑
伽沙等世界无數如來應正等覺為諸菩薩
摩訶薩衆宣說色蘊常无常相不可得宣說
受想行識蘊常无常相亦不可得廣說乃至
无數如來應正等覺以神通力往餘无量无
邊世界方便善巧利益安樂无量有情時舍
利子見如是事歡喜踊躍便白佛言甚奇世
尊希有善逝成就如是大威神力能令我等

BD14980號　大般若波羅蜜多經卷五八二　（13–6）

无數如來應正等覺以神通力往餘无量无
邊世界方便善巧利益安樂无量有情時舍
利子見如是事歡喜踊躍便白佛言甚奇世
尊希有善逝成就如是大威神力能令我等
得見北方无量殑伽沙等世界无數菩薩摩
訶薩衆行菩薩行種種差別无數如來應正
等覺種種方便饒益有情甚奇世尊希有
善逝諸佛成就廣大妙法能令菩薩發心趣求
諸佛所成廣大妙法所謂无上正等菩提尒
時世尊告舍利子如是如是如汝所說諸佛
成就廣大妙法能令菩薩發心趣求諸佛所
成廣大妙法所謂无上正等菩提由此能脩
資粮圓滿疾能證得一切智智時舍利子及
諸大衆佛神力故復見東南方无量殑伽沙
等世界无數菩薩坐菩提座廣說乃至无數
菩薩降伏无量天魔怨敵令退散已證得无
上正等菩提佛神力故復見東南方无量殑
伽沙等世界无數如來應正等覺爲諸菩薩
摩訶薩衆宣說色蘊常无常相不可得宣說
受想行識蘊常无常相亦不可得廣說乃至
无數如來應正等覺以神通力往餘无量无
邊世界方便善巧利益安樂无量有情時舍
利子見如是事歡喜踊躍便白佛言甚奇世
尊希有善逝成就如是大威神力能令我等
得見東南方无量殑伽沙等世界无數菩薩
摩訶薩衆行菩薩行種種差別无數如來應

BD14980號　大般若波羅蜜多經卷五八二　（13–7）

邊世界方便善巧利益安樂无量有情時舍
利子見如是事歡喜踊躍便白佛言甚奇世
尊希有善逝成就如是大威神力能令我等
得見東南方无量殑伽沙等世界无數菩薩
摩訶薩衆行菩薩行種種差別无數如來應
正等覺種種方便饒益有情甚奇世尊希有
善逝諸佛成就廣大妙法能令菩薩發心趣
求諸佛所成廣大妙法所謂无上正等菩提
尒時世尊告舍利子如是如是如汝所說諸
佛成就廣大妙法能令菩薩發心趣求諸佛
所成廣大妙法所謂无上正等菩提由此能
脩資粮圓滿疾能證得一切智智時舍利子
及諸大衆佛神力故復見西南方无量殑伽
沙等世界无數菩薩坐菩提座廣說乃至无
數菩薩降伏无量天魔怨敵令退散已證得
无上正等菩提佛神力故復見西南方无量
殑伽沙等世界无數如來應正等覺爲諸菩
薩摩訶薩衆宣說色蘊常无常相不可得宣
說受想行識蘊常无常相亦不可得廣說乃
至无數如來以神通力往餘无量无邊世界
方便善巧利益安樂无量有情時舍利子見
如是事歡喜踊躍便白佛言甚奇世尊希有
善逝成就如是大威神力能令我等得見西
南方无量殑伽沙等世界无數菩薩摩訶薩
衆行菩薩行種種差別无數如來應正等覺
種種方便饒益有情甚奇世尊希有善逝諸
佛成就廣大妙法能令菩薩發心趣求諸佛

BD14980號　大般若波羅蜜多經卷五八二　（13–8）

如是事歡喜踊躍便白佛言甚奇世尊希有
善逝成就如是大威神力能令我等得見西
南方无量殑伽沙等世界无數菩薩摩訶薩
衆行菩薩行種種差別无數如來應正等覺
種種方便饒益有情甚奇世尊希有善逝諸
佛成就廣大妙法能令菩薩發心趣求諸佛
所成廣大妙法所謂无上正等菩提尒時世
尊告舍利子如是如是如汝所說諸佛成就
廣大妙法能令菩薩發心趣求諸佛所成廣
大妙法所謂无上正等菩提由此能脩資粮
圓滿疾能證得一切智智時舍利子及諸大
衆佛神力故復見西北方无量殑伽沙等世
界无數菩薩生菩提座廣說乃至无數菩薩
降伏无量天魔怨敵令退散已證得无上正
等菩提佛神力故復見西北方无量殑伽沙
等世界无數如來應正等覺為諸菩薩摩訶
薩衆宣說色蘊常无常相不可得宣說受想
行識蘊常无常相亦不可得廣說乃至无數
如來應正等覺以神通力往餘无量无邊世
界方便善巧利益安樂无量有情時舍利子
見如是事歡喜踊躍便白佛言甚奇世尊希
有善逝成就如是大威神力能令我等得見
西北方无量殑伽沙等世界无數菩薩摩訶
薩衆行菩薩行種種差別无數如來應正等
覺種種方便饒益有情甚奇世尊希有善逝
諸佛成就廣大妙法能令菩薩發心趣求諸
佛所成廣大妙法所謂无上正等菩提尒時

BD14980 號　大般若波羅蜜多經卷五八二　（13–9）

薩衆行菩薩行種種差別无數如來應正等
覺種種方便饒益有情甚奇世尊希有善逝
諸佛成就廣大妙法能令菩薩發心趣求諸
佛所成廣大妙法所謂无上正等菩提尒時
世尊告舍利子如是如是如汝所說諸佛成
就廣大妙法能令菩薩發心趣求諸佛所成
廣大妙法所謂无上正等菩提由此能脩資
粮圓滿疾能證得一切智智時舍利子及諸
大衆佛神力故復見東北方无量殑伽沙等
世界无數菩薩生菩提座廣說乃至无數菩
薩降伏无量天魔怨敵令退散已證得无上
正等菩提佛神力故復見東北方无量殑伽
沙等世界无數如來應正等覺為諸菩薩摩
訶薩衆宣說色蘊常无常相不可得宣說受
想行識蘊常无常相亦不可得廣說乃至无
數如來應正等覺以神通力往餘无量无邊
世界方便善巧利益安樂无量有情時舍利
子見如是事歡喜踊躍便白佛言甚奇世尊
希有善逝成就如是大威神力能令我等得
見東北方无量殑伽沙等世界无數菩薩摩
訶薩衆行菩薩行種種差別无數如來應正
等覺種種方便饒益有情甚奇世尊希有善
逝諸佛成就廣大妙法能令菩薩發心趣求
諸佛所成廣大妙法所謂无上正等菩提尒
時世尊告舍利子如是如是如汝所說諸佛
成就廣大妙法能令菩薩發心趣求諸佛所
成廣大妙法所謂无上正等菩提由此能脩

BD14980 號　大般若波羅蜜多經卷五八二　（13–10）

已說佛所成廣大妙法能令菩薩發心趣求
諸佛所成廣大妙法所謂无上正等菩提尒
時世尊告舍利子如是如是如汝所說諸佛
成就廣大妙法能令菩薩發心趣求諸佛所
成廣大妙法所謂无上正等菩提由此能脩
資粮圓滿疾能證得一切智智時舍利子及
諸大衆佛神力故復見下方无量殑伽沙等
世界无數菩薩坐菩提座廣說乃至无數菩
薩降伏无量天魔怨敵令退散已證得无上
正等菩提佛神力故復見下方无量殑伽沙
等世界无數如來應正等覺爲諸菩薩摩訶
薩衆宣說色蘊常无常相不可得宣說受想
行識蘊常无常相亦不可得廣說乃至无數
如來應正等覺以神通力往餘无量无邊世
界方便善巧利益安樂无量有情時舍利子
見如是事歡喜踊躍便白佛言甚奇世尊希
有善逝成就如是大威神力能令我等得見
下方无量殑伽沙等世界无數菩薩摩訶薩
衆行菩薩行種種差別无數如來應正等覺
種種方便饒益有情甚奇世尊希有善逝諸
佛成就廣大妙法能令菩薩發心趣求諸佛
所成廣大妙法所謂无上正等菩提尒時世
尊告舍利子如是如是如汝所說諸佛成就
廣大妙法能令菩薩發心趣求諸佛所成廣
大妙法所謂无上正等菩提由此能脩資粮
圓滿疾能證得一切智智時舍利子及諸大
衆佛神力故復見上方无量殑伽沙等世界

BD14980號　大般若波羅蜜多經卷五八二　（13–11）

尊告舍利子如是如是如汝所說諸佛成就
廣大妙法能令菩薩發心趣求諸佛所成廣
大妙法所謂无上正等菩提由此能脩資粮
圓滿疾能證得一切智智時舍利子及諸大
衆佛神力故復見上方无量殑伽沙等世界
无數菩薩坐菩提座廣說乃至无數菩薩降
伏无量天魔怨敵令退散已證得无上正等
菩提佛神力故復見上方无量殑伽沙等世
界无數如來應正等覺爲諸菩薩摩訶薩衆
宣說色蘊常无常相不可得宣說受想行識
蘊常无常相亦不可得廣說乃至无數如來
應正等覺以神通力往餘无量无邊世界方
便善巧利益安樂无量有情時舍利子見如
是事歡喜踊躍便白佛言甚奇世尊希有善
逝成就如是大威神力能令我等得見上方
无量殑伽沙等世界无數菩薩摩訶薩衆行
菩薩行種種差別无數如來應正等覺種種
方便饒益有情甚奇世尊希有善逝諸佛成
就廣大妙法能令菩薩發心趣求諸佛所成
廣大妙法所謂无上正等菩提尒時世尊告
舍利子如是如是如汝所說諸佛成就廣大
妙法能令菩薩發心趣求諸佛所成廣大妙
法所謂无上正等菩提由此能脩資粮圓滿
疾能證得一切智智
時舍利子便白佛言若有欲得人趣增上无
動轉者應脩感彼殊勝善業轉輪王若有
欲得天趣增上无動轉者應脩感彼殊勝善

BD14980號　大般若波羅蜜多經卷五八二　（13–12）

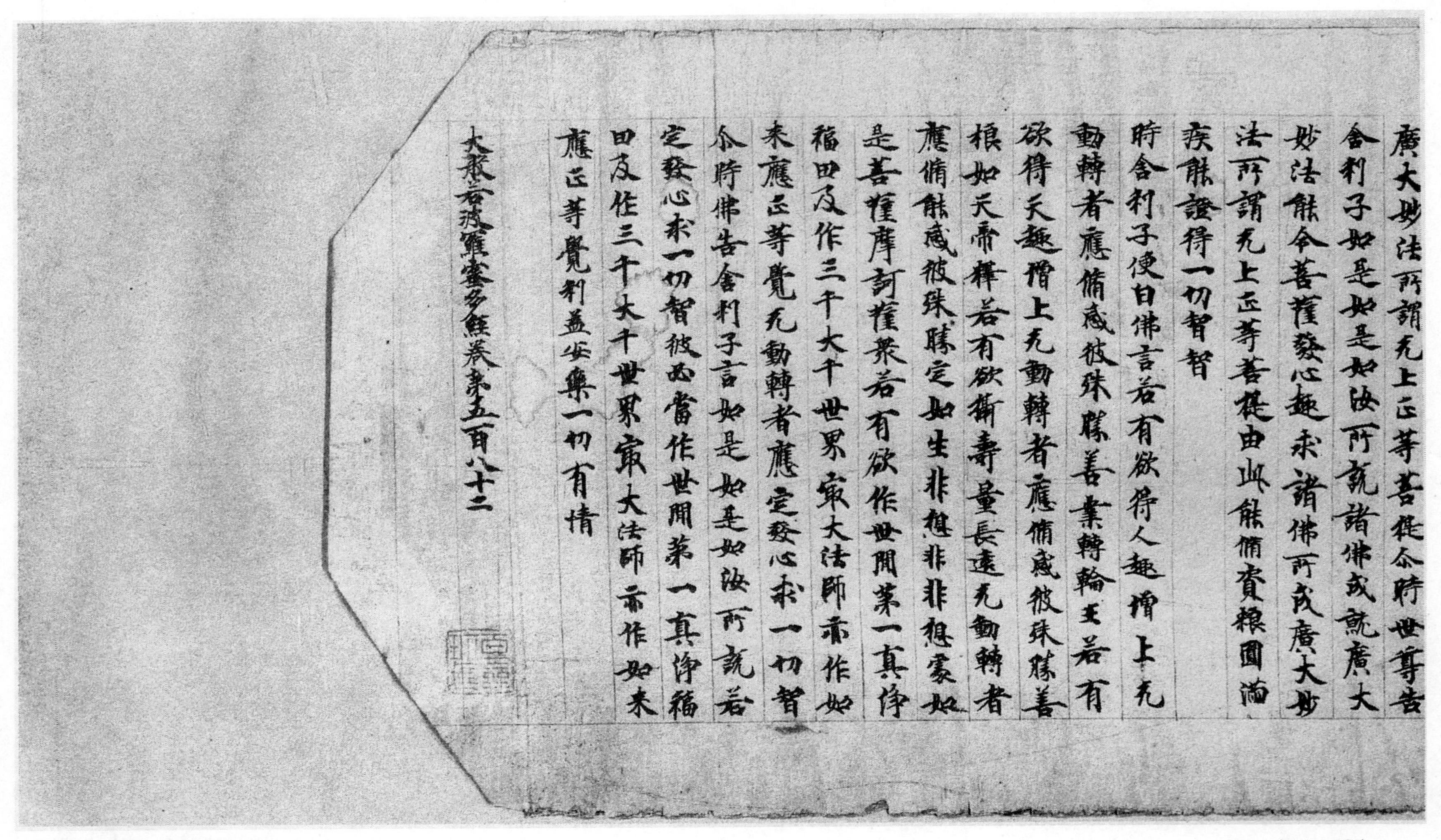

廣大妙法所謂无上正等菩提尒時世尊告
舍利子如是如是如汝所說諸佛成就廣大
妙法能令菩薩發心趣求諸佛所成廣大妙
法所謂无上正等菩提由此能修資粮圓滿
疾能證得一切智智
時舍利子便白佛言若有欲得人趣增上无
動轉者應修感彼殊勝善業轉輪王若有
欲得天趣增上无動轉者應修感彼殊勝善
根如天帝釋若有欲衛壽量長遠无動轉者
應修能感彼殊勝定如生非想非非想處如
是菩薩摩訶薩衆若有欲作世間苐一真淨
福田及作三千大千世界寂大法師亦作如
來應正等覺无動轉者應定發心求一切智
尒時佛告舍利子言如是如是如汝所說若
定發心求一切智彼必當作世間苐一真淨福
田及住三千大千世界寂大法師亦作如來
應正等覺利益安樂一切有情

大般若波羅蜜多經卷苐五百八十二

BD14980號　大般若波羅蜜多經卷五八二　（13–13）

BD14980號背　勘記　（1–1）

妙法蓮華經妙音菩薩品第二十四
尒時釋迦牟尼佛放大人相肉髻光明及放
眉間白毫相光遍照東方百八万億那由他
恒河沙等諸佛世界過是數已有世界名淨
光莊嚴其國有佛号淨華宿王智如來應供
正遍知明行足善逝世間解无上士調御丈
夫天人師佛世尊為无量无邊菩薩大衆恭
敬圍繞而為說法釋迦牟尼佛白毫光明遍
照其國尒時一切淨光莊嚴國中有一菩薩
名曰妙音久已植衆德本供養親近无量百
千万億諸佛而悉成就甚深智慧得妙幢相
三昧法華三昧淨德三昧宿王戲三昧无緣
三昧智印三昧解一切衆生語言三昧集一
切功德三昧清淨三昧神通遊戲三昧慧炬
三昧莊嚴王三昧淨光明三昧淨藏三昧不
共三昧日旋三昧得如是百千万億恒河沙

BD14981號　妙法蓮華經卷七　（25–1）

三昧法華三昧淨德三昧宿王戲三昧无緣
三昧智印三昧解一切衆生語言三昧集一
切功德三昧清淨三昧神通遊戲三昧慧炬
三昧莊嚴王三昧淨光明三昧淨藏三昧不
共三昧日旋三昧得如是百千万億恒河沙
等諸大三昧釋迦牟尼佛光照其身即白淨
華宿王智佛言世尊我當往詣娑婆世界礼
拜親近供養釋迦牟尼佛及見文殊師利法
王子菩薩藥王菩薩勇施菩薩宿王華菩薩
上行意菩薩莊嚴王菩薩藥上菩薩尒時淨
華宿王智佛告妙音菩薩汝莫輕彼國生下
劣想善男子彼娑婆世界高下不平土石諸
山穢惡充滿佛身卑小諸菩薩衆其形亦小
而汝身四万二千由旬我身六百八十万由
旬汝身第一端正百千万福光明殊妙是故
汝往莫輕彼國若佛菩薩及國土生下劣想
妙音菩薩白其佛言世尊我今詣娑婆世界
皆是如來之力如來神通遊戲如來功德智
慧莊嚴於是妙音菩薩不起于座身不動搖
而入三昧以三昧力於耆闍崛山去法座不遠
化作八万四千衆寶蓮華閻浮檀金為莖
白銀為葉金剛為鬚甄叔迦寶以為其臺尒
時文殊師利法王子見是蓮華而白佛言世
尊是何因緣先現此瑞有若干千万蓮華閻
浮檀金為莖白銀為葉金剛為鬚甄叔迦寶

BD14981號　妙法蓮華經卷七　（25–2）

白銀為葉金剛為鬚甄叔迦寶以為其臺尒
時文殊師利法王子見是蓮華而白佛言世
尊是何因緣先現此瑞有若干千万蓮華閻
浮檀金為莖白銀為葉金剛為鬚甄叔迦寶
以為其臺尒時釋迦牟尼佛告文殊師利是
妙音菩薩摩訶薩欲從淨華宿王智佛國與
八万四千菩薩圍繞而来至此娑婆世界供
養親近礼拜於我亦欲供養聽法華經文殊
師利白佛言世尊是菩薩種何善本脩何功
德而能有是大神通力行何三昧願為我等
說是三昧名字我等亦欲勤脩行之行此三
昧乃能見是菩薩色相大小威儀進止惟願
世尊以神通力彼菩薩来令我得見尒時釋
迦牟尼佛告文殊師利此久滅度多寶如来
當為汝等而現其相時多寶佛告彼菩薩
善男子来文殊師利法王子欲見汝身于時
妙音菩薩於彼國沒與八万四千菩薩俱共
發来所經諸國六種震動皆悉雨於七寶蓮
華百千天樂不鼓自鳴是菩薩目如廣大青
蓮華葉正使和合百千万月其面貌端正復過
於此身真金色无量百千功德莊嚴威德熾
盛光明照曜諸相具足如那羅延堅固之身
入七寶臺上昇虛空去地七多羅樹諸菩薩
眾恭敬圍繞而来詣此娑婆世界耆闍崛山
到已下七寶臺以價直百千瓔珞持至釋迦
牟尼佛所頭面礼足奉上瓔珞而白佛言世

BD14981號　妙法蓮華經卷七　（25–3）

盛光明照曜諸相具足如那羅延堅固之身
入七寶臺上昇虛空去地七多羅樹諸菩薩
眾恭敬圍繞而来詣此娑婆世界耆闍崛山
到已下七寶臺以價直百千瓔珞持至釋迦
牟尼佛所頭面礼足奉上瓔珞而白佛言世
尊淨華宿王智佛問訊世尊少病少惱起居
輕利安樂行不四大調和不世事可忍不眾
生易度不无多貪欲瞋恚愚癡嫉妬慳慢不
无不孝父母不敬沙門邪見不善心不攝五
情不世尊眾生能降伏諸魔怨不久滅度多
寶如来在七寶塔中来聽法不又問訊多寶
如来安隱少惱堪忍久住不世尊我今欲見
多寶佛身唯願世尊示我令見尒時釋迦牟
尼佛語多寶佛是妙音菩薩欲得相見時多
寶佛告妙音言善哉善哉汝能為供養釋迦
牟尼佛及聽法華經并見文殊師利等故来
至此尒時華德菩薩白佛言世尊是妙音菩
薩種何善根脩何功德有是神力佛告華德
菩薩過去有佛名雲雷音王多陁阿伽度阿
羅呵三藐三佛陁國名現一切世間劫名憙
見妙音菩薩於万二千歲以十種伎樂供
養雲雷音王佛并奉上八万四千七寶鉢以
是因緣果報今生淨華宿王智佛國有是神
力華德於汝意云何尒時雲雷音王佛所妙
音菩薩伎樂供養奉上寶器者豈異人乎
今此妙音菩薩摩訶薩是華德是妙音菩薩已

BD14981號　妙法蓮華經卷七　（25–4）

養雲雷音王佛并奉上八万四千七寶鉢以
是因緣果報今生淨華宿王智佛國有是神
力華德於汝意云何尒時雲雷音王佛所妙
音菩薩伎樂供養奉上寶器者豈異人乎
今此妙音菩薩摩訶薩是華德是妙音菩薩已
曾供養親近无量諸佛久植德本又值恒河
沙等百千万億那由他佛華德汝但見妙音
菩薩其身在此而是菩薩現種種身處處爲
諸衆生說是經典或現梵王身或現帝釋身
或現自在天身大自在天身或現天大將軍
身或現毗沙門天王身或現轉輪聖王身或
現諸小王身或現長者身或現居士身或現
宰官身或現婆羅門身或現比丘比丘尼優
婆塞優婆夷身或現長者居士婦女身或現
宰官婦女身或現婆羅門婦女身或現童男
童女身或現天龍夜叉乾闥婆阿脩羅迦樓
羅緊那羅摩睺羅伽人非人等身而說是經
諸有地獄餓鬼畜生及衆難處皆能救濟乃
至於王後宮變爲女身而說是經華德是妙
音菩薩能救護娑婆世界諸衆生者是妙音
菩薩如是種種變化現身在此娑婆國土爲
諸衆生說是經典於神通變化智慧无所損
減是菩薩以若干智慧明照娑婆世界令一
切衆生各得所知於十方恒河沙世界中亦
復如是若應以聲聞形得度者現聲聞形而
爲說法應以辟支佛形得度者現辟支佛形

諸衆生說是經典於神通變化智慧无所損
減是菩薩以若干智慧明照娑婆世界令一
切衆生各得所知於十方恒河沙世界中亦
復如是若應以聲聞形得度者現聲聞形而
爲說法應以辟支佛形得度者現辟支佛形
而爲說法應以菩薩形得度者現菩薩形而
爲說法應以佛形得度者即現佛形而爲說
法如是種種隨所應度而爲現形乃至應以
滅度而得度者示現滅度華德妙音菩薩摩
訶薩成就大神通智慧之力其事如是尒時
華德菩薩白佛言世尊是妙音菩薩深種善
根世尊是菩薩住何三昧而能如是在所變
現度脫衆生佛告華德菩薩善男子其三昧
名現一切色身妙音菩薩住是三昧中能如
是饒益无量衆生說是妙音菩薩品時與妙
音菩薩俱來者八万四千人皆得現一切色
身三昧此娑婆世界无量菩薩亦得是三昧
及陁羅尼尒時妙音菩薩摩訶薩供養釋迦
牟尼佛及多寶佛塔已還歸本土所經諸國
六種震動雨寶蓮華作百千万億種種伎樂
既到本國與八万四千菩薩圍繞至淨華宿王
智佛所白佛言世尊我到娑婆世界饒益衆
生見釋迦牟尼佛及見多寶佛塔礼拜供養
又見文殊師利法王子菩薩及見藥王菩薩
得勤精進力菩薩勇施菩薩等亦令八万四
千菩薩得現一切色身三昧說是妙音菩薩

智佛所白佛言世尊我到娑婆世界饒益衆
生見釋迦牟尼佛及見多寶佛塔礼拜供養
又見文殊師利法王子菩薩及見藥王菩薩
得勤精進力菩薩勇施菩薩等亦令八万四
千菩薩得現一切色身三昧說是妙音菩薩
来往品時四万二千天子得无生法忍華德
菩薩得法華三昧
妙法蓮華經觀世音菩薩普門品第二十五
尒時无盡意菩薩即從座起偏袒右肩合掌
向佛而作是言世尊觀世音菩薩以何因緣
名觀世音佛告无盡意菩薩善男子若有无
量百千万億衆生受諸苦惱聞是觀世音菩
薩一心稱名觀世音菩薩即時觀其音聲皆
得解脫若有持是觀世音菩薩名者設入大
火火不能燒由是菩薩威神力故若為大水
所漂稱其名号即得淺處若有百千万億衆
生為求金銀瑠璃車𤦲馬瑙珊瑚虎珀真珠
等寶入於大海假使黑風吹其船舫漂墮羅
剎鬼國其中若有乃至一人稱觀世音菩薩
名者是諸人等皆得解脫羅剎之難以是因
緣名觀世音若復有人臨當被害稱觀世音
菩薩名者彼所執刀杖尋段段壞而得解脫
若三千大千國土滿中夜叉羅剎欲来惱人
聞其稱觀世音菩薩名者是諸惡鬼尚不能
以惡眼視之況復加害設復有人若有罪若
无罪杻械枷鎖檢繫其身稱觀世音菩薩名

BD14981 號　妙法蓮華經卷七　（25–7）

若三千大千國土滿中夜叉羅剎欲来惱人
聞其稱觀世音菩薩名者是諸惡鬼尚不能
以惡眼視之況復加害設復有人若有罪若
无罪杻械枷鎖檢繫其身稱觀世音菩薩名
者皆悉斷壞即得解脫若三千大千國土滿
中怨賊有一商主將諸商人賫持重寶經過
嶮路其中一人作是唱言諸善男子勿得恐
怖汝等應當一心稱觀世音菩薩名号是菩
薩能以无畏施於衆生汝等若稱名者於此
怨賊當得解脫衆商人聞俱發聲言南无觀
世音菩薩稱其名故即得解脫无盡意觀世
音菩薩摩訶薩威神之力巍巍如是若有衆
生多於婬欲常念恭敬觀世音菩薩便得離
欲若多瞋恚常念恭敬觀世音菩薩便得離
瞋若多愚癡常念恭敬觀世音菩薩便得離
癡无盡意觀世音菩薩有如是等大威神力
多所饒益是故衆生常應心念若有女人設
欲求男礼拜供養觀世音菩薩便生福德智
慧之男設欲求女便生端正有相之女宿植
德本衆人愛敬无盡意觀世音菩薩有如是
力若有衆生恭敬礼拜觀世音菩薩福不唐
捐是故衆生皆應受持觀世音菩薩名号无
盡意若有人受持六十二億恒河沙菩薩名
字復盡形供養飲食衣服卧具醫藥於汝意
云何是善男子善女人功德多不无盡意言

BD14981 號　妙法蓮華經卷七　（25–8）

指是故衆生皆應受持觀世音菩薩名号无
盡意若有人受持六十二億恒河沙菩薩名
字復盡形供養飲食衣服卧具醫藥於汝意
云何是善男子善女人功德多不无盡意言
甚多世尊佛言若復有人受持觀世音菩薩
名号乃至一時礼拜供養是二人福正等无
異於百千万億劫不可窮盡无盡意受持觀
世音菩薩名号得如是无量无邊福德之利
无盡意菩薩白佛言世尊觀世音菩薩云何
遊此娑婆世界云何而為衆生說法方便之
力其事云何佛告无盡意菩薩善男子若有
國土衆生應以佛身得度者觀世音菩薩即
現佛身而為說法應以辟支佛身得度者即
現辟支佛身而為說法應以聲聞身得度者
即現聲聞身而為說法應以梵王身得度者
即現梵王身而為說法應以帝釋身得度者
即現帝釋身而為說法應以自在天身得度
者即現自在天身而為說法應以大自在天
身得度者即現大自在天身而為說法應以
天大將軍身得度者即現天大將軍身而為
說法應以毗沙門身得度者即現毗沙門身
而為說法應以小王身得度者即現小王身
而為說法應以長者身得度者即現長者身
而為說法應以居士身得度者即現居士身
而為說法應以宰官身得度者即現宰官身
而為說法應以婆羅門身得度者即現婆羅

BD14981號　妙法蓮華經卷七　（25-9）

而為說法應以小王身得度者即現小王身
而為說法應以長者身得度者即現長者身
而為說法應以居士身得度者即現居士身
而為說法應以宰官身得度者即現宰官身
而為說法應以婆羅門身得度者即現婆羅
門身而為說法應以比丘比丘尼優婆塞優
婆夷身得度者即現比丘比丘尼優婆塞優
婆夷身而為說法應以長者居士宰官婆羅
門婦女身得度者即現婦女身而為說法應
以童男童女身得度者即現童男童女身而
為說法應以天龍夜叉乾闥婆阿脩羅迦樓
羅緊那羅摩睺羅伽人非人等身得度者即
皆現之而為說法應以執金剛神得度者即
現執金剛神而為說法无盡意是觀世音菩
薩成就如是功德以種種形遊諸國土度脫衆
生是故汝等應當一心供養觀世音菩薩是
觀世音菩薩摩訶薩於怖畏急難之中能施
无畏是故此娑婆世界皆号之為施无畏者
无盡意菩薩白佛言世尊我今當供養觀世音
菩薩即解頸衆寶珠瓔珞價直百千兩金
而以與之作是言仁者受此法施珎寶瓔珞
時觀世音菩薩不肯受之无盡意復白觀世
音菩薩言仁者愍我等故受此瓔珞尒時佛
告觀世音菩薩當愍此无盡意菩薩及四衆
天龍夜叉乾闥婆阿脩羅迦樓羅緊那羅摩
睺羅伽人非人等故受是瓔珞即時觀世音菩

BD14981號　妙法蓮華經卷七　（25-10）

時觀世音菩薩不肯受之无盡意復白觀世
音菩薩言仁者愍我等故受此瓔珞尒時佛
告觀世音菩薩當愍此无盡意菩薩及四衆
天龍夜叉乾闥婆阿脩羅迦樓羅緊那羅摩
睺羅伽人非人等故受是瓔珞即時觀世音菩
薩愍諸四衆及於天龍人非人等受其瓔珞
分作二分一分奉釋迦牟尼佛一分奉多寶
佛塔无盡意觀世音菩薩有如是自在
神力遊於娑婆世界尒時持地菩薩即從座起
前白佛言世尊若有衆生聞是觀世音菩薩
普門品自在之業普門示現神通力者當知是
人功德不少佛說是普門品時衆中八万四千
衆生皆發无等等阿耨多羅三藐三菩提心
妙法蓮華經陁羅尼品第二十六
尒時藥王菩薩即從座起偏袒右肩合掌
向佛而白佛言世尊若善男子善女人有能
受持法華經者若讀誦通利若書寫經卷得
幾所福佛告藥王若有善男子善女人供養
八百万億那由他恒河沙等諸佛於汝意云何
其所得福寧為多不甚多世尊佛言若善男
子善女人能於是經乃至受持一四句偈讀
誦解義如說脩行功德甚多尒時藥王菩薩
白佛言世尊我今當與說法者陁羅尼呪以
守護之即說呪曰
安尒一 曼尒二 摩祢三 摩摩祢四 旨隷五 遮
梨苐六 賒咩羊鳴音七 賒履冈雉反 多瑋八 羶輸于反

BD14981號　妙法蓮華經卷七　（25–11）

誦解義如說脩行功德甚多尒時藥王菩薩
白佛言世尊我今當與說法者陁羅尼呪以
守護之即說呪曰
安尒一 曼尒二 摩祢三 摩摩祢四 旨隷五 遮
梨苐六 賒咩羊鳴音七 賒履冈雉反 多瑋八 羶輸于反
帝九 目帝十 目多履十一 娑履十二 阿瑋娑履十三
桑履十四 娑履十五 叉裔十六 阿叉裔十七 阿耆膩十八
羶帝十九 賒履二十 陁羅尼二十一 阿盧伽婆娑蘇柰反柰
蔗毘叉膩二十二 祢毘剃二十三 阿便哆都餓反 邏祢
履剃二十四 阿亶哆波隷輸地途遣反二十五 漚究隷二十
六 牟究隷二十七 阿羅隷二十八 波羅隷二十九 首迦
差初几反三十 阿三磨三履三十一 佛䭾毘吉利袠
帝三十二 達磨波利差猜離反三十三 僧伽涅
瞿沙祢三十四 婆舍婆舍輸地三十五 曼哆邏三十六
曼哆邏叉夜多三十七 郵樓哆三十八 郵樓哆憍
舍略三十九 惡叉邏四十 惡叉冶多冶四十一 阿婆
盧四十二 阿摩若荏蔗反 那多夜四十三
世尊是陁羅尼神呪六十二億恒河沙等諸
佛所說若有侵毀此法師者則為侵毀是
諸佛已時釋迦牟尼佛讚藥王菩薩言善哉
善哉藥王汝愍念擁護此法師故說是陁羅尼
於諸衆生多所饒益尒時勇施菩薩白佛言
世尊我亦為擁護讀誦受持法華經者說陁
羅尼若此法師得是陁羅尼若夜叉若羅剎
若富單那若吉蔗若鳩槃茶若餓鬼等伺求
其短无能得便即於佛前而說呪曰

BD14981號　妙法蓮華經卷七　（25–12）

世尊我亦為擁護讀誦受持法華經者說陀
羅尼若此法師得是陀羅尼若夜叉若羅剎
若富單那若吉蔗若鳩槃茶若餓鬼等伺求
其短无能得便即於佛前而說呪曰
痤倚螺反隸一摩訶痤隸二郁枳三目枳四阿
隸五阿羅婆第六涅隸第七涅隸多婆第八
伊緻猪履反柅九韋緻柅十旨緻柅十一涅隸墀
柅十二涅犁墀婆底十三
世尊是陀羅尼神呪恒河沙等諸佛所說亦
皆隨喜若有侵毀此法師者則為侵毀是諸
佛已尒時毗沙門天王護世者白佛言世尊
我亦為愍念衆生擁護此法師故說是陀羅
尼即說呪曰
阿梨一那梨二㝹那梨三阿那盧四那履五
拘那履六
世尊以是神呪擁護法師我亦自當擁護持
是經者令百由旬內无諸衰患尒時持國天
王在此會中與千万億那由他乾闥婆衆恭
敬圍繞前詣佛所合掌白佛言世尊我亦以
陀羅尼神呪擁護持法華經者即說呪曰
阿伽祢一伽祢二瞿利三乾陀利四栴陀利五
摩蹬耆六常求利七浮樓莎柅八頞底九
世尊是陀羅尼神呪四十二億諸佛所說若
有侵毀此法師者則為侵毀是諸佛已尒時
有羅剎女等一名藍婆二名毗藍婆三名曲

BD14981號　妙法蓮華經卷七　（25–13）

阿伽祢　伽祢　瞿利　乾陀利　栴陀利
摩蹬耆六常求利七浮樓莎柅八頞底九
世尊是陀羅尼神呪四十二億諸佛所說若
有侵毀此法師者則為侵毀是諸佛已尒時
有羅剎女等一名藍婆二名毗藍婆三名曲
齒四名華齒五名黑齒六名多髮七名无猒
足八名持瓔珞九名睪帝十名奪一切衆生
精氣是十羅剎女與鬼子母并其子及眷屬
俱詣佛所同聲白佛言世尊我等亦欲擁護
讀誦受持法華經者除其衰患若有伺求法
師短者令不得便即於佛前而說呪曰
伊提履一伊提泯二伊提履三阿提履四伊提
履五泥履六泥履七泥履八泥履九泥履十樓
醯十一樓醯十二樓醯十三樓醯十四多醯十五多醯十六
多醯十七兜醯十八㝹醯十九
寧上我頭上莫惱於法師若夜叉若羅剎若
餓鬼若富單那若吉蔗若毗陀羅若犍馱若
烏摩勒伽若阿跋摩羅若夜叉吉蔗若人吉
蔗若熱病若一日若二日若三日若四日若
至七日若常熱病若男形若女形若童男形
若童女形乃至夢中亦復莫惱即於佛前而
說偈言
若不順我呪　惱亂說法者　頭破作七分　如阿梨樹枝
如殺父母罪　亦如壓油殃　斗秤欺誑人　調達破僧罪
犯此法師者　當獲如是殃
諸羅剎女說此偈已白佛言世尊我等亦當

BD14981號　妙法蓮華經卷七　（25–14）

若不順我呪　惱亂說法者　頭破作七分　如阿梨樹枝
如殺父母罪　亦如壓油殃　斗秤欺誑人　調達破僧罪
犯此法師者　當獲如是殃
諸羅剎女說此偈已白佛言世尊我等亦當
身自擁護受持讀誦脩行是經者令得安隱
離諸衰患消衆毒藥佛告諸羅剎女善哉善
哉汝等但能擁護受持法華名者福不可量
何況擁護具足受持供養經卷華香瓔珞末
香塗香燒香幡蓋伎樂然種種燈酥燈油燈
諸香油燈蘇摩那華油燈瞻蔔華油燈婆師
迦華油燈優鉢羅華油燈如是等百千種供
養者睪帝汝等及眷屬應當擁護如是法師
說是陁羅尼品時六万八千人得无生法忍
妙法蓮華經妙莊嚴王本事品第二十七
尒時佛告諸大衆乃往古世過无量无邊不
可思議阿僧祇劫有佛名雲雷音宿王華智
多陁阿伽度阿羅訶三藐三佛陁國名光明
莊嚴劫名憙見彼佛法中有王名妙莊嚴其
王夫人名曰淨德有二子一名淨藏二名淨
眼是二子有大神力福德智慧久脩菩薩所
行之道所謂檀波羅蜜尸羅波羅蜜羼提
波羅蜜毗梨耶波羅蜜禪波羅蜜般若波羅蜜
方便波羅蜜慈悲喜捨乃至三十七助道法
皆悉明了通達又得菩薩淨三昧日星宿三
昧淨光三昧淨色三昧淨照明三昧長莊嚴
三昧大威德藏三昧於此三昧亦悉通

BD14981號　妙法蓮華經卷七　（25–15）

方便波羅蜜慈悲喜捨乃至三十七助道法
皆悉明了通達又得菩薩淨三昧日星宿三
昧淨光三昧淨色三昧淨照明三昧長莊嚴
三昧大威德藏三昧於此三昧亦悉通達尒
時彼佛欲引導妙莊嚴王及愍念衆生故說
是法華經時淨藏淨眼二子到其母所合十
指爪掌白言願母往詣雲雷音宿王華智佛
所我等亦當侍從親近供養禮拜所以者何
此佛於一切天人衆中說法華經宜應聽受
母告子言汝父信受外道深著婆羅門法汝
等應往白父與共俱去淨藏淨眼合十指爪
掌白母我等是法王子而生此邪見家母告
子言汝等當憂念汝父為現神變若得見者
心必清淨或聽我等往至佛所於是二子念
其父故踊在虛空高七多羅樹現種種神變
於虛空中行住坐卧身上出水身下出火身
下出水身上出火或現大身滿虛空中而復
現小小復現大於空中滅忽然在地入地如
水履水如地現如是等種種神變令其父王
心淨信解時父見子神力如是心大歡喜得
未曾有合掌向子言汝等師為是誰誰之弟
子二子白言大王彼雲雷音宿王華智佛今
在七寶菩提樹下法座上坐於一切世間天
人衆中廣說法華經是我等師我是弟子父
語子言我今亦欲見汝等師可共俱往於是

BD14981號　妙法蓮華經卷七　（25–16）

子二子白言大王彼雲雷音宿王華智佛今
在七寶菩提樹下法座上坐於一切世間天
人衆中廣説法華經是我等師我是弟子父
語子言我今亦欲見汝等師可共俱往於是
二子從空中下到其母所合掌白母父王今
已信解堪任發阿耨多羅三藐三菩提心我
等為父已作佛事願母見聽於彼佛所出家
脩道尒時二子欲重宣其意以偈白母
願母放我等　出家作沙門　諸佛甚難值　我等隨佛學
如優曇鉢羅　值佛復難是　脱諸難亦難　願聽我出家
母即告言聽汝出家所以者何佛難值故於
是二子白父母言善哉父母願時往詣雲雷
音宿王華智佛所親近供養所以者何佛難
得值如優曇鉢羅華又如一眼之龜值浮木
孔而我等宿福深厚生值佛法是故父母當
聽我等令得出家所以者何諸佛難值時亦
難遇彼時妙莊嚴王後宮八万四千人皆悉
堪任受持是法華經淨眼菩薩於法華三昧
久已通達淨藏菩薩已於无量百千万億劫
通達離諸惡趣三昧欲令一切衆生離諸惡
趣故其王夫人得諸佛集三昧能知諸佛秘
密之藏二子如是以方便力善化其父令心
信解好樂佛法於是妙莊嚴王與羣臣眷屬
俱淨德夫人與後宮采女眷屬俱其王二子
與四万二千人俱一時共詣佛所到已頭面

BD14981 號　妙法蓮華經卷七　（25–17）

趣故其王夫人得諸佛集三昧能知諸佛秘
密之藏二子如是以方便力善化其父令心
信解好樂佛法於是妙莊嚴王與羣臣眷屬
俱淨德夫人與後宮采女眷屬俱其王二子
與四万二千人俱一時共詣佛所到已頭面
礼足繞佛三帀却住一面尒時彼佛為王説
法示教利喜王大歡悦尒時妙莊嚴王及其
夫人解頸真珠瓔珞價直百千以散佛上於
虚空中化成四柱寶臺臺中有大寶床敷百
千万天衣其上有佛結加趺坐放大光明尒
時妙莊嚴王作是念佛身希有端嚴殊特成
就第一微妙之色時雲雷音宿王華智佛告
四衆言汝等見是妙莊嚴王於我前合掌立
不此王於我法中作比丘精勤脩習助佛道
法當得作佛号娑羅樹王國名大光劫名大
高王其娑羅樹王佛有无量菩薩衆及无量
聲聞其國平正功德如是其王即時以國付
弟與夫人二子并諸眷屬於佛法中出家脩
道王出家已於八万四千歳常勤精進脩行
妙法華經過是已後得一切淨功德莊嚴三
昧即昇虚空高七多羅樹而白佛言世尊此
我二子已作佛事以神通變化轉我邪心令
得安住於佛法中得見世尊此二子者是我
善知識為欲發起宿世善根饒益我故來生
我家尒時雲雷音宿王華智佛告妙莊嚴王
言如是如是如汝所言若善男子善女人種

BD14981 號　妙法蓮華經卷七　（25–18）

我二子已作佛事以神通變化轉我邪心令
得安住於佛法中得見世尊此二子者是我
善知識為欲發起宿世善根饒益我故來生
我家尒時雲雷音宿王華智佛告妙莊嚴王
言如是如是如汝所言若善男子善女人種
善根故世世得善知識其善知識能作佛事
示教利喜令入阿耨多羅三藐三菩提大王
當知善知識者是大因緣所謂化導令得見
佛發阿耨多羅三藐三菩提心大王汝見此
二子不此二子已曾供養六十五百千万億
那由他恒河沙諸佛親近恭敬於諸佛所受
持法華經愍念邪見衆生令住正見妙莊嚴
王即從虛空中下而白佛言世尊如來甚希
有以功德智慧故頂上肉髻光明顯照其眼
長廣而紺青色眉間豪相白如珂月齒白齊
密常有光明脣色赤好如頻婆果尒時妙莊
嚴王讚歎佛如是等无量百千万億功德已
於如來前一心合掌復白佛言世尊未曾有
也如來之法具足成就不可思議微妙功德
教戒所行安隱快善我從今日不復自隨心
行不生邪見憍慢瞋恚諸惡之心說是語已
礼佛而出佛告大衆於意云何妙莊嚴王豈
異人乎今華德菩薩是其淨德夫人今佛前
光照莊嚴相菩薩是哀愍妙莊嚴王及諸眷
屬故於彼中生其二子者今藥王菩薩藥上
菩薩是是藥王藥上菩薩成就如此諸大功

BD14981號　妙法蓮華經卷七

（25–19）

礼佛而出佛告大衆於意云何妙莊嚴王豈
異人乎今華德菩薩是其淨德夫人今佛前
光照莊嚴相菩薩是哀愍妙莊嚴王及諸眷
屬故於彼中生其二子者今藥王菩薩藥上
菩薩是是藥王藥上菩薩成就如此諸大功
德已於无量百千万億諸佛所殖衆德本成
就不可思議諸善功德若有人識是二菩薩
名字者一切世間諸天人民亦應礼拜佛說
是妙莊嚴王本事品時八万四千人遠塵離
垢於諸法中得法眼淨

妙法蓮華經普賢菩薩勸發品第二十八

尒時普賢菩薩以自在神通威德名聞與大
菩薩无量无邊不可稱數從東方來所經諸
國普皆震動雨寶蓮華作无量百千万億種
種伎樂又與无數諸天龍夜叉乹闥婆阿脩
羅迦樓羅緊那羅摩睺羅伽人非人等大衆
圍繞各現威德神通之力到娑婆世界耆闍
崛山中頭面礼釋迦牟尼佛右繞七帀白佛
言世尊我於寶威德上王佛國遙聞此娑婆
世界說法華經與无量无邊百千万億諸菩
薩衆共來聽受唯願世尊當為說之若善男
子善女人於如來滅後云何能得是法華經
佛告普賢菩薩若善男子善女人成就四法
於如來滅後當得是法華經一者為諸佛護
念二者殖衆德本三者入正定聚四者發救
一切衆生之心善男子善女人如是成就四

BD14981號　妙法蓮華經卷七

（25–20）

佛告普賢菩薩若善男子善女人成就四法
於如來滅後當得是法華經一者爲諸佛護
念二者殖衆德本三者入正定聚四者發救
一切衆生之心善男子善女人如是成就四
法於如來滅後必得是經尒時普賢菩薩白
佛言世尊於後五百歲濁惡世中其有受持
是經典者我當守護除其衰患令得安隱使
无伺求得其便者若魔若魔子若魔女若魔
民若爲魔所著者若夜叉若羅刹若鳩槃茶
若毗舍闍若吉蔗若富單那若韋陁羅等諸
惱人者皆不得便是人若行若立讀誦此經
我尒時乘六牙白象王與大菩薩衆俱詣其
所而自現身供養守護安慰其心亦爲供養
法華經故是人若坐思惟此經尒時我復乘
白象王現其人前其人若於法華經有所忘
失一句一偈我當教之與共讀誦還令通利
尒時受持讀誦法華經者得見我身甚大歡
喜轉復精進以見我故即得三昧及陁羅尼
名爲旋陁羅尼百千万億旋陁羅尼法音方
便陁羅尼得如是等陁羅尼世尊若後世後
五百歲濁惡世中比丘比丘尼優婆塞優婆
夷求索者受持者讀誦者書寫者欲脩習是
法華經於三七日中應一心精進滿三七日
已我當乘六牙白象與无量菩薩而自圍繞
以一切衆生所憙見身現其人前而爲說法

BD14981號　妙法蓮華經卷七　　(25-21)

夷求索者受持者讀誦者書寫者欲脩習是
法華經於三七日中應一心精進滿三七日
已我當乘六牙白象與无量菩薩而自圍繞
以一切衆生所憙見身現其人前而爲說法
示教利喜亦復與其陁羅尼呪得是陁羅尼
故无有非人能破壞者亦不爲女人之所惑
亂我身亦自常護是人唯願世尊聽我說此
陁羅尼呪即於佛前而說呪曰
阿檀地途賣反一 檀陁婆地二 檀陁婆帝三 檀陁
鳩舍隷四 檀陁脩陁隷五 脩陁隷六 脩陁羅
婆底七 佛馱波羶祢八 薩婆陁羅尼阿婆
多尼九 薩婆婆沙阿婆多尼十 脩阿婆多尼十一
僧伽婆履叉尼十二 僧伽涅伽陁尼十三 阿僧祇
十四 僧伽波伽地十五 帝隷阿惰僧伽兜略盧遮反
波羅帝十六 薩婆僧伽三摩地伽蘭地十七 薩
婆達磨脩波利刹帝十八 薩婆薩埵樓馱憍舍
略阿㝹伽地十九 辛阿毗吉利地帝二十
世尊若有菩薩得聞是陁羅尼者當知普賢
神通之力若法華經行閻浮提有受持者應
作此念皆是普賢威神之力若有受持讀誦
正憶念解其義趣如說脩行當知是人行普
賢行於无量无邊諸佛所深種善根爲諸如
來手摩其頭若但書寫是人命終當生忉利
天上是時八万四千天女作衆伎樂而來迎

BD14981號　妙法蓮華經卷七　　(25-22)

賢行於无量无邊諸佛所深種善根為諸如
來手摩其頭若但書寫是人命終當生忉利
天上是時八万四千天女作衆伎樂而來迎
之其人即著七寶冠於婇女中娛樂快樂何
況受持讀誦正憶念解其義趣如說脩行若
有人受持讀誦解其義趣是人命終為千佛
授手令不恐怖不墮惡趣即往兜率天上弥
勒菩薩所弥勒菩薩有三十二相大菩薩衆
所共圍繞有百千万億天女眷屬而於中生
有如是等功德利益是故智者應當一心自
書若使人書受持讀誦正憶念如說脩行世
尊我今以神通力守護是經於如來滅後閻
浮提內廣令流布使不斷絕尒時釋迦牟尼
佛讚言善哉善哉普賢汝能護助是經令多
所衆生安樂利益汝已成就不可思議功德
深大慈悲從久遠來發阿耨多羅三藐三菩
提意而能作是神通之願守護是經我當以
神通力守護能受持普賢菩薩名者普賢若
有受持讀誦正憶念脩習書寫是法華經者
當知是人則見釋迦牟尼佛如從佛口聞此
經典當知是人供養釋迦牟尼佛當知是人
佛讚善哉當知是人為釋迦牟尼佛手摩其
頭當知是人為釋迦牟尼佛衣之所覆如是
之人不復貪著世樂不好外道經書手筆亦
復不憙親近其人及諸惡者若屠兒若畜猪

BD14981號　妙法蓮華經卷七　（25–23）

佛讚善哉當知是人為釋迦牟尼佛手摩其
頭當知是人為釋迦牟尼佛衣之所覆如是
之人不復貪著世樂不好外道經書手筆亦
復不憙親近其人及諸惡者若屠兒若畜猪
羊雞狗若獵師若衒賣女色是人心意質直
有正憶念有福德力是人不為三毒所惱亦
不為嫉妬我慢邪慢增上慢所惱是人少欲
知足能脩普賢之行普賢若如來滅後後五
百歲若有人見受持讀誦法華經者應作是
念此人不久當詣道場破諸魔衆得阿耨多
羅三藐三菩提轉法輪擊法鼓吹法螺雨法
雨當坐天人大衆中師子法座上普賢若於
後世受持讀誦是經典者是人不復貪著衣
服臥具飲食資生之物所願不虛亦於現世
得其福報若有人輕毀之言汝狂人耳空作
是行終无所獲如是罪報當世世无眼若有
供養讚歎之者當於今世得現果報若復見
受持是經者出其過惡若實若不實此人現
世得白癩病若輕笑之者當世世牙齒踈缺
醜脣平鼻手腳繚戾眼目角睞身體臭穢惡
瘡膿血水腹短氣諸惡重病是故普賢若見
受持是經典者當起遠迎當如敬佛說是普
賢勸發品時恒河沙等无量无邊菩薩得百
千億旋陁羅尼三千大千世界微塵等諸菩
薩具普賢道佛說是經時普賢等諸菩薩舍
利弗等諸聲聞及諸天龍人非人等一切大

BD14981號　妙法蓮華經卷七　（25–24）

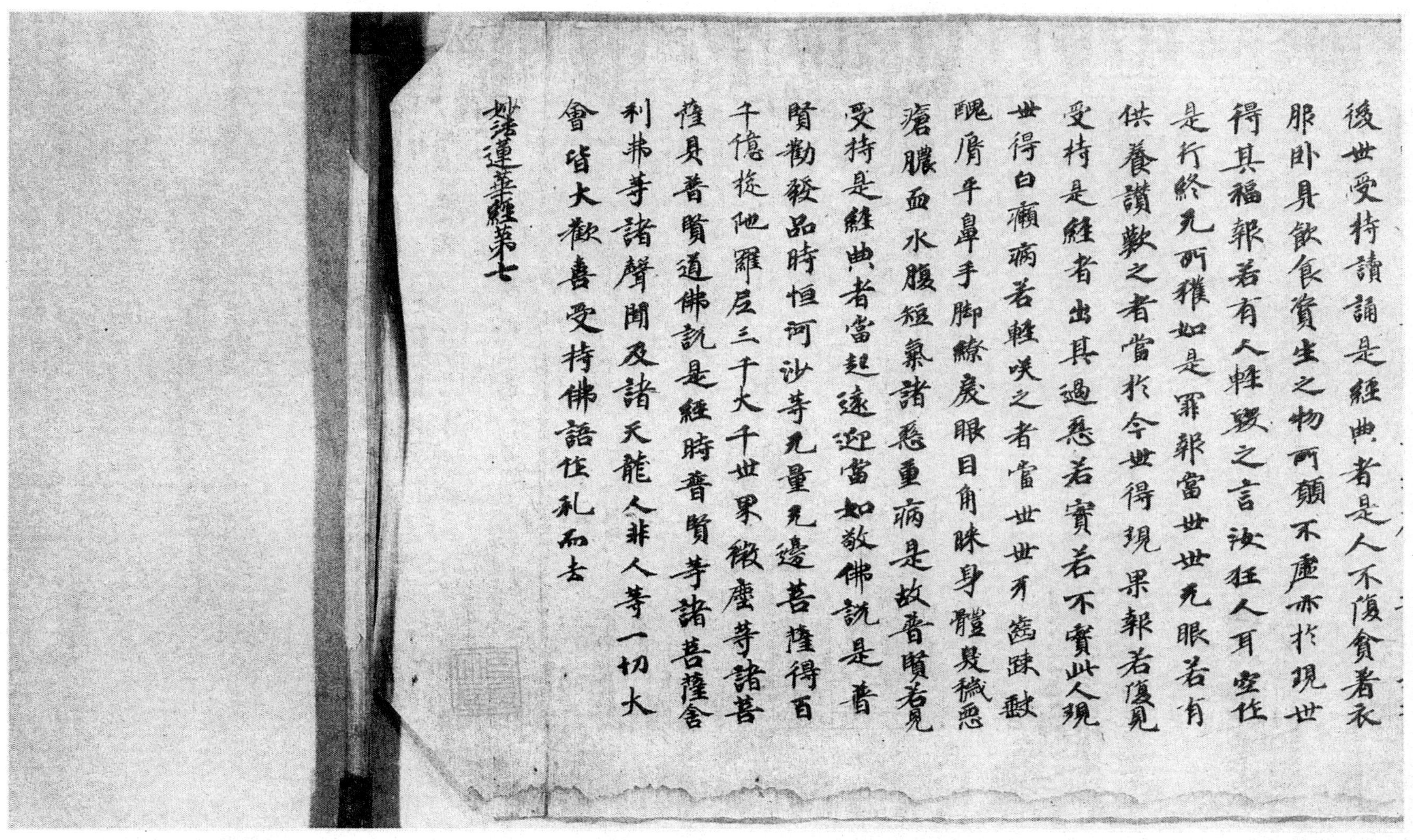
後世受持讀誦是經典者是人不復貪著衣
服卧具飲食資生之物所願不虛亦於現世
得其福報若有人輕毀之言汝狂人耳空作
是行終无所獲如是罪報當世世无眼若有
供養讚歎之者當於今世得現果報若復見
受持是經者出其過惡若實若不實此人現
世得白癩病若輕咲之者當世世牙齒踈缺
醜脣平鼻手脚繚戾眼目角睞身體臭穢惡
瘡膿血水腹短氣諸惡重病是故普賢若見
受持是經典者當起遠迎當如敬佛說是普
賢勸發品時恒河沙等无量无邊菩薩得百
千億旋陀羅尼三千大千世界微塵等諸菩
薩具普賢道佛說是經時普賢等諸菩薩舍
利弗等諸聲聞及諸天龍人非人等一切大
會皆大歡喜受持佛語作禮而去

妙法蓮華經第七

BD14981 號　妙法蓮華經卷七　（25–25）

妙法蓮華經法師功德品第十九
尒時佛告常精進菩薩摩訶薩若善男子善
女人受持是法華經若讀若誦若解說若書
寫是人當得八百眼功德千二百耳功德八
百鼻功德千二百舌功德八百身功德千二
百意功德以是功德莊嚴六根皆令清淨是
善男子善女人父母所生清淨肉眼見於三
千大千世界內外所有山林河海下至阿鼻
地獄上至有頂亦見其中一切衆生及業因
緣果報生處悉見悉知尒時世尊欲重宣此
義而說偈言
若於大衆中　以无所畏心　說是法華經　汝聽其功德
是人得八百　功德殊勝眼　以是莊嚴故　其目甚清淨
父母所生眼　悉見三千界　內外彌樓山　須彌及鐵圍
并諸餘山林　大海江河水　下至阿鼻獄　上至有頂處
其中諸衆生　一切皆悉見　雖未得天眼　肉眼力如是
復次常精進若善男子善女人受持此經若
讀若誦若解說若書寫得千二百耳功德以

BD14982 號　妙法蓮華經卷六　（24–1）

是人得八百　功德殊勝眼　以是莊嚴故　其目甚清淨
父母所生眼　悉見三千界　內外彌樓山　須彌及鐵圍
并諸餘山林　大海江河水　下至阿鼻獄　上至有頂處
其中諸衆生　一切皆悉見　雖未得天眼　肉眼力如是
復次常精進　若善男子善女人受持此經　若
讀若誦若解說若書寫　得千二百耳功德　以
是清淨耳聞三千大千世界　下至阿鼻地獄
上至有頂　其中內外種種語言音聲　象聲馬
聲牛聲車聲啼哭聲愁歎聲螺聲鼓聲鍾聲
鈴聲咲聲語聲男聲女聲童子聲童女聲法
聲非法聲苦聲樂聲凡夫聲聖人聲喜聲不
喜聲天聲龍聲夜叉聲乾闥婆聲阿脩羅聲
迦樓羅聲緊那羅聲摩睺羅伽聲火聲水聲
風聲地獄聲畜生聲餓鬼聲比丘聲比丘尼
聲聲聞聲辟支佛聲菩薩聲佛聲　以要言之
三千大千世界中一切內外所有諸聲　雖未
得天耳　以父母所生清淨常耳皆悉聞知　如
是分別種種音聲而不壞耳根　尒時世尊欲
重宣此義而說偈言
父母所生耳　清淨無濁穢　以此常耳聞　三千世界聲
象馬車牛聲　鍾鈴螺鼓聲　琴瑟箜篌聲　簫笛之音聲
清淨好歌聲　聽之而不著　無數種人聲　聞悉能解了
又聞諸天聲　微妙之歌音　及聞男女聲　童男童女聲
山川嶮谷中　迦陵頻伽聲　命命等諸鳥　悉聞其音聲
地獄衆苦痛　種種楚毒聲　餓鬼飢渴逼　求索飲食聲
諸阿脩羅等　居在大海邊　自共語言時　出于大音聲
如是說法者　安住於此間　遙聞是衆聲　而不壞耳根

又聞諸天聲　微妙之歌音　及聞男女聲　童男童女聲
山川嶮谷中　迦陵頻伽聲　命命等諸鳥　悉聞其音聲
地獄衆苦痛　種種楚毒聲　餓鬼飢渴逼　求索飲食聲
諸阿脩羅等　居在大海邊　自共語言時　出于大音聲
如是說法者　安住於此間　遙聞是衆聲　而不壞耳根
十方世界中　禽獸鳴相呼　其說法之人　於此悉聞之
其諸梵天上　光音及遍淨　乃至有頂天　言語之音聲
法師住於此　悉皆得聞之　一切比丘衆　及諸比丘尼
若讀誦經典　若為他人說　法師住於此　悉皆得聞之
復有諸菩薩　讀誦於經法　若為他人說　撰集解其義
如是諸音聲　悉皆得聞之　諸佛大聖尊　教化衆生者
於諸大衆中　演說微妙法　持此法華者　悉皆得聞之
三千大千界　內外諸音聲　下至阿鼻獄　上至有頂天
皆聞其音聲　而不壞耳根　其耳聰利故　悉能分別知
持是法華者　雖未得天耳　但用所生耳　功德已如是
復次常精進　若善男子善女人受持是經　若
讀若誦若解說若書寫　成就八百鼻功德　以
是清淨鼻根聞於三千大千世界上下內外
種種諸香　須曼那華香闍提華香末利華香
瞻蔔華香波羅羅華香赤蓮華香青蓮華香
白蓮華香華樹香菓樹香栴檀香沈水香多
摩羅跋香多伽羅香及千万種和香　若末若
丸若塗香　持是經者於此間住悉能分別　又
復別知衆生之香　象香馬香牛羊等香男香
女香童子香童女香及草木叢林香　若近若
遠所有諸香悉皆得聞　分別不錯　持是經者
雖住於此亦聞天上諸天之香　波利質多羅

丸若塗香持是經者於此間住悉能分別又
復別知衆生之香為香馬香牛羊等香男香
女香童子香童女香及草木叢林香若近若
遠所有諸香悉皆得聞分別不錯持是經者
雖住於此亦聞天上諸天之香波利質多羅
拘鞞陁羅樹香及曼陁羅華香摩訶曼陁羅
華香曼殊沙華香摩訶曼殊沙華香栴檀沉
水種種末香諸雜華香如是等天香和合所
出之香无不聞知又聞諸天身香釋提桓因
在勝殿上五欲娛樂嬉戲時香若在妙法堂
上為忉利諸天說法時香若於諸園遊戲時
香及餘天等男女身香皆悉遙聞如是展轉
乃至梵世上至有頂諸天身香亦皆聞之并
聞諸天所燒之香及聲聞香辟支佛香菩薩
香諸佛身香亦皆遙聞知其所在雖聞此香
然於鼻根不壞不錯若欲分別為他人說憶
念不謬尒時世尊欲重宣此義而說偈言
是人鼻清淨　於此世界中　若香若臭物　種種悉聞知
須曼那闍提　多摩羅栴檀　沉水及桂香　種種華菓香
及知衆生香　男子女人香　說法者遠住　聞香知所在
大勢轉輪王　小轉輪及子　群臣諸宮人　聞香知所在
身所著珎寶　及地中寶藏　轉輪王寶女　聞香知所在
諸人嚴身具　衣服及瓔珞　種種所塗香　聞則知其身
諸天若行坐　遊戲及神變　持是法華者　聞香悉能知
諸樹華菓實　及蘇油香氣　持經者住此　悉知其所在
諸山深嶮處　栴檀樹華敷　衆生在中者　聞香皆能知
鐵圍山大海　地中諸衆生　持經者聞香　悉知其所在

諸天若行坐　遊戲及神變　持是法華者　聞香悉能知
諸樹華菓實　及蘇油香氣　持經者住此　悉知其所在
諸山深嶮處　栴檀樹華敷　衆生在中者　聞香皆能知
鐵圍山大海　地中諸衆生　持經者聞香　悉知其所在
阿脩羅男女　及其諸眷屬　鬪諍遊戲時　聞香皆能知
曠野險隘處　師子象虎狼　野牛水牛等　聞香知所在
若有懷妊者　未辯其男女　无根及非人　聞香悉能知
以聞香力故　知其初懷妊　成就不成就　安樂產福子
以聞香力故　知男女所念　染欲癡恚心　亦知脩善者
地中衆伏藏　金銀諸珎寶　銅器之所盛　聞香悉能知
種種諸瓔珞　无能識其價　聞香知貴賤　出處及所在
天上諸華等　曼陁曼殊沙　波利質多樹　聞香悉能知
天上諸宮殿　上中下差別　衆寶華莊嚴　聞香悉能知
天園林勝殿　諸觀妙法堂　在中而娛樂　聞香悉能知
諸天若聽法　或受五欲時　來往行坐臥　聞香悉能知
天女所著衣　好華香莊嚴　周旋遊戲時　聞香悉能知
如是展轉上　乃至於梵世　入禪出禪者　聞香悉能知
光音遍淨天　乃至于有頂　初生及退沒　聞香悉能知
諸比丘衆等　於法常精進　若坐若經行　及讀誦經法
或在林樹下　專精而坐禪　持經者聞香　悉知其所在
菩薩志堅固　坐禪若讀誦　或為人說法　聞香悉能知
在在方世尊　一切所恭敬　愍衆而說法　聞香悉能知
衆生在佛前　聞經皆歡喜　如法而脩行　聞香悉能知
雖未得菩薩　无漏法生鼻　而是持經者　先得此鼻相
復次常精進若善男子善女人受持是經若
讀若誦若解說若書寫得千二百舌功德若

在在方世尊　一切所恭敬　愍衆而說法　聞香悉能知
衆生在佛前　聞經皆歡喜　如法而修行　聞香悉能知
雖未得菩薩　无漏法生鼻　而是持經者　先得此鼻相
復次常精進若善男子善女人受持是經若
讀若誦若解說若書寫得千二百舌功德若
好若醜若美不美及諸苦澁物在其舌根皆
變成上味如天甘露无不美者若以舌根於
大衆中有所演說出深妙聲能入其心皆令
歡喜快樂又諸天子天女釋梵諸天聞是深
妙音聲有所演說言論次第皆悉來聽及諸
龍龍女夜叉夜叉女乾闥婆乾闥婆女阿脩
羅阿脩羅女迦樓羅迦樓羅女緊那羅緊那
羅女摩睺羅伽摩睺羅伽女為聽法故皆來
親近恭敬供養及比丘比丘尼優婆塞優婆
夷國王王子羣臣眷屬小轉輪王大轉輪王
七寶千子內外眷屬乘其宮殿俱來聽法以
是菩薩善說法故婆羅門居士國內人民盡
其形壽隨侍供養又諸聲聞辟支佛菩薩諸
佛常樂見之是人所在方面諸佛皆向其處
說法悉能受持一切佛法又能出於深妙法
音尒時世尊欲重宣此義而說偈言
是人舌根淨　終不受惡味　其有所食噉　悉皆成甘露
以深淨妙音　於大衆說法　以諸因緣喻　引導衆生心
聞者皆歡喜　設諸上供養　諸天龍夜叉　及阿脩羅等
皆以恭敬心　而共來聽法　是說法之人　若欲以妙音
遍滿三千界　隨意即能至　大小轉輪王　及千子眷屬
合掌恭敬心　常來聽受法　諸天龍夜叉　羅剎毗舍闍

BD14982 號　妙法蓮華經卷六　（24–6）

以深淨妙音　於大衆說法　以諸因緣喻　引導衆生心
聞者皆歡喜　設諸上供養　諸天龍夜叉　及阿脩羅等
皆以恭敬心　而共來聽法　是說法之人　若欲以妙音
遍滿三千界　隨意即能至　大小轉輪王　及千子眷屬
合掌恭敬心　常來聽受法　諸天龍夜叉　羅剎毗舍闍
亦以歡喜心　常樂來供養　梵天王魔王　自在大自在
如是諸天衆　常來至其所　諸佛及弟子　聞其說法音
常念而守護　或時為現身
復次常精進若善男子善女人受持是經若
讀若誦若解說若書寫得八百身功德得清
淨身如淨琉璃衆生憙見其身淨故三千大
千世界衆生生時死時上下好醜生善處惡
處悉於中現及鐵圍山大鐵圍山弥樓山摩
訶弥樓山等諸山及其中衆生悉於中現下
至阿鼻地獄上至有頂所有及衆生悉於中
現若聲聞辟支佛菩薩諸佛說法皆於身中
現其色像尒時世尊欲重宣此義而說偈言
若持法華者　其身甚清淨　如彼淨琉璃　衆生皆憙見
又如淨明鏡　悉見諸色像　菩薩於淨身　皆見世所有
唯獨自明了　餘人所不見　三千世界中　一切諸群萌
天人阿脩羅　地獄鬼畜生　如是諸色像　皆於身中現
諸天等宮殿　乃至於有頂　鐵圍及弥樓　摩訶弥樓山
諸大海水等　皆於身中現　諸佛及聲聞　佛子菩薩等
若獨若在衆　說法悉皆現　雖未得无漏　法性之妙身
以清淨常體　一切於中現
復次常精進若善男子善女人如來滅後受
持是經若讀若誦若解說若書寫得千二百

BD14982 號　妙法蓮華經卷六　（24–7）

若獨若在衆　說法悉皆現　雖未得无漏　法性之妙身
以清淨常體　一切於中現
復次常精進若善男子善女人如来滅後受
持是經若讀若誦若解說若書寫得千二百
意功德以是清淨意根乃至聞一偈一句通
達无量无邊之義解是義已能演說一句一
偈至於一月四月乃至一歲諸所說法隨其
義趣皆與實相不相違背若說俗間經書治
世語言資生業等皆順正法三千大千世界
六趣衆生心之所行心所動作心所戲論皆
悉知之雖未得无漏智慧而其意根清淨如
此是人有所思惟籌量言說皆是佛法无不
真實亦是先佛經中所說尒時世尊欲重宣
此義而說偈言
是人意清淨　明利无穢濁　以此妙意根　知上中下法
乃至聞一偈　通達无量義　次第如法說　月四月至歲
是世界內外　一切諸衆生　若天龍及人　夜叉鬼神等
其在六趣中　所念若干種　持法華之報　一時皆悉知
十方无數佛　百福莊嚴相　為衆生說法　悉聞能受持
思惟无量義　說法亦无量　終始不忘錯　以持法華故
悉知諸法相　隨義識次第　達名字語言　如所知演說
此人有所說　皆是先佛法　以演此法故　於衆无所畏
持法華經者　意根淨若斯　雖未得无漏　先有如是相
是人持此經　安住希有地　為一切衆生　歡喜而愛敬
能以千万種　善巧之語言　分別而說法　持法華經故
妙法蓮華經常不輕菩薩品第二十
尒時佛告得大勢菩薩摩訶薩汝今當知若

BD14982號　妙法蓮華經卷六　（24-8）

持法華經者　意根淨若斯　雖未得无漏　先有如是相
是人持此經　安住希有地　為一切衆生　歡喜而愛敬
能以千万種　善巧之語言　分別而說法　持法華經故
妙法蓮華經常不輕菩薩品第二十
尒時佛告得大勢菩薩摩訶薩汝今當知若
比丘比丘尼優婆塞優婆夷持法華經者若
有惡口罵詈誹謗獲大罪報如前所說其所
得功德如向所說眼耳鼻舌身意清淨得大
勢乃往古昔過无量无邊不可思議阿僧祇
劫有佛名威音王如来應供正遍知明行足
善逝世間解无上士調御丈夫天人師佛世
尊劫名離衰國名大成其威音王佛於彼世
中為天人阿脩羅說法為求聲聞者說應四
諦法度生老病死究竟涅槃為求辟支佛者
說應十二因緣法為諸菩薩因阿耨多羅三
藐三菩提說應六波羅蜜法究竟佛慧得大
勢是威音王佛壽四十万億那由他恒河沙
劫正法住世劫數如一閻浮提微塵像法住
世劫數如四天下微塵其佛饒益衆生已然
後滅度正法像法滅盡之後於此國土復有
佛出亦号威音王如来應供正遍知明行足
善逝世間解无上士調御丈夫天人師佛世
尊如是次第有二万億佛皆同一号最初威
音王如来既已滅度正法滅後於像法中增
上慢比丘有大勢力尒時有一菩薩比丘名
常不輕得大勢以何因緣名常不輕是比丘
凡有所見若比丘比丘尼優婆塞優婆夷皆

BD14982號　妙法蓮華經卷六　（24-9）

音王如来既已滅度正法滅後於像法中增
上慢比丘有大勢力尒時有一菩薩比丘名
常不輕得大勢以何因緣名常不輕是比丘
凡有所見若比丘比丘尼優婆塞優婆夷皆
悉礼拜讚嘆而作是言我深敬汝等不敢輕
慢所以者何汝等皆行菩薩道當得作佛而
是比丘不專讀誦經典但行礼拜乃至遠見
四衆亦復故往礼拜讚嘆而作是言我不敢
輕於汝等汝等皆當作佛故四衆之中有生
瞋恚心不淨者惡口罵詈言是无智比丘從
何所来自言我不輕汝而與我等受記當得
作佛我等不用如是虛妄受記如此經歷多
年常被罵詈不生瞋恚常作是言汝當作佛
說是語時衆人或以杖木凡石而打擲之避
走遠住猶高聲唱言我不敢輕於汝等汝等
皆當作佛以其常作是語故增上慢比丘比
丘尼優婆塞優婆夷号之為常不輕是比丘
臨欲終時於虛空中具聞威音王佛先所說
法華經二十千万億偈悉能受持即得如上
眼根清淨耳鼻舌身意根清淨得是六根清
淨已更增壽命二百万億那由他歲廣為人
說是法華經於時增上慢四衆比丘比丘尼
優婆塞優婆夷輕賤是人為作不輕名者見
其得大神通力樂說辯力大善寂力聞其所
說皆信伏隨從是菩薩復化千万億衆令住
阿耨多羅三藐三菩提命終之後得值二千
億佛皆号日月燈明於其法中說是法華經

優婆塞優婆夷輕賤是人為作不輕名者見
其得大神通力樂說辯力大善寂力聞其所
說皆信伏隨從是菩薩復化千万億衆令住
阿耨多羅三藐三菩提命終之後得值二千
億佛皆号日月燈明於其法中說是法華經
以是因緣復值二千億佛同号雲自在燈王
於此諸佛法中受持讀誦為諸四衆說此經
典故得是常眼清淨耳鼻舌身意諸根清淨
於四衆中說法心无所畏得大勢是常不輕
菩薩摩訶薩供養如是若干諸佛恭敬尊重
讚嘆種諸善根於後復值千万億佛亦於諸
佛法中說是經典功德成就當得作佛得大
勢於意云何尒時常不輕菩薩豈異人乎則
我身是若我於宿世不受持讀誦此經為他
人說者不能疾得阿耨多羅三藐三菩提我
於先佛所受持讀誦此經為人說故疾得阿
耨多羅三藐三菩提得大勢彼時四衆比丘
比丘尼優婆塞優婆夷以瞋恚意輕賤我故
二百億劫常不值佛不聞法不見僧千劫於
阿鼻地獄受大苦惱畢是罪已復遇常不輕
菩薩教化阿耨多羅三藐三菩提得大勢於
汝意云何尒時四衆常輕是菩薩者豈異人
乎今此會中跋陀婆羅等五百菩薩師子月
等五百比丘尼思佛等五百優婆塞皆於阿
耨多羅三藐三菩提不退轉者是得大勢當
知是法華經大饒益諸菩薩摩訶薩能令至
於阿耨多羅三藐三菩提是故諸菩薩摩訶

等五百比丘尼思佛等五百優婆塞皆於阿
耨多羅三藐三菩提不退轉者是得大勢當
知是法華經大饒益諸菩薩摩訶薩能令至
於阿耨多羅三藐三菩提是故諸菩薩摩訶
薩於如來滅後常應受持讀誦解說書寫是
經尒時世尊欲重宣此義而說偈言
過去有佛　號威音王　神智无量　將導一切
天人龍神　所共供養　是佛滅後　法欲盡時
有一菩薩　名常不輕　時諸四眾　計著於法
不輕菩薩　往到其所　而語之言　我不輕汝
汝等行道　皆當作佛　諸人聞已　輕毀罵詈
不輕菩薩　能忍受之　其罪畢已　臨命終時
得聞此經　六根清淨　神通力故　增益壽命
復為諸人　廣說是經　諸著法眾　皆蒙菩薩
教化成就　令住佛道　不輕命終　值无數佛
說是經故　得无量福　漸具功德　疾成佛道
彼時不輕　則我身是　時四部眾　著法之者
聞不輕言　汝當作佛　以是因緣　值无數佛
此會菩薩　五百之眾　并及四部　清信士女
今於我前　聽法者是　我於前世　勸是諸人
聽受斯經　第一之法　開示教人　令住涅槃
世世受持　如是經典　億億万劫　至不可議
時乃得聞　是法華經　億億万劫　至不可議
諸佛世尊　時說是經　是故行者　於佛滅後
聞如是經　勿生疑惑　應當一心　廣說此經
世世值佛　疾成佛道
妙法蓮華經如來神力品第二十一

BD14982號　妙法蓮華經卷六　(24–12)

時乃得聞　是法華經　億億万劫　至不可議
諸佛世尊　時說是經　是故行者　於佛滅後
聞如是經　勿生疑惑　應當一心　廣說此經
世世值佛　疾成佛道
妙法蓮華經如來神力品第二十一
尒時千世界微塵等菩薩摩訶薩從地踊出
者皆於佛前一心合掌瞻仰尊顏而白佛言
世尊我等於佛滅後世尊分身所在國土滅
度之處當廣說此經所以者何我等亦自欲
得是真淨大法受持讀誦解說書寫而供養
之尒時世尊於文殊師利等无量百千万億
舊住娑婆世界菩薩摩訶薩及諸比丘比丘
尼優婆塞優婆夷天龍夜叉乾闥婆阿脩羅
迦樓羅緊那羅摩睺羅伽人非人等一切眾
前現大神力出廣長舌上至梵世一切毛孔
放於无量无數色光皆悉遍照十方世界眾
寶樹下師子座上諸佛亦復如是出廣長舌
放无量光釋迦牟尼佛及寶樹下諸佛現神
力時滿百千歲然後還攝舌相一時謦欬俱
共彈指是二音聲遍至十方諸佛世界地皆
六種震動其中眾生天龍夜叉乾闥婆阿脩
羅迦樓羅緊那羅摩睺羅伽人非人等以佛
神力故皆見此娑婆世界无量无邊百千万
億眾寶樹下師子座上諸佛及見釋迦牟尼
佛共多寶如來在寶塔中坐師子座又見无
量无邊百千万億菩薩摩訶薩及諸四眾恭
敬圍繞釋迦牟尼佛既見是已皆大歡喜得

BD14982號　妙法蓮華經卷六　(24–13)

億衆寶樹下師子座上諸佛及見釋迦牟尼
佛共多寶如來在寶塔中坐師子座又見无
量无邊百千万億菩薩摩訶薩及諸四衆恭
敬圍繞釋迦牟尼佛既見是已皆大歡喜得
未曾有即時諸天於虛空中高聲唱言過此
无量无邊百千万億阿僧祇世界有國名娑
婆是中有佛名釋迦牟尼今為諸菩薩摩訶
薩說大乘經名妙法蓮華教菩薩法佛所護
念汝等當深心隨喜亦當礼拜供養釋迦牟
尼佛彼諸衆生聞虛空中聲已合掌向娑婆
世界作如是言南无釋迦牟尼佛南无釋迦
牟尼佛以種種華香瓔珞幡蓋及諸嚴身之
具珎寶妙物皆共遥散娑婆世界所散諸物
從十方來譬如雲集變成寶帳遍覆此間諸
佛之上于時十方世界通達无礙如一佛土
尒時佛告上行等菩薩大衆諸佛神力如是
无量无邊不可思議若我以是神力於无量
无邊百千万億阿僧祇劫為囑累故說此經
功德猶不能盡以要言之如來一切所有之
法如來一切自在神力如來一切祕要之藏
如來一切甚深之事皆於此經宣示顯說是
故汝等於如來滅後應一心受持讀誦解說
書寫如說脩行所在國土若有受持讀誦解
說書寫如說脩行若經卷所住之處若於園
中若於林中若於樹下若於僧坊若白衣舍
若在殿堂若山谷曠野是中皆應起塔供養
所以者何當知是處即是道場諸佛於此得

書寫如說脩行所在國土若有受持讀誦解
說書寫如說脩行若經卷所住之處若於園
中若於林中若於樹下若於僧坊若白衣舍
若在殿堂若山谷曠野是中皆應起塔供養
所以者何當知是處即是道場諸佛於此得
阿耨多羅三藐三菩提諸佛於此轉于法輪
諸佛於此而般涅槃尒時世尊欲重宣此義
而說偈言
諸佛救世者　住於大神通　為悅衆生故　現无量神力
舌相至梵天　身放无數光　為求佛道者　現此希有事
諸佛謦欬聲　及彈指之聲　周聞十方國　地皆六種動
以佛滅度後　能持是經故　諸佛皆歡喜　現无量神力
囑累是經故　讚美受持者　於无量劫中　猶故不能盡
是人之功德　无邊无有窮　如十方虛空　不可得邊際
能持是經者　則為已見我　亦見多寶佛　及諸分身者
又見我今日　教化諸菩薩　能持是經者　令我及分身
滅度多寶佛　一切皆歡喜　十方現在佛　并過去未來
亦見亦供養　亦令得歡喜　諸佛坐道場　所得祕要法
能持是經者　不久亦當得　能持是經者　於諸法之義
名字及言辭　樂說无窮盡　如風於空中　一切无障礙
於如來滅後　知佛所說經　因緣及次第　隨義如實說
如日月光明　能除諸幽冥　斯人行世間　能滅衆生闇
教无量菩薩　畢竟住一乘　是故有智者　聞此功德利
於我滅度後　應受持斯經　是人於佛道　決定无有疑
妙法蓮華經囑累品第二十二
尒時釋迦牟尼佛從法座起現大神力以右
手摩无量菩薩摩訶薩頂而作是言我於无
量百千万億阿僧祇劫脩習是難得阿耨多

妙法蓮華經嘱累品第二十二
尒時釋迦牟尼佛從法座起現大神力以右
手摩无量菩薩摩訶薩頂而作是言我於无
量百千万億阿僧祇劫脩習是難得阿耨多
羅三藐三菩提法今以付嘱汝等汝等應當
一心流布此法廣令增益如是三摩諸菩薩
摩訶薩頂而作是言我於无量百千万億阿
僧祇劫脩習是難得阿耨多羅三藐三菩提
法今以付嘱汝等汝等當受持讀誦廣宣此
法令一切衆生普得聞知所以者何如来有
大慈悲无諸慳悋亦无所畏能與衆生佛之
智慧如来智慧自然智慧如来是一切衆生
之大施主汝等亦應隨學如来之法勿生慳
悋於未来世若有善男子善女人信如来智
慧者當爲演說此法華經使得聞知爲令其
人得佛慧故若有衆生不信受者當於如来
餘深法中示教利喜汝等若能如是則爲已
報諸佛之恩時諸菩薩摩訶薩聞佛作是說
已皆大歡喜遍滿其身益加恭敬曲躬低頭
合掌向佛俱發聲言如世尊勅當具奉行唯
然世尊願不有慮諸菩薩摩訶薩衆如是三
反俱發聲言如世尊勅當具奉行唯然世尊
願不有慮尒時釋迦牟尼佛令十方来諸分
身佛各還本土而作是言諸佛各隨所安多
寶佛塔還可如故說是語時十方无量分身
諸佛坐寶樹下師子座上者及多寶佛并上
行等无邊阿僧祇菩薩大衆舍利弗等聲聞

BD14982號　妙法蓮華經卷六　（24–16）

願不有慮尒時釋迦牟尼佛令十方来諸分
身佛各還本土而作是言諸佛各隨所安多
寶佛塔還可如故說是語時十方无量分身
諸佛坐寶樹下師子座上者及多寶佛并上
行等无邊阿僧祇菩薩大衆舍利弗等聲聞
四衆及一切世間天人阿脩羅等聞佛所說
皆大歡喜
妙法蓮華經藥王菩薩本事品第二十三
尒時宿王華菩薩白佛言世尊藥王菩薩云
何遊於娑婆世界世尊是藥王菩薩有若干
百千万億那由他難行苦行善哉世尊願少
解說諸天龍神夜叉乾闥婆阿脩羅迦樓羅
緊那羅摩睺羅伽人非人等又他國土諸来
菩薩及此聲聞衆聞皆歡喜尒時佛告宿王
華菩薩乃往過去无量恒河沙劫有佛号日
月淨明德如来應供正遍知明行足善逝世
間解无上士調御丈夫天人師佛世尊其佛
有八十億大菩薩摩訶薩七十二恒河沙大
聲聞衆佛壽四万二千劫菩薩壽命亦等彼
國无有女人地獄餓鬼畜生阿脩羅等及以
諸難地平如掌琉璃所成寶樹莊嚴寶帳覆
上垂寶華幡寶瓶香爐周遍國界七寶爲臺
一樹一臺其樹去臺盡一箭道此諸寶樹皆
有菩薩聲聞而坐其下諸寶臺上各有百億
諸天作天伎樂歌嘆於佛以爲供養尒時彼
佛爲一切衆生惠見菩薩及衆菩薩諸聲聞
衆說法華經是一切衆生惠見菩薩樂習苦
行於日月淨明德佛法中精進經行一心求

BD14982號　妙法蓮華經卷六　（24–17）

有菩薩聲聞而坐其下諸寶臺上各有百億
諸天作天伎樂歌嘆於佛以為供養尒時彼
佛為一切衆生憙見菩薩及衆菩薩諸聲聞
衆說法華經是一切衆生憙見菩薩樂習苦
行於日月淨明德佛法中精進經行一心求
佛滿万二千歲已得現一切色身三昧得此
三昧已心大歡喜即作念言我得現一切色
身三昧皆是得聞法華經力我今當供養日
月淨明德佛及法華經即時入是三昧於虛
空中雨曼陁羅華摩訶曼陁羅華細末堅黑
栴檀滿虛空中如雲而下又雨海此岸栴檀
之香此香六銖價直娑婆世界以供養佛作
是供養已從三昧起而自念言我雖以神力
供養於佛不如以身供養即服諸香栴檀薰
陸兜樓婆畢力迦沉水膠香又飲瞻蔔諸華
香油滿千二百歲已香油塗身於日月淨明
德佛前以天寶衣而自纏身灌諸香油以神
通力願而自然身光明遍照八千億恒河沙
世界其中諸佛同時讚言善哉善哉善男子
是真精進是名真法供養如來若以華香瓔
珞燒香末香塗香天繒幡蓋及海此岸栴檀
之香如是等種種諸物供養所不能及假使
國城妻子布施亦所不及善男子是名第一
之施於諸施中最尊最上以法供養諸如來
故作是語已而各嘿然其身火然千二百歲
過是已後其身乃盡一切衆生憙見菩薩作
如是法供養已命終之後復生日月淨明德

BD14982 號　妙法蓮華經卷六　（24–18）

之施於諸施中最尊最上以法供養諸如來
故作是語已而各嘿然其身火然千二百歲
過是已後其身乃盡一切衆生憙見菩薩作
如是法供養已命終之後復生日月淨明德
佛國中於淨德王家結加趺坐忽然化生即
為其父而說偈言
大王今當知　我經行彼處　即時得一切　現諸身三昧
勤行大精進　捨所愛之身
說是偈已而白父言日月淨明德佛今故現
在我先供養佛已得解一切衆生語言陁羅
尼復聞是法華經八百千万億那由他甄迦
羅頻婆羅阿閦婆等偈大王我今當還供養
此佛白已即坐七寶之臺上昇虛空高七多
羅樹往到佛所頭面礼足合十指爪以偈讚
佛
容顏甚奇妙　光明照十方　我適曾供養　今復還親近
尒時一切衆生憙見菩薩說是偈已而白佛
言世尊世尊猶故在世尒時日月淨明德佛
告一切衆生憙見菩薩善男子我涅槃時到
滅盡時至汝可安施床座我於今夜當般涅
槃又勑一切衆生憙見菩薩善男子我以佛
法囑累於汝及諸菩薩大弟子并阿耨多羅
三藐三菩提法亦以三千大千七寶世界諸
寶樹寶臺及給侍諸天悉付於汝我滅度後
所有舍利亦付囑汝當令流布廣設供養應
起若干千塔如是日月淨明德佛勑一切衆
生憙見菩薩已於夜後分入於涅槃尒時一

BD14982 號　妙法蓮華經卷六　（24–19）

三藐三菩提法亦以三千大千七寳世界諸
寳樹寳臺及給侍諸天悉付於汝我滅度後
所有舍利亦付囑汝當令流布廣設供養應
起若干千塔如是日月淨明德佛勑一切衆
生憙見菩薩已於夜後分入於涅槃尒時一
切衆生憙見菩薩見佛滅度悲感懊惱戀慕
於佛即以海此岸栴檀爲積供養佛身而以
燒之火滅已後收取舍利作八万四千寳瓶
以起八万四千塔高三世界表刹莊嚴垂諸
幡蓋懸衆寳鈴尒時一切衆生憙見菩薩復
自念言我雖作是供養心猶未足我今當更
供養舍利便語諸菩薩大弟子及天龍夜叉
等一切大衆汝等當一心念我今供養日月
淨明德佛舍利作是語已即於八万四千塔
前然百福莊嚴臂七万二千歲而以供養令
无數求聲聞衆无量阿僧祇人發阿耨多羅
三藐三菩提心皆使得住現一切色身三昧
尒時諸菩薩天人阿脩羅等見其无臂憂惱
悲哀而作是言此一切衆生憙見菩薩是我
等師教化我者而今燒臂身不具足于時一
切衆生憙見菩薩於大衆中立此誓言我捨
兩臂必當得佛金色之身若實不虛令我兩
臂還復如故作是誓已自然還復由斯菩薩
福德智慧淳厚所致當尒之時三千大千世
界六種震動天雨寳華一切人天得未曾有
佛告宿王華菩薩於汝意云何一切衆生憙

BD14982號　妙法蓮華經卷六　（24–20）

兩臂必當得佛金色之身若實不虛令我兩
臂還復如故作是誓已自然還復由斯菩薩
福德智慧淳厚所致當尒之時三千大千世
界六種震動天雨寳華一切人天得未曾有
佛告宿王華菩薩於汝意云何一切衆生憙
見菩薩豈異人乎今藥王菩薩是也其所捨
身布施如是无量百千万億那由他數宿王
華若有發心欲得阿耨多羅三藐三菩提者
能然手指乃至足一指供養佛塔勝以國城
妻子及三千大千國土山林河池諸珎寳物
而供養者若復有人以七寳滿三千大千世
界供養於佛及大菩薩辟支佛阿羅漢是人
所得功德不如受持此法華經乃至一四句
偈其福最多宿王華譬如一切川流江河諸
水之中海爲第一此法華經亦復如是於諸
如來所說經中最爲深大又如土山黑山小
鐵圍山大鐵圍山及十寳山衆山之中須彌
山爲第一此法華經亦復如是於諸經中最
爲其上又如衆星之中月天子最爲第一此
法華經亦復如是於千万億種諸經法中最
爲照明又如日天子能除諸闇此經亦復如
是能破一切不善之闇又如諸小王中轉輪
聖王最爲第一此經亦復如是於衆經中最
爲其尊又如帝釋於三十三天中王此經亦
復如是諸經中王又如大梵天王一切衆生
之父此經亦復如是一切賢聖學无學及發
菩薩心者之父又如一切凡夫人中須陁洹

BD14982號　妙法蓮華經卷六　（24–21）

是能破一切不善之闇又如諸小王中轉輪
聖王冣為第一此經亦復如是於衆經中冣
為其尊又如帝釋於三十三天中王此經亦
復如是諸經中王又如大梵天王一切衆生
之父此經亦復如是一切賢聖學无學及發
菩薩心者之父又如一切凡夫人中須陁洹
斯陁含阿那含阿羅漢辟支佛為第一此經
亦復如是一切如來所說若菩薩所說若聲
聞所說諸經法中冣為第一有能受持是經
典者亦復如是於一切衆生中亦為第一一
切聲聞辟支佛中菩薩為第一此經亦復如
是於一切諸經法中冣為第一如佛為諸法
王此經亦復如是諸經中王宿王華此經能
救一切衆生者此經能令一切衆生離諸苦
惱此經能大饒益一切衆生充滿其願如清
涼池能滿一切諸渴乏者如寒者得火如裸
者得衣如商人得主如子得母如渡得船如
病得醫如暗得燈如貧得寶如民得王如賈
客得海如炬除暗此法華經亦復如是能令
衆生離一切苦一切病痛能解一切生死之
縛若人得聞此法華經若自書若使人書所
得功德以佛智慧籌量多少不得其邊若書
是經卷華香瓔珞燒香末香塗香幡蓋衣服
種種之燈蘇燈油燈諸香油燈瞻蔔油燈須
曼油燈波羅羅油燈婆利師迦油燈那婆摩
利油燈供養所得功德亦復无量宿王華若

得功德以佛智慧籌量多少不得其邊若書
是經卷華香瓔珞燒香末香塗香幡蓋衣服
種種之燈蘇燈油燈諸香油燈瞻蔔油燈須
曼油燈波羅羅油燈婆利師迦油燈那婆摩
利油燈供養所得功德亦復无量宿王華若
有人聞是藥王菩薩本事品者亦得无量无
邊功德若有女人聞是藥王菩薩本事品能
受持者盡是女身後不復受若如來滅後後
五百歲中若有女人聞是經典如說脩行於
此命終即往安樂世界阿彌陁佛大菩薩衆
圍繞住處生蓮華中寶座之上不復為貪欲
所惱亦復不為瞋恚愚癡所惱亦復不為憍
慢嫉妬諸垢所惱得菩薩神通无生法忍得
是忍已眼根清淨以是清淨眼根見七百万
二千億那由他恒河沙等諸佛如來是時諸
佛遥共讚言善哉善哉善男子汝能於釋迦
牟尼佛法中受持讀誦思惟是經為他人說
所得福德无量无邊火不能燒水不能漂汝
之功德千佛共說不能令盡汝今已能破諸
魔賊壞生死軍諸餘怨敵皆悉摧滅善男子
百千諸佛以神通力共守護汝於一切世間
天人之中无如汝者唯除如來其諸聲聞辟
支佛乃至菩薩智慧禪定无有與汝等者宿
王華此菩薩成就如是功德智慧之力若有
人聞是藥王菩薩本事品能隨喜讚善者是
人現世口中常出青蓮華香身毛孔中常出
牛頭栴檀香所得功德如上所說是故宿王

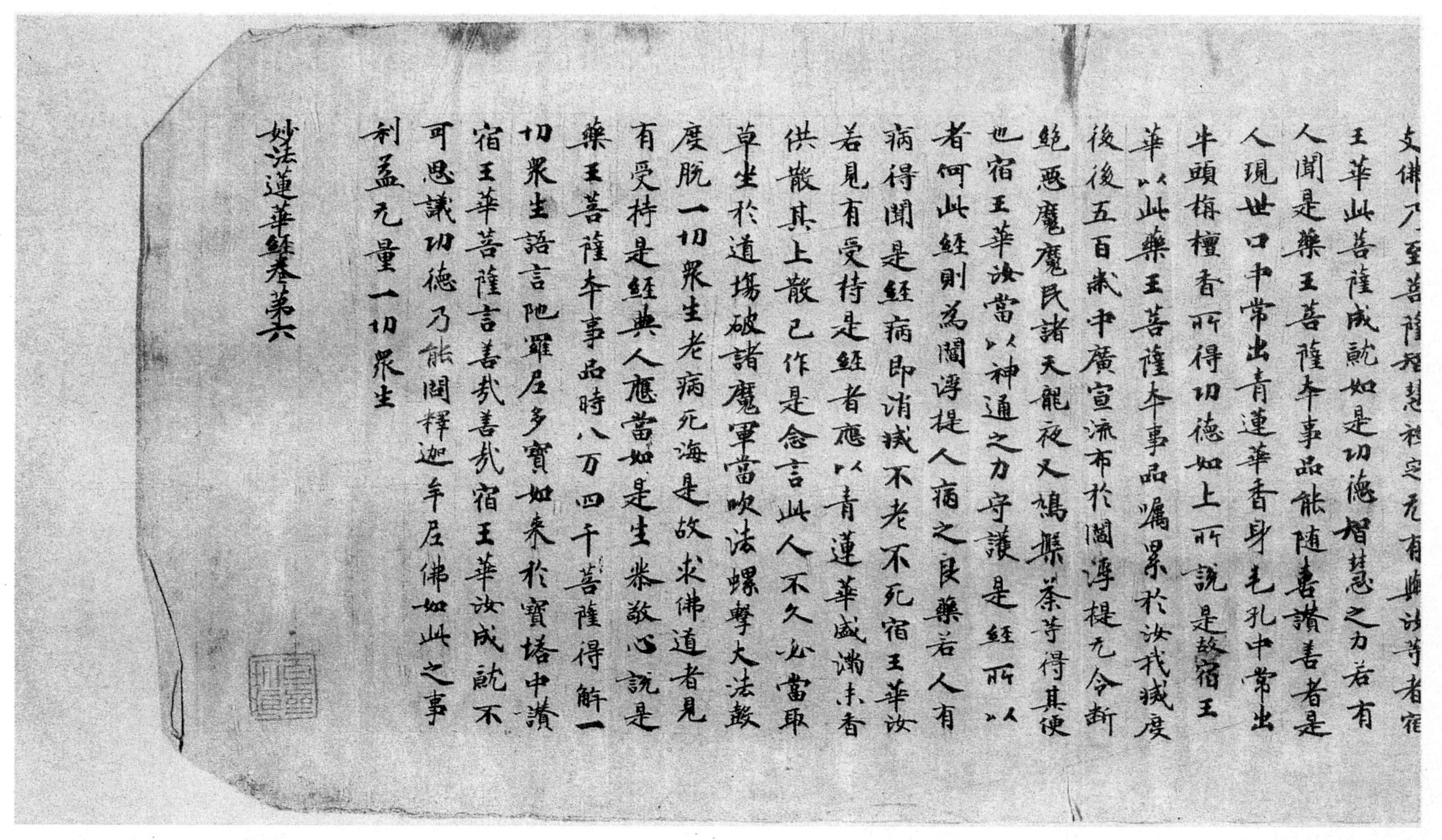

文佛乃至菩薩智慧禪定无有與汝等者宿
王華此菩薩成就如是功德智慧之力若有
人聞是藥王菩薩本事品能随喜讃善者是
人現世口中常出青蓮華香身毛孔中常出
牛頭栴檀香所得功德如上所說是故宿王
華以此藥王菩薩本事品屬累於汝我滅度
後後五百歲中廣宣流布於閻浮提无令断
絶惡魔魔民諸天龍夜叉鳩槃荼等得其便
也宿王華汝當以神通之力守護是經所以
者何此經則為閻浮提人病之良藥若人有
病得聞是經病即消滅不老不死宿王華汝
若見有受持是經者應以青蓮華盛滿末香
供散其上散已作是念言此人不久必當取
草坐於道場破諸魔軍當吹法螺擊大法鼓
度脫一切眾生老病死海是故求佛道者見
有受持是經典人應當如是生恭敬心說是
藥王菩薩本事品時八万四千菩薩得解一
切眾生語言陀羅尼多寶如來於寶塔中讚
宿王華菩薩言善哉善哉宿王華汝成就不
可思議功德乃能問釋迦牟尼佛如此之事
利益无量一切眾生

妙法蓮華經卷第六

BD14982號 妙法蓮華經卷六 （24–24）

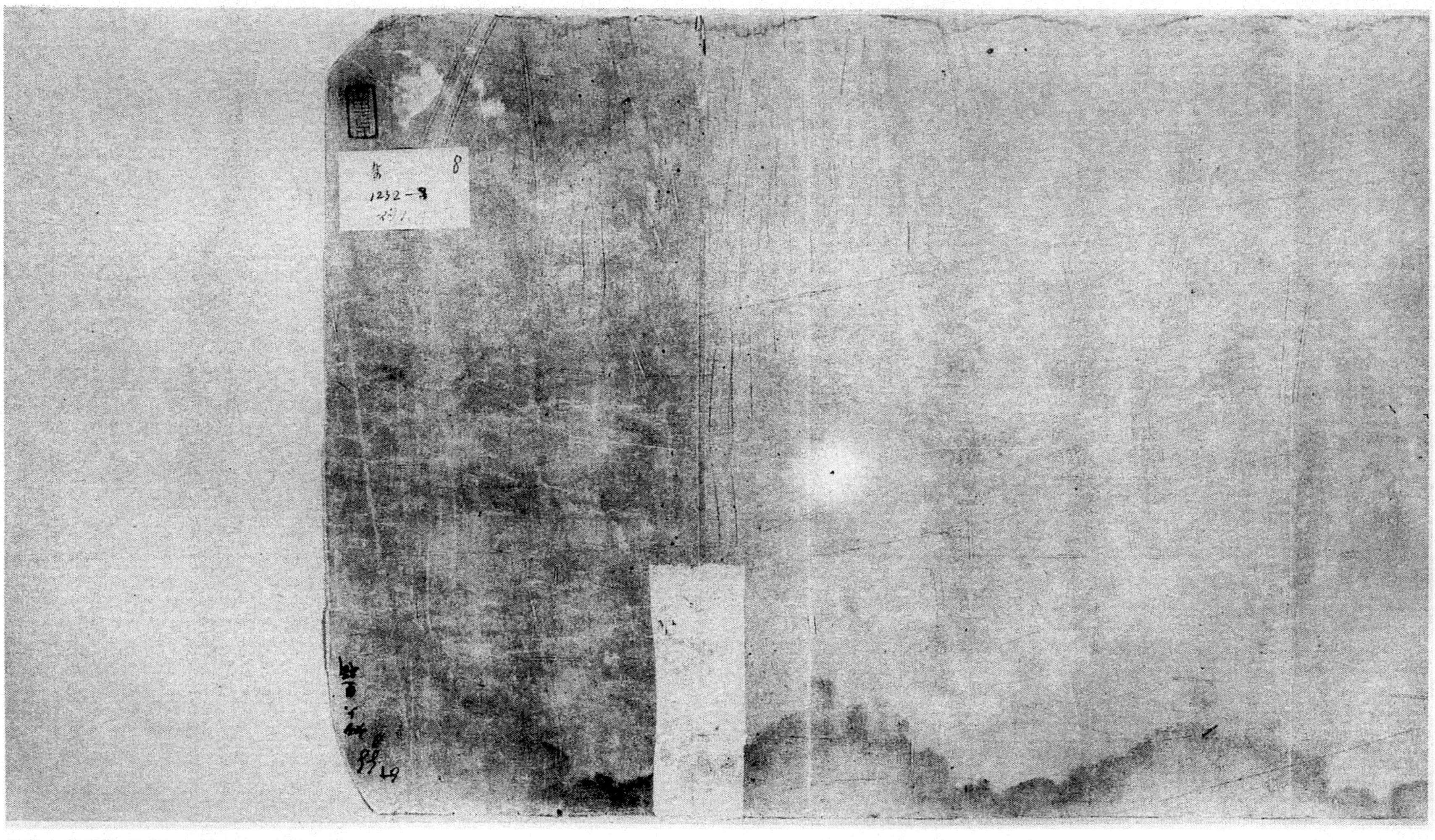

BD14982號背 勘記、印章 （1–1）

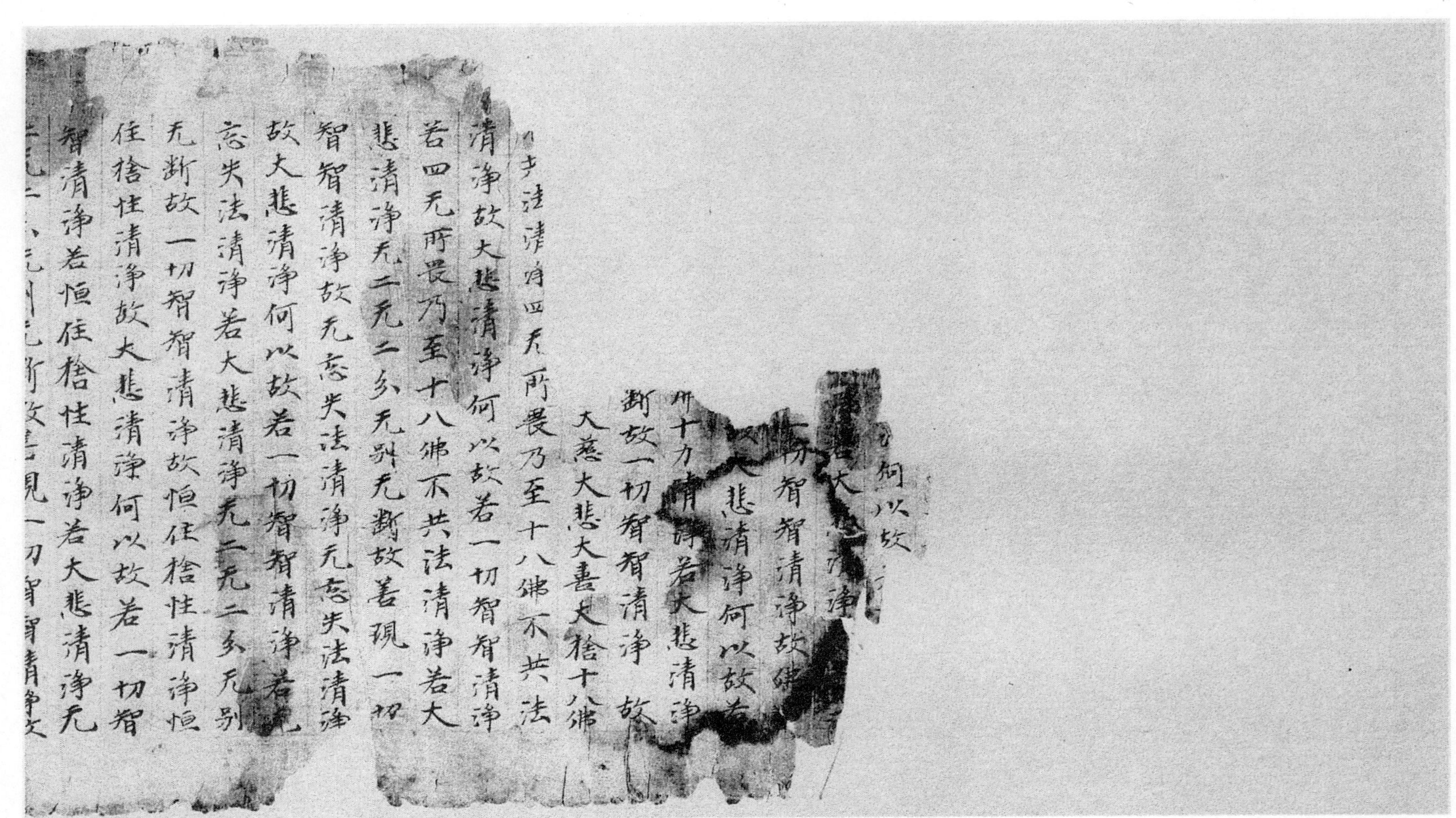

□何以故
一切智智清淨故佛
□大悲清淨何以故若
所十力清淨若大悲清淨
斷故一切智智清淨故
大慈大悲大喜大捨十八佛
所畏乃至十八佛不共法
清淨故大悲清淨何以故若一切智智清淨
若四无所畏乃至十八佛不共法清淨若大
悲清淨无二无二分无别无斷故善現一切
智智清淨故无忘失法清淨无忘失法清淨
故大悲清淨何以故若一切智智清淨若无
忘失法清淨若大悲清淨无二无二分无别
无斷故一切智智清淨故恒住捨性清淨恒
住捨性清淨故大悲清淨何以故若一切智
智清淨若恒住捨性清淨若大悲清淨无

BD14983號　大般若波羅蜜多經卷二七七　（21–1）

忘失法清淨若大悲清淨无二无二分无别
无斷故一切智智清淨故恒住捨性清淨恒
住捨性清淨故大悲清淨何以故若一切智
智清淨若恒住捨性清淨若大悲清淨无
二无二分无别无斷故善現一切智智清淨故
一切智清淨一切智清淨故大悲清淨何以
故若一切智智清淨若一切智清淨若大悲
清淨无二无二分无别无斷故一切智智清
淨故道相智一切相智清淨道相智一切相
智清淨故大悲清淨何以故若一切智智清
淨若道相智一切相智清淨若大悲清淨无
二无二分无别无斷故善現一切智智清淨
故一切陁羅尼門清淨一切陁羅尼門清淨
故大悲清淨何以故若一切智智清淨若一
切陁羅尼門清淨若大悲清淨无二无二分
无别无斷故一切智智清淨故一切三摩地
門清淨一切三摩地門清淨故大悲清淨何以
故若一切智智清淨若一切三摩地門清淨
若大悲清淨无二无二分无别无斷故
善現一切智智清淨故預流果清淨預流果
清淨故大悲清淨何以故若一切智智清淨
若預流果清淨若大悲清淨无二无二分无
别无斷故一切智智清淨故一來不還阿羅
漢果清淨一來不還阿羅漢果清淨故大悲
清淨何以故若一切智智清淨若一來不還
阿羅漢果清淨若大悲清淨无二无二分无
别无斷故善現一切智智清淨故獨覺菩提

BD14983號　大般若波羅蜜多經卷二七七　（21–2）

別无斷故一切智智清淨故一來不還阿羅
漢果清淨一來不還阿羅漢果清淨故大悲
清淨何以故若一切智智清淨若一來不還
阿羅漢果清淨若大悲清淨无二无二分无
別无斷故善現一切智智清淨故獨覺菩提
清淨獨覺菩提清淨故大悲清淨何以故若
一切智智清淨若獨覺菩提清淨若大悲清
淨无二无二分无別无斷故善現一切智智
清淨故一切菩薩摩訶薩行清淨一切菩薩
摩訶薩行清淨故大悲清淨何以故若一切
智智清淨若一切菩薩摩訶薩行清淨若大
悲清淨无二无二分无別无斷故善現一切
智智清淨故諸佛无上正等菩提清淨諸佛
无上正等菩提清淨故大悲清淨何以故若
一切智智清淨若諸佛无上正等菩提清淨
若大悲清淨无二无二分无別无斷故
復次善現一切智智清淨故色清淨色清淨
故大喜清淨何以故若一切智智清淨若色
清淨若大喜清淨无二无二分无別无斷故
一切智智清淨故受想行識清淨受想行識
清淨故大喜清淨何以故若一切智智清淨
若受想行識清淨若大喜清淨无二无二分
无別无斷故善現一切智智清淨故眼處清
淨眼處清淨故大喜清淨何以故若一切智
智清淨若眼處清淨若大喜清淨无二无二
分无別无斷故一切智智清淨故耳鼻舌身
意處清淨耳鼻舌身意處清淨故大喜清

BD14983號　大般若波羅蜜多經卷二七七　（21–3）

无別无斷故善現一切智智清淨故眼處清
淨眼處清淨故大喜清淨何以故若一切智
智清淨若眼處清淨若大喜清淨无二无二
分无別无斷故一切智智清淨故耳鼻舌身
意處清淨耳鼻舌身意處清淨故大喜清
淨何以故若一切智智清淨若耳鼻舌身意
處清淨若大喜清淨无二无二分无別无斷故
善現一切智智清淨故色處清淨色處清淨
故大喜清淨何以故若一切智智清淨若色
處清淨若大喜清淨无二无二分无別无斷故
一切智智清淨故聲香味觸法處清淨聲
香味觸法處清淨故大喜清淨何以故若一
切智智清淨若聲香味觸法處清淨若大喜
清淨无二无二分无別无斷故善現一切智
智清淨故眼界清淨眼界清淨故大喜清淨
何以故若一切智智清淨若眼界清淨若大
喜清淨无二无二分无別无斷故一切智智清
淨故色界眼識界及眼觸眼觸為緣所生諸
受清淨色界乃至眼觸為緣所生諸受清
淨故大喜清淨何以故若一切智智清淨若
色界乃至眼觸為緣所生諸受清淨若大喜
清淨无二无二分无別无斷故善現一切智
智清淨故耳界清淨耳界清淨故大喜清淨
何以故若一切智智清淨若耳界清淨若大
喜清淨无二无二分无別无斷故一切智智
清淨故聲界耳識界及耳觸耳觸為緣所生
諸受清淨聲界乃至耳觸為緣所生諸受清
淨故大喜清淨何以故若一切智智清淨若

BD14983號　大般若波羅蜜多經卷二七七　（21–4）

何以故若一切智智清淨若耳界清淨若大
喜清淨无二无二分无別无斷故一切智智
清淨故聲界耳識界及耳觸耳觸為緣所生
諸受清淨聲界乃至耳觸為緣所生諸受清
淨故大喜清淨何以故若一切智智清淨若
聲界乃至耳觸為緣所生諸受清淨若大喜
清淨无二无二分无別无斷故善現一切智
智清淨故鼻界清淨鼻界清淨故大喜清淨
何以故若一切智智清淨若鼻界清淨若大
喜清淨无二无二分无別无斷故一切智智
清淨故香界鼻識界及鼻觸鼻觸為緣所生
諸受清淨香界乃至鼻觸為緣所生諸受清
淨故大喜清淨何以故若一切智智清淨若
香界乃至鼻觸為緣所生諸受清淨若大喜
清淨无二无二分无別无斷故善現一切智
智清淨故舌界清淨舌界清淨故大喜清淨
何以故若一切智智清淨若舌界清淨若大
喜清淨无二无二分无別无斷故一切智智
清淨故味界舌識界及舌觸舌觸為緣所生
諸受清淨味界乃至舌觸為緣所生諸受清
淨故大喜清淨何以故若一切智智清淨若
味界乃至舌觸為緣所生諸受清淨若大喜
清淨无二无二分无別无斷故善現一切智
智清淨故身界清淨身界清淨故大喜清淨
何以故若一切智智清淨若身界清淨若大
喜清淨无二无二分无別无斷故一切智智
清淨故觸界身識界及身觸身觸為緣所
生諸受清淨觸界乃至身觸為緣所生諸受清

BD14983號　大般若波羅蜜多經卷二七七　（21–5）

智清淨故身界清淨身界清淨故大喜清淨
何以故若一切智智清淨若身界清淨若大
喜清淨无二无二分无別无斷故一切智智
清淨故觸界身識界及身觸身觸為緣所
生諸受清淨觸界乃至身觸為緣所生諸受清
淨故大喜清淨何以故若一切智智清淨若
觸界乃至身觸為緣所生諸受清淨若大喜
清淨无二无二分无別无斷故善現一切智
智清淨故意界清淨意界清淨故大喜清淨
何以故若一切智智清淨若意界清淨若大
喜清淨无二无二分无別无斷故一切智智
清淨故法界意識界及意觸意觸為緣所生
諸受清淨法界乃至意觸為緣所生諸受清
淨故大喜清淨何以故若一切智智清淨若
法界乃至意觸為緣所生諸受清淨若大喜
清淨无二无二分无別无斷故善現一切智
智清淨故地界清淨地界清淨故大喜清淨
何以故若一切智智清淨若地界清淨若大
喜清淨无二无二分无別无斷故一切智智
清淨故水火風空識界清淨水火風空識界
清淨故大喜清淨何以故若一切智智清淨
若水火風空識界清淨若大喜清淨无二无
二分无別无斷故善現一切智智清淨故无
明清淨无明清淨故大喜清淨何以故若一
切智智清淨若无明清淨若大喜清淨无二
无二分无別无斷故一切智智清淨故行識
名色六處觸受愛取有生老死愁歎苦憂惱
清淨行乃至老死愁歎苦憂惱清淨故大喜

BD14983號　大般若波羅蜜多經卷二七七　（21–6）

明清淨无明清淨故大喜清淨何以故若一
切智智清淨若无明清淨若大喜清淨无二
无二分无別无斷故一切智智清淨故行識
名色六處觸受愛取有生老死愁歎苦憂惱
清淨行乃至老死愁歎苦憂惱清淨故大喜
清淨何以故若一切智智清淨若行乃至老
死愁歎苦憂惱清淨若大喜清淨无二无
二分无別无斷故
善現一切智智清淨故布施波羅蜜多清淨
布施波羅蜜多清淨故大喜清淨何以故若
一切智智清淨若布施波羅蜜多清淨若大
喜清淨无二无二分无別无斷故一切智智清
淨故淨戒安忍精進靜慮般若波羅蜜多清
淨淨戒乃至般若波羅蜜多清淨故大喜清
淨何以故若一切智智清淨若淨戒乃至
般若波羅蜜多清淨若大喜清淨无二无二
分无別无斷故善現一切智智清淨故內空
清淨內空清淨故大喜清淨何以故若一切
智智清淨若內空清淨若大喜清淨无二无
二分无別无斷故一切智智清淨故外空內
外空空空大空勝義空有為空无為空畢竟
空无際空散空无變異空本性空自相空共
相空一切法空不可得空无性空自性空无
性自性空清淨外空乃至无性自性空清淨
故大喜清淨何以故若一切智智清淨若外
空乃至无性自性空清淨若大喜清淨无二
无二分无別无斷故善現一切智智清淨故
真如清淨真如清淨故大喜清淨何以故若

BD14983號　大般若波羅蜜多經卷二七七　（21–7）

性自性空清淨外空乃至无性自性空清淨
故大喜清淨何以故若一切智智清淨若外
空乃至无性自性空清淨若大喜清淨无二
无二分无別无斷故善現一切智智清淨故
真如清淨真如清淨故大喜清淨何以故若
一切智智清淨若真如清淨若大喜清淨无
二无二分无別无斷故一切智智清淨故法
界法性不虛妄性不變異性平等性離生性
法定法住實際虛空界不思議界清淨法
界乃至不思議界清淨故大喜清淨何以故若
一切智智清淨若法界乃至不思議界清淨
若大喜清淨无二无二分无別无斷故善現
一切智智清淨故苦聖諦清淨苦聖諦清淨
故大喜清淨何以故若一切智智清淨若苦
聖諦清淨若大喜清淨无二无二分无別无
斷故一切智智清淨故集滅道聖諦清淨集
滅道聖諦清淨故大喜清淨何以故若一切
智智清淨若集滅道聖諦清淨若大喜清淨
无二无二分无別无斷故善現一切智智 清
淨故四靜慮清淨四靜慮清淨故大喜清淨
何以故若一切智智清淨若四靜慮清淨若
大喜清淨无二无二分无別无斷故一切智
清淨故四无量四无色定清淨四无量四无
色定清淨故大喜清淨何以故若一切智智
清淨若四无量四无色定清淨若大喜清淨
无二无二分无別无斷故善現一切智智清
淨故八解脫清淨八解脫清淨故大喜清淨
何以故若一切智智清淨若八解脫清淨若

BD14983號　大般若波羅蜜多經卷二七七　（21–8）

清淨若四无量四无色定清淨若大喜清淨
无二无二分无別无斷故善現一切智智清
淨故八解脫清淨八解脫清淨故大喜清淨
何以故若一切智智清淨若八解脫清淨若
大喜清淨无二无二分无別无斷故一切智
智清淨故八勝處九次第定十遍處清淨八
勝處九次第定十遍處清淨故大喜清淨何
以故若一切智智清淨若八勝處九次第定
十遍處清淨若大喜清淨无二无二分无別
无斷故善現一切智智清淨故四念住清淨
四念住清淨故大喜清淨何以故若一切智
智清淨若四念住清淨若大喜清淨无二无
二分无別无斷故一切智智清淨故四正斷
四神足五根五力七等覺支八聖道支清淨四
正斷乃至八聖道支清淨故大喜清淨何以
故若一切智智清淨若四正斷乃至八聖
道支清淨若大喜清淨无二无二分无別无
斷故善現一切智智清淨故空解脫門清
淨空解脫門清淨故大喜清淨何以故若一
切智智清淨若空解脫門清淨若大喜清淨无
二无二分无別无斷故一切智智清淨故无
相无願解脫門清淨无相无願解脫門清淨
故大喜清淨何以故若一切智智清淨若无
相无願解脫門清淨若大喜清淨无二无二
分无別无斷故善現一切智智清淨故菩薩
十地清淨菩薩十地清淨故大喜清淨何以
故若一切智智清淨若菩薩十地清淨若大

BD14983號　大般若波羅蜜多經卷二七七　（21–9）

故大喜清淨何以故若一切智智清淨若无
相无願解脫門清淨若大喜清淨无二无二
分无別无斷故善現一切智智清淨故菩薩
十地清淨菩薩十地清淨故大喜清淨何以
故若一切智智清淨若菩薩十地清淨若大
喜清淨无二无二分无別无斷故
善現一切智智清淨故五眼清淨
故大喜清淨何以故若一切智智清淨若五
眼清淨若大喜清淨无二无二分无別无斷
故一切智智清淨故六神通清淨六神通清
淨故大喜清淨何以故若一切智智清淨若
六神通清淨若大喜清淨无二无二分无別
无斷故善現一切智智清淨故佛十力清淨
佛十力清淨故大喜清淨何以故若一切智
智清淨若佛十力清淨若大喜清淨无二无
二分无別无斷故一切智智清淨故四无所
畏四无礙解大慈大悲大喜大捨十八佛不共法
清淨四无所畏乃至十八佛不共法清淨故
大喜清淨何以故若一切智智清淨若四无
所畏乃至十八佛不共法清淨若大喜清淨
无二无二分无別无斷故善現一切智智清
淨故无忘失法清淨无忘失法清淨故大喜
清淨何以故若一切智智清淨若无忘失法
清淨若大喜清淨无二无二分无別无斷故
一切智智清淨故恒住捨性清淨恒住捨性
清淨故大喜清淨何以故若一切智智清淨
若恒住捨性清淨若大喜清淨无二无二分
无別无斷故善現一切智智清淨故一切智

BD14983號　大般若波羅蜜多經卷二七七　（21–10）

一切智智清淨故恒住捨性清淨恒住捨性
清淨故大喜清淨何以故若一切智智清淨
若恒住捨性清淨若大喜清淨无二无二分
无別无斷故善現一切智智清淨故一切智
清淨一切智清淨故大喜清淨何以故若一
切智智清淨若一切智清淨若大喜清淨无
二无二分无別无斷故一切智智清淨故道
相智一切相智清淨道相智一切相智清淨
故大喜清淨何以故若一切智智清淨若道
相智一切相智清淨若大喜清淨无二无二
分无別无斷故善現一切智智清淨故一切
陁羅尼門清淨一切陁羅尼門清淨故大喜
清淨何以故若一切智智清淨若一切陁羅
尼門清淨若大喜清淨无二无二分无別无
斷故一切智智清淨故一切三摩地門清淨
一切三摩地門清淨故大喜清淨何以故若
一切智智清淨若一切三摩地門清淨若大
喜清淨无二无二分无別无斷故
善現一切智智清淨故預流果清淨預流果
清淨故大喜清淨何以故若一切智智清淨
若預流果清淨若大喜清淨无二无二分无
別无斷故一切智智清淨故一來不還阿羅
漢果清淨一來不還阿羅漢果清淨故大喜
清淨何以故若一切智智清淨若一來不還
阿羅漢果清淨若大喜清淨无二无二分无
別无斷故善現一切智智清淨故獨覺菩
提清淨獨覺菩提清淨故大喜清淨何以故

BD14983號　大般若波羅蜜多經卷二七七　（21–11）

清淨何以故若一切智智清淨若一來不還
阿羅漢果清淨若大喜清淨无二无二分无
別无斷故善現一切智智清淨故獨覺菩
提清淨獨覺菩提清淨故大喜清淨何以故
若一切智智清淨若獨覺菩提清淨若大喜清
淨无二无二分无別无斷故善現一切智智清
淨故一切菩薩摩訶薩行清淨一切菩薩
摩訶薩行清淨故大喜清淨何以故若一切
智智清淨若一切菩薩摩訶薩行清淨若大
喜清淨无二无二分无別无斷故善現一切智
智清淨故諸佛无上正等菩提清淨諸佛
无上正等菩提清淨故大喜清淨何以故若
一切智智清淨若諸佛无上正等菩提清淨
若大喜清淨无二无二分无別无斷故
復次善現一切智智清淨故色清淨色清淨
故大捨清淨何以故若一切智智清淨若色
清淨若大捨清淨无二无二分无別无斷故
一切智智清淨故受想行識清淨受想行識
清淨故大捨清淨何以故若一切智智清淨
若受想行識清淨若大捨清淨无二无二分
无別无斷故善現一切智智清淨故眼處清
淨眼處清淨故大捨清淨何以故若一切智
智清淨若眼處清淨若大捨清淨无二无二
分无別无斷故一切智智清淨故耳鼻舌
身意處清淨耳鼻舌身意處清淨故大捨清
淨何以故若一切智智清淨若耳鼻舌身意處
清淨若大捨清淨无二无二分无別无斷故
善現一切智智清淨故色處清淨色處清淨

BD14983號　大般若波羅蜜多經卷二七七　（21–12）

身意處清淨耳鼻舌身意處清淨故大捨清
淨何以故若一切智智清淨若耳鼻舌身意處
清淨若大捨清淨无二无二分无別无斷故
善現一切智智清淨故色處清淨色處清淨
故大捨清淨何以故若一切智智清淨若色
處清淨若大捨清淨无二无二分无別无斷
故一切智智清淨故聲香味觸法處清淨聲
香味觸法處清淨故大捨清淨何以故若一
切智智清淨若聲香味觸法處清淨若大捨
清淨无二无二分无別无斷故
善現一切智智清淨故眼界清淨眼界清淨
故大捨清淨何以故若一切智智清淨若眼
界清淨若大捨清淨无二无二分无別无斷
故一切智智清淨故色界眼識界及眼觸眼
觸為緣所生諸受清淨色界乃至眼觸為緣
所生諸受清淨故大捨清淨何以故若一切
智智清淨若色界乃至眼觸為緣所生諸受
清淨若大捨清淨无二无二分无別无斷故
善現一切智智清淨故耳界清淨耳界清淨
故大捨清淨何以故若一切智智清淨若耳
界清淨若大捨清淨无二无二分无別无斷
故一切智智清淨故聲界耳識界及耳觸耳
觸為緣所生諸受清淨聲界乃至耳觸為緣
所生諸受清淨故大捨清淨何以故若一切
智智清淨若聲界乃至耳觸為緣所生諸受
清淨若大捨清淨无二无二分无別无斷故
善現一切智智清淨故鼻界清淨鼻界清淨

BD14983號　大般若波羅蜜多經卷二七七　（21-13）

所生諸受清淨故大捨清淨何以故若一切
智智清淨若聲界乃至耳觸為緣所生諸受
清淨若大捨清淨无二无二分无別无斷故
善現一切智智清淨故鼻界清淨鼻界清淨
故大捨清淨何以故若一切智智清淨若鼻
界清淨若大捨清淨无二无二分无別无斷
故一切智智清淨故香界鼻識界及鼻觸
鼻觸為緣所生諸受清淨香界乃至鼻觸為
緣所生諸受清淨故大捨清淨何以故若一切
智智清淨若香界乃至鼻觸為緣所生諸受
清淨若大捨清淨无二无二分无別无斷故
善現一切智智清淨故舌界清淨舌界清淨
故大捨清淨何以故若一切智智清淨若舌
界清淨若大捨清淨无二无二分无別无斷
故一切智智清淨故味界舌識界及舌觸舌
觸為緣所生諸受清淨味界乃至舌觸為緣
所生諸受清淨故大捨清淨何以故若一切
智智清淨若味界乃至舌觸為緣所生諸受
清淨若大捨清淨无二无二分无別无斷故
善現一切智智清淨故身界清淨身界清淨
故大捨清淨何以故若一切智智清淨若身
界清淨若大捨清淨无二无二分无別无斷
故一切智智清淨故觸界身識界及身觸身
觸為緣所生諸受清淨觸界乃至身觸為緣
所生諸受清淨故大捨清淨何以故若一切
智智清淨若觸界乃至身觸為緣所生諸受
清淨若大捨清淨无二无二分无別无斷故

BD14983號　大般若波羅蜜多經卷二七七　（21-14）

故一切智智清淨故觸界身識界及身觸身
觸為緣所生諸受清淨觸界乃至身觸為緣
所生諸受清淨故大捨清淨何以故若一切
智智清淨若觸界乃至身觸為緣所生諸受
清淨若大捨清淨无二无二分无別无斷故
善現一切智智清淨故意界清淨意界清淨
故大捨清淨何以故若一切智智清淨若意
界清淨若大捨清淨无二无二分无別无斷
故一切智智清淨故法界意識界及意觸意
觸為緣所生諸受清淨法界乃至意觸為緣
所生諸受清淨故大捨清淨何以故若一切
智智清淨若法界乃至意觸為緣所生諸受
清淨若大捨清淨无二无二分无別无斷故
善現一切智智清淨故地界清淨地界清淨
故大捨清淨何以故若一切智智清淨若地
界清淨若大捨清淨无二无二分无別无斷
故一切智智清淨故水火風空識界清淨水
火風空識界清淨故大捨清淨何以故若一
切智智清淨若水火風空識界清淨若大捨
清淨无二无二分无別无斷故善現一切智
智清淨故无明清淨无明清淨故大捨清淨
何以故若一切智智清淨若无明清淨若大
捨清淨无二无二分无別无斷故一切智智
清淨故行識名色六處觸受愛取有生老死
愁歎苦憂惱清淨行乃至老死愁歎苦憂惱
清淨故大捨清淨何以故若一切智智清淨
若行乃至老死愁歎苦憂惱清淨若大捨清
淨无二无二分无別无斷故

BD14983號　大般若波羅蜜多經卷二七七　（21–15）

清淨故行識名色六處觸受愛取有生老死
愁歎苦憂惱清淨行乃至老死愁歎苦憂惱
清淨故大捨清淨何以故若一切智智清淨
若行乃至老死愁歎苦憂惱清淨若大捨清
淨无二无二分无別无斷故
善現一切智智清淨故布施波羅蜜多清淨
布施波羅蜜多清淨故大捨清淨何以故若
一切智智清淨若布施波羅蜜多清淨若大
捨清淨无二无二分无別无斷故一切智智
清淨故淨戒安忍精進靜慮般若波羅蜜多
清淨淨戒乃至般若波羅蜜多清淨故大捨
清淨何以故若一切智智清淨若淨戒乃至
般若波羅蜜多清淨若大捨清淨无二无二
分无別无斷故善現一切智智清淨故內空
清淨內空清淨故大捨清淨何以故若一切
智智清淨若內空清淨若大捨清淨无二无
二分无別无斷故一切智智清淨故外空內
外空空空大空勝義空有為空无為空畢竟
空无際空散空无變異空本性空自相空共
相空一切法空不可得空无性空自性空无
性自性空清淨外空乃至无性自性空清淨
故大捨清淨何以故若一切智智清淨若外
空乃至无性自性空清淨若大捨清淨无二
无二分无別无斷故善現一切智智清淨故
真如清淨真如清淨故大捨清淨何以故若
一切智智清淨若真如清淨若大捨清淨无
二无二分无別无斷故一切智智清淨故法
界法性不虛妄性不變異性平等性離生性

BD14983號　大般若波羅蜜多經卷二七七　（21–16）

真如清淨真如清淨故大捨清淨何以故若
一切智智清淨若真如清淨若大捨清淨无
二无二分无別无斷故一切智智清淨故法
界法性不虛妄性不變異性平等性離生性法
定法住實際虛空界不思議界清淨法界乃
至不思議界清淨故大捨清淨何以故若一
切智智清淨若法界乃至不思議界清淨
若大捨清淨无二无二分无別无斷故善現
一切智智清淨故苦聖諦清淨苦聖諦清淨
故大捨清淨何以故若一切智智清淨若苦
聖諦清淨若大捨清淨无二无二分无別无
斷故一切智智清淨故集滅道聖諦清淨集
滅道聖諦清淨故大捨清淨何以故若一切
智智清淨若集滅道聖諦清淨若大捨清淨
无二无二分无別无斷故善現一切智智清
淨故四靜慮清淨四靜慮清淨故大捨清淨
何以故若一切智智清淨若四靜慮清淨若
大捨清淨无二无二分无別无斷故一切智
智清淨故四无量四无色定清淨四无量四
无色定清淨故大捨清淨何以故若一切智
智清淨若四无量四无色定清淨若大捨清
淨无二无二分无別无斷故善現一切智智
清淨故八解脫清淨八解脫清淨故大捨清
淨何以故若一切智智清淨若八解脫清淨
若大捨清淨无二无二分无別无斷故一切
智智清淨故八勝處九次第定十遍處清淨
八勝處九次第定十遍處清淨故大捨清淨
何以故若一切智智清淨若八勝處九次第

若大捨清淨无二无二分无別无斷故一切
智智清淨故八勝處九次第定十遍處清淨
八勝處九次第定十遍處清淨故大捨清淨
何以故若一切智智清淨若八勝處九次第
定十遍處清淨若大捨清淨无二无二分无
別无斷故善現一切智智清淨故四念住清
淨四念住清淨故大捨清淨何以故若一切
智智清淨若四念住清淨若大捨清淨无二
无二分无別无斷故一切智智清淨故四正
斷四神足五根五力七等覺支八聖道支清
淨四正斷乃至八聖道支清淨故大捨清淨
何以故若一切智智清淨若四正斷乃至八
聖道支清淨若大捨清淨无二无二分无別
无斷故善現一切智智清淨故空解脫門清
淨空解脫門清淨故大捨清淨何以故若一
切智智清淨若空解脫門清淨若大捨清淨
无二无二分无別无斷故一切智智清淨故
无相无願解脫門清淨无相无願解脫門清
淨故大捨清淨何以故若一切智智清淨若
无相无願解脫門清淨若大捨清淨无二无
二分无別无斷故善現一切智智清淨故菩
薩十地清淨菩薩十地清淨故大捨清淨何
以故若一切智智清淨若菩薩十地清淨若
大捨清淨无二无二分无別无斷故
善現一切智智清淨故五眼清淨五眼清淨
故大捨清淨何以故若一切智智清淨若五
眼清淨若大捨清淨无二无二分无別无斷
故一切智智清淨故六神通清淨六神通清

善現一切智智清淨故五眼清淨五眼清淨
故大捨清淨何以故若一切智智清淨若五
眼清淨若大捨清淨无二无二分无別无斷
故一切智智清淨故六神通清淨六神通清
淨故大捨清淨何以故若一切智智清淨若
六神通清淨若大捨清淨无二无二分无別
无斷故善現一切智智清淨故佛十力清淨
佛十力清淨故大捨清淨何以故若一切智
智清淨若佛十力清淨若大捨清淨无二无
二分无別无斷故一切智智清淨故四无所
畏四无礙解大慈大悲大喜大捨十八佛不共
法清淨四无所畏乃至十八佛不共法清淨
故大捨清淨何以故若一切智智清淨若四
无所畏乃至十八佛不共法清淨若大捨清淨
无二无二分无別无斷故善現一切智智清
淨故无忘失法清淨无忘失法清淨故大捨
清淨何以故若一切智智清淨若无忘失法
清淨若大捨清淨无二无二分无別无斷故
一切智智清淨故恒住捨性清淨恒住捨性
清淨故大捨清淨何以故若一切智智清淨
若恒住捨性清淨若大捨清淨无二无二分
无別无斷故
善現一切智智清淨故一切智清淨一切智
清淨故大捨清淨何以故若一切智智清淨
若一切智清淨若大捨清淨无二无二分无
別无斷故一切智智清淨故道相智一切相
智清淨道相智一切相智清淨故大捨清淨
何以故若一切智智清淨若道相智一切相

BD14983號　大般若波羅蜜多經卷二七七　（21–19）

清淨故大捨清淨何以故若一切智智清淨
若一切智清淨若大捨清淨无二无二分无
別无斷故一切智智清淨故道相智一切相
智清淨道相智一切相智清淨故大捨清淨
何以故若一切智智清淨若道相智一切相
智清淨若大捨清淨无二无二分无別无斷
故善現一切智智清淨故一切陁羅尼門清
淨一切陁羅尼門清淨故大捨清淨何以故
若一切智智清淨若一切陁羅尼門清淨若
大捨清淨无二无二分无別无斷故一切智
智清淨故一切三摩地門清淨一切三摩地
門清淨故大捨清淨何以故若一切智智清
淨若一切三摩地門清淨若大捨清淨无二
无二分无別无斷故善現一切智智清淨故
預流果清淨預流果清淨故大捨清淨何以
故若一切智智清淨若預流果清淨若大捨
清淨无二无二分无別无斷故一切智智清
淨故一來不還阿羅漢果清淨一來不還阿
羅漢果清淨故大捨清淨何以故若一切智智
清淨若一來不還阿羅漢果清淨若大捨清
淨无二无二分无別无斷故善現一切智智
清淨故獨覺菩提清淨獨覺菩提清淨故
大捨清淨何以故若一切智智清淨若獨覺
菩提清淨若大捨清淨无二无二分无別无
斷故善現一切智智清淨故一切菩薩摩訶
薩行清淨一切菩薩摩訶薩行清淨故大捨
清淨何以故若一切智智清淨若一切菩薩

BD14983號　大般若波羅蜜多經卷二七七　（21–20）

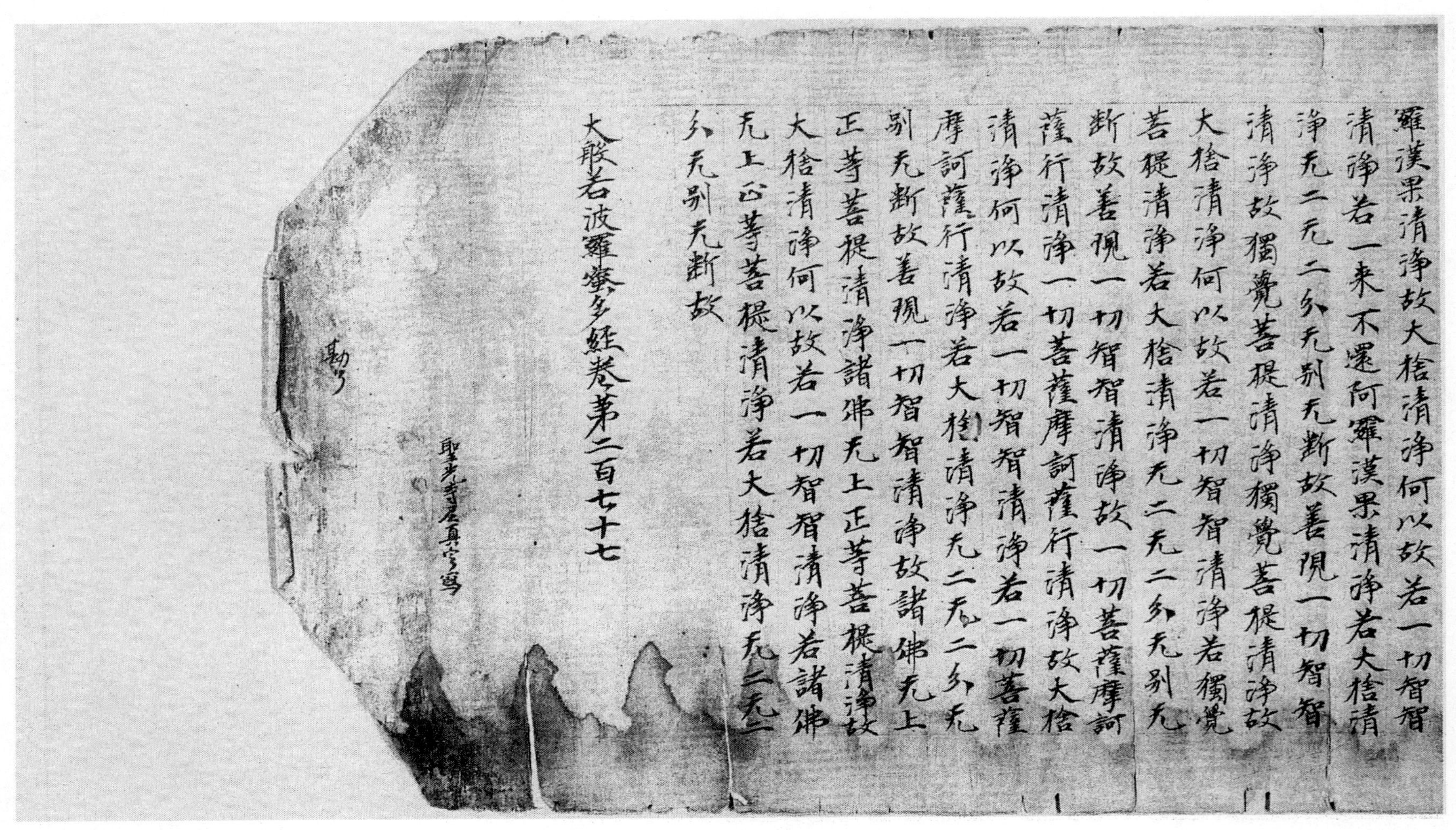

BD14983號　大般若波羅蜜多經卷二七七　　　　（21–21）

BD14983號背　勘記、印章　　　　（1–1）

妙法蓮華經法師品第十
尒時世尊因藥王菩薩告八万大士藥王汝
見是大衆中无量諸天龍王夜叉乾闥婆阿
脩羅迦樓羅緊那羅摩睺羅伽人與非人等
及比丘比丘尼優婆塞優婆夷求聲聞者求
辟支佛者求佛道者如是等類咸於佛前聞
妙法華經一偈一句乃至一念隨喜者我皆
與授記當得阿耨多羅三藐三菩提佛告藥
王又如來滅度之後若有人聞妙法華經乃
至一偈一句一念隨喜者我亦與授阿耨多
羅三藐三菩提記若復有人受持讀誦解說
書寫妙法華經乃至一偈於此經卷敬視如
佛種種供養華香瓔珞末香塗香燒香繒蓋
幢幡衣服伎樂乃至合掌恭敬藥王當知是
[illegible]

BD14984 號　妙法蓮華經卷四　（7-1）

至一偈一句一念隨喜者我亦與授阿耨多
羅三藐三菩提記若復有人受持讀誦解說
書寫妙法華經乃至一偈於此經卷敬視如
佛種種供養華香瓔珞末香塗香燒香繒蓋
幢幡衣服伎樂乃至合掌恭敬藥王當知是
諸人等已曾供養十万億佛於諸佛所成就
大願慜衆生故生此人間藥王若有人問何
等衆生於未來世當得作佛應示是諸人等
於未來世必得作佛何以故若善男子善女
人於法華經乃至一句受持讀誦解說書寫
種種供養經卷華香瓔珞末香塗香燒香繒
蓋幢幡衣服伎樂合掌恭敬是人一切世間
所應瞻奉應以如來供養而供養之當知此
人是大菩薩成就阿耨多羅三藐三菩提哀
慜衆生願生此間廣演分別妙法華經何況
盡能受持種種供養者藥王當知是人自捨
清淨業報於我滅度後慜衆生故生於惡世
廣演此經若是善男子善女人我滅度後能
竊為一人說法華經乃至一句當知是人則
如來使如來所遣行如來事何況於大衆中
廣為人說藥王若有惡人以不善心於一劫
中現於佛前常毀罵佛其罪尚輕若人以一
惡言毀呰在家出家讀誦法華經者其罪甚
重藥王其有讀誦法華經者當知是人以佛
莊嚴而自莊嚴則為如來肩所荷擔其所至
方應隨向礼一心合掌恭敬供養尊重讚歎

BD14984 號　妙法蓮華經卷四　（7-2）

惡言毀呰在家出家讀誦法華經者其罪甚
重藥王其有讀誦法華經者當知是人以佛
莊嚴而自莊嚴則為如來肩所荷擔其所至
方應隨向礼一心合掌恭敬供養尊重讚歎
華香瓔珞末香塗香燒香繒蓋幢幡衣服餚
饌作諸伎樂人中上供而供養之應持天寶
而以散之天上寶聚應以奉獻所以者何是
人歡喜說法須臾聞之即得究竟阿耨多羅
三藐三菩提故尒時世尊欲重宣此義而說
偈言
若欲住佛道　成就自然智　常當勤供養　受持法華者
其有欲疾得　一切種智慧　當受持是經　并供養持者
若有能受持　妙法華經者　當知佛所使　愍念諸眾生
諸有能受持　妙法華經者　捨於清淨土　愍眾故生此
當知如是人　自在所欲生　能於此惡世　廣說无上法
應以天華香　及天寶衣服　天上妙寶聚　供養說法者
吾滅後惡世　能持是經者　當合掌礼敬　如供養世尊
上饌眾甘美　及種種衣服　供養是佛子　冀得須臾聞
若能於後世　受持是經者　我遣在人中　行於如來事
若於一劫中　常懷不善心　作色而罵佛　獲无量重罪
其有讀誦持　是法華經者　須臾加惡言　其罪復過彼
有人求佛道　而於一劫中　合掌在我前　以无數偈讚
由是讚佛故　得无量功德　歎美持經者　其福復過彼
於八十億劫　以最妙色聲　及與香味觸　供養持經者
如是供養已　若得須臾聞　則應自欣慶　我今獲大利

BD14984號　妙法蓮華經卷四　（7–3）

其有讀誦持　是法華經者　須臾加惡言　其罪復過彼
有人求佛道　而於一劫中　合掌在我前　以无數偈讚
由是讚佛故　得无量功德　歎美持經者　其福復過彼
於八十億劫　以最妙色聲　及與香味觸　供養持經者
如是供養已　若得須臾聞　則應自欣慶　我今獲大利
藥王今告汝　我所說諸經　而於此經中　法華最第一
尒時佛復告藥王菩薩摩訶薩我所說經典
无量千万億已說今說當說而於其中此法
華經最為難信難解藥王此經是諸佛秘要
之藏不可分布妄授與人諸佛世尊之所守
護從昔已來未曾顯說而此經者如來現在
猶多怨嫉況滅度後藥王當知如來滅後其
能書持讀誦供養為他人說者如來則為以
衣覆之又為他方現在諸佛之所護念是人
有大信力及志願力諸善根力當知是人與
如來共宿則為如來手摩其頭藥王在在處
處若說若讀若誦若書若經卷所住之處皆
應起七寶塔極令高廣嚴飾不須復安舍利
所以者何此中已有如來全身此塔應以一
切華香瓔珞繒蓋幢幡伎樂歌頌供養恭敬
尊重讚歎若有人得見此塔礼拜供養當知
是等皆近阿耨多羅三藐三菩提藥王多有
人在家出家行菩薩道若不能得見聞讀誦
書持供養是法華經者當知是人未善行菩
薩道若有得聞是經典者乃能善行菩薩之

BD14984號　妙法蓮華經卷四　（7–4）

是等皆近阿耨多羅三藐三菩提藥王多有
人在家出家行菩薩道若不能得見聞讀誦
書持供養是法華經者當知是人未善行菩
薩道若有得聞是經典者乃能善行菩薩之
道其有衆生求佛道者若見若聞是法華經
聞已信解受持者當知是人得近阿耨多羅
三藐三菩提藥王譬如有人渴之須水於彼
高原穿鑿求之猶見乾土知水尚遠施功不
已轉見濕土遂漸至泥其心決定知水必近
菩薩亦復如是若未聞未解未能修習是法
華經當知是人去阿耨多羅三藐三菩提尚
遠若得聞解思惟修習必知得近阿耨多羅
三藐三菩提所以者何一切菩薩阿耨多羅、
三藐三菩提皆屬此經此經開方便門示真
實相是法華經藏深固幽遠无人能到今佛
教化成就菩薩而為開示藥王若有菩薩聞
是法華經驚疑怖畏當知是為新發意菩薩
若聲聞人聞是經驚疑怖畏當知是為增上
慢者藥王若有善男子善女人如來滅後欲
為四衆說是法華經者云何應說是善男子
善女人入如來室著如來衣坐如來座尒乃
應為四衆廣說斯經如來室者一切衆生中
大慈悲心是如來衣者柔和忍辱心是如來
座者一切法空是安住是中然後以不懈怠
心為諸菩薩及四衆廣說是法華經藥王我

BD14984號　妙法蓮華經卷四　（7–5）

應為四衆廣說斯經如來室者一切衆生中
大慈悲心是如來衣者柔和忍辱心是如來
座者一切法空是安住是中然後以不懈怠
心為諸菩薩及四衆廣說是法華經藥王我
於餘國遣化人為其集聽法衆亦遣化比丘
比丘尼優婆塞優婆夷聽其說法是諸化人
聞法信受隨順不逆若說法者在空閑處我
時廣遣天龍鬼神乾闥婆阿脩羅等聽其說
法我雖在異國時時令說法者得見我身若
於此經忘失句逗我還為說令得具足尒時
世尊欲重宣此義而說偈言
欲捨諸懈怠　應當聽此經　是經難得聞　信受者亦難
如人渴須水　穿鑿於高原　猶見乾燥土　知去水尚遠
漸見濕土泥　決定知近水　藥王汝當知　如是諸人等
不聞法華經　去佛智甚遠　若聞是深經　決了聲聞法
是諸經之王　聞已諦思惟　當知此人等　近於佛智慧
若人說此經　應入如來室　著於如來衣　而坐如來座
處衆无所畏　廣為分別說　大慈悲為室　柔和忍辱衣
諸法空為座　處此為說法　若說此經時　有人惡口罵
加刀杖瓦石　念佛故應忍　我千万億土　現淨堅固身
於无量億劫　為衆生說法　若我滅度後　能說此經者
我遣化四衆　比丘比丘尼　及清信士女　供養於法師
引導諸衆生　集之令聽法　若人欲加惡　刀杖及瓦石
則遣變化人　為之作衛護　若說法之人　獨在空閑處
寂漠无人聲　讀誦此經典　我尒時為現　清淨光明身
若忘失章句　為說令通利　若人具是德　或為四衆說

BD14984號　妙法蓮華經卷四　（7–6）

如人渴須水　穿鑿於高原　猶見乾燥土　知去水尚遠
漸見濕土泥　決定知近水　藥王汝當知　如是諸人等
不聞法華經　去佛智甚遠　若聞是深經　決了聲聞法
是諸經之王　聞已諦思惟　當知此人等　近於佛智慧
若人說此經　應入如來室　著於如來衣　而坐如來座
處衆无所畏　廣為分別說　大慈悲為室　柔和忍辱衣
諸法空為座　處此為說法　若說此經時　有人惡口罵
加刀杖瓦石　念佛故應忍　我千万億土　現淨堅固身
於无量億劫　為衆生說法　若我滅度後　能說此經者
我遣化四衆　比丘比丘尼　及清信士女　供養於法師
引導諸衆生　集之令聽法　若人欲加惡　刀杖及瓦石
則遣變化人　為之作衛護　若說法之人　獨在空閑處
寂寞无人聲　讀誦此經典　我尒時為現　清淨光明身
若忘失章句　為說令通利　若人具是德　或為四衆說
空處讀誦經　皆得見我身　若人在空閑　我遣天龍王
夜叉鬼神等　為作聽法衆　是人樂說法　分別无罣礙
諸佛護念故　能令大衆喜　若親近法師　速得菩薩道
隨順是師學　得見恒沙佛

BD14984 號　妙法蓮華經卷四　（7–7）

BD14984 號背　勘記、印章　（2–1）

BD14984 號背　勘記、印章　　（2–2）

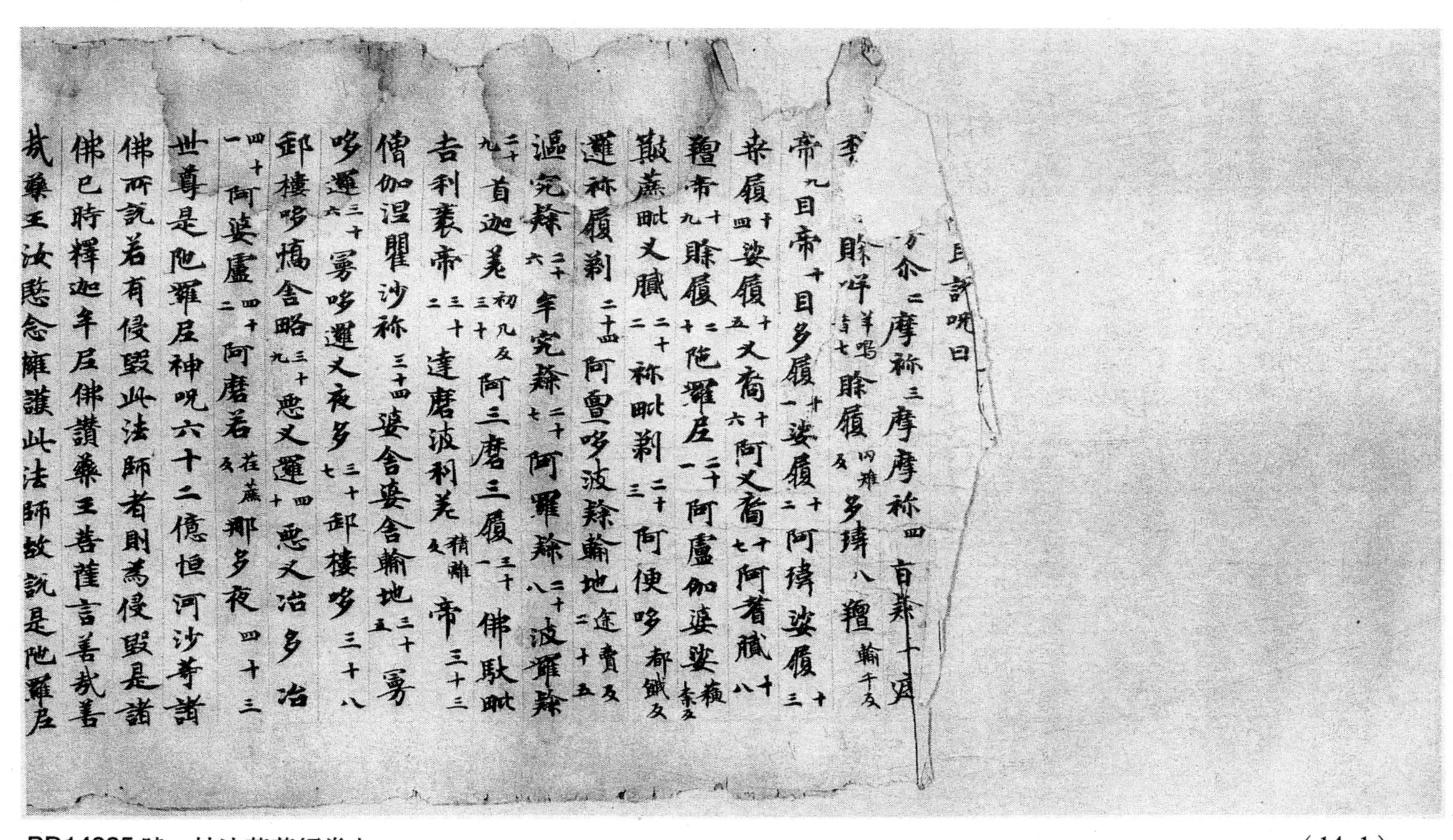

BD14985 號　妙法蓮華經卷七　　（14–1）

四十一阿婆盧四十二阿磨若荏蔗反那多夜四十三
世尊是陀羅尼神呪六十二億恒河沙等諸
佛所說若有侵毀此法師者則為侵毀是諸
佛已時釋迦牟尼佛讚藥王菩薩言善哉善
哉藥王汝愍念擁護此法師故說是陀羅尼
於諸衆生多所饒益尒時勇施菩薩白佛言
世尊我亦為擁護讀誦受持法華經者說陀
羅尼若此法師得是陀羅尼若夜叉若羅刹
若冨單那若吉蔗若鳩槃荼若餓鬼等伺求
其短无能得便即於佛前而說呪曰
痤誓螺反隸一摩訶痤隸二郁枳三目枳四阿
隸五阿羅婆第六涅隸第七涅隸多婆第八
伊緻猪履反抳九韋緻抳十旨緻抳十一涅隸墀
抳十二涅犁墀婆底十三
世尊是陀羅尼神呪恒河沙等諸佛所說亦
皆隨喜若有侵毀此法師者則為侵毀是諸
佛已尒時毗沙門天王護世者白佛言世尊
我亦為愍念衆生擁護此法師故說是陀羅
尼即說呪曰
阿梨一那梨二㝹那梨三阿那盧四那履五
拘那履六
世尊以是神呪擁護法師我亦自當擁護持
是經者令百由旬內无諸衰患尒時持國天
王在此會中與千万億那由他乾闥婆衆恭
敬圍繞前詣佛所合掌白佛言世尊我亦以
陀羅尼神呪擁護持法華經者即說呪曰
阿伽祢一伽祢二瞿利三乾陀利四栴陀利五

王在此會中與千万億那由他乾闥婆衆恭
敬圍繞前詣佛所合掌白佛言世尊我亦以
陀羅尼神呪擁護持法華經者即說呪曰
阿伽祢一伽祢二瞿利三乾陀利四栴陀利五
摩蹬耆六常求利七浮樓莎抳八頞底九
世尊是陀羅尼神呪四十二億諸佛所說若
有侵毀此法師者則為侵毀是諸佛已尒時
有羅刹女等一名藍婆二名毗藍婆三名曲
齒四名華齒五名黑齒六名多髮七名无猒
足八名持瓔珞九名睪帝十名奪一切衆生
精氣是十羅刹女與鬼子母并其子及眷屬
俱詣佛所同聲白佛言世尊我等亦欲擁護
讀誦受持法華經者除其衰患若有伺求法
師短者令不得便即於佛前而說呪曰
伊提履一伊提泯二伊提履三阿提履四伊
提履五泥履六泥履七泥履八泥履九泥履
十樓醢十一樓醢十二樓醢十三樓醢十四多醢十五多
醢十六多醢十七兜醢十八㝹醢十九
寧上我頭上莫惱於法師若夜叉若羅刹若
餓鬼若冨單那若吉蔗若毗陀羅若揵馱若
烏摩勒伽若阿跋摩羅若夜叉吉蔗若人吉
蔗若熱病若一日若二日若三日若四日若
至七日若常熱病若男形若女形若童男形
若童女形乃至夢中亦復莫惱即於佛前而
說偈言
若不順我呪　惱亂說法者　頭破作七分　如阿梨樹枝
如煞父母罪　亦如壓油殃　斗秤欺誑人　調達破僧罪

若童女形乃至夢中亦復莫惱即於佛前而
說偈言
若不順我呪　惱亂說法者　頭破作七分　如阿梨樹枝
如殺父母罪　亦如壓油殃　斗秤欺誑人　調達破僧罪
犯此法師者　當獲如是殃
諸羅剎女說此偈已白佛言世尊我等亦當
身自擁護受持讀誦脩行是經者令得安隱
離諸衰患消衆毒藥佛告諸羅剎女善哉善
哉汝等但能擁護受持法華名者福不可量
何況擁護具足受持供養經卷華香瓔珞末
香塗香燒香幡蓋伎樂然種種燈蘇燈油燈
諸香油燈蘇摩那華油燈瞻蔔華油燈婆師
迦華油燈優鉢羅華油燈如是等百千種供
養者皐帝汝等及眷屬應當擁護如是法師
說是陁羅尼品時六万八千人得无生法忍
妙法蓮華經妙莊嚴王本事品第二十七
尒時佛告諸大衆乃往古世過无量无邊不
可思議阿僧祇劫有佛名雲雷音宿王華智
多陁阿伽度阿羅呵三藐三佛陁國名光明
莊嚴劫名憙見彼佛法中有王名妙莊嚴其
王夫人名曰淨德有二子一名淨藏二名淨
眼是二子有大神力福德智慧久脩菩薩所
行之道所謂檀波羅蜜尸羅波羅蜜羼提波
羅蜜毗梨耶波羅蜜禪波羅蜜般若波羅蜜
方便波羅蜜慈悲喜捨乃至三十七助道法
皆悉明了通達又得菩薩淨三昧日星宿三
昧淨光三昧淨色三昧淨照明三昧長莊嚴

行之道所謂檀波羅蜜尸羅波羅蜜羼提波
羅蜜毗梨耶波羅蜜禪波羅蜜般若波羅蜜
方便波羅蜜慈悲喜捨乃至三十七助道法
皆悉明了通達又得菩薩淨三昧日星宿三
昧淨光三昧淨色三昧淨照明三昧長莊嚴
三昧大威德藏三昧於此三昧亦悉通達尒
時彼佛欲引導妙莊嚴王及愍念衆生故說
是法華經時淨藏淨眼二子到其母所合十
指爪掌白言願母往詣雲雷音宿王華智佛
所我等亦當侍從親近供養礼拜所以者何
此佛於一切天人衆中說法華經宜應聽受
母告子言汝父信受外道深著婆羅門法汝
等應往白父與共俱去淨藏淨眼合十爪指
掌白母我等是法王子而生此邪見家母告
子言汝等當憂念汝父為現神變若得見者
心必清淨或聽我等往至佛所於是二子念
其父故踊在虛空高七多羅樹現種種神變
於虛空中行住坐臥身上出水身下出火身
下出水身上出火或現大身滿虛空中而復
現小小復現大於空中滅忽然在地入地如
水履水如地現如是等種種神變令其父王
心淨信解時父見子神力如是心大歡喜得
未曾有合掌向子言汝等師為是誰誰之弟
子二子白言大王彼雲雷音宿王華智佛今
在七寶菩提樹下法座上坐於一切世間天
人衆中廣說法華經是我等師我是弟子父
語子言我今亦欲見汝等師可共俱往於是

子二子白言大王彼雲雷音宿王華智佛今
在七寶菩提樹下法座上坐於一切世間天
人衆中廣說法華經是我等師我是弟子父
語子言我今亦欲見汝等師可共俱往於是
二子從空中下到其母所合掌白母父王今
已信解堪任發阿耨多羅三藐三菩提心我
等為父已作佛事願母見聽於彼佛所出家
脩道尒時二子欲重宣其意以偈白母
願母放我等　出家作沙門　諸佛甚難值　我等隨佛學
如優曇波羅　值佛復難是　脫諸難亦難　願聽我出家
母即告言聽汝出家所以者何佛難值故於
是二子白父母言善哉父母願時往詣雲雷
音宿王華智佛所親近供養所以者何佛難
得值如優曇波羅華又如一眼之龜值浮木
孔而我等宿福深厚生值佛法是故父母當
聽我等令得出家所以者何諸佛難值時亦
難遇彼時妙莊嚴王後宮八万四千人皆悉
堪任受持是法華經淨眼菩薩於法華三昧
久已通達淨藏菩薩已於无量百千万億劫
通達離諸惡趣三昧欲令一切衆生離諸惡
趣故其王夫人得諸佛習三昧能知諸佛秘
密之藏二子如是以方便力善化其父令心
信解好樂佛法於是妙莊嚴王與群臣眷屬
俱淨德夫人與後宮采女眷屬俱其王二子
與四万二千人俱一時共詣佛所到已頭面
礼足繞佛三迊却住一面尒時彼佛為王說
法示教利喜王大歡悅尒時妙莊嚴王及其

BD14985號　妙法蓮華經卷七　（14–6）

俱淨德夫人與後宮采女眷屬俱其王二子
與四万二千人俱一時共詣佛所到已頭面
礼足繞佛三迊却住一面尒時彼佛為王說
法示教利喜王大歡悅尒時妙莊嚴王及其
夫人解頸真珠瓔珞價直百千以散佛上於
虛空中化成四柱寶臺臺中有大寶床敷百
千万天衣其上有佛結跏趺坐放大光明尒
時妙莊嚴王作是念佛身希有端嚴殊特成
就第一微妙之色時雲雷音宿王華智佛告
四衆言汝等見是妙莊嚴王於我前合掌立
不此王於我法中作比丘精勤脩習助佛道
法當得作佛号娑羅樹王國名大光劫名大
高王其娑羅樹王佛有无量菩薩衆及无量
聲聞其國平正功德如是其王即時以國付
弟與夫人二子并諸眷屬於佛法中出家脩
道王出家已於八万四千歲常勤精進脩行
妙法華經過是已後得一切淨功德莊嚴三
昧即昇虛空高七多羅樹而白佛言世尊此
我二子已作佛事以神通變化轉我邪心令
得安住於佛法中得見世尊此二子者是我
善知識為欲發起宿世善根饒益我故來生
我家尒時雲雷音宿王華智佛告妙莊嚴王
言如是如是如汝所言若善男子善女人種善
根故世世得善知識其善知識能作佛事
示教利喜令入阿耨多羅三藐三菩提大王
當知善知識者是大因緣所謂化導令得見
佛發阿耨多羅三藐三菩提心大王汝見此二

BD14985號　妙法蓮華經卷七　（14–7）

根故世世得善知識其善知識能作佛事
示教利喜令入阿耨多羅三藐三菩提大王
當知善知識者是大因緣所謂化導令得見
佛發阿耨多羅三藐三菩提心大王汝見此二
子不此二子已曾供養六十五百千万億
那由他恒河沙諸佛親近恭敬於諸佛所受
持法華經愍念邪見衆生令住正見妙莊嚴
王即從虛空中下而白佛言世尊如來甚希
有以功德智慧故頂上肉髻光明顯照其眼
長廣而紺青色眉間毫相白如珂月齒白齊
密常有光明脣色赤好如頻婆果尒時妙莊
嚴王讚歎佛如是等无量百千万億功德已
於如來前一心合掌復白佛言世尊未曾有
也如來之法具足成就不可思議微妙功德
教戒所行安隱快善我從今日不復自隨心
行不生邪見憍慢瞋恚諸惡之心說是語已
礼佛而出佛告大衆於意云何妙莊嚴王豈
異人乎今華德菩薩是其淨德夫人今佛前
光照莊嚴相菩薩是哀愍妙莊嚴王及諸眷
屬故於彼中生其二子者今藥王菩薩藥上
菩薩是是藥王藥上菩薩成就如此諸大功
德已於无量百千万億諸佛所殖衆德本成
就不可思議諸善功德若有人識是二菩薩
名字者一切世間諸天人民亦應礼拜佛說
是妙莊嚴王本事品時八万四千人遠塵離
垢於諸法中得法眼淨
妙法蓮華經普賢菩薩勸發品第二十八

BD14985 號　妙法蓮華經卷七　（14–8）

就不可思議諸善功德若有人識是二菩薩
名字者一切世間諸天人民亦應礼拜佛說
是妙莊嚴王本事品時八万四千人遠塵離
垢於諸法中得法眼淨
妙法蓮華經普賢菩薩勸發品第二十八
尒時普賢菩薩以自在神通威德名聞與大
菩薩无量无邊不可稱數從東方來所經諸
國普皆震動雨寶蓮華作无量百千万億種
種伎樂又與无數諸天龍夜叉乾闥婆阿脩
羅迦樓羅緊那羅摩睺羅伽人非人等大衆
圍繞各現威德神通之力到娑婆世界耆闍
崛山中頭面礼釋迦牟尼佛右繞七帀白佛
言世尊我於寶威德上王佛國遙聞此娑婆
世界說法華經與无量无邊百千万億諸菩
薩衆共來聽受唯願世尊當為說之若善男
子善女人於如來滅後云何能得是法華經
佛告普賢菩薩若善男子善女人成就四法
於如來滅後當得是法華經一者為諸佛護
念二者殖衆德本三者入正定聚四者發救
一切衆生之心善男子善女人如是成就四
法於如來滅後必得是經尒時普賢菩薩白
佛言世尊於後五百歲濁惡世中其有受持
是經典者我當守護除其衰患令得安隱使
无伺求得其便者若魔若魔子若魔女若魔
民若為魔所著者若夜叉若羅刹若鳩槃茶
若毗舍闍若吉蔗若富單那若韋陁羅等諸
惱人者皆不得便是人若行若立讀誦此經
我尒時乘六牙白象王與大菩薩衆俱詣其

BD14985 號　妙法蓮華經卷七　（14–9）

无伺求得其便者若魔若魔子若魔女若魔
民若為魔所著者若夜叉若羅剎若鳩槃荼
若毗舍闍若吉蔗若富單那若韋陁羅等諸
惱人者皆不得便是人若行若立讀誦此經
我尒時乘六牙白象王與大菩薩衆俱詣其
所而自現身供養守護安慰其心亦為供養
法華經故是人若坐思惟此經尒時我復乘
白象王現其人前其人若於法華經有所忘
失一句一偈我當教之與共讀誦還令通利
尒時受持讀誦法華經者得見我身甚大歡
喜轉復精進以見我故即得三昧及陁羅尼
名為旋陁羅尼百千万億旋陁羅尼法音方
便陁羅尼得如是等陁羅尼世尊若後世後
五百歲濁惡世中比丘比丘尼優婆塞優婆
夷求索者受持者讀誦者書寫者欲脩習是
法華經於三七日中應一心精進滿三七日
已我當乘六牙白象與无量菩薩而自圍繞
以一切衆生所憙見身現其人前而為說法
亦教利喜亦復與其陁羅尼呪得是陁羅尼
故无有非人能破壞者亦不為女人之所惑
亂我身亦自常護是人唯願世尊聽我說此
陁羅尼即於佛前而說呪曰
阿檀地 途賣反 一 檀陁婆地 二 檀陁婆帝 三 檀陁
鳩舍隸 四 檀陁脩陁隸 五 脩陁隸 六 脩陁羅
婆底 七 佛馱波羶祢 八 薩婆陁羅尼阿婆多
尼 九 薩婆婆沙阿婆多尼 十 脩阿婆多尼 十一
僧伽婆履叉尼 十二 僧伽涅伽陁尼 十三 阿僧祇

BD14985號　妙法蓮華經卷七　（14–10）

阿檀地 途賣反 一 檀陁婆地 二 檀陁婆帝 三 檀陁
鳩舍隸 四 檀陁脩陁隸 五 脩陁隸 六 脩陁羅
婆底 七 佛馱波羶祢 八 薩婆陁羅尼阿婆多
尼 九 薩婆婆沙阿婆多尼 十 脩阿婆多尼 十一
僧伽婆履叉尼 十二 僧伽涅伽陁尼 十三 阿僧祇
十四 僧伽波伽地 十五 帝隸阿惰僧伽兜略 盧遮反
波羅帝 十六 薩婆僧伽三摩地伽蘭地 十七 薩婆
達磨脩波利剎帝 十八 薩婆薩埵樓馱憍舍
略阿㝹伽地 十九 辛阿毗吉利地帝 二十
世尊若有菩薩得聞是陁羅尼者當知普賢
神通之力若法華經行閻浮提有受持者應
作此念皆是普賢威神之力若有受持讀誦
正憶念解其義趣如說脩行當知是人行普
賢行於无量无邊諸佛所深種善根為諸如
来手摩其頭若但書寫是人命終當生忉利
天上是時八万四千天女作衆伎樂而来迎
之其人即著七寶冠於婇女中娛樂快樂何
況受持讀誦正憶念解其義趣如說脩行若
有人受持讀誦解其義趣是人命終為千佛
授手令不恐怖不墮惡趣即往兜率天上彌
勒菩薩所彌勒菩薩有三十二相大菩薩衆
所共圍繞有百千万億天女眷屬而於中生
有如是等功德利益是故智者應當一心自
書若使人書受持讀誦正憶念如說脩行世
尊我今以神通力守護是經於如来滅後閻
浮提內廣令流布使不斷絕尒時釋迦牟尼
佛讚言善哉善哉普賢汝能護助是經令多
所衆生安樂利益汝已成就不可思議功德

BD14985號　妙法蓮華經卷七　（14–11）

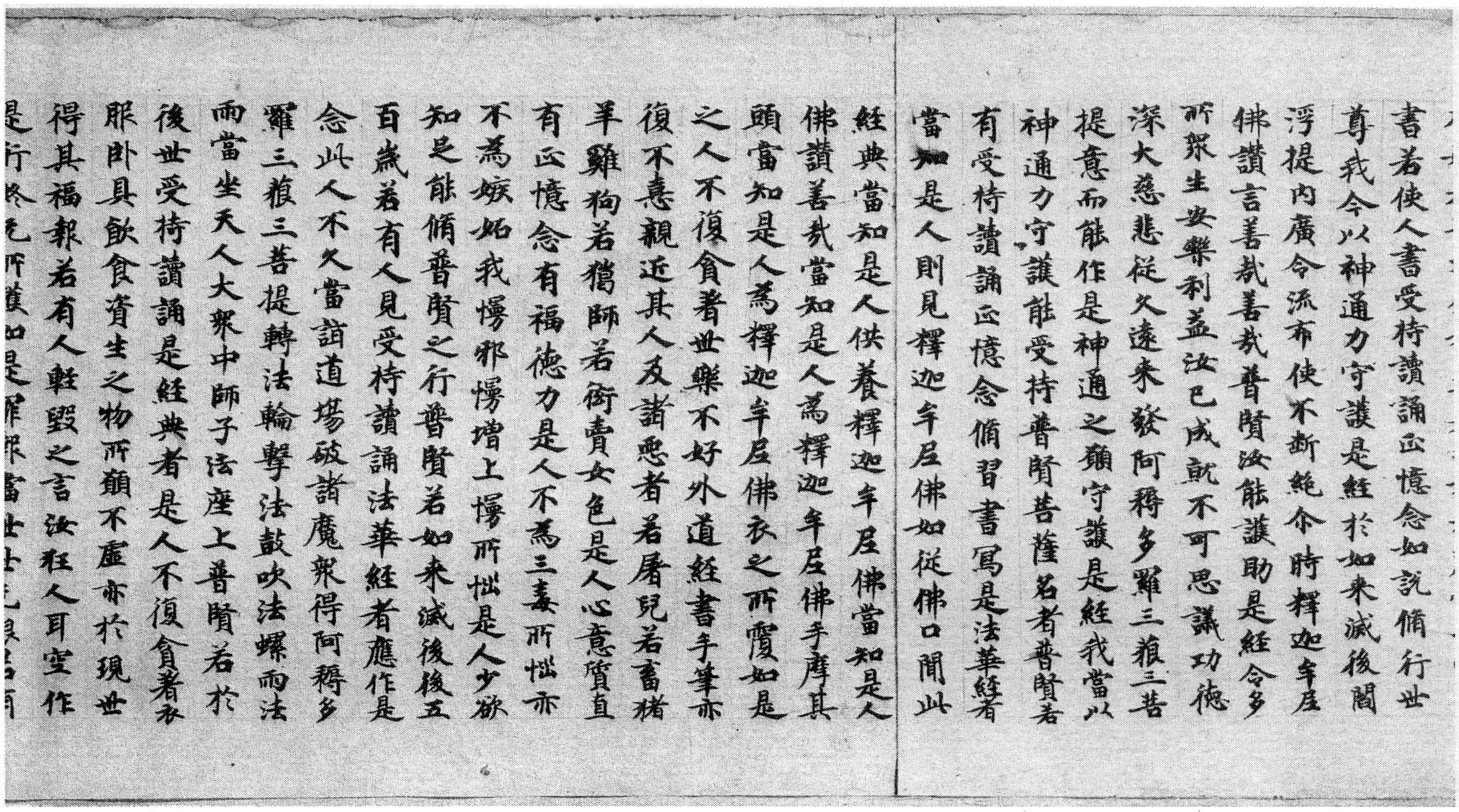

書若使人書受持讀誦正憶念如說脩行世
尊我今以神通力守護是經於如來滅後閻
浮提內廣令流布使不斷絶尒時釋迦牟尼
佛讚言善哉善哉普賢汝能護助是經令多
所衆生安樂利益汝已成就不可思議功德
深大慈悲從久遠來發阿耨多羅三藐三菩
提意而能作是神通之願守護是經我當以
神通力守護能受持普賢菩薩名者普賢若
有受持讀誦正憶念脩習書寫是法華經者
當知是人則見釋迦牟尼佛如從佛口聞此
經典當知是人供養釋迦牟尼佛當知是人
佛讚善哉當知是人為釋迦牟尼佛手摩其
頭當知是人為釋迦牟尼佛衣之所覆如是
之人不復貪著世樂不好外道經書手筆亦
復不憙親近其人及諸惡者若屠兒若畜猪
羊雞狗若獵師若衒賣女色是人心意質直
有正憶念有福德力是人不為三毒所惱亦
不為嫉妬我慢邪慢增上慢所惱是人少欲
知足能脩普賢之行普賢若如來滅後後五
百歲若有人見受持讀誦法華經者應作是
念此人不久當詣道場破諸魔衆得阿耨多
羅三藐三菩提轉法輪擊法鼓吹法螺雨法
雨當坐天人大衆中師子法座上普賢若於
後世受持讀誦是經典者是人不復貪著衣
服卧具飲食資生之物所願不虛亦於現世
得其福報若有人輕毀之言汝狂人耳空作
是行終无所獲如是罪報當世世无眼若有

BD14985號　妙法蓮華經卷七　（14–12）

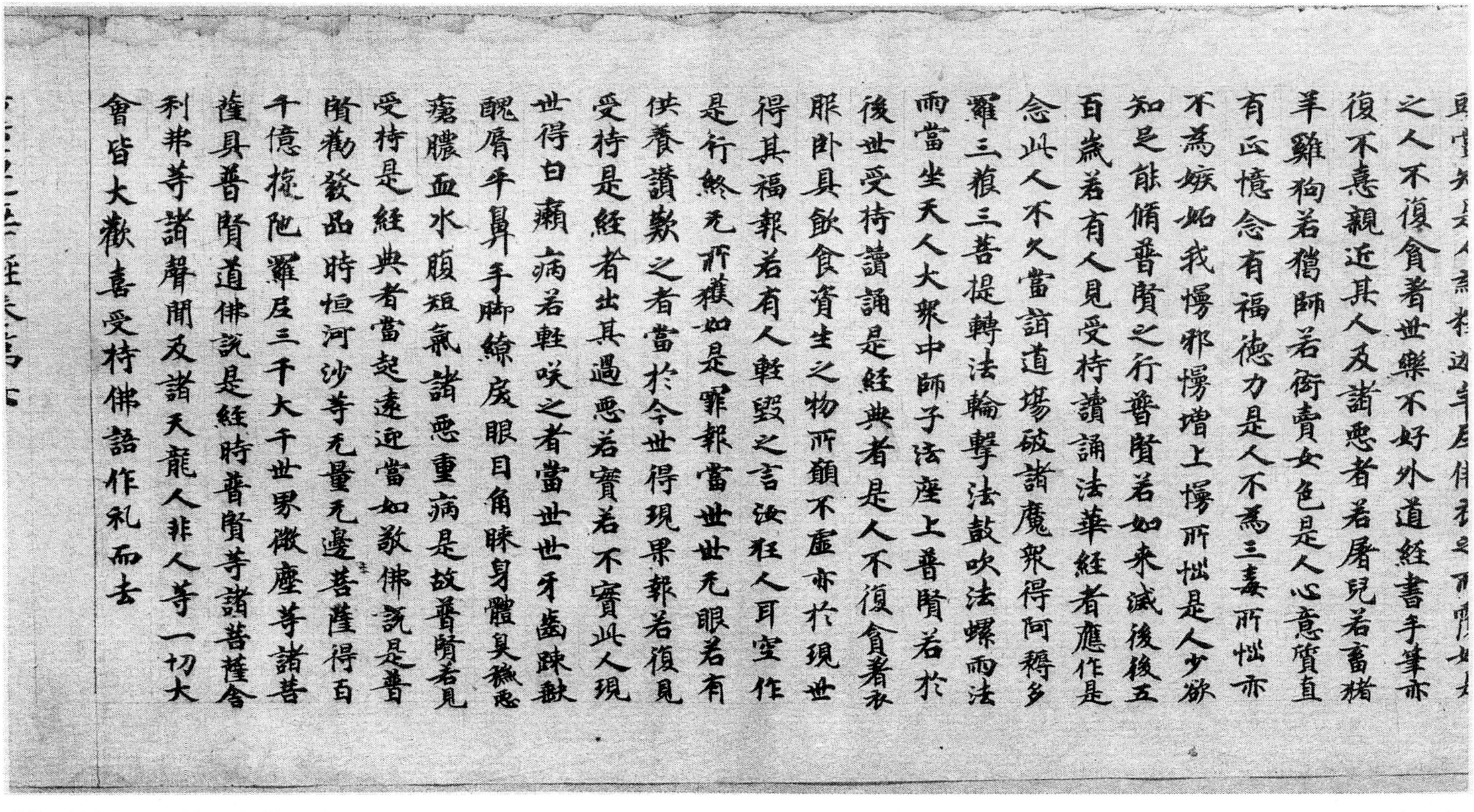

頭當知是人為釋迦牟尼佛衣之所覆如是
之人不復貪著世樂不好外道經書手筆亦
復不憙親近其人及諸惡者若屠兒若畜猪
羊雞狗若獵師若衒賣女色是人心意質直
有正憶念有福德力是人不為三毒所惱亦
不為嫉妬我慢邪慢增上慢所惱是人少欲
知足能脩普賢之行普賢若如來滅後後五
百歲若有人見受持讀誦法華經者應作是
念此人不久當詣道場破諸魔衆得阿耨多
羅三藐三菩提轉法輪擊法鼓吹法螺雨法
雨當坐天人大衆中師子法座上普賢若於
後世受持讀誦是經典者是人不復貪著衣
服卧具飲食資生之物所願不虛亦於現世
得其福報若有人輕毀之言汝狂人耳空作
是行終无所獲如是罪報當世世无眼若有
供養讚歎之者當於今世得現果報若復見
受持是經者出其過惡若實若不實此人現
世得白癩病若輕咲之者當世世牙齒踈缺
醜脣平鼻手脚繚戾眼目角睞身體臭穢惡
瘡膿血水腹短氣諸惡重病是故普賢若見
受持是經典者當起遠迎當如敬佛說是普
賢勸發品時恒河沙等无量无邊菩薩得百
千億旋陁羅尼三千大千世界微塵等諸菩
薩具普賢道佛說是經時普賢等諸菩薩舍
利弗等諸聲聞及諸天龍人非人等一切大
會皆大歡喜受持佛語作礼而去

妙法蓮華經卷第七

BD14985號　妙法蓮華經卷七　（14–13）

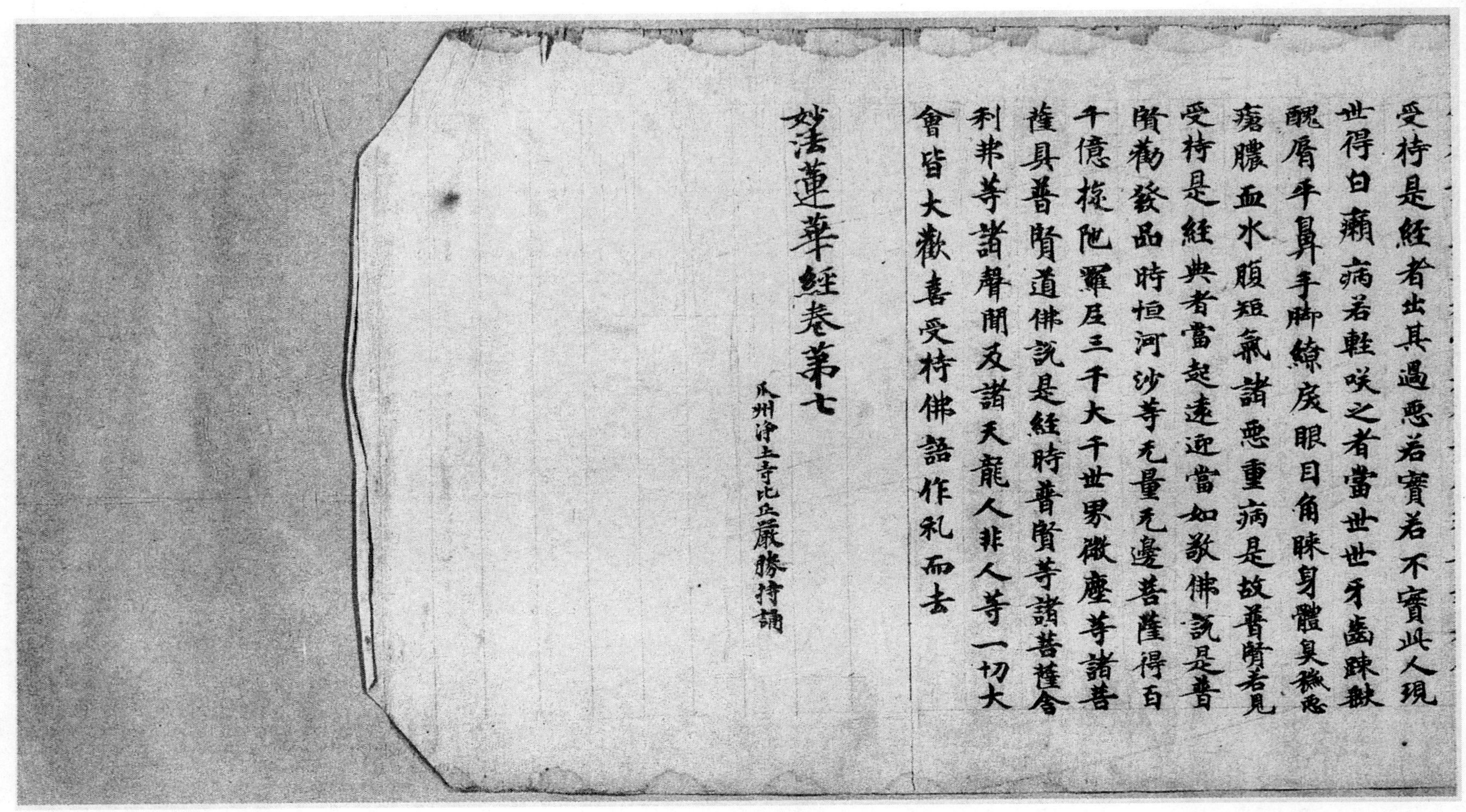

BD14985 號　妙法蓮華經卷七　（14–14）

BD14985 號背　勘記、印章　（2–1）

BD14985 號背　勘記、印章　　（2–2）

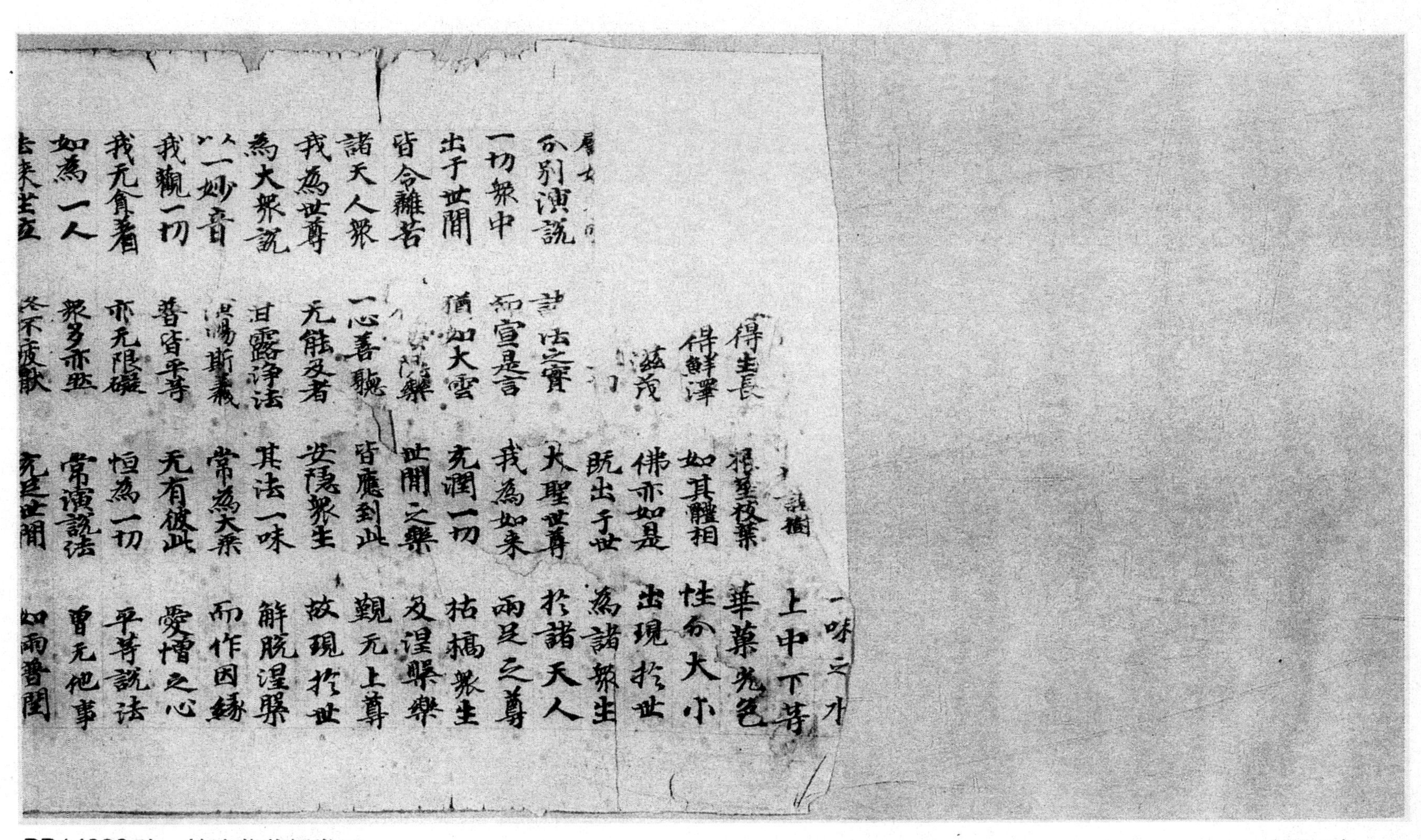

一味之水
諸樹　上中下等
得生長　根莖枝葉　華菓光色
得鮮澤　如其體相　性分大小
滋茂　佛亦如是　出現於世
既出于世　為諸眾生
分別演說　諸法之實　大聖世尊　於諸天人
一切眾中　而宣是言　我為如来　兩足之尊
出于世間　猶如大雲　充潤一切　枯槁眾生
皆令離苦　得安隱樂　世間之樂　及涅槃樂
諸天人眾　一心善聽　皆應到此　覲无上尊
我為世尊　无能及者　安隱眾生　故現於世
為大眾說　甘露淨法　其法一味　解脫涅槃
以一妙音　演暢斯義　常為大乘　而作因緣
我觀一切　普皆平等　无有彼此　愛憎之心
我无貪著　亦无限礙　恒為一切　平等說法
如為一人　眾多亦然　常演說法　曾无他事
去來坐立　終不疲厭　充足世間　如雨普潤

BD14986 號　妙法蓮華經卷三　　（21–1）

為大眾說　甘露淨法　其法一味　解脫涅槃
以一妙音　演暢斯義　常為大乘　而作因緣
我觀一切　普皆平等　无有彼此　愛憎之心
我无貪著　亦无限礙　恒為一切　平等說法
如為一人　眾多亦然　常演說法　曾无他事
去來坐立　終不疲猒　充足世間　如雨普潤
貴賤上下　持戒毀戒　威儀具足　及不具足
正見耶見　利根鈍根　等雨法雨　而无懈惓
一切眾生　聞我法者　隨力所受　住於諸地
或處人天　轉輪聖王　釋梵諸王　是小藥草
知无漏法　能得涅槃　起六神通　及得三明
獨處山林　常行禪定　得緣覺證　是中藥草
求世尊處　我當作佛　行精進定　是上藥草
又諸佛子　專心佛道　常行慈悲　自知作佛
決定无疑　是名小樹　安住神通　轉不退輪
度无量億　百千眾生　如是菩薩　名為大樹
佛平等說　如一味雨　隨眾生性　所受不同
如彼草木　所稟各異　佛以此喻　方便開示
種種言辭　演說一法　於佛智慧　如海一渧
我雨法雨　充滿世間　一味之法　隨力脩行
如彼叢林　藥草諸樹　隨其大小　漸增茂好
諸佛之法　常以一味　令諸世間　普得具足
漸次脩行　皆得道果　聲聞緣覺　處於山林
住冣後身　聞法得果　是名藥草　各得增長
若諸菩薩　智慧堅固　了達三界　求冣上乘
是名小樹　而得增長　復有住禪　得神通力
聞諸法空　心大歡喜　放无數光　度諸眾生
是名大樹　而得增長　如是迦葉　佛所說法

住冣後身　聞法得果　是名藥草　各得增長
若諸菩薩　智慧堅固　了達三界　求冣上乘
是名小樹　而得增長　復有住禪　得神通力
聞諸法空　心大歡喜　放无數光　度諸眾生
是名大樹　而得增長　如是迦葉　佛所說法
譬如大雲　以一味雨　潤於人華　各得成實
迦葉當知　以諸因緣　種種譬喻　開示佛道
是我方便　諸佛亦然　今為汝等　說冣實事
諸聲聞眾　皆非滅度　汝等所行　是菩薩道
漸漸脩學　悉當成佛

妙法蓮華經授記品第六

尒時世尊說是偈已，告諸大眾，唱如是言：我此弟子摩訶迦葉，於未來世當得奉覲三百萬億諸佛世尊，供養恭敬，尊重讚歎，廣宣諸佛无量大法，於冣後身得成為佛，名曰光明如來、應供、正遍知、明行足、善逝、世間解、无上士、調御丈夫、天人師、佛、世尊。國名光德，劫名大莊嚴。佛壽十二小劫，正法住世二十小劫，像法亦住二十小劫。國界嚴飾，无諸穢惡、瓦礫荊棘、便利不淨。其土平正，无有高下、坑坎堆阜。琉璃為地，寶樹行列，黃金為繩，以界道側。散諸寶華，周遍清淨。其國菩薩无量千億，諸聲聞眾亦復无數。无有魔事，雖有魔及魔民，皆護佛法。尒時世尊欲重宣此義，而說偈言：

告諸比丘　我以佛眼　見是迦葉　於未來世
過无數劫　當得作佛　而於來世　供養奉覲
三百萬億　諸佛世尊　為佛智慧　淨脩梵行

諸聲聞衆亦復无數无有魔事雖有魔及魔
民皆護佛法尒時世尊欲重宣此義而說偈
言
告諸比丘　我以佛眼　見是迦葉　於未來世
過无數劫　當得作佛　而於來世　供養奉覲
三百萬億　諸佛世尊　為佛智慧　淨脩梵行
供養最上　二足尊已　脩習一切　无上之慧
於最後身　得成為佛　其土清淨　瑠璃為地
多諸寶樹　行列道側　金繩界道　見者歡喜
常出好香　散衆名華　種種奇妙　以為莊嚴
其地平正　无有丘坑　諸菩薩衆　不可稱計
其心調柔　逮大神通　奉持諸佛　大乘經典
諸聲聞衆　无漏後身　法王之子　亦不可計
乃以天眼　不能數知　其佛當壽　十二小劫
正法住世　二十小劫　像法亦住　二十小劫
光明世尊　其事如是
尒時大目揵連須菩提摩訶迦旃延等皆悉
悚慄一心合掌瞻仰尊顏目不蹔捨即共同
聲而說偈言
大雄猛世尊　諸釋之法王　哀愍我等故　而賜佛音聲
若知我深心　見為授記者　如以甘露灑　除熱得清涼
如從飢國來　忽遇大王饍　心猶懷疑懼　未敢即便食
若復得王教　然後乃敢食　我等亦如是　每惟小乘過
不知當云何　得佛无上慧　雖聞佛音聲　言我等作佛
心尚懷憂懼　如未敢便食　若蒙佛授記　尒乃快安樂
大雄猛世尊　常欲安世間　願賜我等記　如飢須教食
尒時世尊知諸大弟子心之所念告諸比丘是
須菩提於當來世奉覲三百萬億那由他
佛供養恭敬尊重讚歎常脩梵行具菩薩道

BD14986號　妙法蓮華經卷三　（21–4）

心尚懷憂懼　如未敢便食　若蒙佛授記　尒乃快安樂
大雄猛世尊　常欲安世間　願賜我等記　如飢須教食
尒時世尊知諸大弟子心之所念告諸比丘是
須菩提於當來世奉覲三百萬億那由他
佛供養恭敬尊重讚歎常脩梵行具菩薩道
於最後身得成為佛号曰名相如來應供正
遍知明行足善逝世間解无上士調御丈夫
天人師佛世尊劫名有寶國名寶生其土平
正頗梨為地寶樹莊嚴无諸丘坑沙礫荊棘
便利之穢寶華覆地周遍清淨其土人民皆
處寶臺珍妙樓閣聲聞弟子无量无邊筭
數譬喻所不能知諸菩薩衆无數千萬億那
由他佛壽十二小劫正法住世二十小劫像法
亦住二十小劫其佛常處虛空為衆說法度
脫无量菩薩及聲聞衆尒時世尊欲重宣此
義而說偈言
諸比丘衆　今告汝等　皆當一心　聽我所說
我大弟子　須菩提者　當得作佛　号曰名相
當供无數　萬億諸佛　隨佛所行　漸具大道
冣後身得　三十二相　端正殊妙　猶如寶山
其佛國土　嚴淨第一　衆生見者　无不愛樂
佛於其中　度无量衆　其佛法中　多諸菩薩
皆悉利根　轉不退輪　彼國常以　菩薩莊嚴
諸聲聞衆　不可稱數　皆得三明　具六神通
住八解脫　有大威德　其佛說法　現於无量
神通變化　不可思議　諸天人民　數如恒沙
皆共合掌　聽受佛語　其佛當壽　十二小劫
正法住世　二十小劫　像法亦住　二十小劫
尒時世尊復告諸比丘衆我今語汝是大迦

BD14986號　妙法蓮華經卷三　（21–5）

諸聲聞衆 不可稱數 皆得三明 具六神通
住八解脫 有大威德 其佛說法 現於无量
神通變化 不可思議 諸天人民 數如恒沙
皆共合掌 聽受佛語 其佛當壽 十二小劫
正法住世 二十小劫 像法亦住 二十小劫
尒時世尊復告諸比丘衆我今語汝是大迦
旃延於當來世以諸供具供養奉事八千億
佛恭敬尊重諸佛滅後各起塔廟高千由旬
縱廣正等五百由旬以金銀瑠璃車𤦲馬瑙
真珠玫瑰七寶合成衆華瓔珞塗香末香燒
香繒蓋幢幡供養塔廟過是已後當復供養
二萬億佛亦復如是供養是諸佛已具菩薩
道當得作佛号曰閻浮那提金光如來應供
正遍知明行足善逝世間解无上士調御丈
夫天人師佛世尊其土平正頗梨為地寶樹
莊嚴黃金為繩以界道側妙華覆地周遍清
淨見者歡喜无四惡道地獄餓鬼畜生阿脩
羅道多有天人諸聲聞衆及諸菩薩无量
萬億莊嚴其國佛壽十二小劫正法住世二十
小劫像法亦住二十小劫尒時世尊欲重宣
此義而說偈言
諸比丘衆 皆一心聽 如我所說 真實无異
是迦旃延 當以種種 妙好供具 供養諸佛
諸佛滅後 起七寶塔 亦以華香 供養舍利
其最後身 得佛智慧 成等正覺 國土清淨
度脫无量 萬億衆生 皆為十方 之所供養
佛之光明 无能勝者 其佛号曰 閻浮金光
菩薩聲聞 斷一切有 无量无數 莊嚴其國

BD14986號　妙法蓮華經卷三　（21-6）

其最後身 得佛智慧 成等正覺 國土清淨
度脫无量 萬億衆生 皆為十方 之所供養
佛之光明 无能勝者 其佛号曰 閻浮金光
菩薩聲聞 斷一切有 无量无數 莊嚴其國
尒時世尊復告大衆我今語汝是大目揵連
當以種種供具供養八千諸佛恭敬尊重諸佛
滅後各起塔廟高千由旬縱廣正等五百由旬
以金銀瑠璃車𤦲馬瑙真珠玫瑰七寶合成衆華
瓔珞塗香末香燒香繒蓋幢幡以用供養過是
已後當復供養二百萬億諸佛亦復如是當得
成佛号曰多摩羅跋栴檀香如來應供正遍知
明行足善逝世間解无上士調御丈夫天人師
佛世尊劫名喜滿國名意樂其土平正頗梨為
地寶樹莊嚴散真珠華周遍清淨見者歡喜多
諸天人菩薩聲聞其數无量佛壽二十四小劫正
法住世四十小劫像法亦住四十小劫尒時世尊
欲重宣此義而說偈言
我此弟子 大目揵連 捨是身已 得見八千
二百萬億 諸佛世尊 為佛道故 供養恭敬
於諸佛所 常脩梵行 於无量劫 奉持佛法
諸佛滅後 起七寶塔 長表金刹 華香伎樂
而以供養 諸佛塔廟 漸漸具足 菩薩道已
於意樂國 而得作佛 号多摩羅 栴檀之香
其佛壽命 二十四劫 常為天人 演說佛道
聲聞无量 如恒河沙 三明六通 有大威德
佛滅度後 正法當住 四十小劫 像法亦尒
我諸弟子 威德具足 其數五百 皆當授記
於未來世 咸得成佛

BD14986號　妙法蓮華經卷三　（21-7）

聲聞无量　如恒河沙　三明六通　有大威德
佛滅度後　正法當住　四十小劫　像法亦尒
我諸弟子　威德具足　其數五百　皆當授記
於未來世　咸得成佛
我及汝等　宿世因緣　吾今當說　汝等善聽

妙法蓮華經化城喻品第七

佛告諸比丘乃往過去无量无邊不可思議
阿僧祇劫尒時有佛名大通智勝如來應供
正遍知明行足善逝世間解无上士調御丈
夫天人師佛世尊其國名好成劫名大相諸比
丘彼佛滅度已來甚大久遠譬如三千大
千世界所有地種假使有人磨以為墨過於
東方千國土乃下一點大如微塵又過千國
土復下一點如是展轉盡地種墨於汝等意
云何是諸國土若筭師若筭師弟子能得邊
際知其數不不也世尊諸比丘是人所經國
土若點不點盡末為塵一塵一劫彼佛滅度
已來復過是數无量无邊百千萬億阿僧祇
劫我以如來知見力故觀彼久遠猶若今日尒
時世尊欲重宣此義而說偈言
我念過去世　无量无邊劫　有佛兩足尊　名大通智勝
如人以力磨　三千大千土　盡此諸地種　皆悉以為墨
過於千國土　乃下一塵點　如是展轉點　盡此諸塵墨
如是諸國土　點與不點等　復盡末為塵　一塵為一劫
此諸微塵數　其劫復過是　彼佛滅度來　如是无量劫
如來无礙智　知彼佛滅度　及聲聞菩薩　如見今滅度
諸比丘當知　佛智淨微妙　无漏无所礙　通達无量劫
佛告諸比丘大通智勝佛壽五百四十萬億那

BD14986號　妙法蓮華經卷三　（21–8）

如是諸國土　點與不點等　復盡末為塵　一塵為一劫
此諸微塵數　其劫復過是　彼佛滅度來　如是无量劫
如來无礙智　知彼佛滅度　及聲聞菩薩　如見今滅度
諸比丘當知　佛智淨微妙　无漏无所礙　通達无量劫
佛告諸比丘大通智勝佛壽五百四十萬億那
由他劫其佛本坐道場破魔軍已垂得阿耨多
羅三藐三菩提而諸佛法不現在前如是一小
劫乃至十小劫結加趺坐身心不動而諸佛
法猶不在前尒時忉利諸天先為彼佛於菩
提樹下敷師子座高一由旬佛於此坐當得阿
耨多羅三藐三菩提適坐此座時諸梵天王
雨眾天華面百由旬香風時來吹去萎華更新雨
者如是不絕滿十小劫供養於佛乃至滅度
常雨此華四王諸天為供養佛常擊天鼓其
餘諸天作天伎樂滿十小劫至于滅度亦復
如是諸比丘大通智勝佛過十小劫諸佛之
法乃現在前成阿耨多羅三藐三菩提其佛
未出家時有十六子其第一者名曰智積諸
子各有種種珍異玩好之具聞父得成阿耨
多羅三藐三菩提皆捨所珍往詣佛所諸母
涕泣而隨送之其祖轉輪聖王與一百大臣及
餘百千萬億人民皆共圍繞隨至道場咸欲
親近大通智勝如來供養恭敬尊重讚歎
到已頭面礼足繞佛畢一心合掌瞻仰世尊以偈頌曰
大威德世尊　為度眾生故　於无量億歲　尒乃得成佛
諸願已具足　善哉吉无上　世尊甚希有　一坐十小劫
身體及手足　靜然安不動　其心常惔怕　未曾有散亂
究竟永寂滅　安住无漏法　今者見世尊　安隱成佛道
我等得善利　稱慶大歡喜　眾生常苦惱　盲瞑无導師

BD14986號　妙法蓮華經卷三　（21–9）

大威德世尊　為度衆生故　於无量億歲　尒乃得成佛
諸願已具足　善哉吉无上　世尊甚希有　一坐十小劫
身體及手足　靜然安不動　其心常惔怕　未曾有散亂
究竟永寂滅　安住无漏法　今者見世尊　安隱成佛道
我等得善利　稱慶大歡喜　衆生常苦惱　盲瞑无導師
不識苦盡道　不知求解脫　長夜增惡趣　減損諸天衆
從瞑入於瞑　永不聞佛名　今佛得最上　安隱无漏道
我等及天人　為得最大利　是故咸稽首　歸命无上尊
尒時十六王子偈讚佛已勸請世尊轉於法輪
咸作是言世尊說法多所安隱憐愍饒益諸天
人民重說偈言
世雄无等倫　百福自莊嚴　得无上智慧　願為世間說
度脫於我等　及諸衆生類　為分別顯示　令得是智慧
若我等得佛　衆生亦復然　世尊知衆生　深心之所念
亦知所行道　又知智慧力　欲樂及脩福　宿命所行業
世尊悉知已　當轉无上輪
佛告諸比丘大通智勝佛得阿耨多羅三藐三
菩提時十方各五百萬億諸佛世界六種震
動其國中間幽瞑之處日月威光所不能照
而皆大明其中衆生各得相見咸作是言此中
云何忽生衆生又其國界諸天宮殿乃至梵宮
六種震動大光普照遍滿世界勝諸天光尒時
東方五百萬億諸國土中梵天宮殿光明照
曜倍於常明諸梵天王各作是念今者宮
殿光明昔所未有以何因緣而現此相是時諸
梵天王即各相詣共議此事時彼衆中有一天
梵天王名救一切為諸梵衆而說偈言
我等諸殿宮　光明昔未有　此是何因緣　宜各共求之

殿光明昔所未有以何因緣而現此相是時諸
梵天王即各相詣共議此事時彼衆中有一天
梵天王名救一切為諸梵衆而說偈言
我等諸殿宮　光明昔未有　此是何因緣　宜各共求之
為大德天生　為佛出世間　而此大光明　遍照於十方
尒時五百萬億國土諸梵天王與宮殿俱各以
衣裓盛諸天華共詣西方推尋是相見大通
智勝如來處于道場菩提樹下坐師子座諸
天龍王乾闥婆緊那羅摩睺羅伽人非人等
恭敬圍繞及見十六王子請佛轉法輪即時諸梵
天王頭面礼佛繞百千帀即以天華而散佛上其所
散華如須弥山并以供養佛菩提樹其菩提樹
高十由旬華供養已各以宮殿奉上彼佛而作是
言唯見哀愍饒益我等所獻宮殿願垂納處時
諸梵天王即於佛前一心同聲以偈頌曰
世尊甚希有　難可得值遇　具无量功德　能救護一切
天人之大師　哀愍於世間　十方諸衆生　普皆蒙饒益
我等所從來　五百萬億國　深捨禪定樂　為供養佛故
我等先世福　宮殿甚嚴飾　今以奉世尊　唯願哀納受
尒時諸梵天王偈讚佛已各作是言唯願世尊
轉於法輪度脫衆生開涅槃道時諸梵天王一心
同聲而說偈言
世雄兩足尊　唯願演說法　以大慈悲力　度苦惱衆生
尒時大通智勝如來默然許之又諸比丘東南方
五百萬億國土諸大梵王各自見宮殿光明照曜
昔所未有歡喜踊躍生希有心即各相詣共議此
事時彼衆中有一天梵天王名曰大悲為諸梵衆而說偈言
是事何因緣　而現如此相　我等諸宮殿　光明昔未有

五百萬億國土諸大梵王各自見宮殿光明照曜
昔所未有歡喜踊躍生希有心即各相詣共議此
事時彼衆中有一大梵天王名曰大悲為諸梵衆而說偈言
是事何因緣　而現如此相　我等諸宮殿　光明昔未有
為大德天生　為佛出世間　未曾見此相　當共一心求
過千萬億土　尋光共推之　多是佛出世　度脫苦衆生
尒時五百萬億諸梵天王與宮殿俱各以衣裓盛諸
天華共詣西北方推尋是相見大通智勝如來處
于道場菩提樹下坐師子座諸天龍王乾闥婆緊
那羅摩睺羅伽人非人等恭敬圍繞及見十六王
子請佛轉法輪時諸梵天王頭面礼佛繞百千帀即
以天華而散佛上所散之華如須弥山并以供養佛菩
提樹華供養已各以宮殿奉上彼佛而作是言唯見
哀愍饒益我等所獻宮殿願垂納受尒時諸梵
天王即於佛前一心同聲以偈頌曰
聖主天中王　迦陵頻伽聲　哀愍衆生者　我等今敬礼
世尊甚希有　久遠乃一現　一百八十劫　空過无有佛
三惡道充滿　諸天衆減少　今佛出於世　為衆生作眼
世間所歸趣　救護於一切　為衆生之父　哀愍饒益者
我等宿福慶　今得值世尊
尒時諸梵天王偈讚佛已各作是言唯願世尊哀愍一
切轉於法輪度脫衆生時諸梵天王一心同聲而說偈言
大聖轉法輪　顯示諸法相　度苦惱衆生　令得大歡喜
衆生聞此法　得道若生天　諸惡道減少　忍善者增益
尒時大通智勝如來默然許之又諸比丘南方五
百萬億國土諸大梵王各自見宮殿光明照曜昔
所未有歡喜踊躍生希有心即各相詣共議此事
以何因緣我等宮殿有此光曜而彼衆中有一大梵

BD14986號　妙法蓮華經卷三　（21–12）

衆生聞此法　得道若生天　諸惡道減少　忍善者增益
尒時大通智勝如來默然許之又諸比丘南方五
百萬億國土諸大梵王各自見宮殿光明照曜昔
所未有歡喜踊躍生希有心即各相詣共議此事
以何因緣我等宮殿有此光曜而彼衆中有一大梵
天王名曰妙法為諸梵衆而說偈言
我等諸宮殿　光明甚威曜　此非无因緣　是相宜求之
過於百千劫　未曾見是相　為大德天生　為佛出世間
尒時五百萬億諸梵天王與宮殿俱各以衣裓盛
諸天華共詣北方推尋是相見大通智勝如來處
于道場菩提樹下坐師子座諸天龍王乾闥婆
緊那羅摩睺羅伽人非人等恭敬圍繞及見十六
王子請佛轉法輪時諸梵天王頭面礼佛繞百千
帀即以天華而散佛上所散之華如須弥山并以供
養佛菩提樹華供養已各以宮殿奉上彼佛而
作是言唯見哀愍饒益我等所獻宮殿願垂納受
尒時諸梵天王即於佛前一心同聲以偈頌曰
世尊甚難見　破諸煩惱者　過百三十劫　今乃得一見
諸飢渴衆生　以法雨充滿　昔所未曾見　无量智慧者
如優曇鉢羅　今日乃值遇　我等諸宮殿　蒙光故嚴飾
世尊大慈悲　唯願垂納受
尒時諸梵天王偈讚佛已各作是言唯願世尊轉
於法輪令一切世間諸天魔梵沙門婆羅門皆獲
安隱而得度脫時諸梵天王一心同聲以偈頌曰
唯願天人尊　轉无上法輪　擊于大法鼓　而吹大法螺
普雨大法雨　度无量衆生　我等咸歸請　當演深遠音
尒時大通智勝如來默然許之西南方乃至下
方亦復如是尒時上方五百萬億國土諸大

BD14986號　妙法蓮華經卷三　（21–13）

唯願天人尊　轉无上法輪　擊于大法鼓　而吹大法螺
普雨大法雨　度无量衆生　我等咸歸請　當演深遠音
尒時大通智勝如来默然許之西南方乃至下
方亦復如是尒時上方五百萬億國土諸大
梵王皆悉自覩所止宮殿光明威曜昔所未
有歡喜踊躍生希有心即各相詣共議此事以
何因緣我等宮殿有斯光明時彼衆中有一大
梵天王名曰尸棄為諸梵衆而說偈言
今以何因緣　我等諸宮殿　威德光明曜　嚴飾未曾有
如是之妙相　昔所未聞見　為大德天生　為佛出世間
尒時五百萬億諸梵天王與宮殿俱各以衣裓盛
諸天華共詣下方推尋是相見大通智勝如来
處于道場菩提樹下坐師子座諸天龍王乾
闥婆緊那羅摩睺羅伽人非人等恭敬圍繞及見
十六王子請佛轉法輪時諸梵天王頭面礼佛繞百
千帀即以天華而散佛上所散之華如須彌山并以
供養佛菩提樹華供養已各以宮殿奉上彼佛
而作是言唯見哀愍饒益我等所獻宮殿願垂納
處時諸梵天王即於佛前一心同聲以偈頌曰
善哉見諸佛　救世之聖尊　能於三界獄　勉出諸衆生
普智天人尊　哀愍群萌類　能開甘露門　廣度於一切
於昔无量劫　空過无有佛　世尊未出時　十方常暗瞑
三惡道增長　阿脩羅亦盛　諸天衆轉減　死多墮惡道
不從佛聞法　常行不善事　色力及智慧　斯等皆減少
罪業因緣故　失樂及樂想　住於邪見法　不識善儀則
不蒙佛所化　常墮於惡道　佛為世間眼　久遠時乃出
哀愍諸衆生　故現於世間　超出成正覺　我等甚欣慶
及餘一切衆　喜歎未曾有　我等諸宮殿　蒙光故嚴飾

不從佛聞法　常行不善事　色力及智慧　斯等皆減少
罪業因緣故　失樂及樂想　住於邪見法　不識善儀則
不蒙佛所化　常墮於惡道　佛為世間眼　久遠時乃出
哀愍諸衆生　故現於世間　超出成正覺　我等甚欣慶
及餘一切衆　喜歎未曾有　我等諸宮殿　蒙光故嚴飾
今以奉世尊　唯垂哀納受　願以此功德　普及於一切
我等與衆生　皆共成佛道
尒時五百萬億諸梵天王偈讚佛已各白佛言唯願世尊
轉於法輪多所安隱多所度脫時諸梵天王而說偈言
世尊轉法輪　擊甘露法鼓　度苦惱衆生　開示涅槃道
唯願受我請　以大微妙音　哀愍而敷演　无量劫習法
尒時大通智勝如来受十方諸梵天王及十六
王子請即時三轉十二行法輪若沙門婆羅門
若天魔梵及餘世間所不能轉謂是苦是苦集是
苦滅道及廣說十二因緣法无明緣行行緣識識
緣名色名色緣六入六入緣觸觸緣受受緣愛愛
緣取取緣有有緣生生緣老死憂悲苦惱无明
滅則行滅行滅則識滅識滅則名色滅名色滅則
六入滅六入滅則觸滅觸滅則受滅受滅則愛滅愛
滅則取滅取滅則有滅有滅則生滅生滅則老死
憂悲苦惱滅佛於天人大衆之中說是法時六百
萬億那由他人以不受一切法故而於諸漏心得解
脫皆得深妙禪定三明六通具八解脫第二第
三第四說法時千萬億恒河沙那由他等衆生亦
以不受一切法故而於諸漏心得解脫從是已後諸
聲聞衆无量无邊不可稱數尒時十六王子皆以
童子出家而為沙彌諸根通利智慧明了已曾
供養百千萬億諸佛淨脩梵行求阿耨多羅三

三第四說法時千萬億恒河沙那由他等衆生亦
以不受一切法故而於諸漏心得解脫從是已後諸
聲聞衆无量无邊不可稱數尒時十六王子皆以
童子出家而為沙弥諸根通利智慧明了已曾
供養百千萬億諸佛淨脩梵行求阿耨多羅三
藐三菩提俱白佛言世尊是諸无量千萬億大
德聲聞皆已成就世尊亦當為我等說阿耨多
羅三藐三菩提法我等聞已皆共脩學世尊我
等志願如来知見深心所念佛自證知尒時轉輪
聖王所將衆中八萬億人見十六王子出家亦求
出家王即聽許尒時彼佛受沙弥請過二萬劫已乃
於四衆之中說是大乘經名妙法蓮華教菩薩法佛
所護念說是經已十六沙弥為阿耨多羅三藐三菩
提故皆共受持諷誦通利說是經時十六菩薩沙
弥皆悉信受聲聞衆中亦有信解其餘衆生千萬
億種皆生疑惑佛說是經於八千劫未曾休廢說
此經已即入靜室住於禪定八萬四千劫是時十六菩
薩沙弥知佛入室寂然禪定各昇法座亦於八萬四千
劫為四部衆廣說分別妙法華經一一皆度六百萬
億那由他恒河沙等衆生示教利喜令發阿耨
多羅三藐三菩提心大通智勝佛過八萬四千劫
已從三昧起往詣法座安詳而坐普告大衆是
十六菩薩沙弥甚為希有諸根通利智慧明了
已曾供養无量千萬億數諸佛於諸佛所常脩
梵行受持佛智開示衆生令入其中汝等皆當數
數親近而供養之所以者何若聲聞辟支佛及諸
菩薩能信是十六菩薩所說經法受持不毀者是人
皆當得阿耨多羅三藐三菩提如来之慧佛告
諸比丘是十六菩薩常樂說是妙法蓮華經

梵行受持佛智開示衆生令入其中汝等皆當數
數親近而供養之所以者何若聲聞辟支佛及諸
菩薩能信是十六菩薩所說經法受持不毀者是人
皆當得阿耨多羅三藐三菩提如来之慧佛告
諸比丘是十六菩薩常樂說是妙法蓮華經
一一菩薩所化六百萬億那由他恒河沙等衆生世
世所生與菩薩俱從其聞法悉皆信解以此因緣
得值四萬億佛諸世尊于今不盡諸比丘我今語
汝彼佛弟子十六沙弥今皆得阿耨多羅三藐三
菩提於十方國土現在說法有无量百千萬億
菩薩聲聞以為眷屬其二沙弥東方作佛一
名阿閦在歡喜國二名須弥頂東南方二佛一名
師子音二名師子相南方二佛一名虛空住二名常
滅西南方二佛一名帝相二名梵相西方二佛一名阿
弥陀二名度一切世間苦惱西北方二佛一名多摩羅
跋栴檀香神通二名須弥相北方二佛一名雲自
在二名雲自在王東北方佛名壞一切世間怖畏第
十六我釋迦牟尼佛於娑婆國土成阿耨多羅三
藐三菩提諸比丘我等為沙弥時各各教化无量
千萬億恒河沙等衆生從我聞法為阿耨多羅三
藐三菩提此諸衆生于今有住聲聞地者我常
教化阿耨多羅三藐三菩提是諸人等應以是法
漸入佛道所以者何如来智慧難信難解尒時所
化无量恒河沙等衆生者汝等諸比丘及我滅
度後未来世中聲聞弟子是也我滅度後復
有弟子不聞是經不知不覺菩薩所行自於
所得功德生滅度想當入涅槃我於餘國作佛
更有異名是人雖生滅度之想入於涅槃而於
彼土求佛智慧得聞是經唯以佛乘而得滅度更无

度後未來世中聲聞弟子是也我滅度後復
有弟子不聞是經不知不覺菩薩所行自於
所得功德生滅度想當入涅槃我於餘國作佛
更有異名是人雖生滅度之想入於涅槃而於
彼土求佛智慧得聞是經唯以佛乘而得滅度更无
餘乘除諸如來方便說法諸比丘若如來自知涅
槃時到衆又清淨信解堅固了達空法深入禪定
便集諸菩薩及聲聞衆為說是經世間无有二
乘而得滅度唯一佛乘得滅度耳比丘當知如來
方便深入衆生之性知其志樂小法深着五欲為
是等故說於涅槃是人若聞則便信受譬如五
百由旬險難惡道曠絕无人怖畏之處若有多衆
欲過此道至珎寶處有一導師聰慧明達善知
險道通塞之相將導衆人欲過此難所將人衆
中路懈退白導師言我等疲極而復怖畏不能
復進前路猶遠今欲退還導師多諸方便而作
是念此等可愍云何捨大珎寶而欲退還作是念
已以方便力於險道中過三百由旬化作一城告衆
人言汝等勿怖莫得退還今此大城可於中止隨
意所作若入是城快得安隱若能前至寶所亦
可得去是時疲極之衆心大歡喜歎未曾有我等
今者免斯惡道快得安隱於是衆人前入化城生已度
想生安隱想尒時導師知此人衆既得止息无復疲
倦即滅化城語衆人言汝等去來寶處在近向者
大城我所化作為止息耳諸比丘如來亦復如是今
為汝等作大導師知諸生死煩惱惡道險難長遠
應去應度若衆生但聞一佛乘者則不欲見佛不欲
親近便作是念佛道長遠久受勤苦乃可得成佛知是

大城我所化作為止息耳諸比丘如來亦復如是今
為汝等作大導師知諸生死煩惱惡道險難長遠
應去應度若衆生但聞一佛乘者則不欲見佛不欲
親近便作是念佛道長遠久受勤苦乃可得成佛知是
心怯弱下劣以方便力而於中道為止息故說二涅槃
若衆生住於二地如來尒時即便為說汝等所作未
辦汝所住地近於佛慧當觀察籌量所得涅槃非
真實也但是如來方便之力於一佛乘分別說三如彼
導師為止息故化作大城既知息已而告之言寶處
在近此城非實我化作耳尒時世尊欲重宣此義
而說偈言
大通智勝佛　十劫坐道場　佛法不現前　不得成佛道
諸天神龍王　阿脩羅衆等　常雨於天華　以供養彼佛
諸天擊天鼓　并作衆伎樂　香風吹萎華　更雨新好者
過十小劫已　乃得成佛道　諸天及世人　心皆懷踊躍
彼佛十六子　皆與其眷屬　千萬億圍繞　俱行至佛所
頭面礼佛足　而請轉法輪　聖師子法雨　充我及一切
世尊甚難值　久遠時一現　為覺悟群生　震動於一切
東方諸世界　五百萬億國　梵宮殿光曜　昔所未曾有
諸梵見此相　尋來至佛所　散華以供養　并奉上宮殿
請佛轉法輪　以偈而讚歎　佛知時未至　受請默然坐
三方及四維　上下亦復尒　散華奉宮殿　請佛轉法輪
世尊甚難值　願以本慈悲　廣開甘露門　轉无上法輪
无量慧世尊　受彼衆人請　為宣種種說　四諦十二緣
无明至老死　皆從生緣有　如是衆過患　汝等應當知
宣暢是法時　六百萬億姟　得盡諸苦際　皆成阿羅漢
第二說法時　千萬恒沙衆　於諸法不受　亦得阿羅漢
從是後得道　其數无有量　萬億劫筭數　不能得其邊
時十六王子　出家作沙弥　皆共請彼佛　演說大乘法

无明至老死　皆從生緣有　如是衆過患　汝等應當知
宣暢是法時　六百萬億姟　得盡諸苦際　皆成阿羅漢
第二說法時　千萬恒沙衆　於諸法不受　亦得阿羅漢
從是後得道　其數无有量　萬億劫筭數　不能得其邊
時十六王子　出家作沙弥　皆共請彼佛　演說大乘法
我等及營從　皆當成佛道　願得如世尊　慧眼第一淨
佛知童子心　宿世之所行　以无量因緣　種種諸譬喻
說六波羅蜜　及諸神通事　分別真實法　菩薩所行道
說是法華經　如恒河沙偈　彼佛說經已　靜室入禪定
一心一處坐　八萬四千劫　是諸沙弥等　知佛禪未出
為无量億衆　說佛无上慧　各各坐法座　說是大乘經
於佛宴寂後　宣揚助法化　一一沙弥等　所度諸衆生
有六百萬億　恒河沙等衆　彼佛滅度後　是諸聞法者
在在諸佛土　常與師俱生　是十六沙弥　具足行佛道
今現在十方　各得成正覺　爾時聞法者　各在諸佛所
其有住聲聞　漸教以佛道　我在十六數　曾亦為汝說
是故以方便　引汝趣佛慧　以是本因緣　今說法華經
令汝入佛道　慎勿懷驚懼　譬如險惡道　迥絕多毒獸
又復无水草　人所怖畏處　无數千萬衆　欲過此險道
其路甚曠遠　經五百由旬　時有一導師　強識有智慧
明了心決定　在險濟衆難　衆人皆疲惓　而白導師言
我等今頓乏　於此欲退還　導師作是念　此輩甚可愍
如何欲退還　而失大珍寶　尋時思方便　當設神通力
化作大城郭　莊嚴諸舍宅　周帀有園林　渠流及浴池
重門高樓閣　男女皆充滿　即作是化已　慰衆言勿懼
汝等入此城　各可隨所樂　諸人既入城　心皆大歡喜
皆生安隱想　自謂已得度　導師知息已　集衆而告言
汝等當前進　此是化城耳　我見汝疲極　中路欲退還

BD14986號　妙法蓮華經卷三　（21-20）

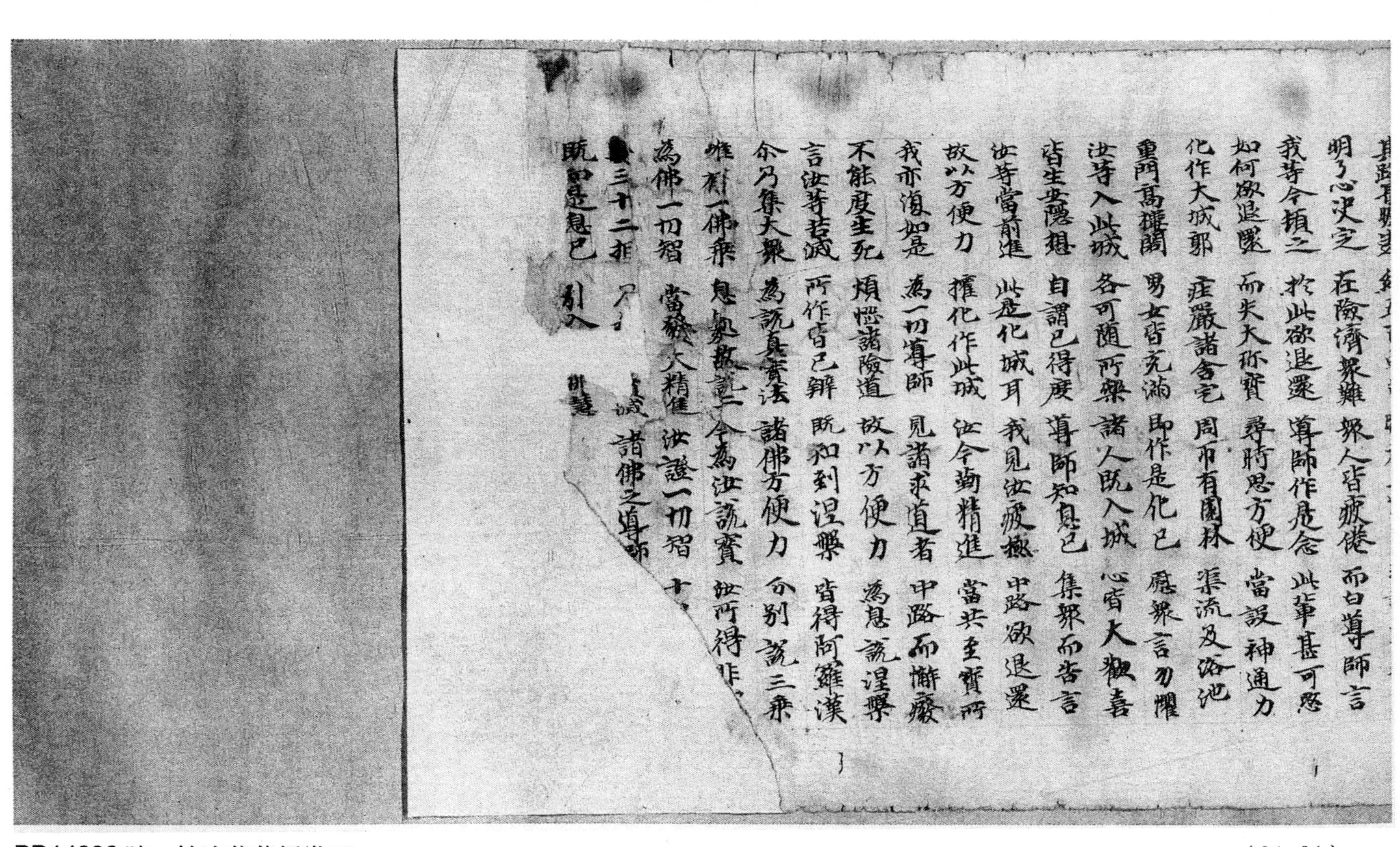
其路甚曠遠　經[illegible]
明了心決定　在險濟衆難　衆人皆疲惓　而白導師言
我等今頓乏　於此欲退還　導師作是念　此輩甚可愍
如何欲退還　而失大珍寶　尋時思方便　當設神通力
化作大城郭　莊嚴諸舍宅　周帀有園林　渠流及浴池
重門高樓閣　男女皆充滿　即作是化已　慰衆言勿懼
汝等入此城　各可隨所樂　諸人既入城　心皆大歡喜
皆生安隱想　自謂已得度　導師知息已　集衆而告言
汝等當前進　此是化城耳　我見汝疲極　中路欲退還
故以方便力　權化作此城　汝今勤精進　當共至寶所
我亦復如是　為一切導師　見諸求道者　中路而懈廢
不能度生死　煩惱諸險道　故以方便力　為息說涅槃
言汝等苦滅　所作皆已辦　既知到涅槃　皆得阿羅漢
爾乃集大衆　為說真實法　諸佛方便力　分別說三乘
唯有一佛乘　息處故說二　今為汝說實　汝所得非[illegible]
為佛一切智　當發大精進　汝證一切智　十[illegible]
[illegible]三十二相　乃[illegible]　諸佛之導師
既知是息已　引入[illegible]

BD14986號　妙法蓮華經卷三　（21-21）

BD14986 號背　勘記　　（1–1）

捨大珎寶而欲退還作是念已以方便力於險
道中過三百由旬化作一城告衆人言汝等勿
怖莫得退還今此大城可於中止隨意所作
若入是城快得安隱若能前至寶所亦可得
去是時疲極之衆心大歡喜歎未曾有我等
今者免斯惡道快得安隱於是衆人前入化
城生已度想生安隱想尒時導師知此人衆
既得止息无復疲惓即滅化城語衆人言汝
等去來寶處在近向者大城我所化作為止
息耳諸比丘如來亦復如是今為汝等作大
導師知諸生死煩惱惡道險難長遠應去
應度若衆生但聞一佛乘者則不欲見佛
不欲親近便作是念佛道長遠久受懃苦
可得成佛知是心怯弱下劣以方便力而於
中道為止息故說二涅槃若衆生住於二地如
來尒時即便為說汝等所作未辦汝所住地近
於佛慧當觀察籌量所得涅槃非真實也

BD14987 號　妙法蓮華經卷三　　（4–1）

度[illegible]若衆生但聞一佛乘者則不欲見佛
不欲親近便作是念佛道長遠久受勤苦
可得成佛知是心怯弱下劣以方便力而於
中道為止息故說二涅槃若衆生住於二地如
來尒時即便為說汝等所作未辦汝所住地近
於佛慧當觀察籌量所得涅槃非真實也
但是如來方便之力於一佛乘分別說三如彼
導師為止息故化作大城既知息已而告之
言寶處在近此城非實我化作耳尒時世尊
欲重宣此義而說偈言
大通智勝佛　十劫坐道場　佛法不現前　不得成佛道
諸天神龍王　阿脩羅衆等　常雨於天華　以供養彼佛
諸天擊天鼓　并作衆伎樂　香風吹萎華　更雨新好者
過十小劫已　乃得成佛道　諸天及世人　心皆懷踊躍
彼佛十六子　皆與其眷屬　千万億圍繞　俱行至佛所
頭面禮佛足　而請轉法輪　聖師子法雨　充我及一切
世尊甚難值　久遠時一現　為覺悟群生　震動於一切
東方諸世界　五百万億國　梵宮殿光曜　昔所未曾有
諸梵見此相　尋來至佛所　散華以供養　并奉上宮殿
請佛轉法輪　以偈而讚歎　佛知時未至　受請嘿然坐
三方及四維　上下亦復然　散華奉宮殿　請佛轉法輪
世尊甚難值　願以大慈悲　廣開甘露門　轉无上法輪
无量慧世尊　受彼衆人請　為宣種種法　四諦十二緣
无明至老死　皆從生緣有　如是衆過患　汝等應當知
宣暢是法時　六百万億姟　得盡諸苦際　皆成阿羅漢
第二說法時　千万恒沙衆　於諸法不受　亦得阿羅漢
從是後得道　其數无有量　万億劫筭數　不能得其邊

BD14987號　妙法蓮華經卷三　（4–2）

世尊甚難值　願以大慈悲　廣開甘露門　轉无上法輪
无量慧世尊　受彼衆人請　為宣種種法　四諦十二緣
无明至老死　皆從生緣有　如是衆過患　汝等應當知
宣暢是法時　六百万億姟　得盡諸苦際　皆成阿羅漢
第二說法時　千万恒沙衆　於諸法不受　亦得阿羅漢
從是後得道　其數无有量　万億劫筭數　不能得其邊
時十六王子　出家作沙彌　皆共請彼佛　演說大乘法
我等及營從　皆當成佛道　願得如世尊　慧眼第一淨
佛知童子心　宿世之所行　以无量因緣　種種諸譬喻
說六波羅蜜　及諸神通事　分別真實法　菩薩所行道
說是法華經　如恒河沙偈　彼佛說經已　靜室入禪定
一心一處坐　八万四千劫　是諸沙彌等　知佛禪未出
為无量億衆　說佛无上慧　各各坐法座　說是大乘經
於佛宴寂後　宣揚助法化　一一沙彌等　所度諸衆生
有六百万億　恒河沙等衆　彼佛滅度後　是諸聞法者
在在諸佛土　常與師俱生　是十六沙彌　具足行佛道
今現在十方　各得成正覺　尒時聞法者　各在諸佛所
其有住聲聞　漸教以佛道　我在十六數　曾亦為汝說
是故以方便　引汝趣佛慧　以是本因緣　今說法華經
令汝入佛道　慎勿懷驚懼　譬如險惡道　迥絕多毒獸
又復无水草　人所怖畏處　无數千万衆　欲過此險道
其路甚曠遠　經五百由旬　時有一導師　強識有智慧
明了心決定　在險濟衆難　衆人皆疲惓　而白導師言
我等今頓乏　於此欲退還　導師作是念　此輩甚可愍
如何欲退還　而失大珍寶　尋時思方便　當設神通力
化作大城郭　莊嚴諸舍宅　周匝有園林　渠流及浴池
重門高樓閣　男女皆充滿　即作是化已　慰衆言勿懼

BD14987號　妙法蓮華經卷三　（4–3）

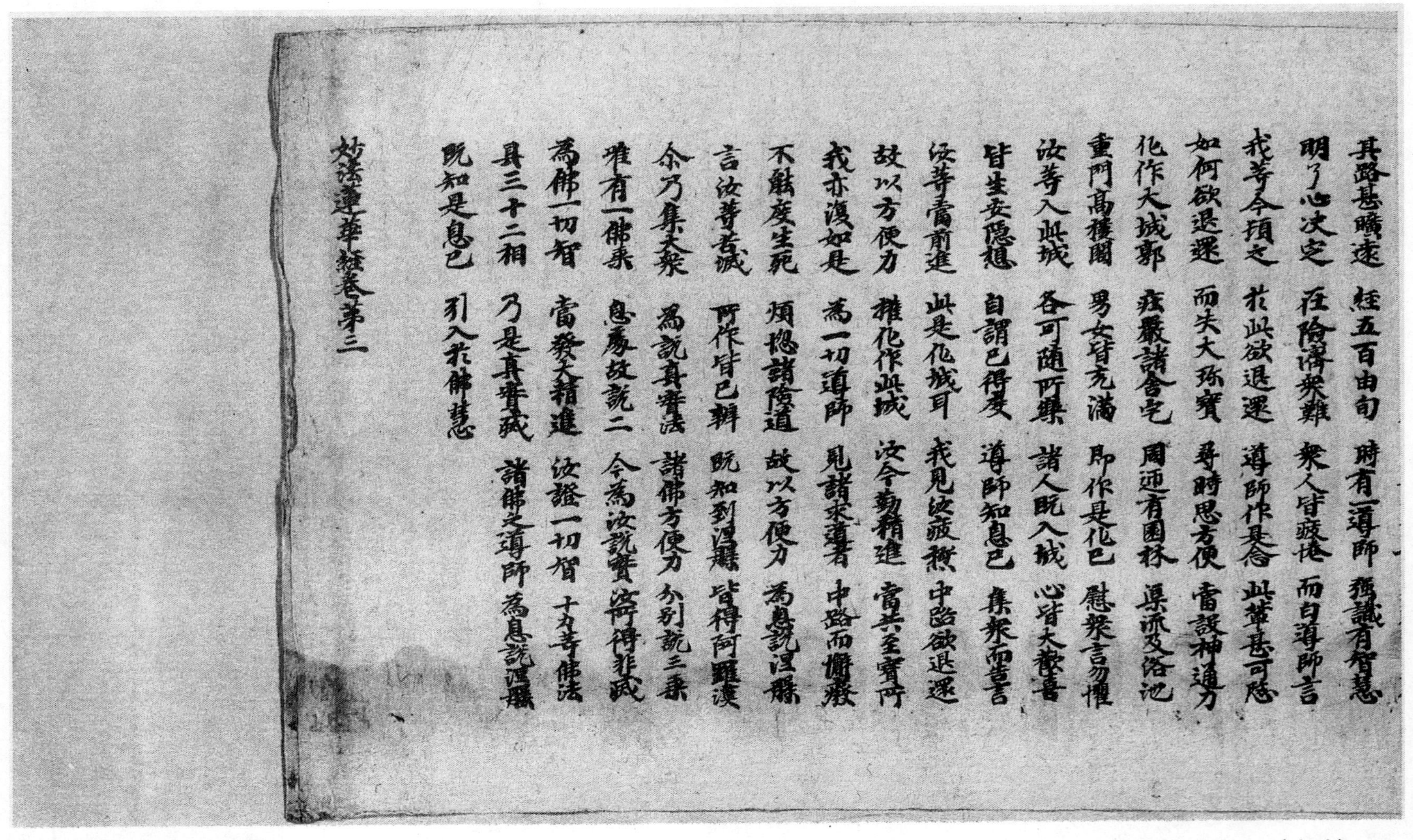

其路甚曠遠　經五百由旬　時有一導師　彊識有智慧
明了心決定　在險濟衆難　衆人皆疲惓　而白導師言
我等今頓乏　於此欲退還　導師作是念　此輩甚可愍
如何欲退還　而失大珍寶　尋時思方便　當設神通力
化作大城郭　莊嚴諸舍宅　周迊有園林　渠流及浴池
重門高樓閣　男女皆充滿　即作是化已　慰衆言勿懼
汝等入此城　各可隨所樂　諸人既入城　心皆大歡喜
皆生安隱想　自謂已得度　導師知息已　集衆而告言
汝等當前進　此是化城耳　我見汝疲極　中路欲退還
故以方便力　權化作此城　汝今勤精進　當共至寶所
我亦復如是　為一切導師　見諸求道者　中路而懈廢
不能度生死　煩惱諸險道　故以方便力　為息說涅槃
言汝等苦滅　所作皆已辦　既知到涅槃　皆得阿羅漢
尒乃集大衆　為說真實法　諸佛方便力　分別說三乘
唯有一佛乘　息處故說二　今為汝說實　汝所得非滅
為佛一切智　當發大精進　汝證一切智　十力等佛法
具三十二相　乃是真實滅　諸佛之導師　為息說涅槃
既知是息已　引入於佛慧

妙法蓮華經卷第三

BD14987號　妙法蓮華經卷三　（4–4）

BD14987號背　勘記、印章　（1–1）

從始至今　廣說諸經　而於其中　此經第一
若有能持　則持佛身　諸善男子　於我滅後
誰能受持　讀誦此經　今於佛前　自說誓言
此經難持　若暫持者　我則歡喜　諸佛亦然
如是之人　諸佛所歎　是則勇猛　是則精進
是名持戒　行頭陀者　則為疾得　无上佛道
能於來世　讀持此經　是真佛子　住淳善地
佛滅度後　能解其義　是諸天人　世間之眼
於恐畏世　能須臾說　一切天人　皆應供養

妙法蓮華經提婆達多品第十二

尒時佛告諸菩薩及天人四衆吾於過去无
量劫中求法華經无有懈倦於多劫中常
作國王發願求於无上菩提心不退轉為欲滿
足六波羅蜜勤行布施心无悋惜象馬七珎
國城妻子奴婢僕從頭目髓腦身肉手足不
惜軀命時世人民壽命无量為於法故捐
捨國位委政太子擊鼓宣令四方求法誰能

BD14988號　妙法蓮華經卷四　（6–1）

量劫中求法華經无有懈倦於多劫中常
作國王發願求於无上菩提心不退轉為欲滿
足六波羅蜜勤行布施心无悋惜象馬七珎
國城妻子奴婢僕從頭目髓腦身肉手足不
惜軀命時世人民壽命无量為於法故捐
捨國位委政太子擊鼓宣令四方求法誰能
為我說大乘者吾當終身供給走使時有仙人
來白王言我有大乘名妙法蓮華經若不違
我當為宣說王聞仙言歡喜踊躍即隨仙人供
給所須採菓汲水拾薪設食乃至以身而為
床座身心无惓于時奉事經於千歲為於法
故精勤給侍令无所乏尒時世尊欲重宣此
義而說偈言
我念過去劫　為求大法故　雖作世國王　不貪五欲樂
椎鍾告四方　誰有大法者　若為我解說　身當為奴僕
時有阿私仙　來白於大王　我有微妙法　世間所希有
若能脩行者　吾當為汝說　時王聞仙言　心生大喜悅
即便隨仙人　供給於所須　採薪及菓蓏　隨時恭敬與
情存妙法故　身心无懈惓　普為諸衆生　勤求於大法
亦不為己身　及以五欲樂　故為大國王　勤求獲此法
遂致得成佛　今故為汝說
佛告諸比丘尒時王者則我身是時仙人者
今提婆達多是由提婆達多善知識故令我
具足六波羅蜜慈悲喜捨三十二相八十種
好紫磨金色十力四无所畏四攝法十八不
共神通道力成等正覺廣度衆生皆因提婆

BD14988號　妙法蓮華經卷四　（6–2）

佛告諸比丘尒時王者則我身是時仙人者
今提婆達多是由提婆達多善知識故令我
具足六波羅蜜慈悲喜捨三十二相八十種
好紫磨金色十力四无所畏四攝法十八不
共神通道力成等正覺廣度衆生皆因提婆
達多善知識故告諸四衆提婆達多却後過
无量劫當得成佛号曰天王如來應供正遍
知明行足善逝世間解无上士調御丈夫天
人師佛世尊世界名天道時天王佛住世二
十中劫廣為衆生說於妙法恒河沙衆生得
阿羅漢果无量衆生發緣覺心恒河沙衆生
發无上道心得无生法忍至不退轉時天王
佛般涅槃後正法住世二十中劫全身舍利
起七寶塔高六十由旬縱廣四十由旬諸天人
民悉以雜華末香燒香塗香衣服瓔珞幢幡
寶蓋伎樂歌頌礼拜供養七寶妙塔无量
衆生得阿羅漢果无量衆生悟辟支佛不可
思議衆生發菩提心至不退轉佛告諸比丘未
來世中若有善男子善女人聞妙法華經提
婆達多品淨心信敬不生疑惑者不墮地獄
餓鬼畜生生十方佛前所生之處常聞此經
若生人天中受勝妙樂若在佛前蓮華化生
於時下方多寶世尊所從菩薩名曰智積白
多寶佛當還本土釋迦牟尼佛告智積曰善
男子且待須臾此有菩薩名文殊師利可與
相見論說妙法可還本土尒時文殊師利坐

BD14988號　妙法蓮華經卷四　（6–3）

於時下方多寶世尊所從菩薩名曰智積白
多寶佛當還本土釋迦牟尼佛告智積曰善
男子且待須臾此有菩薩名文殊師利可與
相見論說妙法可還本土尒時文殊師利坐
千葉蓮華大如車輪俱來菩薩亦坐寶蓮華
從於大海娑竭羅龍宮自然踊出住虛空中
詣靈鷲山從蓮華下於佛所頭面敬礼二世
尊足修敬已畢往智積所共相慰問却坐
一面智積菩薩問文殊師利仁往龍宮所化
衆生其數幾何文殊師利言其數无量不可
稱計非口所宣非心所測且待須臾自當有證
所言未竟无數菩薩坐寶蓮華從海踊出
詣靈鷲山住在虛空此諸菩薩皆是文殊
師利之所化度具菩薩行皆共論說六波羅蜜
本聲聞人在虛空中說聲聞行今皆修行大
乘空義文殊師利謂智積曰於海教化其事
如是尒時智積菩薩以偈讚曰
大智德勇健　化度无量衆　今此諸大會　及我皆已見
演暢實相義　開闡一乘法　廣度諸衆生　令速成菩提
文殊師利言我於海中唯常宣說妙法華經
智積問文殊師利言此經甚深微妙諸經中
寶世所希有頗有衆生勤加精進修行此經
速得佛不文殊師利言有娑竭羅龍王女年
始八歲智慧利根善知衆生諸根行業得陀
羅尼諸佛所說甚深秘藏悉能受持深入禪

BD14988號　妙法蓮華經卷四　（6–4）

智積問文殊師利言此經甚深微妙諸經中
寶世所希有頗有衆生勤加精進脩行此經
速得佛不文殊師利言有娑竭羅龍王女年
始八歲智慧利根善知衆生諸根行業得陁
羅尼諸佛所說甚深秘藏悉能受持深入禪
定了達諸法於剎那頃發菩提心得不退轉
辯才无导慈念衆生猶如赤子功德具足心
念口演微妙廣大慈悲仁讓志意和雅能至
菩提智積菩薩言我見釋迦如來於无量劫
難行苦行積功累德求菩提道未曾止息觀
三千大千世界乃至无有如芥子許非是菩
薩捨身命處為衆生故然後乃得成菩提道
不信此女於須臾頃便成正覺言論未訖時
龍王女忽現於前頭面禮敬却住一面以偈
讚曰
深達罪福相　遍照於十方　微妙淨法身　具相三十二
以八十種好　用莊嚴法身　天人所戴仰　龍神咸恭敬
一切衆生類　无不宗奉者　又聞成菩提　唯佛當證知
我闡大乘教　度脫苦衆生
時舍利弗語龍女言汝謂不久得无上道是
事難信所以者何女身垢穢非是法器云何
能得无上菩提佛道懸曠經无量劫勤苦積
行具脩諸度然後乃成又女身猶有五障一
者不得作梵天王二者帝釋三者魔王四者
轉輪聖王五者佛身云何女身速得成佛
尒時龍女有一寶珠價直三千大千世界持以

BD14988 號　妙法蓮華經卷四　（6–5）

我闡大乘教　度脫苦衆生
時舍利弗語龍女言汝謂不久得无上道是
事難信所以者何女身垢穢非是法器云何
能得无上菩提佛道懸曠經无量劫勤苦積
行具脩諸度然後乃成又女身猶有五障一
者不得作梵天王二者帝釋三者魔王四者
轉輪聖王五者佛身云何女身速得成佛
尒時龍女有一寶珠價直三千大千世界持以
上佛佛即受之龍女謂智積菩薩尊者舍利
弗言我獻寶珠世尊納受是事疾不答言甚
疾女言以汝神力觀我成佛復速於此當時
衆會皆見龍女忽然之間變成男子具菩
薩行即往南方无垢世界坐寶蓮華成等正覺
三十二相八十種好普為十方一切衆生演說
妙法尒時娑婆世界菩薩聲聞天龍八部
人與非人皆遙見彼龍女成佛普為時會人
天說法心大歡喜悉遙敬禮无量衆生聞法
解悟得不退轉无量衆生得受道記无垢世
界六反震動娑婆世界三千衆生住不退地
三千衆生發菩提心而得受記智積菩薩及

BD14988 號　妙法蓮華經卷四　（6–6）

BD14988 號背　勘記、印章　　（1–1）

BD14989 號背　護首　　（1–1）

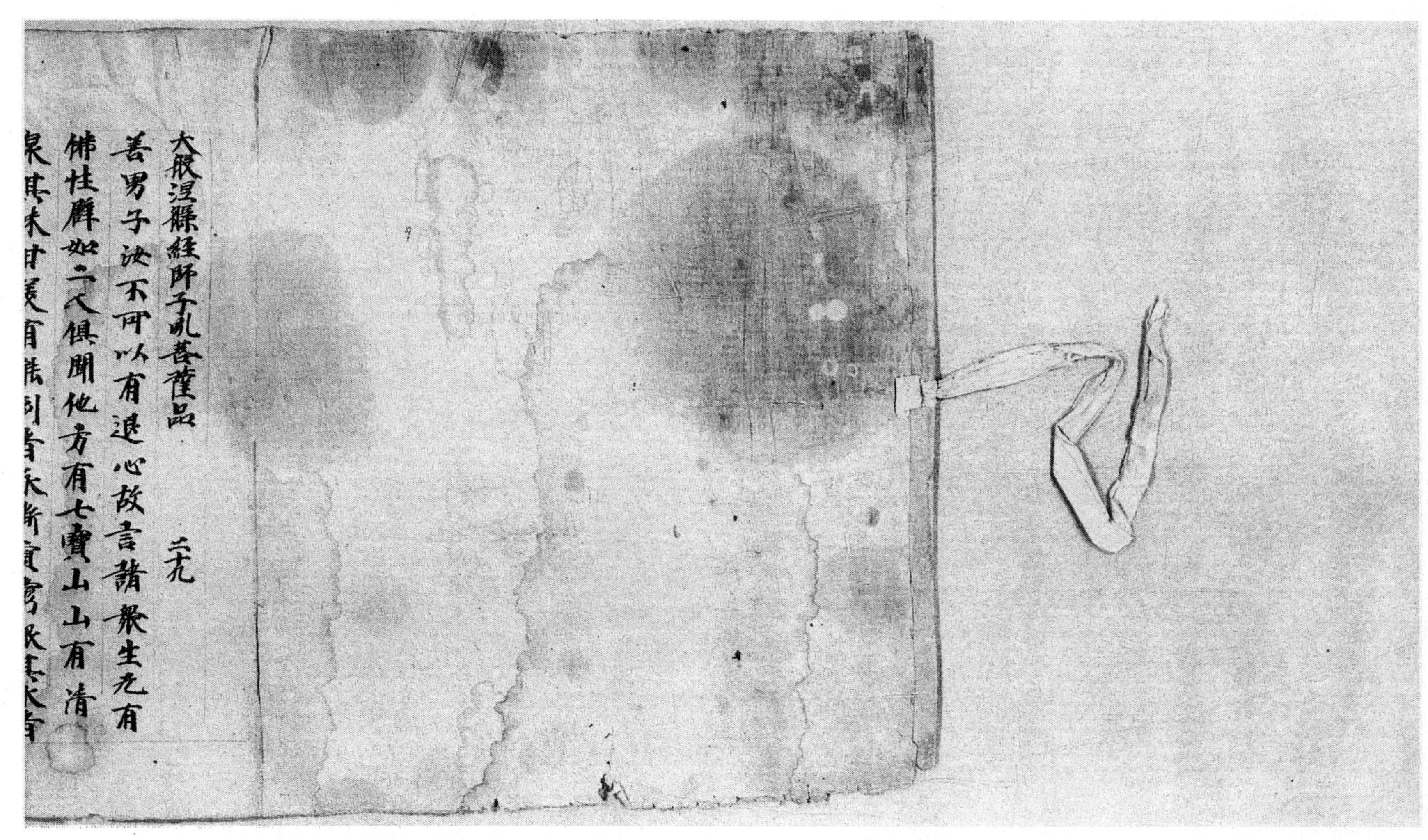

大般涅槃經師子吼菩薩品　二九
善男子汝不可以有退心故言諸衆生无有
佛性譬如二人俱聞他方有七寶山山有清
泉其味甘美有能到者永斷貧窮服其水者

BD14989號　大般涅槃經（北本異卷）卷二九　（27–1）

大般涅槃經師子吼菩薩品　二九
善男子汝不可以有退心故言諸衆生无有
佛性譬如二人俱聞他方有七寶山山有清
泉其味甘美有能到者永斷貧窮服其水者
增壽万歲唯路懸遠嶮岨多難時彼二人俱
欲共往一人莊嚴種種行具一則空往无所
賫持相與前進路值一人多齎寶貨七珎具
足二人便前問言仁者彼土實有七寶山耶
其人答言實有不虛我已獲寶飲服其水唯
患路嶮多有盜賊沙卤蕀刺乏於水草往者
千万達者甚少聞是語已一人即悔尋作是
言路既懸遠多難非一往者无量達者无幾
而我云何當能到彼我今產業粗自供足若
涉斯路或失身命身命不全長壽安在一人
復言有人能過我亦當過若得果達則得如
願採取珎寶飲服甘水如其不達以死為期
是時二人一則悔還一則前進到彼山所多
獲珎寶如願服水多賫所有還其所止奉養
父母供給宗親時悔還者見是事已心復生
熱彼去已還我何為住即便莊嚴涉路而去
七寶山者喻大涅槃甘味之水喻於佛性其
二人者喻二菩薩初發心者嶮惡道者喻於
生死所逢人者喻佛世尊有盜賊者喻於四
魔沙卤蕀刺喻諸煩惱无水草者喻不脩
集菩提之道一人還者喻退轉菩薩其直往者
喻不退菩薩善男子衆生佛性常住不變

BD14989號　大般涅槃經（北本異卷）卷二九　（27–2）

二人者喻二菩薩初發心者嶮惡道者喻於
生死所逢人者喻佛世尊有盜賊者喻於四
魔沙鹵蕀刺喻諸煩惱无水草者喻不脩
集菩提之道一人還者喻退轉菩薩其直往者
喻不退菩薩善男子衆生佛性常住不變
猶彼嶮道不可說言人悔還故令道无常佛性
亦介善男子菩提道中終无退者善男子如向
悔者見其光伴獲寶而還勢力自在供養
父母給足宗親多受安樂見是事已心中生
熱所復莊嚴復道還去不惜身命堪忍衆難
遂便到彼七寶山中退轉菩薩亦復如是善
男子一切衆生定當得成阿耨多羅三藐三
菩提以是義故我經中說一切衆生乃至五
逆犯四重禁及一闡提悉有佛性師子吼言
世尊云何菩薩有退不退善男子若有菩薩
脩進如來三十二相業因緣者得名不退得名
菩薩摩訶薩也名不動轉名爲憐愍一切衆
生名勝一切聲聞緣覺名阿毗跋致善男子
若菩薩摩訶薩持戒不動施心不移安住實
語如須弥山以是業緣得足下平如奩底相
若菩薩摩訶薩於父母所和上師長乃至畜
生以如法財供養供給以是業緣得成足下
千輻輪相若菩薩摩訶薩不煞不盜於父母
師長常生歡喜以是業緣得成三相一者手
指纖長二者足跟長三者其身方直如是三
相同一業緣若菩薩摩訶薩脩四攝法攝取

生以如法財供養供給以是業緣得成足下
千輻輪相若菩薩摩訶薩不煞不盜於父母
師長常生歡喜以是業緣得成三相一者手
指纖長二者足跟長三者其身方直如是三
相同一業緣若菩薩摩訶薩脩四攝法攝取
衆生以是業緣得網縵指如白鵝王若菩薩
摩訶薩父母師長若病苦時自手洗拭捉持
案摩以是業緣得手足濡若菩薩摩訶薩持
戒聞法惠施无猒以是業緣得節踝膞滿身
毛上靡若菩薩摩訶薩專心聽法演說正教
以是業緣得鹿王蹲若菩薩摩訶薩於諸衆
生不生害心飲食知足常樂惠施瞻病給藥
以是業緣其身圓滿如尼拘陀樹立手過膝
頂有肉髻无見頂相若菩薩摩訶薩見怖畏
者爲作救護見裸跣者施與衣服以是業緣
得陰藏相若菩薩摩訶薩親近智者遠離愚
人善惠問答掃治行路以是業緣皮膚細濡
身毛右旋若菩薩摩訶薩常以衣服飲食卧
具醫藥香華燈明施人以是業緣得身金色
常光明曜若菩薩摩訶薩行施之時所珎之
物能捨不悋不觀福田及非福田以是業緣
得七處滿相若菩薩摩訶薩布施之時心不
生疑以是業緣得柔軟聲若菩薩摩訶薩
如法求財以用布施以是業緣得缺骨充滿
師子上身臂肘傭纖若菩薩摩訶薩遠離兩
舌惡口恚心以是業緣得四十齒白淨齊密

得七處滿相若菩薩摩訶薩布施之時心不
生疑以是業緣得柔軟聲若菩薩摩訶薩
如法求財以用布施以是業緣得缺骨充滿
師子上身臂肘傭纖若菩薩摩訶薩遠離兩
舌惡口恚心以是業緣得四十齒白淨齊密若
菩薩摩訶薩於諸衆生脩大慈悲以是業緣
得二牙相若菩薩摩訶薩常作是願有來求
者隨意給與以是業緣得師子頰若菩薩摩
訶薩隨諸衆生所須之食悉皆與之以業緣故
得味中上味若菩薩摩訶薩自脩十善兼以
化人以是業緣得廣長舌若菩薩摩訶薩不
訟彼短不謗正法以是業緣得梵音聲若菩
薩摩訶薩見諸怨憎生於善心以是業緣得
目睫紺色若菩薩摩訶薩不隱他德稱揚其
善以是業緣得白毫相善男子若菩薩摩訶
薩脩集如是三十二相業因緣時則得不退菩
提之心善男子一切衆生不可思議諸佛境
界業果佛性亦不可思議何以故如是四法
皆悉是常以是常故不可思議一切衆生煩
惱覆鄣故名為常斷常煩惱故名无常若言
一切衆生常者何故脩集八聖道分為斷衆苦
衆苦若斷則名无常所受之樂則名為常是
故我言一切衆生煩惱覆鄣不見佛性以不
見故不得涅槃師子吼言世尊如佛所說一
切諸法有二種因一者正因二者緣因以是

衆苦若斷則名无常所受之樂則名為常是
故我言一切衆生煩惱覆鄣不見佛性以不
見故不得涅槃師子吼言世尊如佛所說一
切諸法有二種因一者正因二者緣因以是
二因應无縛解是五陰者念念生滅如其生
滅誰有縛解世尊因此五陰生後五陰此陰
自滅不至彼陰雖不至彼能生彼陰如因子
生牙子不至牙雖不至牙而能生牙衆生亦
尒云何縛解善男子諦聽諦聽我當為汝分
別解說善男子如人捨命受苦之時宗親圍
遶號哭懊惱其人惶怖莫知依救雖有五情
无所知覺支節戰動不能自持身體虛冷煖
氣欲盡見先所脩善惡報相善男子如日垂
没山陵堆阜影現東移理无西逝衆生業果
亦復如是此陰滅時彼陰續生如燈生闇滅
燈滅闇生善男子如蠟印印泥印與泥合印
滅文成而是蠟印不變在泥文非泥出不餘
處來以印因緣而生是文現在陰滅中陰陰
生是現在陰終不變為中陰五陰中陰五陰
亦非自生不從餘來因現陰故生中陰陰如
印印泥印壞文成名雖不差而時節各異是
故我說中陰五陰非肉眼見天眼所見是中
陰中有三種食一者思食二者觸食三者意
食中陰二種一善業果二惡業果因善業故
得善覺觀因惡業故得惡覺觀父母交會判
合之時隨業因緣向受生處於母生愛於父

陰中有三種食一者思食二者觸食三者意
食中陰二種一善業果二惡業果因善業故
得善覺觀因惡業故得惡覺觀父母交會判
合之時隨業因緣向受生處於母生愛於父
生瞋父精出時謂是己有見已心悅而生歡
喜以是三種煩惱因緣中陰陰壞生後五陰
如印印泥印壞文成生時諸根有具不具具
者見色則生於貪生於貪故則名為愛狂故
生貪是名无明貪愛无明二因緣故所見境界
皆悉顛倒无常見常无我見我无樂見樂无
淨見淨以四倒故作善惡行煩惱作業業
作煩惱是名繫縛以是義故名五陰生是人若
得親近於佛及佛弟子諸善知識便得聞受
十二部經以聞法故觀善境界觀善境界故
得大智慧大智慧者名正知見得知見故於
生死中而生悔心生悔心故不生歡樂不生歡
樂故能破貪心破貪心故脩八聖道脩八聖道
故得无生死无生死故名得解脫如火不
遇薪名之為滅滅生死故名為滅度以是義
故名五陰滅師子吼言虛中无刺云何言拔
陰无繫者云何繫縛佛言善男子以煩惱
璅繫縛五陰離五陰已无別煩惱離煩惱已
无別五陰善男子如柱持屋離屋无柱離柱
无屋衆生五陰亦復如是有煩惱故名為繫
縛无煩惱故名為解脫善男子如拳合掌繫
結縛三合散生滅更无別法衆生五陰亦復

BD14989號　大般涅槃經（北本異卷）卷二九　（27–7）

无別五陰善男子如柱持屋離屋无柱離柱
无屋衆生五陰亦復如是有煩惱故名為繫
縛无煩惱故名為解脫善男子如拳合掌繫
結縛三合散生滅更无別法衆生五陰亦復
如是有煩惱故名為繫縛无煩惱故名為解
脫善男子如說名色繫縛衆生名色若滅則
无衆生離名色已无別衆生離衆生已无別
名色亦名名色繫縛衆生亦名衆生繫縛名
色師子吼言世尊如眼不自見指不自觸刀
不自割受不自受云何如來說言名色繫縛
名色何以故言名色者即是衆生言衆生者
即是名色若言名色繫縛衆生即是名色繫
縛名色佛言善男子如二手合時更无異法
而來合也名之與色亦復如是以是義故我
言名色繫縛衆生若離名色則得解脫是故
我言衆生解脫師子吼言世尊若有名色是
繫縛者諸阿羅漢未離名色亦應繫縛善男
子解脫二種一者子斷二者果斷言子斷者名
斷煩惱阿羅漢等已斷煩惱衆結爛壞是
故子結不能繫縛未斷果故名果繫縛諸阿
羅漢不見佛性以不見故不得阿耨多羅三
藐三菩提以是義故可言果繫不得說言名
色繫縛善男子辟如燃燈油未盡時明則不
滅若油盡者滅則无疑善男子所言油者喻
諸煩惱燈喻衆生一切衆生煩惱油故不入

BD14989號　大般涅槃經（北本異卷）卷二九　（27–8）

藐三菩提以是義故可言果槃不得說言名
色繫縛善男子譬如然燈油未盡時明則不
滅若油盡者滅則无疑善男子所言油者喻
諸煩惱燈喻衆生一切衆生煩惱油故不入
涅槃若得斷者則入涅槃師子吼言世尊燈
之與油二性各異衆生煩惱則不如是衆生
即是煩惱煩惱即是衆生衆生名五陰五陰
名衆生五陰名煩惱煩惱名五陰云何如來
喻之於燈佛言善男子喻有八種一者順喻
二者逆喻三者現喻四者非喻五者先喻六
者後喻七者先後喻八者遍喻云何順喻如
經中說天降大雨溝瀆皆滿溝瀆滿故小坑
滿小坑滿故大坑滿大坑滿故小泉滿小泉
滿故大泉滿大泉滿故小池滿小池滿故大
池滿大池滿故小河滿小河滿故大河滿大
河滿故大海滿如來法雨亦復如是衆生戒
滿戒滿足故不悔心滿不悔心滿故歡喜滿
歡喜滿故遠離滿遠離滿故安隱滿安隱滿
故三昧滿三昧滿故正知見滿正知見滿故猒
離滿猒離滿故呵嘖滿呵嘖滿故解脫滿
解脫滿故涅槃滿是名順喻云何逆喻大海
有本所謂大河大河有本所謂小河小河有
本所謂大池大池有本所謂小池小池有本
所謂大泉大泉有本所謂小泉小泉有本所
謂大坑大坑有本所謂小坑小坑有本所謂
溝瀆溝瀆有本所謂天雨涅槃有本所謂解

BD14989號　大般涅槃經（北本異卷）卷二九　（27–9）

有本所謂大河大河有本所謂小河小河有
本所謂大池大池有本所謂小池小池有本
所謂大泉大泉有本所謂小泉小泉有本所
謂大坑大坑有本所謂小坑小坑有本所謂
溝瀆溝瀆有本所謂天雨涅槃有本所謂解
脫解脫有本所謂呵嘖呵嘖有本所謂猒離
猒離有本所謂正知見正知見有本所謂三
昧三昧有本所謂安隱安隱有本所謂遠離
遠離有本所謂喜心喜心有本所謂不悔不
悔有本所謂持戒持戒有本所謂法雨是名
逆喻云何現喻如經中說衆生心性猶如獼
猴獼猴之性捨一取一衆生心性亦復如是
取著色聲香味觸法无暫住時是名現喻云
何非喻如我昔告波斯匿王大王有親信人
從四方來各作是言大王有四大山從四方
來欲害人民王若聞者當設何計王言世尊
設有此來无逃避處唯當專心持戒布施我
即讚言善哉大王我說四山即是衆生生老
病死生老病死常來切人云何大王不修戒
施王言世尊持戒布施得何等果我言大王
於人天中多受快樂王言世尊尼拘陀樹持
戒布施亦於人天受安隱耶我言大王尼拘
陀樹不能持戒修行布施如其能者則受无
異是名非喻云何先喻我經中說譬如有人
貪著妙華採取之時為水所漂衆生亦尒貪
受五欲為生老病死之所漂沒是名先喻云何

BD14989號　大般涅槃經（北本異卷）卷二九　（27–10）

阤樹不能持戒脩行布施如其能者則受无
畏是名非喻云何先喻我經中說譬如有人
貪著妙華採取之時爲水所漂衆生亦尒貪
受五欲爲生老病死之所漂沒是名先喻云何
後喻如法句經說
莫輕小罪　以爲无殃　水渧雖微　漸盈大器
是名後喻云何先後喻譬如芭蕉生菓則死
愚人得養亦復如是如騾懷妊命不久全云
何遍喻如經中說三十三天有波利質多樹
其根入地深五由延高百由延枝葉四布五
十由延葉熟則黃諸天見已心生歡喜是葉
不久必當墮落其葉既落復生歡喜是枝不
久必當變色枝既變色復生歡喜是色不久
必當生皰見已復喜是皰不久必當生觜
見已復喜是觜不久必當開剖開剖之時香
氣周遍五十由延光明遠照八十由延尒時
諸天夏三月時在下受樂善男子我諸弟子
亦復如是葉色黃者喻我弟子念欲出家其
葉落者喻我弟子剃除鬚髮其色變者喻我
弟子白四羯磨受具足戒初生皰者喻我弟
子發阿耨多羅三藐三菩提心觜者喻於十
住菩薩得見佛性開剖者喻於菩薩得阿耨
多羅三藐三菩提香者喻於十方无量衆生
受持禁戒光者喻於如來名号无㝵周遍十
方夏三月者喻三三昧三十三天受快樂者喻

BD14989號　大般涅槃經（北本異卷）卷二九　（27–11）

住菩薩得見佛性開剖者喻於菩薩得阿耨
多羅三藐三菩提香者喻於十方无量衆生
受持禁戒光者喻於如來名号无㝵周遍十
方夏三月者喻三三昧三十三天受快樂者喻
於諸佛在大涅槃得常樂我淨是名遍喻善
男子凡所引喻不必盡取或取少分或取多
分或復全取如言如來面如滿月是名少分
善男子譬如有人初不見乳轉問他言乳爲
何類彼人答言如水蜜貝水則濕相蜜則甜
相貝則色相雖引三喻未即乳實善男子我
言燈喻喻於衆生亦復如是善男子離水无
河衆生亦尒離五陰已无別衆生善男子如離
箱轂輪軸輻輞更无別車衆生亦尒善男子
若欲得合彼燈喻者諦聽諦聽我今當說炷
者喻於二十五有油者喻愛明喻智慧除破黑
闇喻破无明熘喻聖道如燈油盡明炎則滅
衆生愛盡則見佛性雖有名色不能繫縛
雖復處在二十五有不爲諸有之所汙染師子吼
言世尊衆生五陰空无所有誰有受教脩集
道者佛言善男子一切衆生皆有念心慧心
發心懃精進心信心定心如是等法雖念念
生滅猶故相似相續不斷故名脩道師子吼
言世尊如是等法皆念念滅是念念滅中亦
相似相續云何脩集佛言善男言如燈雖念
念滅而有光明除破闇冥念等諸法亦復如是

BD14989號　大般涅槃經（北本異卷）卷二九　（27–12）

生滅偹故相似相續不斷故名偹道師子吼
言世尊如是等法皆念念滅是念念滅中亦
相似相續云何偹集佛言善男子言如燈雖念
念滅而有光明除破闇冥念等諸法亦復如是
善男子如衆生食雖念念滅亦令飢者而得
能滿譬如上藥雖念念滅亦能愈病日月光
明雖念念滅亦能增長樹林草木善男子汝
言念念滅云何增長者心不斷故名為增長
善男子如人讀書所讀字句不得一時前不
至中中不至後人之與字及以心想俱念念
滅以久偹故而得通利善男子譬如金師從
初習作至于皓首雖念念滅前不至後以積
習故所作遂妙是故得名善好金師讀誦經
書亦復如是善男子譬如種子地亦不教汝
當生牙以法性故牙則自生乃至華菓亦復
不教汝當作菓以法性故而菓自生衆生偹
道亦復如是善男子譬如數法一不至二二
不至三雖念念滅而至千万衆生偹道亦復如
是善男子如燈念念滅初滅之炎不教後炎我
滅汝生當破諸闇善男子譬如犢子生便求
乳求乳之智實无人教雖念念滅而初飢後
能是故當知不應相似若相似者不應異生
衆生偹道亦復如是初雖未增以久偹故則
能破壞一切煩惱師子吼言世尊如佛所說
須陁洹人得果證已雖生惡國猶故持戒不
殺盜婬而合飲酒須陁洹陰即此處滅不生

BD14989號　大般涅槃經（北本異卷）卷二九

（27–13）

乳求乳之智實无人教雖念念滅而初飢後
能是故當知不應相似若相似者不應異生
衆生偹道亦復如是初雖未增以久偹故則
能破壞一切煩惱師子吼言世尊如佛所說
須陁洹人得果證已雖生惡國猶故持戒不
殺盜婬而合飲酒須陁洹陰即此處滅不至
惡國偹道亦尒不至惡國若相似者何故不
生淨妙國土若惡國陰非須陁洹陰云何而
得不作惡業佛言善男子須陁洹者雖生惡
國終不失於須陁洹名陰不相似是故我引
犢子為喻須陁洹人雖生惡國以道道力故不
作惡業善男子譬如香山有師子王是故一
切飛鳥走獸絕跡此山无敢近者有時是王
至雪山中一切鳥獸猶故不住須陁洹人亦復
如是雖不偹道以道力故不作諸惡善男子
譬如有人服食甘露甘露雖滅以其力勢能
令是人不生不死善男子如須彌山有上妙
藥名楞伽利有人服之雖念念滅以藥力故
不遇惡瘡善男子如轉輪王所坐之處王雖
不在无人敢近何以故王威力故須陁洹人
亦復如是雖生惡國不偹集道以道力故不
作惡業善男子須陁洹陰於此而滅雖生異
陰猶故不失須陁洹陰善男子譬如衆生為
菓實故於種子中多役作業糞溉灌未得
菓實而子復滅亦復名為因子得菓須陁洹
陰亦復如是善男子譬如有人資生匠留唯

BD14989號　大般涅槃經（北本異卷）卷二九

（27–14）

菓實故於種子中多促住業薰浴溉灌未得
菓實而子復滅亦復名為因子得菓須陀洹
陰亦復如是善男子辟如有人資生匠留唯
有一子光已終沒其子有子復在他土其人
忽然奄便終亡孫聞是已還收產業雖知財
貨非其所住然其收取无遮護者何以故以
娃一故須陀洹陰亦復如是師子吼言如佛說偈
比丘若脩集　戒定及智慧　當知是不退　親近大涅槃
世尊云何脩戒云何脩定云何脩慧佛言善
男子若有人能受持禁戒但為自利人天受
樂不為度脫一切衆生不為擁護无上正法但
為利養畏三惡道為命色力安无㝵辯畏懼
王法惡名譏稱為世事業如是護戒則不得
名脩集戒也善男子云何名為真脩集戒受
持戒時若為度脫一切衆生為護正法度不
度故解未解故歸未歸故未入涅槃令得入
故如是脩時不見戒不見戒相不見持者
不見果報不觀毀犯善男子若能如是是則
名為脩集戒也云何復名脩集三昧脩三昧時
為自度脫為於利養不為衆生不為護法為
見貪欲譏食等過男女等根九孔不淨鬪
訟打剌互相煞害若為此事脩三昧者是則
不名脩集三昧善男子云何復名真脩三昧若
為衆生脩集三昧於衆生中得平等心為令
衆生得不退法為令衆生得聖心故為令衆
生得大乘故為欲護持无上法故為令衆生

不名脩集三昧善男子云何復名真脩三昧若
為衆生脩集三昧於衆生中得平等心為令
衆生得不退法為令衆生得聖心故為令衆
生得大乘故為欲護持无上法故為令衆生
不退菩提心故為令衆生得首楞嚴三昧故
為令衆生得金剛三昧故為令衆生得陀羅
尼故為令衆生得四无㝵故為令衆生見佛
性故作是行時不見三昧不見三昧相不見
脩者不見果報善男子若能如是是則名為
脩集三昧云何復名脩於智慧若有脩者作是
思惟我若脩集如是智慧則得解脫度三惡道
誰能利益一切衆生誰能度人於生死道佛
出世難如優曇華我今能斷諸煩惱結得解
脫果是故我當勤脩智慧速斷煩惱早得度
脫如是脩者不得名為脩集智慧云何名為
真脩集者智者若觀生死老苦一切衆生无明
所覆不知脩集无上正道願我此身悉代衆
生受大苦惱衆生所有貧窮下賤破戒之心
貪瞋癡業願皆悉來集于我身願諸衆生
不生貪取不為名色之所繫縛願諸衆生早度
生死令我一身處之不猒願令一切皆得阿耨
多羅三藐三菩提如是脩時不見智慧不見
智慧相不見脩者不見果報是則名為脩集智
慧善男子脩集如是戒定智慧是名菩薩不
能如是脩戒定慧是名聲聞復次善男子云
何復名脩集於戒若能破壞一切衆生十六

多羅三藐三菩提如是脩時不見[智]慧不見
智慧相不見脩者不見果報是則名為脩集智
慧善男子脩集如是戒定智慧是名菩薩不
能如是脩戒定慧是名聲聞復次善男子云
何復名脩集於戒若能破壞一切衆生十六
惡律儀何等十六一者為利餧養羔羊肥已
轉賣二者為利買已屠煞三者為利餧養猪
豚肥已轉賣四者為利買已屠煞五者為利
餧養牛犢肥已轉賣六者為利買已屠煞七
者為利養鷄令肥肥已轉賣八者為利買已
屠煞九者釣魚十者獦師十一者劫奪十二
者魁膾十三者網捕飛鳥十四者兩舌十五
者獄卒十六者呪龍能為衆生永斷如是十
六惡業是名脩戒云何脩定能斷一切世間
三昧所謂无身三昧能令衆生生顛倒心謂
是涅槃有无邊心三昧淨聚三昧世邊三昧世
斷三昧世性三昧世丈夫三昧非想非非想三
昧如是等定能令衆生生顛倒心謂是涅
槃若能永斷如是三昧是則名為脩集三昧
云何復名脩集智慧能破世間所有惡見一
切衆生悉有惡見所謂色即是我我亦是我
所色中有我我中有色乃至識亦如是常即
是色滅我存色即是我色滅我滅復有人言
作者名我受者名色復有人言作者名色受
者名我復有人言无作无受自生自滅悉非
因緣復有人言无作无受悉是自在之所造

BD14989號　大般涅槃經（北本異卷）卷二九　（27–17）

作者名我受者名色復有人言作者名色受
者名我復有人言无作无受自生自滅悉非
因緣復有人言无作无受悉是自在之所造
作復有人言无有作者无有受者一切悉是
時節所作復有人言作者受者悉无所有地
等五大名為衆生善男子若能破壞一切衆
生如是惡見是則名為脩智慧也善男子脩
集戒者為身寂靜脩集三昧為心寂靜脩集
智慧為壞疑心壞疑心者為脩集道脩集道
者為見佛性見佛性者為得阿耨多羅三藐
三菩提故得阿耨多羅三藐三菩提者為得
无上大涅槃故得大涅槃為斷衆生一切生死
一切煩惱一切諸有一切諸界一切諸諦故
斷於生死乃至斷諦為得常樂我淨法故
師子吼言世尊如佛所說若不生滅名大涅
槃生亦如是不生不滅何故不得名為涅槃
善男子如是如是如汝所言是生雖復不生
不滅而有始終世尊是生死法亦无始終若
无始終則名為常常即涅槃何故不名生死
為涅槃耶善男子是生死法悉有因果有因
果故不得名之為涅槃也何以故涅槃之體无
因果故師子吼言世尊夫涅槃者亦 有 因果
如佛所說
從因故生天　從因墮惡道　從因故涅槃　是故皆有果
如佛往昔告諸比丘我今當說沙門道果言
沙門者謂能具脩戒定智慧道者謂八聖道

BD14989號　大般涅槃經（北本異卷）卷二九　（27–18）

如佛所說
從因故生天 從因墮惡道 從因故涅槃 是故皆有果
如佛往昔告諸比丘我今當說沙門道果言
沙門者謂能具脩戒定智慧道者謂八聖道
沙門果者所謂涅槃世尊涅槃如是豈非果
耶云何說言涅槃之體无因无果佛言善男
子我所宣說涅槃因者所謂佛性佛性之性
不生涅槃是故我言涅槃无因能破煩惱故
名大果不從道生故名无果是故涅槃无因
无果師子吼言世尊眾生佛性為悉共有為
各各有若共有者一人得阿耨多羅三藐三
菩提時一切眾生亦應同得世尊如二十人同
有一怨若一人能除餘十九人皆亦同除佛
性若尒一人得時餘亦應得若各各有則是
无常何以故可筭數故然佛所說眾生佛性
不一不二若各各有不應說言諸佛平等亦
不應說佛性如空佛言善男子眾生佛性不
一不二諸佛平等猶如虛空一切眾生同共
有之若有能脩八聖道者當知是人則得明見
善男子雪山有草名曰忍辱牛若食之則成
醍醐眾生佛性亦復如是師子吼言如佛所
說忍辱草者一耶多耶如其一者牛食則盡
如其多者云何而言眾生佛性亦如是耶如
佛所說若有脩集八聖道者則見佛性是義
不然何以故道若一者如忍辱草則應有盡
如其有盡一人脩已餘則无分道若多者云

BD14989號　大般涅槃經（北本異卷）卷二九　（27–19）

如其多者云何而言眾生佛性亦如是耶如
佛所說若有脩集八聖道者則見佛性是義
不然何以故道若一者如忍辱草則應有盡
如其有盡一人脩已餘則无分道若多者云
何得言具足脩集亦不得名薩婆若智佛言善
男子如平坦路一切眾生悉於中得无鄣㝵
者中路有樹其蔭清涼行人在下憩駕心
息然其樹蔭常住不異亦不消壞无持去者
路喻聖道蔭喻佛性善男子譬如大城唯有
一門雖有多人遠由入出都无有能作鄣㝵者
亦復无人破壞毀落而竊持去善男子譬如
橋梁行人所由亦无有人遮止鄣㝵毀壞持去
善男子譬如良醫遍療眾病亦无有能遮
止是醫治此捨彼聖道佛性亦復如是師子
吼言世尊所引諸喻義不如是何以故先者
在路於後則妨云何而言无有鄣㝵餘亦皆
尒聖道佛性若如是者一人脩時應妨餘者
佛言善男子如汝所說義不相應我所喻道
是少分喻非一切也善男子世間道者則有
鄣㝵此彼之異无有平等无有漏道者則不如
是能令眾生无有鄣㝵平等无二无有妨處
此彼之異如是正道能為一切眾生佛性而
作了因不作生因猶如明燈照了於物善男
子一切眾生皆同无明因緣於行不可說言
一人无明因緣行已其餘應无一切眾生悉

BD14989號　大般涅槃經（北本異卷）卷二九　（27–20）

能令衆生无有新身平等无二无有妨處
此彼之異如是正道能為一切衆生佛性而
作了因不作生因猶如明燈照了於物善男
子一切衆生皆同无明因緣於行不可說言
一人无明因緣行已其餘應无一切衆生悉
有无明因緣於行是故說言十二因緣一切
平等衆生所脩无漏正道亦復如是等斷衆
生煩惱四生諸累有道以是義故名為平等
其有證者彼此知見无有鄣导是故得名薩
婆若智師子吼言一切衆生身不一種或有
天身或有人身畜生餓鬼地獄之身如是多
身差別非一云何而言佛性為一佛言善男
子譬如有人置毒乳中乃至醍醐皆悉有毒
乳不名酪酪不名乳乃至醍醐亦復如是名
字雖變毒性不失遍五味中皆悉如是若服
醍醐亦能煞人實不置毒於醍醐中衆生佛
性亦復如是雖處五道受別異身而是佛性
常一无變師子吼言世尊十六大國有六大
城所謂舍婆提城婆枳多城瞻婆城毗舍離
城波羅㮈城王舍城如是六城世中最大何
故如來捨之在此邊地弊惡陿隘小拘尸
那城入般涅槃善男子汝不應言拘尸那城
邊地弊惡陿隘小應言是城微妙功德之
所莊嚴何以故諸佛菩薩所行處故善男子
如賤人舍王若過者則應讚嘆是舍嚴麗福
德成就乃令大王迴駕臨顧善男子如人重病
服穢弊藥服以病愈即應歡喜讚歎是藥

BD14989號　大般涅槃經（北本異卷）卷二九　（27–21）

邊地弊惡陿隘小應言是城微妙功德之
所莊嚴何以故諸佛菩薩所行處故善男子
如賤人舍王若過者則應讚嘆是舍嚴麗福
德成就乃令大王迴駕臨顧善男子如人重病
服穢弊藥服以病愈即應歡喜讚歎是藥
最上最妙能愈我病善男子如人乘船在大
海中其船卒壞无所依倚因倚死屍得到彼
岸到彼岸已應大歡喜讚歎是屍我賴相遇
而得安隱拘尸那城亦復如是乃是諸佛菩
薩行處云何而言邊地弊惡陿隘小城善男
子我念往昔過恒沙劫劫名善覺時有聖王
姓憍尸迦七寶成就千子具足其王始初造
立此城周迊縱廣十二由延七寶莊嚴土多
有河其水清淨柔濡甘美所謂尼連禪河伊
羅跋提河澌連禪河伊拔未地河毗婆舍那
河如是等河其數五百河此彼岸樹木繁茂
華菓鮮潔尒時人民壽命无量時轉輪聖王
過百年已作是唱言如佛所說一切諸法皆
悉无常若能脩集十善法者能斷如是无常
大苦人民聞已咸共奉脩十善之法我於尒
時聞佛名号受持十善思惟脩集初發阿耨
多羅三藐三菩提心發是心已復以是法轉
教无量无邊衆生言一切法无常變壞是故
我今續於此處亦說諸法无常變壞唯說佛
身是常住法我憶往昔所行因緣是故今來在
此涅槃亦欲酬報此地往恩以是義故我經

BD14989號　大般涅槃經（北本異卷）卷二九　（27–22）

多羅三藐三菩提心發是心已復以是法轉
教无量无邊衆生言一切法无常變壞是故
我今續於此處亦說諸法无常變壞唯說佛
身是常住法我憶往昔所行因緣是故今來在
此涅槃亦欲酬報此地往恩以是義故我經
中說我眷屬者受恩能報復次善男子往昔
衆生壽无量劫尒時此城名拘舍跋提周迊
縱廣五十由延時閻浮提居民濟接鷄飛相
及有轉輪王名曰善見七寶成就千子具足
王四天下第一太子思惟正法得辟支佛時
轉輪王見其太子成辟支佛威儀詳序神通
希有見是事已即捨王位如棄涕唾出家在
此娑羅樹間八万歲中修集慈心悲喜捨心
各八万歲善男子欲知尒時善見王則我
身是是故我今常樂遊止如是四法是四法
者名為三昧善男子以是義故如來之身常
樂我淨善男子以是因緣今來在此拘尸那
城娑羅樹間三昧正受善男子我念往昔過
无量劫此城尒時名加毗羅衛其城有王名
曰白淨其王夫人名曰摩耶王有一子名悉達
多尒時王子不由師教自然思惟得阿耨多
羅三藐三菩提有二弟子一名舍利弗二名大
目揵連給侍弟子名曰阿難尒時世尊在雙
樹間演說如是大涅槃經我時在會得聞斯
事聞諸衆生悉有佛性聞是事已即於菩提
得不退轉尋自發願願未來世成佛之時父

樹間演說如是大涅槃經我時在會得聞斯
事聞諸衆生悉有佛性聞是事已即於菩提
得不退轉尋自發願願未來世成佛之時父
母國土名字弟子侍使之人說法教化如今
世尊等无有異以是因緣今來在此敷揚演
說大涅槃經善男子我初出家未得阿耨多
羅三藐三菩提時頻婆娑羅王遣使而言悉
達太子若為聖王我當臣屬若不樂家得阿
耨多羅三藐三菩提者願先來至此王舍城
說法度人受我供養我時默然已受彼請善
男子我初得阿耨多羅三藐三菩提已向鬱
闍園時伊連禪河有婆羅門姓迦葉氏與五
百弟子在彼河側求无上道我為是人故往
說法迦葉言瞿曇我今年邁已百二十摩伽
國所有人民及其大王頻婆娑羅咸謂我已證
羅漢果我今若當在於汝前聽受法者一切人
民或生倒心大德迦葉非羅漢耶幸願瞿曇
速往餘處若此人民定知瞿曇功德勝我我
等无由復得供養我時答言迦葉汝若於我
不生惡重大瞋恨者見容一宿明當早去迦
葉言瞿曇我心无他深相愛重但我住處
有一毒龍其性暴急恐相危害我言迦葉毒中
之毒不過三毒我今已斷世間之毒我所不
畏迦葉復言若能不畏善哉聽住善男子我
於尒時故為迦葉現十八變如經中說尒時

之毒不過三毒我今已斷世間之毒我所不
畏迦葉復言苟能不畏善哉聽住善男子我
於尒時故爲迦葉現十八變如經中說尒時
迦葉及其眷屬五百等輩見聞是已證羅漢
果是時迦葉復有二弟一名伽耶迦葉二名
那提迦葉師徒眷屬復有五百亦皆證得阿
羅漢果時王舍城六師之徒聞是事已即於
我所生大惡心我時赴信受彼王請詣王舍
城未至中路王與无量百千之衆悉來奉迎
我爲說法時聞法已欲界諸天八万六千發
阿耨多羅三藐三菩提心瓶婆娑羅王所將
營從十萬人得須陁洹果无量衆生成就
忍心既入城已度舍利弗大目揵連及其眷
屬二百五十人令捨本心出家學道我即住
彼受王供養外道六師相與集衆詣舍衛城時
彼城中有一長者名須達多爲兒娉婦詣王
舍城既達彼城寄止長者珊檀那舍時此長
者中夜而起告諸眷屬仁者可起速共莊
嚴掃治屋舍辦具餚饍須達聞已尋自思惟
將非欲請摩伽王耶爲有婚姻歡樂會乎思
惟是已尋前問言大士欲請摩伽陁王頻婆娑
羅耶爲有婚姻歡樂會乎忽務不安乃如是
耶長者答言不也居士我明請佛无上法王
須達長者初聞佛名身毛皆竪尋復問言何
等名佛長者答言汝不問耶迦毗羅城有釋
種子字悉達多姓瞿曇氏父名白淨其生未

BD14989號　大般涅槃經（北本異卷）卷二九　（27–25）

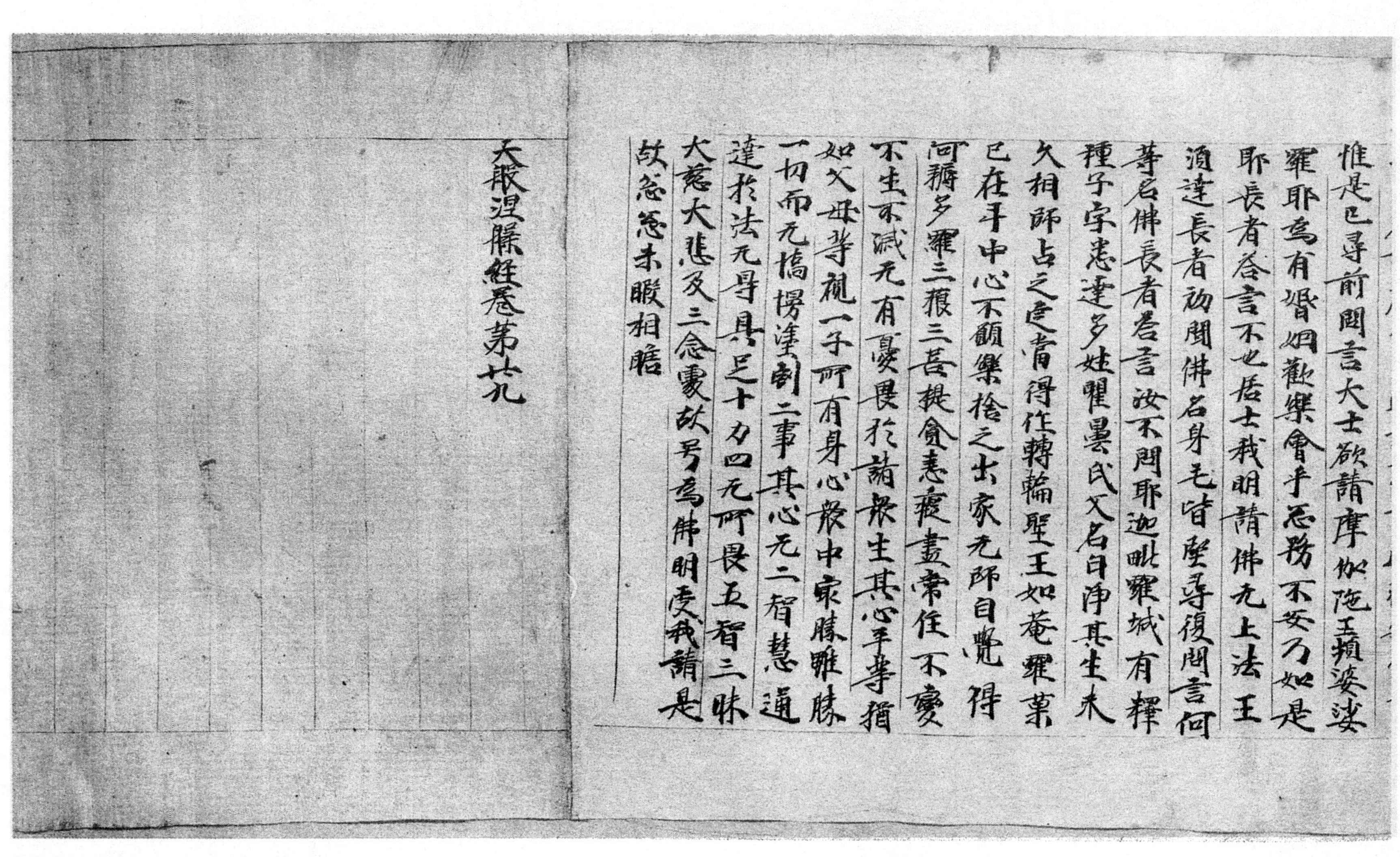

惟是已尋前問言大士欲請摩伽陁王頻婆娑
羅耶爲有婚姻歡樂會乎忽務不安乃如是
耶長者答言不也居士我明請佛无上法王
須達長者初聞佛名身毛皆竪尋復問言何
等名佛長者答言汝不問耶迦毗羅城有釋
種子字悉達多姓瞿曇氏父名白淨其生未
久相師占之定當得作轉輪聖王如菴羅菓
已在手中心不顧樂捨之出家无師自覺得
阿耨多羅三藐三菩提貪恚癡盡常住不變
不生不滅无有憂畏於諸衆生其心平等猶
如父母等視一子所有身心衆中最勝雖勝
一切而无憍慢㨶淕剌二事其心无二智慧通
達於法无㝵具足十力四无所畏五智三昧
大慈大悲及三念處故號爲佛明受我請是
故怱怱未暇相瞻

大般涅槃經卷第廿九

BD14989號　大般涅槃經（北本異卷）卷二九　（27–26）

不生不滅无有憂畏於諸衆生其心平等猶
如父母等視一子所有身心衆中最勝雖勝
一切而无憍慢遂割二事其心无二智慧通
達於法无导具足十力四无所畏五智三昧
大慈大悲及三念處故号為佛明受我請是
故忩忩來暇相瞻

大般涅槃經卷第廿九

BD14989號　大般涅槃經（北本異卷）卷二九　（27–27）

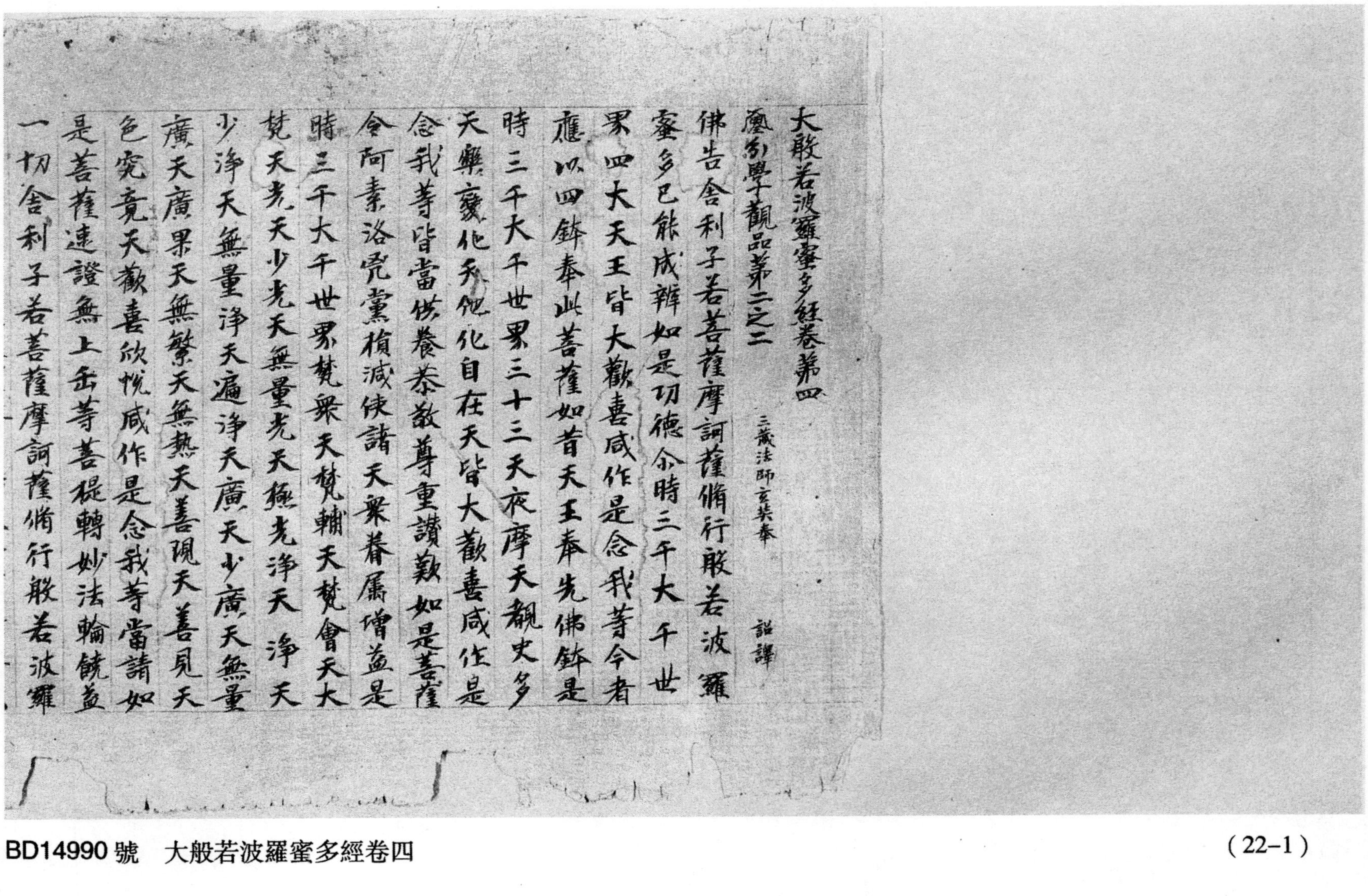

大般若波羅蜜多經卷第四
初分學觀品第二之二　三藏法師玄奘奉　詔譯
佛告舍利子若菩薩摩訶薩脩行般若波羅
蜜多已能成辦如是功德尒時三千大千世
界四大天王皆大歡喜咸作是念我等今者
應以四鉢奉此菩薩如昔天王奉先佛鉢是
時三千大千世界三十三天夜摩天覩史多
天樂變化天他化自在天皆大歡喜咸作是
念我等皆當供養恭敬尊重讚歎如是菩薩
令阿素洛党黨損減使諸天衆眷屬增益是
時三千大千世界梵衆天梵輔天梵會天大
梵天光天少光天無量光天極光淨天　淨天
少淨天無量淨天遍淨天廣天少廣天無量
廣天廣果天無繁天無熱天善現天善見天
色究竟天歡喜欣悅咸作是念我等當請如
是菩薩速證無上正等菩提轉妙法輪饒益
一切舍利子若菩薩摩訶薩脩行般若波羅

BD14990號　大般若波羅蜜多經卷四　（22–1）

少淨天無量淨天遍淨天廣天少廣天無量
廣天廣果天無繁天無熱天善現天善見天
色究竟天歡喜欣悅咸作是念我等當請如
是菩薩速證無上正等菩提轉妙法輪饒益
一切舍利子若菩薩摩訶薩修行般若波羅
蜜多增益六種波羅蜜多時彼世界諸善男
子善女人等若見若聞皆大歡喜咸作是念我
等願為如是菩薩當作父母兄弟姉妹妻子
眷屬知識朋友因此方便修諸善業亦當證
得無上菩提時彼世界四大王衆天乃至色
究竟天若見若聞皆大歡喜咸作是念我等
當作種種方便令是菩薩離非梵行從初發
心乃至成佛常修梵行所以者何若染色欲於
生梵天尚能為障況得無上正等菩提是故
菩薩斷欲出家修梵行者能得無上正等菩
提非不斷者時舍利子白佛言世尊諸菩薩
摩訶薩為要當有父母妻子諸親友邪佛告
具壽舍利子言或有菩薩具有父母妻子眷
屬而修菩薩摩訶薩行或有菩薩摩訶薩無
有妻子從初發心乃至成佛常修梵行不壞
童真或有菩薩摩訶薩方便善巧示受五欲
猒捨出家修行梵行方得無上正等菩提舍
利子譬如幻師或彼弟子善於幻法幻作種
種五妙欲具於中自恣共相娛樂於意云何
彼幻所作為有實不舍利子言不也世尊不
也善逝佛言舍利子菩薩摩訶薩亦復如是
為欲成熟諸有情故方便善巧化受五欲實
無是事然此菩薩摩訶薩於五欲中深生猒

種五妙欲具於中自恣共相娛樂於意云何
彼幻所作為有實不舍利子言不也世尊不
也善逝佛言舍利子菩薩摩訶薩亦復如是
為欲成熟諸有情故方便善巧化受五欲實
無是事然此菩薩摩訶薩於五欲中深生猒
患不為五欲過失所染以無量門訶毀諸欲
欲為熾火燒身心故欲為穢惡染自他故欲
為魍魎於去來今常為害故欲為怨敵長夜
伺求作衰損故欲如草炬欲如苦菓欲如利
劔欲如火聚欲如毒器欲如幻惑欲如闇井
欲如詐親旃荼羅等舍利子諸菩薩摩訶薩
以如是等無量過門訶毀諸欲既善了知諸
欲過失寧有真實受諸欲事但為饒益所化
有情方便善巧示受諸欲
尒時舍利子白佛言世尊云何菩薩摩訶薩
應行般若波羅蜜多佛告具壽舍利子言舍
利子菩薩摩訶薩修行般若波羅蜜多時應
如是觀實有菩薩不見有菩薩不見菩薩名
不見般若波羅蜜多不見般若波羅蜜多名
不見行不見不行何以故舍利子菩薩自性
空菩薩名空所以者何色自性空不由空故
色空非色色不離空空不離色色即是空空
即是色受想行識自性空不由空故受想行
識空非受想行識受想行識不離空空不離
受想行識受想行識即是空空即是受想行
識何以故舍利子此但有名謂為菩提此但
有名謂為薩埵此但有名謂為菩提薩埵此
但有名謂之為空此但有名謂之為色受想

受想行識受想行識即是空空即是受想行
識何以故舍利子此但有名謂為菩提此但
有名謂為薩埵此但有名謂為菩提薩埵此
但有名謂之為空此但有名謂之為色受想
行識如是自性無生無滅無染無淨菩薩摩
訶薩如是行般若波羅蜜多不見生不見滅
不見染不見淨何以故但假立客名別別於
法而起分別假立客名隨起言說如如言說
如是如是生起執着菩薩摩訶薩脩行般若
波羅蜜多時於如是等一切不見由不見故
不生執着
復次舍利子諸菩薩摩訶薩脩行般若波羅
蜜多時應如是觀菩薩但有名佛但有名般
若波羅蜜多但有名色但有名受想行識但
有名眼處但有名耳鼻舌身意處但有名色
處但有名聲香味觸法處但有名眼界但有
名耳鼻舌身意界但有名色界但有名聲香
味觸法界但有名眼識界但有名耳鼻舌身
意識界但有名眼觸但有名耳鼻舌身意觸
但有名眼觸為緣所生諸受但有名耳鼻舌
身意觸為緣所生諸受但有名地界但有名
水火風空識界但有名因緣但有名等無間
緣所緣緣增上緣但有名從緣所生諸法但
有名無明但有名行識名色六處觸受愛取
有生老死愁歎苦憂惱但有名布施波羅蜜
多但有名淨戒安忍精進靜慮波羅蜜多但
有名內空但有名外空內外空空空大空勝
義空有為空無為空畢竟空無際空散空無

BD14990號　大般若波羅蜜多經卷四　（22–4）

有名無明但有名行識名色六處觸受愛取
有生老死愁歎苦憂惱但有名布施波羅蜜
多但有名淨戒安忍精進靜慮波羅蜜多但
有名內空但有名外空內外空空空大空勝
義空有為空無為空畢竟空無際空散空無
變異空本性空自相空共相空一切法空不
可得空無性空自性空無性自性空但有名
四念住但有名四正斷四神足五根五力七
等覺支八聖道支但有名空解脫門有名
無相無願解脫門但有名苦聖諦但有名集
滅道聖諦但有名四靜慮但有名四無量四
無色定但有名八解脫但有名八勝處九次第
定十遍處但有名陀羅尼門但有名三摩地
門但有名極喜地但有名離垢地發光地焰慧
地極難勝地現前地遠行地不動地善慧地法
雲地但有名止觀地但有名種姓地第八地
見地薄地離欲地已辦地獨覺地菩薩地如
來地但有名五眼但有名六神通但有名如
來十力但有名四無所畏四無礙解大慈大
悲大喜大捨十八佛不共法但有名三十二
大士相但有名八十隨好但有名無忘失法
但有名恒住捨性但有名一切智但有名道
相智一切相智但有名一切智智但有名永
拔煩惱習氣相續但有名預流果但有名一
來不還阿羅漢果但有名獨覺菩提但有名
一切菩薩摩訶薩行但有名諸佛無上正等
菩提但有名世間法但有名出世間法但有
名有漏法但有名無漏法但有名有為法但

BD14990號　大般若波羅蜜多經卷四　（22–5）

來不還阿羅漢果但有名獨覺菩提但有名
一切菩薩摩訶薩行但有名諸佛無上正等
菩提但有名世間法但有名出世間法但有
名有漏法但有名無漏法但有名有爲法但
有名無爲法但有名舍利子如我但有名謂
之爲我實不可得如是有情命者生者養者
士夫補特伽羅意生儒童作者使作者起者
使起者受者使受者知者見者亦但有名謂
爲有情乃至見者以不可得空故但隨世俗
假立客名諸法亦尒不應執着是故菩薩摩
訶薩脩行般若波羅蜜多時不見有我乃至
見者亦不見有一切法性
舍利子諸菩薩摩訶薩如是脩行甚深般若
波羅蜜多除諸佛慧一切聲聞獨覺等慧所
不能及以不可得空故所以者何是菩薩摩
訶薩於名所名俱無所得以不觀見無執着
故舍利子諸菩薩摩訶薩若能如是脩行般
若波羅蜜多名善脩行甚深般若波羅蜜多
舍利子假使汝及大目乾連滿贍部洲如稻
麻竹葦甘蔗林等所有智慧比行般若波羅
蜜多一菩薩摩訶薩智慧百分不及一千分
不及一百千分不及一俱胝分不及一百俱
胝分不及一千俱胝分不及一百千俱胝分
不及一數分筭分計分喻分及至鄔波尼
殺曇分亦不及一何以故舍利子是菩薩摩
訶薩智慧能使一切有情趣般涅槃一切聲
聞獨覺智慧不如是故又舍利子脩行般若

胝分不及一千俱胝分不及一百千俱胝分
不及一數分筭分計分喻分及至鄔波尼
殺曇分亦不及一何以故舍利子是菩薩摩
訶薩智慧能使一切有情趣般涅槃一切聲
聞獨覺智慧不如是故又舍利子脩行般若
波羅蜜多一菩薩摩訶薩於一日中所脩智
慧一切聲聞獨覺智慧不能及故舍利子置
贍部洲假使汝及大目乾連滿四大洲如稻
麻竹葦甘蔗林等所有智慧比行般若波羅
蜜多一菩薩摩訶薩智慧百分不及一千分
不及一百千分不及一俱胝分不及一百俱胝
分不及一千俱胝分不及一百千俱胝分
不及一數分筭分計分喻分乃至鄔波尼殺
曇分亦不及一何以故舍利子是菩薩摩訶
薩智慧能使一切有情趣般涅槃一切聲聞
獨覺智慧不如是故又舍利子脩行般若波
羅蜜多一菩薩摩訶薩於一日中所脩智慧
一切聲聞獨覺智慧不能及故舍利子置四
大洲假使汝及大目乾連滿一三千大千世
界如稻麻竹葦甘蔗林等所有智慧比行般
若波羅蜜多一菩薩摩訶薩智慧百分不及
一千分不及一百千分不及一俱胝分不及
一百俱胝分不及一千俱胝分不及一百千
俱胝分不及一數分筭分計分喻分乃至鄔
波尼殺曇分亦不及一何以故舍利子是菩
薩摩訶薩智慧能使一切有情趣般涅槃一
切聲聞獨覺智慧不如是故又舍利子脩行
般若波羅蜜多一菩薩摩訶薩於一日中所

波尼煞曇分亦不及一何以故舍利子是菩
薩摩訶薩智慧能使一切有情趣般涅槃一
切聲聞獨覺智慧不如是故又舍利子脩行
般若波羅蜜多一菩薩摩訶薩於一日中所
脩智慧一切聲聞獨覺智慧不能及故舍利
子置一三千大千世界假使汝及大目乾連
充滿十方殑伽沙等諸佛世界如稻麻竹葦
甘蔗林等所有智慧比行般若波羅蜜多一
菩薩摩訶薩智慧百分不及一千分不及一
百千分不及一俱胝分不及一百俱胝分不
及一千俱胝分不及一百千俱胝分不及一
數分筭分計分喻分乃至鄔波尼煞曇分亦
不及一何以故舍利子是菩薩摩訶薩智慧
能使一切有情趣般涅槃一切聲聞獨覺智
慧不如是故又舍利子脩行般若波羅蜜多
一菩薩摩訶薩於一日中所脩智慧一切聲
聞獨覺智慧不能及故
尒時舍利子白佛言世尊若聲聞乘預流一
來不還阿羅漢智慧若獨覺乘智慧若菩薩
摩訶薩智慧若諸如來應正等覺智慧是諸
智慧皆無差別不相違皆無生無滅自性皆
空若法無差別不相違無生滅自性空是法
差別既不可得云何世尊說行般若波羅蜜
多一菩薩摩訶薩於一日中所脩智慧一切
聲聞獨覺智慧所不能及佛告具壽舍利子
言舍利子於意云何脩行般若波羅蜜多一
菩薩摩訶薩於一日中所脩智慧所成勝事
一切聲聞獨覺智慧有此事不舍利子言不

BD14990 號　大般若波羅蜜多經卷四　（22–8）

多一菩薩摩訶薩於一日中所脩智慧一切
聲聞獨覺智慧所不能及佛告具壽舍利子
言舍利子於意云何脩行般若波羅蜜多一
菩薩摩訶薩於一日中所脩智慧所成勝事
一切聲聞獨覺智慧有此事不舍利子言不
也世尊不也善逝又舍利子於意云何脩行般
若波羅蜜多一菩薩摩訶薩於一日中所
脩智慧作是念言我當脩行一切相微妙智
一切智道相智一切相智利益安樂一切有
情彼於一切法覺一切相已方便安立一切
有情於無餘依般涅槃界一切聲聞獨覺智
慧有此事不舍利子言不也世尊不也善逝
又舍利子於意云何一切聲聞獨覺頗能作
是念我當證得無上正等菩提方便安立一
切有情於無餘依涅槃界不舍利子言不也
世尊不也善逝又舍利子於意云何一切聲
聞獨覺頗能作是念我當脩行布施淨戒安
忍精進靜慮般若波羅蜜多我當脩行殊勝
四念住四正斷四神足五根五力七等覺支
八聖道支我當脩行殊勝四靜慮四無量四
無色定我當脩行殊勝八解脫八勝處九次
第定十遍處我當脩行殊勝空無相無願解
脫門我當安住內空外空內外空空空大空
勝義空有為空無為空畢竟空無際空散空
無變異空本性空自相空共相空一切法空
不可得空無性空自性空無性自性空我當
安住真如法界法性不虛妄性不變異性平

BD14990 號　大般若波羅蜜多經卷四　（22–9）

勝義空有為空無為空畢竟空無際空散空
無變異空本性空自相空共相空一切法空
不可得空無性空自性空無性自性空我當
安住真如法界法性不虛妄性不變異性平
等性離生性法定法住實際虛空界不思議
界我當安住殊勝苦集滅道聖諦我當備行
一切陀羅尼門三摩地門我當備行極喜地
離垢地發光地焰慧地極難勝地現前地遠
行地不動地善慧地法雲地我當圓滿菩薩
神通成熟有情嚴淨佛土我當圓滿五眼六
神通我當圓滿佛十力四無所畏四無礙解
大慈大悲大喜大捨十八佛不共法我當圓
滿三十二大士相八十隨好我當圓滿無忘
失法恒住捨性我當圓滿一切智道相智一
切相智永拔一切煩惱習氣證得無上正等
菩提方便安立無量無數無邊有情於無餘
依涅槃界不舍利子言不也世尊不也善逝
佛言舍利子備行般若波羅蜜多諸菩薩摩
訶薩皆作是念我當備行布施淨戒安忍精
進靜慮般若波羅蜜多乃至我當永拔一切
煩惱習氣證得無上正等菩提方便安立無
量無數無邊有情於無餘依般涅槃界
舍利子譬如螢火無如是念我光能照贍
部洲普令大明如是一切聲聞獨覺無如是
念我當備行布施淨戒安忍精進靜慮般若
波羅蜜多乃至我當永拔一切煩惱習氣證
得無上正等菩提方便安立無量無數無邊
有情於無餘依般涅槃界舍利子譬如日輪

波羅蜜多乃至我當永拔一切煩惱習氣證
得無上正等菩提方便安立無量無數無邊
有情於無餘依般涅槃界舍利子譬如日輪
光明熾盛照贍部洲無不周遍如是備行般
若波羅蜜多諸菩薩摩訶薩常作是念我當
備行布施淨戒安忍精進靜慮般若波羅蜜
多乃至我當永拔一切煩惱習氣證得無上
正等菩提方便安立無量無數無邊有情於
無餘依般涅槃界以是故舍利子當知一切
聲聞獨覺所有智慧比行般若波羅蜜多一
菩薩摩訶薩於一日中所備智慧百分不及
一千分不及一百千分不及一俱胝分不及
一百俱胝分不及一千俱胝分不及一百千
俱胝分不及一數分筭分計分喻分乃至鄔
波尼殺曇分亦不及一
爾時舍利子白佛言世尊云何菩薩摩訶薩
能超聲聞獨覺等地能得菩薩不退轉地能
淨無上佛菩提道佛告具壽舍利子言舍利
子諸菩薩摩訶薩從初發心備行布施淨戒
安忍精進靜慮般若方便善巧妙願力智波
羅蜜多住空無相無願之法即能超過一切
聲聞獨覺等地能得菩薩不退轉地能淨無
上佛菩提道時舍利子復白佛言世尊諸菩
薩摩訶薩住何等地能與一切聲聞獨覺作
真福田佛告具壽舍利子言舍利子諸菩薩
摩訶薩從初發心備行布施淨戒安忍精進
靜慮般若方便善巧妙願力智波羅蜜多住

上佛菩提道時舍利子復白佛言世尊諸菩
薩摩訶薩住何等地能與一切聲聞獨覺作
真福田佛告具壽舍利子言舍利子諸菩薩
摩訶薩從初發心備行布施淨戒安忍精進
靜慮般若方便善巧妙願力智波羅蜜多住
空無相無願之法乃至安坐妙菩提座常與
一切聲聞獨覺作真福田何以故舍利子以
依菩薩摩訶薩故一切善法出現世間謂依
菩薩摩訶薩故有十善業道五近事戒八近
住戒四靜慮四無量四無色定施性福業事
戒性福業事脩性福業事等出現世間又依
菩薩摩訶薩故有四念住四正斷四神足五
根五力七等覺支八聖道支空無相無願解
脫門苦集滅道聖諦等出現世間又依菩薩
摩訶薩故有布施淨戒安忍精進靜慮般若
波羅蜜多出現世間有內空外空內外空空
空大空勝義空有為空無為空畢竟空無際
空散空無變異空本性空自相空共相空一
切法空不可得空無性空自性空無性自性
空出現世間有一切法真如法界法性不虛
妄性不變異性平等性離生性法定法住實
際虛空界不思議界出現世間有八解脫八
勝處九次第定十遍處出現世間有一切陀
羅尼門三摩地門菩薩十地出現世間有五
眼六神通出現世間有佛十力四無所畏四
無礙解大慈大悲大喜大捨十八佛不共法
出現世間有無忘失法恒住捨性出現世間

勝處九次第定十遍處出現世間有一切陀
羅尼門三摩地門菩薩十地出現世間有五
眼六神通出現世間有佛十力四無所畏四
無礙解大慈大悲大喜大捨十八佛不共法
出現世間有無忘失法恒住捨性出現世間
有一切智道相智一切相智出現世間有成
熟有情嚴淨佛土等無量無數無邊善法出
現世間由有如是諸善法故世間便有剎帝
利大族婆羅門大族長者大族居士大族由
有如是諸善法故世間便有四大王眾天三
十三天夜摩天覩史多天樂變化天他化自
在天由有如是諸善法故世間便有梵眾天
梵輔天梵會天大梵天光天少光天無量光
天極光淨天淨天少淨天無量淨天遍淨天
廣天少廣天無量廣天廣果天無想有情天
無繁天無熱天善現天善見天色究竟天由
有如是諸善法故世間便有空無邊處天識
無邊處天無所有處天非想非非想處天由
有如是諸善法故世間便有預流一來不還
阿羅漢獨覺由有如是諸善法故世間便有
菩薩摩訶薩及諸如來應正等覺
爾時舍利子白佛言世尊諸菩薩摩訶薩為
復須報施主恩不佛告具壽舍利子言舍利
子諸菩薩摩訶薩不復須報諸施主恩何以
故已多報故所以者何舍利子諸菩薩摩訶
薩為大施主施諸有情無量善法謂施有情
十善業道五近事戒八近住戒四靜慮四無
量四無色定施戒脩性三福[illegible]

子諸菩薩摩訶薩不復須報諸施主恩何以
故已多報故所以者何舍利子諸菩薩摩訶
薩為大施主施諸有情無量善法謂施有情
十善業道五近事戒八近住戒四靜慮四無
量四無色定施戒脩性三福業事又施有情
四念住四正斷四神足五根五力七等覺支
八聖道支空無相無願解脫門苦集滅道聖
諦又施有情布施淨戒安忍精進靜慮般若
方便善巧妙願力智波羅蜜多又施有情內
空外空內外空空空大空勝義空有為空無
為空畢竟空無際空散空無變異空本性空
自相空共相空一切法空不可得空無性空
自性空無性自性空又施有情一切法真如
法界法性不虛妄性不變異性平等性離生
性法定法住實際虛空界不思議界又施有
情八解脫八勝處九次第定十遍處又施有
情陀羅尼門三摩地門菩薩十地又施有情
五眼六神通又施有情如來十力四無所畏
四無礙解大慈大悲大喜大捨十八佛不共
法又施有情無忘失法恒住捨性又施有情
一切智道相智一切相智又施有情布施愛
語利行同事成熟有情嚴淨佛土方便善巧
又施有情預流一來不還阿羅漢果獨覺菩
提又施有情一切菩薩摩訶薩行諸佛無上
正等菩提舍利子諸菩薩摩訶薩施諸有情
如是等類無量無數無邊善法故說菩薩為
大施主由此已報諸施主恩是真福田生長

BD14990號　大般若波羅蜜多經卷四　（22–14）

提又施有情一切菩薩摩訶薩行諸佛無上
正等菩提舍利子諸菩薩摩訶薩施諸有情
如是等類無量無數無邊善法故說菩薩為
大施主由此已報諸施主恩是真福田生長
勝福

初分相應品第三

爾時舍利子白佛言世尊脩行般若波羅蜜
多菩薩摩訶薩與何法相應故當言與般若
波羅蜜多相應佛告具壽舍利子言舍利子
脩行般若波羅蜜多菩薩摩訶薩與色空相
應故當言與般若波羅蜜多相應與受想行
識空相應故當言與般若波羅蜜多相應舍
利子脩行般若波羅蜜多菩薩摩訶薩與眼
處空相應故當言與般若波羅蜜多相應與
耳鼻舌身意處空相應故當言與般若波羅
蜜多相應與聲香味觸法處空相應故當言
與般若波羅蜜多相應舍利子脩行般若波
羅蜜多菩薩摩訶薩與眼界空相應故當言
與般若波羅蜜多相應與耳鼻舌身意界空
相應故當言與般若波羅蜜多相應舍利子
脩行般若波羅蜜多菩薩摩訶薩與色界空
相應故當言與般若波羅蜜多相應與聲香
味觸法界空相應故當言與般若波羅蜜多
相應舍利子脩行般若波羅蜜多菩　薩摩
訶薩與眼識界空相應故當言與般若波羅

BD14990號　大般若波羅蜜多經卷四　（22–15）

相應故當言與般若波羅蜜多相應與聲香
味觸法界空相應故當言與般若波羅蜜多
相應舍利子脩行般若波羅蜜多菩 薩摩
訶薩與眼識界空相應故當言與般若波羅
蜜多相應與耳鼻舌身意識界空相應故當
言與般若波羅蜜多相應舍利子脩行般若
波羅蜜多菩薩摩訶薩與眼觸空相應故當
言與般若波羅蜜多相應與耳鼻舌身意觸
空相應故當言與般若波羅蜜多相應舍利
子脩行般若波羅蜜多菩薩摩訶薩與眼觸
為緣所生諸受空相應故當言與般若波羅
蜜多相應與耳鼻舌身意觸為緣所生諸受
空相應故當言與般若波羅蜜多相應舍利
子脩行般若波羅蜜多菩薩摩訶薩與地界
空相應故當言與般若波羅蜜多相應與水
火風空識界空相應故當言與般若波羅蜜
多相應舍利子脩行般若波羅蜜多菩薩摩
訶薩與因緣空相應故當言與般若波羅蜜
多相應與等無間緣所緣緣增上緣及從諸
緣所生諸法空相應故當言與般若波羅蜜
多相應舍利子脩行般若波羅蜜多菩薩摩
訶薩與無明空相應故當言與般若波羅蜜
多相應與行識名色六處觸受愛取有生老
死愁歎苦憂惱空相應故當言與般若波羅
蜜多相應
舍利子脩行般若波羅蜜多菩薩摩訶薩與
布施波羅蜜多空相應故當言與般若波羅

BD14990 號　大般若波羅蜜多經卷四　（22–16）

死愁歎苦憂惱空相應故當言與般若波羅
蜜多相應
舍利子脩行般若波羅蜜多菩薩摩訶薩與
布施波羅蜜多空相應故當言與般若波羅
蜜多相應與淨戒安忍精進靜慮般若波羅
蜜多空相應故當言與般若波羅蜜多相應
舍利子脩行般若波羅蜜多菩薩摩訶薩與
內空相應故當言與般若波羅蜜多相應與
外空內外空空空大空勝義空有為空無為
空畢竟空無際空散空無變異空本性空自
相空共相空一切法空不可得空無性空 自
性空無性自性空相應故當言與般若波羅
蜜多相應舍利子脩行般若波羅蜜多菩薩
摩訶薩與真如空相應故當言與般若波羅
蜜多相應與法界法性不虛妄性不變異性
平等性離生性法定法住實際虛空界不思
議界空相應故當言與般若波羅蜜多相應
舍利子脩行般若波羅蜜多菩薩摩訶薩與
四念住空相應故當言與般若波羅蜜多相
應與四正斷四神足五根五力七等覺支八
聖道支空相應故當言與般若波羅蜜多相
應舍利子脩行般若波羅蜜多菩薩摩訶薩
與苦聖諦空相應故當言與般若波羅蜜多
相應與集滅道聖諦空相應故當言與般若
波羅蜜多相應舍利子脩行般若波羅蜜多
菩薩摩訶薩與十善業道空相應故當言與
般若波羅蜜多相應與五近事戒八近住戒

BD14990 號　大般若波羅蜜多經卷四　（22–17）

與苦聖諦空相應故當言與般若波羅蜜多
相應與集滅道聖諦空相應故當言與般若
波羅蜜多相應舍利子脩行般若波羅蜜多
菩薩摩訶薩與十善業道空相應故當言與
般若波羅蜜多相應與五近事戒八近住戒
空相應故當言與般若波羅蜜多相應舍利
子脩行般若波羅蜜多菩薩摩訶薩與施性
福業事空相應故當言與般若波羅蜜多相
應與戒性脩性福業事空相應故當言與般
若波羅蜜多相應舍利子脩行般若波羅蜜
多菩薩摩訶薩與四靜慮空相應故當言與
般若波羅蜜多相應與四無量四無色定空
相應故當言與般若波羅蜜多相應舍利子
脩行般若波羅蜜多菩薩摩訶薩與八解脫
空相應故當言與般若波羅蜜多相應與八
勝處九次第定十遍處空相應故當言與般
若波羅蜜多相應舍利子脩行般若波羅蜜
多菩薩摩訶薩與空解脫門空相應故當言
與般若波羅蜜多相應與無相無願解脫門
空相應故當言與般若波羅蜜多相應舍利
子脩行般若波羅蜜多菩薩摩訶薩與一切
陀羅尼門空相應故當言與般若波羅蜜多
相應與一切三摩地門空相應故當言與般
若波羅蜜多相應舍利子脩行般若波羅蜜
多菩薩摩訶薩與極喜地空相應故當言與
般若波羅蜜多相應與離垢地發光地焰慧
地極難勝地現前地遠行地不動地善慧地
法雲地空相應故當言與般若波羅蜜多相

BD14990號　大般若波羅蜜多經卷四　（22–18）

相應與一切三摩地門空相應故當言與般
若波羅蜜多相應舍利子脩行般若波羅蜜
多菩薩摩訶薩與極喜地空相應故當言與
般若波羅蜜多相應與離垢地發光地焰慧
地極難勝地現前地遠行地不動地善慧地
法雲地空相應故當言與般若波羅蜜多相
應舍利子脩行般若波羅蜜多菩薩摩訶薩
與五眼空相應故當言與般若波羅蜜多相
應與六神通空相應故當言與般若波羅蜜
多相應舍利子脩行般若波羅蜜多菩薩摩
訶薩與佛十力空相應故當言與般若波羅
蜜多相應與四無所畏四無礙解大慈大悲
大喜大捨十八佛不共法空相應故當　言
與般若波羅蜜多相應舍利子脩行般若波
羅蜜多菩薩摩訶薩與三十二大士相空相
應故當言與般若波羅蜜多相應與八十隨好
空相應故當言與般若波羅蜜多相應舍利
子脩行般若波羅蜜多菩薩摩訶薩與無忘
失法空相應故當言與般若波羅蜜多相應
與恒住捨性空相應故當言與般若波羅蜜
多相應舍利子脩行般若波羅蜜多菩薩摩
訶薩與一切智空相應故當言與般若波羅
蜜多相應與道相智一切相智空相應故當
言與般若波羅蜜多相應舍利子脩行般若
波羅蜜多菩薩摩訶薩與一切智智空相應
故當言與般若波羅蜜多相應與永拔一切
煩惱習氣空相應故當言與般若波羅蜜多

BD14990號　大般若波羅蜜多經卷四　（22–19）

[illegible]與道相智一切相智空相應故當
言與般若波羅蜜多相應舍利子脩行般若
波羅蜜多菩薩訶薩與一切智智空相應
故當言與般若波羅蜜多相應與永拔一切
煩惱習氣空相應故當言與般若波羅蜜多
相應舍利子脩行般若波羅蜜多菩薩摩訶
薩與預流果空相應故當言與般若波羅蜜
多相應與一來不還阿羅漢果獨覺菩提空
相應故當言與般若波羅蜜多相應舍利子
脩行般若波羅蜜多菩薩摩訶薩與一切菩
薩摩訶薩行空相應故當言與般若波羅蜜
多相應與諸佛無上正等菩提空相應故當
言與般若波羅蜜多相應舍利子脩行般若
波羅蜜多菩薩摩訶薩與我空相應故當言
與般若波羅蜜多相應與有情命者生者養
者士夫補特伽羅意生儒童作者使作者起
者使起者受者使受者知者見者空相應故
當言與般若波羅蜜多相應舍利子脩行般
若波羅蜜多菩薩摩訶薩與如是等空相應
故當言與般若波羅蜜多相應舍利子脩行
般若波羅蜜多菩薩摩訶薩與如是等空相
應時不見色若相應若不相應不見受想行
識若相應若不相應何以故舍利子是菩薩
摩訶薩不見色若是生法若是滅法不見受
想行識若是生法若是滅法不見色若是染
法若是淨法不見受想行識若是染法若是
淨法舍利子是菩薩摩訶薩不見色與受合
不見受與想合不見想與行合不見行與識

BD14990號　大般若波羅蜜多經卷四　（22–20）

摩訶薩不見色若是生法若是滅法不見受
想行識若是生法若是滅法不見色若是染
法若是淨法不見受想行識若是染法若是
淨法舍利子是菩薩摩訶薩不見色與受合
不見受與想合不見想與行合不見行與識
合何以故舍利子無有少法與少法合本性
空故所以者何舍利子諸色空彼非色諸受
想行識空彼非受想行識何以故舍利子諸
色空彼非變礙相諸受空彼非領納相諸想
空彼非取像相諸行空彼非造作相諸識空
彼非了別相何以故舍利子色不異空空不
異色色即是空空即是色受想行識不異空
空不異受想行識受想行識即是空空即是
受想行識何以故舍利子是諸法空相不生
不滅不染不淨不增不減非過去非未來非
現在舍利子如是空中無色無受想行識無
地界無水火風空識界無眼處無耳鼻舌身
意處無色處無聲香味觸法處無眼界無耳
鼻舌身意界無色界無聲香味觸法界無眼
識界無耳鼻舌身意識界無眼觸無耳鼻舌
身意觸無眼觸為緣所生諸受無耳鼻舌身
意觸為緣所生諸受無無明生無無明滅無
行識名色六處觸受愛取有生老死愁歎苦
憂惱生無行乃至老死愁歎苦憂惱滅無苦
聖諦無集滅道聖諦無得無現觀無預流果
預流果無一來無一來果無不還無不還果
無阿羅漢無阿羅漢果無獨覺無獨覺菩提

BD14990號　大般若波羅蜜多經卷四　（22–21）

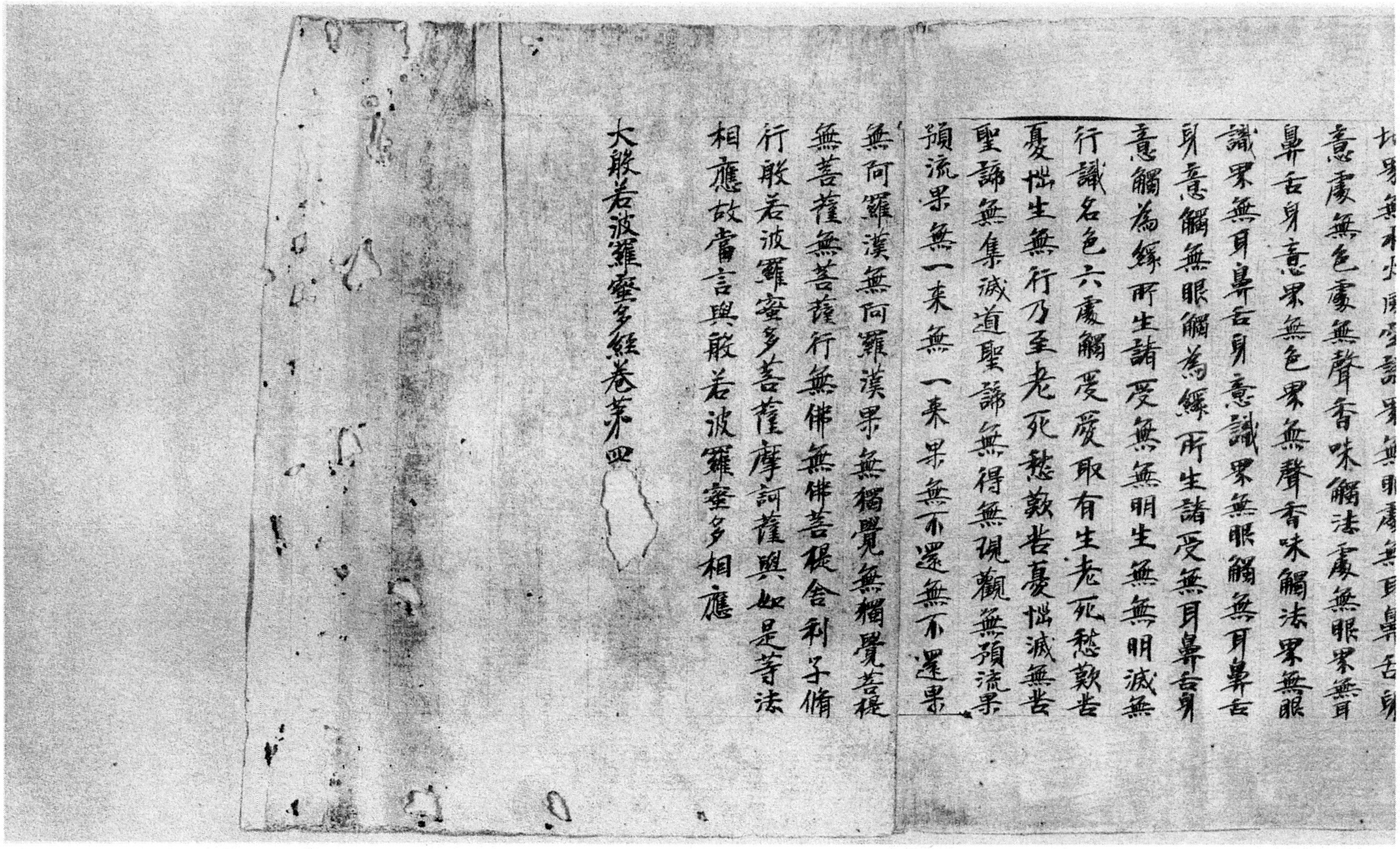

地界無水火風空識界無眼處無耳鼻舌身
意處無色處無聲香味觸法處無眼界無耳
鼻舌身意界無色界無聲香味觸法界無眼
識界無耳鼻舌身意識界無眼觸無耳鼻舌
身意觸無眼觸為緣所生諸受無耳鼻舌身
意觸為緣所生諸受無無明生無無明滅無
行識名色六處觸受愛取有生老死愁歎苦
憂惱生無行乃至老死愁歎苦憂惱滅無苦
聖諦無集滅道聖諦無得無現觀無預流果
預流果無一來無一來果無不還無不還果
無阿羅漢無阿羅漢果無獨覺無獨覺菩提
無菩薩無菩薩行無佛無佛菩提舍利子脩
行般若波羅蜜多菩薩摩訶薩與如是等法
相應故當言與般若波羅蜜多相應

大般若波羅蜜多經卷第四

BD14990 號　大般若波羅蜜多經卷四　（22–22）

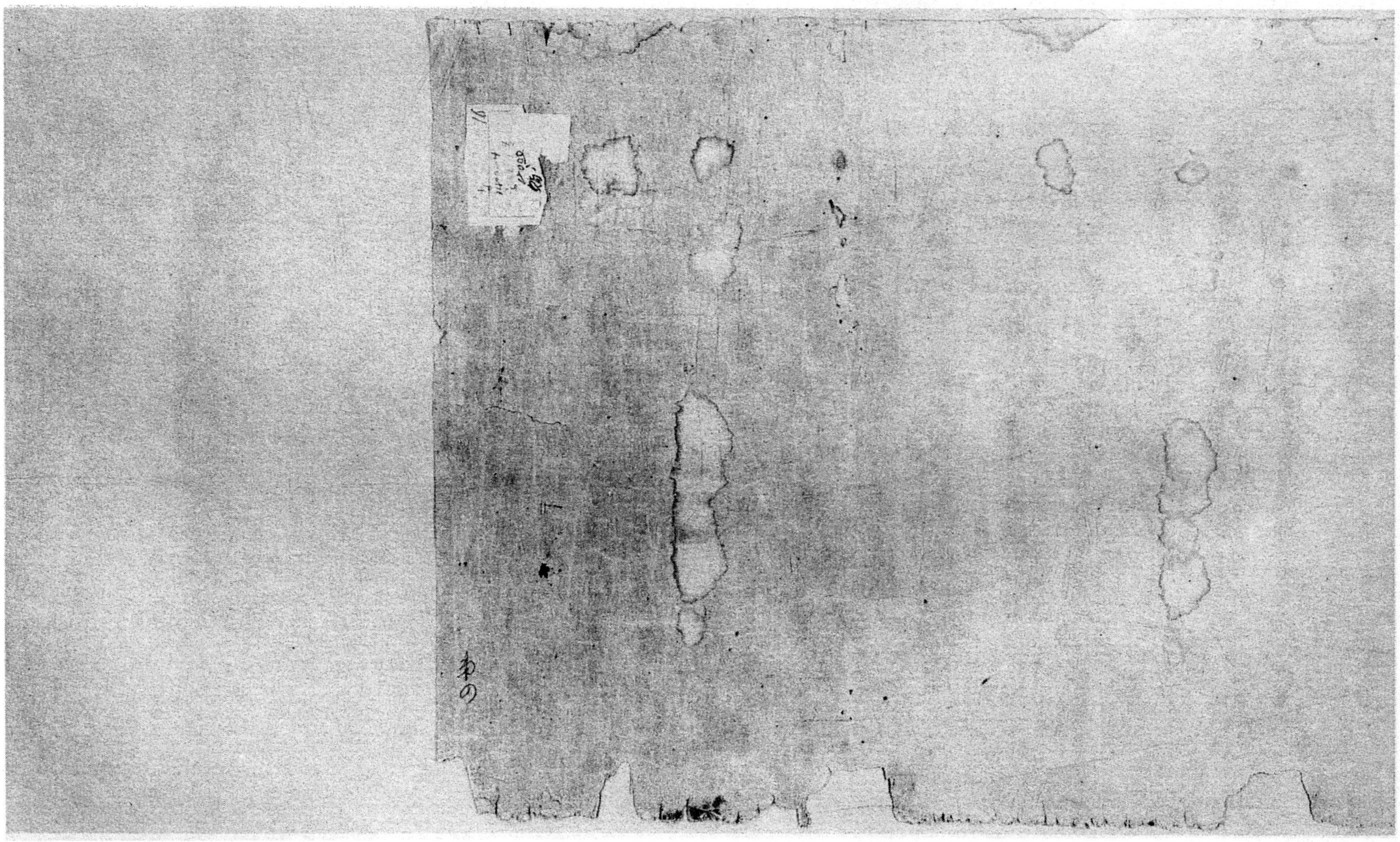

BD14990 號背　勘記、印章　（1–1）

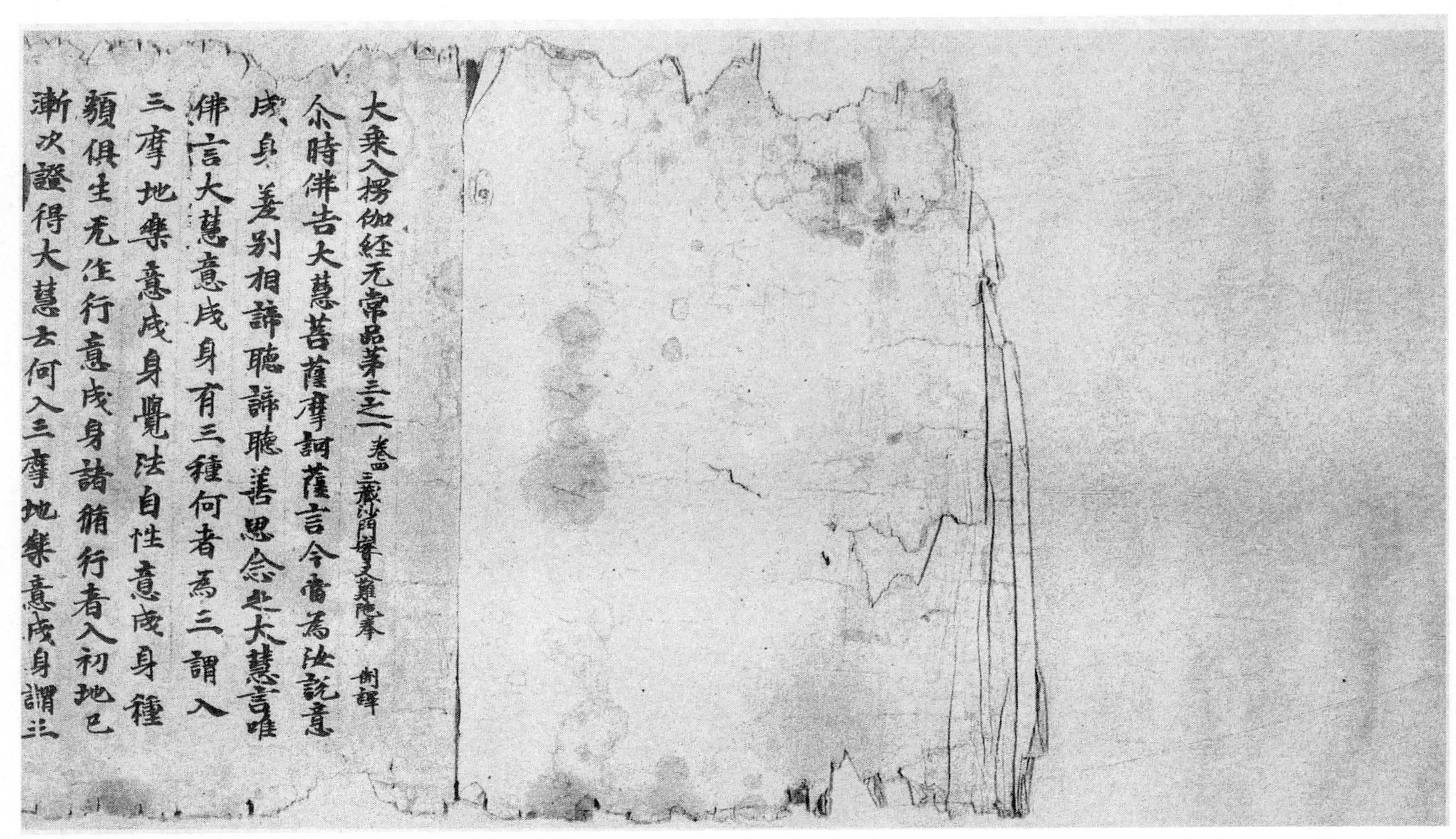

大乘入楞伽經无常品第三之一 卷四 三藏沙門實叉難陀奉 制譯
尒時佛告大慧菩薩摩訶薩言今當爲汝說意
成身差別相諦聽諦聽善思念之大慧言唯
佛言大慧意成身有三種何者爲三謂入
三摩地樂意成身覺法自性意成身種
類俱生无作行意成身諸脩行者入初地已
漸次證得大慧云何入三摩地樂意成身謂三

BD14991號　大乘入楞伽經卷四　（26–1）

成身差別相諦聽諦聽善思念之大慧言唯
佛言大慧意成身有三種何者爲三謂入
三摩地樂意成身覺法自性意成身種
類俱生无作行意成身諸脩行者入初地已
漸次證得大慧云何入三摩地樂意成身謂三
四五地入於三摩地離種種心寂然不動心海不
起轉識波浪了境心現皆无所有是名入三摩
地樂意成身云何覺法自性意成身謂八地中
了法如幻皆无有相心轉所依如幻定及餘三摩
地能現无量自在神通如華開敷速疾如意
如幻如夢如影如像非造所造與造相似一切
色相具足莊嚴普入佛刹了諸法性是名覺
法自性意成身云何種類俱生无作行意成
身謂了達諸佛自證法相是名種類俱生无
作行意成身大慧三種身相當勤觀察尒
時世尊重說頌言
我大乘非乘　非聲亦非字　非諦非解脫　亦非无相境
然乘摩訶衍　三摩地自在　種種意生身　自在花莊嚴
尒時大慧菩薩摩訶薩復白佛言世尊如世
尊說五无間業何者爲五若入作已墮阿鼻
獄佛言諦聽當爲汝說大慧言唯佛告大慧
五无間者所謂殺父殺母殺阿羅漢破和合
僧懷惡逆心出佛身血大慧何者爲衆生
母謂引生愛與貪喜俱如母養育何者爲
父所謂无明令生六處聚落中故斷二根本

BD14991號　大乘入楞伽經卷四　（26–2）

僧懷惡逆心出佛身血大慧何者為衆生
母謂引生愛興貪喜俱如母養育何者為
父所謂无明令生六處聚落中故斷二根本
名殺父母云何殺阿羅漢謂隨眠為怨如鼠
毒發究竟斷彼是故說名殺阿羅漢云何破
和合僧謂諸蘊異相和合積聚究竟斷彼名
為破僧云何惡心出佛身血謂八識身妄生思
覺見自心外自相共相以三解脫无漏惡心究
竟斷彼八識身佛名為惡心出佛身血大是
為內五无間若有作者无間即得現證實法
復次大慧令為汝說外五无間令汝及餘菩
薩聞是義已於未來世不生疑惑云何外五
无間謂餘教中所說无間若有作者於三
解脫不能現證唯除如來諸大菩薩及大
聲聞見其有造无間業者為欲勸發令其
改過以神通力示同其事尋即悔除證於解脫
此皆化現非是實造若有實造无間業者終无
現身而得解脫唯除覺了自心所現身資所
住離我我所分別執見惑於來世餘處受生
遇善知識離分別過方證解脫尒時世尊重
說偈言

貪愛名為母　无明則是父　識了於境界　此則名為佛
隨眠阿羅漢　蘊聚和合僧　斷彼无餘間　是名无間業

尒時大慧菩薩摩訶薩復白佛言世尊願為
我說諸佛體性佛言大慧覺二无我除二種

BD14991號　大乘入楞伽經卷四　（26–3）

說偈言

貪愛名為母　无明則是父　識了於境界　此則名為佛
隨眠阿羅漢　蘊聚和合僧　斷彼无餘間　是名无間業

尒時大慧菩薩摩訶薩復白佛言世尊願為
我說諸佛體性佛言大慧覺二无我除二種
障離二種死斷二煩惱是佛體性大慧聲聞緣
覺得此法已亦名為佛我以是義但說一乘尒
時世尊重說頌言

善知二无我　除二障二惱　及不思議死　是故名如來

尒時大慧菩薩摩訶薩復白佛言世尊如來
以何密意於大衆中唱如是言我是過去一切
諸佛及說百千本生之事我於尒時作頂生
王大烏鸚鵡月光妙眼仙人如是等佛言大慧
如來應正等覺依四平等秘密意故於大衆
中作如是言我於昔時作拘留孫佛拘那含牟
尼佛迦葉佛云何為四所謂字平等語平
等身平等法平等云何字平等謂我名佛
一切如來亦名為佛佛名无別是謂字等云
何語平等謂我作六十四種梵音聲語一切如
來亦作此語迦陵頻伽梵音聲性不增不減
无有差別是名語等云何身平等謂我與諸
佛法身色相及隨形好等无差別除為調伏
種種衆生現隨類身是謂身等云何法平等
謂我與諸佛皆同證得卅七種菩提分法是
謂法等是故如來應正等覺於大衆中作如
是說尒時世尊重說頌言

BD14991號　大乘入楞伽經卷四　（26–4）

種種衆生現隨類身是謂身等云何法平等
謂我與諸佛皆同證得卅七種菩提分法是
謂法等是故如來應正等覺於大衆中作如
是說尒時世尊重說頌言
迦葉拘留孫　拘含那是我　依四平等故　為諸佛子說
尒時大慧菩薩摩訶薩復白佛言世尊如世尊
說我於某夜成最正覺乃至某夜當入涅槃
於其中間不說一字亦不已說亦不當說不說
是佛說世尊依何密意作如是語佛言
大慧依二密法故作如是說云何二法謂自
證法及本住法云何自證法謂諸佛所證我
亦同證不增不減證智所行離言說相離分
別相離名字相云何本住法謂法本性如金
等在鑛若佛出世若不出世法住法位法界
法性皆悉常住大慧譬如有人行曠野中見
向古城平坦舊道即便隨入止息遊戲大慧
於汝意云何彼作是道及以城中種種物耶
白言不也佛言大慧我及諸佛所謂真如常
住法性亦復如是是故說言始從成佛乃至
涅槃於其中間不說一字亦不已說亦不當
說尒時世尊重說頌言
某夜成正覺　某夜般涅槃　於此二中間　我都无所說
自證本住法　故作是密語　我及諸如來　无有少差別
尒時大慧菩薩摩訶薩復白佛言世尊願說
一切法有无相令我及諸菩薩摩訶薩離此

BD14991 號　大乘入楞伽經卷四　（26–5）

某夜成正覺　某夜般涅槃　於此二中間　我都无所說
自證本住法　故作是密語　我及諸如來　无有少差別
尒時大慧菩薩摩訶薩復白佛言世尊願說
一切法有无相令我及諸菩薩摩訶薩離此
相疾得阿耨多羅三藐三菩提佛言聽諦當
為汝說大慧言唯佛言大慧世間衆生多墮
二見謂有見无見墮二見故非出出想云何
有見謂實有因緣而生諸法非不實有實
有諸法從因緣生非无法生大慧如是說者則
說无因云何无見謂知受貪瞋癡已而妄計
言无大慧及彼分別有相而不受諸法　有復
有知諸如來聲聞緣覺无貪瞋癡性而計為
非有此中誰為壞者大慧白言謂有貪瞋
癡性後取於无名為壞者佛言善哉汝解我
問此人非心无貪瞋癡名為壞者壞如來聲
聞緣覺何以故煩惱內外不可得故體性非異
非不異故大慧貪瞋癡性若內若外皆不可
得无體性故无可取故聲聞緣覺及以如
來本性解脫无有能縛及縛因故大慧若有
能縛及以縛因則有所縛作如是說名為壞者
是為无有相我依此義密意而說寧起我見
如須弥山不起空見懷增上慢若起此見
名為壞者墮自共見樂欲之中不了諸法唯
心所現以不了故見有外法剎那无常展轉
差別蘊界處相續流轉起已還滅虛妄分別

BD14991 號　大乘入楞伽經卷四　（26–6）

如須弥山不起空見懷增上慢　若起此見
名為壞者墮自共見樂欲之中不了諸法唯
心所現以不了故見有外法刹那无常　展轉
差別蘊界處相續流轉起已還滅　虛妄分別
離文字相亦成壞者尒時世尊重說頌言
有无是二邊　乃至心所行　淨除彼所行　平等心寂滅
不取於境界　非滅无所有　有真如妙物　如諸聖所行
本无而有生　生已而復滅　因緣有及无　彼非住我法
非外道非佛　非我非餘眾　能以緣成有　云何而得无
誰以緣成有　而復得言无　惡見說為生　妄想計有无
若知无所生　亦復无所滅　觀世悉空寂　有无二俱離
尒時大慧菩薩摩訶薩復請佛言世尊唯願
為說宗趣之相令我及諸菩薩摩訶薩善
達此義不隨一切眾邪妄解疾得阿耨多羅三
藐三菩提佛言諦聽當為汝說大慧言唯佛
言大慧一切二乘及諸菩薩有二種宗法相
何等為二謂宗趣法相言說法相宗趣法相
者謂自所證殊勝之相離於文字語言分別
入无漏界成自地行超過一切不正尋伺伏魔
外道生智慧光是名宗趣法相言說法相
者謂說九部種種教法離於一異有无等相
以巧方便隨眾生心令入此法是名言說法
相汝及諸菩薩當勤脩學尒時世尊重說
頌言
宗趣與言說　自證及教法　若能善知見　不隨他妄解

BD14991號　大乘入楞伽經卷四　（26–7）

以巧方便隨眾生心令入此法是名言說法
相汝及諸菩薩當勤脩學尒時世尊重說
頌言
宗趣與言說　自證及教法　若能善知見　不隨他妄解
如愚所分別　非是真實相　彼豈不求度　无法而可得
觀察諸有為　生滅等相續　增長於二見　顛倒无所知
涅槃離心意　唯此一法實　觀世悉虛妄　如幻夢芭蕉
无有貪恚癡　亦復无有人　從愛生諸蘊　如夢之所見
尒時大慧菩薩摩訶薩復白佛言世尊願
為我說虛妄分別相此虛妄分別何而生是
何而生因何而生誰之所生何故名為虛妄
分別佛言大慧善哉善哉汝為哀愍世間天
人而問此義多所利益多所安樂諦聽諦聽
善思念之當為汝說大慧言唯佛言大慧一
切眾生於種種境不能了達自心所現計能
所取虛妄執着起諸分別墮有无見增長外
道妄見習氣心心所法相應起時執有外義
種種可得計着於我及以我所是故名為虛
妄分別大慧白言若如是者外種種義性離
有无起諸見相世尊第一義諦亦復如是離
諸根量宗因譬喻世尊何故於種種義言起
分別第一義中不言起耶將无世尊所言乖
理一處言起一不言故世尊又說虛妄分別
墮有无見譬如幻事種種非實分別亦尒有
无相離云何而說墮二見耶此說豈不墮

BD14991號　大乘入楞伽經卷四　（26–8）

分別第一義中不言起耶將无世尊所言乖
理一處言起一不言故世尊又說虛妄分別
隨有无見譬如幻事種種非實分別亦尒有
无相離云何而說墮二見耶此說豈不墮
於世見佛言大慧分別不生不滅何以故不
起有无分別相故所見外法皆无有故了唯
自心之所現故但以愚夫分別自心種種諸法
著種種相而作是說令知所見皆是自心斷
我我所一切見著離作所作諸惡因緣覺唯
心故轉其意樂善明諸地入佛境界捨五
法自性諸分別見是故我說虛妄分別執着
種種自心所現諸境界生如實了知則得解
脫尒時世尊重說頌言
諸因及與緣　從此生世間　與四句相應　不知於我法
世非及无生　亦非俱不俱　云何諸愚夫　分別因緣起
非有亦非无　亦復非有无　如是觀世間　心轉證无我
一切法不生　以從緣生故　諸緣之所作　所作法非生
果不自生果　有二果失故　无有二果故　非有性可得
觀諸有為法　離能緣所緣　决定唯是心　故我說心量
量之自性處　緣法二俱離　究竟妙淨事　我說名心量
施設假名我　而實不可得　諸蘊蘊假名　亦皆无實事
有四種平等　相因及所生　无我為第四　脩行觀者察
離一切諸見　及能所分別　无得亦无生　我說是心量
非有亦非无　有无二俱離　如是心亦離　我說是心量
真如空實際　涅槃及法界　種種意成身　我說是心量

有四種平等　相因及所生　无我為第四　脩行觀者察
離一切諸見　及能所分別　无得亦无生　我說是心量
非有亦非无　有无二俱離　如是心亦離　我說是心量
真如空實際　涅槃及法界　種種意成身　我說是心量
妄想習氣縛　種種從心生　衆生見為外　我說是心量
外所見非有　而心種種現　身資及所住　我說是心量
尒時大慧菩薩摩訶薩復白佛言世尊如來
說言如我所說汝及諸菩薩不應依語而取
其義世尊何故不應依語取義云何為語云
何為義佛言諦聽當為汝說大慧言唯佛言
大慧語者所謂分別習氣而為因依於其喉舌脣
齶齒輔而出種種音聲文字相對談說
是名為語云何為義菩薩摩訶薩住獨一靜
處以聞思脩慧思惟觀察向涅槃道自智境
界轉諸習氣行於諸地種種行相是名為義
復次大慧菩薩摩訶薩善於語義如語與義
不一不異義之與語亦復如是若義異語則
不應因語而顯於義而因語見義如燈照色
大慧譬如有人持燈照物知此物如是在如
是處菩薩摩訶薩亦復如是因語言燈入離
言說自證境界復次大慧若有於不生不滅
自性涅槃三乘一乘五法諸心自性等中如
言取義則墮建立及誹謗見以異於彼起分
別故如見幻事計以為實是愚夫見非賢聖
也尒時世尊重說頌言

言說自證境[illegible]
自性涅槃三乘一乘五法諸心自性等中如
言取義則墮建立及誹謗見以異於彼起分
別故如見幻事計以為實是愚夫見非賢聖
世尒時世尊重說頌言
若隨言取義　建立於諸法　以彼建立故　死墮地獄中
蘊中无有我　非蘊即是我　不如彼分別　亦復非无有
如愚所分別　一切皆有性　若如彼所見　皆應見真實
一切染淨法　悉皆无體性　不知彼所見　亦非无所有
復次大慧我當為汝說智識相汝及諸菩薩
摩訶薩若善了知智識之相則能疾得阿耨
多羅三藐三菩提大慧智有三種謂世間智
出世間智出世間上上智云何世間智謂一
切外道凡愚計有无法云何出世間智謂一
切二乘著自共相云何出世間上上智謂諸
佛菩薩觀一切法皆无有相不生不滅非有
非无證法无我入如來地大慧復有三種智
謂知自相共相智知生滅智知不生不滅智復
次大慧生滅是識不生滅是智墮相无相及
以有无種種相因是識離相无相及有无
因是智有積集相是識无積集相是智著
境界相是識不著境界相是智三和合相應生
是識无㝵相應自性相是智有得相是識无
得相是智證自聖智所行境界如水中月
不入不出故尒時世尊重說頌言
境界縛為心　覺想生為智　无相及增勝　智慧於中起

BD14991 號　大乘入楞伽經卷四　（26–11）

境界相是識不著境界相是智三和合相應生
是識无㝵相應自性相是智有得相是識无
得相是智證自聖智所行境界如水中月
不入不出故尒時世尊重說頌言
境界縛為心　覺想生為智　无相及增勝　智慧於中起
心意及與識　離諸分別想　得无分別法　佛子非聲聞
寂滅殊勝忍　如來清淨智　生於善勝義　遠離諸所行
我有三種智　聖者能明照　分別於諸相　開示一切法
我智離諸相　超過於二乘　以諸聲聞等　執著諸法有
如來智无垢　了達唯心故
復次大慧諸外道有九種轉變見所謂形轉
變相轉變因轉變相應轉變見轉變生轉變
物轉變緣明了轉變所作明了轉變是為九
一切外道因是見故是有无轉變論此中形
轉變者謂形別異見譬如以金作莊嚴具
環釧瓔珞種種不同形狀有殊金體无易一
切法變亦復如是諸餘外道種種計著皆
非如是亦非別異但分別故一切轉變如是應知
譬如乳酪酒果等熟外道言此皆有轉變而
實无有若有若无自心所見无外物故如此皆
是愚迷凡夫從自分別習氣而起實无一法
若生若滅如因幻夢所見諸色如石女兒說
有生死尒時世尊重說頌言
形處時轉變　大種及諸根　中有漸次生　妄想非明智
諸佛不分別　緣起及世間　但諸緣世間　如乾闥婆城
尒時大慧菩薩摩訶薩復白佛言世尊唯願

BD14991 號　大乘入楞伽經卷四　（26–12）

有生死尒時世尊重說頌言
形處時轉變 大種及諸根 中有漸次生 妄想非明智
諸佛不分別 緣起及世間 但諸緣世間 如乹闥婆城
尒時大慧菩薩摩訶薩復白佛言世尊唯願
如來為我解說於一切法深密義及解義相
令我及諸菩薩摩訶薩善知此法不隨如言
取義深密執著離文字語言虛妄分別普入
一切諸佛國土力通自在揔持所印覺慧善
住十无盡願以无功用種種變現光明照曜
如日月摩尼地水火風住於諸地離分別見
知一切法如幻如夢入如來住普化衆生令知
諸法虛妄不實離有无品斷生滅執不著言
說令轉所依佛言諦聽當為汝說大慧於一
切法如言取義執著深密其數无量所謂
相執著緣執著有非有執著生非生執著滅
非滅執著乘非乘執著為无為執著地地自
相執著自分別現證執著外道宗有无品執
著三乘一乘執著大慧此等密執有无量種
皆是凡愚自分別執而密執著此諸分別如
蠶作繭以妄想絲自纏纏他執著有无欲樂
堅密大慧此中實无密非密相以菩薩摩
訶薩見一切法住寂靜故无分別故若了諸
法唯心所見无有外物皆同无相隨順觀察
於若有若无分別密執悉見寂靜是故无有
密非密相大慧此中无縛亦无有解不了實

BD14991號　大乘入楞伽經卷四　（26–13）

法唯心所見无有外物皆同无相隨順觀察
於若有若无分別密執悉見寂靜是故无有
密非密相大慧此中无縛亦无有解不了實
者見縛解耳何以故一切諸法若有若无求
其體性不可得故復次大慧愚癡凡夫有三
種密縛謂貪瞋癡及愛來生與貪喜俱以此
密縛令諸衆生續生五趣密縛若斷是則无
有密非密相復次大慧若有執著三和合緣
諸識密縛次第而起有執著故則有密縛若
見三解脫離三和合識一切諸密皆悉不生
尒時世尊重說頌言
不實妄分別 是名為密相 若能如實知 諸密網皆斷
凡愚不能了 隨言而取義 譬如蠶處繭 妄想自纏縛
尒時大慧菩薩摩訶薩復白佛言世尊如世
尊說由種種心分別諸法非諸法有自性此
但妄計耳世尊若但妄計无諸法者染淨諸
法將无悉壞佛言大慧如是如是如汝所說
一切凡愚分別諸法而諸法性非如是有此
但妄執无有性相然諸聖者以聖慧眼如實
知見有諸法自性大慧白言若諸聖人以聖
慧眼見有諸法性非天眼肉眼不同凡愚之
所分別云何凡愚得離分別不能覺了諸
聖法故世尊彼非顛倒非不顛倒何以故不
見聖人所見法故聖見遠離有无相故聖亦
不如凡所分別如是得故非自所行境界相故

BD14991號　大乘入楞伽經卷四　（26–14）

所分别云何凡愚得離分别不能覺了諸
聖法故世尊彼非顛倒非不顛倒何以故不
見聖人所見法故聖見遠離有无相故聖亦
不如凡所分别如是得故非自所行境界相故
彼亦見有諸法性相如妄執性而顯現故不
說有因及无因故墮於諸法性相見故世尊
其餘境界既不同此如是則成无窮之失孰
能於法了知性相世尊諸法性相不因分别
云何而言以分别故而有諸法世尊分别相
異諸法相異因不相似云何諸法而由分别
復以何故凡愚分别不如是有而作是言為
令衆生捨分别故說如分别所見法相无如
是法世尊何故令諸衆生離有无見所執着
法而復執着聖智境界墮於有見何以故不
說寂靜空无之法而說聖智自性事故佛言
大慧我非不說寂靜空法墮於有見何以故已
說聖智自性事故我為衆生无始時來計
着於有於寂靜法以聖事說令其聞已不生
恐怖能如實證寂靜空法離惑亂相入唯識
理知其所見无有外法悟三脫門獲如實印
見法自性了聖境界遠離有无一切諸着復
次大慧菩薩摩訶薩不應成立一切諸法皆
悉不生何以故一切諸法本无有故及彼宗
因生相故復次大慧一切法不生此言自壞何
以故彼宗有待而生故又彼宗即入一切法中

次大慧菩薩摩訶薩不應成立一切
悉不生何以故一切諸法本无有故及彼宗
因生相故復次大慧一切法不生此言自壞何
以故彼宗有待而生故又彼宗即入一切法中
不生相亦不生故又彼宗諸分而成故又彼
宗有无无法皆不生此宗即入一切法中有
无相亦不生故是故一切法不生此宗自
壞不應如是立諸分多過故展轉因異相
故如不生一切法空无自性亦如是大慧菩
薩摩訶薩應說一切法如幻如夢見不
見故一切皆是惑亂相故除為愚夫而生
生恐怖大慧凡夫愚癡墮有无見莫令於
彼而生驚恐遠離大乘尒時世尊重說偈
言

无自性无說　无事无依處　凡愚妄分别　愚覺如死屍
一切法不生　外道所成立　以彼所有生　非緣所成故
一切法不生　智者不分别　彼宗因生故　此覺則便壞
辟如目有翳　妄想見毛輪　諸法亦如是　凡愚妄分别
三有唯假名　无有實法體　由此假施設　分别妄計度
假名諸事相　動亂於心識　佛子悉超過　遊行无分别
无水取水想　斯由渴愛起　凡愚見法尒　諸聖則不然
聖人見清淨　生於三解脫　遠離於生滅　常行无相境
脩行无相境　亦復无有无　有无悉平等　是故生聖果
云何法有无　云何成平等　若心不了法　內外斯動乱
了已即平等　乱相尒時滅

尒時大慧菩薩摩訶薩復白佛言世尊如佛

脩行无相境　亦復无有无　有无悉平等　是故生聖果
云何法有无　云何成平等　若心不了法　内外斯動乱
了已即平等　乱相尒時滅
尒時大慧菩薩摩訶薩復白佛言世尊如佛
所說若知境界但是假名都不可得則无所
取无所取故亦无能取能取所取二俱无故不
起分別說名為智世尊何故彼智不得
於境為不能了一切諸法自相共相一異義
故言不得耶為以諸法自相共相種種不同更
相隱蔽而不得耶為山巖石壁簾幔帷障
之所覆隔而不得耶為極遠極近老小盲冥
諸根不具不得耶若不了諸法自相共相
一異義故言不得者此不名智應是无智以
有境界而不知故若以諸法自相共相種種
不同更相隱蔽而不得者此亦非智以知於
境說名為智非不知故若山巖石壁簾幔帷
障之所覆隔極遠極近老小盲冥而不知者
彼亦非智以有境界智不具足而不知故佛
言大慧此實是智非如汝說我之所說非隱
覆說我言境界唯是假名不可得者以了但
是自心所見外法有无智慧於中畢竟无得
以无得故尒焰不起入三脫門智體亦忘非
如一切覺想凡夫无始已來戲論熏習計着
外法若有若无種種形相如是而智名為不
知不了諸法唯心所見著我我所分別境智

BD14991號　大乘入楞伽經卷四　（26–17）

如一切覺相凡夫无始已來戲論熏習計着
外法若有若无種種形相如是而智名為不
知不了諸法唯心所見着我我所分別境智
不知外法是有是无其心住於斷見中故為
令捨離如是分別說一切法唯心建立尒時
世尊重說頌言
若有於所緣　智慧不觀見　彼无智非智　是名妄計者
无邊相互隱　障礙及遠近　智慧不能見　是名為邪智
老小諸根冥　而實有境界　不能生智慧　是名為邪智
復次大慧愚癡凡夫无始虛偽惡邪分別之
所幻惑不了如實及言說法計心外相着方
便說不能脩習清淨真實離四句法大慧白
言如是如是誠如尊教願為我說如實之法
及言說法令我及諸菩薩摩訶薩於此二法
而得善巧非外道二乘之所能入佛言諦聽
當為汝說大慧三世如來有二種法謂言說
法及如實法言說法者謂隨眾生心為說種
種諸方便教如實法者謂脩行者於心所現
離諸分別不墮一異俱不俱品超度一切心意
意識於自覺聖智所行境界離諸因緣相
應見相一切外道聲聞緣覺墮二邊者所不
能知是名如實法此二種法汝及諸菩薩摩
訶薩當善脩學尒時世尊復說頌言
我說二種法　言教及如實　教法示凡夫　實為脩行者
尒時大慧菩薩摩訶薩復白佛言世尊如來

BD14991號　大乘入楞伽經卷四　（26–18）

能知是名如實法此二種法汝及諸菩薩摩
訶薩當善脩學尒時世尊復說頌言
我說二種法　言教及如實　教法示凡夫　實為脩行者
尒時大慧菩薩摩訶薩復白佛言世尊如来
一時說盧迦耶陁呪術詞論但能攝取世間
財利不得法利不應親近承事供養世尊
何故作如是說佛言大慧盧迦耶陁所有詞
論但飾文句誑惑凡愚隨順世間虛妄言說
不如義不稱於理不能證入真實境界不能
覺了一切諸法恒墮二邊自失正道亦令他
失輪迴諸趣永不出離何以故不了諸法唯
心所見執著外境增分別故是故我說世論
文句因喻莊嚴但誑愚夫不能解脫生老病
死憂悲苦患大慧釋提桓因廣解衆論自造
諸論彼世論者有一弟子現作龍身詣釋天
宮而立論宗作是要言憍尸迦我共汝論汝
若不如我當破汝千輻之輪我若不如斷
一頭以謝所屈說是語已即以論法摧伏帝
釋壞千輻輪還来人間大慧世間言論因喻
莊嚴乃至能現畜生之形以妙文詞迷惑諸
天及阿脩羅令其執著生滅等見而况於人
是故大慧不應親近承事供養以彼能作
生苦因故大慧世論唯說身覺境界大慧
彼世論有百千字句後末世中惡見乖離邪
衆用散分成多部各執自因大慧非餘外道

BD14991號　大乘入楞伽經卷四　（26–19）

生苦因故大慧世論唯說身覺境界大慧
彼世論有百千字句後末世中惡見乖離邪
衆用散分成多部各執自因大慧非餘外道
能立教法唯盧迦耶以百千句廣說无量差
别因相非如實理亦不自知是惑世法尒時
大慧白言世尊若盧迦耶所造之論種種文
字因喻莊嚴執著自宗非如實法名外道者世
尊亦說世間之事謂以種種文句言詞廣說
十方一切國土天人等衆而来集會非是自智
所證之法世尊亦同外道說耶佛言大慧我
非世說亦無来去我說諸法不来不去大慧
来者集生去者壞滅不来不去此則名為不
生不滅大慧我之所說不同外道墮分別中
何以故外法有无无所着故了唯自心不見
二取不行相境不生分別入空无相无願之門
而解脫故大慧我憶有時於一處住有世論
婆羅門来至我所遽問我言瞿曇一切是
所作耶我時報言婆羅門一切所作是初世
論又問我言一切非所作耶我時報言一切
非所作是第二世論彼復問言一切常耶一
切无常耶一切生耶一切不生耶我時報言
是第六世論彼復問言一切一耶一切異耶一切
俱耶一切不俱耶一切皆由種種因緣而
受生耶我時報言是第十一世論彼復問
言一切有記耶一切无記耶有我耶无我耶

BD14991號　大乘入楞伽經卷四　（26–20）

[illegible]
是第六世論彼復問言一切一耶一切異耶一切
俱耶一切不俱耶一切皆由種種因緣而
受生耶我時報言是第十一世論彼復問
言一切有記耶一切无記耶有我耶无我耶
有此世耶无此世耶有他世耶无他世耶有
解脫耶无解脫耶是剎那耶非剎那耶虛
空涅槃及擇滅是所作耶非所作耶 有中
有耶无中有耶我時報言婆羅門如是皆是
汝之世論非我所說婆羅門我說因於无始
戲論諸惡習氣而生三有不了唯是自心所
見而取外法實无可得如外道說我及根境
三合知生我不如是我不說因不說无因唯
依妄心似能所取而說緣起非汝及餘取著
我者之所能測大慧虛空涅槃及非擇滅但
有三數本无體性何況而說作與非作大慧
尒時世論婆羅門復問我言无明愛業為因
緣故有三有耶為无因耶我言此二亦是世
論又問我言一切諸法皆入自相及共相耶我
時報言此亦世論婆羅門乃至少有心識流
動分別外境皆是世論大慧尒時婆羅門復
問我言頗有非是世論者不一切外道所有
詞論種種文句因喻莊嚴莫不皆從我法中
出我報言有非汝所許非世不許非不說種
種文句義理相應非不相應彼復問言豈有
世許非世論耶我荅言有但非於汝及以一

問我言頗有非是世論者不一切外道所有
詞論種種文句因喻莊嚴莫不皆從我法中
出我報言有非汝所許非世不許非不說種
種文句義理相應非不相應彼復問言豈有
世許非世論耶我荅言有但非於汝及以一
切外道能知何以故以於外法虛妄分別生
執著故若能了達有无等法一切皆是自心
所見不生分別不取外境於自處住自處住
者是不起義不起於何不起分別此是我法
非汝有也婆羅門略而言之隨何處中心識
往来死生求戀若受若見若觸若住若取種
種相和合相續於愛於因而生計着皆汝世論
非是我法大慧世論婆羅門作如是問我如
是荅不問於我自宗實法嘿然而去作是念
言沙門瞿曇无可尊重說一切法无生无相
无因无緣唯是自心分別所見若能了此分
別不生大慧汝今亦復問我是義何故親
近諸世論者唯得財利不得法利大慧白
言所言財法是何等義佛言善哉汝乃能為
未来衆生思惟是義諦聽諦聽當為汝說
大慧所言財者可觸可受可取可味令着外境
墮在二邊增長貪愛生老病死憂悲苦惱我
及諸佛說名財利親近世論之所獲得云何
法利謂了法是心見二无我不取於相无有
分別善知諸地離心意識一切諸佛所共灌
頂具足受行十无盡願於一切法悉得自在

隨在二邊增長貪愛生老病死憂悲苦惱我
及諸佛說名財利親近世論之所獲得云何
法利謂了法是心見二无我不取於相无有
分別善知諸地離心意識一切諸佛所共灌
頂具足受行十无盡願於一切法悉得自在
是名法利以是不墮一切諸見戲論分別常
斷二邊大慧外道世論令諸癡人墮在二邊
謂常及斷受无因論則起常見以因壞滅則
生斷見我說不見生住滅者名得法利是名
財法二差別相汝及諸菩薩摩訶薩 應勤
觀察尒時世尊重說頌言
調伏攝衆生　以威降諸惡　智慧滅諸見　解脫得增長
外道虛妄說　皆是世俗論　横計作所作　不能自成立
唯我一自宗　不著於能所　為諸弟子說　令離於世論
能取所取法　唯心无所有　二種皆心現　斷常不可得
乃至心流動　是則為世論　分別不起者　是人見自心
來者見事生　去者事不現　明了知來去　不起於分別
有常及无常　所作无所作　此世他世等　皆是世論法
尒時大慧菩薩摩訶薩復白佛言世尊佛說
涅槃說何等法以為涅槃而諸外道種種分
別佛言大慧如諸外道分別涅槃皆不隨順
涅槃之相諦聽諦聽當為汝說大慧或有外
道言見法无常不貪境界蘊界處滅心心所
法不現在前不念過現未來境界如燈盡如
種敗如火滅諸取不起分別不生起涅槃相
大慧非以見

BD14991號　大乘入楞伽經卷四　（26-23）

涅槃之相諦聽當為汝說大慧或有外
道言見法无常不貪境界蘊界處滅心心所
法不現在前不念過現未來境界如燈盡如
種敗如火滅諸取不起分別不生起涅槃相
大慧非以見壞名為涅槃或謂至方名得涅
槃境界想離猶如風止或謂不見能覺所
覺名為涅槃或謂不起分別常无常見名得
涅槃或有說言分別諸相發生於苦而不能
知自心所現以不知故怖畏於相以求无相
深生愛樂執為涅槃或謂覺知內外諸法
自相共相去來現在有性不壞作涅槃想或
計我人衆生壽命及一切法无有壞滅作涅槃
想復有外道无有智慧計有自性及以士夫
求那轉變作一切物以為涅槃或有外道計
福非福盡或計不由智慧諸煩惱盡或計自
在是實作者以為涅槃或謂衆生展轉相生
以此為因更无異因彼无智故不能覺了以不了
故執為涅槃或計證於諦道虛妄分別以
為涅槃或計求那與求那者而共和合一性
異性俱及不俱執為涅槃或計諸物從自然
生孔雀文彩棘針銛利生寶之處出種種寶
如此等事是誰能作即執自然以為涅槃或
謂能解廿五諦即得涅槃或有說言能受六
分守護衆生斯得涅槃或有說言時生世間
時即涅槃或執有物以為涅槃或計无物以
為涅槃或有計著有物无物為涅槃者或計

BD14991號　大乘入楞伽經卷四　（26-24）

如此等事是謂能作所執自然以為涅槃或
謂能解廿五諦即得涅槃或有說言能受六
分守護衆生斯得涅槃或有說言時生世間
時即涅槃或執有物以為涅槃或計无物以
為涅槃或有計著有物无物為涅槃者或計
諸物與涅槃无別作涅槃想大慧復有異彼
外道所說以一切智大師子吼說能了達唯
心所現不取外境遠離四句住如實見不墮
二邊離能所取不入諸量不著真實住於
聖智所現證法悟二无我離二煩惱淨二種障
轉脩諸地入於佛地得如幻等諸大三摩地永
超心意及以意識名得涅槃大慧彼諸外道
虛妄計度不如於理智者所棄皆墮二邊作
涅槃想於此无有若住若出彼諸外道皆依
自宗而生妄覺違背於理无所成就唯令心
意馳散往來一切无有得涅槃者汝及諸菩
薩宜應遠離尒時世尊重說頌言

外道涅槃見　各各異分別　彼唯是妄想　无解脫方便
遠離諸方便　不至无縛處　妄生解脫想　而實无解脫
外道所成立　衆智各異取　彼悉无解脫　愚癡妄分別
一切癡外道　妄見作所作　悉著有无論　是故无解脫
凡愚樂分別　不生真實慧　言說三界本　真實滅苦因
譬如鏡中像　雖現而非實　習氣心鏡中　凡愚見有二
不了唯心現　故起二分別　若知但是心　分別則不生
心即是種種　遠離相所相　如愚所分別　雖見而无見
三有唯分別　外境悉无有　妄想種種現　凡愚不能覺

BD14991號　大乘入楞伽經卷四　（26–25）

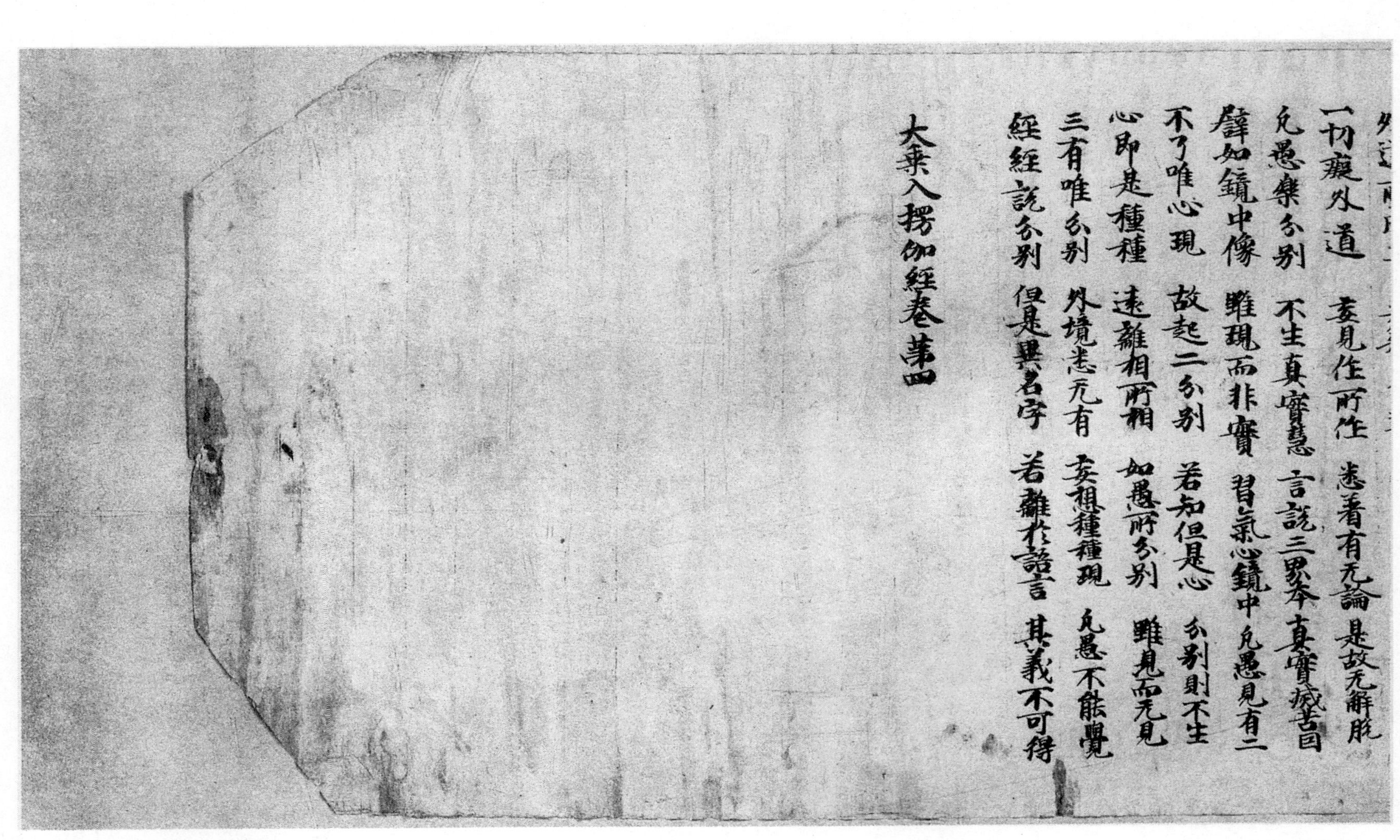

外道所成立
一切癡外道　妄見作所作　悉著有无論　是故无解脫
凡愚樂分別　不生真實慧　言說三界本　真實滅苦因
譬如鏡中像　雖現而非實　習氣心鏡中　凡愚見有二
不了唯心現　故起二分別　若知但是心　分別則不生
心即是種種　遠離相所相　如愚所分別　雖見而无見
三有唯分別　外境悉无有　妄想種種現　凡愚不能覺
經經說分別　但是異名字　若離於語言　其義不可得

大乘入楞伽經卷第四

BD14991號　大乘入楞伽經卷四　（26–26）

若比丘與未受大戒人共誦者波逸提
若比丘知他有麁惡罪向未受大戒人說除
僧羯磨波逸提
若比丘向未受大戒人說過人法言我見是
我知是實者波逸提
若比丘與女人說法過五六語除有知男子
波逸提
若比丘自手掘地若教人掘者波逸提　十
若比丘壞鬼神村波逸提
若比丘妄作異語惱他者波逸提
若比丘嫌罵者波逸提
若比丘取僧繩床木床若臥具坐蓐露地敷
若教人敷捨去不自舉不教人舉波逸提
若比丘於僧房中敷僧臥具若自敷若教人敷
若坐若臥去時不自舉不教人舉波逸提
若比丘知先比丘住處後來强於中間敷臥具
心宿念言彼若嫌迮者自當避我去作如是

BD14992號　四分律比丘戒本　（8–1）

若比丘嫌罵者波逸提
若比丘取僧繩床木床若臥具坐蓐露地敷
若教人敷捨去不自舉不教人舉波逸提
若比丘於僧房中敷僧臥具若自敷若教人敷
若坐若臥去時不自舉不教人舉波逸提
若比丘知先比丘住處後來强於中間敷臥具
心宿念言彼若嫌迮者自當避我去作如是
因緣非餘非威儀波逸提
若比丘瞋他比丘不喜僧房中若自牽出教
他牽出波逸提
若比丘若房若重閣上脫脚繩床若木床
若坐若臥波逸提
若比丘知水有虫若自澆泥若澆草若教人
澆者波逸提
若比丘作大房舍戶扉窓牖及餘莊飾具指
授覆苫齊二三節若過者波逸提　十
若比丘僧不差教誡比丘尼者波逸提
若比丘爲僧差教授比丘尼乃至日暮者
波逸提
若比丘語諸比丘作如是語比丘爲飲食故教
授比丘尼者波逸提
若比丘與非親理比丘尼衣除貿易波逸提
若比丘與非親理比丘尼作衣者波逸提
若比丘與比丘尼在屏處坐者波逸提
若比丘與比丘尼期同一道行乃至一村間除
異時波逸提異時者與估客行若疑畏怖
時是謂異時
若比丘與比丘尼共期同乘一船上水下水除

BD14992號　四分律比丘戒本　（8–2）

若比丘與比丘尼在屏覆處坐者波逸提
若比丘與比丘尼期同一道行乃至一村間除
異時波逸提異時者與估客行若疑畏怖
時是謂異時
若比丘與比丘尼共期同乘一船上水下水除
直渡者波逸提
若比丘知比丘尼讚嘆教化因緣得食食除
極越先意者波逸提
若比丘與婦女共期同一道行乃至一村間波
逸提 三十
若比丘施一食處无病比丘應一食若過受者波
逸提
若比丘展轉食除餘時波逸提餘時者病時
施衣時是謂餘時
若比丘別衆食除餘時波逸提餘時者病時
作衣時施衣時道行時乘船時大衆集時沙
門施食時此是時
若比丘至白衣家請比丘與餅麨飯若比丘
欲須者當取二三鉢受還至僧伽藍中應分
與餘比丘食若比丘无病過兩三鉢受持還僧
伽藍中不分與餘比丘食者波逸提
若比丘足食竟或時受請不作餘食法而食者
波逸提
若比丘知他比丘足食已若受請不作餘食
法慇懃請與食長老取是食食以是因緣
非餘欲使他犯波逸提
若比丘非時受食食者波逸提
若比丘殘宿食而食者波逸提

若比丘知他比丘足食已若受請不作餘食
法慇懃請與食長老取是食食以是因緣
非餘欲使他犯波逸提
若比丘非時受食食者波逸提
若比丘殘宿食而食者波逸提
若比丘不受食若藥著口中除水及楊枝波
逸提
若比丘得好美飲食乳酪魚及肉若比丘如此
美飲食无病自為己索者波逸提 卌
若比丘外道男外道女自手與食者波逸提
若比丘先受請已前食後食詣餘家不囑
授餘比丘除餘時波逸提餘時者病時作衣
時施衣時是謂時
若比丘在食家中有寶强安坐者波逸提
若比丘食家中有寶在屏處坐者波逸提
若比丘獨與女人露地坐者波逸提
若比丘語餘比丘如是語大德共至聚落當與
汝食彼比丘竟不教與是比丘食語言汝去
我與汝一處若坐若語不樂我獨坐獨語
樂以此因緣非餘方便遣去波逸提
若比丘四月與藥无病比丘應受若過受除常
請更請分請盡形壽請波逸提
若比丘往觀軍陣除時因緣波逸提
若比丘有因緣聽至軍中二宿三宿過者波
逸提
若比丘二宿三宿軍中住或時觀軍陣鬪戰若
觀遊軍象馬力勢者波逸提 五十
若比丘飲酒者波逸提

[illegible]
若比丘有因緣聽至軍中二宿三宿過者波
逸提
若比丘二宿三宿軍中住或時觀軍陣鬪戰若
觀遊軍象馬力勢者波逸提 五十
若比丘飲酒者波逸提
若比丘水中嬉戲者波逸提
若比丘以指相擊攊者波逸提
若比丘不受諫者波逸提
若比丘恐怖他比丘者波逸提
若比丘半月洗浴无病比丘應受不得過除餘
時波逸提餘時者熱時病時作時風時雨時
道行時此是時
若比丘无病自為炙故在露地燃火若教人
燃除時因緣波逸提
若比丘藏比丘衣鉢坐具針筒若自藏教人
藏下至戲咲者波逸提
若比丘與比丘比丘尼式叉摩那沙弥沙弥尼
衣後不語主還取著者波逸提
若比丘得新衣應三種壞色一一色中隨意
壞若青若黑若木蘭若比丘不以三種壞
色若青若黑若木蘭著餘新衣者波逸提 六十
若比丘故斷畜生命者波逸提
若比丘知水有虫飲用者波逸提
若比丘故惱他比丘令須臾間不樂者波逸提
若比丘知他比丘犯麁罪覆藏者波逸提
年滿廿應受大戒若比丘知年不滿廿受大戒
此人不得戒彼比丘可呵癡故波逸提

BD14992號　四分律比丘戒本　（8-5）

若比丘故斷畜生命者波逸提
若比丘知水有虫飲用者波逸提
若比丘故惱他比丘令須臾間不樂者波逸提
若比丘知他比丘犯麁罪覆藏者波逸提
年滿廿應受大戒若比丘知年不滿廿受大戒
此人不得戒彼比丘可呵癡故波逸提
若比丘知諍事如法懺悔已後更發起者波
逸提
若比丘知是賊伴結要共同道行乃至一村
間波逸提
若比丘作如是語我知佛所說法行婬欲非鄣
道法彼比丘諫此比丘言大德莫作是語莫
謗世尊謗世尊者不善世尊不作是語世
尊无數方便說犯婬欲者是鄣道法彼比丘
諫此比丘時堅持不捨彼比丘乃至三諫捨此
事故若再三諫捨者善不捨者波逸提
若比丘知如是語人未作法如是耶見而不捨供
給所須共同羯磨止宿言語者波逸提
若比丘知沙弥作如是[illegible]我從佛聞法若行婬
欲非鄣道法彼比丘諫[illegible]沙弥如是言汝莫誹
謗世尊謗世尊者[illegible]世尊不作是語沙弥
世尊[illegible]數方便說婬欲是鄣道法彼比丘諫
此沙弥時堅持不捨彼[illegible]丘應乃至再三呵諫
令捨此事故乃至三諫[illegible]捨者善不捨者
彼比丘應語彼沙弥言[illegible]自今已去不得言佛是
我世尊不得隨逐餘比[illegible]如諸沙弥得与比丘二
三宿[illegible]无是事汝出去滅去不應住此若
比丘知如是衆中被擯沙弥而誘將畜養共

BD14992號　四分律比丘戒本　（8-6）

此沙弥時堅持不捨彼比丘應再三呵諫
令捨此事故乃至三諫而捨者善不捨者
彼比丘應語彼沙弥言汝自今已去不得言佛是
我世尊不得隨逐餘比丘如諸沙弥得与比丘二
三宿汝今无是事汝出去滅去不應住此若
比丘知如是衆中被擯沙弥而誘將畜養共
心宿者波逸提
若比丘餘比丘如法諫時作如是語我今不學
此戒當難問餘智慧持律比丘者波逸提若
為知為學故應難問
若比丘說戒時作如是語大德何用說此雜碎戒
為說是戒時令人惱愧懷疑輕呵戒故
波逸提
若比丘說戒時作如是語我今始知此法戒
經所載半月半月說戒經中来餘比丘知是比丘
若二若三說戒中坐何况多彼比丘无知无觧
若犯罪應如是治更重增无知罪語言長老
汝无利不善得汝說戒時不用心念不一心兩
耳聽法彼无知故波逸提
若比丘共同羯磨已後如是言諸比丘隨親厚
以衆僧物与者波逸提
若比丘衆僧斷事未竟不与欲而起去波逸提
若比丘与欲已後悔者波逸提
若比丘比丘共闘諍已聽此語[illegible]彼說者波逸提
若比丘瞋恚故不喜打比丘者波逸提
若比丘瞋恚不喜以手搏比丘者波逸提
若比丘瞋恚故以无根僧伽婆尸沙謗者波逸

BD14992號　四分律比丘戒本　　（8–7）

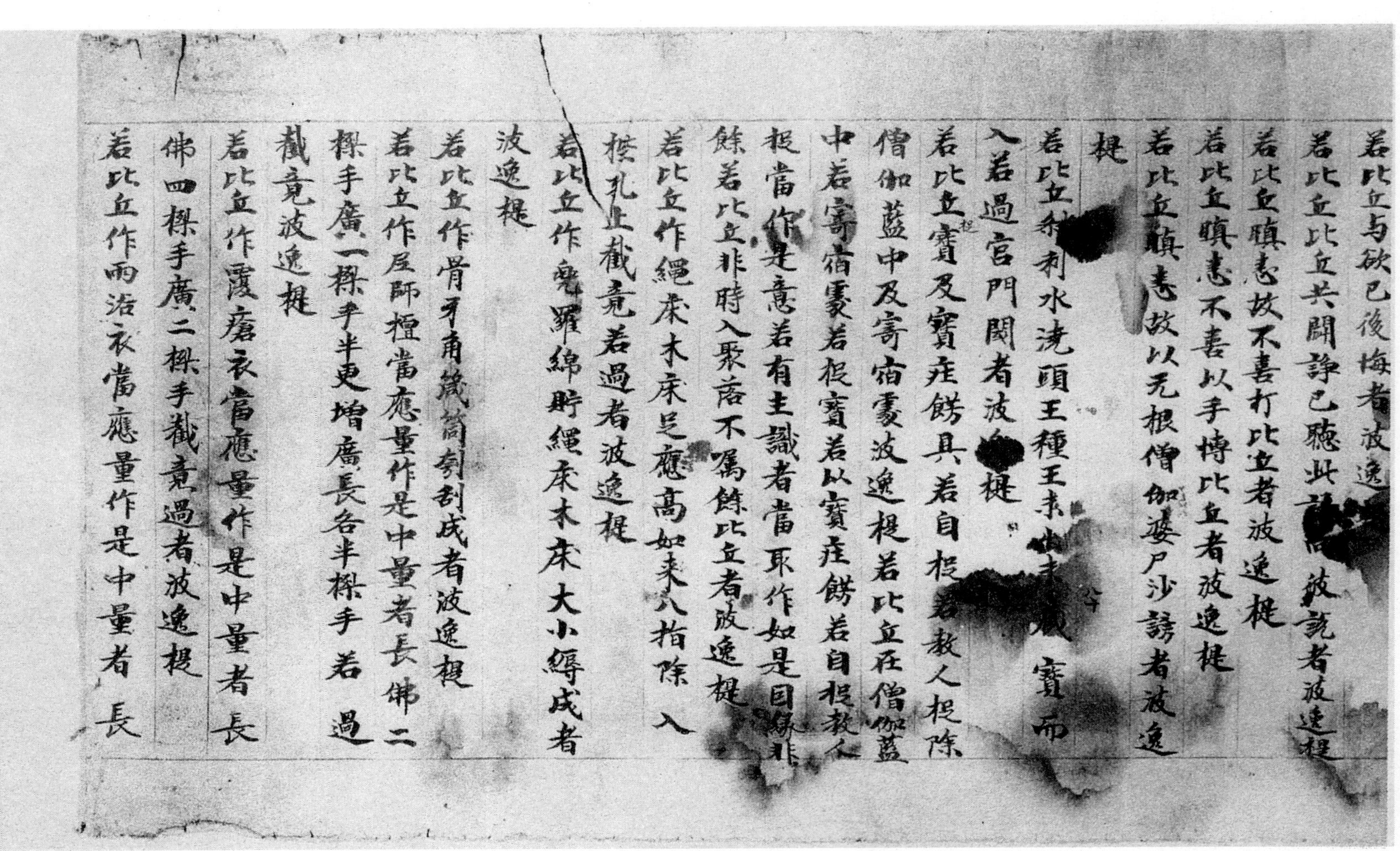
若比丘与欲已後悔者波逸
若比丘比丘共闘諍已聽此語[illegible]彼說者波逸提
若比丘瞋恚故不喜打比丘者波逸提
若比丘瞋恚不喜以手搏比丘者波逸提
若比丘瞋恚故以无根僧伽婆尸沙謗者波逸
提
若比丘刹利水澆頭王種王未出未藏寶而
入若過宮門閾者波逸提
若比丘寶及寶莊飾具若自捉若教人捉除
僧伽藍中及寄宿處波逸提若比丘在僧伽藍
中若寄宿處若捉寶若以寶莊飾若自捉教人
捉當作是意若有主識者當取作如是因緣非
餘若比丘非時入聚落不囑餘比丘者波逸提
若比丘作繩床木床足應高如来八指除入
梐孔上截竟若過者波逸提
若比丘作兜羅綿貯繩床木床大小褥成者
波逸提
若比丘作骨牙角鍼筒刳刮成者波逸提
若比丘作尼師檀當應量作是中量者長佛二
搩手廣一搩手半更增廣長各半搩手若過
截竟波逸提
若比丘作覆瘡衣當應量作是中量者長
佛四搩手廣二搩手截竟過者波逸提
若比丘作雨浴衣當應量作是中量者長

BD14992號　四分律比丘戒本　　（8–8）

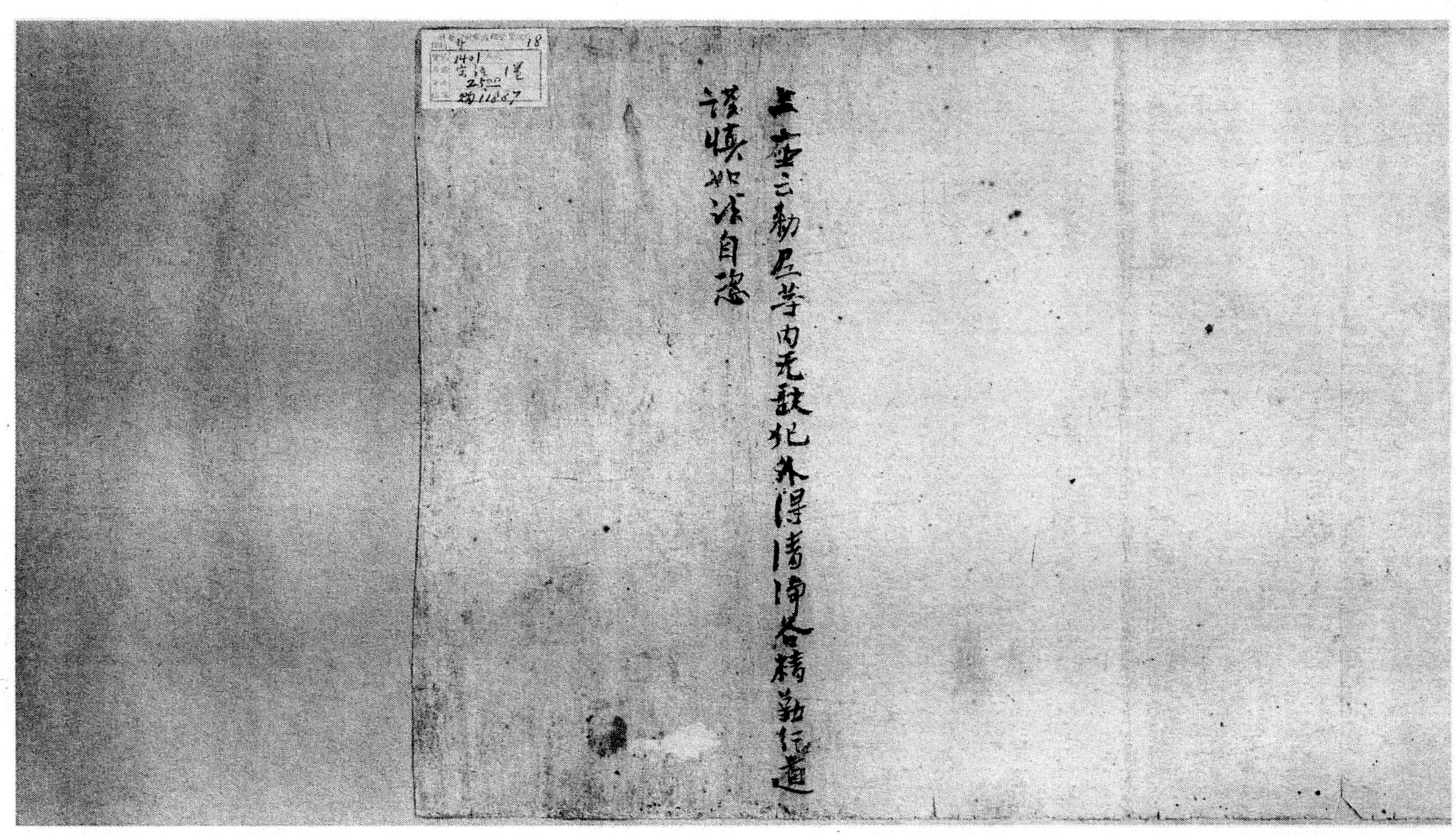

BD14992 號背　雜寫　　（1–1）

BD14993 號背　護首　　（1–1）

大般涅槃經卷第三十九
尒時阿闍世王與諸外道徒衆眷屬往至佛
所頭面作礼右遶三帀脩敬已畢却住一面
白佛言世尊是諸外道欲隨意問難唯願如
来隨意荅之佛言大王且止我自知時尒時

BD14993號　大般涅槃經（北本異卷）卷三九　（25–1）

大般涅槃經卷第三十九
尒時阿闍世王與諸外道徒衆眷屬往至佛
所頭面作礼右遶三帀脩敬已畢却住一面
白佛言世尊是諸外道欲隨意問難唯願如
来隨意荅之佛言大王且止我自知時尒時
衆中有婆羅門名闍提首那作如是言瞿曇
汝說涅槃是常法耶如是如是大婆羅門婆
羅門言瞿曇若說涅槃常者是義不然何以
故世間之法從子生果相續不斷如從泥出
瓶從縷得衣瞿曇常說脩无常想獲得涅槃
因是无常果云何常瞿曇又說解脫欲貪即
是涅槃解脫色貪及无色貪即是涅槃滅无
明等一切煩惱即是涅槃從欲乃至无明煩
惱皆是无常因是无常所得涅槃亦應无常
瞿曇又說從因故生天從因故地獄從因得
解脫是故諸法皆從因生若從因故得解脫
者云何言常瞿曇亦說色從緣生故名无常
受想行識亦復如是如是解脫若是色者當
知无常受想行識亦復如是若離五陰有解
脫者當知解脫即是虛空若是虛空不得說
言從因緣生何以故是常是一遍一切處瞿
曇亦說從因生者即是苦也若是苦者云何
復說解脫是樂瞿曇又說无常即苦苦即无
我若是无常苦无我者即是不淨一切從因
所生諸法皆无常苦无我不淨云何復說涅

BD14993號　大般涅槃經（北本異卷）卷三九　（25–2）

曇亦說從因生者即是苦也若是苦者云何
復說解脫是樂瞿曇又說无常即苦苦即无
我若是无常苦无我者即是不淨一切從因
所生諸法皆无常苦无我不淨云何復說涅
槃即是常樂我淨若瞿曇說亦常无常亦
苦亦樂亦我无我亦淨不淨如是豈非是二
語耶我亦曾從先舊智人聞說是語佛若出
世言則无二瞿曇今者說於二語復言佛即我
身是也是義云何佛言婆羅門如汝所說我
今問汝隨汝意荅婆羅門言善哉瞿曇佛言
婆羅門汝性常耶是无常乎婆羅門言我性
是常婆羅門是性能作一切內外法之因耶如
是瞿曇佛言婆羅門云何作因瞿曇從性生
大從大生慢從慢生十六法所謂地水火風
空五知根眼耳鼻舌身五業根手脚口聲男
女二根心平等根是十六法從五法生色聲
香味觸是二十一法根本有三一者染二者
麁三者黑染者名愛麁者名瞋黑名无明瞿
曇是二十五法皆因性生婆羅門是大等法常
无常耶瞿曇我法性常大等諸法悉是无常
婆羅門如汝法中因常果无常然我法中因
雖无常果是常者有何等過婆羅門汝等
法中有二因不荅言有佛言云何有婆羅門
言一者生因二者了因佛言云何生因云何
了因婆羅門言生因者如泥出瓶了因者如燈
照物佛言是二種因因性是一若是一者可

雖无常果是常者有何等過婆羅門汝等
法中有二因不荅言有佛言云何有婆羅門
言一者生因二者了因佛言云何生因云何
了因婆羅門言生因者如泥出瓶了因者如燈
照物佛言是二種因因性是一若是一者可
令生因作於了因可令了因作生因不不也
瞿曇佛言若使生因不作了因了因不作生
因可得說言是因相不婆羅門言雖不相作
故有因相婆羅門了因所了即同了不不也
瞿曇佛言我法雖從无常獲得涅槃而非无
常婆羅門從了因得故常樂我淨從生因
得无常无樂无我无淨是故如來所說有二如
是二語无有二也是故如來名无二語如汝
所說曾從先舊智人邊聞佛出於世无有二
語是言善哉一切十方三世諸佛所說无差
是故說言佛无二語云何无差有同說有无
同說无故名一義婆羅門如來世尊雖名二
語為了一語故云何二語了於一語如眼色
二語生識一語乃至意法亦復如是婆羅門
言瞿曇善能分別如是語義我今未解所
出二語了於一語佘時世尊即為宣說四真
諦法婆羅門言苦諦者亦二亦一乃至道諦
亦二亦一婆羅門言世尊我已知已佛言善
男子云何知已婆羅門言世尊苦諦一切凡夫
二是聖人一乃至道諦亦復如是佛言善哉
已解婆羅門言世尊我今聞法已得正見今

亦二亦一婆羅門言世尊我已知已佛言善
男子云何知已婆羅門言世尊苦諦一切凡夫
二是聖人一乃至道諦亦復如是佛言善哉
已解婆羅門言世尊我今聞法已得正見今
當歸依佛法僧寶唯願大慈聽我出家尒時
世尊告憍陳如汝當為是闍提首那剃除鬚
髮聽其出家時憍陳如即受佛勅為其剃髮
即下手時有二種落一者鬚髮二者煩惱即
於坐處得阿羅漢果
復有梵志姓婆私吒復作是言瞿曇所說涅
槃常耶如是梵志婆私吒言瞿曇將不說无
煩惱為涅槃耶如是梵志婆私吒言瞿曇世
間四種名之為无一者未出之法名之為无如
瓶未出泥時名為无瓶二者已滅之法名之
為无如瓶壞已名為无瓶三者異相互无名
之為无如牛中无馬馬中无牛四者畢竟无
故名之為无如龜毛兔角瞿曇若以除煩惱
已名涅槃者涅槃即无若是无者云何言有
常樂我淨佛言善男子如是涅槃非是先
无同泥時瓶亦非滅无同瓶壞无亦非畢竟
无如龜毛兔角同於異无善男子如汝所言
雖牛中无馬不可說言牛亦是无雖馬中无牛
亦不可說馬亦是无涅槃亦尒煩惱中无涅
槃涅槃中无煩惱是故名為異相互无婆私
吒言瞿曇若以異无為涅槃者夫異无者无

亦不可說馬亦是无涅槃亦尒煩惱中无涅
槃涅槃中无煩惱是故名為異相互无婆私
吒言瞿曇若以異无為涅槃者夫異无者无
常樂我淨瞿曇云何言涅槃常樂我淨
佛言善男子如汝所說是異无有三種无牛
馬悉是先無後有是名先无已有還无是名
壞无異相无者如汝所說善男子是三種无
涅槃中无是故涅槃常樂我淨如世病人一
者熱病二者風病三者冷病是三種病三藥
能治有熱病者蘇能治之有風病者油能治
之有冷病者蜜能治之是三種藥能治如是三種
惡病善男子風中无油油中无風乃至蜜中
无冷冷中无蜜是故能治一切眾生亦復如
是有三種病一者貪二者瞋三者癡如是三
病有三種藥不淨觀者能為貪藥慈心觀
者能為瞋藥觀因緣智能為癡藥善男子為
除貪故作非貪觀為除瞋故作非瞋觀為除癡
故作非癡觀三種病中无三種藥三種藥中
无三種病善男子三種病中无三種藥故无常
无我无樂无淨三種藥中无三種病是故得
稱常樂我淨婆私吒言世尊如來為我說常
无常云何為常云何无常佛言善男子色是
无常解脫色常乃至識是无常解脫識常
善男子若有善男子善女人能觀色乃至識是
无常者當知是人獲得常法婆私吒言世尊

无常解脫色常乃至識是无常解脫識常
善男子若有善男子善女人能觀色乃至識是
无常者當知是人獲得常法婆私吒言世尊
我今已知常无常法佛言善男子汝云何知
常无常法婆私吒言世尊我今知我色是无
常得解脫常乃至識亦復如是佛言善男子
汝今善哉已報是身告憍陳如婆私吒已
證阿羅漢果汝可施其衣鉢時憍陳如
如佛所勅施其衣鉢時婆私吒受衣鉢已作
如是言大德憍陳如我今因是弊惡之身得
善果報唯願大德為我屈意至世尊所具宣
我心我既惡人觸犯如來稱瞿曇姓唯願
為我懺悔此罪我亦不能久住毒身今入涅槃
時憍陳如即往佛所作如是言世尊婆私吒比
丘生慚愧心自言頑嚚觸犯如來稱瞿曇
姓不能久住是毒蛇身今欲滅身寄我懺
悔佛言憍陳如婆私吒比丘已於過去无量佛
所成就善根今受我語如法而住如法住故
獲得正果汝等應當供養其身尒時憍陳如
從佛聞已還其身所而設供養時婆私吒於
焚身時作種種神足諸外道輩見是事已高
聲唱言是婆私吒已得瞿曇沙門呪術是人
不久復當勝彼瞿曇沙門
尒時衆中復有梵志名曰先尼復作是言瞿
曇有我耶如来默然瞿曇无我耶如来默然
第二第三亦如是問佛皆默然先尼言瞿曇

BD14993號　大般涅槃經（北本異卷）卷三九　　（25–7）

不久復當勝彼瞿曇沙門
尒時衆中復有梵志名曰先尼復作是言瞿
曇有我耶如来默然瞿曇无我耶如来默然
第二第三亦如是問佛皆默然先尼言瞿曇
若一切衆生有我遍一切處是一作者瞿曇
何故默然不荅佛言先尼汝說是我遍一切
處耶先尼荅言瞿曇不但我說一切智人亦
如是說佛言善男子若我周遍一切處者應
當五道一時受報若有五道一時受報汝等
梵志何因緣故不造衆惡為遮地獄脩諸善
法為天身先尼言瞿曇我法中我則有二
種一作身我二者常身我為作身我脩離惡
法不入地獄脩諸善法生於天上佛言善男
子如汝說我遍一切處如是我者若作身中
當知无常若作身无云何言遍瞿曇我所立
我亦在作中亦是常法瞿曇如人失火燒舍
宅時其主出去不可說言舍宅被燒主亦被
燒我法亦尒而此作身雖是无常當无常時
我則出去是故我我亦遍亦常佛言善男子
如汝說我亦遍亦常是義不然何以故遍有二
種一者常二者无常復有二種一色二无色是
故若言一切有者亦常亦无常亦色亦无色
若言舍主得出不名无常是義不然何以故
舍不名主主不名舍異燒異出故得如是我
則不尒何以故我即是色色即是我无色即

BD14993號　大般涅槃經（北本異卷）卷三九　　（25–8）

故若言一切有者亦常亦无常亦色亦无色
若言舍主得出不名无常是義不然何以故
舍不名主主不名舍異燒異出故得如是我
則不尒何以故我即是色色即是我无色即
我我即无色云何而言色无常時我則得出
善男子汝意若謂一切衆生同一我者如是
則違世出世法何以故世間法名父母子女若
我是一父即是子子即是父母即是女女即
是母怨即是親親即是怨此即是彼彼即是
此是故若說一切衆生同一我者是則違背世
出世法先尼言我亦不說一切衆生同於一
我乃說一人各有一我佛言善男子若言一
人各有一我是爲多我是義不然何以故如
汝先說我遍一切若遍一切一切衆生業根
應同天得見時佛得亦見天得作時佛得
亦作天得聞時佛得亦聞一切諸法皆亦如
是若天得見非佛得見者不應說我遍一切
處若不遍者是則无常先尼言瞿曇一切
衆生我遍一切法與非法不遍一切以是義
故佛得作異天得作異是故瞿曇不應說言
佛得見時天得應見佛得聞時天得應聞佛
言善男子法與非法非業作耶先尼言瞿曇
是業所作佛言善男子若法非法是業作者
即是同法去何言異何以故佛得業處有天
得我天得業處有佛得我是故佛得作時天
得亦作法與非法亦應如是善男子是故一切

業作耶先尼言瞿曇
是業所作佛言善男子若法非法是業作者
即是同法去何言異何以故佛得業處有天
得我天得業處有佛得我是故佛得作時天
得亦作法與非法亦應如是善男子是故一切
衆生法與非法若如是者所得果報亦應不
異善男子從子出果是子終不思惟分別我
唯當作婆羅門果不與刹利毗舍首陁而作
果也何以故從子出果終不鄣导如是四姓
法與非法亦復如是不能分別我唯當與佛
得作果不與天得作果天得果不作佛得
果何以故業平等故先尼言瞿曇譬如一室
有百千燈炷雖有異明則无差燈炷別異喻
法非法其明无差喻衆生我佛言善男子汝
說燈明以喻我者是義不然何以故室異燈
異是燈光明亦在炷邊亦遍室中汝所言我
若如是者法非法邊俱應有我我中亦應有
法非法若法非法无有我者不得說言遍一
切處若俱有者何得復以炷明爲喻善男子
汝意若謂炷之與明真實別異何因緣故炷
增明盛炷枯明滅是故不應以法非法喻於
燈炷光明无差喻於我也何以故法非法我
三事即一先尼言瞿曇汝引燈喻是事不
吉何以故燈喻若吉我已先引如其不吉何故
復說善男子我所引喻都亦不作吉以不吉隨
汝意說是喻亦說離炷有明即炷有明汝心

是事即一先尼言瞿曇汝引燈喻是事不
吉何以故燈喻若吉我已先引如其不吉何故
復說善男子我所引喻都亦不作吉以不吉隨
汝意說是喻亦說離炷有明即炷有明汝心
不等故說燈炷喻法非法明則喻我是故積
汝炷即是明離炷有明法即有我我即有
法非法即我我即非法汝今何故但受一邊
不受一邊如是喻者於汝不吉是故我今還
以破汝善男子如是喻者即是非喻
故於我明吉於汝不吉善男子汝意若謂
我不吉汝亦不吉是義不然何以故見世間
人自刀自害自作他用汝所引喻亦復如是
於我則吉於汝不吉先尼言瞿曇汝先積我
心不平等今汝所說亦不平等何以故瞿曇
今者以吉向已不吉向我以是推之真是不
平佛言善男子如我不平能破汝不平是故
汝平我之不平即是吉也我之不平破汝不
平令汝得平即是我平何以故同諸聖人得
平等故先尼言瞿曇我常是平汝云何言
壞我不平一切衆生平等有我云何言我是
不平耶善男子汝亦說言當受地獄當受
餓鬼當受畜生當受人天我若先遍五道中
者云何方言當受諸趣汝亦說言父母和合
然後生子若子先有云何復言和合已有是
故一人有五趣身若是五處先有身者何因
緣故爲身造業是故不平善男子汝意若謂

餓鬼當受畜生當受人天我若先遍五道中
者云何方言當受諸趣汝亦說言父母和合
然後生子若子先有云何復言和合已有是
故一人有五趣身若是五處先有身者何因
緣故爲身造業是故不平善男子汝意若謂
我是作者是義不然何以故若我作者何因
緣故自作苦事然今衆生實有受苦是故當
知我非作者若言是苦非我所作不從因生一
切諸法亦當如是不從因生何因緣故說我作
耶善男子衆生苦樂實從緣如是苦樂能
作憂喜憂時無喜喜時無憂或喜或憂知人
云何說是常耶善男子汝說我常若是常者
云何說有十時別異常法不應有歌羅羅乃
至老時虛空常法尚無一時況有十時善男
子我者非是歌羅羅時乃至老時云何說有
十時別異善男子若我作者是我亦有盛時
衰衆生亦有盛時衰時若我尒者云何是
常善男子我若作者云何一人有利有鈍善
男子我若作者是我能作身業口業若是
我所作者云何口說無有我耶云何自疑有
耶無耶善男子汝意若謂離眼有見是義
不然何以故若離眼已別有見者何須此眼
乃至身根亦復如是汝意若謂我雖能見要
因眼見是亦不然何以故如有人言須曼那
華能燒大村云何能燒因大能燒汝立我見
亦復如是先尼言瞿曇如人執鎌則能刈

乃至身根亦復如是汝意若謂我雖能見要
因眼見是亦不然何以故如有人言須曼那
華能燒大村云何能燒因大熱燒汝立我見
亦復如是先尼言瞿曇如人執鎌則能刈
草我因五根見聞至觸亦復如是善男子鎌人
各異是故執鎌能有所作離根之外更无別
我云何說言我因諸根能有所作善男子汝
意若謂執鎌能刈我亦如是我有手耶為无
手耶若有手者何不自執若无手者云何說
言我是作者善男子能刈草者即是鎌也
非我非人若我人能何故因鎌善男子人有
二業一則執草二則執鎌是鎌唯有能斷之
功衆生見法亦復如是眼能見色從和合生若
從因緣和合見者智人云何說言有我善男
子汝意若謂身作我受是義不然何以故世
間不見天得作業佛得受果若言不是身作我
非因受汝等何故從於因緣求解脫耶汝先
是身非因緣生得解脫已亦應非因而更生
身如身一切煩惱亦應如是先尼言瞿曇我
有二種一者有知二者无知无知之我能得
於身有知之我能捨離身猶如坏瓶既被燒
已失於本色更不復生智者煩惱亦復如是既
滅壞已終不更生佛言善男子所言知者智
能知耶我能知乎若智能知何故說言我是
知也若我知者何故方便更求於知汝意若

滅壞已終不更生佛言善男子所言知者智
能知耶我能知乎若智能知何故說言我是
知也若我知者何故方便更求於知汝意若
謂我因智知同華鬘壞善男子譬如剉樹
性自能剉不得說言樹執剉剉智亦如是智
自能知云何說言我執智知善男子如汝法中
我得解脫无我得知我得耶若无知得當
知猶故具足煩惱若知得者當知已有五情
諸根何以故離根之外則更无知若具諸根
云何復名得解脫耶若言是我其性清淨離
於五根云何說言遍五道有以何因緣為解
脫故脩諸善法善男子譬如有人抆虛空
刺汝亦如是我若清淨云何復言斷諸煩惱
汝意若謂不從因緣獲得解脫一切畜生何
故不得先尼言瞿曇若无我者誰能憶念佛
告先尼若有我者何緣復忘若男子若念是
我者何因緣故念於惡念念所不念不念所
念先尼復言瞿曇若无我者誰見誰聞佛
言善男子內有六入外有六塵內外和合生六
種識是六種識因緣得名善男子譬如一火因
木得故名為木火因草得故名為草火因糠
得故名為糠火因牛糞得名牛糞火衆生意
識亦復如是因眼因色因明因欲名為眼識善
男子如是眼識不在眼中乃至欲中四事和
合故生是識乃至意識亦復如是若是因緣

識亦復如是因眼因色因明因欲名為眼識善
男子如是眼識不在眼中乃至欲中四事和
合故生是識乃至意識亦復如是若是因緣
和合故生智不應說見即是我乃至觸即是
我善男子是故我說眼識乃至意識一切
諸法即是幻也云何如幻本无今有已有還
无善男子譬如蘇麨蜜薑胡椒苾鉢蒲桃胡
桃石榴桵子如是和合名歡喜丸離是和合
无歡喜丸內外六入是名衆生我人士夫離
內外入无別衆生我人士夫先尼言瞿曇若
无我者云何說言我見我聞我苦我樂我憂
我喜佛言善男子若言我見我聞名有我
者何緣故世間復言汝所作罪非我見我聞善男
子譬如四兵和合名軍如是四兵不名為一而
亦說言我軍勇健我軍勝彼是內外入和合
所作亦復如是雖不是一亦得說言我作我
受我見我聞我苦我樂先尼言瞿曇如汝所
言內外和合誰出聲言我作我受佛言先
尼從愛无明因緣生業從業生有從有出生无
量心數心生覺觀覺觀動風風隨心觸喉舌
齒脣衆生想倒聲出說言我作我受我見我
聞善男子如幢頭鈴風因緣故便出音聲風大
聲大風小聲小无有作者善男子譬如熱鐵
投之水中出種種聲是中真實无有作者善
男子凡夫不能思惟分別如是事故說言
有我及有我所我作我受先尼言如瞿曇說

聞善男子如幢頭鈴風因緣故便出音聲風大
聲大風小聲小无有作者善男子譬如熱鐵
投之水中出種種聲是中真實无有作者善
男子凡夫不能思惟分別如是事故說言
有我及有我所我作我受先尼言如瞿曇說
无我我所何緣復說常樂我淨佛言善男
子我亦不說內外六入及六意識常樂我淨
我乃宣說滅內外入所生六識名之為常以是
常故名之為我有常我故名之為樂常我樂
故名之為淨善男子衆生厭苦斷是苦因自
在遠離是名為我以是因緣我今宣說常樂
我淨先尼言世尊唯願大慈為我宣說我當
云何獲得如是常樂我淨佛言善男子一切
世間從本已來具足大慢能增長慢亦復造
作慢因慢業是故今者受慢果報不能遠離
一切煩惱得常樂我淨若諸衆生欲得遠離
一切煩惱先當離慢先尼言世尊如是如是
誠如聖教我先有慢因慢因緣故稱如來林
瞿曇姓我今已離如是大慢是故誠心啓請
求法云何當得常樂我淨佛言善男子諦
聽諦聽今當為汝分別解說善男子若能非
自非他非衆生者遠離是法先尼言世尊我已
知解得正法眼佛言善男子汝云何言知已
解已得正法眼世尊所言色者非自非他非
諸衆生乃至識亦復如是我如是觀得正法
眼世尊我今甚樂出家脩道願見聽許佛言

知解得正法眼佛言善男子汝云何言知已
解已得正法眼世尊所言色者非自非他非
諸衆生乃至識亦復如是我如是觀得正法
眼世尊我今甚樂出家脩道願見聽許佛言
善來比丘即得具足清淨梵行證阿羅漢果
外道衆中復有梵志姓迦葉氏復作是言瞿
曇身即是命身異命異如來默然第二第三
亦復如是梵志復言瞿曇若人捨身未得
後身於其中間豈可不名身異命異者
瞿曇何故默然不荅善男子我說身命皆
從因緣非不因緣如身命一切法亦如是梵志
復言瞿曇我見世間有法不從因緣佛言
梵志汝云何見世間有法不從因緣梵志言
我見大火焚燒榛木風吹絕炎墮在餘處是
豈不名无因緣耶佛言善男子我說是火亦
從因生非不從因梵志言瞿曇絕炎去時不因
薪炭云何而言因於因緣佛言善男子雖
无薪炭因風而去風因緣故其炎不滅瞿曇若
人捨身未得後身中間壽命誰為因緣佛言
梵志无明與愛而為因緣是无明愛二因緣
故壽命得住善男子有因緣故身即是命命
即是身有因緣故身異命異智者不應一向
而說身異命異梵志言世尊唯願為我分別
解說令我了了得知因果佛言梵志因即五
陰果亦五陰善男子若有衆生不然火者是

即是身有因緣故身異命異智者不應一向
而說身異命異梵志言世尊唯願為我分別
解說令我了了得知因果佛言梵志因即五
陰果亦五陰善男子若有衆生不然火者是
則无烟梵志言世尊我已知已我已解已佛
言善男子汝云何知汝云何解世尊火即煩
惱能於地獄餓鬼畜生人天燒然烟者即是煩
惱果報无常不淨臭穢可惡是故名烟若有
衆生不作煩惱是人則无煩惱果報是故如
來說不然火則无有烟世尊我已正見唯願
慈矜聽我出家尒時世尊告憍陳如聽是梵
志出家受戒時憍陳如受佛勑已和合衆僧
聽其出家受具足戒逕五日已得阿羅漢果
外道衆中復有梵志名曰富那復作是言瞿
曇汝見世間是常法已說言常耶如是義
者實耶虛耶常无常亦常无常非常无常
有邊无邊亦有邊亦无邊非有邊非无邊是
身是命身異命異如來滅後如去不如去亦如
去不如去非如去非不如去佛言富那我不說
世間常虛實无常亦常无常非常非无常有
邊无邊亦有邊无邊非有邊非无邊是身
是命身異命異如來滅後如去不如去亦如
去不如去非如去非不如去富那復言瞿曇
今者見何罪過不作是說佛言富那若有人
說世間是常唯此為實餘妄語者是名為見
見所見處是名見見行是名見業是名見著是

是命身異命異如来滅後如去不如去亦如
去不如去非如去非不如去富那復言瞿曇
今者見何罪過不作是說佛言富那若有人
說世間是常唯此為實餘妄語者是名為見
見所見處是名見行是名見業是名見著是
名見縛是名見苦是名見取是名見怖是名
見熱是名見纏富那凡夫之人為見所纏不
能遠離生老病死迴流六趣受无量苦乃至
非如去非不如去亦復如是富那我見是見
有如是過是故不著不為人說瞿曇若見如
是罪過不著不說瞿曇今者何見何著何所
宣說佛言善男子夫見著者名生死法如来
已離生死法故是故不著善男子如来名為能
見能說不名為著瞿曇云何能見云何能說
佛言善男子我能明見苦集滅道分別宣說
如是四諦我見如是故能遠離一切見一切愛
一切流一切慢是故我具清淨梵行无上寂
靜獲得常身是身亦非東西南北富那言
瞿曇何因緣故常身非是東西南北佛言善男
子我今問汝隨汝意荅於意云何善男子如
於汝前然大火聚當其然時汝知然不如是
瞿曇是火滅時汝知滅不如是瞿曇富那若
有人問汝前火聚然從何来滅何所至當云
何荅瞿曇若有問者我當荅言是火生時賴
於衆緣本緣已盡新緣未至是火則滅若復有
問是火滅已至何方面復云何荅瞿曇我當

BD14993號　大般涅槃經（北本異卷）卷三九　（25–19）

有人問汝前火聚然從何来滅何所至當云
何荅瞿曇若有問者我當荅言是火生時賴
於衆緣本緣已盡新緣未至是火則滅若復有
問是火滅已至何方面復云何荅瞿曇我當
荅言緣盡故滅不至方所善男子如来亦尒
若有无常色乃至无常識因愛故然然者即
愛二十五有是故然時可說是火東西南北現
在愛滅二十五有果報不然以不然故不可說
有東西南北善男子如来已滅无常之色至
无常識是故身常身若是常不得說有東西
南北富那言請說一喻唯願聽採佛言善哉
善哉隨意說之世尊如大村外有娑羅林
中有一樹先林而生足一百年是時林主灌
之以水隨時脩治其樹陳朽皮膚枝葉悉皆
脫落唯真實在如来亦尒所有陳故悉已除
盡唯有一切真實法在世尊我今甚樂出家
脩道佛言善来比丘說是語已即時出家漏
盡證得阿羅漢果
復有梵志名曰清淨作如是言瞿曇一切衆
生不知何法見世間常无常亦常无常非有
常非无常乃至非如去非不如去佛言善男
子不知色故乃至不知識故見世間常乃至
非如去非不如去梵志言瞿曇衆生知何法
故不見世間常乃至非如去非不如去佛言
善男子知色故乃至知識故不見世間常乃
至非如去非不如去梵志言世尊唯願為我

BD14993號　大般涅槃經（北本異卷）卷三九　（25–20）

常非无常乃至非如去非不如去佛言善男
子不知色故乃至不知識故見世間常乃至
非如去非不如去梵志言瞿曇衆生知何法
故不見世間常乃至非如去非不如去佛言
善男子知色故乃至知識故不見世間常乃
至非如去非不如去梵志言世尊唯願為我
分別解說世間常无常佛言善男子若人捨
故不造新業是人能知常與无常梵志言世
尊我已知解佛言善男子汝云何見汝云
何知世尊故名无明與愛新名取有若人
遠離是无明愛不作取有是人真實知常
无常我今已得正法淨眼歸依三寶唯願如來
聽我出家佛告憍陳如聽是梵志出家受戒
時憍陳如受佛勅已將至僧中為作羯磨令
得出家十五日後諸漏永盡得阿羅漢果犢
子梵志復作是言瞿曇我今欲問能見聽不
如來默然第二第三亦復如是犢子復言瞿
曇我久與汝共為親友汝之與我義无有二
我欲諮問何故默然尔時世尊作是思惟如是
梵志其性儒雅純善質直常為知故而來諮
啓不為惱亂彼若問者當隨意答佛言犢
子善哉善哉隨所疑問吾當答之犢子言
瞿曇世有善耶如是梵志有不善耶如是
梵志瞿曇願為我說令我得知善不善法
佛言善男子我能分別廣說其義令當為

子善哉
瞿曇世
梵志瞿
佛言善
汝簡略
之為善
善乃至
三種善
子能作
不善法
諸漏斷
一比丘能
有不佛
五百乃
癡一切諸
中頗有
諸漏一
二三乃至
貪欲瞋
置一比丘
塞持戒
佛言善
乃有无
斷五下
子言瞿
佛法中
淨度疑

善哉隨所疑問吾當答之
有善耶如是梵志有不善耶如是
曇願為我說令我得知善不善法
男子我能分別廣說其義令當為
說之善男子欲名不善解脫欲者名
瞋恚愚癡亦復如是殺名不善不殺名
邪見亦復如是善男子我今為汝已說
不善法及說十種善不善法若我弟
如是分別三種善不善乃至十種　善
當知是人能盡貪欲瞋恚愚癡一切
一切有梵志言瞿曇是佛法中頗有
盡如是貪欲瞋癡一切諸漏一切
言善男子是佛法中非一二三乃至
有无量諸比丘等能盡如是貪欲恚
諸漏一切諸有瞿曇置一比丘是佛法
切有不佛言善男子是佛法中非一
一比丘尼能盡如是貪欲瞋癡一切
五百乃有无量諸比丘尼能斷如是
癡一切諸漏一切諸有犢子言瞿曇
一比丘尼是佛法中頗有一優婆
精勤梵行清淨度疑彼岸斷疑网不
量諸優婆塞持戒精勤梵行清淨
男子我佛法中非一二三乃至五百
結得阿那含度疑彼岸斷於疑网犢
曇置一比丘一比丘尼一優婆塞　是
頗有一優婆夷持戒精懃梵行清
彼岸斷疑网不[illegible]

乃有无量諸優婆塞持戒精勤梵行清淨
斷五下結得阿那含度疑彼岸斷於疑网犢
子言瞿曇置一比丘一比丘尼一優婆塞 是
佛法中頗有一優婆塞持戒精懃梵行清
淨度疑彼岸斷疑网不佛言善男子我佛法
中非一二三乃至五百乃有无量諸優婆塞持
戒精勤梵行清淨斷五下結得阿那含度疑
岸斷於疑网犢子言瞿曇置一比丘一比丘尼
盡一切漏一優婆塞一優婆塞持戒精勤
梵行清淨斷於疑网是佛法中頗有優婆
塞受五欲樂心无疑网不佛言善男子是佛
法中非一二三乃至五百乃有无量諸優婆塞
斷於三結得須陁洹薄貪恚癡得斯陁含如
優婆塞優婆塞戒亦如是世尊我於今者樂
說譬喻佛言善哉樂說便說世尊譬如難陁
婆難陁龍王等降大雨如來法雨亦復如是平
等雨於優婆塞優婆夷世尊若諸外道欲來
出家不審如來幾月試之佛言善男子皆四
月試不必一種世尊若不一種唯願大慈聽我
出家尒時世尊告憍陳如聽是犢子出家受
戒時憍陳如受佛勑已立衆僧中為作羯磨
於出家後滿十五日得須陁洹果既得果已復
作是念若有智慧從學得者我今已得堪任
見佛即往佛所頭面作礼脩敬已畢却住一
白佛言世尊諸有智慧從學得者我今已
得唯願為我重分別說令我獲得无學智

BD14993號　大般涅槃經（北本異卷）卷三九　（25-23）

作是念若有智慧從學得者我今已得堪任
見佛即往佛所頭面作礼脩敬已畢却住一
白佛言世尊諸有智慧從學得者我今已
得唯願為我重分別說令我獲得无學智
慧佛言善男子汝勤精進脩習二法一奢摩
他二毗婆舍那善男子若有比丘欲得須陁洹
果亦當勤脩如是二法若復欲得斯陁含果阿
那含果阿羅漢果亦當脩集如是二法善男子
若有比丘欲得四禪四无量心六神通八背捨
八勝處无諍智頂智畢竟智四无礙智金剛
三昧盡智无生智亦當脩集如是二法善男
子若欲得十住地无生法忍无相法忍不可
思議法忍聖行梵行天行菩薩行虛空三
昧智印三昧空无想无作三昧地三昧不退
三昧首楞嚴三昧金剛三昧阿耨多羅三藐
三菩提佛行亦當脩集如是二法犢子聞已
礼拜而出在娑羅林中脩是二法不久即得
阿羅漢果是時復有无量比丘欲詣佛所犢
子見已問言大德欲何所至諸比丘言欲往
佛所犢子復言諸大德若至佛所願為宣
啓犢子梵志脩二法已得无學智今報佛恩
入般涅槃時諸比丘至佛所已白佛言世尊犢
子比丘寄我等語世尊犢子梵志脩集二法
得无學智今報佛恩入於涅槃佛言善男子
犢子梵志得阿羅漢果汝等可往供養其身
時諸比丘受佛勑已還其屍所大設供養

BD14993號　大般涅槃經（北本異卷）卷三九　（25-24）

子若欲得十住地无生法忍无相法忍不可
思議法忍聖行梵行天行菩薩行虛空三
昧智印三昧空无想无作三昧地三昧不退
三昧首楞嚴三昧金剛三昧阿耨多羅三藐
三菩提佛行亦當脩集如是二法犢子聞已
礼拜而出在娑羅林中脩是二法不久即得
阿羅漢果是時復有无量比丘欲詣佛所犢
子見已問言大德欲何所至諸比丘言欲往
佛所犢子復言諸大德若至佛所願為宣
啓犢子梵志脩二法已得无學智今報佛恩
入般涅槃時諸比丘至佛所已白佛言世尊犢
子比丘寄我等語世尊犢子梵志脩集二法
得无學智今報佛恩入於涅槃佛言善男子
犢子梵志得阿羅漢果汝等可往供養其身
時諸比丘受佛勅已還其屍所大設供養

大般涅槃經卷第三十九

BD14993號　大般涅槃經（北本異卷）卷三九　（25–25）

妙法蓮華經藥王菩薩本事品第二十三

尒時宿王華菩薩白佛言世尊藥王菩薩云
何遊於娑婆世界世尊是藥王菩薩有若干
百千万億那由他難行苦行善哉世尊願少
解說諸天龍神夜叉乾闥婆阿脩羅迦樓羅
緊那羅摩睺羅伽人非人等又他國土諸來
菩薩及此聲聞衆聞皆歡喜尒時佛告宿王
華菩薩乃往過去无量恒河沙劫有佛号日
月淨明德如來應供正遍知明行足善逝世間
解无上士調御丈夫天人師佛世尊其佛
有八十億大菩薩摩訶薩七十二恒河沙大
聲聞衆佛壽四万二千劫菩薩壽命亦等彼
國无有女人地獄餓鬼畜生阿脩羅等及以
諸難地平如掌琉璃所成寶樹莊嚴寶帳覆
上垂寶華幡寶瓶香爐周遍國界七寶為臺
一樹一臺其樹去臺盡一箭道此諸寶樹皆
有菩薩聲聞而坐其下諸寶臺上各有百億

BD14994號　妙法蓮華經卷六　（8–1）

國无有女人地獄餓鬼畜生阿脩羅等及以
諸難地平如掌琉璃所成寶樹莊嚴寶帳覆
上垂寶華幡寶瓶香爐周遍國界七寶為臺
一樹一臺其樹去臺盡一箭道此諸寶樹皆
有菩薩聲聞而坐其下諸寶臺上各有百億
諸天作天伎樂歌嘆於佛以為供養尒時彼
佛為一切衆生憙見菩薩及衆菩薩諸聲聞
衆說法華經是一切衆生憙見菩薩樂習苦
行於日月淨明德佛法中精進經行一心求
佛滿万二千歲已得現一切色身三昧得此
三昧已心大歡喜即作念言我得現一切色
身三昧皆是得聞法華經力我今當供養日
月淨明德佛及法華經即時入是三昧於虛
空中雨曼陁羅華摩訶曼陁羅華細末堅黑
栴檀滿虛空中如雲而下又雨海此岸栴檀
之香此香六銖價直娑婆世界以供養佛作
是供養已從三昧起而自念言我雖以神力
供養於佛不如以身供養即服諸香栴檀薰

槃又勅一切衆生憙見菩薩善男子我以佛
法囑累於汝及諸菩薩大弟子并阿耨多羅
三藐三菩提法亦以三千大千七寶世界諸
寶樹寶臺及給侍諸天悉付於汝我滅度後
所有舍利亦付囑汝當令流布廣設供養應
起若干千塔如是日月淨明德佛勅一切衆
生憙見菩薩已於夜後分入於涅槃尒時一
切衆生憙見菩薩見佛滅度悲感懊惱戀慕

BD14994號　妙法蓮華經卷六　（8–2）

三藐三菩提法亦以三千大千七寶世界諸
寶樹寶臺及給侍諸天悉付於汝我滅度後
所有舍利亦付囑汝當令流布廣設供養應
起若干千塔如是日月淨明德佛勅一切衆
生憙見菩薩已於夜後分入於涅槃尒時一
切衆生憙見菩薩見佛滅度悲感懊惱戀慕
於佛即以海此岸栴檀為積供養佛身而以
燒之火滅已後收取舍利作八万四千寶瓶
以起八万四千塔高三世界表刹莊嚴垂諸
幡蓋懸衆寶鈴尒時一切衆生憙見菩薩復
自念言我雖作是供養心猶未足我今當更
供養舍利便語諸菩薩大弟子及天龍夜叉
等一切大衆汝等當一心念我今供養日月
淨明德佛舍利作是語已即於八万四千塔
前燃百福莊嚴臂七万二千歲而以供養令
无數求聲聞衆无量阿僧祇人發阿耨多羅
三藐三菩提心皆使得住現一切色身三昧
尒時諸菩薩天人阿脩羅等見其无臂憂惱
悲哀而作是言此一切衆生憙見菩薩是我
等師教化我者而今燒臂身不具足于時一
切衆生憙見菩薩於大衆中立此誓言我捨
兩臂必當得佛金色之身若實不虛令我兩
臂還復如故作是誓已自然還復由斯菩薩
福德智慧淳厚所致當尒之時三千大千世
界六種震動天雨寶華一切人天得未曾有
佛告宿王華菩薩於汝意云何一切衆生憙

BD14994號　妙法蓮華經卷六　（8–3）

兩臂必當得佛金色之身若實不虛令我兩
臂還復如故作是誓已自然還復由斯菩薩
福德智慧淳厚所致當尒之時三千大千世
界六種震動天雨寶華一切人天得未曾有
佛告宿王華菩薩於汝意云何一切衆生憙
見菩薩豈異人乎今藥王菩薩是也其所捨
身布施如是无量百千万億那由他數宿王
華若有發心欲得阿耨多羅三藐三菩提者
能然手指乃至足一指供養佛塔勝以國城
妻子及三千大千國土山林河池諸珎寶物
而供養者若復有人以七寶滿三千大千世
界供養於佛及大菩薩辟支佛阿羅漢是人
所得功德不如受持此法華經乃至一四句
偈其福最多宿王華辟如一切川流江河諸
水之中海為第一此法華經亦復如是於諸
如來所說經中最為深大又如土山黑山小
鐵圍山大鐵圍山及十寶山衆山之中須弥
山為第一此法華經亦復如是於諸經中最
為其上又如衆星之中月天子最為第一此
法華經亦復如是於千万億種諸經法中最
為照明又如日天子能除諸闇此經亦復如
是能破一切不善之闇又如諸小王中轉輪
聖王最為第一此經亦復如是於衆經中最
為其尊又如帝釋於三十三天中王此經亦
復如是諸經中王又如大梵天王一切衆生
之父此經亦復如是一切賢聖學无學及發
菩薩心者之父又如一切凡夫人中須陁洹

BD14994號　妙法蓮華經卷六　（8–4）

聖王最為第一此經亦復如是於衆經中最
為其尊又如帝釋於三十三天中王此經亦
復如是諸經中王又如大梵天王一切衆生
之父此經亦復如是一切賢聖學无學及發
菩薩心者之父又如一切凡夫人中須陁洹
斯陁含阿那含阿羅漢辟支佛為第一此經
亦復如是一切如來所說若菩薩所說若聲
聞所說諸經法中最為第一有能受持是經
典者亦復如是於一切衆生中亦為第一一
切聲聞辟支佛中菩薩為第一此經亦復如
是於一切諸經法中最為第一如佛為諸法
王此經亦復如是諸經中王宿王華此經能
救一切衆生者此經能令一切衆生離諸苦
惱此經能大饒益一切衆生充滿其願如清
涼池能滿一切諸渴乏者如寒者得火如裸
者得衣如商人得主如子得母如渡得舡如
病得醫如暗得燈如貧得寶如民得王如賈
客得海如炬除暗此法華經亦復如是能令
衆生離一切苦一切病痛能解一切生死之
縛若人得聞此法華經若自書若使人書所
得功德以佛智慧籌量多少不得其邊若書
是經卷華香瓔珞燒香末香塗香幡蓋衣服
種種之燈蘇燈油燈諸香油燈瞻蔔油燈須
曼油燈波羅羅油燈婆利師迦油燈那婆摩
利油燈供養所得功德亦復无量宿王華若
有人聞是藥王菩薩本事品者亦得无量无
邊功德若有女人聞是藥王菩薩本事品能

BD14994號　妙法蓮華經卷六　（8–5）

種種之燈蘇燈油燈諸香油燈瞻蔔油燈須
曼那油燈波羅羅油燈婆利師迦油燈那婆摩
利油燈供養所得功德亦復无量宿王華若
有人聞是藥王菩薩本事品者亦得无量无
邊功德若有女人聞是藥王菩薩本事品能
受持者盡是女身後不復受若如來滅後後
五百歲中若有女人聞是經典如說脩行於
此命終即往安樂世界阿彌陁佛大菩薩衆
圍繞住處生蓮華中寶座之上不復為貪欲
所惱亦復不為瞋恚愚癡所惱亦復不為憍
慢嫉妬諸垢所惱得菩薩神通无生法忍得
是忍已眼根清淨以是清淨眼根見七百万
二千億那由他恒河沙等諸佛如來是時諸
佛遥共讚言善哉善哉善男子汝能於釋迦
牟尼佛法中受持讀誦思惟是經為他人說
所得福德无量无邊火不能燒水不能漂汝
之功德千佛共說不能令盡汝今已能破諸
魔賊壞生死軍諸餘怨敵皆悉摧滅善男子
百千諸佛以神通力共守護汝於一切世間
天人之中无如汝者唯除如來其諸聲聞辟
支佛乃至菩薩智慧禪定无有與汝等者宿
王華此菩薩成就如是功德智慧之力若有
人聞是藥王菩薩本事品能隨喜讚善者是
人現世口中常出青蓮華香身毛孔中常出
牛頭栴檀香所得功德如上所說是故宿王
華以此藥王菩薩本事品囑累於汝我滅度
後後五百歲中廣宣流布於閻浮提无令斷

BD14994號　妙法蓮華經卷六　（8–6）

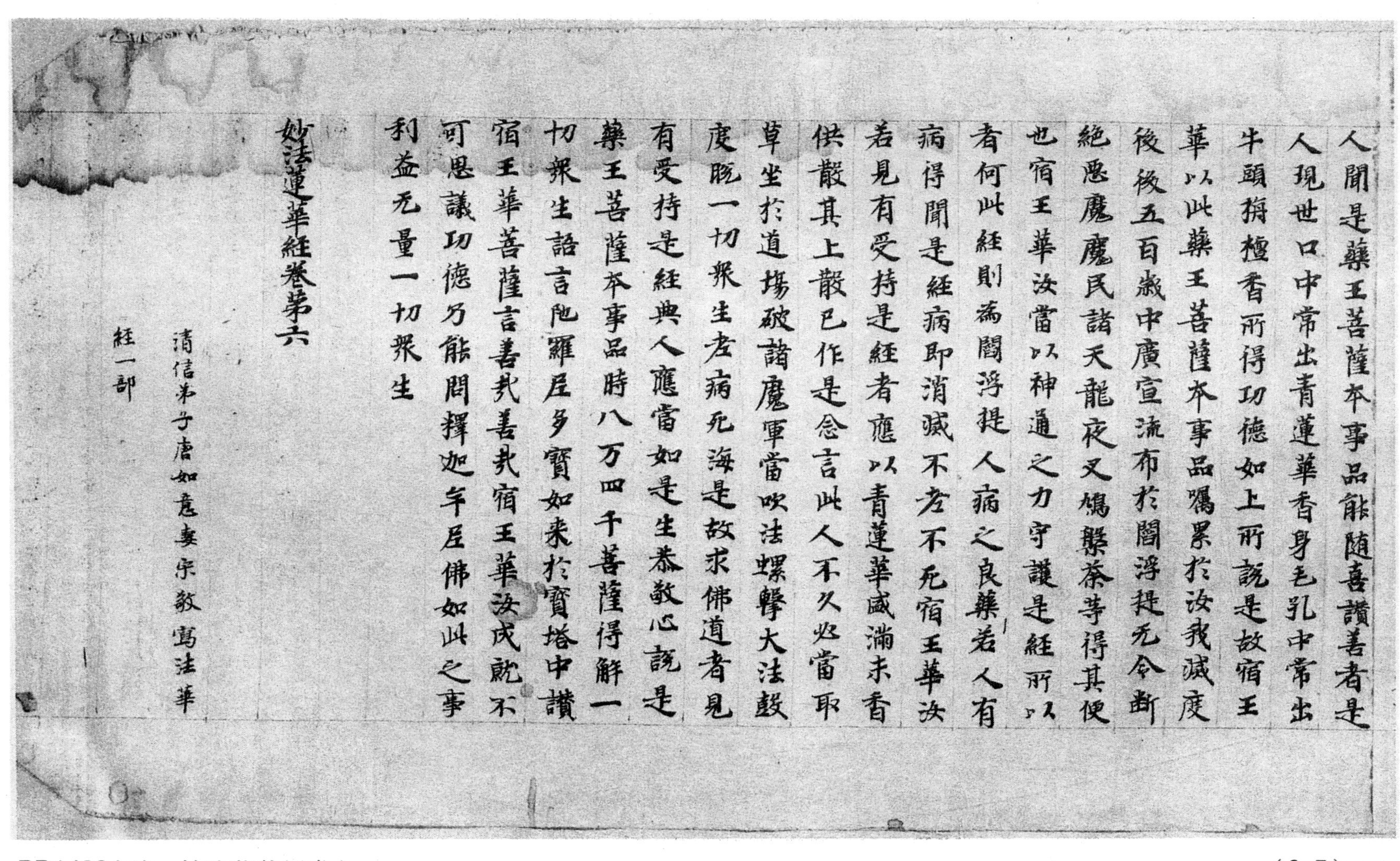

人聞是藥王菩薩本事品能隨喜讚善者是
人現世口中常出青蓮華香身毛孔中常出
牛頭栴檀香所得功德如上所說是故宿王
華以此藥王菩薩本事品囑累於汝我滅度
後後五百歲中廣宣流布於閻浮提无令斷
絕惡魔魔民諸天龍夜叉鳩槃荼等得其便
也宿王華汝當以神通之力守護是經所以
者何此經則為閻浮提人病之良藥若人有
病得聞是經病即消滅不老不死宿王華汝
若見有受持是經者應以青蓮華盛滿末香
供散其上散已作是念言此人不久必當取
草坐於道場破諸魔軍當吹法螺擊大法鼓
度脫一切衆生老病死海是故求佛道者見
有受持是經典人應當如是生恭敬心說是
藥王菩薩本事品時八万四千菩薩得解一
切衆生語言陁羅尼多寶如來於寶塔中讚
宿王華菩薩言善哉善哉宿王華汝成就不
可思議功德乃能問釋迦牟尼佛如此之事
利益无量一切衆生

妙法蓮華經卷第六

清信弟子唐如意妻宋敬寫法華
經一部

BD14994號　妙法蓮華經卷六　（8–7）

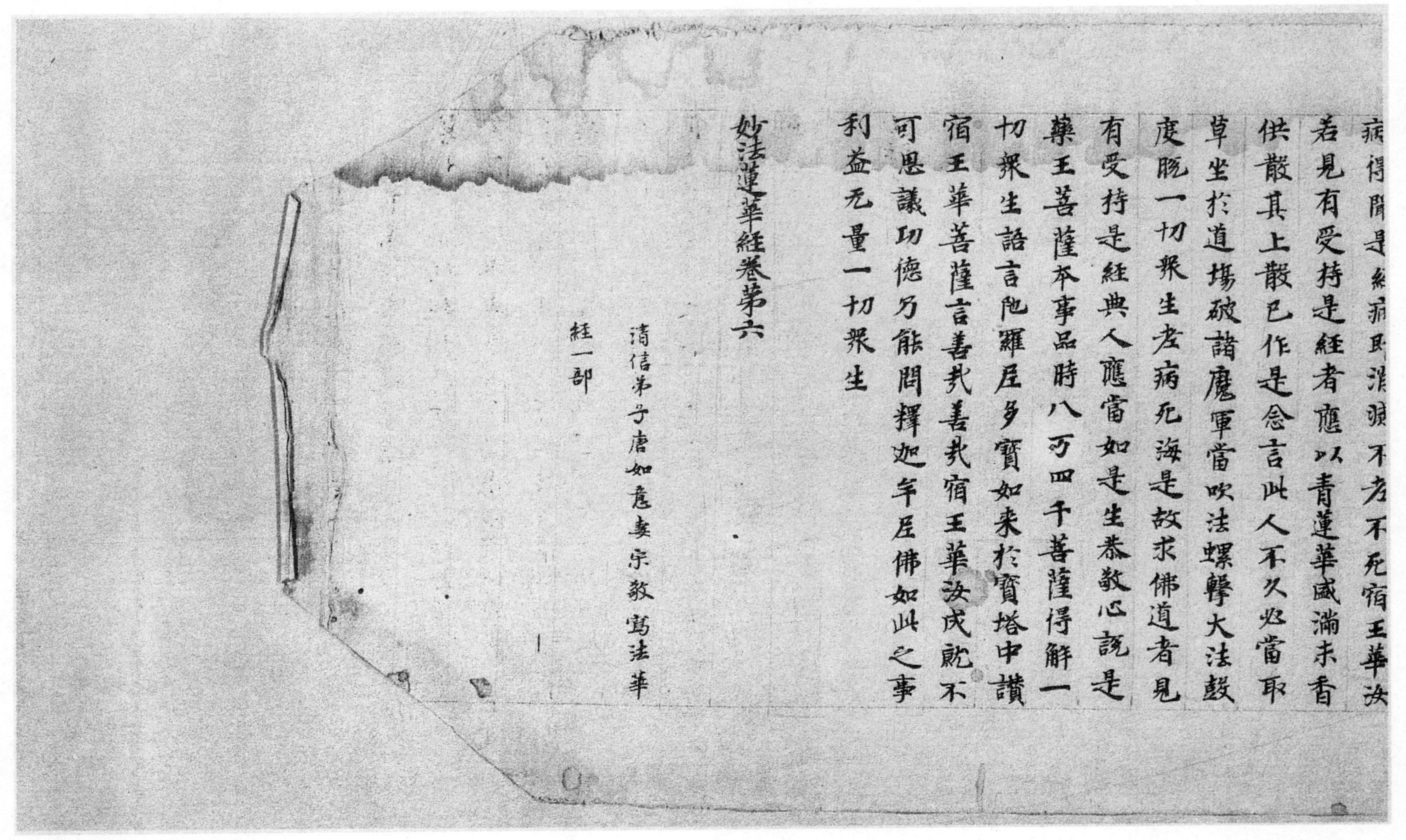

病得聞是經病即消滅不老不死宿王華汝
若見有受持是經者應以青蓮華盛滿末香
供散其上散已作是念言此人不久必當取
草坐於道場破諸魔軍當吹法螺擊大法鼓
度脫一切衆生老病死海是故求佛道者見
有受持是經典人應當如是生恭敬心說是
藥王菩薩本事品時八万四千菩薩得解一
切衆生語言陀羅尼多寶如來於寶塔中讚
宿王華菩薩言善哉善哉宿王華汝成就不
可思議功德乃能問釋迦牟尼佛如此之事
利益无量一切衆生

妙法蓮華經卷第六

清信弟子唐如意妻宗敎寫法華
經一部

BD14994 號　妙法蓮華經卷六　（8–8）

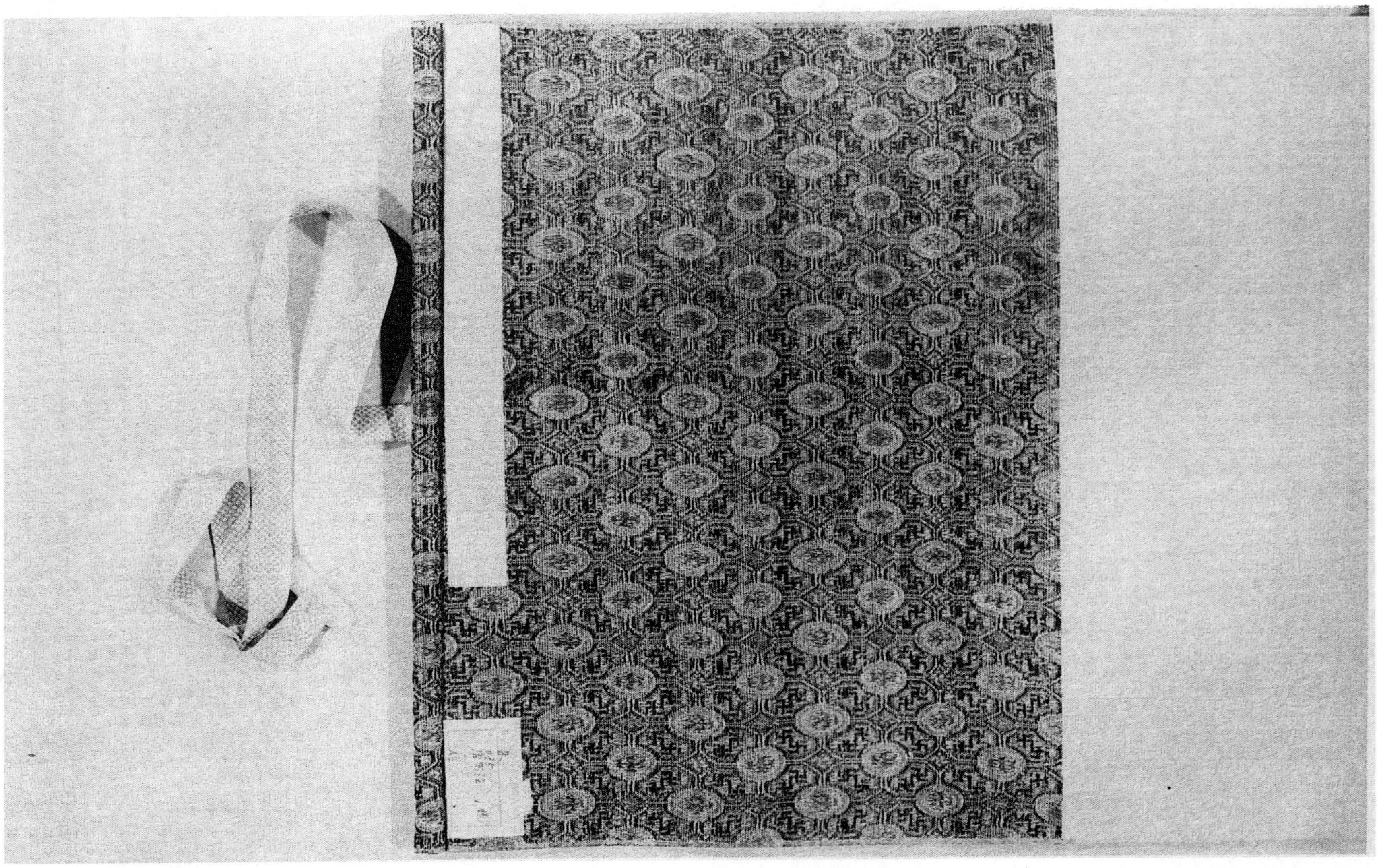

BD14995 號背　現代護首　（1–1）

皆大歡喜拜跪問訊善安隱歸我等愚癡誤
服毒藥願見救療更賜壽命父見子等苦惱
如是依諸經方求好藥草色香美味皆悉具
足擣簁和合與子令服而作是言此大良藥
色香美味皆悉具足汝等可服速除苦惱无
復衆患其諸子中不失心者見此良藥色香
俱好即便服之病盡除愈餘失心者見其父
來雖亦歡喜問訊求索治病然與其藥而不
肯服所以者何毒氣深入失本心故於此好
色香藥而謂不美父作是念此子可愍為毒
所中心皆顛倒雖見我喜求索救療如是好
藥而不肯服我今當設方便令服此藥即作
是言汝等當知我今衰老死時已至是好良
藥今留在此汝可取服勿憂不差作是教已
復至他國遣使還告汝父已死是時諸子聞
父背喪心大憂惱而作是念

BD14995號　妙法蓮華經卷五　(10–1)

所中心皆顛倒雖見我喜求索救療如是好
藥而不肯服我今當設方便令服此藥即作
是言汝等當知我今衰老死時已至是好良
藥今留在此汝可取服勿憂不差作是教已
復至他國遣使還告汝父已死是時諸子聞
父背喪心大憂惱而作是念若父在者慈愍
我等能見救護今者捨我遠喪他國自惟孤
露无復恃怙常懷悲感心遂醒悟乃知此藥
色味香美即取服之毒病皆愈其父聞子悉
已得差尋便來歸咸使見之諸善男子於意
云何頗有人能說此良醫虛妄罪不不也世
尊佛言我亦如是成佛已來无量无邊百千
万億那由他阿僧祇劫為衆生故以方便力
言當滅度亦无有能如法說我虛妄過者尒
時世尊欲重宣此義而說偈言

自我得佛來　所經諸劫數　无量百千万　億載阿僧祇
常說法教化　无數億衆生　令入於佛道　尒來无量劫
為度衆生故　方便現涅槃　而實不滅度　常住此說法
我常住於此　以諸神通力　令顛倒衆生　雖近而不見
衆見我滅度　廣供養舍利　咸皆懷戀慕　而生渴仰心
衆生既信伏　質直意柔軟　一心欲見佛　不自惜身命
時我及衆僧　俱出靈鷲山　我時語衆生　常在此不滅
以方便力故　現有滅不滅　餘國有衆生　恭敬信樂者
我復於彼中　為說无上法　汝等不聞此　但謂我滅度
我見諸衆生　沒在於苦惱　故不為現身　令其生渴仰
因其心戀慕　乃出為說法　神通力如是　於阿僧祇劫
常在靈鷲山　及餘諸住處　衆生見劫盡　大火所燒時
我此土安隱　天人常充滿　園林諸堂閣　種種寶莊嚴

BD14995號　妙法蓮華經卷五　(10–2)

有善男女等　聞我說壽命　乃至一念信　其福過於彼
若人悉无有　一切諸疑悔　深心須臾信　其福為如此
其有諸菩薩　无量劫行道　聞我說壽命　是則能信受
如是諸人等　頂受此經典　願我於未來　長壽度衆生
如今日世尊　諸釋中之王　道場師子吼　說法无所畏
我等未來世　一切所尊敬　坐於道場時　說壽亦如是
若有深心者　清淨而質直　多聞能摠持　隨義解佛語
如是諸人等　於此无有疑
又阿逸多若有聞佛壽命長遠解其言趣是
人所得功德无有限量能起如來无上之慧
何況廣聞是經若教人聞若自持若教人持
若自書若教人書若以華香瓔珞幢幡繒蓋
香油蘇燈供養經卷是人功德无量无邊能
生一切種智阿逸多若善男子善女人聞我
說壽命長遠深心信解則為見佛常在耆闍
崛山共大菩薩諸聲聞衆圍繞說法又見此
娑婆世界其地瑠璃坦然平正閻浮檀金以
界八道寶樹行列諸臺樓觀皆悉寶成其菩
薩衆咸處其中若有能如是觀者當知是為
深信解相又復如來滅後若聞是經而不毀
呰起隨喜心當知已為深信解相何況讀誦
受持之者斯人則為頂戴如來阿逸多是善
男子善女人不須為我復起塔寺及作僧坊
以四事供養衆僧所以者何是善男子善女
人受持讀誦是經典者為已起塔造立僧坊
供養衆僧則為以佛舍利起七寶塔高廣漸
小至于梵天懸諸幡蓋及衆寶鈴華香瓔珞
末香塗香燒香衆鼓伎樂簫笛箜篌

BD14995號　妙法蓮華經卷五　（10-7）

以四事供養衆僧所以者何是善男子善女
人受持讀誦是經典者為已起塔造立僧坊
供養衆僧則為以佛舍利起七寶塔高廣漸
小至于梵天懸諸幡蓋及衆寶鈴華香瓔珞
末香塗香燒香衆鼓伎樂簫笛箜篌種種舞
戲以妙音聲歌唄讚頌則為於无量千万億
劫作是供養已阿逸多若我滅後聞是經典
有能受持若自書若教人書則為起立僧坊
以赤栴檀作諸殿堂三十有二高八多羅樹
高廣嚴好百千比丘於其中止園林浴池經
行禪窟衣服飲食床褥湯藥一切樂具充滿
其中如是僧坊堂閣若干百千万億其數无
量以此現前供養於我及比丘僧是故我說
如來滅後若有受持讀誦為他人說若自書
若教人書供養經卷不須復起塔寺及造僧
坊供養衆僧況復有人能持是經兼行布施
持戒忍辱精進一心智慧其德最勝无量无
邊譬如虛空東西南北四維上下无量无邊
是人功德亦復如是无量无邊疾至一切種
智若人讀誦受持是經為他人說若自書若
教人書復能起塔及造僧坊供養讚歎聲聞
衆僧亦以百千万億讚歎之法讚歎菩薩功
德又為他人種種因緣隨義解說此法華經
復能清淨持戒與柔和者而共同止忍辱无
瞋志念堅固常貴坐禪得諸深定精進勇猛
攝諸善法利根智慧善答問難阿逸多若我
滅後諸善男子善女人受持讀誦是經典者

BD14995號　妙法蓮華經卷五　（10-8）

德又為他人種種因緣隨義解說此法華經
復能清淨持戒與柔和者而共同止忍辱无
瞋志念堅固常貴坐禪得諸深定精進勇猛
攝諸善法利根智慧善荅問難阿逸多若我
滅後諸善男子善女人受持讀誦是經典者
復有如是諸善功德當知是人已趣道場近
阿耨多羅三藐三菩提坐道樹下阿逸多是
善男子若坐若立若行處此中便應起塔一
切天人皆應供養如佛之塔尒時世尊欲重
宣此義而說偈言
若我滅度後　能奉持此經　斯人福无量　如上之所說
是則為具足　一切諸供養　以舍利起塔　七寶而莊嚴
表刹甚高廣　漸小至梵天　寶鈴千万億　風動出妙音
又於无量劫　而供養此塔　華香諸瓔珞　天衣衆伎樂
然香油蘇燈　周帀常照明　惡世法末時　能持是經者
則為已如上　具足諸供養　若能持此經　則如佛現在
以牛頭栴檀　起僧坊供養　堂有三十二　高八多羅樹
上饌妙衣服　床卧皆具足　百千衆住處　園林諸流池
經行及禪窟　種種皆嚴好　若有信解心　受持讀誦書
若復教人書　及供養經卷　散華香末香　以須曼瞻蔔
阿提目多伽　薰油常然之　如是供養者　得无量功德
如虛空无邊　其福亦如是　況復持此經　兼布施持戒
忍辱樂禪定　不瞋不惡口　恭敬於塔廟　謙下諸比丘
遠離自高心　常思惟智慧　有問難不瞋　隨順為解說
若能行是行　功德不可量　若見此法師　成就如是德
應以天華散　天衣覆其身　頭面接足礼　生心如佛想
又應作是念　不久詣道樹　得无漏无為　廣利諸人天

BD14995號　妙法蓮華經卷五　（10–9）

經行及禪窟　種種皆嚴好　若有信解心　受持讀誦書
若復教人書　及供養經卷　散華香末香　以須曼瞻蔔
阿提目多伽　薰油常然之　如是供養者　得无量功德
如虛空无邊　其福亦如是　況復持此經　兼布施持戒
忍辱樂禪定　不瞋不惡口　恭敬於塔廟　謙下諸比丘
遠離自高心　常思惟智慧　有問難不瞋　隨順為解說
若能行是行　功德不可量　若見此法師　成就如是德
應以天華散　天衣覆其身　頭面接足礼　生心如佛想
又應作是念　不久詣道樹　得无漏无為　廣利諸人天
其所住止處　經行若坐卧　乃至說一偈　是中應起塔
莊嚴令妙好　種種以供養　佛子住此地　則是佛受用
常在於其中　經行及坐卧

妙法蓮華經卷第五

BD14995號　妙法蓮華經卷五　（10–10）

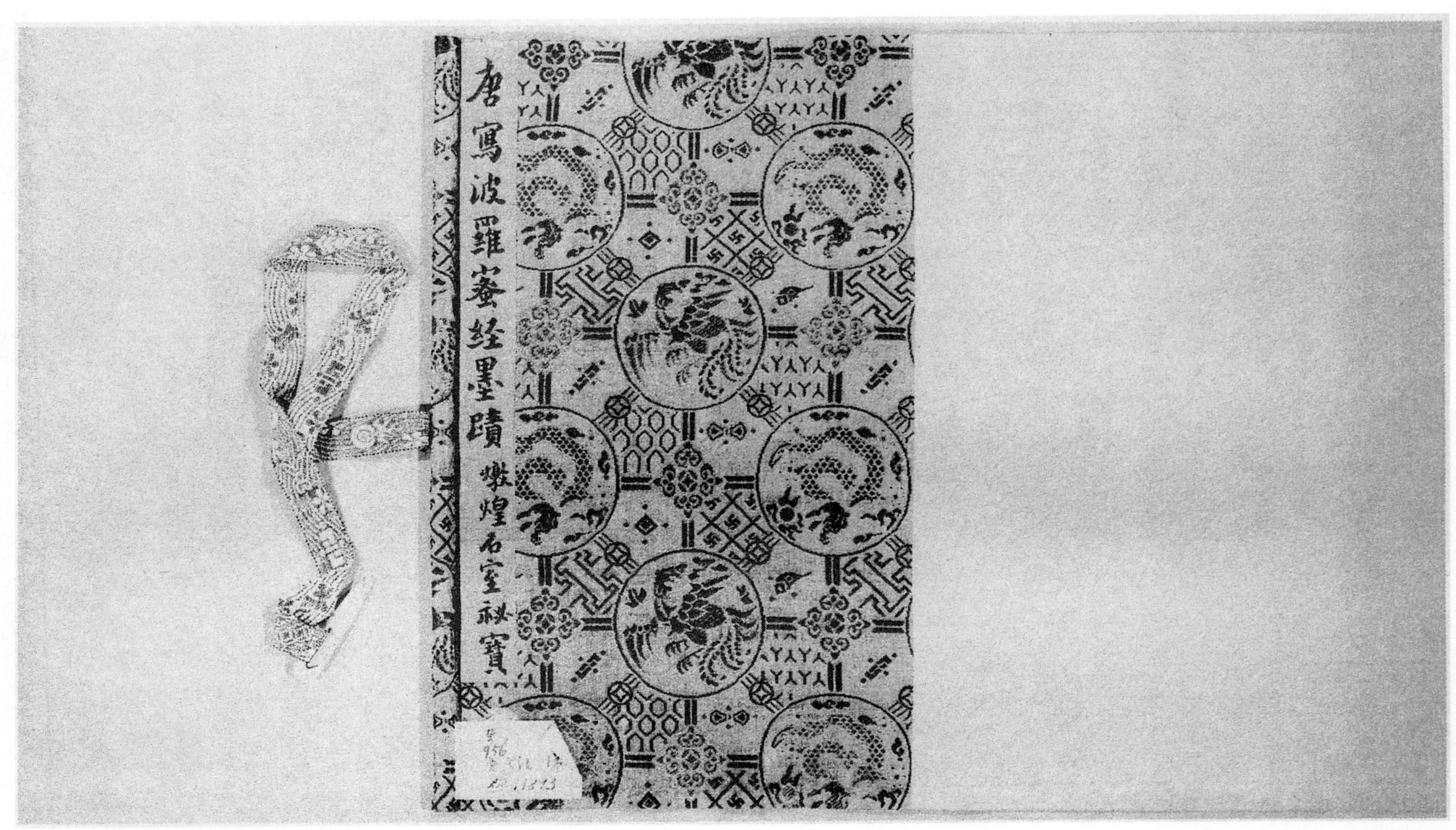

BD14996 號背　現代護首　（1–1）

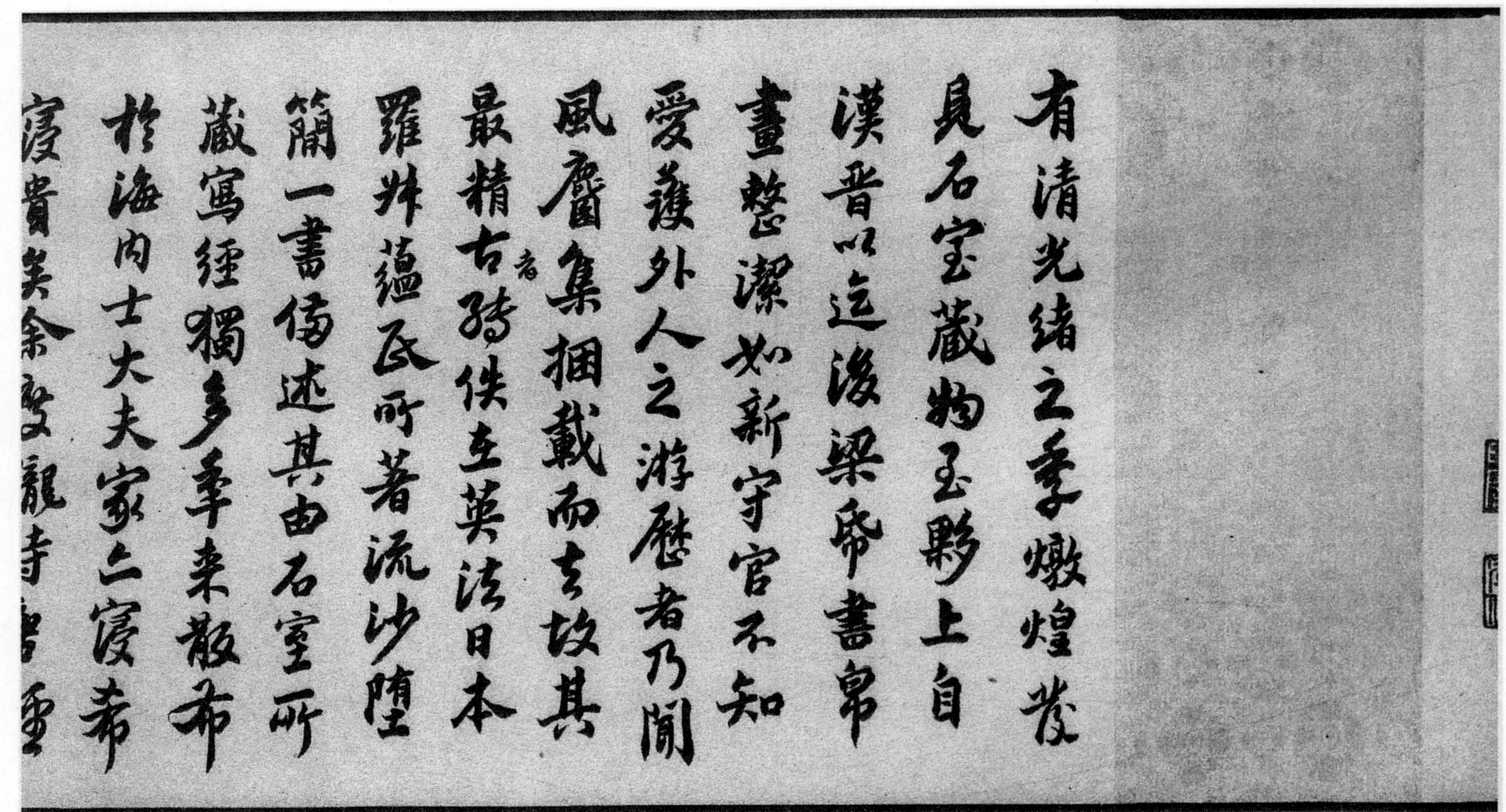
有清光緒之季燉煌發
見石室藏物至夥上自
漢晋以迄後梁帝書帛
畫整潔如新守官不知
愛護外人之游歷者乃聞
風麕集捆載而去故其
最精古者猶佚在英法日本
羅卅蘊氏所著流沙墜
簡一書備述其由石室所
藏寫經獨多年來散布
於海內士大夫家亦寖希
寖貴矣余變龍寺書重

BD14996 號　摩訶般若波羅蜜經（異卷）卷二六　（12–1）

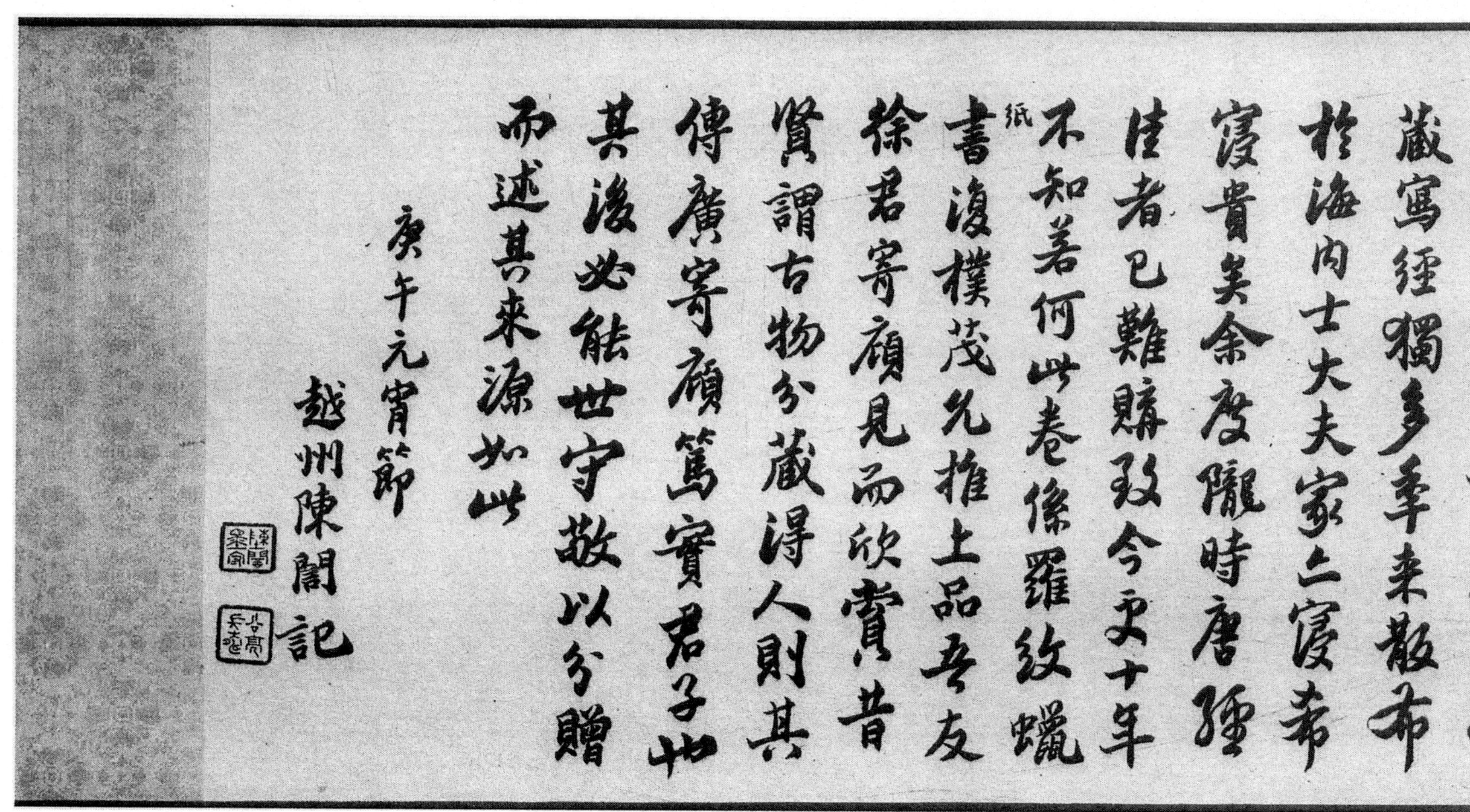
藏寫經獨多年来散布
於海内士大夫家已寖希
寖貴矣余度隴時唐經
佳者已難購致今更十年
不知若何此卷係羅紋蠟
紙書復樸茂允推上品吾友
徐君寄顧見而欣賞昔
賢謂古物分藏得人則其
傳廣寄顧篤寶君子也
其後必能世守敬以分贈
而述其來源如此
庚午元宵節
越州陳誾記

BD14996 號　摩訶般若波羅蜜經（異卷）卷二六　　（12–2）

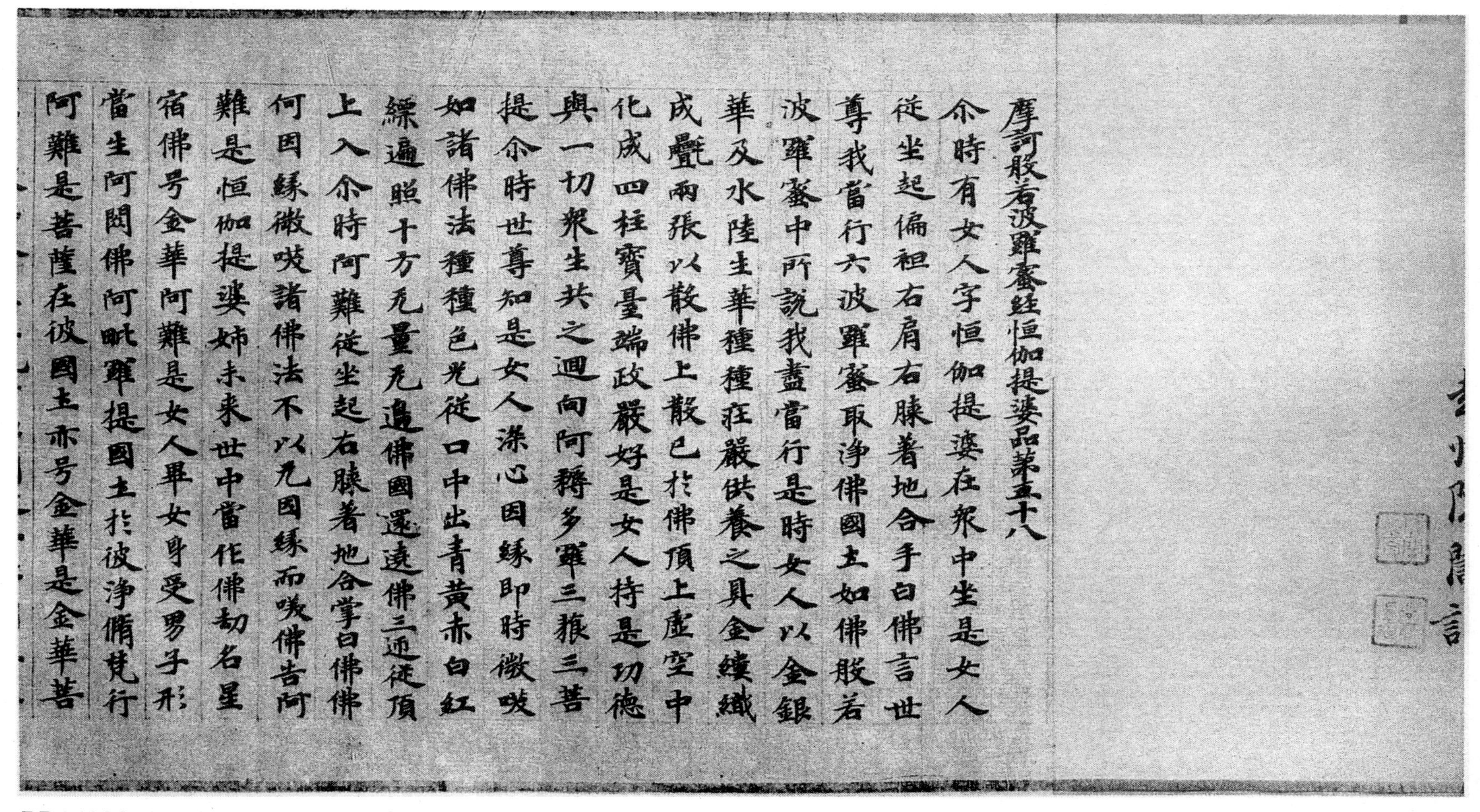
摩訶般若波羅蜜經恒伽提婆品第五十八
尒時有女人字恒伽提婆在衆中坐是女人
從坐起偏袒右肩右膝著地合手白佛言世
尊我當行六波羅蜜取淨佛國土如佛般若
波羅蜜中所說我盡當行是時女人以金銀
華及水陸生華種種莊嚴供養之具金縷織
成疊兩張以散佛上散已於佛頂上虛空中
化成四柱寶臺端政嚴好是女人持是功德
與一切衆生共之迴向阿耨多羅三藐三菩
提尒時世尊知是女人深心因緣即時微咲
如諸佛法種種色光從口中出青黃赤白紅
縹遍照十方无量无邊佛國還遶佛三匝從頂
上入尒時阿難從坐起右膝著地合掌白佛佛
何因緣微咲諸佛法不以无因緣而咲佛告阿
難是恒伽提婆姊未來世中當作佛劫名星
宿佛号金華阿難是女人畢女身受男子形
當生阿閦佛阿毗羅提國土於彼淨脩梵行
阿難是菩薩在彼國土亦号金華是金華菩

BD14996 號　摩訶般若波羅蜜經（異卷）卷二六　　（12–3）

難是恒伽提婆姉未来世中當作佛劫名星
宿佛号金華阿難是女人畢女身受男子形
當生阿閦佛阿毗羅提國土於彼淨脩梵行
阿難是菩薩在彼國土亦号金華是金華菩
薩於彼壽終復至他方佛國從一佛國土至
一佛國不離諸佛譬如轉輪聖王從一觀至
一觀從生至終足不蹈地阿難是金華菩薩
摩訶薩亦如是從一佛國至一佛國乃至阿
耨多羅三藐三菩提未常不見佛時阿難作
是念言是金華菩薩摩訶薩後作佛時諸菩
薩摩訶薩會當知為如佛會佛知阿難意所
念告阿難言如是如是金華佛時菩薩摩訶
薩會當知為如佛會阿難是金華佛比丘僧无
量无邊不可數不可數若千百千万億那由
他阿難是金華菩薩作佛時其國土无有是
諸衆惡如上所說阿難白佛言世尊是女
人從何處殖衆德本種善根佛告阿難是女
人從燃燈佛種善根初發阿耨多羅三藐三
菩提心以是功德迴向阿耨多羅三藐三菩提亦
以金華散燃燈佛上求阿耨多羅三藐三菩
提阿難如我尒時以五華散燃燈佛上求阿
耨多羅三藐三菩提燃燈佛知我善根成就
與我授阿耨多羅三藐三菩提記是女人聞
我受記發心言我當来世亦如是菩薩得受
阿耨多羅三藐三菩提記阿難當知是女人

BD14996號　摩訶般若波羅蜜經（異卷）卷二六　（12–4）

耨多羅三藐三菩提燃燈佛知我善根成就
與我授阿耨多羅三藐三菩提記是女人聞
我受記發心言我當来世亦如是菩薩得受
阿耨多羅三藐三菩提記阿難當知是女人
於燃燈佛初發心阿難白佛言世尊是女人
久習行阿耨多羅三藐三菩提佛言如是如
是是女人久習行阿耨多羅三藐三菩提
摩訶般若波羅蜜經學空不證品第五十九
須菩提白佛言世尊菩薩摩訶薩欲行
般若波羅蜜云何學空三昧云何入空三昧云何
學无相无作三昧云何入无相无作三昧云
何學四念處云何脩四念處乃至云何學八
聖道分云何脩八聖道分佛告須菩提菩薩
摩訶薩行般若波羅蜜時應觀色空受想行
識空十二入十八界空乃至應觀欲色无色
界空作是觀時不令心亂是菩薩摩訶薩若
心不亂則不見是法若不見是法則不作證
何以故是菩薩摩訶薩善學自相空故不有餘
不有分證法證者皆不可見須菩提白佛言
世尊如佛所說菩薩摩訶薩不應空法作證
世尊云何菩薩住空法中而不作證佛告須
菩提若菩薩摩訶薩具足觀空先作是願我
令不應空法作證我今學時非是證時菩薩
摩訶薩不專攝心繫在緣中是故菩薩摩訶
薩於阿耨多羅三藐三菩提中不退亦不取
漏盡證須菩提菩薩摩訶薩如是大善妙法

BD14996號　摩訶般若波羅蜜經（異卷）卷二六　（12–5）

菩提若菩薩摩訶薩具足觀空先作是願我
今不應空法作證我今學時非是證時菩薩
摩訶薩不專攝心繫在緣中是故菩薩摩訶
薩於阿耨多羅三藐三菩提中不退亦不取
漏盡證須菩提菩薩摩訶薩如是大善妙法
成就何以故住是空中作是念我今是學時
非是證時須菩提菩薩摩訶薩應如是念我
是學檀波羅蜜時非是證時學尸羅波羅蜜
羼提波羅蜜毗梨耶波羅蜜禪波羅蜜時脩
四念處時乃至脩八聖道分時非是證時脩
空三昧无相三昧无作三昧時非是證時脩
佛十力脩四无所畏四无导智十八不共法
大慈大悲時非是證時我今學一切種智時
非是得須陁洹果證乃至阿羅漢辟支佛道
證時如是須菩提菩薩摩訶薩行般若波羅
蜜學空觀住空中學无相无作觀住无相无
作中脩四念處不證四念處乃至脩八聖道
分不證八聖道分是菩薩雖學卅七品雖行
卅七品而不作須陁洹果證乃至辟支佛道
須菩提譬如壮夫勁勇猛健善於兵法六十四
能堅持器杖安立不動巧諸伎術端正淨潔
人所愛敬少脩事業得報利多以是因緣故
衆所恭敬尊重讚歎見人敬重倍復歡喜少
有因緣當至他處狭将老弱過諸嶮難恐怖
之處安慰父母曉喻妻子莫有恐懼我能過
此必无所畏嶮難道中多有怨賊潛伏劫害

BD14996號　摩訶般若波羅蜜經（異卷）卷二六　（12–6）

人所愛敬少脩事業得報利多以是因緣故
衆所恭敬尊重讚歎見人敬重倍復歡喜少
有因緣當至他處狭将老弱過諸嶮難恐怖
之處安慰父母曉喻妻子莫有恐懼我能過
此必无所畏嶮難道中多有怨賊潛伏劫害
其人智力具足故能度惡道還歸本處不遇賊
害歡喜安樂須菩提菩薩摩訶薩亦如是於一
切衆生中慈悲喜捨心遍滿足尒時菩薩摩訶
薩住四无量心具足六波羅蜜不取漏盡證學
一切種智入空无相无作解脫門是時菩薩不
隨一切諸相亦不證无相三昧以不證无相三
昧故不墮聲聞辟支佛地須菩提譬如有翼
之鳥飛騰虛空而不墮墜雖在空中亦不住
空須菩提菩薩摩訶薩亦如是學空解脫門
學无相无作解脫門亦不作證以不作證故不
墮聲聞辟支佛地未具足佛十力大慈大悲
无量諸佛法一切種智亦不證空无相无作
解脫門須菩提譬如健人學諸射法善於射
術仰射空中復以後箭射於前箭箭箭相注
不令箭墮隨意自在若欲令墮便止後箭尒
乃墮地須菩提菩薩摩訶薩亦如是行般若
波羅蜜以方便力故為阿耨多羅三藐三菩
提諸善根未具足不於實際作證若善根成
就是時便於實際作證以是故須菩提菩薩
摩訶薩行般若波羅蜜時應如是觀諸法
相須菩提白佛言世尊菩薩摩訶薩所為甚

BD14996號　摩訶般若波羅蜜經（異卷）卷二六　（12–7）

提諸善根未具足不於實際作證若善根成
就是時便於實際作證以是故須菩提菩薩
摩訶薩行般若波羅蜜時應如是觀諸法
相須菩提白佛言世尊菩薩摩訶薩所為甚
難何以故雖學是諸法相學實際學如學法
性學畢竟空乃至學自相空及三解脫門終不
中道墮落世尊是甚希有佛告須菩提是菩
薩摩訶薩不捨一切衆生故作如是願須菩
提若菩薩摩訶薩作是念我不應捨一切衆
生一切衆生沒在无所有法中我應當度尒
時即入空解脫門无相解脫門无作解脫門
須菩提當知是菩薩摩訶薩成就方便力未
得一切種智行是解脫門亦不中道取實際
證復次須菩提菩薩摩訶薩欲觀是諸甚深
法所謂內空乃至无法有法空四念處乃至
三解脫門尒時菩薩摩訶薩應生如是心是
諸衆生長夜行我相乃至知者見者相著於
得法為衆生斷是諸相故得阿耨多羅三藐
三菩提當說法尒時菩薩行空解脫門无相
无作解脫門亦不取實際證以不證故不墮
須陁洹果乃至辟支佛道須菩提是菩薩摩
訶薩以是心欲成就善根故不中道實際作
證不失四禪四无量心四无色定四念處乃至
八聖道分空无相无作佛十力四无所畏四
无导智大慈大悲十八不共法是時菩薩摩
訶薩成就一切助道法乃至阿耨多羅三藐

BD14996號　摩訶般若波羅蜜經（異卷）卷二六　（12–8）

訶薩以是心欲成就善根故不中道實際作
證不失四禪四无量心四无色定四念處乃至
八聖道分空无相无作佛十力四无所畏四
无导智大慈大悲十八不共法是時菩薩摩
訶薩成就一切助道法乃至阿耨多羅三藐
三菩提終不耗減是菩薩有方便力故常增
益善法諸根通利勝於阿羅漢辟支佛根復
次須菩提若菩薩摩訶薩作是念衆生長夜
著四顛倒常相樂相淨相我相為是衆生故
求薩婆若我得阿耨多羅三藐三菩提時為
說无常法皆不淨无我法是菩薩成就是心
以方便力行般若波羅蜜不得佛三昧未具
足佛十力四无所畏四无导智大慈大悲十
八不共法亦不實際作證尒時菩薩脩无作
解脫門雖未得阿耨多羅三藐三菩提亦不
實際作證復次須菩提若菩薩摩訶薩作是
念衆生長夜著得法所謂我衆生乃至知者
見者是色是受想行識是入是界是四禪四
无量心四无色定我如是行如我得阿耨多
羅三藐三菩提時令衆生无是得法菩薩是
心成就以方便力行般若波羅蜜未具足佛
十力四无所畏四无导智大慈大悲十八不
共法不於實際作證尒時菩薩具足脩空三
昧復次須菩提若菩薩摩訶薩作是念衆生
長夜行諸相所謂男相女相色相无色相我
如是行如我得阿耨多羅三藐三菩提時令

BD14996號　摩訶般若波羅蜜經（異卷）卷二六　（12–9）

共法不於實際作證尒時菩薩具足脩空三
昧復次須菩提若菩薩摩訶薩作是念衆生
長夜行諸相所謂男相女相色相无色相我
如是行如我得阿耨多羅三藐三菩提時令
衆生无是諸相過失是心成就以方便力行
般若波羅蜜未具足佛十力乃至十八不共
法不於實際作證尒時菩薩摩訶薩具足脩
无相三昧須菩提若菩薩摩訶薩學六波羅
蜜學內空乃至无法有法空學四念處乃至
空无相无作解脫門學佛十力四无所畏四
无导智大慈大悲學十八不共法如是智慧
成就若著作法若住三界无有是處是菩薩
摩訶薩學助道法行助道法時應當試問菩
薩摩訶薩欲得阿耨多羅三藐三菩提云何
學是法觀空不證實際以不證故不墮須陁
洹果乃至辟支佛道觀无相无作无起无生
无所有亦不取證而脩行般若波羅蜜應如
是問須菩提若諸菩薩摩訶薩若試問時是
菩薩若如是荅菩薩摩訶薩但應觀无相无
作无起无生无所有是菩薩摩訶薩不應學
空无相无作无起无生无所有不應學是助
道法須菩提當知是菩薩諸佛未授阿耨多
羅三藐三菩提記何以故是人不能說阿鞞
跋致菩薩所學相不能亦不能荅若是菩薩
摩訶薩能說能亦能荅阿鞞跋致所學相當

BD14996號　摩訶般若波羅蜜經(異卷)卷二六　(12–10)

作无起无生无所有是菩薩摩訶薩不應學
空无相无作无起无生无所有不應學是助
道法須菩提當知是菩薩諸佛未授阿耨多
羅三藐三菩提記何以故是人不能說阿鞞
跋致菩薩所學相不能亦不能荅若是菩薩
摩訶薩能說能亦能荅阿鞞跋致所學相當
知是菩薩摩訶薩已習學菩薩道入薄地如
餘阿鞞跋致菩薩摩訶薩阿鞞跋致地須菩
提白佛言世尊頗有未得阿鞞跋致菩薩能
如是荅不佛言有須菩提是菩薩摩訶薩六
波羅蜜若聞若不聞能如是荅如阿鞞跋致
菩薩摩訶薩須菩提言世尊多有菩薩求佛
道少有菩薩能如是荅如阿鞞跋致菩薩摩
訶薩學道无學道中佛語須菩提如是如是
是菩薩甚少何以故菩薩摩訶薩少有如是
得受記阿鞞跋致慧地若有得受記是人能
如是荅是人善根明了諸天世人所不能壞

摩訶般若波羅蜜經卷第廿六

BD14996號　摩訶般若波羅蜜經(異卷)卷二六　(12–11)

如是荅不佛言有須菩提是菩薩摩訶薩六
波羅蜜若聞若不聞能如是荅如阿鞞跋致
菩薩摩訶薩須菩提言世尊多有菩薩求佛
道少有菩薩能如是荅如阿鞞跋致菩薩摩
訶薩學道无學道中佛語須菩提如是如是
是菩薩甚少何以故菩薩摩訶薩少有如是
得受記阿鞞跋致慧地若有得受記是人能
如是荅是人善根明了諸天世人所不能壞

摩訶般若波羅蜜經卷第廿六

BD14996 號　摩訶般若波羅蜜經（異卷）卷二六　（12–12）

妙法蓮華經化城喻品第七

佛告諸比丘乃往過去无量无邊不可思議
阿僧祇劫尒時有佛名大通智勝如來應供
正遍知明行足善逝世間解无上士調御丈
夫天人師佛世尊其國名好成劫名大相諸
比丘彼佛滅度已來甚大久遠譬如三千大
千世界所有地種假使有人磨以為墨過於
東方千國土乃下一點大如微塵又過千國
土復下一點如是展轉盡地種墨於汝等意
云何是諸國土若筭師若筭師弟子能得邊
際知其數不不也世尊諸比丘是人所逕國
土若點不點盡末為塵一塵一劫彼佛滅度
已來復過是數无量无邊百千万億阿僧祇
劫我以如來知見力故觀彼久遠猶若今日
尒時世尊欲重宣此義而說偈言
我念過去世　无量无邊劫　有佛兩足尊　名大通智勝
如人以力磨　三千大千土　盡此諸地種　皆悉以為墨

BD14997 號　妙法蓮華經卷三　（16–1）

劫我以如来知見力故觀彼久遠猶若今日
尒時世尊欲重宣此義而説偈言
我念過去世　无量无邊劫　有佛兩足尊　名大通智勝
如人以力磨　三千大千土　盡此諸地種　皆悉以為墨
過於千國土　乃下一塵點　如是展轉點　盡此諸塵墨
如是諸國土　點與不點等　復盡末為塵　一塵為一劫
此諸微塵數　其劫復過是　彼佛滅度来　如是无量劫
如来无㝵智　知彼佛滅度　及聲聞菩薩　如見今滅度
諸比丘當知　佛智淨微妙　无漏无所㝵　通達无量劫
佛告諸比丘大通智勝佛壽五百四十万億
那由他劫其佛本坐道場破魔軍已垂得阿
耨多羅三藐三菩提而諸佛法不現在前如
是一小劫乃至十小劫結跏趺坐身心不動
而諸佛法猶不在前尒時忉利諸天先為彼
佛於菩提樹下敷師子座高一由旬佛於此
坐當得阿耨多羅三藐三菩提適坐此座時
諸梵天王雨衆天華面百由旬香風時来吹
去萎華更雨新者如是不絶滿十小劫供養
於佛乃至滅度常雨此華四王諸天為供養
佛常擊天鼓其餘諸天作天伎樂滿十小劫
至于滅度亦復如是諸比丘大通智勝佛過
十小劫諸佛之法乃現在前成阿耨多羅三
藐三菩提其佛未出家時有十六子其第一
者名曰智積諸子各有種種珍異玩好之具
聞父得成阿耨多羅三藐三菩提皆捨所珍
往詣佛所諸母涕泣而隨送之其祖轉輪
聖王與一百大臣及餘百千万億人民皆共圍
遶随至道場咸欲親近大通智勝如来供養

者名曰智積諸子各有種種珍異玩好之具
聞父得成阿耨多羅三藐三菩提皆捨所珍
往詣佛所諸母涕泣而隨送之其祖轉輪
聖王與一百大臣及餘百千万億人民皆共圍
遶随至道場咸欲親近大通智勝如来供養
恭敬尊重讃歎到已頭面礼足遶佛畢已一
心合掌瞻仰世尊以偈頌曰
大威德世尊　為度衆生故　於无量億歳　尒乃得成佛
諸願已具足　善哉吉无上　世尊甚希有　一坐十小劫
身體及手足　靜然安不動　其心常憺怕　未曾有散亂
究竟永寂滅　安住无漏法　今者見世尊　安隱成佛道
我等得善利　稱慶大歡喜　衆生常苦惱　盲瞑无導師
不識苦盡道　不知求解脱　長夜增惡趣　減損諸天衆
從冥入於冥　永不聞佛名　今佛得最上　安隱无漏道
我等及天人　為得最大利　是故咸稽首　歸命无上尊
尒時十六王子偈讃佛已勸請世尊轉於法
輪咸作是言世尊説法多所安隱憐愍饒益
諸天人民重説偈言
世雄无等倫　百福自莊嚴　得无上智慧　願為世間説
度脱於我等　及諸衆生類　為分別顯示　令得是智慧
若我等得佛　衆生亦復然　世尊知衆生　深心之所念
亦知所行道　又知智慧力　欲樂及脩福　宿命所行業
世尊悉知已　當轉无上輪
佛告諸比丘大通智勝佛得阿耨多羅三藐
三菩提時十方各五百万億諸佛世界六種
震動其國中間幽冥之處日月威光所不能
照而皆大明其中衆生各得相見咸作是言
此中云何忽生衆生又其國界諸天宮殿乃

三菩提時十方各五百万億諸佛世界六種
震動其國中間幽冥之處日月威光所不能
照而皆大明其中衆生各得相見咸作是言
此中云何忽生衆生又其國界諸天宮殿乃
至梵宮六種震動大光普照遍滿世界勝諸
天光尒時東方五百万億諸國土中梵天宮
殿光明照曜倍於常明諸梵天王各作是念
今者宮殿光明昔所未有以何因緣而現此
相是時諸梵天王即各相詣共議此事而彼
衆中有一大梵天王名救一切為諸梵衆而
說偈言
我等諸宮殿　光明昔未有　此是何因緣　宜各共求之
為大德天生　為佛出世間　而此大光明　遍照於十方
尒時五百万億國土諸梵天王與宮殿俱各
以衣裓盛諸天華共詣西方推尋是相見大
通智勝如來處于道場菩提樹下坐師子座
諸天龍王乾闥婆緊那羅摩睺羅伽人非人
等恭敬圍遶及見十六王子請佛轉法輪即
時諸梵天王頭面礼佛遶百千匝即以天華
而散佛上其所散華如須弥山并以供養佛
菩提樹其菩提樹高十由旬華供養已各以
宮殿奉上彼佛而作是言唯見哀愍饒益我
等所獻宮殿願垂納處尒時諸梵天王即於
佛前一心同聲以偈頌曰
世尊甚希有　難可得值遇　具無量功德　能救護一切
天人之大師　哀愍於世間　十方諸衆生　普皆蒙饒益
我等所從來　五百万億國　捨深禪定樂　為供養佛故

BD14997號　妙法蓮華經卷三

（16–4）

佛前一心同聲以偈頌曰
世尊甚希有　難可得值遇　具無量功德　能救護一切
天人之大師　哀愍於世間　十方諸衆生　普皆蒙饒益
我等所從來　五百万億國　捨深禪定樂　為供養佛故
我等先世福　宮殿甚嚴飾　今以奉世尊　唯願哀納受
尒時諸梵天王偈讚佛已各作是言唯願世
尊轉於法輪度脫衆生開涅槃道時諸梵天
王一心同聲而說偈言
世雄兩足尊　唯願演說法　以大慈悲力　度苦惱衆生
尒時大通智勝如來默然許之又諸比丘東
南方五百万億國土諸大梵王各自見宮殿
光明照曜昔所未有歡喜踊躍生希有心即
各相詣共議此事而彼衆中有一大梵天王
名曰大悲為諸梵衆而說偈言
是事何因緣　而現如此相　我等諸宮殿　光明昔未有
為大德天生　為佛出世間　未曾見此相　當共一心求
過千万億土　尋光共推之　多是佛出世　度脫苦衆生
尒時五百万億諸梵天王與宮殿俱各以衣
裓盛諸天華共詣西北方推尋是相見大通
智勝如來處于道場菩提樹下坐師子座諸
天龍王乾闥婆緊那羅摩睺羅伽人非人等
恭敬圍遶及見十六王子請佛轉法輪時諸
梵天王頭面礼佛遶百千匝即以天華而散
佛上所散之華如須弥山并以供養佛菩提
樹華供養已各以宮殿奉上彼佛而作是言
唯見哀愍饒益我等所獻宮殿願垂納處尒
時諸梵天王即於佛前一心同聲以偈頌曰

BD14997號　妙法蓮華經卷三

（16–5）

梵天王頭面礼佛遶百千匝即以天華而散
佛上所散之華如須弥山并以供養佛菩提
樹華供養已各以宮殿奉上彼佛而作是言
唯見哀愍饒益我等所獻宮殿願垂納受尒
時諸梵天王即於佛前一心同聲以偈頌曰
聖主天中王　迦陵頻伽聲　哀愍衆生者　我等今敬礼
世尊甚希有　久遠乃一現　一百八十劫　空過无有佛
三惡道充滿　諸天衆減少　今佛出於世　爲衆生作眼
世間所歸趣　救護於一切　爲衆生之父　哀愍饒益者
我等宿福慶　今得值世尊
尒時諸梵天王偈讚佛已各作是言唯願世
尊哀愍一切轉於法輪度脫衆生時諸梵天
王一心同聲而說偈言
大聖轉法輪　顯示諸法相　度苦惱衆生　令得大歡喜
衆生聞是法　得道若生天　諸惡道減少　忍善者增益
尒時大通智勝如來默然許之
又諸比丘南方五百万億國土諸大梵王各
自見宮殿光明照曜昔所未有歡喜踊躍生
希有心即各相詣共議此事以何因緣我等
宮殿有此光曜而彼衆中有一大梵天王名
曰妙法爲諸梵衆而說偈言
我等諸宮殿　光明甚威曜　此非无因緣　是相宜求之
過於百千劫　未曾見是相　爲大德天生　爲佛出世間
尒時五百万億諸梵天王與宮殿俱各以衣
裓盛諸天華共詣北方推尋是相見大通智
勝如來處于道場菩提樹下坐師子座諸天
龍王乾闥婆緊那羅摩睺羅伽人非人等恭
敬圍遶及見十六王子請佛轉法輪即時諸

BD14997號　妙法蓮華經卷三

(16–6)

裓盛諸天華共詣北方推尋是相見大通智
勝如來處于道場菩提樹下坐師子座諸天
龍王乾闥婆緊那羅摩睺羅伽人非人等恭
敬圍遶及見十六王子請佛轉法輪即時諸
梵天王頭面礼佛遶百千匝即以天華而散
佛上所散之華如須弥山并以供養佛菩提
樹華供養已各以宮殿奉上彼佛而作是言
唯見哀愍饒益我等所獻宮殿願垂納受尒
時諸梵天王即於佛前一心同聲以偈頌曰
世尊甚難見　破諸煩惱者　過百三十劫　今乃得一見
諸飢渴衆生　以法雨充滿　昔所未曾覩　无量智慧者
如優曇鉢華　今日乃值遇　我等諸宮殿　蒙光故嚴飾
世尊大慈愍　唯願垂納受
尒時諸梵天王偈讚佛已各作是言唯願世
尊轉於法輪令一切世間諸天魔梵沙門婆
羅門皆獲安隱而得度脫時諸梵天王一心
同聲以偈頌曰
唯願天人尊　轉无上法輪　擊于大法鼓　而吹大法螺
普雨大法雨　度无量衆生　我等咸歸請　當演深遠音
尒時大通智勝如來默然許之西南方乃至
下方亦復如是
尒時上方五百万億國土諸大梵王皆悉自
覩所止宮殿光明威曜昔所未有歡喜踊躍
生希有心即各相詣共議此事以何因緣我
等宮殿有斯光明而彼衆中有一大梵天王
名曰尸棄爲諸梵衆而說偈言
今以何因緣　我等諸宮殿　威德光明耀　嚴飾未曾有

BD14997號　妙法蓮華經卷三

(16–7)

BD14997號　妙法蓮華經卷三　（16–8）

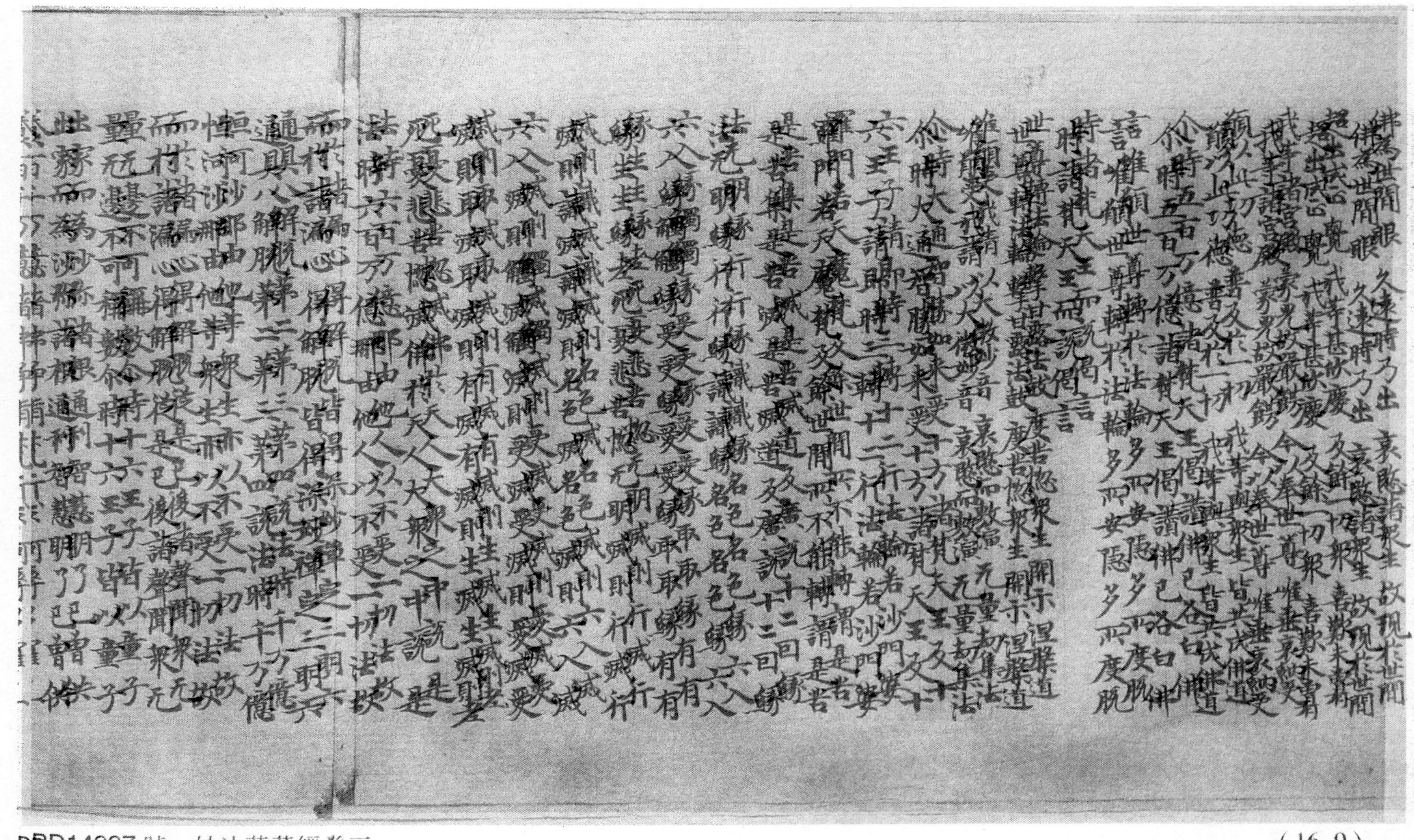

BD14997號　妙法蓮華經卷三　（16–9）

通具八解脫第二第三第四說法時千万億
恒河沙那由他等衆生亦以不受一切法故
而於諸漏心得解脫従是已後諸聲聞衆无
量无邊不可稱數尒時十六王子皆以童子
出家而為沙弥諸根通利智慧明了已曾供
養百千万億諸佛淨脩梵行求阿耨多羅三
藐三菩提俱白佛言世尊是諸无量千万億
大德聲聞皆已成就世尊亦當為我等說阿
耨多羅三藐三菩提法我等聞已皆共脩學
世尊我等志願如來知見深心所念佛自證
知尒時轉輪聖王所將衆中八万億人見十
六王子出家亦求出家王即聽許尒時彼佛
受沙弥請過二万劫已乃於四衆之中說是
大乘經名妙法蓮華教菩薩法佛所護念說
是經已十六沙弥為阿耨多羅三藐三菩提
故皆共受持諷誦通利說是經時十六菩薩
沙弥皆悉信受聲聞衆中亦有信解其餘衆
生千万億種皆生疑惑佛說是經於八千劫
未曾休廢說此經已即入靜室住於禪定八
万四千劫是時十六菩薩沙弥知佛入室寂
然禪定各昇法座亦於八万四千劫為四部
衆廣說分別妙法華經一一皆度六百万億
那由他恒河沙等衆生示教利喜令發阿耨
多羅三藐三菩提心大通智勝佛過八万四
千劫已従三昧起往詣法座安詳而坐普告
大衆是十六菩薩沙弥甚為希有諸根通利
智慧明了已曾供養无量千万億數諸佛於
諸佛所常脩梵行受持佛智開示衆生令入

BD14997 號　妙法蓮華經卷三　（16–10）

多羅三藐三菩提心大通智勝佛過八万四
千劫已従三昧起往詣法座安詳而坐普告
大衆是十六菩薩沙弥甚為希有諸根通利
智慧明了已曾供養无量千万億數諸佛於
諸佛所常脩梵行受持佛智開示衆生令入
其中汝等皆當數數親近而供養之所以者
何若聲聞辟支佛及諸菩薩能信是十六菩
薩所說經法受持不毀者是人皆當得阿耨
多羅三藐三菩提如來之慧佛告諸比丘是
十六菩薩常樂說是妙法華經一一菩薩所
化六百万億那由他恒河沙等衆生世世所
生與菩薩俱従其聞法悉皆信解以此因緣
得值四万億諸佛世尊于今不盡諸比丘我
今語汝彼佛弟子十六沙弥今皆得阿耨多
羅三藐三菩提於十方國土現在說法有无
量百千万億菩薩聲聞以為眷屬其二沙弥
東方作佛一名阿閦在歡喜國二名須弥頂
東南方二佛一名師子音二名師子相南方
二佛一名虛空住二名常滅西南方二佛一
名帝相二名梵相西方二佛一名阿弥陁二
名度一切世間苦惱西北方二佛一名多摩
羅跋栴檀香神通二名須弥相北方二佛一
名雲自在二名雲自在王東北方佛名壞一
切世間怖畏第十六我釋迦牟尼佛於娑婆
國土成阿耨多羅三藐三菩提諸比丘我等
為沙弥時各各教化无量百千万億恒河沙
等衆生従我聞法為阿耨多羅三藐三菩提
此諸衆生于今有住聲聞地者我常教化阿

BD14997 號　妙法蓮華經卷三　（16–11）

生希有心即各相詣共議此事以何因緣我
等宮殿有斯光明而彼衆中有一大梵天王
名曰尸棄為諸梵衆而說偈言
今以何因緣 我等諸宮殿 威德光明耀 嚴飾未曾有
如是之妙相 昔所不聞見 為大德天生 為佛出世間
尒時五百万億諸梵天王與宮殿俱各以衣
裓盛諸天華共詣下方推尋是相見大通智
勝如来處于道場菩提樹下坐師子座諸天
龍王乾闥婆緊那羅摩睺羅伽人非人等恭
敬圍繞及見十六王子請佛轉法輪時諸梵
天王頭面礼佛繞百千匝即以天華而散佛
上所散之華如須弥山并以供養佛菩提樹
華供養已各以宮殿奉上彼佛而作是言唯
見哀愍饒益我等所獻宮殿願垂納處尒時
諸梵天王即於佛前一心同聲以偈頌曰
善哉見諸佛 救世之聖尊 能於三界獄 勉出諸衆生
普智天人尊 哀愍群萌類 能開甘露門 廣度於一切
於昔无量劫 空過无有佛 世尊未出時 十方常闇瞑
三惡道增長 阿脩羅亦盛 諸天衆轉減 死多堕惡道
不從佛聞法 常行不善事 色力及智慧 斯等皆減少
罪業因緣故 失樂及樂想
住於邪見法 不識善儀則 不蒙佛所化 常堕於惡道
佛為世間眼 久遠時乃出 哀愍諸衆生 故現於世間
超出成正覺 我等甚欣慶 及餘一切衆 喜歎未曾有
我等諸宮殿 蒙光故嚴飾 今以奉世尊 唯垂哀納受
願以此功德 普及於一切 我等與衆生 皆共成佛道
尒時五百万億諸梵天王偈讚佛已各白佛

佛為世間眼 久遠時乃出 哀愍諸衆生 故現於世間
超出成正覺 我等甚欣慶 及餘一切衆 喜歎未曾有
我等諸宮殿 蒙光故嚴飾 今以奉世尊 唯垂哀納受
願以此功德 普及於一切 我等與衆生 皆共成佛道
尒時五百万億諸梵天王偈讚佛已各白佛
言唯願世尊轉於法輪多所安隱多所度脫
時諸梵天王而說偈言
世尊轉法輪 擊甘露法鼓 度苦惱衆生 開示涅槃道
唯願受我請 以大微妙音 哀愍而敷演 无量劫集法
尒時大通智勝如来受十方諸梵天王及十
六王子請即時三轉十二行法輪若沙門婆
羅門若天魔梵及餘世間所不能轉謂是苦
是苦集是苦滅是苦滅道及廣說十二因緣
法无明緣行行緣識識緣名色名色緣六入
六入緣觸觸緣受受緣愛愛緣取取緣有有
緣生生緣老死憂悲苦惱无明滅則行滅行
滅則識滅識滅則名色滅名色滅則六入滅
六入滅則觸滅觸滅則受滅受滅則愛滅愛
滅則取滅取滅則有滅有滅則生滅生滅則老
死憂悲苦惱滅佛於天人大衆之中說是
法時六百万億那由他人以不受一切法故
而於諸漏心得解脫皆得深妙禪定三明六
通具八解脫第二第三第四說法時千万億
恒河沙那由他等衆生亦以不受一切法故
而於諸漏心得解脫從是已後諸聲聞衆无
量无邊不可稱數尒時十六王子皆以童子
出家而為沙弥諸根通利智慧明了已曾供

道具八解脫第二第三第四說法時千万億
恒河沙那由他等衆生亦以不受一切法故
而於諸漏心得解脫從是已後諸聲聞衆无
量无邊不可稱數尒時十六王子皆以童子
出家而為沙弥諸根通利智慧明了已曾供
養百千万億諸佛淨脩梵行求阿耨多羅三
藐三菩提俱白佛言世尊是諸无量千万億
大德聲聞皆已成就世尊亦當為我等說阿
耨多羅三藐三菩提法我等聞已皆共脩學
世尊我等志願如來知見深心所念佛自證
知尒時轉輪聖王所將衆中八万億人見十
六王子出家亦求出家王即聽許尒時彼佛
受沙弥請過二万劫已乃於四衆之中說是
大乘經名妙法蓮華教菩薩法佛所護念說
是經已十六沙弥為阿耨多羅三藐三菩提
故皆共受持諷誦通利說是經時十六菩薩
沙弥皆悉信受聲聞衆中亦有信解其餘衆
生千万億種皆生疑惑佛說是經於八千劫
未曾休廢說此經已即入靜室住於禪定八
万四千劫是時十六菩薩沙弥知佛入室寂
然禪定各昇法座亦於八万四千劫為四部
衆廣說分別妙法華經一一皆度六百万億
那由他恒河沙等衆生示教利喜令發阿耨
多羅三藐三菩提心大通智勝佛過八万四
千劫已從三昧起往詣法座安詳而坐普告
大衆是十六菩薩沙弥甚為希有諸根通利
智慧明了已曾供養无量千万億數諸佛於
諸佛所常脩梵行受持佛智開示衆生令入

BD14997號　妙法蓮華經卷三　（16–10）

多羅三藐三菩提心大通智勝佛過八万四
千劫已從三昧起往詣法座安詳而坐普告
大衆是十六菩薩沙弥甚為希有諸根通利
智慧明了已曾供養无量千万億數諸佛於
諸佛所常脩梵行受持佛智開示衆生令入
其中汝等皆當數數親近而供養之所以者
何若聲聞辟支佛及諸菩薩能信是十六菩
薩所說經法受持不毀者是人皆當得阿耨
多羅三藐三菩提如來之慧佛告諸比丘是
十六菩薩常樂說是妙法華經一一菩薩所
化六百万億那由他恒河沙等衆生世世所
生與菩薩俱從其聞法悉皆信解以此因緣
得值四万億諸佛世尊于今不盡諸比丘我
今語汝彼佛弟子十六沙弥今皆得阿耨多
羅三藐三菩提於十方國土現在說法有无
量百千万億菩薩聲聞以為眷屬其二沙弥
東方作佛一名阿閦在歡喜國二名須弥頂
東南方二佛一名師子音二名師子相南方
二佛一名虛空住二名常滅西南方二佛一
名帝相二名梵相西方二佛一名阿弥陁二
名度一切世間苦惱西北方二佛一名多摩
羅跋栴檀香神通二名須弥相北方二佛一
名雲自在二名雲自在王東北方佛名壞一
切世間怖畏第十六我釋迦牟尼佛於娑婆
國土成阿耨多羅三藐三菩提諸比丘我等
為沙弥時各各教化无量百千万億恒河沙
等衆生從我聞法為阿耨多羅三藐三菩提
此諸衆生于今有住聲聞地者我常教化阿

BD14997號　妙法蓮華經卷三　（16–11）

國土成阿耨多羅三藐三菩提諸比丘我等
為沙弥時各各教化无量百千万億恒河沙
等衆生從我聞法為阿耨多羅三藐三菩提
此諸衆生于今有住聲聞地者我常教化阿
耨多羅三藐三菩提是諸人等應以是法漸
入佛道所以者何如来智慧難信難解尒時
所化无量恒河沙等衆生者汝等諸比丘及
我滅度後未来世中聲聞弟子是也我滅度
後復有弟子不聞是經不知不覺菩薩所行
自於所得功德生滅度想當入涅槃我於餘
國作佛更有異名是人雖生滅度之想入於
涅槃而於彼土求佛智慧得聞是經唯以佛
乘而得滅度更无餘乘除諸如来方便說法
諸比丘若如来自知涅槃時到衆又清淨信
解堅固了達空法深入禪定便集諸菩薩及
聲聞衆為說是經世間无有二乘而得滅度
唯一佛乘得滅度耳比丘當知如来方便深
入衆生之性知其志樂小法深著五欲為是
等故說於涅槃是人若聞則便信受譬如五
百由旬險難惡道曠絶无人怖畏之處若有
多衆欲過此道至珎寶處有一導師聰慧明
達善知險道通塞之相將導衆人欲過此難
所將人衆中路懈退白導師言我等疲極而
復怖畏不能復進前路猶遠今欲退還導師
多諸方便而作是念此等可愍云何捨大珎
寶而欲退還作是念已以方便力於險道中
過三百由旬化作一城告衆人言汝等勿怖
莫得退還今是大城可於中心隨意所作若

所將人衆中路懈退白導師言我等疲極而
復怖畏不能復進前路猶遠今欲退還導師
多諸方便而作是念此等可愍云何捨大珎
寶而欲退還作是念已以方便力於險道中
過三百由旬化作一城告衆人言汝等勿怖
莫得退還今是大城可於中心隨意所作若
入是城快得安隱若能前至寶所亦可得去
是時疲極之衆心大歡喜歎未曾有我等今
者免斯惡道快得安隱於是衆人前入化城
生已度想生安隱想尒時導師知此人衆既
得止息无復疲惓即滅化城語衆人言汝等
去来寶處在近向者大城我所化作為止息
耳諸比丘如来亦復如是今為汝等作大導
師知諸生死煩惱惡道險難長遠應去應度
若衆生但聞一佛乘者則不欲見佛不欲親
近便作是念佛道長遠久受懃苦乃可得成
佛知是心怯弱下劣以方便力而於中道為
止息故說二涅槃若衆生住於二地如来尒
時即便為說汝等所作未辦汝所住地近於
佛慧當觀察籌量所得涅槃非真實也但是
如来方便之力於一佛乘分別說三如彼導
師為止息故化作大城既知息已而告之言
寶處在近此城非實我化作耳尒時世尊
欲重宣此義而說偈言
大通智勝佛　十劫坐道場　佛法不現前　不得成佛道
諸天龍神王　阿脩羅衆等　常雨於天華　以供養彼佛
諸天擊天鼓　并作衆伎樂　香風吹萎華　更雨新好者

欲重宣此義而說偈言

大通智勝佛　十劫坐道場　佛法不現前　不得成佛道

諸天龍神王　阿脩羅眾等　常雨於天華　以供養彼佛

諸天擊天鼓　并作眾伎樂　香風吹萎華　更雨新好者

過十小劫已　乃得成佛道　諸天及世人　心皆懷踊躍

彼佛十六子　皆與其眷屬　千万億圍遶　俱行至佛所

頭面礼佛足　而請轉法輪　聖師子法雨　充我及一切

世尊甚難值　久遠時一現　為覺悟群生　震動於一切

東方諸世界　五百万億國　梵宮殿光曜　昔所未曾有

諸梵見此相　尋來至佛所　散華以供養　并奉上宮殿

請佛轉法輪　以偈而讚歎　佛知時未至　受請嘿然坐

三方及四維　上下亦復尒　散華奉宮殿　請佛轉法輪

世尊甚難值　願以大慈悲　廣開甘露門　轉无上法輪

无量慧世尊　受彼眾人請　為宣種種法　四諦十二緣

无明至老死　皆從生緣有　如是眾過患　汝等應當知

宣暢是法時　六百万億姟　得盡諸苦際　皆成阿羅漢

第二說法時　千万恒沙眾　於諸法不受　亦得阿羅漢

從是後得道　其數无有量　万億劫筭數　不能得其邊

時十六王子　出家作沙弥　皆共請彼佛　演說大乘法

我等及營從　皆當成佛道　願得如世尊　慧眼第一淨

佛知童子心　宿世之所行　以无量因緣　種種諸譬喻

說六波羅蜜　及諸神通事　分別真實法　菩薩所行道

說是法華經　如恒河沙偈　彼佛說經已　靜室入禪定

一心一處坐　八万四千劫

是諸沙弥等　知佛禪未出　為无量億眾　說佛无上慧

各各坐法座　說是大乘經　於佛宴寂後　宣揚助法化

一一沙弥等　所度諸眾生　有六百万億　恒河沙等眾

BD14997號　妙法蓮華經卷三　（16–14）

一心一處坐　八万四千劫

是諸沙弥等　知佛禪未出　為无量億眾　說佛无上慧

各各坐法座　說是大乘經　於佛宴寂後　宣揚助法化

一一沙弥等　所度諸眾生　有六百万億　恒河沙等眾

彼佛滅度後　是諸聞法者　在在諸佛土　常與師俱生

是十六沙弥　具足行佛道　今現在十方　各得成正覺

尒時聞法者　各在諸佛所　其有住聲聞　漸教以佛道

我在十六數　曾亦為汝說　是故以方便　引汝趣佛慧

以是本因緣　今說法華經　令汝入佛道　慎勿懷驚懼

譬如險惡道　迥絕多毒獸　又復无水草　人所怖畏處

无數千万眾　欲過此險道　其路甚曠遠　逕五百由旬

時有一導師　強識有智慧　明了心決定　在險濟眾難

眾人皆疲惓　而白導師言　我等今頓乏　於是欲退還

導師作是念　此輩甚可愍　如何欲退還　而失大珍寶

尋時思方便　當設神通力　化作大城郭　莊嚴諸舍宅

周匝有園林　渠流及浴池　重門高樓閣　男女皆充滿

即作是化已　慰眾言勿懼　汝等入此城　各可隨所樂

諸人既入城　心皆大歡喜　皆生安隱想　自謂已得度

導師知息已　集眾而告言　汝等當前進　此是化城耳

我見汝疲極　中道欲退還　故以方便力　權化作此城

汝今勤精進　當共至寶所　我亦復如是　為一切導師

見諸求道者　中路而懈退　不能度生死　煩惱諸險道

故以方便力　為息說涅槃　言汝等苦滅　所作皆已辦

既知到涅槃　皆得阿羅漢　尒乃集大眾　為說真實法

諸佛方便力　分別說三乘　唯有一佛乘　息處故說二

今為汝說實　汝所得非滅　為佛一切智　當發大精進

汝證一切智　十力等佛法　具三十二相　乃是真實滅

諸佛之導師　為息說涅槃　[illegible]

BD14997號　妙法蓮華經卷三　（16–15）

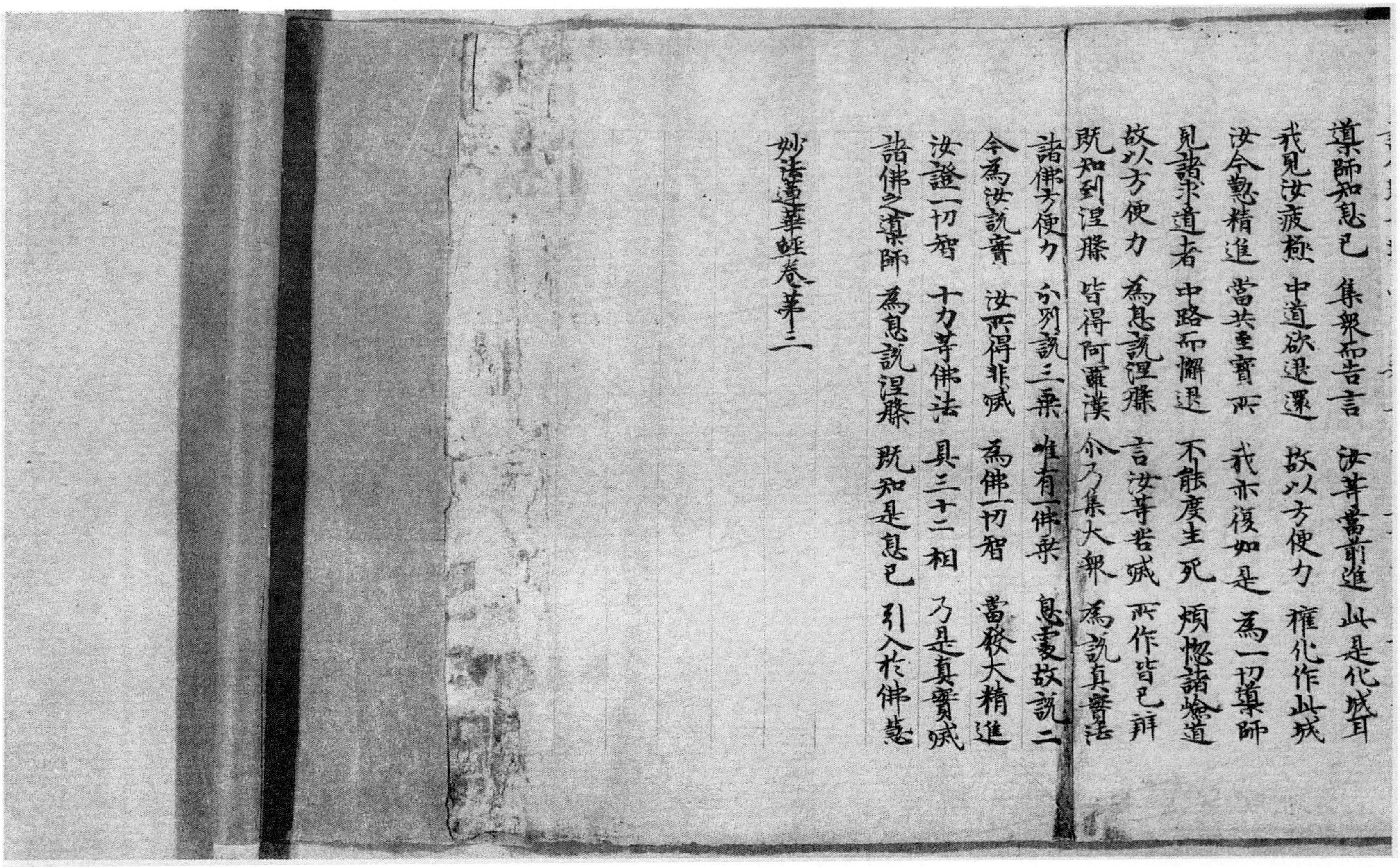

導師知息已　集衆而告言　汝等當前進　此是化城耳
我見汝疲極　中道欲退還　故以方便力　權化作此城
汝今勤精進　當共至寶所　我亦復如是　為一切導師
見諸求道者　中路而懈退　不能度生死　煩惱諸險道
故以方便力　為息說涅槃　言汝等苦滅　所作皆已辦
既知到涅槃　皆得阿羅漢　爾乃集大衆　為說真實法
諸佛方便力　分別說三乘　唯有一佛乘　息處故說二
今為汝說實　汝所得非滅　為佛一切智　當發大精進
汝證一切智　十力等佛法　具三十二相　乃是真實滅
諸佛之導師　為息說涅槃　既知是息已　引入於佛慧

妙法蓮華經卷第三

BD14997 號　妙法蓮華經卷三　（16–16）

BD14998 號背　現代護首　（1–1）

第八十五品釋論
須菩提白佛言世尊見空者不垢不淨見不
實者亦不垢不淨何以故一切法性无所有
故世尊无所有中无垢无淨所有中亦无垢
无淨世尊无所有中有所有中亦无垢无淨
世尊云何實語者不垢不淨不實語者亦不
垢不淨佛告須菩提諸法平等是諸法平等
所謂如不異不誑法相性法住法位實際
有佛无佛法性常住是名淨世諦故說非眾
第一義過第一義過一切語言論議音聲須
菩提白佛言世尊若一切法空不可說如夢
如響如炎如影如幻如化云何菩薩摩訶薩
用是如夢如響如炎如影如幻如化法无有
限齊定實云何發阿耨多羅三藐三菩提心
作是願我當具足檀波羅蜜乃至具足般若

如響如炎如影如幻如化云何菩薩摩訶薩
用是如夢如響如炎如影如幻如化法无有
限齊定實云何發阿耨多羅三藐三菩提心
作是願我當具足檀波羅蜜乃至具足般若
波羅蜜我當具足神通波羅蜜具足知波羅
蜜具足四禪四无量心四无色定四念處乃
至具足八聖道分我具足三解脫門八背捨
九次第定我當具足佛十力乃至具足十八
不共法我當具足卅二相八十隨形好具足
諸陁尼門諸三昧門我當放大光明遍十方
知諸眾生心如應說法佛告須菩提於如意
云何汝所說諸法如夢如響如炎如影如幻
如化不須菩提言介世尊世尊若一切法如
夢乃至如化菩薩摩訶薩云何行般若波羅
蜜世尊是夢乃至化虛忘不實世尊不應用
不實虛忘法能具足檀波羅蜜乃至十八不
共法佛告須菩提如是如是不實虛忘法不
能具足檀波羅蜜乃至十八不共法行是不
實虛忘法不能得阿耨多羅三藐三菩提是
一切法皆是憶想思惟作法用是思惟憶想
住法不能得一切種智須菩提一切法能助
道法不能益果所謂是諸法无生无出无相
菩薩從初發意來所作善業若檀波羅蜜乃
至如化如是等法不具足檀波羅蜜乃至一
切種智不能得成就眾生淨佛田得阿耨多
羅三藐三菩提是菩薩摩訶薩所作善業檀

道法不能益果所謂是諸法无生无出无相
菩薩從初發意來所作善業若檀波羅蜜乃
至如化如是等法不具足檀波羅蜜乃至一
切種智不能得成就衆生淨佛田得阿耨多
羅三藐三菩提是菩薩摩訶薩所作善業檀
波羅蜜乃至一切種智知如夢乃至如化〻
知一切衆生如夢中行乃至如化中行是
菩薩摩訶薩不取般若波羅蜜是有法用是
人取故得一切種智知是法如夢无所取乃
至諸法如化无所取何以故般若波羅蜜是
不可取相禪波羅蜜乃至十八不共法是不
可取相是菩薩摩訶薩知一切法是不可取相
已發心求阿耨多羅三藐三菩提何以故一
切法不可取相根本定　如夢乃至幻化用
不可取相法不能得不可取相法但以衆生
不知不見如是諸法相是菩薩摩訶薩為是
衆生故求阿耨多羅三藐三菩提是菩薩從
初發意以來所有布施為一切衆生故乃至
有所脩智慧皆為一切衆生不為己身菩薩
摩訶薩不為餘事故求阿耨多羅三藐三菩
提但為一切衆生故是菩薩行般若波羅蜜
時見衆生无衆生但衆生相中住乃至无智
者无見者知者相中住令衆生遠離顛倒遠
離已置甘性中住是中无妄相所謂衆生相
乃至知者見者相是時菩薩動心念戲論心
皆捨常行不動心不念心戲論心須菩提以

BD14998號　大智度論卷九五　（18-3）

時見衆生无衆生但衆生相中住乃至无智
者无見者知者相中住令衆生遠離顛倒遠
離已置甘性中住是中无妄相所謂衆生相
乃至知者見者相是時菩薩動心念戲論心
皆捨常行不動心不念心戲論心須菩提以
是方便力故菩薩摩訶薩行般若波羅蜜時
自无所着亦教一切衆生令得无所著世諦
故非第一義須菩提白佛言世尊世尊得阿
耨多羅三藐三菩提時得諸佛法以世諦故
得以第一義中得佛言以諦故諸佛得是法
是法中无有法可得是人得是法何以故是
人得是法是為大有所得用二法无道无果
須菩提白佛言世尊若行二法无道无果行
不二法有道有果不佛言行二法无道无果
行不二法〻无道无果若无二法无不二法无
不二法即是道即是果何以故用如是法得
道得果用是法不得道不得果是為戲論諸
平等法中无有戲論相是諸法平等須菩提
白佛言世尊諸法无所有性是中何等是平
等法佛言若无有法无有无法〻不說諸法
平等相除平等更无餘法離一切法平等相
平等者若凡夫若聖人不能行不能得須菩
提白佛言世尊乃至佛〻不能行〻不能到
佛言是諸法平等一切聖人皆不能到所謂
須陁洹斯陁含阿那含阿羅漢辟支佛諸菩
薩摩訶薩及諸佛須菩提白佛言世尊佛者

BD14998號　大智度論卷九五　（18-4）

提白佛言世尊乃至佛〻不能行〻不能到
佛言是諸法平等一切聖人皆不能到所謂
須陁洹斯陁含阿那含阿羅漢辟支佛諸菩
薩摩訶薩及諸佛須菩提白佛言世尊佛者
一切諸法中行力自在云何說諸佛亦不能
行不能到佛告須菩提若諸法平等与佛異
應當如是問須菩提今諸凡夫人平等諸須
陁洹斯陁含阿那含阿羅漢辟支佛諸菩薩
摩訶薩諸佛及聖法皆平等是一切平等无
二所謂是凡夫人是須陁洹乃至佛是一切
法平等中皆不可得須菩提白佛言世尊若
諸法平等中皆不可得是凡夫人乃至是佛
世尊凡夫人須陁洹乃至佛爲无有分別佛
告須菩提如是如是諸法平等中无有分別
凡夫人是須陁洹乃至佛世尊若无分別諸
凡夫人須陁洹乃至佛云何分別有三寶現
於世佛寶法寶僧寶佛言於意云何佛寶法
寶僧寶與諸法等異不須菩提白佛言如我
從佛所聞義佛寶法寶僧寶与諸法等无異
世尊是佛寶法寶僧寶即是平等平等是法
皆不合不散无色无形无對一相所謂无相
佛有是力能分別无相諸法處所是凡夫人
是須陁洹是斯陁含是阿那含是阿羅漢是
辟支佛是菩薩摩訶薩是諸佛佛告須菩提
如是如是諸佛得阿耨多羅三藐三菩提分別

皆不合不散无色无形无對一相所謂无相
佛有是力能分別无相諸法處所是凡夫人
是須陁洹是斯陁含是阿那含是阿羅漢是
辟支佛是菩薩摩訶薩是諸佛佛告須菩提
如是如是諸佛得阿耨多羅三藐三菩提分別
諸法是地獄是餓鬼是畜生是人是天是四
天王天乃至是他化自在天是梵天乃至是
非有想非无想天處是四念處乃至八聖道
分是內空乃至是无法有法空是佛十力乃
至是十八不共法不須菩提言不知也世尊
以是故須菩提當知佛有大恩力於諸法等
中不動而分別諸法須菩提白佛言世尊知
佛於諸法等中不動凡夫人〻於諸法平等
中〻不動須陁洹乃至辟支佛〻於諸佛平
等中不動世尊若諸法等相即是凡夫人相
即是須陁洹相乃至諸佛即是平等相世尊
今諸法各各自相異所謂色相異受想行識
相異眼相異耳鼻舌身意相異地相異水火
風空識相異欲相異瞋癡相異耶見相異禪
相異无量心相異无色定相異四念處相異
乃至八聖道分相異檀波羅蜜相異乃至般
若波羅蜜相異三解脫門相異十八空相異
佛十力相異四无所畏相異四无导智相異
十八不共法相異有爲法相異是凡夫人相異
乃至佛相異諸法各各相異云何菩薩摩訶
薩行般若波羅蜜時諸法相中不作分別能

若波羅蜜相異三解脫門相異十八空相異
佛十力相異四无所畏相異四无㝵智相異
十八不共法相異有為法相異是凡夫人相異
乃至佛相異諸法各各相異云何菩薩摩訶
薩行般若波羅蜜時諸法相中不作分別能
行般若波羅蜜若不行般若波羅蜜不能從
一地至一地若不從一地至一地不能入菩
薩位不入菩薩位故不能過聲聞辟支佛地
不能過聲聞辟支佛地故不能具足神通波
羅蜜不具足神通波羅蜜故不能具足檀波
羅蜜乃至不能具足般若波羅蜜從一佛國
至一佛國供養諸佛於諸佛所所種善根用
是善根能成就眾生淨佛田佛告須菩提如
汝所問是諸法相亦是凡夫人亦是須陁洹
乃至佛道世尊是諸法各各相所謂色相異
乃至有為无為法相異云何菩薩摩訶薩觀
一切相不作分別須菩提於汝意云何是色
相空不乃至諸佛相空不世尊實空須菩提
空中各各相法可得不所謂色相乃至諸佛
相須菩提言不可得佛言以是因緣故當知
諸法平等中非凡夫人亦應離凡夫人乃至
非佛亦不離佛須菩提白佛言世尊是平等
為是有為法為是无為佛言非有為法非无
為法何以故離有為法无為法不可得離无
為法有為法不可得須菩提是有為性无為
性是二法不合不散无色无形无對一相所

非佛亦不離佛須菩提白佛言世尊是平等
為是有為法為是无為佛言非有為法非无
為法何以故離有為法无為法不可得離无
為法有為法不可得須菩提是有為性无為
性是二法不合不散无色无形无對一相所
謂无相佛亦以世諦故說非以第一義何以
故第一義中无身行无意行亦不離身口意
行得第一義是諸有為法无為平等相即是
第一義菩薩摩訶薩行般若波羅蜜時第一
義中不動而行菩薩事饒益眾生
論者言須菩提思惟佛荅實見者忘見者无
異垢淨見无故思惟已問佛實見者无垢无
淨不實見者亦不垢不淨一切法性无所有
故无所有中亦无垢无淨所有中亦无垢无
淨无所有斷滅見故不應有垢淨所有中常
見故不應有垢淨所謂為決定是有則不從
因緣生不從因緣生故无垢无淨須菩提白
佛實見者不實見者是義云何佛荅垢淨雖
无別相可說諸法平等故是名為淨若分別
說垢淨相是事不然一切法平等故我說名
淨佛告須菩提諸法實相如法性法住法位
實際是事平等菩薩入是等中心无憎愛是
法有佛无佛常住作皆是虛誑是故說无作
法有佛无佛常住聽者心則取相是諸法著
是諸法平等如人以指指月不知者但視其
指而不視月是故佛說諸平等相亦如是世

實隨是事又等善薩入是夢中心无[illegible][illegible]是
法有佛无佛常住作皆是虛誑是故說无作
法有佛无佛常住聽者心則取相是諸法著
是諸法平等如人以指指月不知者但視其
指而不視月是故佛說諸平等相亦如是世
諦世諦非實但為成辨事故說譬如以金貿
草不智者言何以以貴易賤答言我事須用
故是平等義不可說一切名字語言音聲悉
斷何以故諸法平等是无戲論寂滅相但覺
觀散心中有語言故有所說須善提從佛聞
諸法平等相解其指趣為諸新發意菩薩故
問世尊若一切法空不可說如夢乃至如化
云何菩薩於无根本法中而生心作是願我
當具足檀波羅蜜乃至為衆生如應說法佛
以又問答須善提布施等乃至陁羅尼門說
法等此諸法非如幻如夢等耶須善提實尒
是諸法雖利益不出於如夢法須善提復問
世尊夢等法皆虛忘不實善薩為求實法故
般若波羅蜜得佛道云何行不不實法不實
法不能行檀波羅蜜等佛可須善提言如是
如是布施等法皆是思惟憶想分別作起生
法不得住如是法中成一切種智即時衆中
聽者心生懈怠是故佛說是一切法皆是助
道回緣若於是法中耶行謬錯是名不實若
直行不謬即是助道是法為助道故不為果
是布施等有為法道亦有同相故益道果者

BD14998號　大智度論卷九五　（18–9）

道回緣若於是法中耶行謬錯是名不實若
直行不謬即是助道是法為助道故不為果
是布施等有為法道亦有同相故益道果者
所謂諸法實无生一相无相寂滅涅槃是
故於涅槃不能有益如時雨能益草木不益
虛空是故善薩知是助道法及道果從初發
心来所作善法布施等智皆是畢竟空如夢
乃至如化問曰若善薩知諸法實相何用行
布施等為答曰佛此中說布施等不具足不
成就衆生善薩莊嚴身及音聲語言得佛神
通力以種種方便力能引導衆生是故善薩
為成就衆生故行檀波羅蜜若有无相亦不
戲論如夢等諸法真行乃至阿耨多羅三藐
三善提何以故般若波羅蜜不可取相乃至
十八不共法亦不可取相知一切不可取相
已發心求阿耨多羅三藐三善提作是念一切
无根本不可取相如夢乃至如化以不取法
不能得不取相法但以衆生不知是法故我
為是衆生求阿耨多羅三藐三善提是善薩
從初發心来所有布施為一切衆生所謂布
施等諸善法為一切衆生故脩不自為身此
中佛自說回緣不為餘事故求阿耨多羅三
藐三善提但為一切衆生故所以者何是善
薩遠離憐愍衆生心但行般若波羅蜜求取
諸法實相或隨耶見中是人未得一切智而
求一切智事心亦未調柔故隨諸邊諸法實

BD14998號　大智度論卷九五　（18–10）

中佛自說巨身不為餘事故求阿耨多羅三
藐三菩提但為一切衆生故所以者何是善
薩遠離憐愍衆生心但行般若波羅蜜求取
諸法實相或隨耶見中是人未得一切智而
求一切智事心〻未調柔故隨諸邊諸法實
相難得故是故佛說菩薩從初發心憐愍衆
生故著心漸薄不厭論畢竟空若空有此過
若不空有彼過等問曰如餘處菩薩自利益
〻利益衆生此中何以但說利益衆生不
說自利利人有何咎　荅曰菩薩行善道為
一切衆生此是實義餘處說自利〻利益衆
生是凡夫人作是說然後能行菩薩道入道
人有下中上下者但為自度故行善法中者
自為〻為他上者為他人故行善法問曰是
事不然下者但自為身中者但為衆生上者
自利亦利他人若利他人不能自利云何言
上荅曰不然世間法爾自供養者不得其福
自害其身而不得罪以是故為自身行道名
為下人一切世人但自利身不能為他若自
為身行道是則斷滅自為愛著故若能自捨
已樂但為一切衆生故行善法是名上人與
一切衆生異故若但為衆生故行善法衆生
未成就自利則為具足若自利益又為衆生
是為離行求佛道者有三種一者但愛念佛
故自為已身成佛二者為已身〻為衆生三
者但為衆生是人清淨行道破我顛倒故是

BD14998號　大智度論卷九五　（18–11）

未成就自利則為具足若自利益又為衆生
是為離行求佛道者有三種一者但愛念佛
故自為已身成佛二者為已身〻為衆生三
者但為衆生是人清淨行道破我顛倒故是
菩薩行般若波羅蜜時无衆生乃至无知者
无見者安住是中拔出衆生於甘露性中甘
露性者所謂一切助道法何以故行是法得
至涅槃〻名甘露住是甘露性中我等望
想不復生是菩薩得无所著〻令衆生得无
所著是名第一利益衆生問曰但利益衆
生故行道令何以故自得无所著令衆生得
无所著荅曰不得已故若自无智慧何能利
人以是先自得无所著然後教人若功德可
得与他如財物者諸佛大所應有功德皆
應与他乃至調達怨賊皆可與之然後更
自脩集功德但是事不然不可我作而他得
是〻世欲說非第一義何以故第一義中无
衆生无一異等分別諸法相此中說衣无所
著處復次如先說不可說相是第一義此中
可說故是世俗介時須菩提問佛於道場所
得法為用世俗諦故得為用第一義諦須菩
提意若以世諦故得即是虛妄不實若以第
一義故得第一義中无得者无得者不可說
不可受佛荅以世俗言諦故說佛得阿耨多
羅三藐三菩提是中无得者无有得法何以

BD14998號　大智度論卷九五　（18–12）

提意若以世諦故得即是虛妄不實若以第
一義故得第一義中无得者无得者不可說
不可受佛荅以世俗言諦故說佛得阿耨多
羅三藐三菩提是中无得者无有得法何以
故若是人得是法即是二法二法中无道无
果二法者是菩薩是阿耨多羅三藐三菩提
如是二法皆世諦故有若二者佛法何得不
虛忘若有人不得第一義但以二法分別諸
法是則虛忘諸佛大菩薩得第一義故爲度
衆生令得第一義雖分別諸法非是虛忘須
菩提復問世尊若用二法无道无果令以不
二法故有道有果耶佛荅二法无道无果不
二法亦无道无果不二法亦无道无果問曰
餘處說二法是凡夫法不二法是賢聖法如
毗摩羅鞊經不二入法門中說荅曰不二是
真實聖法或有新發意菩薩未得諸法實
相聞是不二法取相生著是故或稱讚不二
法或時毀呰佛佛又遮二邊說中道所謂非
非不二不二法名各各別相不二名一空相
破各各別異相破事已言還捨不二相是即
是道是果何以故諸賢聖雖讚嘆不二法爲
不著故用是法得道得果用是法无道无果
即是戲論无戲論是平等法須菩提白佛言
若諸法无所有性何等是平等佛荅若離有
性无性假名爲平等若菩薩不說一切法有
不說一切法性不說一切法性相等顯示亦

不著故用是法得道得果用是法无道无果
即是戲論无戲論是平等法須菩提白佛言
若諸法无所有性何等是平等佛荅若離有
性无性假名爲平等若菩薩不說一切法有
不說一切法性不說一切法性相等顯示亦
不說无法无法性无法相等顯示亦不說離
是二邊更有平等相一切處不取平等相亦
不憂言无是平等不妨行諸善是名諸法平
等復次諸法平等者所謂出過一切法問曰
先處處諸法即是平等相是平等即是諸法
實相名異而義同色如非色非離色令何
以說平等出過一切法荅曰一切法有二種一
者色等諸法體二者色等法中行凡夫耶行
賢聖正行此中說平等於凡夫行中出不言
色等中出復次平等无能行无能到於是須
菩提驚問佛亦不能行不能到須菩提謂是
法雖是深微妙難行是事佛應當得佛荅從
須陁洹乃至佛皆无能行到佛意三世十方
佛不能行不能到何況一佛平等性自介故
須菩提復問佛於一切法中行力自在无㝵
智慧无處不到云何言不能行到佛荅若佛
与平等異應有是難何以不能行不能到令
凡夫平等須陁洹平等佛平等皆一平等无
二无分別是凡夫乃至佛自性不能自性中
行不能自性中到自性應他性中行是故佛
說皆佛與平等異佛[illegible]

智慧无事不至云何言不能行到佛答若佛
与平等異應有是難何以不能行不能到令
凡夫平等須陁洹平等佛平等皆一平等无
二无分別是凡夫乃至佛自性不能自性中
行不能自性中到自性應他性中行是故佛
說若佛與平等異佛應行平等但佛即是平
等故不行不到非以智慧力少故須菩提白
佛若平等凡夫乃至佛不可得異今凡夫聖
人不應有差別佛可須菩提問平等中无差
別諦世故凡夫法有差別復問若凡夫乃至
佛无有差別云何三寶大現於世間利益衆
生佛答平等即是法寶法寶即是佛寶僧寶
何以故未得法時不名為佛得平等法故名
為佛得平等法分別有須陁洹等差別須
菩提受佛教是法皆无合无散无色无形无
對一相所謂无相唯佛有是力於空无相中
分別是凡夫是聖人佛告須菩提如是如是
若諸佛不分別是法云何當知有地獄乃至
十八不共法問曰諸佛如日出不能令高者
下下者高但能照明万物令有眼別識諸佛
二如是亦不轉諸法相但以一知照為人演
說令知法何以故言若佛不分別諸法云何
知有地獄乃至十八不共法如今畜生等現
目所見人皆識知何須佛說答曰佛雖不作
好醜諸事而演說示人知有二種一者凡夫
虛忘知二者如實知知畜生等相是凡夫虛

知有地獄乃至十八不共法如今畜生等現
目所見人皆識知何須佛說答曰佛雖不作
好醜諸事而演說示人知有二種一者凡夫
虛忘知二者如實知知畜生等相是凡夫虛
忘知為知實相故言佛不分別諸法云何知
知有地獄等復次諸佛寂滅相无戲論此中
若分別有地等相不名為寂滅无二无戲論
法佛雖知寂滅不二相亦能於寂滅相中分
別諸法而不隨戲論諸法實相者雖眼見畜
生等亦不能　實知其相如牛頭角足尾等
諸分邊和合更有牛法生是為一諸分多法
法一亦不作多多不作有人言此說非也除
此諸分應更有牛法力用可見牛法衆分和
合故名為見牛更不見餘物為牛異者破一
一者破異不一不異破一異若无一異云何
有不一不異若入是諸法平等中尒時始如
實得牛相是故言若佛不分別諸法相不說
二諦云何善說畜生等所謂於平等不動而
分別諸法不動者分別諸法時不著一異相
須菩提白佛如佛於諸法等中不動辟支佛
乃至凡夫於諸法等中亦不動何以故諸法
平等相乃至凡夫亦平等相世尊若尒者佛
云何分別諸法是色異色性異受性異乃至
有為无為性異若不分別諸法菩薩行般若
波羅蜜時不得從一地至一地乃至淨佛國
土佛答於如意云何推尋色相等等相為是

云何分別諸法是色異色性異受性異乃至
有為无為性異若不分別諸法菩薩行般若
波羅蜜時不得從一地至一地乃至淨佛國
土佛荅於如意云何推尋色相等等相為是
空不世尊實空中有異相法不荅言不何以
故是畢竟空以无相智慧可解是中云何有
異相佛語須菩提若空中无異相空便是實
是故汝云何於空中分別諸法作是難畢竟
空中空亦不可得各各相亦不可得汝云何
以空各各相為難以是因緣故當知諸法平
等中无分別故无凡夫但凡夫人非實相不
離實相實相即是聖人相是故言不但凡夫
不離凡夫乃至佛亦如是須菩提以平等相
大利益欲知平等定相是故問為是有為為
是无為佛荅非有為非无為何以故若有為
皆是虛誑作法若无為无為法无生住滅故
无法无法故不得名无為因有為故有无為
如經中說雖有為无為不可得如離長无短
是相待義問曰有為法是无常无為是常云
何言離有為无為不可得荅曰无為法无分
別故无相若說常相不得言无相破有為
法故名无為更无異法如人閉在牢獄穿墻
得出破壁是空无異空空亦不從因緣生无
為法亦如是有為法中先有无為性破有為
即是无為是故說離有為无為不可得是有
有為无為性皆不合不散一相所謂无相佛

BD14998號　大智度論卷九五　（18–17）

得出破壁是空无異空空亦不從因緣生无
為法亦如是有為法中先有无為性破有為
即是无為是故說離有為无為不可得是有
有為无為性皆不合不散一相所謂无相佛
以世諦故說是事非第一義何以故佛自說
因緣第一義中无身口意行有為无為法平
等即是第一義觀是有為无為法平等亦不
著一相菩薩於第一義中不動而利益衆生
方便力故種種因緣為衆生說法

第九十五卷　第八十四品　第八十五品

BD14998號　大智度論卷九五　（18–18）

瑜伽師地論卷第卌七

BD14999號背　護首　　（1–1）

類　无不宗奉者　又聞成菩提　唯佛當證知
我闡大乘教　度脫苦衆生
時舍利弗語龍女言汝謂不久得无上道是
事難信所以者何女身垢穢非是法器云何
能得无上菩提佛道懸曠經无量劫勤苦積
行具脩諸度然後乃成又女人身猶有五障

BD14999號　妙法蓮華經（八卷本）卷五　　（23–1）

我聞大乘教 度脫苦衆生
時舍利弗語龍女言汝謂不久得无上道是
事難信所以者何女身垢穢非是法器云何
能得无上菩提佛道懸曠經无量劫勤苦積
行具脩諸度然後乃成又女人身猶有五障
一者不得作梵天王二者帝釋三者魔王四
者轉輪聖王五者佛身云何女身速得成佛
尒時龍女有一寶珠價直三千大千世界持
以上佛佛即受之龍女謂智積菩薩尊者舍
弗言我獻寶珠世尊納受是事疾不荅言甚
疾女言以汝神力觀我成佛復速於此當時
衆會皆見龍女忽然之間變成男子具菩薩
行即往南方无垢世界坐寶蓮華成等正覺
三十二相八十種好普為十方一切衆生演
說妙法尒時娑婆世界菩薩聲聞天龍八部
人與非人皆遥見彼龍女成佛普為時會人
天說法心大歡喜悉遥敬礼无量衆生聞法
解悟得不退轉无量衆生得受道記无垢世
界六反震動娑婆世界三千衆生住不退地
三千衆生發菩提心而得受記智積菩薩及
舍利弗一切衆會嘿然信受

妙法蓮華經勸持品第十三

尒時藥王菩薩摩訶薩及大樂說菩薩摩訶
薩與二万菩薩眷屬俱皆於佛前作是誓言
唯願世尊不以為慮我等於佛滅後當奉持
讀誦說此經典後惡世衆生善根轉少多增

尒時藥王菩薩摩訶薩及大樂說菩薩摩訶
薩與二万菩薩眷屬俱皆於佛前作是誓言
唯願世尊不以為慮我等於佛滅後當奉持
讀誦說此經典後惡世衆生善根轉少多增
上慢貪利供養增不善根遠離解脫雖難可
教化我等當起大忍力讀誦此經持說書寫
種種供養不惜身命尒時衆中五百阿羅漢
得受記者白佛言世尊我等亦自誓願於異
國土廣說此經復有學无學八千人得受記
者從座而起合掌向佛作是誓言世尊我等
亦當於他國土廣說此經所以者何是娑婆
國中人多弊惡懷增上慢功德淺薄瞋濁諂
曲心不實故尒時佛姨母摩訶波闍波提比
丘尼與學无學比丘尼六千人俱從座而起
一心合掌瞻仰尊顏目不暫捨於時世尊告
憍曇弥何故憂色而視如來汝心將无謂我
不說汝名授阿耨多羅三藐三菩提記耶憍
曇弥我先捴說一切聲聞皆已授記今汝欲
知記者將來之世當於六万八千億諸佛法
中為大法師及六千學无學比丘尼俱為法
師汝如是漸漸具菩薩道當得作佛号一切
衆生喜見如來應供正遍知明行足善逝世
間解无上士調御丈夫天人師佛世尊憍曇
弥是一切衆生喜見佛及六千菩薩轉次授
記得阿耨多羅三藐三菩提尒時羅睺羅母

時說如是漸漸具菩薩道當得作佛号一切
衆生喜見如來應供正遍知明行足善逝世
間解无上士調御丈夫天人師佛世尊憍曇
彌是一切衆生喜見佛及六千菩薩轉次授
記得阿耨多羅三藐三菩提尒時羅睺羅母
耶輸陁羅比丘尼作是念世尊於授記中獨
不說我名佛告耶輸陁羅汝於來世百千万
億諸佛法中脩菩薩行為大法師漸具佛道
於善國中當得作佛号具足千万光相如來
應供正遍知明行足善逝世間解无上士調
御丈夫天人師佛世尊佛壽无量阿僧祇劫
尒時摩訶波闍波提比丘尼及耶輸陁羅比
丘尼并其眷屬皆大歡喜得未曾有即於佛
前而說偈言
世尊導師 安隱天人 我等聞記 心安具足
諸比丘尼說是偈已白佛言世尊我等亦能
於他方國土廣宣此經尒時世尊視八十万
億那由他諸菩薩摩訶薩是諸菩薩皆是阿
惟越致轉不退法輪得諸陁羅尼即從座起
至於佛前一心合掌而作是念若世尊告勅
我等持說此經者當如佛教廣宣斯法復作
是念佛今嘿然不見告勅我當云何時諸菩
薩敬順佛意并欲自滿本願便於佛前作師
子吼而發誓言世尊我等於如來滅後周旋
往反十方世界能令衆生書寫此經受持讀
誦解說其義如法脩行正憶念皆是佛之威

薩敬順佛意并欲自滿本願便於佛前作師
子吼而發誓言世尊我等於如來滅後周旋
往反十方世界能令衆生書寫此經受持讀
誦解說其義如法脩行正憶念皆是佛之威
力唯願世尊在於他方遥見守護即時諸菩
薩俱同發聲而說偈言
唯願不為慮 於佛滅度後 恐怖惡世中 我等當廣說
有諸无智人 惡口罵詈等 及加刀杖者 我等皆當忍
惡世中比丘 耶智心諂曲 未得謂為得 我慢心充滿
或有阿練若 納衣在空閑 自謂行真道 輕賤人間者
貪著利養故 與白衣說法 為世所恭敬 如六通羅漢
是人懷惡心 常念世俗事 假名阿練若 好出我等過
而作如是言 此諸比丘等 為貪利養故 說外道論議
自作此經典 誑惑世間人 為求名聞故 分別於是經
常在大衆中 欲毀我等故 向國王大臣 婆羅門居士
及餘比丘衆 誹謗說我惡 謂是耶見人 說外道論議
我等敬佛故 悉忍是諸惡 為斯所輕言 汝等皆是佛
如此輕慢言 皆當忍受之 濁劫惡世中 多有諸恐怖
惡鬼入其身 罵詈毀辱我 我等敬信佛 當著忍辱鎧
為說是經故 忍此諸難事 我不愛身命 但惜无上道
我等於來世 護持佛所囑 世尊自當知 濁世惡比丘
不知佛方便 隨冝所說法 惡口而頻蹙 數數見擯出
遠離於塔寺 如是等衆惡 念佛告勅故 皆當忍是事
諸聚落城邑 其有求法者 我皆到其所 說佛所囑法
我是世尊使 處衆无所畏 我當善說法 願佛安隱住

我等於來世　護持佛所囑　世尊自當知　濁世惡比丘
不知佛方便　隨宜所說法　惡口而頻蹙　數數見擯出
遠離於塔寺　如是等衆惡　念佛告勑故　皆當忍是事
諸聚落城邑　其有求法者　我皆到其所　說佛所囑法
我是世尊使　處衆无所畏　我當善說法　願佛安隱住
我於世尊前　諸來十方佛　發如是誓言　佛自知我心

妙法蓮華經安樂行品第十四

尒時文殊師利法王子菩薩摩訶薩白佛言
世尊是諸菩薩甚為難有敬順佛故發大誓
願於後惡世護持讀誦是法華經世尊菩薩
摩訶薩於後惡世云何能說是經佛告文殊
師利若菩薩摩訶薩於後惡世欲說是經當
安住四法一者安住菩薩行處親近處能為
衆生演說是經文殊師利云何名菩薩摩訶
薩行處若菩薩摩訶薩住忍辱地柔和善順
而不卒暴心亦不驚又復於法无所行而觀
諸法如實相亦不行不分別是名菩薩摩訶
薩行處云何名菩薩摩訶薩親近處菩薩摩
訶薩不親近國王王子大臣官長不親近諸
外道梵志尼揵子等及造世俗文筆讚詠外
書及路伽耶陀逆路伽耶陀者亦不親近諸
有凶戲相扠相撲及那羅等種種變現之戲
又不親近旃陀羅及畜猪羊雞狗畋獵魚捕
諸惡律儀如是人等或時來者則為說法无
所希望又不親近求聲聞比丘比丘尼優婆
塞優婆夷亦不問訊若於房中若經行處若

BD14999號　妙法蓮華經（八卷本）卷五　（23–6）

有凶戲相扠相撲及那羅等種種變現之戲
又不親近旃陀羅及畜猪羊雞狗畋獵魚捕
諸惡律儀如是人等或時來者則為說法无
所希望又不親近求聲聞比丘比丘尼優婆
塞優婆夷亦不問訊若於房中若經行處若
在講堂中不共住止或時來者隨宜說法无
所希求文殊師利又菩薩摩訶薩不應於女
人身取能生欲想相而為說法亦不樂見若
入他家不與小女處女寡女等共語亦復不
近五種不男之人以為親厚不獨入他家若
有因緣須獨入時但一心念佛若為女人說
法不露齒咲不現胷臆乃至為法猶不親厚
況復餘事不樂畜年少弟子沙弥小兒亦不
樂與同師常好坐禪在於閑處脩攝其心文
殊師利是名初親近處復次菩薩摩訶薩觀
一切法空如實相不顛倒不動不退不轉如
虛空无所有性一切語言道斷不生不出不
起无名无相實无所有无量无邊无礙无障
但以因緣有從顛倒生故說常樂觀如是法
相是名菩薩摩訶薩第二親近處尒時世尊
欲重宣此義而說偈言
若有菩薩　於後惡世　无怖畏心　欲說是經
應入行處　及親近處　常離國王　及國王子
大臣官長　兇險戲者　及旃陀羅　外道梵志
亦不親近　增上慢人　貪著小乘　三藏學者
破戒比丘　名字羅漢　及比丘尼　好戲笑者

BD14999號　妙法蓮華經（八卷本）卷五　（23–7）

應入行處及親近處 常離國王 及國王子
大臣官長 兇險戲者 及栴陁羅 外道梵志
亦不親近 增上慢人 貪著小乘 三藏學者
破戒比丘 名字羅漢 及比丘尼 好戲咲者
深著五欲 求現滅度 諸優婆夷 皆勿親近
若是人等 以好心來 到菩薩所 為聞佛道
菩薩則以 无所畏心 不懷希望 而為說法
寡女處女 及諸不男 皆勿親近 以為親厚
亦莫親近 屠兒魁儈 畋獵漁捕 為利煞害
販肉自活 衒賣女色 如是之人 皆勿親近
兇險相撲 種種嬉戲 諸婬女等 盡勿親近
莫獨屏處 為女說法 若說法時 无得戲咲
入里乞食 將一比丘 若无比丘 一心念佛
是則名為 行處近處 以此二處 能安樂說
又復不行 上中下法 有為无為 實不實法
亦不分別 是男是女 不得諸法 不知不見
是則名為 菩薩行處 一切諸法 空无所有
无有常住 亦无起滅 是名智者 所親近處
顛倒分別 諸法有无 是實非實 是生非生
在於閑處 脩攝其心 安住不動 如須弥山
觀一切法 皆无所有 猶如虛空 无有堅固
不生不出 不動不退 常住一相 是名近處
若有比丘 於我滅後 入是行處 及親近處
說斯經時 无有怯弱 菩薩有時 入於靜室
以正憶念 隨義觀法 從禪定起 為諸國王

不生不出 不動不退 常住一相 是名近處
若有比丘 於我滅後 入是行處 及親近處
說斯經時 无有怯弱 菩薩有時 入於靜室
以正憶念 隨義觀法 從禪定起 為諸國王
王子臣民 婆羅門等 開化演暢 說斯經典
其心安隱 无有怯弱 文殊師利 是名菩薩
安住初法 能於後世 說法華經
又文殊師利 如來滅後 於末法中 欲說是經
應住安樂行 若口宣說 若讀經時 不樂說人
及經典過 亦不輕慢 諸餘法師 不說他人好
惡長短 於聲聞人 亦不稱名 說其過惡 亦不
稱名讚嘆其美 又亦不生 怨嫌之心 善脩如
是安樂心故 諸有聽者 不逆其意 有所難問
不以小乘法荅 但以大乘 而為解說 令得一
切種智 尒時世尊 欲重宣此義 而說偈言
菩薩常樂 安隱說法 於清淨地 而施床座
以油塗身 澡浴塵穢 著新淨衣 內外俱淨
安處法座 隨問為說 若有比丘 及比丘尼
諸優婆塞 及優婆夷 國王王子 羣臣士民
以微妙義 和顏為說 若有難問 隨義而荅
因緣譬喻 敷演分別 以是方便 皆使發心
漸漸增益 入於佛道 除嬾惰意 及懈怠想
離諸憂惱 慈心說法 晝夜常說 无上道教
以諸因緣 无量譬喻 開示眾生 咸令歡喜

因緣譬喻　敷演分別　以是方便　皆使發心
漸漸增益　入於佛道　除嬾惰意　及懈怠想
離諸憂惱　慈心說法　晝夜常說　无上道教
以諸因緣　无量譬喻　開示衆生　咸令歡喜
衣服卧具　飲食醫藥　而於其中　无所希望
但一心念　說法因緣　願成佛道　令衆亦尒
是則大利　安樂供養
我滅度後　若有比丘　能演說斯　妙法華經
心无嫉恚　諸惱鄣礙　亦无憂愁　及罵詈者
又无怖畏　加刀杖等　亦无擯出　安住忍故
智者如是　善脩其心　能住安樂　如我上說
其人功德　千万億劫　筭數譬喻　說不能盡
又文殊師利菩薩摩訶薩於後末世法欲滅
時受持讀誦斯經典者无懷嫉妬諂誑之心
亦勿輕罵學佛道者求其長短若比丘比丘
尼優婆塞優婆夷求聲聞者求辟支佛者求
菩薩道者无得惱之令其疑悔語其人言汝
等去道甚遠終不能得一切種智所以者何
汝是放逸之人於道懈怠故又亦不應戲論
諸法有所諍競當於一切衆生起大悲想於
諸如來起慈父想於諸菩薩起大師想於十
方諸大菩薩常應深心恭敬礼拜於一切衆
生平等說法以順法故不多不少乃至深愛
法者亦不為多說文殊師利是菩薩摩訶薩
於後末世法欲滅時有成就是第三安樂行

BD14999號　妙法蓮華經（八卷本）卷五　（23-10）

方諸大菩薩常應深心恭敬礼拜於一切衆
生平等說法以順法故不多不少乃至深愛
法者亦不為多說文殊師利是菩薩摩訶薩
於後末世法欲滅時有成就是第三安樂行
者說是法時无能惱乱得好同學共讀誦是
經亦得大衆而來聽受聽已能持持已能誦
誦已能說說已能書若使人書供養經卷恭
敬尊重讚嘆尒時世尊欲重宣此義而說偈
言
若欲說是經　當捨嫉恚慢　諂誑耶僞心　常脩質直行
不輕蔑於人　亦不戲論法　不令他疑悔　云汝不得佛
是佛子說法　常柔和能忍　慈悲於一切　不生懈怠心
十方大菩薩　愍衆故行道　應生恭敬心　是則我大師
於諸佛世尊　生无上父想　破於憍慢心　說法无鄣礙
第三法如是　智者應守護　一心安樂行　无量衆所敬
又文殊師利菩薩摩訶薩於後末世法欲滅
時有持是法華經者於在家出家人中生大
慈心於非菩薩人中生大悲心應作是念如
是之人則為大失如來方便隨宜說法不聞
不知不覺不問不信不解其人雖不問不信
不解是經我得阿耨多羅三藐三菩提時隨
在何地以神通力智慧力引之令得住是法
中文殊師利是菩薩摩訶薩於如來滅後有
成就此第四法者說是法時无有過失常為
比丘比丘尼優婆塞優婆夷國王王子大臣

BD14999號　妙法蓮華經（八卷本）卷五　（23-11）

在何地以神通力智慧力引之令得住是法
中文殊師利是菩薩摩訶薩於如來滅後有
成就此第四法者說是法時无有過失常為
比丘比丘尼優婆塞優婆夷國王王子大臣
人民婆羅門居士等供養恭敬尊重讚嘆虛
空諸天為聽法故亦常隨侍若在聚落城邑
空閑林中有人來欲難問者諸天晝夜常為
法故而衛護之能令聽者皆得歡喜所以者
何此經是一切過去未來現在諸佛神力所
護故文殊師利是法華經於无量國中乃至
名字不可得聞何況得見受持讀誦文殊師
利譬如強力轉輪聖王欲以威勢降伏諸國
而諸小王不順其命時轉輪王起種種兵而
往討伐王見兵衆戰有功者即大歡喜隨功
賞賜或與田宅聚落城邑或與衣服嚴身之
具或與種種珎寶金銀琉璃車𤦲馬瑙珊瑚
虎珀象馬車乘奴婢人民唯髻中明珠不以
與之所以者何獨王頂上有此一珠若以與
之王諸眷屬必大驚怪文殊師利如來亦復
如是以禪定智慧力得法國土王於三界而
諸魔王不肯順伏如來賢聖諸將與之共戰
其有功者心亦歡喜於四衆中為說諸經令
其心悅賜以禪定解脫无漏根力諸法之財
又復賜與涅槃之城言得滅度引導其心令
皆歡喜而不為說是法華經文殊師利如轉

諸魔王不肯順伏如來賢聖諸將與之共戰
其有功者心亦歡喜於四衆中為說諸經令
其心悅賜以禪定解脫无漏根力諸法之財
又復賜與涅槃之城言得滅度引導其心令
皆歡喜而不為說是法華經文殊師利如轉
輪王見諸兵衆有大功者心甚歡喜以此難
信之珠久在髻中不妄與人而今與之如來
亦復如是於三界中為大法王以法教化一
切衆生見賢聖軍與五陰魔煩惱魔死魔共
戰有大功勳滅三毒出三界破魔網尒時如
來亦大歡喜此法華經能令衆生至一切智
一切世間多怨難信先所未說而今說之文
殊師利此法華經是諸如來第一之說於諸
說中最為甚深末後賜與如彼強力之王久
護明珠今乃與之文殊師利此法華經諸佛
如來秘密之藏於諸經中最在其上長夜守
護不妄宣說始於今日乃與汝等而敷演之
尒時世尊欲重宣此義而說偈言
常行忍辱　哀愍一切　乃能演說　佛所讚經
後末世時　持此經者　於家出家　及非菩薩
應生慈悲　斯等不聞　不信是經　則為大失
我得佛道　以諸方便　為說此法　令住其中
譬如強力　轉輪之王　兵戰有功　賞賜諸物
象馬車乘　嚴身之具　及諸田宅　聚落城邑
或與衣服　種種珎寶　奴婢財物　歡喜賜與
如有勇健　能為難事　王解髻中　明珠賜之

我得佛道 以諸方便 為說此法 令住其中
譬如強力 轉輪之王 兵戰有功 賞賜諸物
象馬車乘 嚴身之具 及諸田宅 聚落城邑
或與衣服 種種珍寶 奴婢財物 歡喜賜與
如有勇健 能為難事 王解髻中 明珠與之
如來亦尒 為諸法王 忍辱大力 智慧寶藏
以大慈悲 如法化世 見一切人 受諸苦惱
欲求解脫 與諸魔戰 為是衆生 說種種法
以大方便 說此諸經 既知衆生 得其力已
末後乃為 說是法華 如王解髻 明珠與之
此經為尊 衆經中上 我常守護 不妄開示
今正是時 為汝等說
我滅度後 求佛道者 欲得安隱 演說斯經
應當親近 如是四法 讀是經者 常无憂惱
又无病痛 顏色鮮白 不生貧窮 卑賤醜陋
衆生樂見 如慕賢聖 天諸童子 以為給使
刀杖不加 毒不能害 若人惡罵 口則閉塞
遊行无畏 如師子王 智慧光明 如日之照
若於夢中 但見妙事 見諸如來 坐師子座
諸比丘衆 圍繞說法 又見龍神 阿脩羅等
數如恒沙 恭敬合掌 自見其身 而為說法
又見諸佛 身相金色 放无量光 照於一切
以梵音聲 演說諸法 佛為四衆 說无上法
見身處中 合掌讚佛 聞法歡喜 而為供養
得陀羅尼 證不退智 佛知其心 深入佛道
即為受記 成最正覺 汝善男子 當於未來

BD14999號 妙法蓮華經（八卷本）卷五 （23-14）

又見諸佛 身相金色 放无量光 照於一切
以梵音聲 演說諸法 佛為四衆 說无上法
見身處中 合掌讚佛 聞法歡喜 而為供養
得陀羅尼 證不退智 佛知其心 深入佛道
即為受記 成最正覺 汝善男子 當於未來
得无量智 佛之大道 國土嚴淨 廣大无比
亦有四衆 合掌聽法 又見自身 在山林中
脩習善法 證諸實相 深入禪定 見十方佛
諸佛身金色 百福相莊嚴 聞法為人說 常有是好夢
又夢作國王 捨宮殿眷屬 及上妙五欲 行詣於道場
在菩提樹下 而處師子座 求道過七日 得諸佛之智
成无上道已 起而轉法輪 為四衆說法 經千万億劫
說无漏妙法 度无量衆生 後當入涅槃 如烟盡燈滅
若後惡世中 說是第一法 是人得大利 如上諸功德

妙法蓮華經從地踊出品第十五

尒時他方國土諸來菩薩摩訶薩過八恒河
沙數於大衆中起立合掌作礼而白佛言世
尊若聽我等於佛滅後在此娑婆世界懃加
精進護持讀誦書寫供養是經典者當於此
土而廣說之尒時佛告諸菩薩摩訶薩衆止
善男子不須汝等護持此經所以者何我娑
婆世界自有六万恒河沙等菩薩摩訶薩一
一菩薩各有六万恒河沙眷屬是諸人等能
於我滅後護持讀誦廣說此經佛說是時娑
婆世界三千大千國土地皆震裂而於其中

BD14999號 妙法蓮華經（八卷本）卷五 （23-15）

善男子不須汝等護持此經所以者何我娑
婆世界自有六万恒河沙等菩薩摩訶薩一
一菩薩各有六万恒河沙眷屬是諸人等能
於我滅後護持讀誦廣說此經佛說是時娑
婆世界三千大千國土地皆震裂而於其中
有无量千万億菩薩摩訶薩同時踊出是諸
菩薩身皆金色三十二相无量光明先盡在
此娑婆世界之下此界虛空中住是諸菩薩
聞釋迦牟尼佛所說音聲從下發來一一菩
薩皆是大衆唱導之首各將六万恒河沙眷
屬況將五万四万三万二万一万恒河沙等
眷屬者況復乃至一恒河沙半恒河沙四分
之一乃至千万億那由他分之一況復千万
億那由他眷屬況復億万眷屬況復千万百
万乃至一万況復一千一百乃至一十況復
將五四三二一弟子者況復單己樂遠離行
如是等比无量无邊筭數譬喻所不能知是
諸菩薩從地出已各詣虛空七寶妙塔多寶
如來釋迦牟尼佛所到已向二世尊頭面礼
足乃至諸寶樹下師子座上佛所亦皆作礼
右繞三帀合掌恭敬以諸菩薩種種讚法而
以讚嘆住在一面欣樂瞻仰於二世尊是諸
菩薩摩訶薩從初踊出以諸菩薩種種讚法
而讚於佛如是時間經五十小劫是時釋迦
牟尼佛嘿然而坐及諸四衆亦皆嘿然五十

右繞三帀合掌恭敬以諸菩薩種種讚法而
以讚嘆住在一面欣樂瞻仰於二世尊是諸
菩薩摩訶薩從初踊出以諸菩薩種種讚法
而讚於佛如是時間經五十小劫是時釋迦
牟尼佛嘿然而坐及諸四衆亦皆嘿然五十
小劫佛神力故令諸大衆謂如半日尒時四
衆亦以佛神力故見諸菩薩遍滿无量百千
万億國土虛空是菩薩衆中有四導師一名
上行二名无邊行三名淨行四名安立行是
四菩薩於其衆中最為上首唱導之師在大
衆前各共合掌觀釋迦牟尼佛而問訊言世
尊少病少惱安樂行不所應度者受教易不
不令世尊生疲勞耶尒時四大菩薩而說偈言
世尊安樂　少病少惱　教化衆生　得无疲惓
又諸衆生　受化易不　不令世尊　生疲勞耶
尒時世尊於菩薩大衆中而作是言如是如
是諸善男子如來安樂少病少惱諸衆生等
易可化度无有疲勞所以者何是諸衆生世
世已來常受我化亦於過去諸佛供養尊重
種諸善根此諸衆生始見我身聞我所說即
皆信受入如來慧除先脩習學小乘者如是
之人我今亦令得聞是經入於佛慧尒時諸
大菩薩而說偈言
善哉善哉　大雄世尊　諸衆生等　易可化度
能問諸佛　甚深智慧　聞已信行　我等隨喜

之人我今亦令得聞是經入於佛慧尒時諸
大菩薩而說偈言
善哉善哉 大雄世尊 諸衆生等 易可化度
能問諸佛 甚深智慧 聞已信行 我等隨喜
於時世尊讚歎上首諸大菩薩善哉善哉善
男子汝等能於如來發隨喜心尒時弥勒菩
薩及八千恒河沙諸菩薩衆皆作是念我等
從昔已來不見不聞如是大菩薩摩訶薩衆
從地踊出住世尊前合掌供養問訊如來時
弥勒菩薩摩訶薩知八千恒河沙諸菩薩等
心之所念并欲自決所疑合掌向佛以偈問
曰
无量千万億 大衆諸菩薩 昔所未曾見 願兩足尊說
是從何所來 以何因緣集 巨身大神通 智慧叵思議
其志念堅固 有大忍辱力 衆生所樂見 為從何所來
一一諸菩薩 所將諸眷屬 其數无有量 如恒河沙等
或有大菩薩 將六万恒沙 如是諸大衆 一心求佛道
是諸大師等 六万恒河沙 俱來供養佛 及護持是經
將五万恒沙 其數過於是 四万及三万 二万至一万
一千一百等 乃至一恒沙 半及三四分 億万分之一
千万那由他 万億諸弟子 乃至於半億 其數復過上
百万至一万 一千及一百 五十與一十 乃至三二一
單已无眷屬 樂於獨處者 俱來至佛所 其數轉過上
如是諸大衆 若人行籌數 過於恒沙劫 猶不能盡知
是諸大威德 精進菩薩衆 誰為其說法 教化而成就

單已无眷屬 樂於獨處者 俱來至佛所 其數轉過上
如是諸大衆 若人行籌數 過於恒沙劫 猶不能盡知
是諸大威德 精進菩薩衆 誰為其說法 教化而成就
從誰初發心 稱揚何佛法 受持行誰經 脩習何佛道
如是諸菩薩 神通大智力 四方地震裂 皆從中踊出
世尊我昔來 未曾見是事 願說其所從 國土之名号
我常遊諸國 未曾見是衆 我於此衆中 乃不識一人
忽然從地出 願說其因緣 今此之大會 无量百千億
是諸菩薩等 皆欲知此事 是諸菩薩衆 本末之因緣
无量德世尊 唯願決衆疑
尒時釋迦牟尼分身諸佛從无量千万億他
方國土來者在於八方諸寶樹下師子座上
結加趺坐其佛侍者各各見是菩薩大衆於
三千大千世界四方從地踊出住於虛空各
白其佛言世尊此諸无量无邊阿僧祇菩薩
大衆從何所來尒時諸佛各告侍者諸善男
子且待須臾有菩薩摩訶薩名曰弥勒釋迦
牟尼佛之所授記次後作佛已問斯事佛今
荅之汝等自當因是得聞尒時釋迦牟尼佛
告弥勒菩薩善哉善哉阿逸多乃能問佛如
是大事汝等當共一心被精進鎧發堅固意
如來今欲顯發宣示諸佛智慧諸佛自在神
通之力諸佛師子奮迅之力諸佛威猛大勢
之力尒時世尊欲重宣此義而說偈言

是大事汝等當共一心被精進鎧發堅固意
如來今欲顯發宣示諸佛智慧諸佛自在神
通之力諸佛師子奮迅之力諸佛威猛大勢
之力尒時世尊欲重宣此義而說偈言
當精進一心　我欲說此事　勿得有疑悔　佛智叵思議
汝今出信心　住於忍善中　昔所未聞法　今皆當得聞
我今安慰汝　勿得懷疑懼　佛无不實語　智慧不可量
所得第一法　甚深叵分別　如是今當說　汝等一心聽
尒時世尊說此偈已告弥勒菩薩我今於此
大眾宣告汝等阿逸多是諸大菩薩摩訶薩
无量无數阿僧祇從地踊出汝等昔所未見
者我於是娑婆世界得阿耨多羅三藐三菩
提已教化示導是諸菩薩調伏其心令發道
意此諸菩薩皆於是娑婆世界之下此界虛
空中住於諸經典讀誦通利思惟分別正憶
念阿逸多是諸善男子等不樂在眾多有所
說常樂靜處懃行精進未曾休息亦不依止
人天而住常樂深智无有鄣礙亦常樂於諸
佛之法一心精進求无上慧尒時世尊欲重
宣此義而說偈言
阿逸汝當知　是諸大菩薩　從无數劫來　脩習佛智慧
悉是我所化　令發大道心　此等是我子　依止是世界
常行頭陀事　志樂於靜處　捨大眾憒閙　不樂多所說
如是諸子等　學習我道法　晝夜常精進　為求佛道故
在娑婆世界　下方空中住　志念力堅固　常懃求智慧

阿逸汝當知　是諸大菩薩　從无數劫來　脩習佛智慧
悉是我所化　令發大道心　此等是我子　依止是世界
常行頭陀事　志樂於靜處　捨大眾憒閙　不樂多所說
如是諸子等　學習我道法　晝夜常精進　為求佛道故
在娑婆世界　下方空中住　志念力堅固　常懃求智慧
說種種妙法　其心无所畏　我於伽耶城　菩提樹下坐
得成最正覺　轉无上法輪　尒乃教化之　令初發道心
今皆住不退　悉當得成佛　我今說實語　汝等一心信
我從久遠來　教化是等眾
尒時弥勒菩薩摩訶薩及无數諸菩薩等心
生疑惑恠未曾有而作是念云何世尊於少
時間教化如是无量无邊阿僧祇諸大菩薩
令住阿耨多羅三藐三菩提即白佛言世尊
如來為太子時出釋氏宮去伽耶城不遠坐
於道場得成阿耨多羅三藐三菩提從是已
來始過四十餘年世尊云何於此少時大作
佛事以佛勢力以佛功德教化如是无量大
菩薩眾當成阿耨多羅三藐三菩提世尊此
大菩薩眾假使有人於千万億劫數不能盡
不得其邊斯等久遠已來於无量无邊諸佛
所植諸善根成就菩薩道常脩梵行世尊如
此之事世所難信譬如有人色美髮黑年二
十五指百歲人言是我子其百歲人亦指年
少言是我父生育我等是事難信佛亦如是
得道已來其實未久而此大眾諸菩薩等已
於无量千万億劫為佛道故懃行精進善入

此之事世所難信譬如有人色美髮黑年二
十五指百歲人言是我子其百歲人亦指年
少言是我父生育我等是事難信佛亦如是
得道已來其實未久而此大衆諸菩薩等已
於无量千万億劫為佛道故懃行精進善入
出住无量百千万億三昧得大神通久脩梵
行善能次第集諸善法巧於問荅人中之寶
一切世間甚為希有今日世尊方云得佛道
時初令發心教化示導令向阿耨多羅三藐
三菩提世尊得佛未久乃能作此大功德事
我等雖復信佛隨宜所説佛所出言未曾虛
妄佛所知者皆悉通達然諸新發意菩薩於
佛滅後若聞是語或不信受而起破法罪業
因緣唯然世尊願為解説除我等疑及未來
世諸善男子聞此事已亦不生疑尒時彌勒
菩薩欲重宣此義而説偈言
佛昔從釋種　出家近伽耶　坐於菩提樹　尒來尚未久
此諸佛子等　其數不可量　久已行佛道　住於神通力
善學菩薩道　不染世間法　如蓮華在水　從地而踊出
皆起恭敬心　住於世尊前　是事難思議　云何而可信
佛得道甚近　所成就甚多　願為除衆疑　如實分別説
譬如少壯人　年始二十五　示人百歲子　髮白而面皺
是等我所生　子亦説是父　父少而子老　舉世所不信
世尊亦如是　得道來甚近　是諸菩薩等　志固无怯弱
從无量劫來　而行菩薩道　巧於難問荅　其心无所畏
忍辱心決定　端正有威德　十方佛所讚　善能分別説

BD14999號　妙法蓮華經（八卷本）卷五　（23–22）

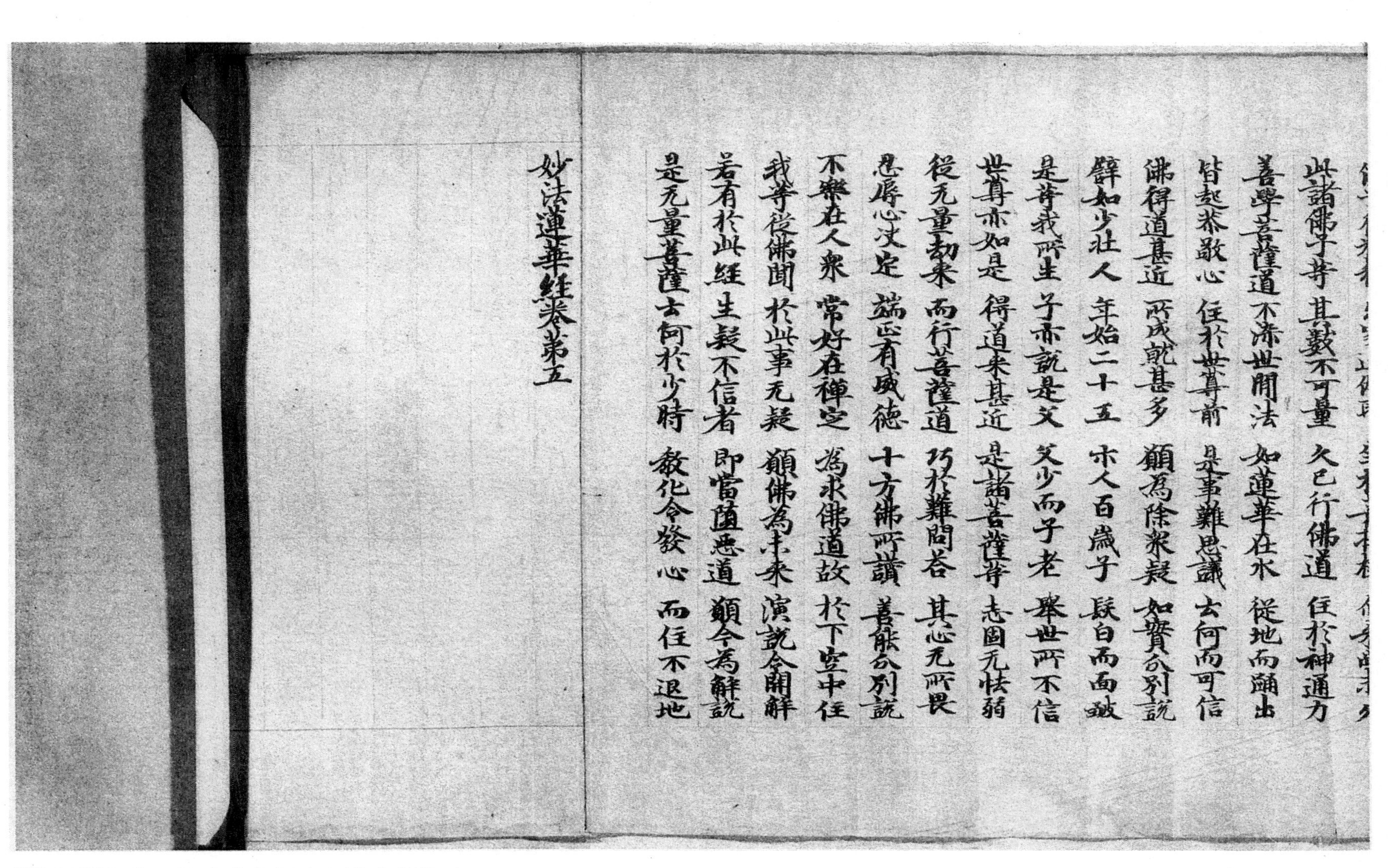
此諸佛子等　其數不可量　久已行佛道　住於神通力
善學菩薩道　不染世間法　如蓮華在水　從地而踊出
皆起恭敬心　住於世尊前　是事難思議　云何而可信
佛得道甚近　所成就甚多　願為除衆疑　如實分別説
譬如少壯人　年始二十五　示人百歲子　髮白而面皺
是等我所生　子亦説是父　父少而子老　舉世所不信
世尊亦如是　得道來甚近　是諸菩薩等　志固无怯弱
從无量劫來　而行菩薩道　巧於難問荅　其心无所畏
忍辱心決定　端正有威德　十方佛所讚　善能分別説
不樂在人衆　常好在禪定　為求佛道故　於下空中住
我等從佛聞　於此事无疑　願佛為未來　演説令開解
若有於此經　生疑不信者　即當墮惡道　願今為解説
是无量菩薩　云何於少時　教化令發心　而住不退地

妙法蓮華經卷第五

BD14999號　妙法蓮華經（八卷本）卷五　（23–23）

瑜伽師地論卷第卌三　彌勒菩薩說　沙門玄奘奉　詔譯
本地分中菩薩地第十五初持瑜伽處靜慮品第十三
云何菩薩靜慮波羅蜜多　嗢拕南曰　自性一切難　一切門善士
一切種遂求　二世樂清淨　如是九種相　名略說靜慮　謂九種相靜
慮名為菩薩靜慮波羅蜜多一者自性靜慮二者一切靜慮三
者難行靜慮四者一切門靜慮五者善士靜慮六者一切種靜慮
七者遂求靜慮八者此世他世靜慮九者清淨靜慮　云何菩
薩自性靜慮謂諸菩薩於菩薩藏聞思為先所有妙善世出世
間心一境性心正安住或奢摩他品或毗鉢舍那品或雙運道俱
通二品當知即是菩薩所有靜慮自性　云何菩薩一切靜慮
謂此靜慮略有二種一者世間靜慮二者出世間靜慮當知此二
隨其所應復有三種一者現法樂住靜慮二者能引菩薩等
持功德靜慮三者饒益有情靜慮若諸菩薩所有靜慮遠
離一切分別能生身心輕安最極寂靜遠離憍舉離諸愛味泯
一切相當知是名菩薩現法樂住靜慮若諸菩薩所有靜
慮能引能住種種殊勝不可思議不可度量十力種姓所攝
等持如是等持一切聲聞及獨覺等不知其名何況能入若諸菩

持功德靜慮三者饒益有情靜慮若諸菩薩所有靜慮遠
離一切分別能生身心輕安最極寂靜遠離憍舉離諸愛味泯
一切相當知是名菩薩現法樂住靜慮若諸菩薩所有靜
慮能引能住種種殊勝不可思議不可度量十力種姓所攝
等持如是等持一切聲聞及獨覺等不知其名何況能入若諸菩
薩所有靜慮能引能住一切菩薩解脫勝處遍處無礙解無
諍願智等共諸聲聞所有功德當知是名能引菩薩等持功
德靜慮菩薩饒益有情靜慮有十一種如前應知謂菩薩
依止靜慮於諸有情能引義利彼彼事業與作助伴其有苦者
能為除苦於諸有情能如理說於有恩者知恩現前酬
報於諸怖畏能為救護於喪失處能解愁憂於有匱乏
施與資財於諸大衆善能匡御於諸有情善隨心轉於實
有德讚美令喜於諸有過能正調伏為物現通恐怖引攝
如是一切總名菩薩一切靜慮此外無有若過若增　云何菩薩難
行靜慮略有三種若諸菩薩已能安住廣大殊勝極善成熟多
所引發諸靜慮中隨自欲樂捨彼最勝諸靜慮樂悲愍有情
故等觀無量利有情事為諸有情義利成熟故意思擇還
生欲界當知是名菩薩第一難行靜慮若諸菩薩依止靜慮
能發種種無量無數不可思議超過一切聲聞獨覺所行境界
菩薩等持當知是名菩薩第二難行靜慮若諸菩薩依止
靜慮速證無上正等菩提當知是名菩薩第三難行靜慮
云何菩薩一切門靜慮略有四種一者有尋有伺靜慮二者喜
俱行靜慮三者樂俱行靜慮四者捨俱行靜慮　云何菩薩
善士靜慮謂此靜慮略有五種一者無愛味靜慮
二者慈俱行靜慮三者悲俱行靜慮四者喜俱行靜慮五
者捨俱行靜慮　云何菩薩一切種靜慮謂此靜慮六種七種

廿

云何菩薩一切門靜慮略有四種一者有尋有伺靜慮二者喜
俱行靜慮三者樂俱行靜慮四者捨俱行靜慮　云何菩薩
善士靜慮謂此靜慮略有五種一者無愛味靜慮
二者慈俱行靜慮三者悲俱行靜慮四者喜俱行靜慮五
者捨俱行靜慮　云何菩薩一切種靜慮謂此靜慮六種七種
總十三種言六種者一者善靜慮二者無記變化靜慮三者奢
摩他品靜慮四者毗鉢舍那品靜慮五者於自他利正審思惟靜
慮六者能引神通威力功德靜慮言七種者一者名緣靜慮
二者義緣靜慮三止相緣靜慮四者舉相靜慮五者捨相緣靜慮
六者現法樂住靜慮七者能饒益他靜慮如是十三種名為菩薩
一切種靜慮　云何菩薩遂求靜慮謂此靜慮略有八種一者於諸
毒藥霜雹毒熱鬼魅等種種災患能息能成呪術所依靜
慮二者於界互違所生衆病能除靜慮三者於諸飢饉大
災旱等現在前時興致甘雨靜慮四者於種種人非人作水陸怖
畏能正救濟靜慮五者於飲食匱在曠野諸有情類能施飲食
靜慮六者於乏財位所化有情能施種種財位靜慮七者於於十
方界放逸有情能正諫誨靜慮八者於諸有情隨所生起所應作
事能正造作靜慮　云何菩薩此世他世樂靜慮謂此靜慮
略有九種一者神通變現調伏有情靜慮二者記說變現調伏有
情靜慮三者教誡變現調伏有情靜慮四者於造惡者示現
惡趣靜慮五者於失辯者能施辯才靜慮六者於失念者能
施正念靜慮七者制造達立無顛倒論微妙讚頌怛摩理迦能
令正法久住靜慮八者於諸世間工巧業處能引義利饒益有情種種
書筭測度數印牀座傘屧如是等類種種差別資生衆具
能隨造作靜慮九者於生惡趣所化有情為欲暫時息彼衆苦
放大光明照觸靜慮　云何菩薩清淨靜慮謂此靜慮略有十種
一者離世間淨離諸愛味清淨靜慮二者由出世淨無有染污清淨

令正法久住靜慮八者於諸世間工巧業處能引義利饒益有情種種
書筭測度數印牀座傘屧如是等類種種差別資生衆具
能隨造作靜慮九者於生惡趣所化有情為欲暫時息彼衆苦
放大光明照觸靜慮　云何菩薩清淨靜慮謂此靜慮略有十種
一者離世間淨離諸愛味清淨靜慮二者由出世淨无有染汙清淨
靜慮三者由加行清淨靜慮四者由得根本清淨靜慮五者由根本
勝進清淨靜慮六者由入住出自在清淨靜慮七者捨靜慮已
復還證入自在清淨靜慮八者神通變現清淨靜慮九者
離一切見趣淨清淨靜慮十者一切煩惱所知障淨清淨靜慮
如是靜慮无量无邊能得菩薩大菩薩果菩薩依此圓滿靜慮
波羅蜜多能於无上正等菩提速疾已證當證今證
本地分中菩薩地第十五初持瑜伽處慧品第十四　云何菩薩慧波
羅蜜多　嗢拕南曰　自性一切難　一切門善士　一切種遂求　二世樂清淨
如是九種相　是名略說慧　謂九種相慧名為菩薩慧波羅蜜多一者
自性慧二者一切慧三者難行慧四者一切門慧五者善士慧六者一切
種慧七者遂求慧八者此世他世樂慧九者清淨慧　云何菩薩
自性慧謂能悟入一切所知及已悟入一切所知簡擇諸法普緣一切五明處
轉一內明處二因明處三醫方明處四聲明處五工業明處當知即是菩
薩一切慧之自性　云何菩薩一切慧當知此慧略有二種一者世間慧二
者出世間慧此二略說復有三種一能於所知真實隨覺通達慧二能
於如所說五明處及三聚中決定善巧慧三能作一切有情義利慧若
諸菩薩於離言說法无我性或於真諦將欲覺悟或於真諦正覺悟
時或於真諦覺悟已後所有妙慧最勝寂靜明了現前无有分別
離諸戲論於一切法悟平等性入大總相究達一切所知邊際遠離增
益損減二邊順入中道是名菩薩能於所知真實隨覺通達慧若諸
菩薩於五明處決定善巧廣說如前力種姓品應知其相及於三聚中決
定善巧謂於能引義利法聚能引非義利法聚能引非義利非非

諸菩薩於離言說法无我性或於真諦將覺寤或於真諦正覺寤
時或於真諦覺寤已後所有妙慧最勝寂靜明了現前无有分別
離諸戲論於一切法悟平等性入大總相究達一切所知邊際遠離增
益損減二邊順入中道是名菩薩能於所知真實隨覺通達慧若諸
菩薩於五明處決定善巧廣說如前力種姓品應知其相及於三聚中決
定善巧謂於能引義利法聚能引非義利法聚能引非義利非非
義利法聚皆如實知於是八處所有妙慧善巧攝受能速圓滿廣大无
上妙智資糧速證无上正等菩提能作一切有情義利慧有十一種如
前應知即於彼位所有妙慧當知是名饒益有情慧　云何菩薩
難行慧當知此慧略有三種若諸菩薩能知甚深法无我智是名第
一難行慧若諸菩薩能了有情調伏方便智是名第二難行慧若
諸菩薩了知一切所知境界无障礙智是名第三難行慧　云何菩
薩一切門慧當知此慧略有四種謂於聲聞藏及菩薩藏所聞所慧
思所成慧於能思擇菩薩所應作應作隨轉中及菩薩所不應作應
止息中思擇力所攝慧及修習力所攝三摩呬多地无量慧云何菩
薩善士慧當知此慧略有五種一聽聞正法所集成慧二內正作意
俱行慧三自他利行方便俱行慧四於諸法法住法安立无顛倒中
善決定慧五棲煩惱慧復有異門一微細慧悟入所知如所有性故
二周備慧悟入所知盡所有性故三俱生慧宿習資粮所集成故
四具教慧能於諸佛已入大地諸菩薩衆所聞法義具受持故五具
證慧從淨意樂地乃至到究竟地所攝受故　云何菩薩
一切種慧當知此慧六種七種總十三種六種慧者謂於諸諦苦智
集智滅智道智於究竟位盡智无生智是名六慧七種慧者謂
法智類智世俗智神通智相智十力前行智四道理中正道理智
云何菩薩遂求慧當知此慧略有八種一依法異門智所謂菩薩
法无礙慧二依法相智所謂菩薩義无礙慧三依法釋詞智所
謂菩薩釋詞无礙慧四依法品類句差別智所謂菩薩辯才

一切種慧當知此慧六種七種總十三種六種慧者謂於諸諦苦智
集智滅智道智於究竟位盡智无生智是名六慧七種慧者謂
法智類智世俗智神通智相智十力前行智四道理中正道理智
云何菩薩遂求慧當知此慧略有八種一依法異門智所謂菩薩
法无礙慧二依法相智所謂菩薩義无礙慧三依法釋詞智所
謂菩薩釋詞无礙慧四依法品類句差別智所謂菩薩辯才
无礙慧五菩薩一切摧伏他論慧六菩薩一切成立自論慧七菩
薩一切正訓營爲家屬家產慧八菩薩一切善解種種王正世
務慧　云何菩薩此世他世樂慧當知此慧略有九種謂諸菩薩
於內明處能善明淨善安住慧於醫方明處因明處聲明處世
工業明處能善明淨非安住慧一切菩薩即用如是於五明處
善明淨慧以爲依止於他愚癡放逸怯弱懃脩正行所化有情
如其次第示現教導讚勵慶慰慧　云何菩薩清淨慧當
知此慧略有十種於真實義有二種慧謂由盡所有性及如所有性
取真實義故於流轉義有二種慧謂取正因果故於執受義有
二種慧謂顛倒不顛倒如實了知故於方便義有二種慧謂一切所
應作所不應作如實了知故於究竟義有二種慧謂雜染如實了知雜
染故清淨如實了知清淨故如是菩薩五義十種差別淨慧當
如是名最勝淨慧　如是菩薩極善決定无量妙慧能證菩薩
大菩提果菩薩依此能圓滿慧波羅蜜多速證无上正等菩提
復次如是六種波羅蜜多世尊彼彼素怛纜中處處散說今於此中
攝在一處略說應知謂佛所說素怛纜中所有波羅蜜多乃至慧
波羅蜜多或標或釋彼皆於此或自性施廣說乃至或清淨施趣
入攝受如其所應皆當了知如是所餘所宣說戒乃至慧趣入攝受
如其所應亦當了知又諸如來爲菩薩時所行一切菩薩行中所有
无量本生相應難行苦行當知一切與施相應依止於施如說其施如
是戒忍精進靜慮慧相應依止戒忍精進靜慮當知亦介或唯

无

波羅蜜多或種種彼皆於此自性施廣說乃至[illegible]
入攝受如其所應皆當了知是所餘所宣說或乃至慧趣入攝受
如其所應亦當了知又諸如來為菩薩時所行一切菩薩行中所有
无量本生相應難行苦行當知一切與施相應依止於施如說其施如
是或忍精進靜慮慧相應依止或忍精進靜慮當知亦尒或唯
依施廣說乃至或唯依慧或雜依二或雜依三或雜依四或雜依
五或雜依一切六波羅蜜多皆應了知　如是六種波羅蜜多
菩薩為證无上正等菩提果故精勤脩集是大白法說名大白法
海是一切有情一切種類圓滿之因名為涌施大寶泉池又即如是
所集无量福智資糧更无餘果可共相稱唯除无上正等菩提

本地分中菩薩地第十五初持瑜伽處攝事品第十五

云何菩薩四種攝事嗢柁南曰　自性一切難　一切門善士　一切種遂求
二世樂清淨　如是九種相　名略說攝事　謂九種相攝事名
為菩薩四種攝事一者自性攝事二者一切攝事三者難行攝
事四者一切門攝事五者善士攝事六者一切種攝事七者遂
求攝事八者此世他世樂攝事九者清淨攝事　云何菩薩自
性愛語謂諸菩薩於諸有情常樂宣說悅可意語諦語法
語引攝義語當知是名略說菩薩愛語自性　云何菩薩
一切愛語謂此愛語略有三種一者菩薩設慰喻語由此語故菩
薩恒時對諸有情遠離顰蹙舒顏平視含咲為
先或問安隱吉祥或問諸界調適或問晝夜怡樂或命前進
善來以是相慰問有情隨世儀轉順都人性二者菩薩設慶悅
語由此語故菩薩若見有情妻子眷屬財榖其所昌盛而不
自知如應覺悟以申慶悅或知信戒聞捨慧增亦復慶悅三者
菩薩設勝益語由此語故菩薩宣說一切種德圓滿法教相應
之語利益安樂一切有情恒常現前以勝益語而為饒益是菩薩
一切愛語差別應知云何略說如是菩薩一切愛語當知此語略

語由此語故菩薩若見有情妻子眷屬財榖其所昌盛而不
自知如應覺悟以申慶悅或知信戒聞捨慧增亦復慶悅三者
菩薩說勝益語由此語故菩薩宣說一切種德圓滿法教相應
之語利益安樂一切有情恒常現前以勝益語而為饒益是菩薩
一切愛語差別應知云何略說如是菩薩一切愛語當知此語略
為二種一隨世儀軌語二順正法教語若慰喻語若慶悅語當
知是名隨世儀軌語若勝益語當知是名順正法教語
云何菩薩難行愛語當知此語略有三種若諸菩薩於能煞
害怨家惡友以善淨心无穢濁心思擇為說若慰喻語若慶
悅語若勝益語當知是名菩薩第一難行愛語若諸菩薩
於其上品愚癡鈍根諸有情所心无疑慮思擇為說種種法教
誓受疲勞如理如法如善攝取當知是名菩薩第二難行愛
語若諸菩薩於其諂詐欺誑親教軌範尊長真實福田行邪
惡行諸有情所无嫌恨心无恚惱心思擇為說若慰喻語若慶
悅語若勝益語當知是名菩薩第三難行愛語　云何菩
薩一切門愛語當知此語略有四種一欲斷諸蓋向善趣者為說
先時所應作法二遠離諸蓋心調善者為說增進四聖諦等
相應正法三在家出家多放逸者无倒訓誨方便令其出離
放逸行住不放逸行四於諸法中多疑惑者為令當來離疑惑
故為說正法論義決擇　云何菩薩善士愛語當知此語略
有五種謂諸菩薩為所化生能說如來及諸菩薩有因緣法有
出離法有所依法有勇決法有神變法若所說法得處有因制
立學處是故此法名有因緣若所說法於所受學有毀犯者施
設還淨是故此法名有出離若所說法四依所攝施設无倒法律
正行是故此法名有所依若所說法能正顯示出一切苦不退還行
是故此法名有勇決若所說法作三神變一切所說終不唐捐是故此

多

正學處是故此法名有因緣若所說法於所受學有毀犯者施
設還淨是故此法名有出離若所說法四依所攝施設無倒法律
正行是故此法名有所依若所說法能正顯示出一切苦不退還行
是故此法名有勇決若所說法住三神變一切所說終不唐捐是故此
故名有神變 云何菩薩一切種愛語當知此語六種七種總十三
種言六種者一於應聽法開聽愛語二於應制法遮制愛語三開
示諸法法門愛語四開示無倒法相愛語五開示無倒訓釋諸法言
詞愛語六開示無倒法句品類差別愛語言七種者一慰喻愛
語二慶悅愛語三於他有情一切資具少希欲中一切所作及以正至必
希欲中廣說愛語四安慰種種驚怖愛語五如理宣說所攝愛
語六為欲令他出不善處安住善處正見開疑舉呵愛語七請他
有力能益愛語如是菩薩十三種語當知名為一切種愛語 云何菩薩
遂求愛語當知此語略有八種謂諸菩薩依四淨語起八聖語是名
菩薩遂求愛語四淨語者謂離妄語及以離間麁惡綺語八聖
語者謂見言見聞言聞覺言覺知言知不見言不見不聞言
不聞不覺言不覺不知言不知 云何菩薩此世他世樂愛語
當知此語略有九種一說正法斷親屬難愁憂愛語二說正法斷
財位難愁憂愛語三說正法斷無病難愁憂愛語四說正法斷
淨戒難衆苦愛語五說正法斷正見難衆苦愛語六說正法讚
美淨戒圓滿愛語七說正法讚美正見圓滿愛語八說正法讚
美軌則圓滿愛語九說正法讚美正命圓滿愛語 云何菩
薩清淨愛語當知此語有二十種謂十二相宣說正法應知前力
種姓品 云何菩薩利行謂此利行廣如愛語應知其相於利
行中餘差別義今我當說謂諸菩薩由一切品差別愛語隨說
彼彼趣義利行饒益有情故名利行 云何菩薩自性利行謂諸
菩薩由彼愛語為諸有情示現正理隨其所應於諸所學隨義利

種姓品　云何菩薩利行謂此利行廣如愛語應知其相於利
行中餘差別義今我當說謂諸菩薩由一切品差別愛語隨說
彼彼趣義利行饒益有情故名利行　云何菩薩自性利行謂諸
菩薩由彼愛語爲諸有情示現正理隨其所應於諸所學隨義利
行法隨法行如是行中安住悲心无愛染心勸導調伏安處建立
是名略說利行自性　云何菩薩一切利行當知此行略有二種一未成
熟有情能成熟利行二已成熟有情令解脫利行即此利行復由三
門一於現法利勸導利行二於後法利勸導利行三於現法後法
利勸導利行於現法利勸導利行者謂正勸導以法業處
招集守護增長財位當知是名於現法利勸導利行由此能令
從他獲得廣大名稱及現法樂由資具樂攝受安樂於後法利
勸導利行者謂正勸導棄捨財位清淨出家受乞求行以自存
活當知是名於後法利勸導利行由此能令決定獲得後法安樂
不必獲得現法安樂於現法後法利勸導利行者謂正勸導令
在家者或出家者漸次修行趣向離欲當知是名於現法後法利
勸導利行由此能令於現法中得身輕安心輕安安樂而住於後法
中或生淨天或无餘依涅槃界中而般涅槃　云何菩薩難行
利行當知此行略有三種若諸菩薩於先未行勝善根因諸有情
所能行利行是名第一難行利行何以故彼諸有情難勸導故
若諸菩薩於有善因現前耽著廣大財位衆具圓滿諸有情
所能行利行是名第二難行利行何以故彼於廣大豚放逸亦豚
放逸處耽著轉故若諸菩薩於諸外道著本異道邪見邪行
諸有情所能行利行是名第三難行利行何以故彼於自宗愚癡
故執於正法憎背執故　云何菩薩一切門利行當知此行略有
四種謂諸菩薩不信有情於信圓滿殷勤勸導乃至建立犯戒有
情於戒圓滿殷勤勸導乃至建立惡慧有情於慧圓滿殷勤勸

放逸處身著轉去者諸菩薩於諸外道

諸有情所能行利行是名第三難行利行何以故彼於自宗愚癡

故執於正法樂增背執故　云何菩薩一切門利行當知此行略有

四種謂諸菩薩不信有情於信圓滿殷勤勸導乃至建立犯戒有

情於戒圓滿殷勤勸導乃至建立惡慧有情於慧圓滿殷勤勸

導乃至建立慳悋有情捨於圓滿殷勤勸導乃至建立

云何菩薩善士利行當知此行略有五種謂諸菩薩於真實義勸

導有情於應時宜勸導有情於能引攝勝妙義利勸導有情於

諸有情柔軟勸導於諸有情慈心勸導　云何菩薩一切種利行當

知此行六種七種總十三種云何六種謂諸菩薩若諸有情應攝受

者正攝受之若諸菩薩應調伏者正調伏之若諸有情增背聖

教除其恚惱若諸有情處中住者令入聖教若諸有情已入聖教

令其成熟若諸有情已成熟者令得解脫云何七種謂諸若

菩薩安處一分所化有情於善資糧守護長養所謂或依下乘出離或復

依於大乘出離如今所化於善資糧守護長養如是或於遠離或於

心一境性或於清淨諸障或於修習作意正安處之若有聲聞獨覺種

姓即於聲聞獨覺乘中而正安處若有如來種姓有情即於無上正等

菩提最上乘中而正安處　云何菩薩遂求利行當知利行略有八種

謂諸菩薩見諸有情於應悔處為無悔纏之所纏逼方便開解令

離彼纏如無悔纏如是見有於應悔處為無悔纏之所纏逼若惛沉纏

若睡眠纏若掉舉纏若惡作纏若嫉纏若慳纏之所纏逼方便開解令

離彼纏　云何菩薩此世他世樂行當知此行略有九種謂諸菩薩於

他有情依淨身業勸令離遠一切殺生勸令遠離諸不與取勸令遠

離諸欲邪行勸令遠離一切窣羅若迷隸耶及以末陀放逸處酒

依淨語業勸令遠離一切妄語勸令遠離諸離間語勸令遠離諸

麤惡語勸令遠離一切綺語依淨意業勸令遠離一切貪欲瞋恚邪見

云何菩薩清淨利行當知此行略有十種諸謂菩薩於諸有情依外清

他有情依淨身業勸令離殺勸令遠離諸不與取勸令遠
離諸欲邪行勸令遠離一切窣羅若迷隸耶及以末陁放逸處酒
依淨語業勸令遠離一切妄語勸令遠離諸離間語勸令遠離諸
麤惡語勸令遠離一切綺語依淨意業勸令遠離一切貪欲瞋恚邪見
云何菩薩清淨利行當知此行略有十種謂菩薩於諸有情依外清
淨有五利行依內清淨有五利行云何菩薩於諸有情依外清淨有
五利行一无罪利行二不轉利行三漸次利行四遍行利行五如應利行謂
諸菩薩於諸有情離惡行者先惡行者有罪行者離染行者於諸
善中能正安處是名菩薩於諸有情无罪利行又諸菩薩於諸有
情不於非解脫非定清淨處求為真解脫求為定清淨者即於
其中能正勸導是名菩薩於諸有情不轉利行又諸菩薩於諸有情
先審觀察知劣慧者為說淺法隨轉麁近教授教誡知中慧者
為說中法隨轉處中教授教誡知廣慧者為說深法隨轉細授教
誡令其漸次脩集善品是名菩薩於諸有情漸次利行又諸菩
薩於諸四姓乃至天人一切有情隨力隨能行義利行求利樂者
即於其中隨類勸導是名菩薩於諸有情遍行利行又諸菩
薩於諸有情若於自義諸善法品隨下中上功能差別可勸導者
及由方便功能差別可勸導者隨其所應於彼如彼方便勸導
是名菩薩於諸有情如應利行是名菩薩於諸有情如應
利行是名菩薩於諸有情依外清淨五利種行是名菩薩於諸
有情依外清淨五種利行云何菩薩於諸有情依內清淨五種利
行謂諸菩薩於諸有情起廣大悲意樂現前而行利行又諸
菩薩於諸有情所作義利雖受一切大苦劬勞而心无倦深生
歡喜為諸有情而行利行又諸菩薩於諸有情所作義利
雖受一切大苦劬勞而心无倦深生歡喜為諸有情而行利行
又諸菩薩雖現安處最勝第一圓滿財而自謙下如奴如僕亦如
[illegible]我執於諸有情

勸善為諸有情而行利行又諸菩薩於諸有情所作義利
雖受一切大苦劬勞而心无倦深生歡喜為諸有情而行利行
又諸菩薩雖現安處最勝第一圓滿財而自謙下如奴如僕亦如
孝子旃荼羅子其心卑屈離嬌離慢及離我執於諸有情
而行利行又諸菩薩於諸有情心无愛染无有虛偽真實
哀憐而行利行又諸菩薩於諸有情生起畢竟无復退轉
慈愍之心而行利行是名菩薩於諸有情依內清淨五種行利
如是依於內外清淨合名利行総有十種是名菩薩清淨利
行
云何菩薩同事謂諸菩薩若於是義於是善根勸他受
學即於此義於此善根或等或增自現受學如是菩薩與他事同
故名同事所化有情知此菩薩所脩同事便於自己受學善根
堅固決定无有退轉何以故彼作是思菩薩勸我所受學者定能為
我利益安樂由此菩薩所受我者即於其中自現行故无有无知
利益安樂自現行者非諸菩薩如是同事勸導有情他得詰言
汝自於善不能受學云何以善殷勤勸導數數教授教誡於他
汝應從他殷勤諮受教授教誡又諸菩薩是他同事而不自顯
與他同事有諸菩薩非他同事而自顯現與他同事有諸菩薩是
他同事亦自顯現與他同事有諸菩薩非他同事亦不自顯與他同
事第一句者謂諸菩薩與諸菩薩功德威力皆悉平等於菩薩
道自謂為師功德威力與等菩薩隱自善故而不顯己功德威力
第二句者謂諸菩薩見有下劣信解有情於甚深處心生怖畏
便正思擇為欲方便化導彼故自現己身與其同法所謂下於旃
荼羅類乃至畜類欲作饒益欲除衆惡欲調欲化故思於彼旃荼
羅等同分中生第三句者謂諸菩薩見所化者所受善根猶可
搖動為令堅住現與同事或等或增第四句者謂諸菩薩自行放
逸棄捨他事　如是已說多種施戒廣說乃至最後同事其中所
有波羅蜜多能自成熟一切佛法所有攝事能成熟他一切有情

羅苦回於中生第三句者謂諸菩薩見所化者可受善根猶可
搖動為令堅住現與同事或等或增第四句者謂諸菩薩自行放
逸棄捨他事　如是已說多種施戒廣說乃至最後同事其中有
有波羅蜜多能自成熟一切佛法所有攝事能成熟他一切有情
當知略說菩薩一切善法作業　又如前說多種施戒廣說乃至
最後同事如是衆多助菩提分无量善法由三因緣應知現行由三
因緣應知最勝由三因緣應知清淨謂由身語意三因緣故應知
現行彼諸善法由廣大故无雜染故應知最勝亦名无上亦名不
共當知此中由有情无別故事无別故時无別故名為廣大有情
无別者謂諸菩薩普於一切有情處所普為一切法界有情脩
行如是施等善根非專為己事无別者謂諸菩薩普於一切乙一
切種施等善根精勤受學時无別者謂諸菩薩恒常无間不
雜加行不捨善軛若晝若夜現法後法即由此因施等善根常
行无替當知此中由四種相成无雜染謂諸菩薩懷歡喜心脩諸
善法由是因緣无苦无憂无諸憂悔又諸菩薩不損惱他不着
見趣不雜惡行脩行施等无量善根又諸菩薩殷重遍體
其施等无量善法唯見功德唯見真實唯見寂靜極善決定
不從他緣非餘引奪而正受學又諸菩薩不因所脩施等善法
悕異熟果或轉輪王或天帝釋或魔或梵亦不於他悕求返報无所
依止不依一切利養恭敬世俗名譽乃至不依養活身命由如是
相淨歡喜俱无不平等殷重无依脩行施等廣說乃至回利為
後无量善法名无雜染由熾然故无動轉故善清淨故應知
清淨若諸菩薩已入清淨意樂地者一切善根熾然无動言
熾然者謂此菩薩意樂淨故一切善法不由思擇熾盛現前言
无動者謂此菩薩意樂淨故隨所獲得隨所積集所有善法
皆无退轉於當來世能无退滅如是菩薩隨所經歷彼彼日夜

後无量善法名无雜染由熾然故无動轉故善清淨故應知
清淨若諸菩薩已入清淨意樂地者一切善根熾然无動言
熾然者謂此菩薩意樂淨故一切善法不由思擇熾盛現前言
无動者謂此菩薩意樂淨故隨所積得隨所積集所有善法
皆无退轉於當來世能无退減如是菩薩隨所經歷彼彼日夜
隨所遍度彼彼自身所有善法如明分月唯增无減若諸菩
薩住到究竟地或繫一生最後有者所有善法名善清淨此
上更无菩薩地攝勝淨法故如是施等同事為後无量善法
三因緣故應知現行二因緣故應知最勝三因緣故應知清淨
此中所有一切施一切戒廣說乃至一切同事若多脩習若善清
淨若具圓滿能成无上正等菩提金剛堅固身正法久住果
此中所有難行施難行戒廣說乃至難行同事若多脩習
若善清淨若具圓滿能成如來成就无等希奇法果此中所
有一切門施一切門戒廣說乃至一切門同事若多脩習若善清
淨若具圓滿能成如來一切最勝有情天人所供養果此中所
有善士施善士戒廣說乃至善士同事若多脩習若善清
淨若具圓滿能成如來於諸有情无足二足四足多足有色无色
有想无想及以非想非非想處於此一切有情類中最尊最
果此中所有一切種施一切種戒廣說乃至一切種同事若多脩
習若善清淨若具圓滿能成如來无量殊勝福德所攝三
十有二大丈夫相八十隨好莊嚴身果此中有所遂求施遂求戒
廣說乃至遂求同事若多脩習若善清淨若具圓滿能成
如來坐菩提座一切魔怨不能惱亂不傾動果此中所有此世
他世樂施此世他世樂戒廣說乃至此世他世樂同事若多脩
習若善清淨若具圓滿能成如來最勝靜慮解脫等持
等至樂果此中所有清淨施清淨戒廣說乃至清淨同事
若多脩習若善清淨若具圓滿能成如來四一切種清淨果

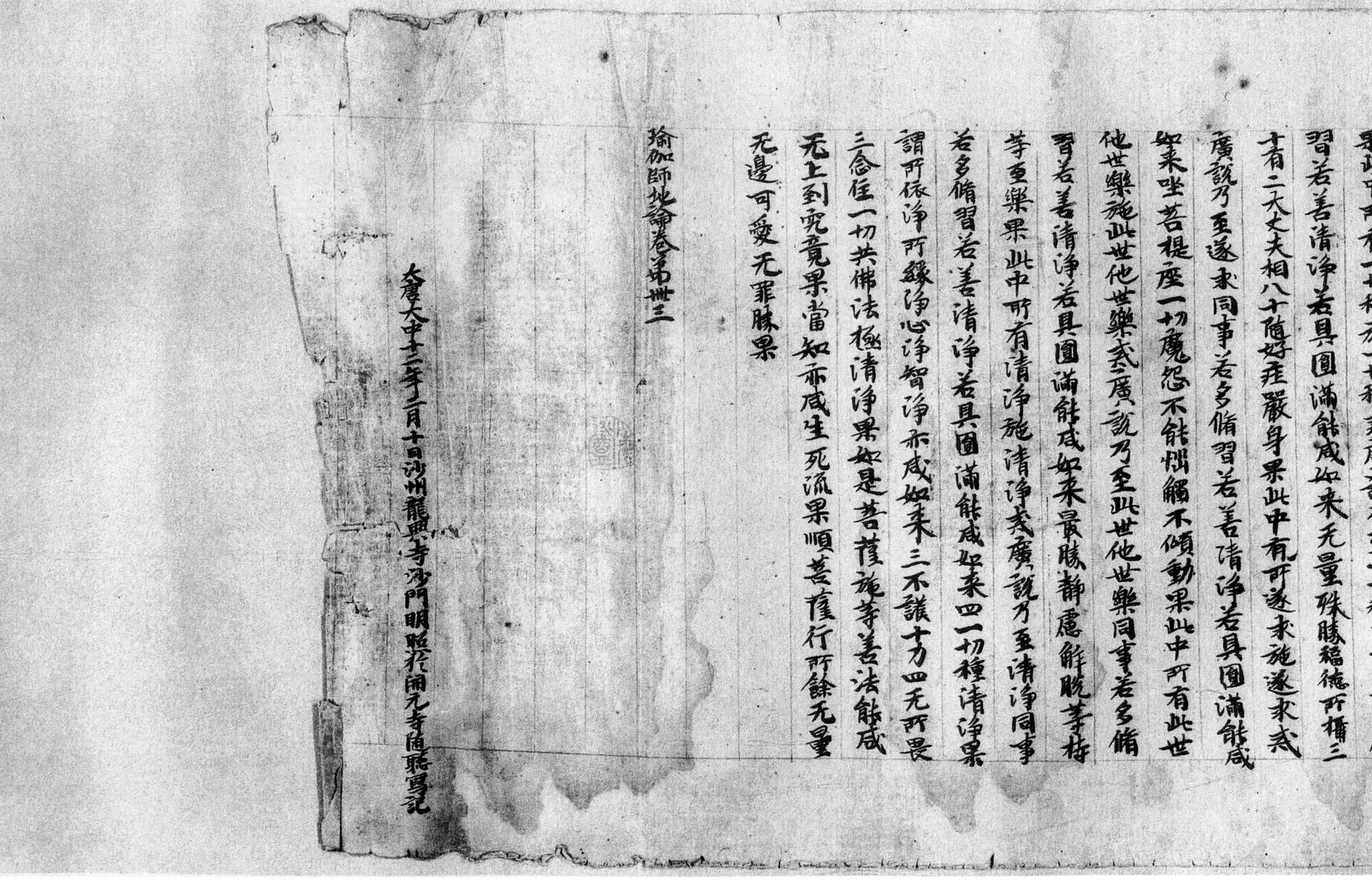

習若善清淨若具圓滿能感如來无量殊勝福德所攝三
十有二大丈夫相八十隨好莊嚴身果此中有所遂求施遂求式
廣說乃至遂求同事若多脩習若善清淨若具圓滿能感
如來坐菩提座一切魔怨不能惱亂不傾動果此中所有此世
他世樂施此世他世樂式廣說乃至此世他世樂同事若多脩
習若善清淨若具圓滿能感如來最勝靜慮解脫等持
等至樂果此中所有清淨施清淨式廣說乃至清淨同事
若多脩習若善清淨若具圓滿能感如來四一切種清淨果
謂所依淨所緣淨心淨智淨亦感如來三不護十力四无所畏
三念住一切共佛法極清淨果如是菩薩施等善法能感
无上到究竟果當知亦感生死流果順菩薩行所餘无量
无邊可愛无罪勝果

瑜伽師地論卷第卌三

大唐大中十二年二月十日沙州龍興寺沙門明照於開元寺隨聽寫記

BD15000號　瑜伽師地論卷四三　（16–16）

諸

諸星母陁羅尼經

沙門法成於甘州脩多寺

如是我聞一時薄伽梵住於曠野大聚落中諸
天及龍藥叉羅刹乾達婆阿須羅迦樓羅緊
那羅莫呼洛伽諸魔日月熒惑大白鎮星餘
星歲星羅睺長尾星神二十八宿諸大眾等
悉皆讚歎諸大金剛誓願之力威加莊嚴師
子莊上與諸菩薩同會一處其名曰金剛手
菩薩摩訶薩金剛忿怒菩薩摩訶薩金剛部
菩薩摩訶薩金剛号菩薩摩訶薩金剛王菩
薩摩訶薩金剛莊嚴菩薩摩訶薩金剛光菩
薩摩訶薩觀自在菩薩摩訶薩普見菩薩
摩訶薩世間吉祥菩薩摩訶薩蓮華幢菩薩
摩訶薩廣面菩薩摩訶薩蓮華眼菩薩摩訶薩
妙吉祥菩薩摩訶薩慈氏菩薩摩訶薩等諸

薩摩訶薩觀自在菩薩摩訶薩普見菩薩
摩訶薩世間吉祥菩薩摩訶薩蓮華幢菩薩
摩訶薩廣面菩薩摩訶薩蓮華眼菩薩摩訶薩
妙吉祥菩薩摩訶薩慈氏菩薩摩訶薩等諸
大菩薩僧前後圍遶瞻仰說法其法名爲廣大莊
嚴如意寶珠初中後善句義美妙無雜清
淨白梵行
尒時金剛手菩薩觀於大衆從座而起以自神
力旋遶世尊數百千匝作礼前住自其倚持以
善跏趺瞻視大衆以金剛掌安自心上而
白佛言世尊有其惡星邑刑熱惡具熱 利心
色刑忿怒惱乱有情奪棄其精氣或棄財物
或奪於命長壽有情令作短壽如是惱乱一切
有情爲是等故唯願世尊開顯法門守護一
切有情之類世尊告曰善哉汝興大悲
爲利一切諸有情故問於如來甚深密義汝
今諦聽善思念之我當說其惡星瞋怒破
壞之法及說供養行施念誦秘密之義
若行供養當供養　若作其惡當作惡
如是諸星刑邑等　云何而令生歡喜
諸天及與諸非天　緊那羅等及諸龍
諸藥叉等并羅刹　人及迦多留多那
猛利威德諸大神　瞋怒云何而弥滅
秘密言辭供養法　今當次第而宣說
尒時釋迦如來從自心上而放慈心遊戲光
明入於諸星頂髻之中尋時日月一切星神從
座而起以諸天供具以供養釋迦如來勝輪

猛利威德諸大神　瞋怒云何而殄滅
秘密言辞供養法　今當次第而宣說
尒時釋迦如來從自心上而放慈心遊戲光
明入於諸星頂髮之中尋時日月一切星神從
座而起以諸天供即以供養釋迦如來勝輪
着地合掌作礼而白佛言世尊如來應供
正真等覺利益我等唯願世尊宣說法門
令於我等而聚集已守衛勸護說法之師
令得吉慶遠離刀杖消滅毒藥及作結界
尒時釋迦如來即便為說供養星法及以密
言陁羅尼曰
唵讃呼羅迦耶莎訶　唵尸𠳐奄薮莎訶　唵菩菩
當伽俱摩囉也莎訶　唵報須也莎訶　唵報
伽阿悉婆須也莎訶　唵阿須羅薩多摩也莎訶
唵叱哩悉曩𪘨囉那也莎訶唵阿蜜多𠵑哩耶
莎訶　唵𡂢底羯多薮莎訶
金剛手此則是彼九星秘密心呪讀便成辦
當作十二指一邑香壇中安供養當誦一百八
金銀等器奉獻供養二供養當誦一百八
遍金剛手然後誦此諸星母陁羅尼秘密言
辞讀足七遍一切諸星而作守護所有貧窮
悉得解脫命將欲盡而長壽金剛手若
苾芻苾尼烏波索迦烏波斯迦及餘有情之
類若歷耳根而不中夭金剛手諸星壇中設
供養已每月而讀誦者彼說法師一切諸星
如彼所願悉令諸足與彼同類貧遺諸事
皆得消滅
尒時釋迦如來即便為說諸星母陁羅尼

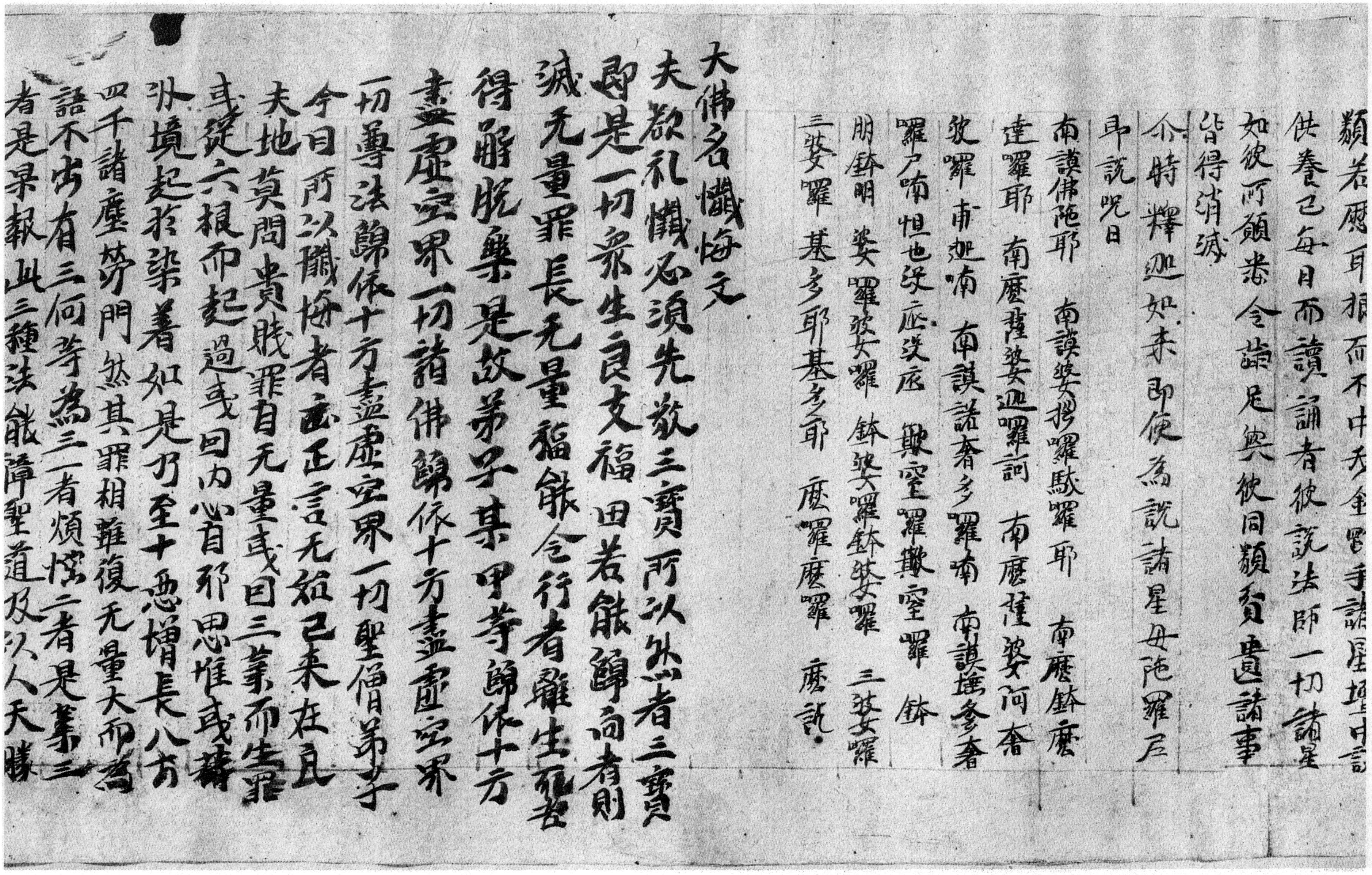

類若歷耳根而不中夭金剛手諸星壇中說
供養已每日而讀誦者彼說法師一切諸星
如彼所願悉令滿足與彼同類貪遺諸事
皆得消滅
尒時釋迦如來即便為說諸星母陀羅尼
曰說呪曰
南謨佛陀耶　南謨婆𢫫囉馱囉耶　南麼鉢麼
達囉耶　南麼薩婆迦囉訶　南麼薩婆阿奢
鉢囉市迦喃　南謨諸奢多囉喃　南謨塢參奢
囉尸喃　怛也他　㡳娑㡳娑　毗窒囉毗窒囉　鉢
朋鉢明　娑囉婆娑囉　鉢娑囉鉢娑囉　三婆囉
三婆囉　基多耶基多耶　麼囉麼囉　麼訖

大佛名懺悔文
夫欲礼懺必須先敬三寶所以然者三寶
即是一切衆生良友福田若能歸向者則
滅无量罪長无量福能令行者離生死苦
得解脫樂是故弟子某甲等歸依十方
盡虛空界一切諸佛歸依十方盡虛空界
一切尊法歸依十方盡虛空界一切聖僧弟子
今日所以懺悔者[illegible]正言无始已來在凡
夫地莫問貴賤罪自无量或因三業而生罪
或從六根而起過或因內心自邪思惟或藉
外境起於染著如是乃至十惡增長八万
四千諸塵勞門然其罪相雖復无量大而為
語不出有三何等為三一者煩惱二者是業三
者是果報此三種法能障聖道及以人天勝

BD15000 號背 1　諸星母陀羅尼經
BD15000 號背 2　大佛名經懺悔文

[illegible]

淋境起於染著如是乃至十惡增長八万
四千諸塵勞門然其罪相雖復無量大而為
語不出有三何等為三一者煩惱二者是業三
者是果報此三種法能障聖道及以人天勝
妙好是故經中目為三障所以諸佛菩薩教
作方便懺悔除滅此三滅者則六根十惡乃至
八万四千諸塵勞門悉皆清淨是故弟子
今日運此增上勝心懺悔三障欲滅此三罪者
當用何等心可令此罪滅先當興七種心以
為方便然後此罪乃可得滅何等為七一者
慚愧二者恐怖三者厭離四者發菩提心五者怨
親平等六者念報佛恩七者觀罪性空
第一慚愧者自惟我與釋迦如來同為
凡夫而今世尊成道以來已經爾所塵沙劫
數而我等相與耽染六塵流浪生死

那謨薄伽跋帝一 啼嚟路迦吉耶 鉢囉底毗失瑟吒耶
勃陀耶三 薄伽跋帝四 怛姪他五 唵六 毗輸馱耶七 三摩
三摩三漫多 嚩婆娑八 娑發囉拏 揭底伽訶那 娑婆
娑婆皤 輸地 阿毗詵者 蘇揭多 伐折那 阿蜜㗚多
平等普
毗曬雞 阿訶囉 阿訶囉 阿輸散陀囉尼 輸馱耶
一切皆清淨
輸馱耶 伽伽那 毗輸提 烏瑟膩沙 毗闍耶 輸提 娑訶

BD15000 號背 2　大佛名經懺悔文

BD15000 號背 3　真言雜集（擬）

（15–5）

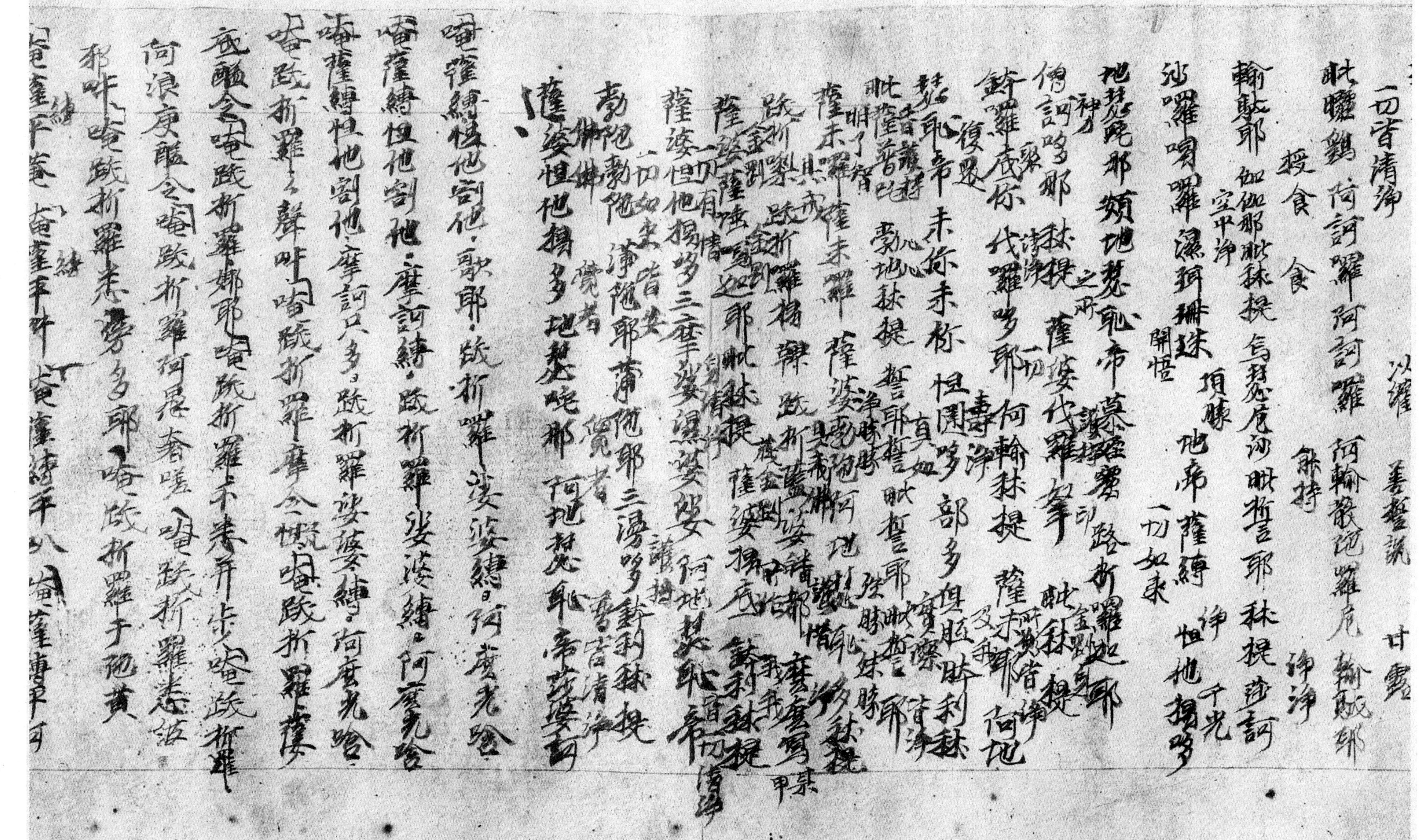

BD15000號背3　真言雜集（擬）　（15–6）

BD15000 號背 3　真言雜集（擬）

（15–7）

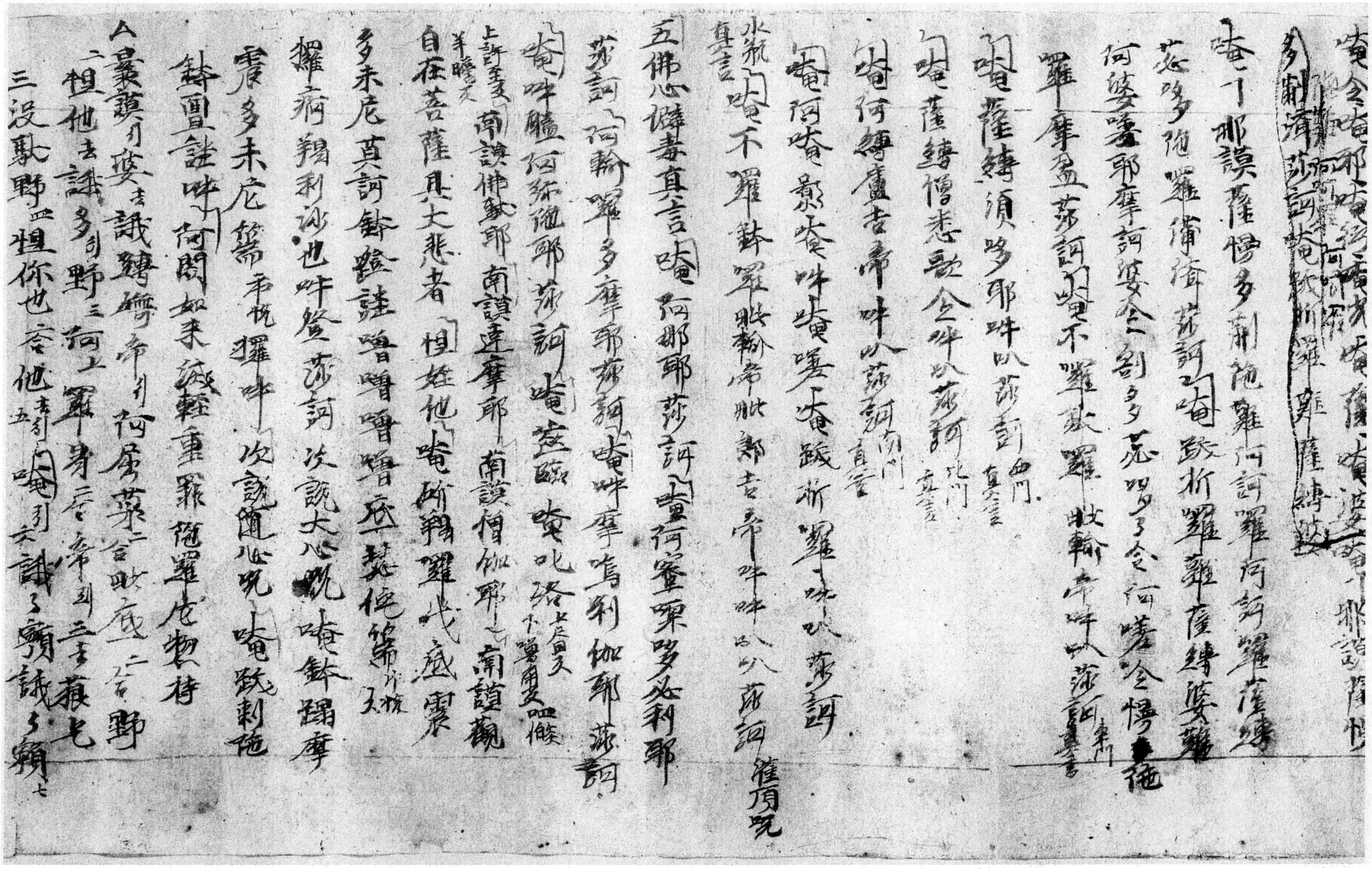

唵丁那謨薩怛多剎陁羅阿訶羅阿訶羅薩縛
菩哆陁羅備𠆙莎訶唵跋折羅藥薩縛娑婆
阿娑嚩耶摩訶娑婆合　剖多菀哆多合　阿嗟合　憚唵
羅摩盈莎訶　唵不囉坎羅吠輸帝吽莎訶　東門真言
唵薩縛須哆耶吽莎訶　西門真言
唵薩縛僧悉歌合吽莎訶　北門真言
唵何縛盧吉帝吽莎訶　南門真言
唵何唵鄔唵吽唵嚩唵跋折羅吽莎訶
水瓶真言　唵不羅鉢羅吠輸帝吠輸帝吽吽莎訶　薩底咒
五佛心讚毒真言　唵阿那耶莎訶　唵阿蜜栗多必利耶
莎訶　阿輸羅多摩耶莎訶　唵吽摩嗚利伽耶莎訶
唵吽臚阿彌陁耶莎訶　唵塞蹉　唵吠路
南謨佛馱耶　南謨達摩耶　南謨僧伽耶　南謨觀
自在菩薩摩訶薩　具大悲者　怛姪他　唵　阿羯羅伐底震
多未尼　真訶鉢蹬謎　嚕嚕嚕嚕底瑟姹　鑠囉
攞痾羯刹洒也吽發莎訶　次說大心咒　唵鉢蹋摩
震多未尼　鑠囉攞吽　次說隨心咒　唵跋剌陁
鉢亶謎吽　阿閦如來滅輕重罪陁羅尼加持
一曩謨引婆去誐嚩帝引阿屈芻二合毗夜二合野
二怛他去誐多引野三阿上囉曷二合帝引三去藐七
三沒馱野四怛你也二合他去引五唵引六誐引誐引曩七

BD15000 號背 3　真言雜集（擬）　　（15–8）

膩多未尼鉢帝(平)悅囉吽　次誦隨心呪　唵跋剌施
鉢亶謎吽　阿閦如來滅輕重罪陀羅尼勑持
人曩謨(引)婆(去)誐嚩帝(引)阿屈菒(二合)毗底(二合)野
二怛他(去)誐多(引)野(三)阿(上)囉曷(二合)帝(引)三(去)藐(七)
三沒馱野(四)怛你也(二合)他(去引)(五)唵(引)(六)誐ミ顆誐ミ顆(七)
嚕者帝(八)嚕者帝(八)多嚕(二合)吒顆多嚕(二合)吒顆(九)
怛𤙖囉(上二合)灑顆怛囉(上二合)灑顆(十)跋婆(去)囉帝
跋婆(去)羅帝(引)(十一)賀多顆賀多顆(十二)鉢羅(二合)
賀多顆鉢羅(二合)賀多顆(十三)薩羅嚩(二合)
羯羅摩(二合)鉢嚂(二合)鉢羅(二)合野(十四)阿屈菒(二合)
毗(北)底(二合)野都(十五)薩嚩(二合引)賀(十六)大云天王自心真言
曩謨怛囉(二合)曩怛囉(二合)夜耶(上)吠曩謨吠
室羅(二合)摩拏(卑音引)摩賀(引)羅(引)惹野(三)
薩嚩薩怛嚩(二合引)(二)曩謨含(引)跛哩布(引)羅拏
(卑下音引)野(四)悉地迦羅(引)野(五)薩嚩(上)奢娜娜(引)野(六)怛婆
毋(二合)曩謨塞訖哩怛嚩(二合)伊舍鍐(引)(八)吠
室羅摩拏薩怛嚩(二合)薩嚩(上)佉嚩儀(九)
𤚥哩(二合)乃野(十)摩拏嚩多以灑(引)野須(十一)薩嚩怛他
也他(二合)吽唵(十三)悉地悉地(十四)薩嚩(上)毋(十五)佐(上)佐
(上十六)佐(上)佐羅佐(十七)婆羅娑羅(十八)羯囉羯囉
枳哩枳哩(廿)祚嚕祚嚕(廿一)毋嚕毋嚕(廿二)主嚕主嚕(廿三)
娑(去引)馱野遏貪(去廿四)
底也(二合引)末他拏婆(去)嚩婆嚩吠　室羅(上合)摩拏

BD15000 號背 3　真言雜集（擬）　（15–10）

BD15000 號背 4　千手千眼觀世音菩薩廣大圓滿無礙大悲心陀羅尼

BD15000號背 4　千手千眼觀世音菩薩廣大圓滿無礙大悲心陀羅尼　（15–11）

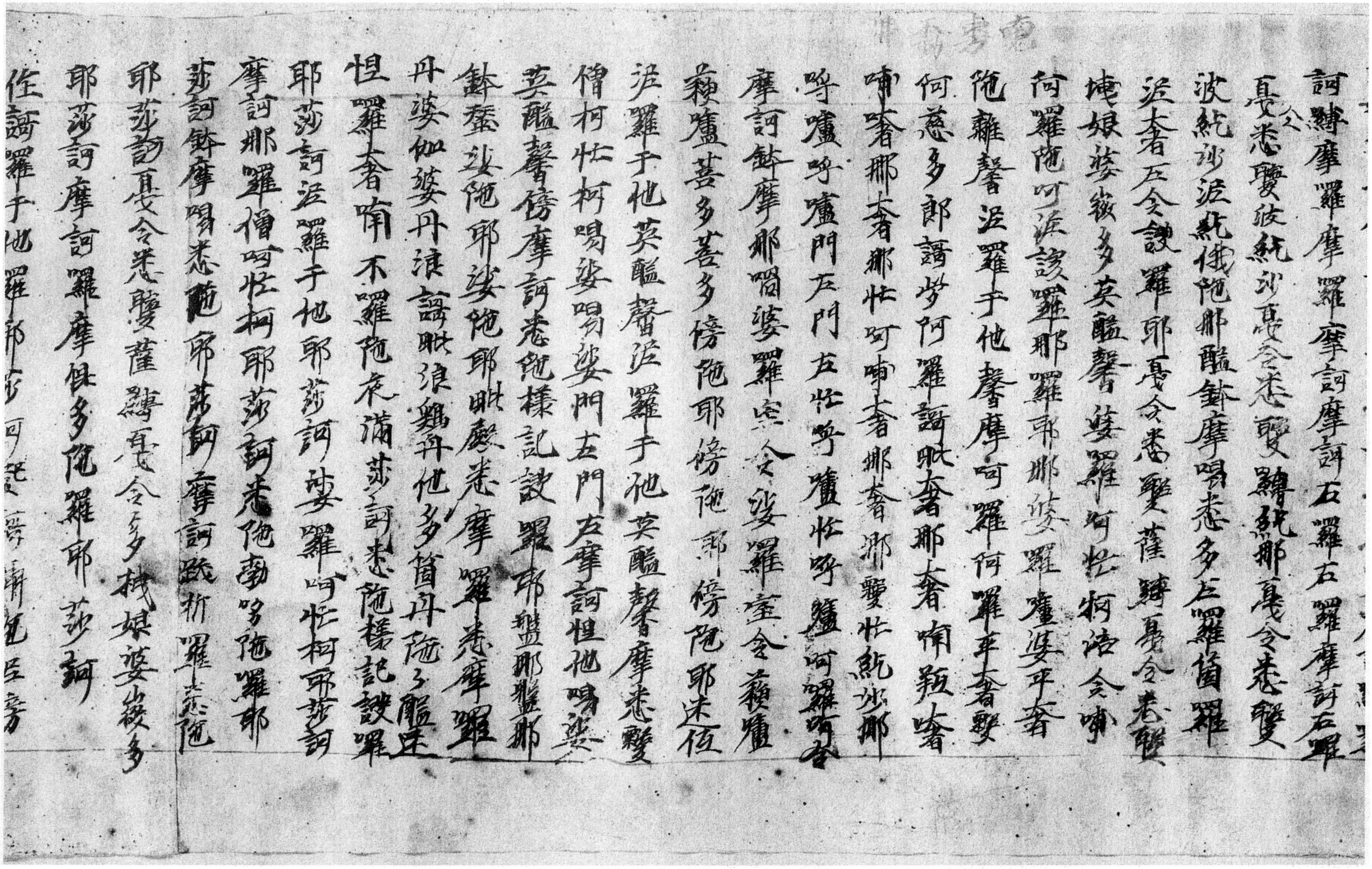

BD15000 號背 4　千手千眼觀世音菩薩廣大圓滿無礙大悲心陀羅尼　（15–12）

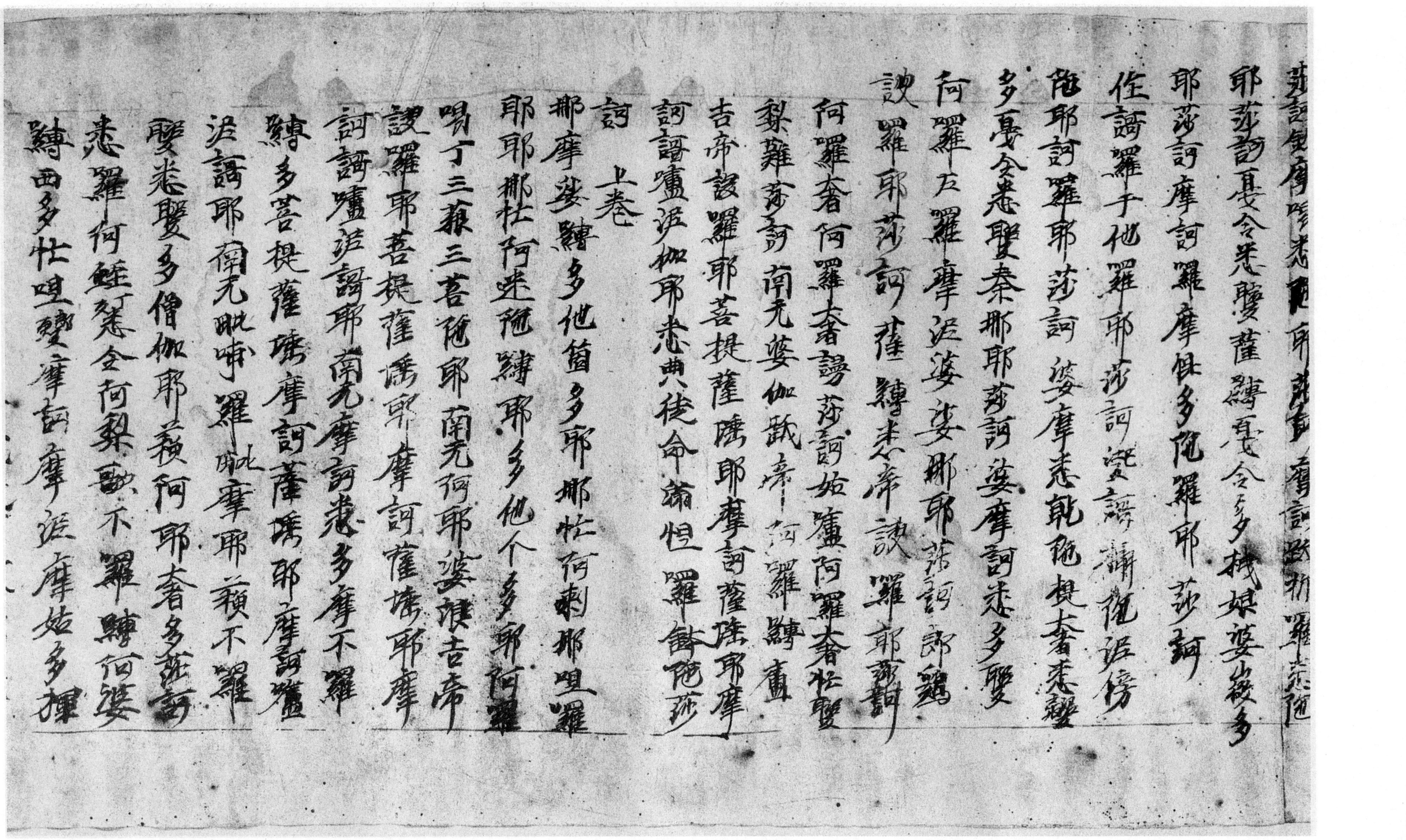

[illegible]

耶莎訶夏令悉瞖薩縛夏令多棧娘婆山皺多

耶莎訶摩訶羅摩伹多陁羅耶莎訶

佉謌羅千他羅耶莎訶娑謌嚩陁迦傍

陁耶訶羅耶莎訶婆摩悉乾陁提大耆悉藝

多夏令悉瞖夏奏柰那耶莎訶婆摩訶悉多瞖

阿羅左羅摩迦婆娑那耶莎訶訶鷄

訑羅耶莎訶薩縛悉帝訑羅耶莎訶

阿羅耆阿羅大耆謗莎訶姑盧阿羅大耆杜瞖

棃難莎訶南无婆伽戰帝阿羅縛盧

吉帝設羅耶菩提薩埵耶摩訶薩埵耶摩

訶謌盧迦伽耶悉典徒命滿怛羅鉢陁莎

訶　上卷

那摩婆縛多他笛多耶那怯何刺那哩羅

耶耶那杜阿迷陁縛耶多他个多耶阿羅

唱丁三藐三菩陁耶南无阿耶婆盧吉帝

設羅耶菩提薩埵耶摩訶薩埵耶摩

訶謌盧迦耶南无摩訶悉多摩不羅

縛多菩提薩埵摩訶薩埵耶摩訶薩

迦謌耶南无毗㖿羅毗摩耶藐不羅

瞖悉瞖多僧伽耶阿耶耆多薩訶

悉羅阿鋋丁悉全阿梨歐不羅縛阿婆

縛西多杜哩瞖摩訶摩迦摩姑多捭

BD15000 號背 4　千手千眼觀世音菩薩廣大圓滿無礙大悲心陀羅尼　（15–13）

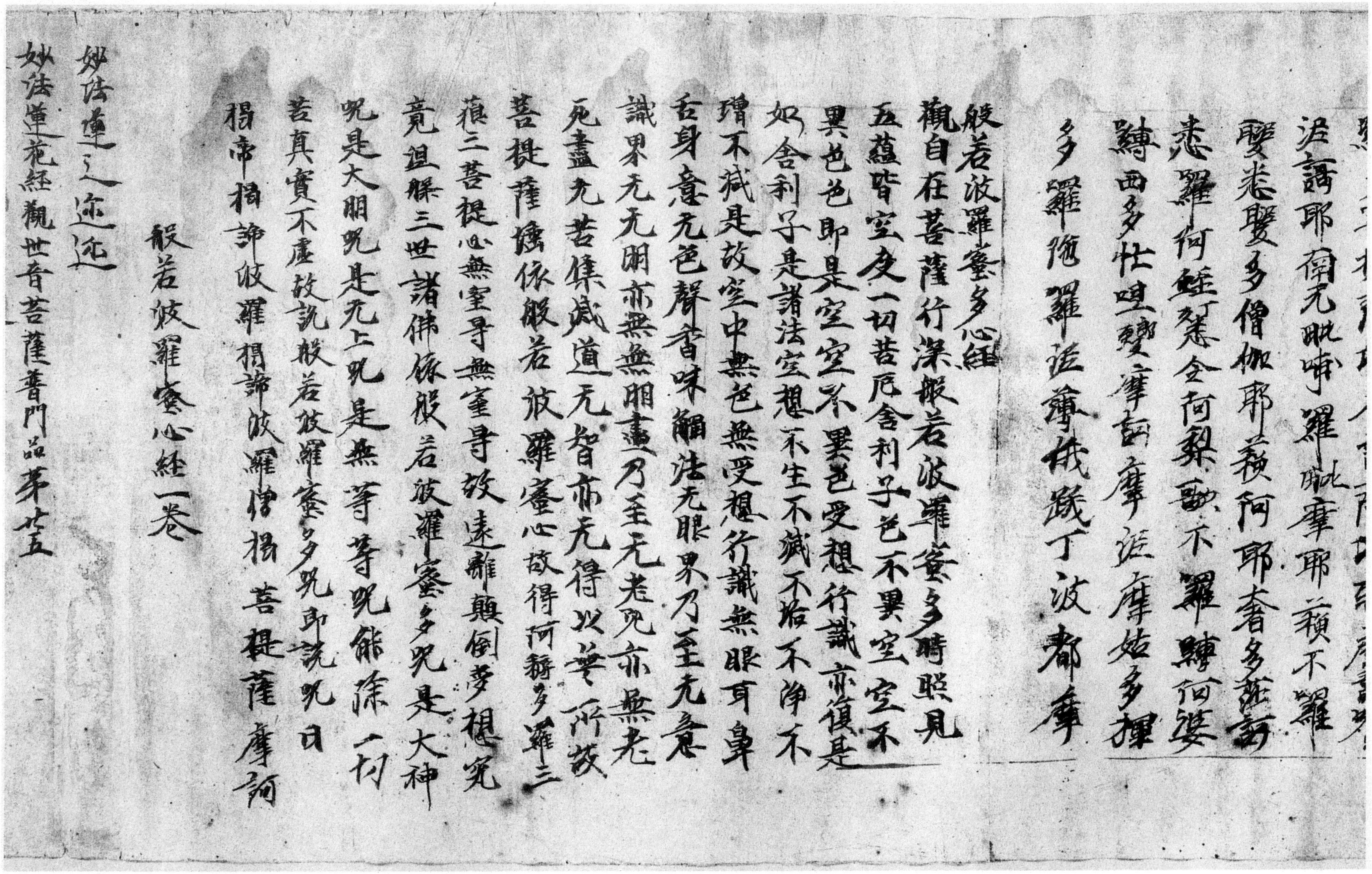

BD15000 號背 4　千手千眼觀世音菩薩廣大圓滿無礙大悲心陀羅尼

BD15000 號背 5　般若波羅蜜多心經

（15–14）

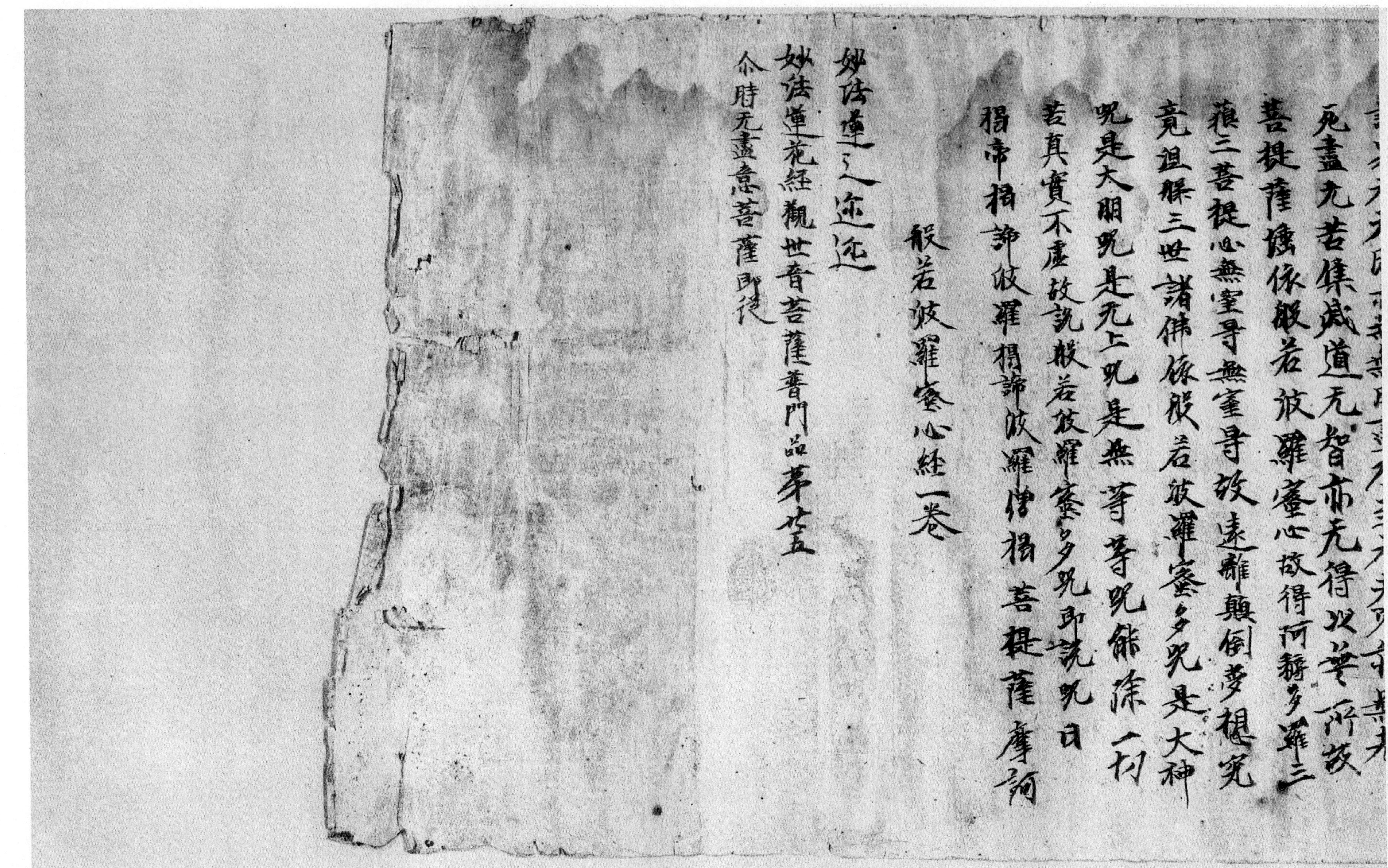
无盡无苦集滅道无智亦无得以无所故
菩提薩埵依般若波羅蜜心故得阿耨多羅三
藐三菩提心無罣㝵無罣㝵故遠離顛倒夢想究
竟涅槃三世諸佛依般若波羅蜜多咒是大神
咒是大明咒是无上咒是無等等咒能除一切
苦真實不虛故說般若波羅蜜多咒即說咒曰
揭帝揭帝波羅揭帝波羅僧揭帝菩提薩摩訶
般若波羅蜜心經一卷
妙法蓮
妙法蓮花經觀世音菩薩普門品第廿五
尒時无盡意菩薩即從

BD15000 號背 5　般若波羅蜜多心經

（15–15）

著　錄　凡　例

本目錄採用條目式著錄法。諸條目意義如下：

1.1　著錄編號。用漢語拼音首字“BD”表示，意為“北京圖書館藏敦煌遺書”，簡稱“北敦號”。文獻寫在背面者，標註為“背”。一件遺書上抄有多個文獻者，用數字 1、2、3 等標示小號。一號中包括幾件遺書，且遺書形態各自獨立者，用字母 A、B、C 等區別。

1.2　著錄分類號。本條記目錄暫不分類，該項空缺。

1.3　著錄文獻的名稱、卷本、卷次。

1.4　著錄千字文編號。

1.5　著錄縮微膠卷號。

2.1　著錄遺書的總體數據。包括長度、寬度、紙數、正面抄寫總行數與每行字數、背面抄寫總行數與每行字數。如該遺書首尾有殘破，則對殘破部分單獨度量，用加號加在總長度上。凡屬這種情況，長度用括弧標註。

2.2　著錄每紙數據。包括每紙長度及抄寫行數或界欄數。

2.3　著錄遺書的外觀。包括：（1）裝幀形式。（2）首尾存況。（3）護首、軸、軸頭、天竿、縹帶，經名是書寫還是貼簽，有無經名號，扉頁、扉畫。（4）卷面殘破情況及其位置。（5）尾部情況。（6）有無附加物（蟲繭、油污、線繩及其他）。（7）有無裱補及其年代。（8）界欄。（9）修整。（10）其他需要交待的問題。

2.4　著錄一件遺書抄寫多個文獻的情況。

3.1　著錄文獻首部文字與對照本核對的結果。

3.2　著錄文獻尾部文字與對照本核對的結果。

3.3　著錄錄文。

3.4　著錄對文獻的說明。

4.1　著錄文獻首題。

4.2　著錄文獻尾題。

5　著錄本文獻與對照本的不同之處。

6.1　著錄本遺書首部可與另一遺書綴接的編號。

6.2　著錄本遺書尾部可與另一遺書綴接的編號。

7.1　著錄題記、題名、勘記等。

7.2　著錄印章。

7.3　著錄雜寫。

7.4　著錄護首及扉頁的內容。

8　著錄年代。

9.1　著錄字體。如有武周新字、合體字、避諱字等，予以說明。

9.2　著錄卷面二次加工的情況。包括句讀、點標、科分、間隔號、行間加行、行間加字、硃筆、墨塗、倒乙、刪除、兌廢等。

10　著錄敦煌遺書發現後，近現代人所加內容，裝裱、題記、印章等。

11　備註。著錄揭裱互見、圖版本出處及其他需要說明的問題。

上述諸條，有則著錄，無則空缺。

為避文繁，上述著錄中出現的各種參考、對照文獻，暫且不列版本說明。全目結束時，將統一編制本條記目錄出現的各種參考書目。

本條記目錄為農曆年份標註其公曆紀年時，未進行歲頭年末之換算，請讀者使用時注意自行換算。

條　記　目　錄

BD14948—15000

1.1　BD14948 號
1.3　妙法蓮華經卷七
1.4　新 1148
2.1　338×25.5 厘米；9 紙；共 206 行，行 17 字。
2.2　01：11.5，10；　02：46.0，28；　03：46.0，28；
04：46.0，28；　05：46.0，28；　06：46.0，29；
07：46.0，28；　08：46.0，27；　09：04.5，拖尾。
2.3　卷軸裝。首斷尾全。打紙。有烏絲欄。通卷現代托裱。
3.1　首殘→大正 0262，09/0059B28。
3.2　尾全→大正 0262，09/0062B01。
4.2　妙法蓮華經卷第七（尾）。
8　7～8 世紀。唐寫本。
9.1　楷書。
10　現代接出粉底孔雀開屏織錦護首，有縹帶、玉別子。卷首下貼有特藝公司宣武經管管理處紙簽："類別：字。貨號：2737。品名：唐人寫經卷。定價：35。"

1.1　BD14949 號
1.3　大般涅槃經（北本）卷五
1.4　新 1149
2.1　984.2×25.2 厘米；20 紙；正面 538 行，行 17 字。背面 3 行。
2.2　01：50.3，28；　02：50.2，28；　03：50.3，28；
04：50.3，28；　05：50.3，28；　06：50.3，28；
07：50.3，28；　08：50.3，28；　09：50.2，28；
10：50.2，28；　11：50.3，28；　12：50.2，28；
13：50.3，28；　14：50.3，28；　15：50.5，28；
16：49.9，28；　17：49.8，28；　18：50.2，28；
19：49.9，26；　20：30.1，08。
2.3　卷軸裝。首脫尾全。經黄打紙，砑光上蠟。卷面有殘洞。尾有原軸，兩端塗棕色漆。第 19 紙背面有 3 塊古代裱補。有烏絲欄。
2.4　本遺書包括 2 個文獻：（一）《大般涅槃經》（北本）卷五，538 行，抄寫在正面，今編為 BD14949 號。（二）《大般涅槃經》（北本）卷五，3 行，抄寫在背面，今編為 BD14949 號背。
3.1　首殘→大正 0374，12/0390C11。
3.2　尾全→大正 0374，12/0396C11。
4.2　大般涅槃經卷第五（尾）。
7.1　卷尾有題跋如下：
"夫以顧復難追，昊天罔極。馳景遠感，痛結終/身。故知不籍福基，無酬恩造。崇徽、崇/晈等不幸薄福，早喪尊親。泣泉壤以/增悲，仰穹昊而何及。況復承/恩膝下，早榮花蕚之歡；念愛掌中，預霑珠/玉之美。追思鞠育至勤之澤實深，敬/荷劬勞返哺之誠無逮。崇徽、崇晈奉為亡/考妣敬寫《涅槃經》一部，罄此微誠，莊嚴供/養。冀使遠津靈識，業靜福崇。通濟幽明，/障銷德滿。/維大唐景龍二年（708）歲次戊申五月壬辰朔廿六日丁巳，弟子朝議郎成州同谷縣令上柱國薛崇徽敬寫。/夫人陰氏廬舍那供養。/弟雍州永樂府左果毅上柱國崇晈供養。/弟妻令狐氏大法供養。/孫男上柱國英彥供養。/英彥妻令狐氏成實相供養。/孫女明正信供養。/孫男英諒供養。/孫男為政供養。/孫女小王供養。/孫女母娘供養。/孫女明尚智供養。/孫男鴻鶴供養。/"
8　708 年。唐寫本。
9.1　楷書。

1.1　BD14949 號背
1.3　大般涅槃經（北本）卷五
1.4　新 1149
2.4　本遺書由 2 個文獻組成，本文獻為第 2 個，3 行，抄寫在背面 3 塊裱補紙上。餘參見 BD14949 號之第 2 項。
3.1　首殘→大正 0374，12/0390C03。
3.2　尾殘→大正 0374，12/0390C07。
3.4　說明：
背面裱補紙共 3 塊，從字和紙判斷，應為本卷卷首剪貼下來，裱補在第 19 紙背面。3 塊裱補紙可以綴接。綴接後共 3 行。為保持原貌，未揭下綴接。但此處按綴接後形態著錄。

8　7～8 世紀。唐寫本。
9.1　楷書。

1.1　BD14950 號
1.3　摩訶般若波羅蜜經（四十卷本異本）卷三三
1.4　新 1150
2.1　668.5×26.3 厘米；14 紙；共 387 行，行 17 字。
2.2　01：46.0，26；　02：48.5，28；　03：48.5，28；
04：48.5，28；　05：48.0，28；　06：47.5，28；
07：47.5，28；　08：48.0，28；　09：48.0，28；
10：48.0，28；　11：48.0，28；　12：48.0，28；
13：48.0，28；　14：46.0，25。
2.3　卷軸裝。首尾均全。打紙。有烏絲欄。通卷現代托裱。
3.1　首全→大正 0223，08/0383C09。
3.2　尾全→大正 0223，08/0388B14。
4.1　摩訶般若波羅蜜經次第行品第七十四，卅三（首）。
4.2　摩訶般若波羅蜜經卷第卅三（尾）。
5　與《大正藏》本對照，分卷及品名品次均不同。經文相當於《大正藏》本《摩訶般若波羅蜜經》卷第二十三之三次品第七十五，一念品第七十六。本文獻與歷代大藏經分卷均不同，此段經文，屬於四十卷本《聖語藏》本的卷三四。故知應為四十卷本異本。
8　7 世紀。隋寫本。
9.1　楷書。
9.2　有硃筆行間校加字及校改。
10　現代接出綠底藍黃花織錦護首，有縹帶、骨別子。護首有題簽“唐經”。

卷尾下有陽文硃印，2×2 厘米，印文為“般齋珍祕”。拖尾下有陽文硃印，1.3×1.9 厘米，印文為“晋此至寶”。

1.1　BD14951 號
1.3　妙法蓮華經卷六
1.4　新 1151
2.1　87×26 厘米；2 紙；共 52 行，行 17 字。
2.2　01：47.0，28；　02：40.0，24。
2.3　卷軸裝。首脫尾斷。有烏絲欄。
3.1　首殘→大正 0262，09/0049C01。
3.2　尾殘→大正 0262，09/0050B22。
8　7～8 世紀。唐寫本。
9.1　楷書。

1.1　BD14952 號 1
1.3　陀羅尼雜咒集（擬）
1.4　新 1152
2.1　（13＋290）×25.5 厘米；8 紙；共 123 行，行 20 餘字。
2.2　01：13＋17，14；　02：39.0，19；　03：39.0，15；
04：39.0，15；　05：39.0，14；　06：39.0，13；
07：39.0，17；　08：39.0，16。
2.3　卷軸裝。首殘尾全。自第“大方經咒”起似換人抄寫。通卷現代托裱。
2.4　本遺書包括 2 個文獻：（一）《陀羅尼雜咒集》（擬），90 行，今編為 BD14952 號 1。（二）《安宅神咒經》，33 行，今編為 BD14952 號 2。
3.4　說明：

本遺書首 6 行中下殘，尾全。1～34 行內容與《阿吒婆拘鬼神大將上佛陀羅尼神咒經》（大正 1237，21/178A16～C19）大致相同。其餘 50 餘行有待查考。本文獻未為歷代大藏經所收。尾行的“佛說安宅神咒經”應為涉第二個文獻而出現的經名雜寫，而非尾題。
7.3　尾有經名雜寫“佛說安宅神咒經”。
8　5～6 世紀。南北朝寫本。
9.1　楷書。
10　現代接出黃紫菊花牡丹織錦護首，有縹帶、玉別子。上有題簽：“晉魏人書《安宅神咒經》等殘卷，雪堂珍秘。”下有陽文硃印，0.7×1 厘米，印文不清。

卷首下方有 2 枚陰文硃印：（一）1.5×1.5 厘米，印文為“羅振玉”。（二）2.3×2.3 厘米，印文為“抱殘翁壬/戌歲所得/敦煌古籍/”。

護首下貼有特藝公司宣武經營管理處紙簽：“貨號：字 420。品名：魏晉人寫經卷。定價：80.00。”

1.1　BD14952 號 2
1.3　安宅神咒經
1.4　新 1152
2.4　本遺書由 2 個文獻組成，本文獻為第 2 個，33 行，抄寫在背面。餘參見 BD14952 號之第 2 項。
3.4　說明：

本文獻首尾均全。歷代大藏經收有同名經典一部，謂“後漢失譯”，內容與本文獻完全不同。《開元釋教錄》卷一八“偽妄亂真錄”中稱：“《安宅經》，一卷。正錄中《安宅神呪經》與此異。”可見智昇時已有兩種《安宅經》存世，智昇判為一真一偽。本經應為智昇判為偽經的《安宅經》，未為歷代大藏經所收。
4.1　佛說安宅神咒經（首）。
4.2　佛說安宅咒經（尾）。
8　5～6 世紀。南北朝寫本。
9.1　楷書。
9.2　有行間校加字。

1.1　BD14953 號
1.3　大方廣佛華嚴經（晉譯六十卷本）卷五八
1.4　新 1153
2.1　（275.5＋7）×24.5 厘米；8 紙；共 166 行，行 15～18 字。
2.2　01：46.0，27；　02：46.0，27；　03：46.0，27；
04：03.5，02；　05：41.5，24；　06：40.0，24；

07：39.5，23；　08：20.0，12。

2.3　卷軸裝。首脫尾殘。第5紙開始換人書寫。有烏絲欄。背有現代托裱。

3.1　首殘→大正0278，09/0768C29。

3.2　尾4行上下殘→大正0278，09/0770C21～27。

8　5世紀。東晉寫本。

9.1　楷書。

9.2　有行間校加字及重文、刪除號。

10　卷首玉池梅花蠟箋有題跋：

"隸楷蛻變/

石室寫經，不貴精而/貴古，精易求古希見/也。此卷書法奇古，許太/史承堯以其所藏署有/前涼年號者較之，如出/一手。欲以唐寫精品相/易，余未之許。前涼奄有/燉煌之地，正當西晉五/胡亂華時，距今近二千年。/吾人得見隸楷之蛻變，/豈非一段奇事耶！/越州，陳季侃。"

其下有陽文硃印，1×1厘米，印文為"陳闇"。

拖尾有題跋：

"燉煌石室藏經記。/

清光緒庚子（1900），甘肅敦煌/縣莫高窟流沙中發見石/室。室內所藏，上自西晉，下/迄朱梁。紙書、絹畫、袈裟、/彝器，粲然備具。室有碑/，記封閟於宋太宗初元。距/今千餘歲。以所藏歷代寫/經考之，最古者近二千年。/唐寫佛經為獨多。晉魏/六朝稍稍希（稀）矣。紙皆成/卷，束以絹帶，完好如新。/誠天壤間瓌寶也。吾國/官民不知愛惜。丁未歲（1907）法/國文學博士伯希和自新/疆馳詣石室，賄守藏道士，/檢去精品數巨篋。英人、日/人繼之，咸大獲而歸。追端/陶齋赴歐考察憲政，見於/倫敦博物院。歸而訪求，則石/室已空。僅於處士家搜得佛/經三千卷，藏庋北平圖書館，/今不知尚存否。余度隴之歲，/購求唐人精寫者，已不易得。/而著有年代及六朝人書，則/非以巨價求之巨室，不可得/也。蘇子瞻云：紙壽一千年。/今石室所藏，突破先例。蓋/燉煌砂磧堆積如阜，高燥/逾恒。苟石室永閟，即再經/千年，猶當完好。一入人手，則/百十年間，可淪臭以盡。證/之今日，藏經已希如星鳳，其/後可知。猶憶在隴時，朋輩/與余競購者，所藏皆已散/亡。余亦何能永保，但求愛/護有人。千百年珍墨，不至/毀損於吾人之手，吾願畢/矣。風雨如晦，雞鳴不已，得/者寶諸。癸未（1943）春月。/前護隴使者陳季侃。/"

其下有陰文硃印，1.5×1.5厘米，印文為"陳闇"。

卷首第1、2行下方有陰文硃印，1.4×1.4厘米，印文為"陳闇眼福"。

卷尾裱補紙下方有陽文硃印，2.3×2.3厘米，印文為"禪晉揖唐之室"。

現代接出紫紅菊花織錦護首，有縹帶、玉別子。護首有題簽："晉人寫經，石室無上品。"其下有陰文硃印，2.1×2.1厘米，印文為"陳闇偶得"。

護首下貼有特藝公司宣武經營管理處紙簽："貨號：2986。品名：晉僧經1卷。定價：200.00。"

1.1　BD14954號

1.3　大般涅槃經（北本）卷二

1.4　新1154

2.1　（9.1＋480.6）×26.3厘米；13紙；共266行，行17字。

2.2　01：09.1，護首；　02：40.8，22；　03：43.1，24；
04：43.3，24；　05：43.4，24；　06：43.2，24；
07：43.3，24；　08：43.4，24；　09：43.3，24；
10：43.3，24；　11：43.4，24；　12：43.2，24；
13：06.9，04。

2.3　卷軸裝。首殘尾斷。打紙，研光上蠟。有護首，已殘。通卷上邊有等距離鼠嚙殘洞，卷前部下邊有破裂殘損。有烏絲欄。背有現代裱補。已修整。

3.1　首全→大正0374，12/0371C10。

3.2　尾殘→大正0374，12/0375A27。

4.1　大般涅槃經卷第二（首）。

5　與《大正藏》本對照，本件不分品次。

8　7～8世紀。唐寫本。

9.1　楷書。

10　卷首背有2枚陽文硃印：（一）1.9×1.9厘米，印文不清；（二）1.3×0.7厘米，印文不清。

卷首背貼北京市中國書店定價簽："冊數：1捲。定價：40。幅號：仲字第1162號。"上捺橢圓形硃印"中甲"。

1.1　BD14955號

1.3　妙法蓮華經（八卷本）卷五

1.4　新1155

2.1　717.5×26.1厘米；16紙；共425行，行17字。

2.2　01：12.5，07；　02：49.0，28；　03：48.5，28；
04：48.5，28；　05：49.0，28；　06：46.5，28；
07：47.0，28；　08：46.5，28；　09：46.5，28；
10：46.5，28；　11：46.5，28；　12：46.5，28；
13：46.5，28；　14：46.5，28；　15：46.5，28；
16：46.5，26。

2.3　卷軸裝。首斷尾全。首紙有橫向破裂。有烏絲欄。

3.1　首殘→大正0262，09/0035C27。

3.2　尾全→大正0262，09/0042A28。

4.2　妙法蓮華經卷第五（尾）。

5　與《大正藏》本對照，分卷不同。經文相當於卷四第十三品和卷五第十四、十五品。屬於八卷本。

8　9～10世紀。歸義軍時期寫本。

9.1　楷書。

9.2　有刮改。

10　首題、第十四、十五品之品題及尾題下均有陽文硃印，2×2.5厘米，印文為"莚圃收藏"。卷尾背有蘇州碼子"〢＝"，下一字不清。

1.1　BD14956號

1.3　藏文（無量壽宗要經甲本）
1.4　新1156
2.1　135×31厘米；3紙；每紙2欄，共6欄；欄19行，共111行，行42～58字母。
2.2　01：45.0，2欄；　02：45.0，02欄；　03：45.0，2欄。
2.3　卷軸裝。首尾均全。有界欄。卷首末邊有粘接痕。
3.4　說明：
　　本文獻首尾均全。所抄為藏文《無量壽宗要經》（甲本）。
4.1　Rgya－gar－skad－du' Apar＝mita' ayur nama mahayana sutra。（梵語：無量壽宗要經）（首）。Bod_ skad_ du tshe dpag_ du _ myed_ pa zhes_ bya_ ba theg_ pa_ chen_ povi mdo。（藏語：無量壽宗要經）（首）。
4.2　Tshe dpag_ du_ myed_ pa zhes_ bya_ ba theg_ pa_ chen_ povi mdo。（無量壽宗要經）（尾）。
7.1　有抄寫、校對者題記："Se－thong－pa（思通巴）。dpal－mchog－zhus（貝确校）；phug－vgi－yang－zhus（朴哥二校）；phab－dzang－gsum－zhus（潘藏三校）。"
8　8～9世紀。吐蕃統治時期寫本。
9.1　草書。
10　卷尾右下角有陽文硃印，2×2.5厘米，印文為"迋圃收藏"。卷尾背貼紙條毛筆寫"千佛洞唐番經四卷"。

1.1　BD14957號
1.3　藏文（無量壽宗要經乙本）
1.4　新1157
2.1　138×30.5厘米；3紙；每紙2欄，共6欄；欄19行，共107行，行約45字母。
2.2　01：46.0，2欄；　02：46.0，2欄；　03：46.0，2欄。
2.3　卷軸裝。首尾均全。有界欄。首尾有粘接痕。
3.4　說明：
　　本文獻首尾均全。所抄為藏文《無量壽宗要經》（乙本）。
4.1　Rgya－gar－skad－du' Apar＝mita' ayur nama mahayana sutra。（梵語：無量壽宗要經）（首）。Bod_ skad_ du tshe dpag_ du _ myed_ pa zhes_ bya_ ba theg_ pa_ chen_ povi mdo。（藏語：無量壽宗要經）（首）。
4.2　Tshe dpag_ du_ myed_ pa zhes_ bya_ ba theg_ pa_ chen_ povi mdo。（無量壽宗要經）（尾）。
7.1　有抄寫者題名："Livu－stag－snya（劉大寧）。"
8　8～9世紀。吐蕃統治時期寫本。
9.1　草書。
10　卷尾有陽文硃印，2×2.5厘米，印文為"迋圃收藏"。

1.1　BD14958號
1.3　藏文（無量壽宗要經甲本）
1.4　新1158
2.1　135×31厘米；3紙；每紙2欄，共6欄；欄19行，共114行；行33～50字母。
2.2　01：45.0，2欄；　02：45.0，2欄；　03：45.0，2欄。
2.3　卷軸裝。首尾均全。有界欄。卷首末邊有粘接痕。尾紙上有破裂。
3.4　說明：
　　本文獻首尾均全。所抄為藏文《無量壽宗要經》（甲本）。
4.1　Rgya－gar－skad－du' Apar＝mita' ayur nama mahayana sutra。（梵語：無量壽宗要經）（首）。Bod_ skad_ du tshe dpag_ du _ myed_ pa zhes_ bya_ ba theg_ pa_ chen_ povi mdo。（藏語：無量壽宗要經）（首）。
4.2　Tshe dpag_ du_ myed_ pa zhes_ bya_ ba theg_ pa_ chen_ povi mdo。（無量壽宗要經）（尾）。
7.1　有抄寫校對者題記："Se－thong－pa（思通巴）dpal－mchog－zhus（貝确校）；phug－vgi－yang－zhus（朴格二校）；phab－dzang－gsum－zhus（潘藏三校）。"
8　8～9世紀。吐蕃統治時期寫本。
9.1　首紙正書；二、三紙草書。
10　卷尾下有陽文硃印，2×2.5厘米，印文為"迋圃收藏"。

1.1　BD14959號
1.3　藏文（無量壽宗要經甲本）
1.4　新1159
2.1　126×31厘米；3紙；每紙2欄，共6欄；欄19行，共113行，行40～55字母。
2.2　01：42.0，2欄；　02：42.0，2欄；　03：42.0，2欄。
2.3　卷軸裝。首尾均全。有界欄。卷首末邊有粘接痕。
3.4　說明：
　　本文獻首尾均全。所抄為藏文《無量壽宗要經》（甲本）。
4.1　Rgya－gar－skad－du' Apar＝mita' ayur nama mahayana sutra。（梵語：無量壽宗要經）（首）。Bod_ skad_ du tshe dpag_ du _ myed_ pa zhes_ bya_ ba theg_ pa_ chen_ povi mdo。（藏語：無量壽宗要經）（首）。
4.2　Tshe dpag_ du_ myed_ pa zhes_ bya_ ba theg_ pa_ chen_ povi mdo。（無量壽宗要經）（尾）。
7.1　有抄寫校對者題記："Se－thong－pa.（思通巴）。dpal－mchog－zhus.（貝确校）；phug－vgi－yang－zhus.（朴格二校）；phab－dzang－gsum－zhus.（潘藏三校）。"
8　8～9世紀。吐蕃統治時期寫本。
9.1　草書。
10　卷尾右下有陽文硃印，2×2.5厘米，印文為"迋圃收藏"。

1.1　BD14960號
1.3　無量壽宗要經
1.4　新1160
2.1　（6＋165.4）×31厘米；4紙；共110行，行30餘字。
2.2　01：6＋38，29；　02：43.7，29；　03：43.7，31；
　　04：40.0，21。
2.3　卷軸裝。首殘尾全。卷面多水漬，首紙有殘洞及破裂，第

2、3 紙接縫處下部開裂。背有古代裱補，上邊有字，漫漶難辨。有烏絲欄。
3.1　首 3 行上殘→大正 0936，19/0082A05～09。
3.2　尾全→大正 0936，19/0084C29。
4.2　佛說無量壽宗要經（尾）。
7.1　尾題後有題名“索潤”。
7.3　卷背古代裱補紙上有殘字。
8　8～9 世紀。吐蕃統治時期寫本。
9.1　行楷。
10　卷首、尾下方均有陽文硃印，2×2.5 厘米，印文為“莚圃收藏”。

1.1　BD14961 號
1.3　摩訶般若波羅蜜經卷一
1.4　新 1161
2.1　502×26 厘米；11 紙；共 283 行，行 18 字。
2.2　01：31.5，18；　02：48.5，28；　03：48.5，28；
04：48.5，28；　05：48.5，28；　06：48.5，28；
07：48.5，28；　08：48.5，28；　09：48.5，28；
10：48.5，28；　11：34.0，13。
2.3　卷軸裝。首斷尾全。經黄打紙，砑光上蠟。有燕尾。有烏絲欄。
3.1　首殘→大正 0223，08/0221C11。
3.2　尾全→大正 0223，08/0225A18。
4.2　摩訶般若波羅蜜卷第一（尾）。
5　與《大正藏》本對照，品名不同，《大正藏》品名為“習應品”，夾註“丹本名為習相應品”，本文獻品名為“相應品”。
7.1　卷尾有題記：“弱水府折衝都尉錢唐縣開國男/菩薩戒弟子鄧元穆謹為七世父/母敬寫《大品經》一部，願法界衆生，同/登正覺。/”
8　7～8 世紀。唐寫本。
9.1　楷書。
9.2　有刮改。
10　卷首經名下有陰文硃印，2×2 厘米，印文為“崑崙山主”。

現代接出護首有題跋：

“敦煌千佛洞所出唐人寫經，大半為晚唐、五代人書，字多拙劣。此卷跋鄧元穆，/結銜為‘弱水府折衝都尉’。則書此卷時，府兵之制尚未廢矣。《唐書·地理志》載諸/折衝府名，無‘弱水府’。惟楊炎撰《四鎮節度副使右金吾衛大將軍楊和神道/碑》見《文苑英華》云：‘始自弱水府別將，至執金吾。’勞季言《唐折衝府考》據之以補《唐志》之/闕。此跋有弱水府折衝都尉，足輔勞說。弱水府以地理言之，當設於甘州。甘、沙二州相/距至近，故甘州所寫經，得在敦煌也。/辛酉（1921）季秋海寧王國維觀並記。/戊寅（1938）二月弟子桐城汪吟龍敬觀。/富州張鼎銘同敬觀。/

題跋署名後分別有 3 枚硃印：（1）陰文，1.1×1.1 厘米，印文為“王國維”；（2）陰文，1.25×1.25 厘米，印文為“汪”；（3）陽文，1.2×1.1 厘米，印文為“張鼎銘”。

尾紙背貼粉色紙條，上有墨書：“《摩訶般若波羅蜜經》一卷。盛唐人書，首尾不懈，結體嚴整，侶圭峰碑。硬黄紙亦精緻可愛。/經尾跋：弱水府折衝都尉錢唐縣開國男菩薩戒弟子鄧元穆謹為七世父母敬寫《大品經》一部，願法界衆生同登正覺。”

背貼北京市中國書店定價簽：“冊數：1 捲。定價：50。”上捺橢圓形硃印“中甲”。

1.1　BD14962 號 1
1.3　藏文（無量壽宗要經甲本）
1.4　新 1162
2.1　675×31 厘米；15 紙；每紙 2 欄，共 30 欄；欄 20 行，共 593 行，行 32～50 字母。
2.2　01：45.0，2 欄；　02：45.0，2 欄；　03：45.0，2 欄；
04：45.0，2 欄；　05：45.0，2 欄；　06：45.0，2 欄；
07：45.0，2 欄；　08：45.0，2 欄；　09：45.0，2 欄；
10：45.0，2 欄；　11：45.0，2 欄；　12：45.0，2 欄；
13：45.0，2 欄；　14：45.0，2 欄；　15：45.0，2 欄。
2.3　卷軸裝。首尾均全。卷首卷末有粘接痕。第 2、3 紙撕開。有界欄。
2.4　本遺書包括 5 個文獻：（一）藏文（無量壽宗要經甲本），120 行，今編為 BD14962 號 1。（二）藏文（無量壽宗要經甲本），119 行，今編為 BD14962 號 2。（三）藏文（無量壽宗要經甲本），117 行，今編為 BD14962 號 3。（四）藏文（無量壽宗要經甲本），118 行，今編為 BD14962 號 4。（五）藏文（無量壽宗要經甲本），119 行，今編為 BD14962 號 5。
3.4　說明：

本文獻首尾均全。所抄為藏文《無量壽宗要經》（甲本）。
4.1　Rgya－gar－skad－du' Apar＝mita' ayur nama mahayana sutra。（梵語：無量壽宗要經）（首）。Bod_ skad_ du tshe dpag_ du _ myed_ pa zhes_ bya_ ba theg_ pa_ chen_ povi mdo。（藏語：無量壽宗要經）（首）。
4.2　Tshe dpag_ du_ myed_ pa zhes_ bya_ ba theg_ pa_ chen_ povi mdo。（無量壽宗要經）（尾）。
7.1　有抄寫者題名：“Cang－sh＝b－tig（蔣厚德）。”
8　8～9 世紀。吐蕃統治時期寫本。
9.1　草書。
10　第 3 紙背、卷首背上方、卷尾背上方均有陽文硃印，2×2 厘米，印文為“顧二郎”。

1.1　BD14962 號 2
1.3　藏文（無量壽宗要經甲本）
1.4　新 1162
2.4　本遺書由 5 個文獻組成，本文獻為第 2 個，119 行。餘參見 BD14962 號 1 之第 2 項。
3.4　說明：

本文獻首尾均全。所抄為藏文《無量壽宗要經》（甲本）。
4.1　Rgya－gar－skad－du' Apar＝mita' ayur nama mahayana su-

tra。（梵語：無量壽宗要經）（首）。Bod_ skad_ du tshe dpag_ du _ myed_ pa zhes_ bya_ ba theg_ pa_ chen_ povi mdo。（藏語：無量壽宗要經）（首）。

4.2 Tshe dpag_ du_ myed_ pa zhes_ bya_ ba theg_ pa_ chen_ povi mdo。（無量壽宗要經）（尾）。

7.1 有抄寫者題名："Cang - sh = b - tig（蔣厚德）。"

8 8 ~9 世紀。吐蕃統治時期寫本。

9.1 正書。

1.1 BD14962 號 3

1.3 藏文（無量壽宗要經甲本）

1.4 新 1162

2.4 本遺書由 5 個文獻組成，本文獻為第 3 個，117 行。餘參見 BD14962 號 1 之第 2 項。

3.4 說明：

本文獻首尾均全。所抄為藏文《無量壽宗要經》（甲本）。

4.1 Rgya - gar - skad - du' Apar = mita' ayur nama mahayana sutra。（梵語：無量壽宗要經）（首）。Bod_ skad_ du tshe dpag_ du _ myed_ pa zhes_ bya_ ba theg_ pa_ chen_ povi mdo。（藏語：無量壽宗要經）（首）。

4.2 Tshe dpag_ du_ myed_ pa zhes_ bya_ ba theg_ pa_ chen_ povi mdo。（無量壽宗要經）（尾）。

7.1 有抄寫者題名："Cang - sh = b - tig（蔣厚德）。"

8 8 ~9 世紀。吐蕃統治時期寫本。

9.1 正書。

1.1 BD14962 號 4

1.3 藏文（無量壽宗要經甲本）

1.4 新 1162

2.4 本遺書由 5 個文獻組成，本文獻為第 4 個，118 行。餘參見 BD14962 號 1 之第 2 項。

3.4 說明：

本文獻首尾均全。所抄為藏文《無量壽宗要經》（甲本）。

4.1 Rgya - gar - skad - du' Apar = mita' ayur nama mahayana sutra。（梵語：無量壽宗要經）（首）。Bod_ skad_ du tshe dpag_ du _ myed_ pa zhes_ bya_ ba theg_ pa_ chen_ povi mdo。（藏語：無量壽宗要經）（首）。

4.2 Tshe dpag_ du_ myed_ pa zhes_ bya_ ba theg_ pa_ chen_ povi mdo。（無量壽宗要經）（尾）。

7.1 有抄寫者題名："Cang - sh = b - tig（蔣厚德）。"

8 8 ~9 世紀。吐蕃統治時期寫本。

9.1 正書。

1.1 BD14962 號 5

1.3 藏文（無量壽宗要經甲本）

1.4 新 1162

2.4 本遺書由 5 個文獻組成，本文獻為第 5 個，119 行。餘參見 BD14962 號 1 之第 2 項。

3.4 說明：

本文獻首尾均全。所抄為藏文《無量壽宗要經》（甲本）。

4.1 Rgya - gar - skad - du' Apar = mita' ayur nama mahayana sutra。（梵語：無量壽宗要經）（首）。Bod_ skad_ du tshe dpag_ du _ myed_ pa zhes_ bya_ ba theg_ pa_ chen_ povi mdo。（藏語：無量壽宗要經）（首）。

4.2 Tshe dpag_ du_ myed_ pa zhes_ bya_ ba theg_ pa_ chen_ povi mdo。（無量壽宗要經）（尾）。

7.1 有抄寫者題名："Cang - sh = b - tig（蔣厚德）。"

8 8 ~9 世紀。吐蕃統治時期寫本。

9.1 正書。

1.1 BD14963 號

1.3 藏文（無量壽宗要經乙本）

1.4 新 1163

2.1 155.5 ×31 厘米；4 紙；每紙 2 欄，共 7 欄；欄 19 行，共 113 行，行 32 ~45 字母。

2.2 01：44.5，2 欄； 02：44.5，2 欄； 03：44.5，2 欄； 04：22.0，1 欄。

2.3 卷軸裝。首尾均全。有界欄。卷首、末邊有粘接痕。首欄無字，末紙上邊有破裂縫。

3.4 說明：

本文獻首尾均全。所抄為藏文《無量壽宗要經》（乙本）。

4.1 Rgya - gar - skad - du' Apar = mita' ayur nama mahayana sutra。（梵語：無量壽宗要經）（首）。Bod_ skad_ du tshe dpag_ du _ myed_ pa zhes_ bya_ ba theg_ pa_ chen_ povi mdo。（藏語：無量壽宗要經）（首）。

4.2 Tshe dpag_ du_ myed_ pa zhes_ bya_ ba theg_ pa_ chen_ povi mdo。（無量壽宗要經）（尾）。

7.1 有硃筆抄寫校對者題記："Lu - tse - shing.（魯才興）。shes - rab - zhus.（西饒校）；J = - ain - yang - zhus.（吉恩再校）；dpal - chog - sum - zhus.（貝确三校）。"

8 8 ~9 世紀。吐蕃統治時期寫本。

9.1 正書。

9.2 有硃筆塗抹、行間校加字及校改。有刮改。

10 卷首、卷尾背上部各有陽文硃印，2 ×2 厘米，印文為"顧二郎"。（卷尾背印章一半被撕去）。卷尾背貼紙簽有毛筆寫蘇州碼子"攵〢號"。

1.1 BD14964 號

1.3 藏文（無量壽宗要經乙本）

1.4 新 1164

2.1 161 ×31 厘米；4 紙；每紙 2 欄，共 7 欄；欄 19 行，共 105 行，行約 35 字母。

2.2 01：23.0，1 欄； 02：46.0，2 欄； 03：46.0，2 欄； 04：46.0，2 欄。

2.3　卷軸裝。首尾均全。有界欄。卷紙邊有裁剪痕，末紙邊有粘接痕。首紙1欄，23厘米長。
3.4　說明：
　　本文獻首殘尾全。所抄為藏文《無量壽宗要經》（乙本）。首部殘缺處相當於北敦14230號首紙第十五行第三字。
4.2　Tshe dpag_ du_ myed_ pa zhes_ bya_ ba theg_ pa_ chen_ povi mdo。(無量壽宗要經)（尾）。
7.1　有抄寫校對者題記："Khang - rmang - legs.（康明朗）。ban - lde - leng - cevu - zhus.（比丘朗覺校）；sgron - ma - yang - zhus.（卓瑪再校）；sh = n - dar - sum - zhus.（恒達三校）。"
8　8～9世紀。吐蕃統治時期寫本。
9.1　正書。
10　卷首、尾背下方各有陽文硃印，2×2厘米，印文為"顧二郎"。卷尾背貼紙條，上寫蘇州碼子"101號"。卷尾背有半個佛龕硃印，1.3×3厘米。

1.1　BD14965號1
1.3　藏文（無量壽宗要經甲本）
1.4　新1165
2.1　540×31厘米；12紙；每紙2欄，共24欄；欄19行，共449行，行40～55字母。
2.2　01：45.0，2欄；　02：45.0，2欄；　03：45.0，2欄；
　　04：45.0，2欄；　05：45.0，2欄；　06：45.0，2欄；
　　07：45.0，2欄；　08：45.0，2欄；　09：45.0，2欄；
　　10：45.0，2欄；　11：45.0，2欄；　12：45.0，2欄。
2.3　卷軸裝。首尾均全。有界欄。卷首、末邊有粘接痕。
2.4　本遺書包括2個文獻：（一）藏文（無量壽宗要經甲本），113行，今編為BD14965號1。（二）藏文（無量壽宗要經甲本），110行，今編為BD14865號2。（三）藏文（無量壽宗要經甲本），113行，今編為BD14965號3。（四）藏文（無量壽宗要經甲本），113行，今編為BD14965號4。
3.4　說明：
　　本文獻首尾均全。所抄為藏文《無量壽宗要經》（甲本）。
4.1　Rgya - gar - skad - du' Apar = mita' ayur nama mahayana sutra。(梵語：無量壽宗要經)（首）。Bod_ skad_ du tshe dpag_ du _ myed_ pa zhes_ bya_ ba theg_ pa_ chen_ povi mdo。（藏語：無量壽宗要經）（首）。
4.2　Tshe dpag_ du_ myed_ pa zhes_ bya_ ba theg_ pa_ chen_ povi mdo。(無量壽宗要經)（尾）。
7.1　有抄寫者題名："gzigs - gong（司空）。"
8　8～9世紀。吐蕃統治時期寫本。
9.1　草書。
10　卷首、卷末背各有陽文硃印，2×2厘米，印文為"顧二郎"。卷背粘有白、紅色紙，已撕。

1.1　BD14965號2
1.3　藏文（無量壽宗要經甲本）
1.4　新1165
2.4　本遺書由4個文獻組成，本文獻為第2個，110行。餘參見BD14965號1之第2項。
3.4　說明：
　　本文獻首尾均全。所抄為藏文《無量壽宗要經》（甲本）。
4.1　Rgya - gar - skad - du' Apar = mita' ayur nama mahayana sutra。(梵語：無量壽宗要經)（首）。Bod_ skad_ du tshe dpag_ du _ myed_ pa zhes_ bya_ ba theg_ pa_ chen_ povi mdo。（藏語：無量壽宗要經）（首）。
4.2　Tshe dpag_ du_ myed_ pa zhes_ bya_ ba theg_ pa_ chen_ povi mdo。(無量壽宗要經)（尾）。
7.1　有抄寫者題名："gzigs - gong（司空）。"
8　8～9世紀。吐蕃統治時期寫本。
9.1　正書。

1.1　BD14965號3
1.3　藏文（無量壽宗要經甲本）
1.4　新1165
2.4　本遺書由4個文獻組成，本文獻為第3個，113行。餘參見BD14965號1之第2項。
3.4　說明：
　　本文獻首尾均全。所抄為藏文《無量壽宗要經》（甲本）。
4.1　Rgya - gar - skad - du' Apar = mita' ayur nama mahayana sutra。(梵語：無量壽宗要經)（首）。Bod_ skad_ du tshe dpag_ du _ myed_ pa zhes_ bya_ ba theg_ pa_ chen_ povi mdo。（藏語：無量壽宗要經）（首）。
4.2　Tshe dpag_ du_ myed_ pa zhes_ bya_ ba theg_ pa_ chen_ povi mdo。(無量壽宗要經)（尾）。
7.1　有抄寫者題名："gzigs - gong（司空）。"
8　8～9世紀。吐蕃統治時期寫本。
9.1　正書。

1.1　BD14965號4
1.3　藏文（無量壽宗要經甲本）
1.4　新1165
2.4　本遺書由4個文獻組成，本文獻為第4個，113行。餘參見BD14965號1之第2項。
3.4　說明：
　　本文獻首尾均全。所抄為藏文《無量壽宗要經》（甲本）。
4.1　Rgya - gar - skad - du' Apar = mita' ayur nama mahayana sutra。(梵語：無量壽宗要經)（首）。Bod_ skad_ du tshe dpag_ du _ myed_ pa zhes_ bya_ ba theg_ pa_ chen_ povi mdo。（藏語：無量壽宗要經）（首）。
4.2　Tshe dpag_ du_ myed_ pa zhes_ bya_ ba theg_ pa_ chen_ povi mdo。(無量壽宗要經)（尾）。
7.1　有抄寫者題名："gzigs - gong（司空）。"
8　8～9世紀。吐蕃統治時期寫本。

9.1 正書。

1.1 BD14966 號
1.3 維摩詰所說經卷下
1.4 新 1166
2.1 832.9×25 厘米；17 紙；共 459 行，行 17 字。
2.2 01：47.5，27； 02：47.0，27； 03：48.3，28；
04：48.0，28； 05：47.8，28； 06：49.6，28；
07：50.0，28； 08：50.3，28； 09：50.0，28；
10：50.2，28； 11：50.0，28； 12：50.0，28；
13：50.0，28； 14：50.2，28； 15：50.5，28；
16：50.5，28； 17：43.0，13。
2.3 卷軸裝。首尾均全。前 6 紙為歸義軍時期後補，與後部分紙質、字體不同。有燕尾。有烏絲欄。通卷現代托裱。後配木軸。
3.1 首全→大正 0475，14/0552A01。
3.2 尾全→大正 0475，14/0557B26。
4.1 維摩詰經香積品第十，下卷（首）。
4.2 維摩詰經下卷（尾）。
8 8～9 世紀。吐蕃統治時期寫本。
9.1 楷書。
10 現代接出黃底雲紋織錦護首，有縹帶、玉別子。護首貼有紙簽，上寫“10393”。

卷首接出的扉葉有陽文硃印，2.2×2.2 厘米，印文為“長樂鄭振鐸西諦藏書”。卷首下端有陽文硃印，1.7×1.7 厘米，印文為“北京圖書館藏”。卷尾下端有陽文硃印，1.8×3 厘米，印文為“長樂鄭氏藏書之印”。

1.1 BD14967 號
1.3 金剛般若波羅蜜經
1.4 新 1167
2.1 （5+397.3）×26 厘米；9 紙；共 243 行，行 17 字。
2.2 01：41.5，24； 02：49.3，28； 03：49.5，28；
04：49.5，28； 05：49.5，28； 06：49.5，28；
07：49.5，28； 08：49.5，28； 09：44.5，23。
2.3 卷軸裝。首殘尾全。麻紙，未入潢。卷面多水漬，首紙有殘損，第 7、8 紙接縫處下方開裂，卷尾多黴斑。有烏絲欄。背有現代裱補。
3.1 首 3 行上、下殘→大正 0235，08/0748C20～22。
3.2 尾全→大正 0235，08/0752C03。
4.2 金剛般若波羅蜜經（尾）。
5 與《大正藏》本對照，有大段缺文，約為 3 紙。參見大正 0235，08/751A26“釋”～752A06“須”。
8 7～8 世紀。唐寫本。
9.1 楷書。
10 卷首背及卷尾背下方均有陽文硃印，2×2 厘米，印文為“顧二郎”。

貼有特藝公司宣武經營管理處紙簽：“類別：雜，98。貨號：1610～1。品名：寫經一卷。定價：金剛般若波羅蜜經。備註：紙 9 段。購：11861。”另有白紙簽，寫有蘇州碼子“113 號”。下有“9”。

1.1 BD14968 號
1.3 妙法蓮華經卷一
1.4 新 1168
2.1 341×26.5 厘米；8 紙；共 203 行，行 17 字。
2.2 01：12.0，07； 02：47.0，28； 03：47.0，28；
04：47.0，28； 05：47.0，28； 06：47.0，28；
07：47.0，28； 08：47.0，28。
2.3 卷軸裝。首斷尾脫。經黃打紙。首紙上邊有殘缺。卷面有鳥糞。有烏絲欄。
3.1 首殘→大正 0262，09/0005B24。
3.2 尾殘→大正 0262，09/0009A14。
8 7～8 世紀。唐寫本。
9.1 楷書。
10 卷首尾背下方均有陽文硃印，2×2 厘米，印文為“顧二郎”。

卷首背貼有特藝公司宣武經營管理處紙簽：“類別：雜，98。貨號：1610～2。品名：寫經 1 卷，妙法蓮華經，紙 8 段。購 11862。”另貼有紙簽：“唐經卅五”和蘇州碼子“188 號”，下有“7 紙”。

1.1 BD14969 號
1.3 妙法蓮華經卷七
1.4 新 1169
2.1 （4.2+130.6）×26.8 厘米；4 紙；共 87 行，行 17 字。
2.2 01：4.2+29.2，22； 02：43.6，28； 03：43.5，28；
04：14.3，9。
2.3 卷軸裝。首殘尾斷。卷面多水漬，有黴斑，前 2 紙有殘損及殘洞。有烏絲欄。背有現代裱補。
3.1 首 3 行上下殘→大正 0262，09/0057A07～10。
3.2 尾殘→大正 0262，09/0058B07。
8 8 世紀。唐寫本。
9.1 楷書。
10 卷尾背下部有 2 處陽文硃印，2.1×2.1 厘米，印文為“顧二郎”。

卷首背貼特藝公司宣武經營管理處有紙簽：“類別：雜，98。貨號：1610～3，品名：寫經 1 卷，殘經，首尾均缺。備註：存 4 段。購：11863。”背貼紙簽上寫有蘇州碼子“84 號”。有圓珠筆寫“了”。

1.1 BD14970 號
1.3 金剛般若波羅蜜經
1.4 新 1170

2.1　(1.5+127)×25 厘米；3 紙；共 77 行，行 17 字。
2.2　01：1.5+33.5，22；　02：47.0，28；　03：46.5，27；
2.3　卷軸裝。首殘尾全。經黄打紙。首尾有破損，尾 2 紙有等距離殘洞。背有古代裱補。有烏絲欄。背有現代裱補。已修整。
3.1　首行上下殘→大正 0235，08/0751C02～03。
3.2　尾全→大正 0235，08/0752C03。
4.2　金剛般若波羅蜜經（尾）。
5　與《大正藏》本對照，本號經文無冥司偈，參見《大正藏》，8/751C16～19。
8　7～8 世紀。唐寫本。
9.1　楷書。
9.2　有行間校加字。
10　卷首、尾背下方均有陽文硃印，2×2 厘米，印文為“顧二郎”。各紙接縫處均有匱形陽文硃印，0.9×0.9 厘米，印文為“松鶴”。

卷背貼有特藝公司宣武經營管理處紙簽：“類別：雜，98。貨號：1610～4。品名：寫經一卷。定價：殘經。購：11864。備註：存三段。”另有白紙簽，寫有蘇州碼子：“110 號”。另有毛筆“式圖（?）”。

1.1　BD14971 號
1.3　大乘密嚴經（地婆訶羅本）卷上
1.4　新 1171
2.1　614.3×25.6 厘米；15 紙；共 350 行，行 17 字。
2.2　01：08.9，05；　02：49.0，28；　03：44.3，26；
04：44.7，26；　05：44.6，26；　06：44.6，26；
07：44.4，26；　08：44.6，26；　09：44.6，26；
10：44.6，26；　11：44.7，26；　12：44.5，26；
13：49.5，29；　14：49.3，25；　15：12.0，03。
2.3　卷軸裝。首殘尾全。第 15 紙有殘洞，第 1、15 紙地腳殘破。有燕尾。有烏絲欄。
3.1　首殘→大正 0681，16/0724B16。
3.2　尾全→大正 0681，16/0730C14。
4.2　大乘密嚴經卷上（尾）。
8　9～10 世紀。歸義軍時期寫本。
9.1　楷書。
9.2　有倒乙。
10　尾有題記：“垂拱二年（686）沙門道真應化奉持供養/用紙十八張/再校完/。”“完”下有刮改痕跡。題記為現代僞造。

卷首、尾背有陽文硃印，2×2 厘米，印文為“顧二郎”。

卷首背貼有特藝公司宣武經營管理處紙簽，上有“類別，雜，98。購 11865。貨號 1610～5。品名：垂拱年寫經 1 卷。定價：大乘密嚴經卷上。備註：存紙十三段，首缺。”其下有白紙簽，上寫“195 號，13 紙”。其下又貼有白紙，上用紅鉛筆寫有“垂拱二年，沙門道真應化奉持供養”。

卷尾有白紙簽：“洪二十，唐人寫經完破共十卷。尚友堂。”上用硃筆寫“98”。又有白紙簽，寫蘇州碼子“264 號”。

13　題記字跡、墨色、内容均不類，乃現代僞造。

1.1　BD14972 號 1
1.3　金光明最勝王經卷一
1.4　新 1172
2.1　100.4×23.3 厘米；3 紙；共 58 行，行 17 字。
2.2　01：11.3，06；　02：47.1，28；　03：42.0，24。
2.3　卷軸裝。首斷尾脱。有烏絲欄。通卷現代托裱為手卷。
2.4　本遺書包括 2 個文獻：（一）《金光明最勝王經》卷一，55 行，今編為 BD14972 號 1。（二）《藏文回向文》（擬），3 行，今編為 BD14972 號 2。
3.1　首殘→大正 0665，16/0407C03。
3.2　尾全→大正 0665，16/0408A28。
4.2　金光明最勝王經卷第一（尾）。
5　尾附音義 2 行。
7.1　尾有題記“長安三年（703）歲次癸卯十月己未朔四日壬戌三藏法師義/淨奉制於長安西明寺新譯並綴文正字”。藏文 3 行，回向文、祈願文等，行 30 字母。
8　8～9 世紀。吐蕃統治時期寫本。
9.1　楷書。
10　現代接出壽字團花織錦護首，有縹帶。護首有題簽：“唐人寫金光明最勝王經，丙辰（1946）十月商衍瀛題簽”下有陽文硃印，1.4×0.9 厘米，印文為“雲汀”。

尾有軸頭，軸頭為玉石。

拖尾有題跋及寫經，依次錄文如下：

（一）“右唐人寫經紙本，得自/京師，爰取光明最勝之/義，留贈/紹軒上將軍即乞/鑒存/丙辰（1946）仲冬長汀江瀚識。/”

題跋下有陽文硃印，1.2×2 厘米，印文為“江瀚”。

（二）“滌庵吾友，出所藏唐人寫經見示。緣夫/寫經功德，俱詳釋典。或遠種菩提之因，/或立證人天之果。書經刺血，映於日則烱/鑠成金；繡佛織絲，擬其人則溫柔似玉。羅/文玉版，界以烏絲；兔穎雞毫，書成蚊翅。縱/隱晦於當世，或顯耀於來茲。吾人少識之無，於此人生剎那間，即不為功德計，亦/當為此有為，方便後世，宏法利生，莫善/乎此。唐人寫經，字多纖弱，且不書名。或士/子未第時，習此以資膏火者。即身隱顯/未可知，其人固早已物化矣。而其字獨能/炫耀百代者，寧非於字以人傳，人以字傳/之外，獨藉佛法，以傳其字也邪？要之，字/為人精神之所寄，斯其人亦不朽矣。世固/有鳴一藝於當時者，及其人亡，藝亦汩沒，/可慨也夫！記云：同名相召，同氣相求。雲從/龍，風從虎。聖人作而萬物覩。太史公曰：伯/夷叔齊雖賢，得夫子而名益彰；顏回雖/篤學，附驥尾而行益顯。巖穴之士，趨舍/有時若此類，名湮沒而不稱，悲夫！後之欲/砥行礪名者，非附青雲之士，烏能施於後/世哉。爰述所懷，並書《心經》一部，蓋亦有附/驥之意存焉。癸未（1943）秋竺菩提。/”

下有陽文硃印，1.8×1.8 厘米，印文為：“竺菩提”。

（三）此後有竺菩提寫《般若波羅蜜多心經》，有首、尾題，尾題下有“終”字，計 16 行。所抄為玄奘譯本，然末尾咒

語改為從藏文《心經》翻譯的咒語。

第15行末有陽文硃印，0.8×0.8厘米，印文為“超”；另有陰文硃印，0.8×0.8厘米，印文為“然”。

（四）《心經》經文後有題跋：

“滌庵先生出示所藏唐人寫經屬題。敬觀是作，睨目元流，頤/神泰素。故能外其嚣務，揚此宏芬。夫日月不居，風流易逝，古/來賢達，遺彼世華。孤笑一卷之中，遐抱千秋之想。安道有/言：誰能高佚，幽然一晤。知非冥悟於道者，不足語此也。士生丁/俶世，既不能振已頹之緒，建微管之勳。萌庶乂安，寰宇奠定。/值無用之位，占明夷之爻。亦唯有怡情翰墨，獨浪煙䴥。睥睨/卿相之尊，擺落雰埃以外。忘懷得失，幽棲蓬蒿。深維我/佛之旨，圓照重昏。一念皈依，即可永離苦空，證成妙果。豈/不謂廣被無量，藉諆不朽，傳世行遠，其道在茲呼？沉浸/數四，若有神會，歡喜讚嘆，靡可言詮。謹識衷誠，用飽眼/福，且仰功德。癸未（1943）仲秋袁江陳彥森。/”

下有陰文硃印，1.9×1.9厘米，印文為，“陳彥森印”；又有陽文硃印，1.3×1.3厘米，印文為“袁江人”。

1.1 BD14972號2

1.3 藏文回向文（擬）

1.4 新1172

2.4 本遺書由2個文獻組成，本號為第2個，3行。餘參見BD14972號1之第2項。

3.4 說明：

本文獻為抄寫在卷末的3行藏文，行30字母。內容為回向文。

8 8~9世紀。吐蕃統治時期寫本。

9.1 正書。

1.1 BD14973號

1.3 結壇散食發願文

1.4 新1173

2.1 155.4×29.3厘米；4紙；正面76行，行字不等。背面20行，行字不等。

2.2 01：41.9，21； 02：41.9，22； 03：41.5，21；
04：30.1，12。

2.3 卷軸裝。首尾均全。各紙或有撕損處。第3紙前有1處加行。卷面有油污。

2.4 本遺書包括2個文獻：（一）《結壇散食發願文》，76行，抄寫在正面，今編為BD14973號。（二）《白描雜畫》（擬），畫在背面，今編為BD14973號背。

3.4 說明：

本文獻為敦煌當地啟建水陸道場時所用的儀軌文書。未為歷代大藏經所收。

4.1 結壇散食發願文（首）。

7.1 背面有題記2行。其一為：“太平興國三年（978）戊寅歲十二月十九日，到此蘭若內書紀耳也。”另一為“戊寅年（978）十二月”，書寫潦草，實為雜寫。

7.3 背面共有雜寫18行，大多為內容與正面文字相應之雜寫，其中4行較為規整，似為對正面文獻的補註。其餘均為習字雜寫。

8 9~10世紀。歸義軍時期寫本。

9.1 楷書。

9.2 有行間校加字、行間加行及塗抹。

10 卷首下有陰文硃印，1.8×1.8厘米，印文為“抱殘翁壬戌歲所得敦煌古籍”。

卷首下貼有特藝公司宣武經營管理處紙簽：“類別：雜。貨號：1472~1。品名：寫經1卷。備註：背面有畫。”

卷尾下貼有特藝公司宣武經營管理處紙簽：“類別：雜，102。貨號：1472。年代：宋。品名：太平興國佛經畫。定價：結壇散食發願文。備註：白紙4段。購11867。”

1.1 BD14973號背

1.3 白描雜畫（擬）

1.4 新1173

2.4 本遺書由2個文獻組成，本文獻為第2個，畫在背面。餘參見BD14973號之第2項。

3.4 說明：

本遺書畫有佛像、人、獸等素描。計有佛像1尊，菩薩像2尊，供養僧人像1尊，伎樂人像4個，白衣人2個（一持杖長者，一獅奴），各種獸類像3尊。

8 9~10世紀。歸義軍時期寫本。

1.1 BD14974號

1.3 摩訶般若波羅蜜經（三十卷本）卷二一

1.4 新1174

2.1 （5.5+131.2）×24厘米；4紙；83行，行17字。

2.2 01：06.0，07； 02：49.7，31； 03：49.5，31；
04：27.0，14。

2.3 卷軸裝。首殘尾全。現代裝裱為冊頁。

3.1 首4行中上殘→大正0223，08/0361A04~07。

3.2 尾全→大正0223，08/0362A04。

4.2 摩訶般若波羅蜜經卷第廿一，【共住品、等學品、釋願樂品、無真實品】（尾）。

5 與《大正藏》本對照，分卷不同。經文相當於《大正藏》本《摩訶般若波羅蜜經》卷第十九度空品第六十五（丹稱揚品）的一部分。屬於三十卷本，

8 6世紀。南北朝寫本。

9.1 楷書。

9.2 有硃筆行間校加字。

10 卷尾下方有陰文硃印，2.1×2.1厘米，印文為“晚◇樓許氏收藏”。

封面有題簽：“唐人楷書《摩訶般若波羅蜜經》【五開，龍成氏藏】”。上方有陰文硃印，2×3厘米，印文為“虞舜黃唐”。

下有肖形印，2.5×2 厘米。

下邊貼有特藝公司宣武經營管理處紙簽："類別：帖，103。貨號：5026。品名：寫經 1 本。備註：5 頁。(購 11869)。"

13　原卷被現代收藏者剪為 5 紙，粘貼為册頁。五紙情況如下：

01：26.6，17；　02：28.6，18；　03：27.3，17；
04：26.9，17；　05：26.6，14。

本號 2.1、2.2 項復原未剪斷狀況後著錄。

1.1　BD14975 號
1.3　妙法蓮華經卷五
1.4　新 1175
2.1　253.8×24.7 厘米；6 紙；共 151 行，行 17 字。
2.2　01：28.5，17；　02：46.3，28；　03：46.3，28；
04：46.5，28；　05：46.5，28；　06：39.7，22。
2.3　卷軸裝。首斷尾全。麻紙，未入潢。有烏絲欄。現代托裱為鏡片。
3.1　首殘→大正 0262，09/0044A05。
3.2　尾全→大正 0262，09/0046B14。
4.2　妙法蓮華經卷第五（尾）。
8　7~8 世紀。唐寫本。
9.1　楷書。
10　卷首背上端貼有特藝公司宣武經營管理處紙簽："類別：雜，1。貨號：1232~1。品名：唐人寫經。購 11870。"

1.1　BD14976 號
1.3　妙法蓮華經卷一
1.4　新 1176
2.1　625×26.5 厘米；9 紙；共 379 行，行 17 字。
2.2　01：72.0，45；　02：72.0，44；　03：74.0，46；
04：74.0，46；　05：74.0，45；　06：74.0，46；
07：73.5，46；　08：73.5，45；　09：38.0，16。
2.3　卷軸裝。首斷尾全。卷首尾上下有破損。背有現代裱補。有烏絲欄。後配木軸。
3.1　首殘→大正 0262，09/0003C04。
3.2　尾全→大正 0262，09/0010B21。
4.2　妙法蓮華經卷第一（尾）。
8　7~8 世紀。唐寫本。
9.1　楷書。
10　卷首背上方有陽文硃印，2.3×2.3 厘米，印文為"敦煌縣知事印"，上邊已殘。

卷首尾下方有陽文硃印，2.2×2.2 厘米，印文為"百一齋珍藏"。

卷首背貼有特藝公司宣武經營管理處紙簽："類別：雜，2。貨號：1232~2。購 11871。"

1.1　BD14977 號
1.3　妙法蓮華經卷七
1.4　新 1177
2.1　285×25 厘米；7 紙；共 147 行，行 17 字。
2.2　01：45.0，24；　02：44.5，24；　03：44.5，24；
04：44.5，24；　05：44.5，24；　06：44.5，24；
07：17.5，03。
2.3　卷軸裝。首脫尾全。首紙上邊有破裂。卷尾有蟲繭。有燕尾。有烏絲欄。
3.1　首殘→大正 0262，09/0060B15。
3.2　尾全→大正 0262，09/0062B01。
4.2　妙法蓮華經卷第七（尾）。
8　7~8 世紀。唐寫本。
9.1　楷書。
10　卷首尾均有陽文硃印，2.2×2.2 厘米，印文為"百一齋珍藏"。

卷首背貼有特藝公司宣武經營管理處紙簽："類別：雜，3。貨號：1232~3。購 11872。"又墨書："妙卷 7，2 軴。"

1.1　BD14978 號
1.3　無量壽宗要經
1.4　新 1178
2.1　205×30.5 厘米；5 紙；共 139 行，行 30 餘字。
2.2　01：42.0，28；　02：42.5，30；　03：43.0，30；
04：43.0，30；　05：34.5，21。
2.3　卷軸裝。首尾均全。第 1 至 4 紙有現代托裱。首紙有橫向破裂，第 4、5 紙接縫處上下部開裂；每紙均有殘洞，多少不等。有烏絲欄。
3.1　首全→大正 0936，19/0082A03。
3.2　尾全→大正 0936，19/0084C29。
4.1　大乘無量壽經（首）。
4.2　佛說無量壽宗要經（尾）。
8　8~9 世紀。吐蕃統治時期寫本。
9.1　行楷。
9.2　有行間加行、刮改及校改。
10　卷首背上方貼有特藝公司宣武經營管理處紙簽："類別：雜，4。貨號：1232~4。購 11873。"

1.1　BD14979 號
1.3　妙法蓮華經卷五
1.4　新 1179
2.1　493×25.5 厘米；11 紙；共 267 行，行 17 字。
2.2　01：11.0，04；　02：50.5，28；　03：50.5，28；
04：50.5，28；　05：50.5，28；　06：50.5，28；
07：50.5，28；　08：50.5，28；　09：50.5，28；
10：50.5，28；　11：27.5，09。
2.3　卷軸裝。首斷尾全。經黃打紙，砑光上蠟。卷上下有水漬，尾紙有破裂。有烏絲欄。背有現代裱補。
3.1　首殘→大正 0262，09/0042A29。

3.2　尾全→大正 0262，09/0046B14。
4.2　妙法蓮華經卷第五（尾）。
8　7～8 世紀。唐寫本。
9.1　楷書。
9.2　有刮改。
10　卷首尾下方均有陽文硃印，2.2×2.2 厘米，印文為“百一齋珍藏”。

卷首背上端有陽文硃印，0.9×1.6 厘米，印文為“留香(?)”。旁有墨書：“妙卷 5”和“好的有頭有尾，首段截去”。並貼有特藝公司宣武經營管理處紙簽：“類別：雜，5。貨號：1232～5。購 11874。”卷首背下有蘇州碼子“3◇”。

1.1　BD14980 號
1.3　大般若波羅蜜多經卷五八二
1.4　新 1180
2.1　471×26 厘米；10 紙；共 269 行，行 17 字。
2.2　01：34.5，20；　02：48.5，28；　03：48.5，28；
04：48.5，28；　05：48.5，28；　06：48.5，28；
07：48.5，28；　08：48.5，28；　09：48.5，28；
10：48.5，25。
2.3　卷軸裝。首斷尾全。打紙，研光上蠟。接縫處上部多有開裂。有烏絲欄。背有現代裱補。
3.1　首殘→大正 0220，07/1011A02。
3.2　尾全→大正 0220，07/1014A09。
4.2　大般若波羅蜜多經卷第五百八十二（尾）。
8　8 世紀。唐寫本。
9.1　楷書。
10　卷首尾均有陽文硃印，2.2×2.2 厘米，印文為“百一齋珍藏”。

護首背上方貼有特藝公司宣武經營管理處紙簽：“類別：雜，6。貨號：1232～6。備註：購 11875。”另有白紙條，上寫：“大般若波羅蜜多經卷第五百八十二。”用現代宣紙作尾軸，上邊有字“妙法蓮華經第二，全部之一，第二輯”。

1.1　BD14981 號
1.3　妙法蓮華經卷七
1.4　新 1181
2.1　(4+906)×25.2 厘米；22 紙；共 505 行，行 17 字。
2.2　01：42.5，24；　02：43.0，24；　03：43.0，24；
04：43.0，24；　05：43.0，24；　06：43.0，24；
07：43.0，24；　08：43.0，24；　09：43.0，24；
10：43.0，24；　11：43.0，24；　12：43.0，24；
13：43.0，24；　14：43.0，24；　15：43.0，24；
16：43.0，24；　17：43.0，24；　18：43.0，24；
19：43.0，24；　20：43.0，24；　21：43.0，24；
22：07.5，01。
2.3　卷軸裝。首尾均全。打紙，研光上蠟。卷面多水漬。有燕尾。尾有原軸，兩端有蓮蓬形軸頭。有烏絲欄。背有現代裱補。
3.1　首 2 行下殘→大正 0262，09/0055A12～17。
3.2　尾全→大正 0262，09/0062B01。
4.1　妙法蓮華經妙音菩薩品第二十四，七（首）。
4.2　妙法蓮華經第七（尾）。
8　7～8 世紀。唐寫本。
9.1　楷書。
10　卷尾下方有陽文硃印，2.2×2.2 厘米，印文為“百一齋珍藏”。

卷首背貼有特藝公司宣武經營管理處紙簽：“貨號：雜，7。品名：1232～7。購 11876。”

1.1　BD14982 號
1.3　妙法蓮華經卷六
1.4　新 1182
2.1　890.5×26.5 厘米；20 紙；共 523 行，行 17 字。
2.2　01：12.0，07；　02：48.0，28；　03：48.0，28；
04：48.0，28；　05：48.0，28；　06：48.0，28；
07：48.0，28；　08：43.5，26；　09：47.0，28；
10：47.0，28；　11：47.0，28；　12：47.0，28；
13：47.0，28；　14：47.0，28；　15：47.0，28；
16：47.0，28；　17：47.0，28；　18：47.0，28；
19：47.0，28；　20：30.0，15。
2.3　卷軸裝。首脱尾全。經黄打紙，研光上蠟。卷後部接縫處多有開裂。有燕尾。有烏絲欄。背有現代裱補。
3.1　首殘→大正 0262，09/0047C02。
3.2　尾全→大正 0262，09/0055A09。
4.2　妙法蓮華經卷第六（尾）。
8　7～8 世紀。唐寫本。
9.1　楷書。
10　卷首尾均有陽文硃印，2.2×2.2 厘米，印文為“百一齋珍藏”。

卷首尾上方有陽文硃印，0.9×1.7 厘米，印文為“留香(?)”。另貼有特藝公司宣武經營管理處紙簽：“類別：雜，8。品名：1232～8。購 11877。”下方有墨書：“妙六，2 輯”。有蘇州碼子“50”、“55”。下有“◇”字。用“商務印書館編譯所附設函授學社英文科”信封作尾軸。

1.1　BD14983 號
1.3　大般若波羅蜜多經卷二七七
1.4　新 1183
2.1　(13.5+767)×25.5 厘米；17 紙；共 465 行，行 17 字。
2.2　01：37.0，22；　02：46.5，28；　03：46.5，28；
04：46.5，28；　05：46.5，28；　06：46.5，28；
07：46.5，28；　08：46.5，28；　09：46.5，28；
10：46.5，28；　11：46.5，28；　12：46.5，28；
13：46.5，28；　14：46.5，28；　15：46.5，28；

16：46.5，28；　　17：46.0，23。
2.3　卷軸裝。首殘尾全。卷首油污，多水漬，前2紙上下邊殘缺，卷後部上下邊有破裂。有燕尾。背有現代裱補。有烏絲欄。
3.1　首8行上下殘→大正0220，06/0403B21～28。
3.2　尾全→大正0220，06/0408C27。
4.2　大般若波羅蜜多經卷第二百七十七（尾）。
7.1　尾題後有題記"聖光寺尼真定寫"，"勘了"。
8　8～9世紀。吐蕃統治時期寫本。
9.1　楷書。
10　卷首、尾背有陽文硃印，2×2厘米，印文為"顧二郎"。卷尾背有陽文硃印，2×3.4厘米，印文為"曾在大方之家"。第1、2紙背接縫處中部有陽文硃印，1.4×1.4厘米，印文為"方爾謙印"。
　　卷尾背又貼有紙簽，上寫"107號"。卷首現代裱補紙背上方貼有特藝公司宣武經營管理處紙簽："類別：雜，9。貨號：839。品名：唐寫經1卷。定價：20.00。備註：購11878。"

1.1　BD14984號
1.3　妙法蓮華經卷四
1.4　新1184
2.1　219.5×25.7厘米；5紙；共123行，行17字。
2.2　01：35.5，20；　　02：50.0，28；　　03：50.0，28；
　　04：50.0，28；　　05：34.0，19。
2.3　卷軸裝。首尾均斷。經黄打紙，砑光上蠟。前2紙下邊有殘缺，第3、4接縫處下部開裂，第5紙上邊有破裂。有烏絲欄。
3.1　首殘→大正0262，09/0030B28。
3.2　尾殘→大正0262，09/0032B15。
8　7～8世紀。唐寫本。
9.1　楷書。
10　卷首、尾背下方均有陽文硃印，2×2厘米，印文為"顧二郎"。
　　卷首背上方貼有特藝公司宣武經營管理處紙簽："類別：雜，10。貨號：839。品名：唐寫經1卷。定價：12.00。購11879。"首紙背貼白紙簽有蘇州碼子："194號"。第5紙背貼白紙簽有蘇州碼子"35號"和"233號"。

1.1　BD14985號
1.3　妙法蓮華經卷七
1.4　新1185
2.1　（5.5+481）×25厘米；11紙；共281行，行17字。
2.2　01：5.5+39.5，27；　　02：47.0，28；　　03：47.0，28；
　　04：47.0，28；　　05：47.0，28；　　06：47.0，28；
　　07：47.0，28；　　08：47.0，28；　　09：47.0，28；
　　10：47.5，28；　　11：18.0，02。
2.3　卷軸裝。首殘尾全。經黄打紙。首紙上邊有殘缺。有燕尾。背有現代裱補。有烏絲欄。
3.1　首3行上殘→大正0262，09/0058B18～20。
3.2　尾全→大正0262，09/0062B01。
4.2　妙法蓮華經卷第七（尾）。
7.1　尾題後有題記："瓜州淨土寺比丘嚴勝持誦"。
8　7～8世紀。唐寫本。
9.1　楷書。
10　卷首、尾背下方有陽文硃印，2×2厘米，印文為"顧二郎"。
　　卷首背面上方貼有特藝公司宣武經營管理處紙簽："類別：雜，11。貨號：839。品名：唐寫經1卷。定價：30.00。購11880。"又貼有白紙簽，上寫蘇州碼子："189號"、"255號"。卷尾有蘇州碼子"189"。

1.1　BD14986號
1.3　妙法蓮華經卷三
1.4　新1186
2.1　（9+731.5+6.5）×25.5厘米；17紙；共473行，行20字。
2.2　01：9+12，26；　　02：45.5，28；　　03：45.5，28；
　　04：45.5，28；　　05：45.5，28；　　06：45.5，28；
　　07：45.5，28；　　08：45.5，28；　　09：45.5，28；
　　10：45.5，28；　　11：45.5，28；　　12：45.5，28；
　　13：45.5，28；　　14：45.5，28；　　15：45.5，28；
　　16：45.5，28；　　17：37+6.5，27。
2.3　卷軸裝。首尾均殘。麻紙，未入潢。卷面多水漬及黴斑，首紙有破裂及殘洞。背有現代裱補。有烏絲欄。
3.1　首7行中上殘→大正0262，09/0019C24～0020A02。
3.2　尾4行中下殘→大正0262，09/0027B02～08。
8　7～8世紀。唐寫本。
9.1　楷書。
10　卷首、尾背下方鈐有正方形2×2厘米陽文硃印，印文為："顧二郎"。
　　卷端現代裱補紙背粘有特藝公司宣武經營管理處紙簽："類別：雜，12。貨號：839。品名：唐代寫經1卷。定價35.00。購11881。"卷尾背貼有3個小紙簽：一為"52號"，二為"52"，三為"唐經破，58"，數字為蘇州碼子。

1.1　BD14987號
1.3　妙法蓮華經卷三
1.4　新1187
2.1　109.5×26.5厘米；3紙；共72行，行17字。
2.2　01：33.5，19；　　02：48.0，27；　　03：28.0，26。
2.3　卷軸裝。首斷尾全。有烏絲欄。
3.1　首殘→大正0262，09/0026A03。
3.2　尾全→大正0262，09/0027B09。
4.2　妙法蓮華經卷第三（尾）。
8　9～10世紀。歸義軍時期寫本。
9.1　楷書。

10　卷首、尾背下方均有陽文硃印，2×2 厘米，印文為"顧二郎"。

卷首背面貼有特藝公司宣武經營管理處紙簽："類別：雜，13。貨號：839。品名：唐寫經 1 卷。購 11882。"另有紙簽寫蘇州碼子"143 號"。

1.1　BD14988 號
1.3　妙法蓮華經卷四
1.4　新 1188
2.1　198.5×25.5 厘米；4 紙；共 112 行，行 17 字。
2.2　01：50.0，28；　02：49.5，28；　03：49.5，28；
04：49.5，28。
2.3　卷軸裝。首尾均脱。有烏絲欄。
3.1　首殘→大正 0262，09/0034B11。
3.2　尾殘→大正 0262，09/0035C25。
8　9～10 世紀。歸義軍時期寫本。
9.1　楷書。
10　卷首、尾背下方均有陽文硃印，2×2 厘米，印文為"顧二郎"。

卷首背上方貼有特藝公司宣武經營管理處紙簽："類別：雜，14。貨號：839。品名：唐寫經 1 卷。購 11883。"另貼有白紙簽，寫蘇州碼子"69 號"。

1.1　BD14989 號
1.3　大般涅槃經（北本異卷）卷二九
1.4　新 1189
2.1　982.6×26 厘米；21 紙；共 531 行，行 17 字。
2.2　01：22.0，護首；　02：48.8，27；　03：49.3，28；
04：49.3，28；　05：49.2，28；　06：49.1，28；
07：49.0，28；　08：49.7，28；　09：49.3，28；
10：49.3，28；　11：49.3，28；　12：49.4，28；
13：49.3，28；　14：49.3，28；　15：49.2，28；
16：49.2，28；　17：49.2，28；　18：49.0，28；
19：49.1，28；　20：47.7，27；　21：26.9，01。
2.3　卷軸裝。首尾均全。有護首，有竹質天竿及土灰色縹帶，長 24 厘米。卷面保存尚好。有烏絲欄。
3.1　首全→大正 0374，12/0534B11。
3.2　尾全→大正 0374，12/0540C14。
4.1　大般涅槃經師子吼菩薩品，二十九（首）。
4.2　大般涅槃經卷第廿九（尾）。
5　與《大正藏》本對照，分卷不同。此卷經文相當於卷第二十八後部與卷第二十九大部。卷首分卷與《思溪藏》相同，但卷尾分卷不同，屬於異卷。
7.4　護首有經名"大般涅槃經卷第廿九，廿九"。上有經名號。
8　8～9 世紀。吐蕃統治時期寫本。
9.1　楷書。
10　護首貼有特藝公司宣武經營管理處紙簽："類別：雜，15。貨號：1400～3。品名：寫經 1 卷。定價：50.00。備註：購 11884。"

1.1　BD14990 號
1.3　大般若波羅蜜多經卷四
1.4　新 1190
2.1　801.2×26.8 厘米；18 紙；共 479 行，行 17 字。
2.2　01：43.6，26；　02：44.9，28；　03：45.0，28；
04：44.8，28；　05：45.3，28；　06：45.6，28；
07：45.1，28；　08：44.9，28；　09：46.3，28；
10：46.8，28；　11：46.7，28；　12：46.7，28；
13：46.9，28；　14：46.7，28；　15：46.9，28；
16：46.7，28；　17：46.7，28；　18：21.6，28。
2.3　卷軸裝。首尾均全。打紙，砑光上蠟。首紙有殘洞，前數紙下邊有等距離殘損，尾紙多殘洞。有烏絲欄。
3.1　首全→大正 0220，05/0017A03。
3.2　尾全→大正 0220，05/0022B23。
4.1　大般若波羅蜜多經卷第四，/初分學觀品第二之二，三藏法師玄奘奉詔譯/（首）。
4.2　大般若波羅蜜多經卷第四（尾）。
8　8～9 世紀。吐蕃統治時期寫本。
9.1　楷書。有武周新字"初"、"正"，使用周遍。
10　卷首背上方有陽文硃印，1.1×1.6 厘米，印文漫漶難辨。

卷首背上方貼有特藝公司宣武經營管理處紙簽："類別：雜，16。貨號：14004～4。品名：寫經 1 卷。定價：40.00。購 11885。"下方有紅鋼筆寫"第四"。

1.1　BD14991 號
1.3　大乘入楞伽經卷四
1.4　新 1191
2.1　984.2×25.7 厘米；20 紙；共 517 行，行 17 字。
2.2　01：19.8，護首；　02：50.5，27；　03：51.0，28；
04：50.8，28；　05：50.6，28；　06：50.8，28；
07：50.8，28；　08：50.9，28；　09：50.9，28；
10：50.5，28；　11：50.7，28；　12：50.7，28；
13：50.7，28；　14：51.0，28；　15：51.0，28；
16：51.0，28；　17：50.8，28；　18：50.8，28；
19：50.7，28；　20：50.2，14。
2.3　卷軸裝。首尾均全。有護首，已殘。有燕尾。有烏絲欄。
3.1　首全→大正 0672，16/0607B18。
3.2　尾全→大正 0672，16/0614C01。
4.1　大乘入楞伽經無常品第三之一，卷四，三藏沙門實叉難陁奉制譯（首）。
4.2　大乘入楞伽經卷第四（尾）。
8　8 世紀。唐寫本。
9.1　楷書。
9.2　有刮改。

10　護首上方貼有特藝公司宣武經營管理處紙簽："類別：雜，17。貨號：1400～6。品名：寫經一卷。定價：50.00。備註：購11886，卷四。"

1.1　BD14992 號
1.3　四分律比丘戒本
1.4　新 1192
2.1　282×26 厘米；6 紙；共 168 行，行 16～19 字。
2.2　01：47.0，28；　02：47.0，28；　03：47.0，28；
　　04：47.0，28；　05：47.0，28；　06：47.0，28。
2.3　卷軸裝。首尾均脱。卷中多有破裂，上下邊油污，卷面有墨污，卷尾多污漬。有烏絲欄。
3.1　首殘→大正 1429，22/1018B15。
3.2　尾殘→大正 1429，22/1020B19。
5　與《大正藏》本對照，卷中經文略有漏抄。
7.3　第 1 紙背有雜寫 2 行"上座云：敕尼等內無缺犯，外得清淨，各精勤行道，/謹慎如法自恣/"。
8　8～9 世紀。吐蕃統治時期寫本。
9.1　楷書。
9.2　有行間校加字。
10　護首上方貼有特藝公司宣武經營管理處紙簽："類別：雜，18。貨號：1401。品名：寫經 1 卷。定價：25.00。備註：購11887。"

1.1　BD14993 號
1.3　大般涅槃經（北本異卷）卷三九
1.4　新 1193
2.1　915.8×26 厘米；19 紙；共 500 行，行 17 字。
2.2　01：25.1，護首；　02：49.1，27；　03：49.7，28；
　　04：49.6，28；　05：49.8，28；　06：49.6，28；
　　07：49.4，28；　08：49.3，28；　09：49.4，28；
　　10：49.4，28；　11：49.7，28；　12：49.7，28；
　　13：49.4，28；　14：49.6，28；　15：49.5，28；
　　16：49.6，28；　17：49.3，28；　18：49.4，28；
　　19：49.2，25。
2.3　卷軸裝。首尾均全。有護首，有竹質天竿。有燕尾。有烏絲欄。現代加縹帶及鐵別子。
3.1　首全→大正 0374，12/0592B27。
3.2　尾全→大正 0374，12/0598B15。
4.1　大般涅槃經卷第三十九（首）。
4.2　大般涅槃經卷第三十九（尾）。
5　與《大正藏》本對照，分卷不同。此卷經文相當於卷第三十九大部與卷第四十前部。卷首分卷與諸種大藏經均不相同，卷尾分卷與《思溪藏》等相同，屬於異卷。又，此卷卷首不列品次。
7.4　護首有經名"大般涅槃經卷第三十九"。上有經名號。
8　9～10 世紀。歸義軍時期寫本。
9.1　楷書。
9.2　有行間校加字。有刮改。
10　護首端有陰文硃印，0.85×0.85 厘米，印文為"◇◇齋藏"。第 2 紙下方有陽文硃印，2.1×2.1 厘米，印文為"郭希齋藏"。
　　護首下貼有特藝公司宣武經營管理處紙簽："類別：雜，20。貨號：1406。品名：六朝寫經 1 卷。定價：60.00。備註：購 11889。"

1.1　BD14994 號
1.3　妙法蓮華經卷六
1.4　新 1194
2.1　260×27 厘米；5 紙；共 141 行，行 17 字。
2.2　01：52.0，30；　02：52.0，29；　03：52.0，30；
　　04：52.0，30；　05：52.0，22。
2.3　卷軸裝。首脱尾全。經黄打紙。卷面有水漬。有燕尾。有烏絲欄。
3.1　首殘→大正 0262，09/0053A04。
3.2　尾全→大正 0262，09/0055A09。
4.2　妙法蓮華經卷第六（尾）。
7.1　尾題後有題記 2 行："清信弟子唐如意妻宋敬寫《法華/經》一部。/"
8　7～8 世紀。唐寫本。
9.1　楷書。
10　卷首背貼有特藝公司宣武經營管理處紙簽："類別：雜，22。貨號：864。品名：寫經 1 卷。定價：30.00。購 11891。"

1.1　BD14995 號
1.3　妙法蓮華經卷五
1.4　新 1195
2.1　343.5×24 厘米；8 紙；共 202 行，行 17 字。
2.2　01：47.5，28；　02：47.0，28；　03：47.0，28；
　　04：47.0，28；　05：47.0，28；　06：47.0，28；
　　07：47.0，28；　08：14.0，06。
2.3　卷軸裝。首脱尾全。卷面有污穢。有烏絲欄。通卷現代托裱。
3.1　首殘→大正 0262，09/0043A13。
3.2　尾全→大正 0262，09/0046B14。
4.2　妙法蓮華經卷第五（尾）。
8　7～8 世紀。唐寫本。
9.1　楷書。
10　現代接出紫紅花格織錦護首，有縹帶、玉別子（已斷）。
　　護首下方貼有特藝公司宣武經營管理處紙簽："類別：雜，23。貨號：675。品名：唐寫經 1 卷。定價：40.00。購 11892。"

1.1　BD14996 號
1.3　摩訶般若波羅蜜經（異卷）卷二六

1.4　新 1196

2.1　333×25 厘米；7 紙；共 179 行，行 17 字。

2.2　01：39.5，22；　02：50.0，28；　03：50.0，28；
04：50.0，28；　05：50.0，28；　06：50.0，28；
07：43.5，17。

2.3　卷軸裝。首斷尾全。打紙，砑光上蠟。有烏絲欄。通卷現代接出護首、拖尾，上下溜邊。

3.1　首殘→大正 0223，08/0349B19。

3.2　尾全→大正 0223，08/0351C06。

4.1　摩訶般若波羅蜜經恒伽提婆品第五十八（首）。

4.2　摩訶般若波羅蜜經卷第廿六（尾）。

5　與《大正藏》本對照，分卷不同，經文相當於《大正藏》本《摩訶般若波羅蜜經》卷第十八河天品第五十九。與歷代藏經分卷均不同，為異卷。

8　7 世紀。隋寫本。

9.1　楷書。

9.2　有硃筆行間校加字及校改。

10　有木匣，蓋上刻有"敦皇祕寶"。

卷首現代接出龍鳳織錦護首，有縹帶、玉別子。護首有題簽："唐寫《波羅蜜經》墨蹟，燉煌石室秘實"。

玉池有題字："唐人墨妙，陳誾題"。

題字右下有陰文硃印，2.8×2.8 厘米，印文為"藏有晉隋唐人寫經"。左下有兩方印章：（一）陰文硃印，2.3×2.3 厘米，印文為"古越陳誾"。（二）陽文硃印，2.4×2.4 厘米，印文為"字曰季侃"。

題字後有題記："有清光緒之季，燉煌發/見石室，藏物至夥。上自/漢晉，以迄後梁。紙書、帛/畫，整潔如新。守官不知/愛護，外人之遊歷者乃聞/風麕集，捆載而去。故其/最精古者，轉佚在英、法、日本。/羅叔蘊氏所著《流沙墜/簡》一書，備述其由。石室所/藏，寫經獨多。年來散布/於海內士大夫家，亦寖希/寖貴矣。余度隴時，唐經/佳者已難購致。今更十年，/不知若何？此卷係羅紋蠟/紙，書復樸茂，允推上品。吾友/君寄廎，見而欣賞，昔/賢謂：古物分藏得人，則其/傳廣。寄廎篤實君子也/，其後必能世守。敬以分贈，而述其來源如此。/庚午（1930）元宵節/越州陳誾記。/"

題名之後有印章二方：（一）陽文硃印，1.7×1.7 厘米，印文為"陳誾墨守"。（二）陽文硃印，1.7×1.7 厘米，印文為"公亮長壽"。

卷尾背有"共叁百伍拾貳行，伍千九佰八十字"一行，已被遮補。

護首下方貼有特藝公司宣武經營管理處紙簽："類別：雜，24。貨號：956。品名：唐寫經 1 卷。購 11893。"

1.1　BD14997 號

1.3　妙法蓮華經卷三

1.4　新 1197

2.1　576×16.3 厘米；13 紙；共 340 行，行 17 字。

2.2　01：45.0，27；　02：46.0，28；　03：46.5，28；
04：46.5，28；　05：46.5，28；　06：46.5，28；
07：46.5，28；　08：46.5，28；　09：46.5，28；
10：46.5，28；　11：46.5，28；　12：46.5，28；
13：20.0，05。

2.3　卷軸裝。首斷尾全。經黄打紙。卷面多水漬。有烏絲欄。現代用宣紙接出護首和拖尾。

3.1　首殘→大正 0262，09/0022A18。

3.2　尾全→大正 0262，09/0027B09。

4.1　妙法蓮華經化城喻品第七（首）。

4.2　妙法蓮華經卷第三（尾）。

8　7～8 世紀。唐寫本。

9.1　楷書。

10　護首用硃筆寫有："雜，25。編號 1207。購 11894。"

1.1　BD14998 號

1.3　大智度論卷九五

1.4　新 1198

2.1　601.8×25.5 厘米；14 紙；共 362 行，行 17 字。

2.2　01：17.4，09；　02：51.0，29；　03：51.0，29；
04：51.0，29；　05：51.0，29；　06：51.0，29；
07：51.0，29；　08：50.8，29；　09：50.8，29；
10：50.8，29；　11：50.6，29；　12：50.8，29；
13：50.6，29；　14：24.0，05。

2.3　卷軸裝。首殘尾全。有烏絲欄。通卷現代托裱。

3.1　首殘→大正 1509，25/0724A09。

3.2　尾全→大正 1509，25/0728B14。

4.2　第九十五卷，第八十四品，第八十五品（尾）。

5　與《大正藏》本對照，分卷相同，品次不同。現存經文，《大正藏》為第八十六品，本號為第八十五。

8　6 世紀。南北朝寫本。

9.1　隸楷。書品甚佳。

10　現代接出織錦護首，有縹帶、骨別子。

護首下方貼有特藝公司宣武經營管理處紙簽："類別：雜，26。貨號：1206。品名：六朝寫經 1 卷。備註：購 11895。"

1.1　BD14999 號

1.3　妙法蓮華經（八卷本）卷五

1.4　新 1199

2.1　（4+823）×26.5 厘米；17 紙；共 448 行，行 17 字。

2.2　01：51.0，28；　02：51.0，28；　03：51.0，28；
04：51.0，28；　05：51.0，28；　06：51.0，28；
07：51.0，28；　08：51.0，28；　09：51.0，28；
10：51.0，28；　11：51.0，28；　12：51.0，28；
13：51.0，28；　14：51.0，28；　15：51.0，28；
16：51.0，27；　17：18.0，01。

2.3　卷軸裝。首殘尾全。經黄打紙。後配敦煌其他經典的護首

和竹質天竿。接縫處下部多有開裂。尾有原軸，兩端塗棕色漆。背有古代及現代裱補。有烏絲欄。

3.1　首2行上殘→大正0262，09/0035C03～05。

3.2　尾全→大正0262，09/0042A28。

4.2　妙法蓮華經卷第五（尾）。

5　本卷與《大正藏》本對照，分卷不同。相當於《大正藏》本卷四第十二、十三品和卷五第十四、十五品。屬於八卷本。

7.4　護首有經名"瑜伽師地論卷第卌七"，上有經名號。乃後配用於此經。

8　7～8世紀。唐寫本。

9.1　楷書。

10　卷首背下端貼有特藝公司宣武經營管理處紙簽："類別：雜，27。貨號：1205。品名：唐人寫經1卷。定價：40.00。購11896。"

1.1　BD15000號

1.3　瑜伽師地論卷四三

1.4　新1200

2.1　576.1×77.6厘米；12紙；正面328行，行23字。背面277行，行約17字。

2.2　01：48.1，27；　02：48.1，28；　03：48.1，28；
04：47.9，28；　05：48.1，28；　06：48.1，28；
07：48.1，28；　08：48.2，28；　09：47.8，28；
10：48.2，28；　11：48.0，28；　12：47.4，21。

2.3　卷軸裝。首尾均全。打紙，研光上蠟。卷尾有破損。有烏絲欄。

2.4　本遺書包括6個文獻：（一）《瑜伽師地論》卷四三，328行，抄寫在正面，今編為BD15000號。（二）《諸星母陀羅尼經》，67行，抄寫在背面，今編為BD15000號背1。（三）《大佛名經懺悔文》，25行，抄寫在背面，今編為BD15000號背2。（四）《真言雜集》（擬），89行，抄寫在背面，今編為BD15000號背3。（五）《千手千眼觀世音菩薩廣大圓滿無礙大悲心陁羅尼》卷上，77行，抄寫在背面，今編為BD15000號背4。（六）《般若波羅蜜多心經》，19行，抄寫在背面，今編為BD15000號背5。

3.1　首全→大正1579，30/0527B10。

3.2　尾全→大正1579，30/0533A23。

4.1　瑜伽師地論卷第卌三，彌勒菩薩說，沙門玄奘奉詔譯。/本地分中菩薩地第十五初持瑜伽處靜慮品第十三/（首）。

4.2　瑜伽師地論卷第卌三（尾）。

7.1　卷尾有題記："大唐大中十二年（858）二月十日，沙州龍興寺沙門明照於開元寺隨聽寫記。"

8　858年。歸義軍時期寫本。

9.1　楷書。

9.2　有硃筆行間校加字、校改及點標，上邊有校改字。

10　卷首、尾及背面首尾均有桃形陽文硃印，1.7×1.8厘米，印文為"悔盦"。

卷首背上方貼有特藝公司宣武經營管理處紙簽："類別：雜，28。貨號：1254。品名：大中寫經1卷。備註：購11897。"

1.1　BD15000號背1

1.3　諸星母陀羅尼經

1.4　新1200

2.4　本遺書由6個文獻組成，本文獻為第2個，67行，抄寫在背面。餘參見BD15000號之第2項。

3.1　首全→大正1302，21/0420A03。

3.2　尾殘→大正1302，21/0420C14。

4.1　諸星母陁羅尼經沙門法成於甘州修多寺（首）。

7.3　卷首有經名雜寫"諸"字。

8　9～10世紀。歸義軍時期寫本。

9.1　楷書。

9.2　有行間校加字及刪除號。

1.1　BD15000號背2

1.3　大佛名經懺悔文

1.4　新1200

2.4　本遺書由6個文獻組成，本文獻為第3個，25行，抄寫在背面。餘參見BD15000號之第2項。

3.1　首全→大正2841，85/1293C22。

3.2　尾殘→大正2841，85/1294A16。

4.1　大佛名懺悔文（首）。

8　9～10世紀。歸義軍時期寫本。

9.1　楷書。

1.1　BD15000號背3

1.3　真言雜集（擬）

1.4　新1200

2.4　本遺書由6個文獻組成，本文獻為第4個，89行，抄寫在背面。餘參見BD15000號之第2項。

3.4　說明：

本文獻抄錄多種真言，第一道抄寫的真言用漢文音譯，旁邊加註漢文意譯。此後真言均為漢文音譯。所抄真言甚多，前部分未標注名稱，後部分有些標註名稱，其中有東門真言、西門真言、北門真言、南門真言、水瓶真言、灌頂咒、五佛心僻毒真言、大心咒、隨心咒、阿閦如來滅輕重罪陀羅尼總持、天王自心真言等。

本文獻未為歷代大藏經所收。

8　9～10世紀。歸義軍時期寫本。

9.1　楷書。

9.2　有塗抹、行間校加字。有硃、墨筆科分及重文號。

1.1　BD15000號背4

1.3　千手千眼觀世音菩薩廣大圓滿無礙大悲心陀羅尼

1.4　新1200

2.4　本遺書由6個文獻組成，本文獻為第5個，77行，抄寫在背面。餘參見BD15000號之第2項。

3.4　說明：

本文獻包括兩部分，前部分為《佛說大悲真啓請大悲真言》，然後為《千手千眼觀世音菩薩廣大圓滿無礙大悲心陀羅尼》。

4.1　千手千眼觀世音菩薩廣大圓滿無礙大悲心陀羅尼（首）。

7.1　第66行間有“上卷”2字。

7.3　卷上方有硃筆雜寫4行“南無/東方/不動/佛/”。

8　9～10世紀。歸義軍時期寫本。

9.1　楷書。

1.1　BD15000號背5

1.3　般若波羅蜜多心經

1.4　新1200

2.4　本遺書由6個文獻組成，本文獻為第6個，19行，抄寫在背面。餘參見BD15000號之第2項。

3.1　首全→大正0251，08/0848C04。

3.2　尾全→大正0251，08/0848C24。

4.1　般若波羅蜜多心經（首）。

4.2　般若波羅蜜心經一卷（尾）。

7.3　尾有經名、經文雜寫“妙法蓮花經觀世音菩薩普門品第廿五”等3行。

8　9～10世紀。歸義軍時期寫本。

9.1　楷書。

新舊編號對照表

新字頭號與北敦號對照表

新字頭號	北敦號
新 1148	BD14948 號
新 1149	BD14949 號
新 1149	BD14949 號背
新 1150	BD14950 號
新 1151	BD14951 號
新 1152	BD14952 號 1
新 1152	BD14952 號 2
新 1153	BD14953 號
新 1154	BD14954 號
新 1155	BD14955 號
新 1156	BD14956 號
新 1157	BD14957 號
新 1158	BD14958 號
新 1159	BD14959 號
新 1160	BD14960 號
新 1161	BD14961 號
新 1162	BD14962 號 1
新 1162	BD14962 號 2
新 1162	BD14962 號 3
新 1162	BD14962 號 4
新 1162	BD14962 號 5
新 1163	BD14963 號
新 1164	BD14964 號
新 1165	BD14965 號 1
新 1165	BD14965 號 2
新 1165	BD14965 號 3
新 1165	BD14965 號 4
新 1166	BD14966 號
新 1167	BD14967 號
新 1168	BD14968 號
新 1169	BD14969 號
新 1170	BD14970 號
新 1171	BD14971 號
新 1172	BD14972 號 1
新 1172	BD14972 號 2
新 1173	BD14973 號
新 1173	BD14973 號背
新 1174	BD14974 號
新 1175	BD14975 號
新 1176	BD14976 號
新 1177	BD14977 號
新 1178	BD14978 號
新 1179	BD14979 號
新 1180	BD14980 號
新 1181	BD14981 號
新 1182	BD14982 號
新 1183	BD14983 號
新 1184	BD14984 號
新 1185	BD14985 號
新 1186	BD14986 號
新 1187	BD14987 號
新 1188	BD14988 號
新 1189	BD14989 號
新 1190	BD14990 號
新 1191	BD14991 號
新 1192	BD14992 號
新 1193	BD14993 號
新 1194	BD14994 號
新 1195	BD14995 號
新 1196	BD14996 號
新 1197	BD14997 號
新 1198	BD14998 號
新 1199	BD14999 號
新 1200	BD15000 號